한 권으로
충분합니다.

대표 편저자 임완선

1993년부터 30여 년간 전국 지역 농·축협 중견 직원들의 간부직원 승진고시 준비를
위한 수험서 출판 및 강의를 해온 '도서출판 임완선기획' 대표이다.

- 지역농협 최연소 간부직원(상무) 시험 합격
- 지역농협 업무교재 집필 및 강의
- 지역 농·축협 업무직 전환 고시 출제위원
- 경영학 석사, 법학 석사
- 공인중개사, 유통관리사

2023 HEY 공인중개사 1차
부동산학개론 기본서

초판 1쇄 발행　　2022년 12월 19일

-
펴낸이　　임완선
펴낸곳　　HEY
-
주소　　서울특별시 광진구 자양로 73
전화　　02-2242-9801
팩스　　02-2249-6039
홈페이지　www.iwson.co.kr
이메일　　hey@iwson.co.kr
신고번호　제2022-000040호 (2022년 5월 3일)

ISBN 979-11-981196-0-5
ISBN 979-11-981196-1-2(세트)

HEY는 <도서출판 임완선기획>의 수험서 및 실용서 전문 출판 브랜드입니다.

HEY,
공인중개사

1차 **기본서**

부동산학개론

HEY 공인중개사시험 연구소 편저

HEY

목 차

Chapter 11
부동산감정평가론

539

머리말

공인중개사 자격시험은 1985년 시행된 이후 2022년까지 33회에 걸쳐 시험이 치러졌습니다. 본 연구소에서는 2022년 33회 기준 실응시자 대비 19.74%(원서접수 기준 14.5%) 정도에 머물러 있는 1차 시험 합격률을 획기적으로 높이는 방안에 대해 많은 분석과 연구를 했습니다. 공인중개사 수험교재와 인강 및 전문학원 등이 수없이 많고 "합격자 수 압도적 1위, 합격률 1위, 적중률 1위" 등등의 광고문구가 넘쳐나는데도 왜 합격률은 이렇게 저조한 상태에 머물러 있을까요? 수험생 여러분, 궁금하지 않습니까?

여러 과목 가운데 부동산학개론은 1차 시험에서 가장 비중이 큽니다.(부동산학개론이 80점에 근접하면 민법 및 민사특별법에서 과락만 넘으면 됩니다.) 회차가 거듭하면서 출제 경향이 바뀌어온 이 과목은 특별히 유념해야 하는 과목임은 수험생 여러분도 잘 아실 것입니다. 최근 5년간 통계를 보면 응시원서 접수 후 미응시자 비율이 30%에 육박하고 있습니다. 그 원인은 다음과 같다고 봅니다.

복잡하게 구성된 기존 출판사 로드맵을 따르다 보니, 너무 많은 학습시간이 필요합니다.
「기초입문서 → 기본서 → 기출문제 → 핵심이론 → 예상문제 → 실전 모의고사 → 파이널 총정리 → 족집게 ○○선 → 동형 모의고사」 등, 출판사마다 약간씩 다르지만 이와 유사한 과정으로 진행됩니다. 물론 완벽한 합격을 위해 이런 과정이 필요할 수도 있습니다. 그러나 이는 너무 많은 학습시간이 필요할 뿐 아니라 결국 수험생들이 지친 나머지 기본이론조차 정리하지 못한 채 응시 원서는 접수하였으나 실제 응시를 포기하기까지 합니다.

공인중개사 시험을 쉽게 생각하고 간단한 요약서 등으로 준비하다 보니, 시험과 동떨어진 내용임을 알고 포기하기도 합니다.
시험이 가까워질수록 시중에는 「○○일 완성」이니 「핵심요약서」니 「족집게 교수노트」니 하는 요약서들이 많이 나옵니다. 요약서도 어느 정도 기본개념이 정립되어 있어야 효과가 있지, 요약서만으로 어떻게 해보려는 생각은 '과락(불합격)으로 가는 지름길'일 뿐입니다. 시험 결과가 이것을 증명하고 있습니다.(평균 80% 불합격률)

그럼 이 책은 어떻게 구성되어 있을까요?

▶ 입문서, 기본서, 핵심 요약서를 겸할 수 있도록 최적의 단권화로 편집했습니다.
▶ 2022년 기출문제를 포함하여 최근 10년 이상 출제된 관련 항목을 모두 정리했습니다.
▶ 각 장별(Chapter별) 주요 항목을 [논점정리]식으로 정리했습니다.
▶ 수험생들이 가장 어려워하는 계산문제를 [논점정리] 해설 부분에 모두 수록했습니다.
▶ 기출문제집의 각 문제를 연계하여 기출문제집의 충실한 해설서가 됩니다.

합격의 길은 간단합니다. 어떻게 학습해야 할까요?
복잡하게 학습하면 합격에 이르는 과정은 길어지고, 단순하게 학습하면 짧아집니다.

우선 기본서 Chapter별 내용을 2~3회 읽습니다. 처음이 힘들지 2~3회 반복하면 각 Chapter의 [논점정리] 내용이 스크린됩니다. 본문 학습 전에 'Chapter별 논점정리 체계도'를 학습하면 좀 더 빨리 쉽고 명확하게 이해할 수 있습니다.

기출문제집의 Chapter별 [논점정리]의 기출문제를 학습합니다.(기출문제 지문 만큼 좋은 학습자료는 없다!) 단순한 답 찾기가 아니라, 문제 하나하나마다 내용 정리에 중점을 둡니다.(2022년도 제33회 시험에서도 기출 연관 문제가 40문제 중 35문제나 출제되었습니다.) 문제 지문과 관련된 기본서 관련 내용을 반복 학습합니다.(기출문제마다 논점정리 설명 항목이 표시되어 있습니다.) 기출문제를 풀면서 이해가 미진한 문제는 별도로 표시해 두었다가, 이들 문제만 기본서와 비교하며 집중적으로 공부합니다.

3단계 학습으로 확실한 고득점 합격을 자신하십시오!

　1단계: Chapter별 논점 정리 체계도 및 본문 내용 읽기
　2단계: 기본서와 기출문제집을 비교하며 관련 내용 완전히 이해하기
　3단계: 2023년도 시험 출제 예상 부분을 집중적으로 반복 학습하고 실전 연습하기

이 책은 공인중개사 자격취득을 위한 수험교재로 편집된 만큼, 공인중개사 수험에 필요한 내용만으로 구성했으며, 불필요한 내용은 과감하게 삭제했습니다. 그동안 공인중개사 수험준비에 나름대로 도움이 된 여느 교재들과 달리 가장 적합하게 구성된 수험서임을 확신하며, 이 책으로 공부하는 수험생 여러분 모두가 합격의 기쁨을 누리기를 기원합니다.

2022년 12월
편저자 대표
임 완 선

공인중개사 시험정보

응시자격 제한없음

다만, 다음의 각 호에 해당하는 경우에는 공인중개사 시험에 응시할 수 없음

❶ 공인중개사시험 부정행위로 처분 받은 날로부터 시험 시행일 전일까지 5년이 경과되지 않은 자(공인중개사법 제4조의3)

❷ 공인중개사 자격이 취소된 후 3년이 경과하지 않은 자(공인중개사법 제6조)

❸ 이미 공인중개사 자격을 취득한 자

합격기준 절대평가

❶ **1차 시험:** 100점을 만점으로 하여 매 과목 40점 이상, 전 과목 평균 60점 이상 득점

❷ **2차 시험:** 100점을 만점으로 하여 매 과목 40점 이상, 전 과목 평균 60점 이상 득점

❖ 당해 연도 1차 시험 합격자는 다음 연도 1차 시험이 면제되며, 1·2차 시험 응시자 중 1차 시험에 불합격한 자의 2차 시험은 무효로 함(「공인중개사법 시행령」 제5조 제3항)

시험 일정 및 장소

구 분	원서 접수기간(인터넷)	시험 시행일	합격자 발표
일정	2023. 8. 7 ~ 8.11	2023. 10. 28	2023. 11. 29
장소	원서 접수 시 수험자가 시험 지역 및 시험 장소를 직접 선택		

❖ 1차와 2차 시험을 동시에 접수 및 시행합니다.

❖ 위 원서접수 기간(5일) 종료 후, 환불자 범위 내에서만 선착순으로 추가 원서접수를 실시(10.12 - 10.13)합니다.

시험시간

구 분	교시	시험 과목 (과목당 40문제, 객관식 5지 선택형)	시험 시간	
			입실 시간	시험 시간
1차 시험	1교시	2과목	09:00	09:00 ~ 11:10(100분)
2차 시험	1교시	2과목	12:30	13:00 ~ 14:40(100분)
	2교시	1과목	15:10	15:30 ~ 16:20(50분)

❖ 수험자는 반드시 입실시간까지 입실하여야 합니다.

❖ 개인별 좌석배치도는 입실시간 20분 전에 해당 교실 칠판에 별도 부착합니다.

❖ 위 시험 시간은 일반 응시자 기준이며, 장애인 등 장애유형에 따라 편의제공 및 시험시간 연장 가능합니다.

❖ 2차만 응시하는 시간 연장 수험자는 1·2차 동시 응시 시간 연장자의 2차 시작 시간과 동일하게 시작합니다.

구 분	시험 과목	시험 범위
제1차시험 (2과목)	부동산학개론 (부동산 감정평가론 포함)	부동산학개론 - 부동산학 총론(부동산의 개념과 분류, 부동산의 특성) - 부동산학 각론(부동산 경제론, 부동산 시장론, 부동산 정책론, 부동산 투자론, 부동산 금융론, 부동산 개발 및 관리론)
		부동산 감정평가론 (감정평가의 기초이론, 감정평가방식, 부동산 가격공시제도)
	민법 및 민사특별법 중 부동산중개에 관련되는 규정	민법 - 총칙 중 법률행위 - 질권을 제외한 물권법 - 계약법 중 총칙·매매·교환·임대차
		민사특별법 - 주택임대차보호법 - 집합건물의 소유 및 관리에 관한 법률 - 가등기담보 등에 관한 법률 - 부동산 실권리자명의 등기에 관한 법률 - 상가건물 임대차보호법
제2차시험 1교시(2과목)	공인중개사의 업무 및 부동산 거래 신고 등에 관한 법령 및 중개실무	공인중개사법
		부동산 거래신고 등에 관한 법률
		중개실무
	부동산공법 중 부동산중개에 관련되는 규정	국토의 계획 및 이용에 관한 법률
		도시개발법
		도시 및 주거환경정비법
		주택법
		건축법
		농지법
제2차시험 2교시(1과목)	부동산공시에 관한 법령 및 부동산 관련 세법	부동산등기법
		공간정보의 구축 및 관리 등에 관한 법률 제2장 제4절 및 제3장
		부동산 관련 세법(상속세, 증여세, 법인세, 부가가치세 제외)

최근 5년간 부동산학개론 출제 경향

Chapter	주요 출제항목	제29회 (2018)	제30회 (2019)	제31회 (2020)	제32회 (2021)	제33회 (2022)	합계	비율
01 부동산학 서설	부동산의 개념과 종류	1	2	2	2	3	10	5.0%
02 부동산의 특성과 속성	토지의 특성	2	1	1	1	1	6	3.0%
03 부동산 경제론	부동산 수요·공급이론	4	4	4	5	4	21	10.5%
04 부동산 경기변동	거미집 이론	2	0	2	1	1	6	3.0%
05 부동산 시장	효율적 시장이론	2	1	3	1	2	9	4.5%
06 입지 및 공간구조론	- 지대이론 - 부동산 입지선정	3	4	2	4	5	18	9.0%
07 부동산 정책	부동산 정책전반 (토지·주택·조세정책)	6	7	7	4	4	28	14.0%
08 부동산 투자론	부동산 투자분석	7	7	3	6	6	29	14.5%
09 부동산 금융론	- 부동산의 저당대출 제도 - 주택저당증권	5	4	4	6	5	24	12.0%
10 부동산 개발 및 관리론, 마케팅	부동산 개발	2	4	5	4	2	17	8.5%
11 부동산 감정평가론	감정평가의 3방식	5	5	6	5	6	27	13.5%
12 부동산가격 공시제도	부동산 가격공시에 관한 법률	1	1	1	1	1	5	2.5%
총 계		40	40	40	40	40	200	100%

【최근 5년간 총평】

1) 부동산투자론(14.5%) > 부동산정책(14.0%) > 부동산감정평가론(13.5%) > 부동산금융론(12.0%) > 부동산경제론(10.5%) 등의 순서로 많이 출제되고 있습니다.

2) 해가 거듭될수록 난이도 상·중·하의 구분이 뚜렷해지고 있으므로, 난이도 '중'이나 '하'에서 최대한 점수를 확보해야 하며, 이는 과거 기출제 문제의 관련 항목의 철저한 개념 이해를 통해 해결할 수 있습니다.

3) 계산문제는 평균 10문제 정도가 출제되며, 4~5문제 정도는 난이도 '중'이나 '하' 수준이고, 4~5문제가 난이도 '상'에 해당되는 문제이므로 너무 어렵거나 시간이 많이 소요되는 계산문제는 과감히 포기할 줄도 아는 수험전략이 필요합니다.

4) 각종 그래프나 계산을 요하는 문제가 많이 포함되어 있는 부동산 수요·공급 관련 내용, 부동산투자분석 관련 내용, 감정평가 3방식 관련 내용 등은 꾸준한 반복학습을 통해 해결하도록 하여야 합니다.

【제33회 총평】

1) 제33회 시험도 제32회 시험과 마찬가지로, 난이도 상, 중, 하의 구분이 뚜렷하여 기본적 개념과 과거 기출 관련 문제의 내용을 정확하게 이해하고 있는 수험생들은 중·하 문제에 속하는 32문제 정도는 그리 어렵지 않게 정답을 낼 수 있는 수준으로 출제되었습니다.

2) 부동산학개론에서 준비과정이나 실전에서 수험생들을 가장 괴롭히는 것이 계산형 문제인데, 제33회 시험의 경우 과거 기출문제 연습을 통해 준비한 수험생이라면 9문제 중 5문제 정도는 그리 어렵지 않게 답을 낼 수 있었을 것이고, 여타 4문제도 예년보다는 크게 어렵지 않아 합격 점수 획득에 긍정적으로 기여하였을 것으로 생각됩니다.

3) 해마다 약간의 차이는 있지만, 부동산경제론, 부동산투자론, 부동산금융론, 부동산감정평가론에서 여전히 많은 문항(21문항)이 출제되고 있으며, 준비과정에서 이 부문 학습에 좀 더 중점을 두어야 할 것입니다.

4) 전반적으로 기존의 기출문제 유형이 반복 출제되었지만 이론 문제에서 정확한 이해를 요하는 문제가 다수 포함되어 제32회 시험보다는 다소 어려웠다는 평이 일반적이었고, 시험 결과에서도 그대로 나타났습니다.(32회(21.35% 합격), 33회(19.74% 합격))

5) 부동산학개론은 '학'이라는 과목의 특성상 출제 교수에 따라 동일 항목이라도 다소 다른 표현으로 출제되는 문제가 다수 있으나, 과거 기출문제를 단순히 문제를 풀어보는 수준에서 끝내는 것이 아니라, 관련 내용을 기본서를 통해 조금 더 확실하게 이해를 해 두면, 어떤 표현으로 출제된다고 해도 요구하는 정답을 쉽게 고를 수 있다는 점을 강조하는 바입니다.(제33회 출제 문제 분석 및 제34회 출제 예상 핵심 항목 참조)

제33회 문제 분석 및
제34회 출제 예상 핵심 항목

※ 아래 **(기출 관련)**은 **최근 10년 이내 출제 문제**를 정확하게 정리할 경우 쉽게 답을 찾을 수 있는 문제를 말함

Chapter	제33회 출제 항목(기출 관련)	제34회 출제 예상 핵심 항목
01 부동산학 서설	▷ 토지정착물 해당 여부 (O) ▷ 토지관련 용어 (O) ▷ 다세대 주택 (O)	▷ 부동산의 학문적 성격 ▷ 토지관련 용어 ▷ 건축법시행령상 공동주택 ▷ 주택법상 주택의 정의
02 부동산의 특성과 속성	▷ 부동산의 특성 (O)	▷ 토지의 자연적 특성 ▷ 토지의 인문적 특성
03 부동산 경제론	▷ 신규주택 공급감소요인 (O) ▷ 수요의 가격탄력성·교차탄력성·소득탄력성 관련(계산문제) (O) ▷ 단독주택시장의 균형가격과 균형거래량의 변화(수요·공급이 어느 한쪽만 변동한 경우와 동시에 변동한 경우의 변화 내용) (O) ▷ 아파트시장에서 공급은 변화하지 않고 수요만 변화한 경우의 균형가격과 균형거래량 변화(계산문제) (O)	▷ 부동산 수요의 증가요인 ▷ 부동산 수요의 가격탄력성, 교차탄력성 관련 재화의 관계(대체재, 보완재) ▷ 수요함수와 공급함수의 변화시 균형가격과 균형거래량의 변화(계산문제) ▷ 수요 또는 공급이 완전 탄력적이거나 비탄력적인 경우 공급의 변화나 수요의 변화에 따른 균형가격과 균형 거래량의 변화 ▷ 유량개념의 변수, 저량개념의 변수
04 부동산 경기변동	▷ 부동산 경기의 순환국면별 특징 (O)	▷ 부동산 경기의 4국면 ▷ 거미집이론(수렴형, 순환형, 발산형)
05 부동산 시장	▷ 부동산 시장의 특성 (O) ▷ 대형마트 개발정보의 현재 가치 (계산문제) (O)	▷ 부동산 시장의 특성과 기능 ▷ 효율적 시장이론 ▷ 주택의 여과과정과 주거분리

06 입지 및 공간구조론	▷ 허프모형 관련 (O) ▷ 크리스탈러의 중심지이론 관련 (O) ▷ 튀넨의 위치지대설 관련 (O) ▷ 레일리의 소매중력모형에 따른 월추정 소비액 산출(계산문제) (O) ▷ 입지 및 도시공간구조이론 (베버, 뢰쉬, 넬슨, 해리스와 울만) (O)	▷ 리카도의 차액지대설, 마르크스의 절대지대설 ▷ 알론소의 입찰지대이론, 마샬의 준지대론, 파레토의 경제지대설, 헤이그의 마찰비용이론 ▷ 호이트의 선형이론 ▷ 컨버스의 분기점모형(계산문제) ▷ 허프의 확률모형(계산문제) ▷ 입지계수(계산문제)
07 부동산 정책	▷ 국토의 계획 및 이용에 관한 법령상 '도시지역'의 분류 (-) ▷ 부동산정책 관련 (-) ▷ 부동산조세 (국세, 지방세, 취득단계, 보유단계) (O) ▷ 공공주택 특별법령상 공공임대주택의 종류 (O)	▷ 시장실패의 원인으로서 공공재와 외부효과 ▷ 토지정책의 수단(직접개입, 간접개입, 토지이용규제) ▷ 임대료 규제정책과 임대료 보조정책 ▷ 분양가 규제와 분양가 자율화 ▷ 주택 선분양과 후분양제도 ▷ 주택에 대한 조세부과의 영향(재산세, 양도소득세)
08 부동산 투자론	▷ 부동산투자일반 (O) ▷ 포트폴리오이론 (O) ▷ 부동산투자 타당성 평가를 위한 부동산투자 분석기법 (O) ▷ 순소득승수산출(계산문제) (O) ▷ 자기자본수익률산출(계산문제) (O) ▷ 원리금분할상환대출의 연금의 현가계수를 이용한 대출잔액산출(계산문제) (-)	▷ 부동산투자의 레버리지(지렛대)효과 ▷ 부동산투자의 위험(위험의 유형, 체계적 위험, 비체계적 위험) ▷ 경제상황별(비관적, 정상적, 낙관적)기대수익률(계산문제) ▷ 포트폴리오 기대수익률(계산문제) ▷ 영업수지(영업현금흐름)(계산문제) ▷ 부동산투자 분석기법 중 할인현금흐름분석법(순현재가치법, 수익성지수법, 내부수익률법) ▷ LTV와 DTI를 적용한 주택담보대출 가능금액산출(계산문제)

09 부동산 금융론	▷ 부동산투자회사법령상 부동산투자회사의 구분(자기관리, 위탁관리) (O) ▷ 주택금융일반 (-) ▷ 주택연금의 보증기관 (O) ▷ 자산유동화에 관한 법령상 규정내용 (O) ▷ 대출상환방식별 가중평균 상환기간의 순서 (O)	▷ 지분금융, 부채금융, 메자닌금융의 구분 ▷ 주택저당의 상환방법 중 원금균등상환방식과 원리금균등상환방식의 상환금액계산(계산문제) ▷ 한국주택금융공사의 주택연금제도 ▷ 주택저당증권의 종류별 (MPTS, MBB, MPTB, CMO)특징 ▷ 프로젝트금융의 특징 ▷ 부동산투자회사법상 리츠 종류별 내용
10 부동산개발 및 관리론, 마케팅	▷ 부동산마케팅전략 (O) ▷ 부동산관리방식(위탁) (O)	▷ 부동산개발의 위험 ▷ 부동산개발의 유형 ▷ 민간개발사업의 사회기반시설 (SOC) 투자방식별 주요 특징 (BTO, BOT, BTL, BLT, BOO) ▷ 부동산관리의 영역 ▷ 부동산관리업자의 부동산관리 활동 ▷ 마케팅전략
11 부동산감정 평가론	▷ 자본환원율 설명 (O) ▷ 감가수정 설명 (O) ▷ 시장가치기준 설명 (-) ▷ 직접환원법에 의한 수익 가액산정 (계산문제) (O) ▷ 거래사례비교법으로 산정한 비준가액 (계산문제) (O) ▷ 감정평가에 관한 규칙·규정 내용 (O)	▷ 「감정평가에 관한 규칙」 제6조(현황기준의 원칙), 제7조(개별물건기준의 원칙), 제8조(감정평가의 절차) ▷ 부동산 가치형성요인과 가치 발생요인 ▷ 부동산가치(가격)의 제원칙별 내용과 감정평가활동에서의 적용 ▷ 「감정평가에 관한 규칙」제14조부터 제26조(물건별 감정평가) ▷ 원가법에 의한 건물의 재조달원가산정(계산문제) ▷ 원가법에 의한 대상물건의 적산가액산정(계산문제) ▷ 공시지가기준법에 의한 토지 평가액산정(계산문제)
12 부동산가격 공시제도	▷ 부동산가격 공시에 관한 법령, 규정내용 (O)	▷ 표준지공시지가 및 개별공시지가 ▷ 단독주택 및 공동주택 가격공시제도

Chapter 01
부동산학 서설

제33회 문제 분석(기출 관련)	제34회 출제 예상 핵심 항목
• 토지정착물 해당 여부 (O) • 토지관련 용어 (O) • 다세대 주택 (O)	• 부동산의 학문적 성격 • 토지관련 용어 • 건축법시행령상 공동주택 • 주택법상 주택의 정의

❖ 위 **(기출 관련)**은 **최근 10년 이내 출제 문제**를 정확하게 정리할 경우 쉽게 답을 찾을 수 있는 문제를 말함

논점정리

각 논점정리 앞부분에 논점정리 미리보기(체계도)가 있습니다.

【부동산학의 이해 요약 체계도】

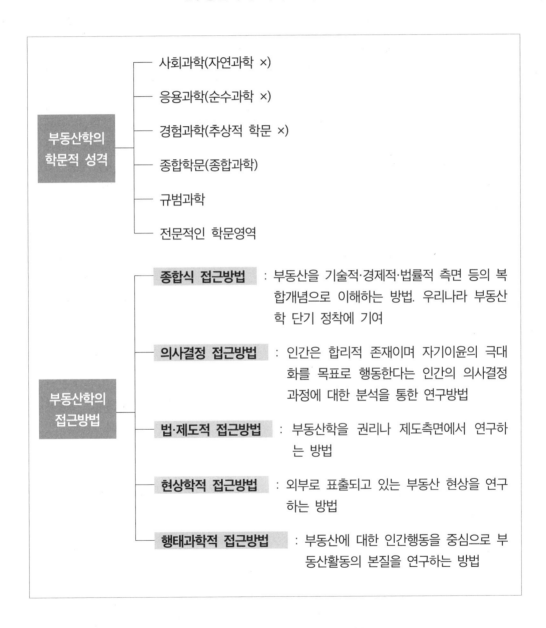

부동산학의 학문적 성격
- 사회과학(자연과학 ×)
- 응용과학(순수과학 ×)
- 경험과학(추상적 학문 ×)
- 종합학문(종합과학)
- 규범과학
- 전문적인 학문영역

부동산학의 접근방법
- **종합식 접근방법** : 부동산을 기술적·경제적·법률적 측면 등의 복합개념으로 이해하는 방법. 우리나라 부동산학 단기 정착에 기여
- **의사결정 접근방법** : 인간은 합리적 존재이며 자기이윤의 극대화를 목표로 행동한다는 인간의 의사결정과정에 대한 분석을 통한 연구방법
- **법·제도적 접근방법** : 부동산학을 권리나 제도측면에서 연구하는 방법
- **현상학적 접근방법** : 외부로 표출되고 있는 부동산 현상을 연구하는 방법
- **행태과학적 접근방법** : 부동산에 대한 인간행동을 중심으로 부동산활동의 본질을 연구하는 방법

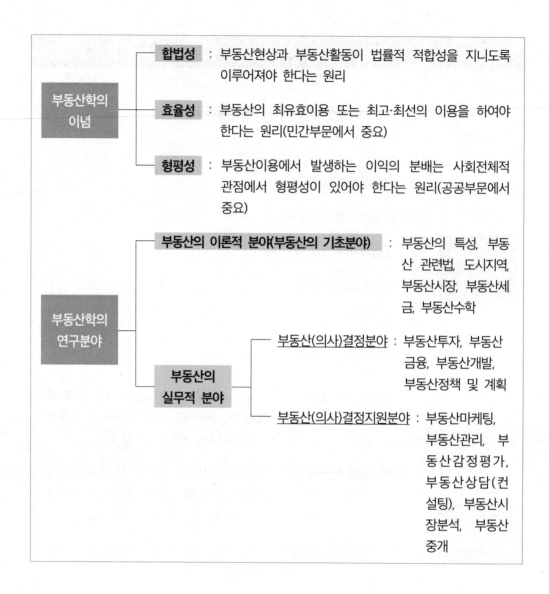

부동산학의 이념

- **합법성** : 부동산현상과 부동산활동이 법률적 적합성을 지니도록 이루어져야 한다는 원리
- **효율성** : 부동산의 최유효이용 또는 최고·최선의 이용을 하여야 한다는 원리(민간부문에서 중요)
- **형평성** : 부동산이용에서 발생하는 이익의 분배는 사회전체적 관점에서 형평성이 있어야 한다는 원리(공공부문에서 중요)

부동산학의 연구분야

- **부동산의 이론적 분야(부동산의 기초분야)** : 부동산의 특성, 부동산 관련법, 도시지역, 부동산시장, 부동산세금, 부동산수학
- **부동산의 실무적 분야**
  - 부동산(의사)결정분야 : 부동산투자, 부동산금융, 부동산개발, 부동산정책 및 계획
  - 부동산(의사)결정지원분야 : 부동산마케팅, 부동산관리, 부동산감정평가, 부동산상담(컨설팅), 부동산시장분석, 부동산중개

[논점정리] 01 부동산학의 이해

(26회)

I 부동산학의 다양한 정의

1. 부동산학이란 부동산과 관련된 의사결정과정을 연구하기 위하여, 부동산의 법적·경제적·기술적 측면의 접근을 시도하는 종합응용사회과학이다.

2. 부동산학이란 부동산 활동의 능률화의 원리 및 그 응용기술을 개척하는 종합응용과학이다.

3. 부동산학이란 토지 및 그 정착물에 관하여 그것과 관련된 직업적·물적·법적·금융적 제측면을 연구하는 학문이다.

4. 부동산학이란 부동산 활동을 바람직하게 전개하여 부동산과 인간과의 관계를 개선하고자 하는 이론적 체계이다.

II 부동산학의 학문적 성격

1. 부동산학은 인간과 부동산의 상호작용을 연구하는 '사회과학'에 해당된다.(↔ 자연과학)

2. 부동산학은 복잡한 현실적 사회문제를 해결하고자 하는 '응용과학'에 속한다.(↔ 순수과학)

3. 부동산학은 현실의 부동산 활동을 대상으로 하는 구체적인 '경험과학'이다.(↔ 추상적 학문)

4. 부동산학은 여러 분야의 다양한 학문과 연계되어 있다는 점에서 '종합학문'적 성격을 지닌다.

5. 부동산학은 부동산 문제의 해결을 위한 바람직한 방향을 제시해 주는 '규범과학'에 해당된다.

6. 부동산학은 복잡한 현대의 부동산 문제를 해결하기 위하여 학제적 접근을 취하는 '전문적인 학문영역'으로 등장하였다.

III 부동산학의 연구대상

부동산학의 연구대상은 '부동산 활동'과 '부동산 현상'을 포함한다.

1. '부동산 활동'이란 인간이 부동산을 대상으로 전개하는 관리적 측면에서의 여러 가지 행위 또는 태도를 말한다.(동적인 연구대상)

2. '부동산 현상'이란 부동산 그 자체로부터 파생되는 여러 가지 제반현상으로서 부동산 활동을 둘러싼 모든 현상을 말한다.(정적인 연구대상)

IV 부동산학의 접근방법(연구방법)

접근방법(연구방법)	내 용
1. 종합식 접근방법	○ 부동산을 기술적·경제적·법률적 측면 등의 복합개념으로 이해하여 이를 종합해서 이론을 구축하는 방법이다. ○ 대표적인 접근방법으로 우리나라의 부동산학은 종합식 접근방법의 토대 위에서 형성된 학문이다.
2. 의사결정 접근방법	○ 부동산 활동을 하는 인간은 합리적인 존재로서 자기이윤의 극대화를 목표로 행동한다는 기본가정에서 출발한다.
3. 법·제도적 접근방법	○ 부동산에 관한 이론을 체계화함에 있어서 그 이론적 기초를 법률적·제도적 측면에 두는 방법이다.
4. 현상학적 접근방법	○ 외부로 표출되고 있는 부동산 현상을 연구하는 방법이다.
5. 행태과학적 접근방법	○ 부동산에 대한 인간행동을 중심으로 부동산 활동의 본질을 연구하는 방법이다.

V 부동산학의 이념

이 념	내 용
1. 합법성의 원리	○ 부동산 현상과 부동산 활동이 법의 테두리 안에서 법률적 적합성을 지니도록 이루어져야 한다는 원리이다.
2. 효율성의 원리	○ 부동산의 최유효이용 또는 최고·최선의 이용을 하여야 한다는 원리로서 시장경제에서 효율성을 의미한다. ○ 부동산학이 추구하는 가치를 민간부문에 한정하여 볼 때는 형평성보다는 효율성을 중시하게 된다고 볼 수 있다.
3. 형평성의 원리	○ 부동산 소유의 형평성은 부동산 이용에서 발생하는 이익의 분배는 사회전체적 관점에서 형평성이 있어야 한다는 원리이다. ○ 형평성의 원리는 효율성의 원리와 대응되는 것으로 공적 주체의 행동이념이 된다.(예 : 공공임대주택, 임대료 보조 등) ○ 부동산학이 추구하는 최우선 가치는 효율성(사익)이나 사회전체적으로는 효율성뿐만 아니라 형평성(공익)도 고려의 대상이다. 따라서 부동산학에서는 효율성(사익)과 형평성(공익)의 적절한 조화를 찾고자 노력한다.

VI 부동산학의 연구분야

일반적으로 부동산은 일반재화에 비해 거래비용이 많이 들고, 부동산 이용의 비가역적(이전상태로 돌아갈 수 없는 성격) 특성 때문에 일반재화에 비해 '의사결정지원분야'의 역할이 중요하다.

부동산의 이론적 분야	부동산의 실무적 분야	
부동산학의 기초분야	부동산(의사)결정분야	부동산(의사)결정지원분야
① 부동산의 특성	① 부동산 투자	① 부동산 마케팅
② 부동산 관련법	② 부동산 금융	② 부동산 관리
③ 도시지역	③ 부동산 개발	③ 부동산 감정평가
④ 부동산 시장	④ 부동산 정책 및 계획	④ 부동산 상담(컨설팅)
⑤ 부동산 세금		⑤ 부동산 시장분석
⑥ 부동산 수학		⑥ 부동산 중개

【부동산활동 요약 체계도】

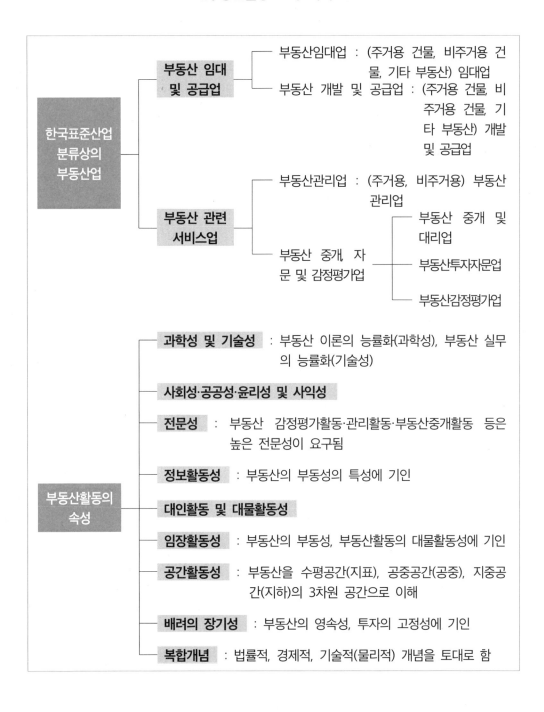

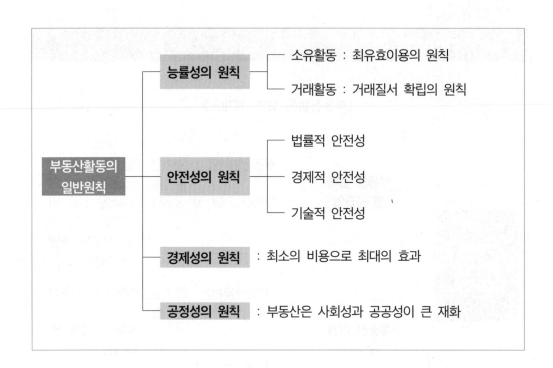

Ⅰ 부동산 활동의 개요

1. 의 의

부동산 활동이란 인간이 부동산을 대상으로 전개하는 관리적 측면에서의 여러 가지 행위를 말한다.

2. 부동산 활동의 부문(주체)

부동산 활동의 부문(주체)은 정부부문(공적 주체), 사적부문(사적 주체), 전문협회 등으로 나눌 수 있다.

3. 한국표준산업분류상의 부동산업[2017 개정, 제10차 기준]

대분류	중분류	소분류	세분류	세세분류
부동산업	부동산업	부동산 임대 및 공급업	부동산임대업	① 주거용 건물 임대업 ② 비주거용 건물 임대업 ③ 기타 부동산 임대업
			부동산 개발 및 공급업	① 주거용 건물 개발 및 공급업 ② 비주거용 건물 개발 및 공급업 ③ 기타 부동산 개발 및 공급업
		부동산 관련 서비스업	부동산관리업	① 주거용 부동산 관리업 ② 비주거용 부동산 관리업
			부동산 중개, 자문 및 감정 평가업	① 부동산 중개 및 대리업 ② 부동산 투자자문업 ③ 부동산 감정평가업

Ⅱ 부동산 활동의 속성

부동산 활동의 속성	내 용
1. 과학성 및 기술성	○ 체계화된 지식으로 부동산 활동의 원리를 설명할 때에는 과학성이 인정되고, 그것을 실무활동에 응용하는 기술면에서는 기술성이 인정된다. ○ '과학성'은 부동산 이론의 능률화를, '기술성'은 부동산 실무의 능률화를 도모하는데 기여한다.
2. 사회성·공공성·윤리성 및 사익성	○ 부동산 활동은 높은 사회성·공공성이 강조되고 있으므로, 거래당사자뿐만 아니라 부동산업자에 대한 직업윤리도 중요시되고 있다. ○ 사익성은 사유재산이 보장되고 개인의 영리활동이 보장되는 자본주의 사회에서 공익성을 해치지 않는 한 국민의 사익을 존중해야 한다는 것이다.
3. 전문성	○ 부동산 감정평가활동·관리활동·부동산중개활동 등 부동산 활동에는 높은 전문성이 요구된다.
4. 정보 활동성	○ 부동산에는 '부동성'의 특성이 있고, 부동산 현상을 둘러싼 환경에는 통제 불가능한 요인도 많기 때문에 대부분의 부동산 활동은 정보활동이다.
5. 대인활동 및 대물 활동성	○ 부동산 활동은 사람을 대상으로 하는 동시에 부동산을 대상으로 하는 활동이다.
6. 임장 활동성	○ 임장활동이란 책상 위에서의 탁상활동과 대응되는 개념으로 장소에 임한다는 뜻이며, 현장에 직접 가보는 부동산 활동을 말한다. ○ 부동산 활동을 임장활동으로 규정하는 근거는 부동산에는 '부동성'이라는 특성이 있으며, 부동산 활동은 '대물활동'이라는 속성 때문이다.
7. 공간 활동성	○ 부동산을 수평공간(지표)·공중공간(공중)·지중공간(지하)의 3차원의 공간으로 이해하고 그 공간을 대상으로 부동산 활동을 전개하는 것을 말한다.
8. 배려의 장기성	○ 부동산에는 '영속성', '투자의 고정성'이 있기 때문에 일반적으로 일반소비상품을 대상으로 하는 활동과는 달리 부동산 활동은 장기적 배려 하에 결정된다.
9. 복합개념	○ 부동산 활동을 위한 분석이나, 조사, 의사결정은 기술, 경제, 법률 전반에 걸친 다양한 정보가 필요하므로 부동산 활동에 있어서의 사고방식은 복합개념을 토대로 한다.

Ⅲ 부동산학(활동)의 일반원칙

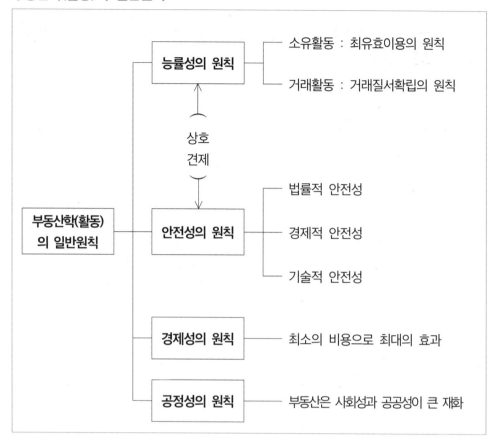

Ⅳ 부동산업의 부동산 윤리의 유형

1. **고용윤리** : 사용자가 근로자와 지켜야 할 도리

2. **조직윤리** : 동업자 또는 동업자 단체와의 관계에서 지켜야 할 도리

3. **서비스윤리** : 부동산업자가 의뢰인과의 관계에서 지켜야 할 도리

4. **공중윤리** : 부동산업자는 일반 공중의 복리증진을 도모하는 방향으로 업무를 전개해야 한다는 측면에서의 윤리

01 **한국표준산업분류상 부동산관리업의 분류체계 또는 세부 예시에 해당하지 않는 것은?** (28회)

① 주거용 부동산관리

② 비주거용 부동산관리

③ 사무용 건물관리

④ 사업시설 유지·관리

⑤ 아파트 관리

해 설 부동산관리업은 ① 주거용 부동산관리업, ② 비주거용 부동산관리업 등으로 분류될 수 있다. 따라서 ③ 사무용 건물관리는 비주거용 부동산관리업에 해당하고, ⑤ 아파트 관리는 주거용 부동산관리업에 해당한다. 그러므로 한국 표준산업분류상 부동산관리업의 분류체계 또는 세부 예시에 해당하지 않는 것은 ④ 사업시설 유지·관리하고 할 수 있다.

정 답 ④ ▶ 기본서 연결 : 논점정리 02- I

02 **한국표준산업분류상 부동산 관련 서비스업에 해당하지 않는 것은?** (31회)

① 부동산투자 자문업

② 주거용 부동산관리업

③ 부동산중개 및 대리업

④ 부동산개발 및 공급업

⑤ 비주거용 부동산관리업

해 설 한국표준산업분류상 부동산개발 및 공급업은 부동산 관련 서비스업이 아닌 부동산임대 및 공급업에 해당한다.

정 답 ④ ▶ 기본서 연결 : 논점정리 02- I

【부동산의 개념 요약 체계도】

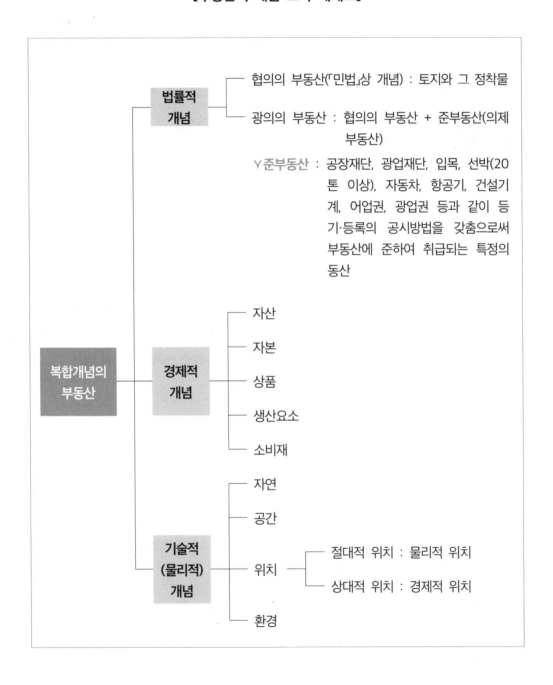

복합개념의 부동산

법률적 개념
— 협의의 부동산(「민법」상 개념) : 토지와 그 정착물
— 광의의 부동산 : 협의의 부동산 + 준부동산(의제 부동산)
└ 준부동산 : 공장재단, 광업재단, 입목, 선박(20톤 이상), 자동차, 항공기, 건설기계, 어업권, 광업권 등과 같이 등기·등록의 공시방법을 갖춤으로써 부동산에 준하여 취급되는 특정의 동산

경제적 개념
— 자산
— 자본
— 상품
— 생산요소
— 소비재

기술적 (물리적) 개념
— 자연
— 공간
— 위치 ┬ 절대적 위치 : 물리적 위치
        └ 상대적 위치 : 경제적 위치
— 환경

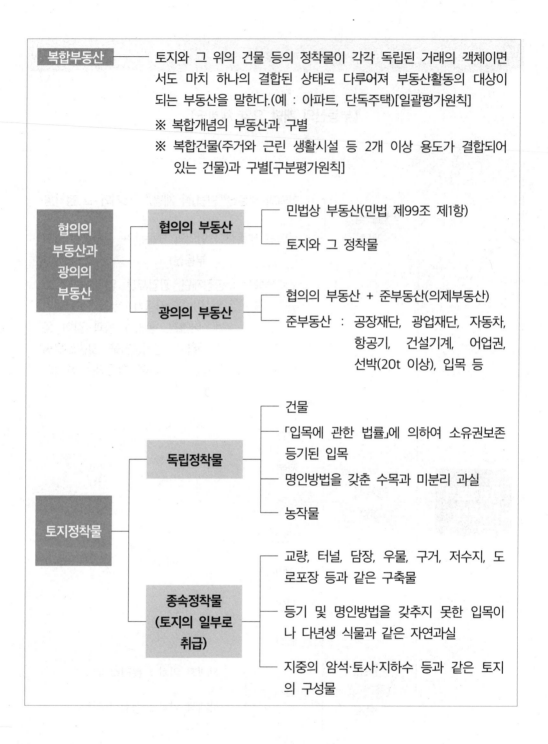

복합부동산 —— 토지와 그 위의 건물 등의 정착물이 각각 독립된 거래의 객체이면서도 마치 하나의 결합된 상태로 다루어져 부동산활동의 대상이 되는 부동산을 말한다.(예 : 아파트, 단독주택)[일괄평가원칙]

※ 복합개념의 부동산과 구별

※ 복합건물(주거와 근린 생활시설 등 2개 이상 용도가 결합되어 있는 건물)과 구별[구분평가원칙]

협의의 부동산과 광의의 부동산

협의의 부동산
— 민법상 부동산(민법 제99조 제1항)
— 토지와 그 정착물

광의의 부동산
— 협의의 부동산 + 준부동산(의제부동산)
— 준부동산 : 공장재단, 광업재단, 자동차, 항공기, 건설기계, 어업권, 선박(20t 이상), 입목 등

토지정착물

독립정착물
— 건물
— 「입목에 관한 법률」에 의하여 소유권보존 등기된 입목
— 명인방법을 갖춘 수목과 미분리 과실
— 농작물

종속정착물 (토지의 일부로 취급)
— 교량, 터널, 담장, 우물, 구거, 저수지, 도로포장 등과 같은 구축물
— 등기 및 명인방법을 갖추지 못한 입목이나 다년생 식물과 같은 자연과실
— 지중의 암석·토사·지하수 등과 같은 토지의 구성물

(22·23·25·27·29·30·33회)

Ⅰ 복합개념의 부동산

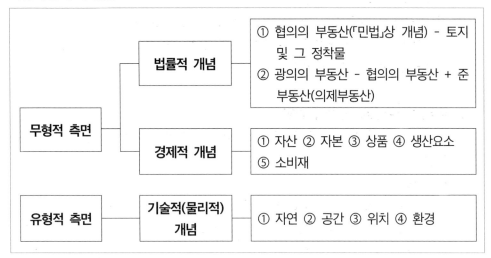

1. 부동산의 법률적 개념은 협의의 부동산과 광의의 부동산으로 구분되는데, 민법상 부동산인 협의의 부동산에 의제(준)부동산을 합하여 광의의 부동산이라 한다.

2. 부동산의 경제적 개념에는 자산(사용가치로서의 자산성 : 소유·이용의 대상, 교환가치로서의 자산성 : 거래·투자의 대상), 자본(생산재), 생산요소(토지, 노동, 자본 중하나), 소비재(용도 면에서의 최종소비재), 상품(시장에서 거래되는 상품)으로 구분한다.

3. 부동산의 기술적(물리적) 개념은 자연, 공간, 위치, 환경 등으로 구분되며, 부동산 활동의 대상인 유형적 측면에서의 부동산을 이해하는데 도움이 된다.

4. 복합개념의 부동산이란 부동산학의 관점에서 부동산을 법률적·경제적·기술적(물리적) 측면 등이 복합된 개념으로 이해하는 것을 말한다.

Ⅱ 부동산의 공간

1. 부동산의 3차원 공간

1) 부동산은 수평공간·공중공간·지중공간의 3차원 공간으로 구성되어 있다.

2) 공간으로서의 토지는 지표뿐만 아니라 지하와 공중을 포함하는 입체공간을 의미한다.

3) 공간에서 창출되는 기대이익의 현재가치를 부동산가치로 본다면, 이는 부동산을 단순히 물리적 측면뿐만 아니라 경제적 측면을 포함하여 복합적 측면에서 파악한 것이다.

2. 부동산 소유권의 공간적 범위

부동산의 소유권은 공간적 범위에 따라 지표권, 공중권, 지하권 등으로 구분된다.

1) 지표권

토지소유자가 토지 지표를 배타적으로 이용하여 작물을 경작하거나 건물을 건축할 수 있는 등의 권리를 말한다.

2) 지하권

(1) 토지소유자가 지하공간에서 어떤 이익을 얻거나 지하공간을 사용할 수 있는 권리를 말한다.

(2) 우리나라에서는 광업권의 객체인 광물에 대하여는 토지소유자의 소유권이 미치지 못한다고 본다.

(3) 최근 지하공간의 이용이 증대되고 초고층 건물이 늘어남에 따라 토지소유권의 구체적 범위의 해석에 대해서는 법원의 판단에 의존하기도 한다.

3) 공중권

소유권자가 토지구역 상의 공중공간을 타인에게 방해받지 않고, 정당한 이익이 있는 범위 내에서 이용·관리할 수 있는 권리로 사적 공중권과 공적 공중권으로 구분할 수 있다.

[참고] 공간활용제도

① **구분지상권제도** : 지하 또는 지상의 공간을 활용하는 제도

② **개발권이전제도(TDR), 용적률 인센티브제도** : 공중공간을 활용하는 제도

Ⅲ 부동산의 위치와 접근성의 문제

1. 접근성의 개념

1) 접근성이란 어떤 목적물에 도달하는데 시간적·경제적·지리적 부담이 적은 것을 말한다.

2) 허드(R.M.Hurd)는 '지가는 경제적 지대에 바탕을 두며, 지대는 위치에, 위치는 편리함에, 편리함은 가까움에 의존한다'라고 하여 지가는 접근성에 의존함을 강조하였다.

3) 부동산에 있어서는 근접성(물리적 거리, 즉 지리적으로 가까움)이 아닌 접근성이 중요하며, 접근성이 좋을수록 부동산의 입지조건은 양호하고 그 가치는 높다.

2. 접근성이 중요시되지 않는 부동산

1) 사람이 찾는 빈도가 높지 않은 부동산(예 : 요양원, 수련원 등)

2) 강한 흡인력, 독점력 있는 부동산(예 : 관광자원)

Ⅳ 협의의 부동산

1. 의 의

협의의 부동산이란 「민법」에 규정된 것으로 '토지 및 그 정착물'을 말한다.(민법 제99조 제1항)

2. 토지소유권의 범위

1) 토지소유자는 법률의 범위 내에서 토지를 사용, 수익, 처분할 권리가 있다.

2) 토지의 소유권은 정당한 이익이 있는 범위 내에서 토지의 상·하에 미친다.

3) 토지소유권은 토지의 구성부분과 토지로부터의 독립성이 없는 부착물에도 그 효력이 미친다.

4) 지하에 매장된 미채굴의 광물은 광업권과 조광권의 객체로서 토지소유권이 미치지 않는다.

5) 하천은 국유에 속하며, 따라서 사적 소유권이 미치지 않는다.

6) 토지의 소유권 공시방법은 '등기'이다.

3. 토지 정착물

1) 정착물(fixture)의 의의

(1) 정착물이란 토지에 영구적인 의도로 설치되거나 부착됨에 따라 분리할 수 없게 된 물건을 말한다.

(2) 정착물이란 건물, 교량, 수목, 담장, 도로포장과 같이 토지에 고정적으로 부착되어 용이하게 이동할 수 없는 물건으로서 그러한 상태로 사용되는 것이 거래상의 성질로 인정되는 것을 말한다.

(3) 정착물은 당사자들 간의 합의나 쓰임새, 관계 등에 따라 주물 또는 종물로 구분될 수 있다.

(4) 정착물은 사회·경제적인 면에서 토지에 부착되어 계속적으로 이용된다고 인정하는 물건이다.

(5) 임차인정착물, 경작수확물, 가식이나 이식 중의 수목 등은 부동산정착물에 포함되지 않으며(동산), 부동산 매매시 소유권이 매수인에게 이전되지도 않는다.

2) 토지정착물의 유형

정착물 중에는 토지와는 독립된 부동산으로 취급되는 것과 토지의 일부로 취급되는 것이 있다.

토지와는 독립된 정착물 (독립정착물)	토지의 일부로 취급되는 정착물 (종속정착물)
(1) 건물 :「민법」에서는 건물은 토지와는 완전히 독립된 부동산이다. (2) 「입목에 관한 법률」에 의하여 소유권 보존등기된 입목 (3) 명인방법을 갖춘 수목의 집단과 미분리 과실 (4) 농작물 : 정당한 권원에 의해(또는 정당한 권원 없이) 타인의 토지에서 경작·재배한 농작물은 토지와 독립된 부동산으로 다루어져 경작자의 소유로 봄	(1) 교량, 터널, 담장, 우물, 구거, 저수지, 도로포장 등과 같은 구축물 (2) 등기 및 명인방법을 갖추지 못한 입목과 수목이나 다년생식물과 같은 자연과실 (3) 지중(地中)의 암석·토사·지하수 등과 같은 토지의 구성물
토지소유권의 내용에 포함되지는 않는다.	토지소유권의 내용에 포함된다.

[참고] 명인방법이란?

수목의 집단 또는 미분리의 과실의 소유권이 누구에게 속하고 있는지를 제3자가 명인(명백하게 인식)할 수 있도록 하는 관습법상의 공시방법이다.

예) 나무껍질을 깎아 거기에 소유자의 이름을 먹물로 써 놓은 것 또는 과수원 주변에 새끼줄을 치고 소유자의 이름을 기재한 표찰을 붙여 놓은 것 등

3) 부동산 정착물의 구분기준 - 「민법」상 정착물(부동산)인지 또는 아닌지(동산)의 구분기준

(1) 토지나 건물에 부착된 물건을 제거하면 토지나 건물이 제기능을 못할 경우 정착물로 간주한다.(예 : 수도꼭지, 전기배선, 인터폰 등)

(2) 제거하여도 건물의 기능 및 효용에 아무런 손상을 주지 않고 제거될 수 있다면 동산이다.

(3) 어떤 물건이 건물의 특정위치나 용도에 맞도록 특별히 고안되었다면, 그 물건은 건물에 항구적으로 설치할 의도가 있었던 것으로 간주되어 정착물로 간주된다.(예 : 주문형 창틀, 커튼, 현관열쇠 등)

(4) 당사자 간의 합의나 계약이 없었을 때, 매도인과 매수인과의 관계에서 어떤 물건이 정착물인지 아닌지가 불분명한 경우 일단은 부동산 정착물로 간주되어 매수자에게 넘어간다.

(5) 임대인과 임차인과의 관계에서 임차인이 설치한 물건(임차인 정착물)은 동산으로 간주되고, 소유권은 임차인에게 있는 것이 원칙이다.

(6) 토지에 정착되어 있으나 매년 경작노력을 요하지 않는 나무나 다년생 식물 등은 정착물로 취급되어 부동산 중개의 대상이 되며, 매매시 토지소유권과 함께 이전된다.

4. 복합부동산

1) 의의

토지와 그 위의 건물 등의 정착물이 각각 독립된 거래의 객체이면서도 마치 하나의 결합된 상태로 다루어져 부동산 활동의 대상으로 인식될 때 이를 '복합부동산'이라 한다.

2) 내용

(1) '복합부동산'은 감정평가시에 일괄평가를 하는 것이 원칙이며, 감정평가방법은 거래사례비교법을 적용한다.

(2) '복합부동산'은 부동산을 법률적·경제적·기술(물리)적 측면으로 논의하는 '복합개념의 부동산'과 구별된다.

(3) '복합부동산'은 주거와 근린생활시설 등 2개 이상 용도가 결합되어 있는 '복합건물'과 구별된다.

V 광의의 부동산

1. 의 의

협의의 부동산에 '준부동산'을 포함한 것을 광의의 부동산이라 한다.
(협의의 부동산 + 준부동산)

2. 준부동산

1) 의의

준부동산은 '의제(간주)부동산'이라고도 하며, 그 재화의 성격이나 관리측면에서 볼 때 물권변동을 위한 공시방법으로써 등기·등록이 불가피한 물건(특정한 동산 또는 동산과 부동산의 집합체인 재단)으로 부동산에 준하여 취급되는 물건을 말한다.

2) 종류 등

(1) 공장재단, 광업재단, 입목, 선박(20톤 이상), 항공기, 자동차, 건설기계, 광업권, 어업권 등이 해당된다.

(2) 준부동산은 감정평가의 대상 및 저당권의 목적물이 되며, 부동산중개의 대상이 되기도 한다.

VI 부동산 관련 기타 내용

1. 부동산은 등기함으로써 '공시의 효과'를 갖는다.

2. 부동산과 동산은 공시방법을 달리하며(부동산은 등기, 동산은 등록), 동산은 '공신의 원칙'이 인정되나, 부동산은 '공신의 원칙'이 인정되지 않는다.

[참고] 공신의 원칙

물권의 존재를 추측케 하는 표상 즉 공시방법(등기, 등록)에 의하여 물권의 외형을 신뢰하여 거래한 자는 비록 그 공시방법이 실질적 권리와 일치하지 않더라도 그 공시된 대로의 권리가 존재하는 것으로 인정되어 그 자를 보호하여야 한다는 원칙이다. 그러나 공신의 원칙은 진정한 권리자에게 불이익이 된다. 따라서 우리 민법상 공신의 원칙은 부동산에 있어서는 인정되지 않고 있다.

3. 20년간 소유의 의사로 평온, 공연하게 부동산을 점유하는 자는 등기함으로써 그 소유권을 취득한다.(민법 제245조제1항 : 점유로 인한 부동산 소유권의 취득기간)

4. <u>부동산에 관한 권리는 거래의 대상이 될 수 있다.</u>

5. 신축중인 건물은 사용승인이 완료되기 전이라도 토지와 별개의 부동산으로 취급된다.

01 부동산의 개념에 관한 것으로 옳은 것으로만 짝지어진 것은? (30회)

㉠ 자본	㉢ 소비재
㉣ 공간	㉤ 생산요소
㉥ 자연	㉦ 자산
㉧ 위치	

	경제적 개념	물리적(기술적) 개념
①	㉠, ㉢, ㉣, ㉦	㉤, ㉥, ㉧
②	㉠, ㉢, ㉤, ㉦	㉣, ㉥, ㉧
③	㉠, ㉤, ㉥, ㉧	㉢, ㉣, ㉦
④	㉢, ㉤, ㉥, ㉦	㉠, ㉣, ㉧
⑤	㉣, ㉤, ㉦, ㉧	㉠, ㉢, ㉥

해 설 │ 부동산의 개념 중 공간, 자연, 위치 등은 물리적(기술적) 개념이지만, 자본, 소비재, 생산요소, 자산 등은 경제적 개념에 해당한다.

정 답 ② ▶ 기본서 연결 : 논점정리 03- I

02 토지의 정착물에 해당하지 않는 것은? (33회)

① 구거 ② 다년생 식물 ③ 가식중인 수목 ④ 교량 ⑤ 담장

해 설 │ 가식이나 이식중인 수목, 경작수확물, 임차인 정착물은 토지의 정착물에 해당되지 않는다.

정 답 ③ ▶ 기본서 연결 : 논점 03-IV

【토지의 분류 요약 체계도】

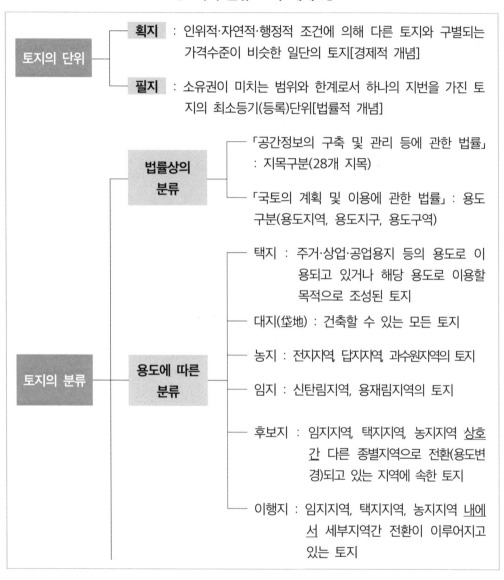

토지의 단위

- **획지** : 인위적·자연적·행정적 조건에 의해 다른 토지와 구별되는 가격수준이 비슷한 일단의 토지[경제적 개념]

- **필지** : 소유권이 미치는 범위와 한계로서 하나의 지번을 가진 토지의 최소등기(등록)단위[법률적 개념]

토지의 분류

법률상의 분류

- 「공간정보의 구축 및 관리 등에 관한 법률」 : 지목구분(28개 지목)

- 「국토의 계획 및 이용에 관한 법률」 : 용도구분(용도지역, 용도지구, 용도구역)

용도에 따른 분류

- 택지 : 주거·상업·공업용지 등의 용도로 이용되고 있거나 해당 용도로 이용할 목적으로 조성된 토지

- 대지(垈地) : 건축할 수 있는 모든 토지

- 농지 : 전지지역, 답지지역, 과수원지역의 토지

- 임지 : 신탄림지역, 용재림지역의 토지

- 후보지 : 임지지역, 택지지역, 농지지역 상호간 다른 종별지역으로 전환(용도변경)되고 있는 지역에 속한 토지

- 이행지 : 임지지역, 택지지역, 농지지역 내에서 세부지역간 전환이 이루어지고 있는 토지

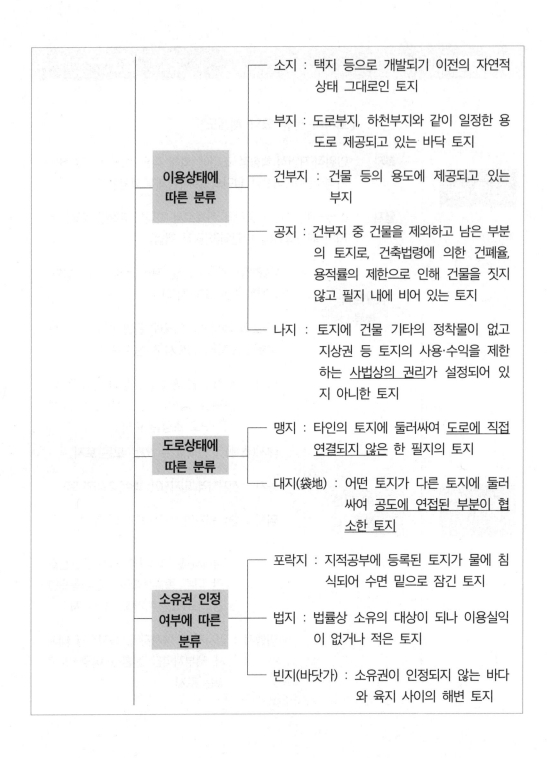

이용상태에
따른 분류

- 소지 : 택지 등으로 개발되기 이전의 자연적 상태 그대로인 토지

- 부지 : 도로부지, 하천부지와 같이 일정한 용도로 제공되고 있는 바닥 토지

- 건부지 : 건물 등의 용도에 제공되고 있는 부지

- 공지 : 건부지 중 건물을 제외하고 남은 부분의 토지로, 건축법령에 의한 건폐율, 용적률의 제한으로 인해 건물을 짓지 않고 필지 내에 비어 있는 토지

- 나지 : 토지에 건물 기타의 정착물이 없고 지상권 등 토지의 사용·수익을 제한하는 사법상의 권리가 설정되어 있지 아니한 토지

도로상태에
따른 분류

- 맹지 : 타인의 토지에 둘러싸여 도로에 직접 연결되지 않은 한 필지의 토지

- 대지(袋地) : 어떤 토지가 다른 토지에 둘러싸여 공도에 연접된 부분이 협소한 토지

소유권 인정
여부에 따른
분류

- 포락지 : 지적공부에 등록된 토지가 물에 침식되어 수면 밑으로 잠긴 토지

- 법지 : 법률상 소유의 대상이 되나 이용실익이 없거나 적은 토지

- 빈지(바닷가) : 소유권이 인정되지 않는 바다와 육지 사이의 해변 토지

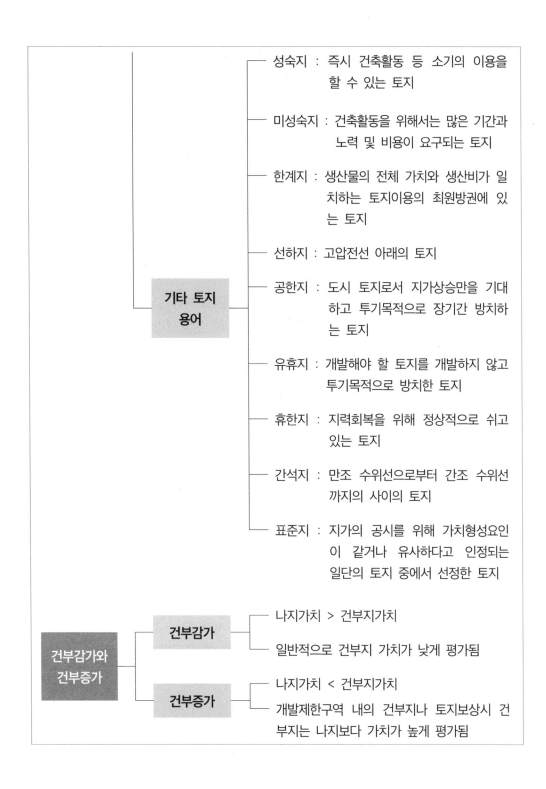

		─ 성숙지 : 즉시 건축활동 등 소기의 이용을 할 수 있는 토지
		─ 미성숙지 : 건축활동을 위해서는 많은 기간과 노력 및 비용이 요구되는 토지
		─ 한계지 : 생산물의 전체 가치와 생산비가 일 치하는 토지이용의 최원방권에 있 는 토지
		─ 선하지 : 고압전선 아래의 토지
	기타 토지 용어	─ 공한지 : 도시 토지로서 지가상승만을 기대 하고 투기목적으로 장기간 방치하 는 토지
		─ 유휴지 : 개발해야 할 토지를 개발하지 않고 투기목적으로 방치한 토지
		─ 휴한지 : 지력회복을 위해 정상적으로 쉬고 있는 토지
		─ 간석지 : 만조 수위선으로부터 간조 수위선 까지의 사이의 토지
		─ 표준지 : 지가의 공시를 위해 가치형성요인 이 같거나 유사하다고 인정되는 일단의 토지 중에서 선정한 토지

**건부감가와
건부증가**

건부감가
─ 나지가치 > 건부지가치
─ 일반적으로 건부지 가치가 낮게 평가됨

건부증가
─ 나지가치 < 건부지가치
─ 개발제한구역 내의 건부지나 토지보상시 건
부지는 나지보다 가치가 높게 평가됨

Ⅰ 토지의 단위(획지, 필지)

1. 획 지

1) <u>인위적·자연적·행정적 조건에 의해 다른 토지와 구별되는 가격수준이 비슷한 일단의 토지이다.</u>

  ○ 인위적으로 경계가 이루어져서 다른 토지와 구별되는 일단의 토지

  ○ 자연적 조건(예 : 산·하천·언덕 등) 등으로 다른 토지와 구별되는 일단의 토지

  ○ 법적(행정적), 즉 지목·지번 등으로 다른 토지와 구별되는 일단의 토지

2) 가격수준을 구분하기 위한 <u>경제적 개념</u>으로, <u>감정평가에서 중시</u>된다.

3) <u>부동산 활동 또는 부동산 현상의 단위면적이 되는 일획의 토지이다.</u>

  ∨일단지 : 용도상 불가분의 관계에 있는 2필지 이상의 일단의 토지를 말함

2. 필 지

1) 「공간정보의 구축 및 관리 등에 관한 법률」 또는 「부동산 등기법」 상의 용어이다.

2) <u>소유권이 미치는 범위와 한계로서 하나의 지번을 가진 토지의 최소등기(등록) 단위를 말한다.</u>

3) 토지에 대한 법률관계, 특히 권리변동관계의 기준적 단위 개념이다.

4) 필지가 획지보다 큰 경우에는 감정평가시 구분평가하는 것이 일반적이다.

3. 획지와 필지의 관계

1) 필지와 획지가 같은 경우, 즉 1필지가 1획지가 되는 경우(필지 = 획지)

2) 하나의 필지가 여러 개의 획지로 이용되는 경우(필지 > 획지)

3) 여러 개의 필지가 하나의 획지를 이루는 경우(필지 < 획지)

II 토지의 분류

1. 법률에서의 토지 분류

1) 「공간정보의 구축 및 관리 등에 관한 법률」(28개 지목)	① 전　　② 답　　③ 과수원　　④ 목장용지　　⑤ 임야 ⑥ 광천지　　⑦ 염전　　⑧ 대(垈)　　⑨ 공장용지 ⑩ 학교용지　　⑪ 주차장　　⑫ 주유소용지　　⑬ 창고용지 ⑭ 도로　　⑮ 철도용지　　⑯ 제방　　⑰ 하천　　⑱ 구거 ⑲ 유지　　⑳ 양어장　　㉑ 수도용지　　㉒ 공원 ㉓ 체육용지　　㉔ 유원지　　㉕ 종교용지　　㉖ 사적지 ㉗ 묘지　　㉘ 잡종지
2) 「국토의 계획 및 이용에 관한 법률」	① 용도지역 : <u>도시지역(주거지역, 상업지역, 공업지역, 녹지지역), 관리지역(보전관리지역, 생산관리지역, 계획관리지역), 농림지역, 자연환경보전지역</u> ② 용도지구 : 경관지구, 고도지구, 방화지구, 방재지구, 보호지구, 취락지구, 개발진흥지구, 특정용도제한지구, 복합용도지구 등 ③ 용도구역 : 개발제한구역, 도시자연공원구역, 시가화조정구역, 수산자원보호구역

[참고] 「공간정보의 구축 및 관리 등에 관한 법률 시행령 제58조」

제58조[지목의 구분] 법 제67조 제1항에 따른 지목의 구분은 다음 각 호의 기준에 따른다.

1. 전

    물을 상시적으로 이용하지 않고 곡물·원예작물(과수류는 제외한다)·약초·뽕나무·닥나무·묘목·관상수 등의 식물을 주로 재배하는 토지와 식용(食用)으로 죽순을 재배하는 토지

2. 답

    물을 상시적으로 직접 이용하여 벼·연(蓮)·미나리·왕골 등의 식물을 주로 재배하는 토지

3. 과수원

    사과·배·밤·호두·귤나무 등 과수류를 집단적으로 재배하는 토지와 이에 접속된 저장고 등 부속시설물의 부지. 다만, 주거용 건축물의 부지는 '대'로 한다.

4. 목장용지

    다음 각 목의 토지. 다만, 주거용 건축물의 부지는 '대'로 한다.

    가. 축산업 및 낙농업을 하기 위하여 초지를 조성한 토지

    나. 「축산법」 제2조 제1호에 따른 가축을 사육하는 축사 등의 부지

    다. 가목 및 나목의 토지와 접속된 부속시설물의 부지

5. 임야

   산림 및 원야(原野)를 이루고 있는 수림지(樹林地)·죽림지·암석지·자갈땅·모래
   땅·습지·황무지 등의 토지

6. 광천지

   지하에서 온수·약수·석유류 등이 용출되는 용출구(湧出口)와 그 유지(維持)에
   사용되는 부지. 다만, 온수·약수·석유류 등을 일정한 장소로 운송하는 송수관·
   송유관 및 저장시설의 부지는 제외한다.

7. 염전

   바닷물을 끌어들여 소금을 채취하기 위하여 조성된 토지와 이에 접속된 제염
   장(製鹽場) 등 부속시설물의 부지. 다만, 천일제염 방식으로 하지 아니하고 동
   력으로 바닷물을 끌어들여 소금을 제조하는 공장시설물의 부지는 제외한다.

8. 대

   가. 영구적 건축물 중 주거·사무실·점포와 박물관·극장·미술관 등 문화시설과
       이에 접속된 정원 및 부속시설물의 부지

   나. 「국토의 계획 및 이용에 관한 법률」 등 관계 법령에 따른 택지조성공사가
       준공된 토지

9. 공장용지

   가. 제조업을 하고 있는 공장시설물의 부지

   나. 「산업집적활성화 및 공장설립에 관한 법률」 등 관계 법령에 따른 공장부지
       조성공사가 준공된 토지

   다. 가목 및 나목의 토지와 같은 구역에 있는 의료시설 등 부속시설물의 부지

10. 학교용지

    학교의 교사(校舍)와 이에 접속된 체육장 등 부속시설물의 부지

11. 주차장

    자동차 등의 주차에 필요한 독립적인 시설을 갖춘 부지와 주차전용 건축물
    및 이에 접속된 부속시설물의 부지. 다만, 다음 각 목의 어느 하나에 해당하
    는 시설의 부지는 제외한다.

    가. 「주차장법」 제2조 제1호 가목 및 다목에 따른 노상주차장 및 부설주차장
        (「주차장법」 제19조 제4항에 따라 시설물의 부지 인근에 설치된 부설주
        차장은 제외한다)

    나. 자동차 등의 판매 목적으로 설치된 물류장 및 야외전시장

12. 주유소용지

    다음 각 목의 토지. 다만, 자동차·선박·기차 등의 제작 또는 정비공장 안에
    설치된 급유·송유시설 등의 부지는 제외한다.

    가. 석유·석유제품, 액화석유가스, 전기 또는 수소 등의 판매를 위하여 일정한
        설비를 갖춘 시설물의 부지

    나. 저유소(貯油所) 및 원유저장소의 부지와 이에 접속된 부속시설물의 부지

13. 창고용지

물건 등을 보관하거나 저장하기 위하여 독립적으로 설치된 보관시설물의 부지와 이에 접속된 부속시설물의 부지

14. 도로

다음 각 목의 토지. 다만, 아파트·공장 등 단일 용도의 일정한 단지 안에 설치된 통로 등은 제외한다.

가. 일반 공중(公衆)의 교통 운수를 위하여 보행이나 차량운행에 필요한 일정한 설비 또는 형태를 갖추어 이용되는 토지

나. 「도로법」 등 관계 법령에 따라 도로로 개설된 토지

다. 고속도로의 휴게소 부지

라. 2필지 이상에 진입하는 통로로 이용되는 토지

15. 철도용지

교통 운수를 위하여 일정한 궤도 등의 설비와 형태를 갖추어 이용되는 토지와 이에 접속된 역사(驛舍)·차고·발전시설 및 공작창(工作廠) 등 부속시설물의 부지

16. 제방

조수·자연유수(自然流水)·모래·바람 등을 막기 위하여 설치된 방조제·방수제·방사제·방파제 등의 부지

17. 하천

자연의 유수(流水)가 있거나 있을 것으로 예상되는 토지

18. 구거

용수(用水) 또는 배수(排水)를 위하여 일정한 형태를 갖춘 인공적인 수로·둑 및 그 부속시설물의 부지와 자연의 유수(流水)가 있거나 있을 것으로 예상되는 소규모 수로부지

19. 유지(溜池)

물이 고이거나 상시적으로 물을 저장하고 있는 댐·저수지·소류지(沼溜地)·호수·연못 등의 토지와 연·왕골 등이 자생하는 배수가 잘 되지 아니하는 토지

20. 양어장

육상에 인공으로 조성된 수산생물의 번식 또는 양식을 위한 시설을 갖춘 부지와 이에 접속된 부속시설물의 부지

21. 수도용지

물을 정수하여 공급하기 위한 취수·저수·도수(導水)·정수·송수 및 배수 시설의 부지 및 이에 접속된 부속시설물의 부지

22. 공원

일반 공중의 보건·휴양 및 정서생활에 이용하기 위한 시설을 갖춘 토지로서 「국토의 계획 및 이용에 관한 법률」에 따라 공원 또는 녹지로 결정·고시된 토지

23. 체육용지

국민의 건강증진 등을 위한 체육활동에 적합한 시설과 형태를 갖춘 종합운동장·실내체육관·야구장·골프장·스키장·승마장·경륜장 등 체육시설의 토지와 이에 접속된 부속시설물의 부지. 다만, 체육시설로서의 영속성과 독립성이 미흡한 정구장·골프연습장·실내수영장 및 체육도장과 유수(流水)를 이용한 요트장 및 카누장 등의 토지는 제외한다.

24. 유원지

일반 공중의 위락·휴양 등에 적합한 시설물을 종합적으로 갖춘 수영장·유선장(遊船場)·낚시터·어린이놀이터·동물원·식물원·민속촌·경마장·야영장 등의 토지와 이에 접속된 부속시설물의 부지. 다만, 이들 시설과의 거리 등으로 보아 독립적인 것으로 인정되는 숙식시설 및 유기장(遊技場)의 부지와 하천·구거 또는 유지[공유(公有)인 것으로 한정한다]로 분류되는 것은 제외한다.

25. 종교용지

일반 공중의 종교의식을 위하여 예배·법요·설교·제사 등을 하기 위한 교회·사찰·향교 등 건축물의 부지와 이에 접속된 부속시설물의 부지

26. 사적지

문화재로 지정된 역사적인 유적·고적·기념물 등을 보존하기 위하여 구획된 토지. 다만, 학교용지·공원·종교용지 등 다른 지목으로 된 토지에 있는 유적·고적·기념물 등을 보호하기 위하여 구획된 토지는 제외한다.

27. 묘지

사람의 시체나 유골이 매장된 토지, 「도시공원 및 녹지 등에 관한 법률」에 따른 묘지공원으로 결정·고시된 토지 및 「장사 등에 관한 법률」 제2조 제9호에 따른 봉안시설과 이에 접속된 부속시설물의 부지. 다만, 묘지의 관리를 위한 건축물의 부지는 '대'로 한다.

28. 잡종지

다음 각 목의 토지. 다만, 원상회복을 조건으로 돌을 캐내는 곳 또는 흙을 파내는 곳으로 허가된 토지는 제외한다.

가. 갈대밭, 실외에 물건을 쌓아두는 곳, 돌을 캐내는 곳, 흙을 파내는 곳, 야외시장 및 공동우물

나. 변전소, 송신소, 수신소 및 송유시설 등의 부지

다. 여객자동차터미널, 자동차운전학원 및 폐차장 등 자동차와 관련된 독립적인 시설물을 갖춘 부지

라. 공항시설 및 항만시설 부지

마. 도축장, 쓰레기처리장 및 오물처리장 등의 부지

바. 그 밖에 다른 지목에 속하지 않는 토지

2. 용도에 따른 토지 분류

1) 택지	① 주거·상업·공업용지 등의 용도로 이용되고 있거나 해당 용도로 이용을 목적으로 조성된 토지를 말한다. ② 부동산 감정평가 상의 용어로서 건축용지만을 의미한다. ③ 택지는 「건축법」 상의 용어인 대지(垈地)와 유사한 개념이다.
2) 대지(垈地)	① 「건축법」 상의 용어이다. ② 대지(垈地)란 건축할 수 있는 모든 토지를 말한다. ③ 「공간정보의 구축 및 관리 등에 관한 법률」에 의한 지목인 대(垈)와 특별한 관계를 가지지 않는다.
3) 농지	「농지법」상 농지란 전·답, 과수원, 그 밖에 법적 지목을 불문하고 실제로 농작물 경작지 또는 다년생 식물 재배지로 이용되는 토지(「초지법」에 따라 조성된 초지는 제외)와 그 토지의 개량시설과 그 토지에 설치하는 농축산물 생산시설로서 대통령령으로 정하는 시설(유지, 양·배수시설, 수로, 농로, 제방)의 부지이다.
4) 임지	산림지와 초지를 모두 포함하는 포괄적인 용어이다.
5) 후보지	임지지역, 택지지역, 농지지역 상호간 다른 종별 지역으로 전환(용도변경)되고 있는 지역에 속한 토지이다. 예) ① 농지에서 택지로 전환과정에 있는 토지 ② 임지에서 농지로 전환과정에 있는 토지
6) 이행지	① 택지지역(주택·상업·공업지역 간의 이행), 농지지역(전·답·과수원지역 간의 이행), 임지지역(용재림지역·신탄림지역 간의 이행) 내에서 세부지역 간 전환이 이루어지고 있는 토지이다. ② 이행지의 경우 지목변경이 뒤따를 수도 있고 그렇지 않을 수도 있다.

3. 이용상태에 따른 토지 분류

1) 소지	① 택지 등으로 개발되기 이전의 자연적 상태 그대로인 토지를 말한다. ② 원지(原地)라고도 한다.
2) 부지 (敷地)	① 도로부지, 하천부지와 같이 일정한 용도로 제공되고 있는 바닥 토지를 말한다. ② 대지보다 넓은 뜻으로 사용되는데, 건축용지 이외에 하천부지, 철도용부지, 수도용부지 등으로 사용되는 포괄적인 용어이다.
3) 건부지 (建附地)	① 건물 등의 용도에 제공되고 있는 부지를 말한다. ② 건부지는 지상에 있는 건물에 의하여 사용·수익이 제한되는 경우가 있다.

	③ <u>건부지는 건물 등이 부지의 최유효이용에 적합하지 않은 경우, 나지에 비해 최유효이용의 기대가능성이 낮다. 따라서 건부감가에 의해 건부지 가격은 나지 가격보다 낮게 평가되는 것이 일반적이다.</u>
	④ 건부지 평가가격이 나지 평가가격보다 높은 경우는 '건부증가'라 하고, 이와 반대로 낮은 경우는 '<u>건부감가</u>'라고 한다.
	
	나지 평가액 > 건부지 평가액 → 건부감가
	
	  - 지상건물이 견고할수록 그리고 지상건물의 면적이 클수록 건부감가는 커진다.(부지에 대한 제약이 커짐)
	  - 공법상 규제가 완화되었을 때 흔히 발생한다.(규제완화는 나지의 가치가 상승함)
	
	나지 평가액 < 건부지 평가액 → 건부증가
	
	  - 건물이 존재함으로 인하여 건부지가 나지보다 가격이 높아지는 예외적인 경우이다.
	  - 공법상 규제가 강화되었을 때 주로 발생한다.(규제강화로 나지의 이용제한으로 나지가격 하락)
	  - 재개발구역지정결정, 택지개발예정구역지정결정, 개발제한구역지정결정, 용적률과 건폐율 규제강화결정 등의 경우 발생한다.

4) 공지	① <u>건부지 중 건물을 제외하고 남은 부분의 토지로, 건축법령에 의한 건폐율·용적률 제한으로 인해 건물을 짓지 않고 필지 내에 비어 있는 토지이다.</u> ② 관련 법령이 정하는 바에 따라 재난시 피난 등 안전이나 일조 등 양호한 생활환경 확보를 위해, 건축하면서 남겨 놓은 일정 면적 부분의 토지를 말한다. ③ 건폐율이 강화(70% → 60%)될수록 공지면적이 넓어진다.
5) 나지	① 토지에 <u>건물 기타의 정착물이 없고 지상권 등 토지의 사용·수익을 제한하는 사법상의 권리가 설정되어 있지 아니한 토지</u>를 말한다.(주 : 공법상 제약은 있을 수 있음) ② 나지는 지상에 건축물이 없고 지목이 대(垈)인 토지인 나대지와 구분된다. ③ 「부동산가격 공시에 관한 법률」에 의한 <u>표준지의 감정평가는 나지상정평가</u>이다. ④ 일반적으로 나지는 건부지에 비해 가치가 높다.

4. 도로상태에 따른 토지 분류

1) 맹지	① 타인의 토지에 둘러싸여 도로에 직접 연결되지 않은 한 필지의 토지이다. ② 「건축법」상으로는 맹지에는 건물을 세울 수 없으므로 맹지는 주변 토지 가격보다 낮다.
2) 대지 (袋地)	① 어떤 토지가 다른 토지에 둘러싸여 공도에 연접된 부분이 협소한 토지이다. ② 자루형 획지라고도 하며, 「건축법」상 건축이 가능하다.

∨ 대(垈), 대지(垈地), 대지(袋地)의 구분
  ① **대(垈)** : 「공간정보의 구축 및 관리 등에 관한 법률」상 토지로 영구적 건축물 중 주거·사무실·점포와 박물관·극장·미술관 등 문화시설과 이에 접속된 정원 및 부속시설물의 부지를 말한다.
  ② **대지(垈地)** : 「건축법」상의 용어로 「공간정보의 구축 및 관리 등에 관한 법률」에 따라 각 필지로 나눈 토지를 말한다. 둘 이상의 필지를 하나의 대지로 하거나 하나 이상의 필지의 일부를 하나의 대지로 할 수 있다.
  ③ **대지(袋地)** : 어떤 토지가 다른 토지에 둘러싸여 공도에 연접한 부분이 협소한 토지를 말한다.

5. 소유권 인정여부에 따른 토지 분류

1) 포락지	① 지적공부에 등록된 토지가 물에 침식되어 수면 밑으로 잠긴 토지를 말한다. ② 과거에는 소유권이 인정되는 전·답 등이었으나, 지반이 절토되어 무너져 내린 토지로 바다나 하천으로 변한 토지를 말한다. ③ 포락지는 부동산 등기부상의 소유자와 관계없이 국유이다.
2) 법지	① 법률상 소유의 대상이 되나 이용실익이 없거나 적은 토지를 말한다. ② 토지와 도로 등 경계 사이의 경사진 부분의 토지로서, 측량면적에는 포함되나 실제로 사용할 수 없는 면적이다.
3) 빈지 (바닷가)	① 소유권이 인정되지 않는 바다와 육지 사이의 해변 토지를 말한다. 즉, 「공유수면 관리 및 매립에 관한 법률」에 따른 해안선으로부터 지적공부에 등록된 지역까지의 사이의 토지를 말한다. ② 빈지는 법률상 소유의 대상이 아니나 사용·수익의 대상이 되는 토지이다.

6. 기타 토지 용어

1) 성숙지와 미성숙지	① 성숙지는 즉시 건축활동 등 소기의 이용을 할 수 있는 토지이다. ② 미성숙지는 건축활동을 위해서는 많은 기간과 노력 및 비용이 요구되는 토지이다.
2) 한계지	생산물의 전체 가치와 생산비가 일치하는 토지이용의 최원방권에 있는 토지이다.
3) 선하지	고압전선 아래의 토지로 이용 및 거래의 제한을 받는 경우가 많다.
4) 공한지	도시 토지로서 지가상승만을 기대하고 투기목적으로 장기간 방치하는 토지이다.
5) 유휴지	개발해야 할 토지를 개발하지 않고 투기목적으로 방치한 토지이다.
6) 휴한지	지력회복을 위해 정상적으로 쉬고 있는 토지이다.
7) 간석지	① 만조 수위선으로부터 간조 수위선까지의 사이를 말한다. ② 간석지(갯벌)는 조차가 큰 해안에서 만조시에는 물에 잠기고, 간조시에는 노출되는 넓고 평탄한 해안 퇴적지형이다.
8) 표준지	지가의 공시를 위해 가치형성요인이 같거나 유사하다고 인정되는 일단의 토지 중에서 선정한 토지를 말한다.
9) 환지	도시개발사업을 환지방식으로 시행하는 경우 도시개발사업에 소요된 비용과 공공용지를 제외한 후 도시개발사업 전 토지의 위치, 지목, 면적 등을 고려하여 토지소유자에게 재분배하는 토지를 말한다.
10) 체비지	도시개발사업을 환지방식으로 시행하는 경우 도시개발사업에 필요한 경비에 충당하기 위해 환지로 정하지 않은 토지를 말한다.

01 **토지 관련 용어의 설명으로 틀린 것은?** (32회)

① 택지지역 내에서 주거지역이 상업지역으로 용도변경이 진행되고 있는 토지를 이행지라 한다.

② 필지는 하나의 지번이 부여된 토지의 등록단위이다.

③ 획지는 인위적·자연적·행정적 조건에 따라 다른 토지와 구별되는 가격수준이 비슷한 일단의 토지를 말한다.

④ 나지는 건부지 중 건폐율·용적률의 제한으로 건물을 짓지 않고 남겨둔 토지를 말한다.

⑤ 맹지는 도로에 직접 연결되지 않은 토지이다.

해 설   ④는 「공지」에 관한 설명이다.

∨ 나지 : 토지에 건물 기타 정착물이 없고 지상권 등 토지의 사용·수익을 제한하는 사법상의 권리가 설정되어 있지 아니한 토지를 말한다.(주 : 공법상의 제약은 있을 수 있음)

정 답   ④   ▶ 기본서 연결 : 논점정리 04-Ⅱ

02 **토지는 사용하는 상황이나 관계에 따라 다양하게 불리는 바, 토지 관련 용어의 설명으로 틀린 것은?** (33회)

① 도시개발사업에 소요된 비용과 공공용지를 제외한 후 도시개발사업 전 토지의 위치, 지목, 면적 등을 고려하여 토지 소유자에게 재분배하는 토지를 환지라 한다.

② 토지와 도로 등 경계사이의 경사진 부분의 토지를 법지라 한다.

③ 고압송전선로 아래의 토지를 선하지라 한다.

④ 소유권이 인정되지 않는 바다와 육지 사이의 해변 토지를 포락지라 한다.

⑤ 도시개발사업에 필요한 경비에 충당하기 위해 환지로 정하지 아니한 토지를 체비지라 한다.

해 설   ㄱ. 포락지 : 지적공부에 등록된 토지가 물에 침식되어 수면 밑으로 잠긴 토지

ㄴ. 빈지 : 소유권이 인정되지 않는 바다와 육지 사이의 해변토지

정 답   ④   ▶ 기본서 연결 : 논점정리 04-Ⅱ

【주택의 분류 요약 체계도】

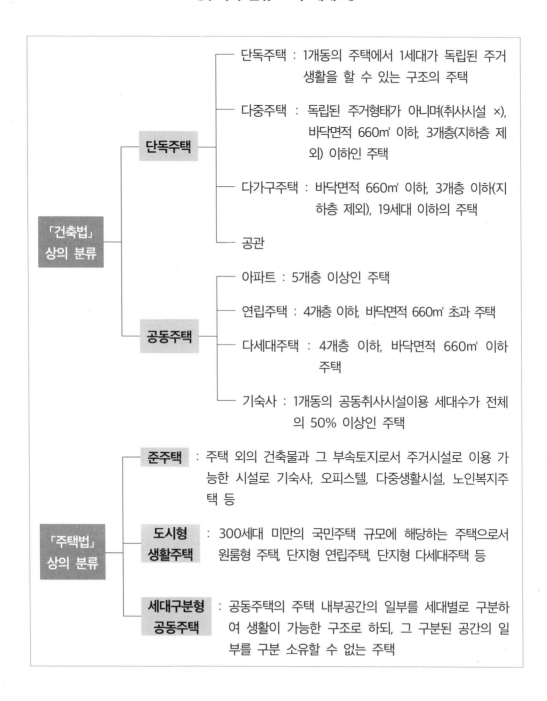

「건축법」 상의 분류

단독주택
- 단독주택 : 1개동의 주택에서 1세대가 독립된 주거 생활을 할 수 있는 구조의 주택
- 다중주택 : 독립된 주거형태가 아니며(취사시설 ×), 바닥면적 660㎡ 이하, 3개층(지하층 제외) 이하인 주택
- 다가구주택 : 바닥면적 660㎡ 이하, 3개층 이하(지하층 제외), 19세대 이하의 주택
- 공관

공동주택
- 아파트 : 5개층 이상인 주택
- 연립주택 : 4개층 이하, 바닥면적 660㎡ 초과 주택
- 다세대주택 : 4개층 이하, 바닥면적 660㎡ 이하 주택
- 기숙사 : 1개동의 공동취사시설이용 세대수가 전체의 50% 이상인 주택

「주택법」 상의 분류

준주택 : 주택 외의 건축물과 그 부속토지로서 주거시설로 이용 가능한 시설로 기숙사, 오피스텔, 다중생활시설, 노인복지주택 등

도시형 생활주택 : 300세대 미만의 국민주택 규모에 해당하는 주택으로서 원룸형 주택, 단지형 연립주택, 단지형 다세대주택 등

세대구분형 공동주택 : 공동주택의 주택 내부공간의 일부를 세대별로 구분하여 생활이 가능한 구조로 하되, 그 구분된 공간의 일부를 구분 소유할 수 없는 주택

Ⅰ 건축법 시행령 [별표1] 상 단독주택과 공동주택의 종류

1. 단독주택

1) 단독주택

2) 다중주택 : 다음의 요건을 모두 갖춘 주택을 말한다.

(1) 학생 또는 직장인 등 여러 사람이 장기간 거주할 수 있는 구조로 되어 있는 것

(2) 독립된 주거의 형태를 갖추지 않은 것(각 실별로 욕실은 설치할 수 있으나, 취사시설은 설치하지 않은 것을 말한다)

(3) 1개 동의 주택으로 쓰이는 바닥면적(부설 주차장 면적은 제외한다)의 합계가 660제곱미터 이하이고 주택으로 쓰는 층수(지하층은 제외한다)가 3개 층 이하일 것. 다만, 1층의 전부 또는 일부를 필로티 구조로 하여 주차장으로 사용하고 나머지 부분을 주택 외의 용도로 쓰는 경우에는 해당 층을 주택의 층수에서 제외한다.

(4) 적정한 주거환경을 조성하기 위하여 건축조례로 정하는 실별 최소 면적, 창문의 설치 및 크기 등의 기준에 적합할 것

3) 다가구주택 : 다음의 요건을 모두 갖춘 주택으로서 공동주택에 해당하지 아니하는 것을 말한다.

(1) 주택으로 쓰는 층수(지하층은 제외한다)가 3개 층 이하일 것. 다만, 1층의 전부 또는 일부를 필로티 구조로 하여 주차장으로 사용하고 나머지 부분을 주택 외의 용도로 쓰는 경우에는 해당 층을 주택의 층수에서 제외한다.

(2) 1개 동의 주택으로 쓰이는 바닥면적(부설주차장 면적은 제외한다)의 합계가 660제곱미터 이하일 것

(3) 19세대(대지 내 동별 세대수를 합한 세대를 말한다) 이하가 거주할 수 있을 것

4) 공관(公館)

2. 공동주택

1) 아파트 : 주택으로 쓰는 층수가 5개 층 이상인 주택

2) 연립주택 : 주택으로 쓰는 1개 동의 바닥면적(2개 이상의 동을 지하주차장으로 연결하는 경우에는 각각의 동으로 본다) 합계가 660제곱미터를 초과하고, 층수가 4개 층 이하인 주택

3) 다세대주택 : 주택으로 쓰는 1개 동의 바닥면적 합계가 660제곱미터 이하이고, 층수가 4개 층 이하인 주택(2개 이상의 동을 지하주차장으로 연결하는 경우에는 각각의 동으로 본다)

4) 기숙사 : 학교 또는 공장 등의 학생 또는 종업원 등을 위하여 쓰는 것으로서 1개 동의 공동취사시설 이용 세대 수가 전체의 50퍼센트 이상인 것(「교육기본법」 제27조 제2항에 따른 학생복지주택을 포함한다)

Ⅱ 주택법 제2조의 각종 주택의 정의

1. '주택'이란 세대(世帶)의 구성원이 장기간 독립된 주거생활을 할 수 있는 구조로 된 건축물의 전부 또는 일부 및 그 부속토지를 말하며, 단독주택과 공동주택으로 구분한다.

2. '단독주택'이란 1세대가 하나의 건축물 안에서 독립된 주거생활을 할 수 있는 구조로 된 주택을 말하며, 그 종류와 범위는 대통령령(영 제2조 : 단독주택, 다중주택, 다가구주택)으로 정한다.

3. '공동주택'이란 건축물의 벽·복도·계단이나 그 밖의 설비 등의 전부 또는 일부를 공동으로 사용하는 각 세대가 하나의 건축물 안에서 각각 독립된 주거생활을 할 수 있는 구조로 된 주택을 말하며, 그 종류와 범위는 대통령령(영 제3조 : 아파트, 연립주택, 다세대주택)으로 정한다.

4. '준주택'이란 주택 외의 건축물과 그 부속토지로서 주거시설로 이용 가능한 시설 등을 말하며, 그 범위와 종류는 대통령령(영 제4조 : 기숙사, 다중생활시설, 노인복지주택, 오피스텔)으로 정한다.

5. '국민주택'이란 다음 각 목의 어느 하나에 해당하는 주택으로서 국민주택규모 이하인 주택을 말한다.
1) 국가·지방자치단체, 한국토지주택공사 또는 지방공사가 건설하는 주택

2) 국가·지방자치단체의 재정 또는 주택도시기금으로부터 자금을 지원받아 건설되거나 개량되는 주택

6. '국민주택규모'란 '주거전용면적'이 1호(戶) 또는 1세대당 85제곱미터 이하인 주택(「수도권정비계획법」 제2조 제1호에 따른 수도권을 제외한 도시지역이 아닌 읍 또는 면 지역은 1호 또는 1세대당 주거전용면적이 100제곱미터 이하인 주택을 말한다)을 말한다. 이 경우 주거전용면적의 산정방법은 국토교통부령으로 정한다.

7. '민영주택'이란 국민주택을 제외한 주택을 말한다.

8. '임대주택'이란 임대를 목적으로 하는 주택으로서, 「공공주택 특별법」 제2조 제1호 가목에 따른 공공임대주택과 「민간임대주택에 관한 특별법」 제2조 제1호에 따른 민간임대주택으로 구분한다.

9. '토지임대부 분양주택'이란 토지의 소유권은 사업계획의 승인을 받아 토지임대부 분양주택 건설사업을 시행하는 자가 가지고, 건축물 및 복리시설(福利施設) 등에 대한 소유권[건축물의 전유부분(專有部分)에 대한 구분소유권은 이를 분양받은 자가 가지고, 건축물의 공용부분·부속건물 및 복리시설은 분양받은 자들이 공유한다]은 주택을 분양받은 자가 가지는 주택을 말한다.

10. '세대구분형 공동주택'이란 공동주택의 주택 내부 공간의 일부를 세대별로 구분하여 생활이 가능한 구조로 하되, 그 구분된 공간의 일부를 구분소유 할 수 없는 주택으로서 대통령령으로 정하는 건설기준, 설치기준, 면적기준 등에 적합한 주택을 말한다.

11. '도시형 생활주택'이란 300세대 미만의 국민주택규모에 해당하는 주택으로서 대통령령으로 정하는 주택(영 제10조 : 원룸형 주택, 단지형 연립주택, 단지형 다세대주택)을 말한다.

12. '에너지절약형 친환경주택'이란 저에너지 건물 조성기술 등 대통령령으로 정하는 기술을 이용하여 에너지 사용량을 절감하거나 이산화탄소 배출량을 저감할 수 있도록 건설된 주택을 말하며, 그 종류와 범위는 대통령령으로 정한다.

13. '건강친화형 주택'이란 건강하고 쾌적한 실내환경의 조성을 위하여 실내공기의 오염물질 등을 최소화할 수 있도록 대통령령으로 정하는 기준에 따라 건설된 주택을 말한다.

14. '장수명 주택'이란 구조적으로 오랫동안 유지·관리될 수 있는 내구성을 갖추고, 입주자의 필요에 따라 내부 구조를 쉽게 변경할 수 있는 가변성과 수리 용이성 등이 우수한 주택을 말한다.

01 **다중주택의 요건이 <u>아닌</u> 것은?**(단, 건축법령상 단서조항은 고려하지 않음) **(32회)**

① 1개 동의 주택으로 쓰이는 바닥면적(부설 주차장 면적은 제외한다)의 합계가 660제곱미터 이하이고, 주택으로 쓰는 층수(지하층은 제외한다)가 3개층 이하일 것

② 독립된 주거의 형태를 갖추지 않은 것(각 실별로 욕실은 설치할 수 있으나, 취사시설은 설치하지 않은 것을 말한다)

③ 학교 또는 공장 등의 학생 또는 종업원 등을 위하여 쓰는 것으로서 1개 동의 공동취사시설 이용세대수가 전체의 50퍼센트 이상인 것

④ 적정한 주거환경을 조성하기 위하여 건축조례로 정하는 실별 최소면적, 창문의 설치 및 크기 등이 기준에 적합할 것

⑤ 학생 또는 직장인 등 여러 사람이 장기간 거주할 수 있는 구조로 되어 있는 것

해 설   ③은 '기숙사'의 요건임

정 답   ③   ▶ 기본서 연결 : 논점정리 05-Ⅰ

02 **건축물 A의 현황이 다음과 같을 경우, 건축법령상 용도별 건축물의 종류는?**
(33회)

> ■ 층수가 4층인 1개동의 건축물로서 지하층과 필로티 구조는 없음
> ■ 전체층을 주택으로 쓰며, 주택으로 쓰는 바닥면적의 합계가 600㎡임
> ■ 세대수 합계는 8세대로서 모든 세대에 취사시설이 설치됨

① 기숙사   ② 다중주택   ③ 연립주택
④ 다가구주택   ⑤ 다세대주택

해 설   연립주택 : 660㎡ 초과,   다세대주택 : 660㎡ 이하

정 답   ⑤   ▶ 기본서 연결 : 논점정리 05-Ⅰ

Chapter 02
부동산의 특성과 속성

제33회 문제 분석(기출 관련)	제34회 출제 예상 핵심 항목
• 부동산의 특성 (O)	• 토지의 자연적 특성 • 토지의 인문적 특성

❖ 위 (기출 관련)은 최근 10년 이내 출제 문제를 정확하게 정리할 경우 쉽게 답을 찾을 수 있는 문제를 말함

논점정리

각 논점정리 앞부분에 논점정리 미리보기(체계도)가 있습니다.

【토지와 건물의 특성 요약 체계도】

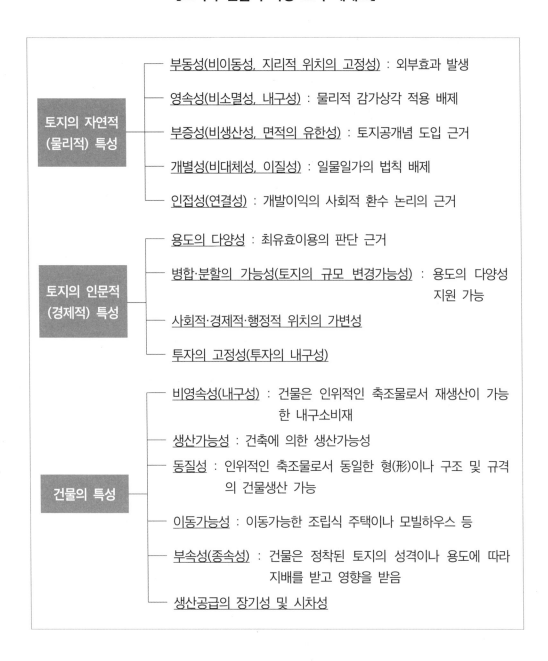

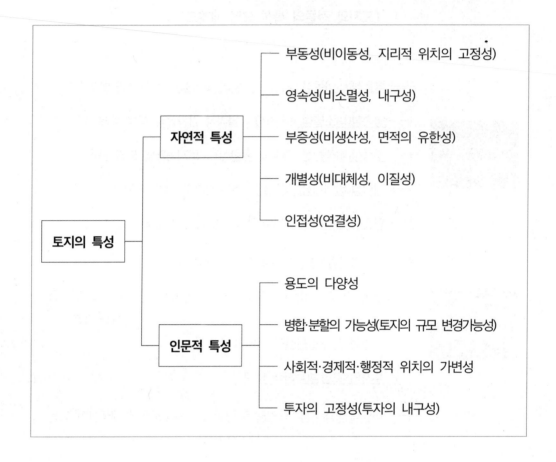

I 토지의 자연적 특성

1. 부동성

1) 의의

(1) 토지의 지리적 위치는 인위적으로 이동시킬 수 없다는 특성으로서 지리적 위치의 고정성 또는 비이동성이라고도 한다.

(2) 토지가 갖는 가장 중요한 특성이며, 토지는 부동성의 특성으로 인해 위치에 따라 이용상태나 가치도 달라질 수 있다.

(3) 부동산의 위치가 고정됨으로써 부동산의 주변에서 일어나는 환경조건들이 부동산의 가격에 항상 영향을 주는 외부효과를 발생시킬 수 있다.

2) 부동성으로부터 파생되는 특징

  (1) 부동산과 동산을 구별 짓는 기준이 되며, 일반재화와 부동산재화의 특성이 다르게 나타나며, 부동산 권리의 공시방법(등기)이 동산과 다르게 되는 이론적 근거가 된다.

  (2) 부동산 활동을 임장활동(현장방문)으로 만든다.

  (3) 부동산 활동 및 부동산 현상을 국지화시키며, 토지관계법이 복잡해지고 중앙정부나 지방자치단체의 다른 규제와 통제를 받게 된다.

  (4) 부동산 시장을 추상적 시장으로 만들어 균형가격의 성립을 방해하며, 정보에 의한 거래가 요구된다.

  (5) 부동산 시장을 불완전 경쟁시장으로 만들며, 시장기능을 대행하는 감정평가의 필요성이 제기된다.

  (6) 토지의 이용방식이나 입지선정에 영향을 미치기 때문에 입지론의 이론적 근거가 된다.

  (7) 부동산은 지역적으로 세분화되어 부분시장(sub-market, 하위시장)으로 존재한다.

  (8) 토지의 부동성은 지방자치단체 운영을 위한 부동산 조세수입의 근거가 될 수 있다.

  (9) 감정평가시 지역분석을 필요로 한다.

  (10) 적합의 원칙과 외부성(외부효과) 원리 및 용도지역제 설정의 근거가 된다.

> **외부효과** ┬ 외부경제(+)효과 : 도로신설, 행정기관이주, 개발이익 등
> └ 외부불경제(-)효과 : 소음, 환경오염, 개발손실 등

2. 영속성

1) 의의

토지는 사용이나 시간의 흐름에 의하여 소모나 마멸이 되지 않는다는 특성이다.

2) 영속성으로부터 파생되는 특징

  (1) 토지에 물리적 감가상각(감가수정)의 적용을 배제시키는 근거가 된다.

    ㈜ 토지의 영속성은 토지의 물리적 파괴나 물리적 감가가 없다는 의미이지 기능적 감가나 경제적 감가(예 : 폐광촌)가 없다는 의미는 아니다.

  (2) 소모를 전제로 하는 이론(재생산 이론 등)이나 사고방식은 물리적 토지에는 해당되지 않는다.

(3) 부동산 관리의 의의(중요성)를 높게 한다.

(4) 부동산 활동에 있어 장기배려를 하게 된다.

(5) 장기투자를 통해 자본이득(소유함으로써 생기는 자본이익)과 소득이득(이용하여 생기는 운용이익)을 얻을 수 있다.

(6) 토지의 가치보존력을 우수하게 하며, 소유이익과 이용이익을 분리하여 타인으로 하여금 이용 가능하게 하여 임대차 시장의 발달근거가 된다.

(7) 토지의 영속성은 장래편익을 현재화한 값인 가치(value) 개념의 근거가 되며, 미래의 수익을 가정하고 가치를 평가하는 감정평가방법 중 '직접 환원법'의 적용을 가능하게 한다.

(8) 가격이 하락해도 소모되지 않기 때문에 차후에 가격상승을 기대하여 매각을 미룰 수 있다. 즉, 재고시장을 발달시킨다.

3. 부증성

1) 의의

(1) 토지는 다른 생산물처럼 노동이나 생산비를 투입하여도 물리적 절대량(순수한 그 자체의 양)을 증가하거나 재생산할 수도 없다는 특성이다.

(2) 토지부족문제의 근거가 된다.(부동산의 수급 불균형)

(3) 수면의 매립이나 산지개간 등으로 농지나 택지 등의 특정용도로 확대하는 것은 부증성의 예외가 아니라 토지이용의 전환이다.

2) 부증성으로부터 파생되는 특징

(1) 토지에는 생산비의 법칙이 적용되지 않기 때문에 토지의 평가를 '원가법'으로 구할 수가 없고, 균형가격이 자연스럽게 형성되지 못한다. 따라서 감정평가제도와 공시지가제도가 마련되는 근거가 된다.

(2) 토지의 지대 또는 지가를 발생시키며, 토지의 공급부족문제로 '최유효이용'의 근거가 된다.

(3) 토지이용을 집약화 시킨다.

(4) 토지의 공급조절을 곤란하게 한다.

(5) 자연물인 토지는 유한하여 토지의 독점소유 욕구를 증대시킨다.

(6) 토지의 물리적 공급은 불가능하나 매립이나 산지개간을 통한 농지나 택지의 확대와 같은 용도전환을 통해 용도적 공급(경제적 공급)은 가능하다.

(7) 부증성에 기인한 특정토지의 희소성은 공간수요의 입지경쟁을 유발시키며, 이는 지가상승의 문제를 발생시키기도 한다.

(8) 토지이용의 사회성·공공성이 강조되고, 토지 공개념 사상의 도입근거가 된다.

(9) <u>토지의 물리적 공급곡선이 수직선이 되며, 가격에 대해 완전히 비탄력적이 된다. 따라서 토지의 공급제한으로 인해 공급자 경쟁보다는 수요자 경쟁을 야기한다.</u>

(10) 토지의 공급은 어떤 용도에 대해서나 단기적으로는 비탄력적이지만, <u>다른 목적의 토지 이용은 특정목적의 토지 이용으로 용도가 전환되기 때문에 장기적으로는 어느 정도 탄력적이라고 할 수 있다.</u>

4. 개별성

1) 의의

(1) 토지의 위치나 접근성, 면적, 크기, 지질 등 개별적 특성을 종합해 봤을 때 동일한 토지는 없다는 특성이다.

(2) 비대체성, 비동질성이라고도 한다.

(3) 토지는 물리적으로 비대체적이나 이용측면(경제적, 용도면)에서는 대체성이 있다.

2) 개별성으로부터 파생되는 특징

(1) <u>표준지 선정을 어렵게 하며, 토지의 가격이나 수익이 개별로 형성되어 '일물일가의 법칙' 적용을 배제시킨다.</u>

(2) <u>부동산 활동이나 현상을 개별화 시킨다. 따라서 부동산시장을 비공개성, 상품의 비표준화성, 시장의 비조직성으로 만든다.</u>

(3) 토지시장에서 상품간 완전한 대체 관계가 제약되기 때문에 감정평가제원칙 중 '대체의 원칙'이 적용되기 어렵다.

(4) <u>부동산 활동에서 대상 부동산과 다른 부동산의 비교를 어렵게 만든다.</u>

(5) 개개의 부동산을 <u>독점화</u> 시키며, <u>토지시장을 불완전 경쟁시장으로 만드는 요인이다.</u>

(6) 부동산의 가격은 개별성에 근거하여 <u>불합리한 가격이 형성</u>되므로 대상 부동산의 적정가격을 판정하기 위해서는 <u>개별분석</u>이 필요하다.

(7) <u>특정부동산에 대한 시장정보의 수집이 어렵고, 거래비용이 높아질 수 있다.</u>

5. 인접성(연결성)

1) 의의

물리적으로 토지가 무한히 연속되고 반드시 인접토지와 연결되어 있다는 특성이다. 이 특성의 배경은 지리적 위치의 고정성과 공간의 연속성에서 찾고 있다.

2) 인접성으로부터 파생되는 특징

(1) 인접토지와 상호 밀접한 의존적 관계가 형성되어 외부효과(외부경제(+), 외부불경제(-))를 가져오기도 한다. 따라서 경제적 위치는 가변적이 된다.

(2) 토지이용으로 인한 외부효과를 분석하고 그로 인한 사회적 비용과 사회적 편익을 고려하는 토지이용에 있어 협동적 논리 주창의 근거가 된다.

(3) 소유와 관련해 경계문제를 야기하고 토지의 기술적 관리에 효율성을 요구한다.

(4) 가격구성에 있어 인접지의 영향을 받게 되며 지역분석을 필연화 시킨다.

(5) 개발이익의 사회적 환수, 개발손실에 대한 보상의 논리적 근거가 된다.

(6) 부동산의 용도 면에서 대체 가능성을 존재케 한다.

> ※ 외부효과를 가져오는 특성
> 토지의 자연적 특성인 '부동성'과 '인접성'으로 외부효과가 발생하며, 외부불경제(-)인 경우 「경제적 감가」가 발생할 수 있다.

II 토지의 인문적 특성

1. 의 의

토지가 인간과 어떤 관계를 가질 때 나타나는 특성으로, 인간과 부동산의 관계를 의미한다. 따라서 인위적이고 후천적이며 가변적인 특성이 있다.

2. 종 류

1) 용도의 다양성(변용성, 다용도성, 용도전환의 가변성)

(1) '용도의 다양성'은 토지의 자연적 특성인 '부증성'과 함께 '최유효이용'의 판단근거가 된다.

(2) 토지의 재산상 가치를 증대시키는 요인이 된다.

(3) 토지이용의 이행과 전환을 통해 경제적 공급(용도적 공급)을 가능하게 한다.

> ※ 토지이용의 이행 : 택지지역, 농지지역, 임지지역 내에서 세부지역간 전환하는 것

(4) 적지론(용도결정)과 가치의 다원적 개념의 이론적 근거가 된다.

(5) 토지의 가격은 그 이용을 통해 초과이윤을 얻기 위한 시장참여자들의 경쟁관계에 의해 형성된다.

2) 합병·분할의 가능성

(1) <u>토지는 이용주체의 목적에 따라 인위적으로 분할 또는 합병하여 이용할 수 있다.</u>

(2) 용도의 다양성을 지원하는 기능을 한다.(최유효이용의 지원)

(3) 부동산 평가에 있어서 균형의 원칙, 기여의 원칙, 적합의 원칙 등의 지원을 가능하게 한다.

3) 위치의 가변성

(1) 토지의 절대적 위치(물리적 위치)는 고정적이지만, 상대적 위치(사회적·경제적·행정적 위치)는 가변적이다.

(2) 사회적 위치를 변화시키는 요인

① 주거환경의 개선(또는 악화), 과밀화(또는 슬럼화) 등 <u>주거환경의 변화</u>

② 공원의 조성(또는 폐지), 학교의 이전(또는 신설), 대형마트의 신설(또는 이전) 등으로 인한 <u>사회환경의 개선 또는 악화</u>

③ 인구의 사회적 이동 등 인구의 증·감이나 가족구성·가구구조의 변화 등에 따른 <u>부동산의 수요변동</u>

(3) 경제적 위치를 변화시키는 요인

① 수송 및 교통체계의 정비(도로·철도·전철·항만 등의 신설·확장·개수) 등의 경우

② 경제성장·소득증대·경기순환 등으로 인해 부동산의 수급 및 유용성이 변동하는 경우

③ 물가·임금·고용 등의 상태로 인해 부동산의 수급 및 유용성이 변화하는 경우

(4) 행정적 위치를 변화시키는 요인

① 토지거래허가제

② 그린벨트 또는 농업진흥지역으로 지정(또는 대형건축불허) 등 용도규제

③ <u>도시계획의 변경, 공업단지의 지정</u>

④ 부동산 조세정책의 변화(부동산 양도소득세 및 부동산 보유세제 강화)

⑤ 정부의 부동산 정책변화

4) 투자의 고정성

   (1) 부동산에 투자한 비용의 회수까지는 많은 기간이 소요되는 것을 말한다.

   (2) 자연적 특성인 영속성으로 인하여 토지를 최유효 상태로 경제적 위치를 가변시키는 데는 시간과 비용이 소요되고, 투하자본 회수기간이 장기적이다.

   (3) 행정적 요인 등에 의한 토지이용 규제에 의하여 능동적이고 기동성 있는 적응이 어렵다.

Ⅲ 건물의 특성

1. 비영속성 : 인위적 축조물로 재생산이 가능한 내구소비재이며 내용연수를 가진 비영속적인 특성을 가진다.

2. 생산가능성 : 건축에 의한 생산가능성이라는 특성을 가진다.

3. 동질성 : 건물은 인위적인 축조물이기 때문에 동일한 형(形)이나 구조 및 규격의 건물을 생산할 수 있으므로 동질성의 특성을 가진다.

4. 이동가능성 : 이동가능한 조립식 주택이나 모빌하우스 등의 등장과 이축기술의 발달로 이동가능성 있는 건물이 등장하고 있다.

5. 부속성(종속성) : 건물은 토지 상에 정착되어 축조되기 때문에 그 정착된 토지의 성격이나 용도에 따라 지배를 받고 영향을 받는 특성를 가진다.

6. 생산 공급의 장기성 및 시차성

01 **토지의 자연적 특성에 관한 설명으로 옳은 것을 모두 고른 것은?** (32회)

> ㄱ. 부증성으로 인해 동산과 부동산이 구분되고, 일반재화와 부동산재화의
>   특성이 다르게 나타난다.
> ㄴ. 부동성으로 인해 임장활동과 지역분석을 필요로 한다.
> ㄷ. 인접성으로 인해 부동산의 수급이 불균형하여 균형가격의 형성이 어렵다.
> ㄹ. 개별성으로 인해 일물일가 법칙의 적용이 배제되어 토지시장에서 물건
>   간 완전한 대체관계가 제약된다.

① ㄱ, ㄴ   ② ㄱ, ㄷ   ③ ㄴ, ㄷ   ④ ㄴ, ㄹ   ⑤ ㄷ, ㄹ

해 설   ㄱ. 부동성으로 인한 특성
          ㄷ. 부증성으로 인한 특성

정 답   ④   ▶ 기본서 연결 : 논점정리 01-Ⅰ

02 **부동산의 특성에 관한 설명으로 옳은 것은?** (33회)

① 토지는 물리적 위치가 고정되어 있어 부동산시장이 국지화된다.
② 토지는 생산요소와 자본의 성격을 가지고 있지만, 소비재의 성격은 가지
  고 있지 않다.
③ 토지는 개별성으로 인해 용도적 관점에서도 공급을 늘릴 수 없다.
④ 토지의 부증성으로 인해 토지공급은 특정 용도의 토지에 대해서도 장·
  단기적으로 완전비탄력적이다.
⑤ 토지는 영속성으로 인해 물리적, 경제적인 측면에서 감가상각을 하게
  된다.

해 설   ① 토지의 부동성으로 인한 특성이다.
          ② 부동산의 경제적 개념에는 자산, 자본, 생산요소, 소비재, 상품으로 구분
            된다.
          ③ 토지 이용의 이행과 전환을 통해 용도적 공급(경제적 공급)을 늘릴 수
            있다.
          ④ 장기적으로 특정목적의 토지이용으로 용도전환이 되기 때문에 단기적으
            로는 비탄력적이지만, 장기적으로는 어느 정도 탄력적이라고 할 수 있다.
          ⑤ 물리적 측면에서는 감가상각을 하지 않는다. 그러나 경제적인 측면에서는
            기능적 감가나 경제적 감가를 하게 된다.

정 답   ①   ▶ 기본서 연결 : ①·④·⑤ → 논점정리 01-Ⅰ, ② → 논점정리
                            C01-03-Ⅰ, ③ → 논점정리 01-Ⅱ

【부동산의 속성(본질, 존재가치) 요약 체계도】

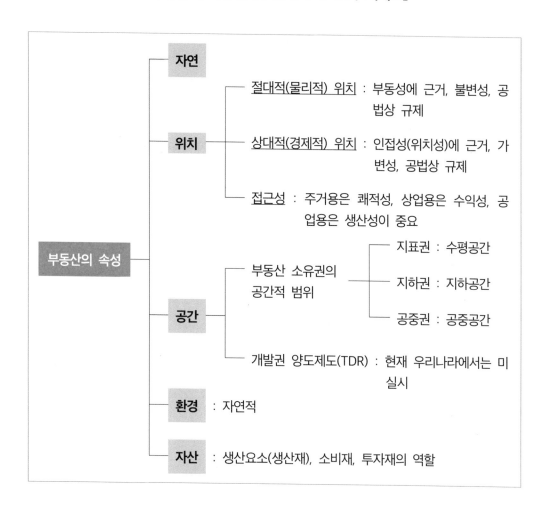

Ⅰ 부동산의 속성 개념

부동산의 속성 또는 본질이란 부동산이 자연·위치·공간·환경·자산으로서 갖는 속성 또는 본질을 말한다. 주로 토지의 특성을 중심으로 논한다.

Ⅱ 자연으로서의 부동산

1. 토지는 부증성으로 인해 토지부족문제를 발생시키고, 토지의 효율적 이용을 통한 최유효이용 개념이 중시된다. 그러므로 토지이용의 공공복리에 적합하게 사회성·공공성 및 토지공개념이 필요하게 된다.

2. 자연으로서 보전될 토지를 '현장자원'의 토지라 하고, 개발될 토지를 '상품자원'이라 한다. 한번 상품자원으로 개발된 토지는 현장자원으로 환원하기가 어려우므로(비가역성), 현장자원으로서의 토지를 보전의 필요성이 더욱 중시된다.

Ⅲ 위치로서의 부동산

1. 위치의 구분

구 분	근 거	변화가능성	공법상 규제
절대적(물리적) 위치	부동성	불변성	○
상대적(경제적) 위치	인접성(위치성)	가변성	○

2. 부동산의 위치와 용도 및 접근성

1) 접근성의 개념

'접근성'이란 대상부동산이 위치한 장소에서 어떤 목적물에 도달하는데 시간적·경제적·거리적 부담이 작은 것을 말한다.

이는 시간, 비용, 노력 등이 포함된 상대적 거리로서 물리적·절대적 실제의 거리인 '근접성'과 구별되는 개념이다.

2) 위치와 접근성의 관계

대 상	내 용	예 시
(1) 접근의 대상물	접근성이 좋더라도 그 대상물이 위험시설이나 혐오시설이라면 오히려 감가요인이 된다.	○ LPG저장소 ○ 쓰레기소각장 ○ 화장터
(2) 접근의 정도	대상물이 위험·혐오시설이 아니고, 편익시설이나 꼭 필요한 시설일지라도 접근성이 너무 지나치면 불리하다.	○ 시장 안의 주택 ○ 고속도로 앞의 주택 ○ 유원지나 학교 앞의 주택
(3) 거리와 접근성	거리가 가까워도 접근성이 나쁜 경우가 있다.	○ 거리가 가까워도 주차장이 먼 경우 ○ 근거리지만 일반통행이어서 우회해야 하는 경우 ○ 가로횡단 문제로 실거리보다 우회해야 하는 경우
(4) 접근성이 중시되는 부동산	사람이 찾는 빈도가 높은 부동산, 흡인력이 약한 부동산	○ 편의품점 등 소매점포
(5) 접근성이 중시되지 않는 부동산	흡인력이 강한 부동산, 사람이 찾는 빈도가 낮은 부동산	○ 관광명소, 전문품점 ○ 요양원

3) 부동산의 용도와 접근성(위치의 평가)

   (1) 주거용은 쾌적성이 중요한 고려요소이다.

   (2) 상업용은 수익성이 중요한 고려요소이다.

   (3) 공업용은 생산성이 중요한 고려요소이다.

Ⅳ 공간으로서의 부동산

1. 부동산의 공간개념(3차원 공간)

1) 부동산은 수평공간뿐만 아니라 공중공간, 지중공간 등 입체공간을 포함한 3차원 공간으로 구성된다.

2) 공간으로서의 부동산은 토지의 영속성과 밀접한 관련이 있다.

3) 부동산의 3차원 공간은 부동산 소유권 및 재산권 보장의 이론적 근거가 된다.

4) 수평공간의 확대는 직주분리를 야기하므로 입체공간의 활용이 요구된다.

5) 현행 지적도는 토지의 경계를 입체적으로 표현하지 못하고 있다.

2. 부동산 소유권의 공간적 범위

1) 의의

    (1) 토지소유권의 공간적 범위는 사회적 통념이나 법이 허용하는 범위 내에서 그 경제적 가치가 인정되는 한도까지로 한다.

    (2) 지하공간의 이용이 증대되고 초고층건물이 늘어남에 따라 <u>토지소유권의 구체적 범위의 해석에 대해서는 법원의 판단에 의존하는 것이 일반적이다.</u>

    (3) 「민법」 제212조에 의하면 '토지의 소유권은 정당한 이익이 있는 범위 내에서 토지의 상하에 미친다'라고 규정하고 있다.

2) 지표권(수평공간)

    (1) 지표권이란 토지소유자가 지표상의 토지를 배타적으로 사용할 수 있는 권리를 말한다.

    (2) <u>지표상에서 작물의 경작, 건물의 건축, 지표수 등을 이용할 수 있는 권리이다.</u>

3) 지하권(지하공간)

    (1) 지하권이란 토지소유자가 지하공간에서 어떤 이익을 얻거나 지하공간을 사용할 수 있는 권리를 말한다.

    (2) <u>우리나라에서는 광업권의 객체가 되는 미채굴 광물(석탄, 석유 등)은 토지소유권의 범위에 포함되지 않는다.</u>

    (3) 우리나라는 공익목적으로 지하공간을 이용할 경우 토지소유자의 지하공간에 대한 소유권행사에 대해 일정 깊이(한계심도)까지 제한할 수 있다.

    (4) <u>국가가 사유지 지하의 일부를 사용하기 위해 구분지상권을 설정할 수 있다.</u>

        [참고] 한계심도, 구분지상권

            1. 한계심도 : 토지소유자의 통상적인 이용이 예상되지 않는 깊이로, 사적 지하권의 최대 범위를 말한다.

            2. 구분지상권 : 건물 기타 공작물을 소유하기 위하여 타인의 토지의 지상 또는 지하의 공간 중 일정 범위를 정하여 사용하는 용익물권이다.

4) 공중권(공중공간)

    (1) <u>공중권이란 토지소유자가 토지구역상의 공중공간을 타인에게 방해받지 않고 정당한 이익이 있는 범위 내에서 이용·관리할 수 있는 권리를 말한다.</u>

(2) 공중권은 사적 공중권과 공적 공중권으로 구분한다.

구 분	내 용	예 시
① 사적 공중권	토지소유자가 일정범위까지 개인적으로 이용·관리할 수 있는 권리로, 인접토지소유자의 권리를 방해해서는 안된다.	○ 일조권 ○ 조망권 ○ 개발권양도제도(TDR) ○ 용적률
② 공적 공중권	공공기관이 사적 공중권 이상의 공중공간에 대해 공익을 목적으로 이용할 수 있는 권리를 말한다.	○ 항공권 ○ 전파권

(3) 공중공간도 지표나 지하와 같이 획지로 분할할 수 있고, 임대차나 지역권을 설정할 수도 있다.

(4) 공중공간을 활용하는 방안으로 구분지상권, 개발권양도제도(TDR), 용적률 인센티브 제도 등이 있다.

3. 개발권양도제도(TDR : Transferable Development Rights)

1) 의의

개발권양도제도(TDR)는 미국에서 널리 활용되고 있는 제도로서 규제지역 토지소유자의 손실을 개발지역토지에 대한 개발권부여를 통해 보전하는 제도이다.

2) 특징

(1) TDR은 원래 도심지의 역사적 유물보전, 자연환경보전을 위해 실시하였으나, 오늘날은 개발제한구역의 지정 등 토지이용규제에 대한 손실완화제도로 활용되고 있다.

(2) TDR은 공공이 부담해야 하는 비용을 절감하면서 규제에 따른 손실의 보전이 시장을 통해서 이루어진다는 점에 의의가 있다.

(3) TDR은 규제지역의 소유권으로부터 개발권을 분리하여 개발지역으로 개발권만 양도하는 것이지 개발지역에 소유권을 부여하는 제도가 아니다.

(4) TDR은 사적 공중권의 활용방안이며 공중권임대차는 아니다.

(5) 현재 우리나라에서는 시행되지 않고 있는 제도이다.

[참고] 현재 우리나라에서 실시되고 있지 않은 각종 정책
① 개발권양도제도(TDR) : 미실시
② 공한지세 : 폐지

③ 택지소유상한제 : 폐지

④ 토지초과이득세 : 폐지

⑤ 종합토지세 : 폐지(재산세로 통합)

V 환경으로서의 부동산

1. 부동산환경이란 부동산에 직·간접적으로 영향을 주는 자연적·인문적 환경을 말한다.

2. 인간의 부동산활동은 부동산환경의 경계에 의해 무한히 확대되는 것이 아니고 경계작용에 의해 차단되기도 한다.

VI 자산으로서의 부동산

1. 부동산은 인간의 경제활동과 직결되고 이윤추구의 수단이 되므로 현대의 시장경제에서 중요시된다.

2. 부동산은 생산요소(생산재), 소비재, 투자재의 역할을 한다.

3. 부동산은 화폐자산이 아닌 실물자산이므로 인플레이션 발생시 구매력 방어수단(인플레 헤지)이 된다.

4. 부동산은 이용시에 사용가치를 통한 소득이득이 발생하며, 처분시에 교환가치를 통한 자본이득이 발생할 수 있다.

01 **공간으로서의 부동산에 대한 설명 중 틀린 것은?** (18회)

① 공간에서 창출되는 기대이익의 현재가치를 부동산가치로 본다면, 이는 부동산을 단순히 물리적 측면뿐만 아니라 경제적 측면을 포함하여 복합적 측면에서 파악한 것이다.

② 공간으로서의 토지는 지표뿐만 아니라 지하와 공중을 포함하는 입체공간을 말한다.

③ 현행 지적도는 토지의 경계를 입체적으로 표현하지 못하고 있다.

④ 지하공간을 활용하는 방안으로 구분지상권, 개발권 이전제도, 용적률 인센티브제도 등이 있다.

⑤ 지하공간의 이용이 증대되고 초고층건물이 늘어남에 따라, 토지소유권의 구체적 범위의 해석에 대해서는 법원의 판단에 의존하기도 한다.

해 설 구분지상권, 개발권 양도제도, 용적률 인센티브제도 등의 '공중공간'을 활용하는 방안이다.

정 답 ③ ▶ 기본서 연결 : 논점정리 02-Ⅳ

02 **개발권양도제(TDR)에 관한 설명 중 틀린 것은?** (19회)

① 개발제한으로 인해 규제되는 보전지역(이하 규제지역)에서 발생하는 토지 소유자의 손실을 보전하기 위한 제도이다.

② 초기의 개발권양도제는 도심지의 역사적 유물 등을 보전하기 위한 목적으로 실시되었다.

③ 규제지역 토지 소유자의 손실을 개발지역 토지에 대한 소유권 부여를 통해 보전하는 제도이다.

④ 공공이 부담해야 하는 비용을 절감하면서 규제에 따른 손실의 보전이 이루어진다는 점에 의의가 있다.

⑤ 규제지역 토지 소유자의 재산상의 손실을 시장을 통해서 해결하려는 제도이다.

해 설 TDR은 규제지역의 토지 소유자의 손실을 개발지역의 토지에 개발권 부여를 통해 손실을 보상하는 제도이지 소유권을 부여하는 제도가 아니다.

정 답 ③ ▶ 기본서 연결 : 논점정리 02-Ⅳ

Chapter 03
부동산경제론

제33회 문제 분석(기출 관련)	제34회 출제 예상 핵심 항목
• 신규주택 공급감소요인 (O) • 수요의 가격탄력성·교차탄력성·소득탄력성 관련(계산문제) (O) • 단독주택시장의 균형가격과 균형거래량의 변화(수요·공급이 어느 한쪽만 변동한 경우와 동시에 변동한 경우의 변화 내용) (O) • 아파트시장에서 공급은 변화하지 않고 수요만 변화한 경우의 균형가격과 균형거래량 변화(계산문제) (O)	• 부동산 수요의 증가요인 • 부동산 수요의 가격탄력성, 교차탄력성 관련 재화의 관계(대체재, 보완재) • 수요함수와 공급함수의 변화시 균형가격과 균형거래량의 변화(계산문제) • 수요 또는 공급이 완전 탄력적이거나 비탄력적인 경우 공급의 변화나 수요의 변화에 따른 균형가격과 균형 거래량의 변화 • 유량개념의 변수, 저량개념의 변수

❖ 위 (기출 관련)은 최근 10년 이내 출제 문제를 정확하게 정리할 경우 쉽게 답을 찾을 수 있는 문제를 말함

논점정리

각 논점정리 앞부분에 논점정리 미리보기(체계도)가 있습니다.

【부동산의 수요 요약 체계도】

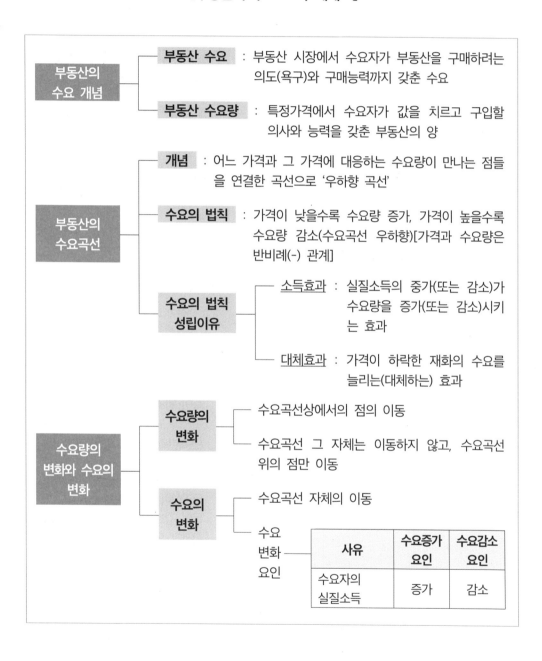

부동산의 수요 개념	부동산 수요	: 부동산 시장에서 수요자가 부동산을 구매하려는 의도(욕구)와 구매능력까지 갖춘 수요
	부동산 수요량	: 특정가격에서 수요자가 값을 치르고 구입할 의사와 능력을 갖춘 부동산의 양

부동산의 수요곡선

개념 : 어느 가격과 그 가격에 대응하는 수요량이 만나는 점들을 연결한 곡선으로 '우하향 곡선'

수요의 법칙 : 가격이 낮을수록 수요량 증가, 가격이 높을수록 수요량 감소(수요곡선 우하향)[가격과 수요량은 반비례(-) 관계]

수요의 법칙 성립이유

소득효과 : 실질소득의 증가(또는 감소)가 수요량을 증가(또는 감소)시키는 효과

대체효과 : 가격이 하락한 재화의 수요를 늘리는(대체하는) 효과

수요량의 변화와 수요의 변화

수요량의 변화 — 수요곡선상에서의 점의 이동

수요곡선 그 자체는 이동하지 않고, 수요곡선 위의 점만 이동

수요의 변화 — 수요곡선 자체의 이동

수요 변화 요인

사유	수요증가 요인	수요감소 요인
수요자의 실질소득	증가	감소

사유	수요증가 요인	수요감소 요인
대출금리	하락	상승
부동산 가격	상승 기대감	하락 기대감
사회적 인구	증가	감소
거래세(취득세)	인하	인상
해당 부동산 선호도	증가	감소
대체재 자격	상승	하락
융자비율 (LTV)	상향	하향
총부채상환 비율(DTI)	상향	하향
부동산 거래규제	완화	강화

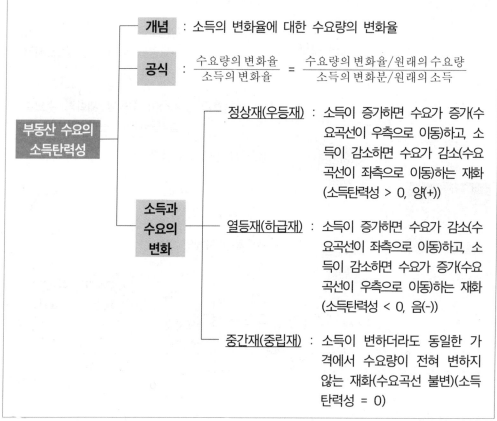

부동산 수요의 소득탄력성

├─ **개념** : 소득의 변화율에 대한 수요량의 변화율

├─ **공식** : $\dfrac{\text{수요량의 변화율}}{\text{소득의 변화율}} = \dfrac{\text{수요량의 변화율/원래의 수요량}}{\text{소득의 변화분/원래의 소득}}$

└─ **소득과 수요의 변화**

　├─ 정상재(우등재) : 소득이 증가하면 수요가 증가(수요곡선이 우측으로 이동)하고, 소득이 감소하면 수요가 감소(수요곡선이 좌측으로 이동)하는 재화 (소득탄력성 > 0, 양(+))

　├─ 열등재(하급재) : 소득이 증가하면 수요가 감소(수요곡선이 좌측으로 이동)하고, 소득이 감소하면 수요가 증가(수요곡선이 우측으로 이동)하는 재화 (소득탄력성 < 0, 음(-))

　└─ 중간재(중립재) : 소득이 변하더라도 동일한 가격에서 수요량이 전혀 변하지 않는 재화(수요곡선 불변)(소득탄력성 = 0)

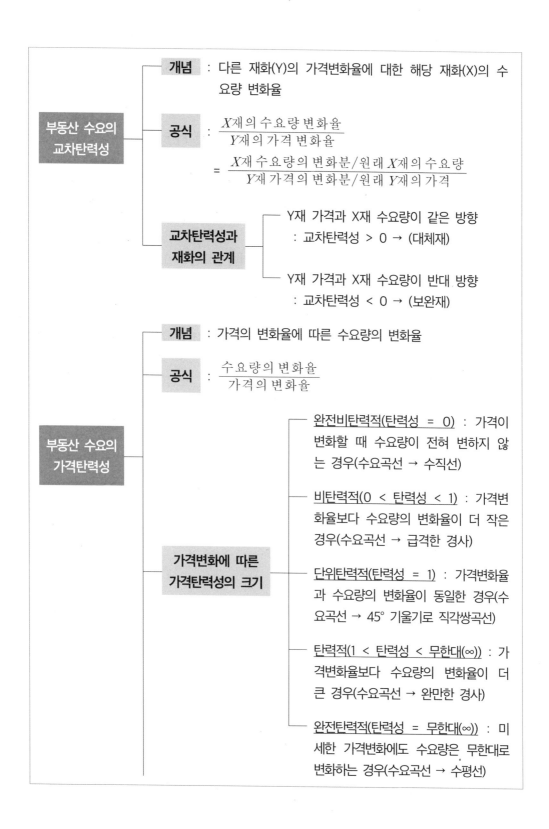

부동산 수요의 교차탄력성

개념 : 다른 재화(Y)의 가격변화율에 대한 해당 재화(X)의 수요량 변화율

공식 :
$$\frac{X재의 수요량 변화율}{Y재의 가격 변화율}$$

$$= \frac{X재 수요량의 변화분/원래 X재의 수요량}{Y재 가격의 변화분/원래 Y재의 가격}$$

교차탄력성과 재화의 관계

— Y재 가격과 X재 수요량이 같은 방향
: 교차탄력성 > 0 → (대체재)

— Y재 가격과 X재 수요량이 반대 방향
: 교차탄력성 < 0 → (보완재)

부동산 수요의 가격탄력성

개념 : 가격의 변화율에 따른 수요량의 변화율

공식 :
$$\frac{수요량의 변화율}{가격의 변화율}$$

가격변화에 따른 가격탄력성의 크기

— <u>완전비탄력적(탄력성 = 0)</u> : 가격이 변화할 때 수요량이 전혀 변하지 않는 경우(수요곡선 → 수직선)

— <u>비탄력적(0 < 탄력성 < 1)</u> : 가격변화율보다 수요량의 변화율이 더 작은 경우(수요곡선 → 급격한 경사)

— <u>단위탄력적(탄력성 = 1)</u> : 가격변화율과 수요량의 변화율이 동일한 경우(수요곡선 → 45° 기울기로 직각쌍곡선)

— <u>탄력적(1 < 탄력성 < 무한대(∞))</u> : 가격변화율보다 수요량의 변화율이 더 큰 경우(수요곡선 → 완만한 경사)

— <u>완전탄력적(탄력성 = 무한대(∞))</u> : 미세한 가격변화에도 수요량은 무한대로 변화하는 경우(수요곡선 → 수평선)

```
                          ┌─── 대체재가 많을수록 더 탄력적

                          ├─── 용도가 다양하고, 용도 전환이 용이할수록 더 탄력적

                          ├─── 관찰기간이 장기일수록 더 탄력적

              ┌──── 특징 ─┼─── 부동산 수요가 일반재화 수요에 비해 더 탄력적

                          ├─── 주거용 부동산이 상업용·공업용 부동산보다 더 탄
                          │    력적

                          ├─── 부동산을 지역별·용도별로 세분할수록 더 탄력적

                          ├─── 부동산의 가격수준이 소득에서 차지하는 비중이
                          │    높을수록 더 탄력적

                          └─── 부동산이 일상생활에서 차지하는 중요도가 클수록
                               더 탄력적
```

(21·22·23·24·25·26·27·28·29·30·31·32·33회)

Ⅰ 부동산의 수요 개념

1. 부동산 수요와 부동산 수요량의 개념

1) 부동산 수요

(1) 부동산 수요라 함은 부동산 시장에서 수요자가 부동산을 구매하려는 의도(욕구)와 구매능력까지 갖춘 수요를 말한다.

(2) 부동산 수요는 구입에 필요한 비용을 지불할 수 있는 경제적 능력이 뒷받침된 유효수요의 개념이다.

2) 부동산 수요량

(1) 부동산 수요량이라 함은 특정가격에서 수요자가 값을 치르고 구입할 의사와 능력을 갖춘 부동산의 양을 말한다.

(2) 수요량의 구체적 의미는 다음과 같다.

① 수요량이란 구매력을 지닌 수요자들이 구매하려고 하는 양이므로 유효수요이어야 한다.

② 수요량이란 일정한 기간 동안에 구매하려는 양이므로 유량(flow) 개념이다.

③ 수요량은 주어진 가격에서 수요자들이 실제로 구입한 양(사후적 개념)이 아니라 구매하려고 의도된 상품의 양(사전적 개념)을 의미 한다.

④ 수요량에 영향을 미치는 조건은 다양하므로 가격수준 등 일정한 조건 아래서 구매하려는 양이다. 이때 수요량에 영향을 미치는 조 건을 '수요결정요인'이라고 한다.

2. 부동산 수요의 특징

1) 부동산은 일반 경제재에 비하여 고가이므로 구매자금을 축적하는데 오랜 시간이 요구된다.

2) 수요활동의 판단에 영향을 미치는 주안점은 수요활동의 주체와 부동산의 종류에 따라 현저한 차이가 있다.

3) 부동산은 구매결정을 함에 있어서 검토되어야 할 사항이 전문적이고 복잡 하다.

4) 부동산은 구매절차에 있어서도 등기를 해야 하는 등 일반 경제재와는 다른 특수한 방법이 쓰인다.

[참고] 주택수요와 주택소요

1. **주택수요(housing demand)**

   주택을 구입할 능력을 갖춘 자가 주택을 구입하고자 하는 욕구를 말한다.

2. **주택소요(housing needs)**

   1) 주택을 구입할 능력이 없는 저소득층에게 국가가 복지개념의 차원에서 주택을 우선 공급하는 것을 말한다.
   2) 인간존엄성 유지에 필요한 최저주거기준으로서의 주택을 말한다.

Ⅱ 부동산의 수요곡선

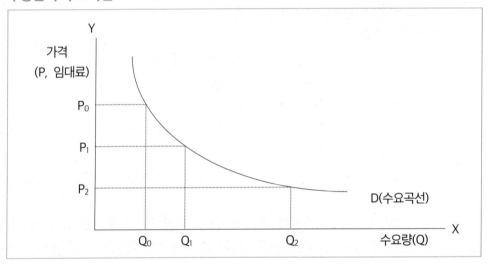

1. 개 념

1) 수요곡선이란 가격(임대료)을 Y축으로, 수요량을 X축으로 하는 좌표 상에 재화의 가격과 수요량의 <u>반비례 관계</u>를 나타낸 곡선이다.
2) 수요곡선은 가격(P_0, P_1, P_2)과 그 가격에 대응하는 수요량(Q_0, Q_1, Q_2)이 만나는 점들을 연결한 곡선이다.
3) 수요곡선은 가격 이외의 다른 요인(수요결정요인)들은 모두 일정하다는 전제하에 가격(임대료, P)과 수요량(Q) 간의 관계만 나타낸다.
4) 가격(임대료)이 낮을수록 수요량이 증가하고, 가격(임대료)이 높을수록 수요량은 감소하므로 수요곡선은 우하향 한다.<수요의 법칙>

2. 수요의 법칙이 성립하는 이유

1) 소득효과

어떤 재화의 가격 하락(또는 상승)이 소비자의 실질소득을 증가(또는 감소)시켜 구매력을 향상(또는 감소)시킴으로써 해당 재화의 소비량이 늘어나는(또는 줄어드는) 효과를 말한다.

예) A재화의 가격이 상승할 경우 소득효과에 의해 소비자의 실질소득이 감소하여 이전보다 A재화의 수요량이 감소하게 된다.

2) 대체효과

실질소득의 변화와는 관계없이 비슷한 효용을 가진 어느 한 재화의 가격이 하락하면 상대 재화의 수요는 줄이고, 가격이 하락한 재화의 수요를 늘리는(대체하는) 효과를 말한다.

예) 1. 아파트와 단독주택의 관계가 대체재라고 가정할 때 아파트의 가격이 상승하면, 단독주택의 수요가 증가하고 단독주택의 가격은 상승한다.

2. A, B재화가 대체재라고 가정할 때 A재화의 가격이 상승하게 되면 대체효과에 의해 상대적으로 비싸진 A재화의 수요량은 감소하고, 상대적으로 싸진 B재화의 수요량이 증가하게 된다.

3. 주택임대료가 상승하면 다른 재화의 가격이 상대적으로 하락하여 주택에 대한 임대수요량이 감소하게 된다.

Ⅲ 수요량의 변화와 수요의 변화

1. 수요량의 변화(수요곡선 상에서의 점의 이동)

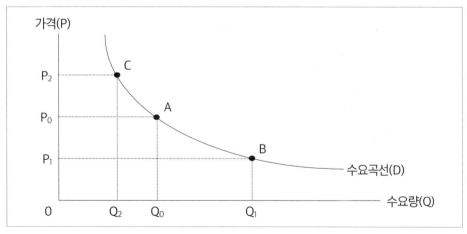

1) 다른 변수는 불변이고 해당 재화의 가격변화에 의한 '수요량의 변화'를 말한다.

2) 다른 조건이 일정할 경우 부동산 가격이 상승하면 수요량은 감소하고, 가격
   이 하락하면 수요량은 증가하지만, <u>수요곡선 그 자체는 이동하지 않고, 수</u>
   <u>요곡선 위의 점(A, B, C)만 이동하는 것을 '수요량의 변화'라 한다.</u>

2. 수요의 변화(수요곡선 자체의 이동)

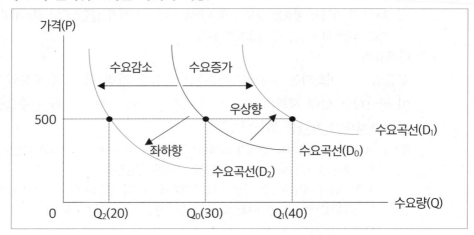

1) <u>해당 재화가격 이외의 다른 요인(수요결정요인)이 변화</u>하여 일어나는 수요
   량의 변화를 말한다.(해당 부동산의 가격은 불변)
2) 수요곡선 자체가 이동한다.
   (1) 수요곡선이 우상향으로 이동(D_0 → D_1)한다는 것은 모든 가격에서 수요
       량이 증가했다는 것을 의미한다.
   (2) 수요곡선이 좌하향으로 이동(D_0 → D_2)했다는 것은 모든 가격에서 수
       요량이 감소했다는 것을 의미한다.
3) 부동산 수요의 변화요인(수요곡선 자체를 이동시키는 주요 요인)

수요 증가요인 (수요곡선 ⇒ 우측 이동)	수요 감소요인 (수요곡선 ⇒ 좌측 이동)
① <u>수요자의 실질소득 증가</u>	① 수요자의 실질소득 감소
② <u>대출금리의 하락</u>	② 대출금리의 상승
③ 부동산 가격 상승 기대감	③ <u>부동산 가격 하락 기대감</u>
④ <u>사회적 인구증가(순유입 인구증가)</u>, 가 구분리(핵가족화)	④ <u>사회적 인구감소(순유입 인구감소)</u>
⑤ <u>거래세(취득세) 인하</u>	⑤ <u>거래세(취득세) 인상</u>
⑥ 해당 부동산 선호도 증가	⑥ 해당 부동산 선호도 감소
⑦ 대체재 가격의 상승(대체재 수요감소)	⑦ <u>대체재 가격의 하락(대체재 수요증가)</u>

수요 증가요인 (수요곡선 ⇒ 우측 이동)	수요 감소요인 (수요곡선 ⇒ 좌측 이동)
⑧ 융자비율(LTV)과 총부채상환비율(DTI) 의 상향조정[규제완화 및 융자액 증가] ⑨ 부동산 거래규제의 완화	⑧ 융자비율(LTV)과 총부채상환비율(DTI) 의 하향조정[규제강화 및 융자액 감소] ⑨ 부동산 거래규제의 강화

IV 부동산 수요의 가격탄력성

1. 의 의

1) 어떤 부동산의 가격이 변화할 때 그 부동산의 수요량이 얼마만큼 변화하는가를 나타내는 정량적 지표를 의미한다. 즉, 수요의 가격탄력성은 질적 지표인 정성적 지표가 아니라 양적 지표인 정량적 지표이다.

2) 수요의 가격탄력성은 가격의 변화율에 따른 수요량의 변화율로 측정한다.

$$수요의\ 가격탄력성 = \frac{수요량의\ 변화율}{가격의\ 변화율}$$

3) 우하향하는 선분으로 주어진 수요곡선의 경우, 수요곡선 상의 측정지점에 따라 가격탄력성은 다르다.

(주) 1. 탄력성 계산에서 가격의 변화율과 수요량의 변화율은 절대값을 사용한다는 점에 유의하여야 한다.

2. 따라서 탄력성의 계산값은 특별한 경우가 아닌 한 항상 +값만 존재한다.

예) 가격이 10% 하락(-)하고, 수요량이 30% 증가(+)한 경우 $\frac{|30|}{|10|} = 3$

※ 수요의 가격탄력성 계산문제 연습

[사례1 : 일반적인 경우 수요의 가격탄력성]
[예시1]

어느 부동산의 가격이 5% 하락하자 그 부동산의 수요량이 7% 증가하였다면, 이 부동산의 수요의 가격탄력성은 얼마인가?(단, 다른 조건은 동일함)

[풀이]

□ 수요의 가격탄력성 = $\left| \frac{수요량변화율(7\%)}{가격변화율(5\%)} \right|$ = 1.4

[예시2]

어느 지역의 오피스텔 가격이 4% 인상되었다. 오피스텔 수요의 가격탄력성이 2.0이라면, 오피스텔 수요량의 변화는?(단, 오피스텔은 정상재이고, 가격탄력성은 절대값으로 나타내며, 다른 조건은 동일함)

[풀이]

□ 수요의 가격탄력성(2.0) $= \left| \dfrac{수요량변화율(x)}{가격변화율(4\%)} \right| \rightarrow x = 8\%$

따라서 가격이 인상되면 수요량은 감소하므로 <u>8% 감소</u>한다.

[사례2 : 중간점을 이용한 수요의 가격탄력성]

[개념]

① 수요곡선과 각 측정지점에서의 가격과 수요량은 다르기 때문에 다음과 같이 가격과 수요량의 중간점[최초의 값(Q_1, P_1)과 변화 후의 값(Q_2, P_2)의 중간점]을 이용하여 탄력성을 계산할 수 있는데 이를 '호탄력성'이라고 한다.

② 중간점을 이용해서 수요의 가격탄력성을 계산하게 되면 가격의 변화방향에 상관없이 일정한 탄력성의 값을 계산할 수 있다는 장점이 있다.

□ 중간값을 이용한 수요의 가격탄력성
  (수요의 가격호탄력성) $= \left| \dfrac{\dfrac{수요량변동분}{원래수요량 + 변동된수요량}}{\dfrac{가격변동분}{원래가격 + 변동된가격}} \right|$

[예시1]

사무실의 월임대료가 9만원에서 11만원으로 상승할 때 사무실의 수요량이 108㎡에서 92㎡로 감소했다. 이 때 수요의 가격탄력성은 (A)이며, 이 수요탄력성을 (B)이라고 할 수 있다.(다만, 중간점을 이용하여 계산한 탄력성임)

[풀이]

① 수요의 가격탄력성(A) $= \left| \dfrac{\dfrac{-16㎡}{108㎡ + 92㎡}}{\dfrac{2만원}{9만원 + 11만원}} \right| = \left| \dfrac{-0.08}{0.1} \right| = \underline{0.8}$

② 수요의 탄력성(B) = 0 < 0.8 < 1 이므로 <u>비탄력적</u>

[예시2]

다음 도표는 아파트 임대료 전과 후의 수요량의 변화를 나타낸 것이다. 수요의 가격탄력성을 최초의 값(원래의 값)(A) 기준과 중간값(평균값)(B) 기준으로 계산하면 각각 얼마가 되는가?

구 분	최초(전)	나중(후)
임대료	10만원	8만원
수요량	100㎡	150㎡

[풀이]

① 최초의 값 기준 수요의 가격탄력성 $= \dfrac{수요량\ 변화율(50\%)}{가격\ 변화율(20\%)} = \underline{2.5}$

② 중간값(평균값) 기준 수요의 가격탄력성 $= \dfrac{\dfrac{50}{100+150}}{\dfrac{2}{10+8}} = \dfrac{\dfrac{50}{250}}{\dfrac{2}{18}}$

$= \dfrac{\dfrac{1}{5}}{\dfrac{1}{9}} = \dfrac{1}{5} \times \dfrac{9}{1} = \dfrac{9}{5} \qquad = \underline{1.8}$

분수의 계산식 : $\dfrac{\dfrac{분자}{분모}(A)}{\dfrac{분자}{분모}(B)} = \dfrac{분자}{분모}(A) \times \dfrac{분모}{분자}(B)$

2. 가격변화에 따른 가격탄력성의 크기

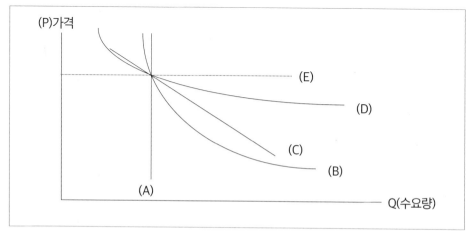

구 분	크 기	수요곡선형태	특 징
1) 완전 비탄력적	탄력성 = 0	수직선 (그림A)	○ 가격이 변화할 때 수요량이 전혀 변하지 않는다. ○ 가격인하에도 수요량이 변동하지 않으므로 가격을 인하할 경우 공급자의 총수입은 감소한다.
2) 비탄력적	0 < 탄력성 < 1	급격한 경사 (그림B)	○ 가격변화율보다 수요량의 변화율이 더 작다는 것이다. ○ 가격인하시 가격인하율보다 수요량의 증가비율이 작기 때문에 공급자의 총수입은 감소되고, 반면에 가격인상시 총수입은 증가한다. ○ 고가전략이 유리하다.
3) 단위 탄력적	탄력성 = 1	45° 기울기 (그림C) * 직각쌍곡선	○ 가격변화율과 수요량의 변화율이 동일한 경우이다. ○ 가격을 인상(인하)해도 공급자의 총수입은 증감이 없다.
4) 탄력적	1 < 탄력성 < 무한대(∞)	완만한 경사 (그림 D)	○ 가격변화율보다 수요량의 변화율이 더 크다는 것이다. ○ 수요량 변동비율이 가격변동비율보다 더 크므로 공급자의 총수입은 가격인하시 증가하고, 가격인상시 감소한다. ○ 저가전략이 유리하다.
5) 완전 탄력적	탄력성 = 무한대(∞)	수평선 (그림E)	○ 미세한 가격변화에도 수요량은 무한대로 변화한다. 따라서 공급의 증가시에도 가격이 하락하지 않는다. ○ 일정한 가격 또는 그 이하에서만 수요량이 무한대(∞)이므로 가격이 조금만 인상되면 수요량은 '0'이 되므로 총수입은 '0'이 된다.

3. 탄력성의 적용

1) 총수입 증가를 위한 가격전략

   (1) 수요의 가격탄력성이 탄력적일수록 '저가전략'이 유리하다.

   (2) 수요의 가격탄력성이 비탄력적일수록 '고가전략'이 유리하다.

2) 수요의 가격탄력성에 따른 총수입(임대수입)의 영향

   (1) 수요의 가격탄력성이 탄력적일 때, 가격이 상승(하락)하면 공급자의 총수입은 감소(상승)한다.

   > **가격상승 → 가격상승 이상으로 수요량 감소 → 공급자의 총수입 감소**
   > **가격하락 → 가격하락 이상으로 수요량 증가 → 공급자의 총수입 증가**

   (2) 수요의 가격탄력성이 비탄력적일 때, 가격이 상승(하락)하면 공급자의 총수입은 증가(감소)한다.

   > **가격상승 → 수요량 약간 감소 → 공급자의 총수입 증가**
   > **가격하락 → 수요량 약간 증가 → 공급자의 총수입 감소**

   (3) 수요의 가격탄력성이 단위탄력적일 때, 가격이 상승(하락)해도 공급자의 총수입은 변하지 않는다.

   > **가격상승 → 그만큼 수요량 감소 → 공급자의 총수입 불변**
   > **가격하락 → 그만큼 수요량 증가 → 공급자의 총수입 불변**

3) 탄력성과 세금부담

   (1) 수요가 탄력적일수록 수요자 부담은 작아지고, 수요가 비탄력적일수록 수요자 부담은 커진다.

   - 수요곡선이 탄력적인 경우 : 수요자가 임대료 변화에 민감하게 반응하여 재화구입을 하지 않음(세금을 전가시키기 어려움)

   - 수요곡선이 비탄력적인 경우 : 수요자가 임대료 변화에 민감하게 반응하지 않기 때문에 임대료가 상승한다 할지라도 재화를 구입할 수밖에 없음(세금을 전가시키기 용이함)

   (2) 공급이 탄력적일수록 공급자 부담은 작아지고, 공급이 비탄력적일수록 공급자 부담은 커진다.

   - 공급곡선이 탄력적인 경우 : 공급자가 임대료 변화에 민감하게 반응하여 공급을 늘림으로써 세금을 수요자에게 전가시키기 용이함

- 공급곡선이 비탄력적인 경우 : 공급자가 임대료 변화에 민감하게 반응하지 않는 것으로, 공급자는 세금을 수요자에게 전가시킬 생각을 하지 않음

(3) 따라서, 공급의 가격탄력성이 수요의 가격탄력성보다 작은 경우 <u>공급자가 수요자보다 세금부담이 더 크고</u>, 반대로 수요의 가격탄력성이 공급의 가격탄력성보다 작은 경우 <u>수요자가 공급자보다 세금부담이 더 크다.</u>

(4) 결론적으로, 탄력성과 조세부담은 반비례 관계에 있어 탄력적인 주체가 조세를 덜 부담하고, 비탄력적인 주체가 조세를 더 부담하게 된다.

[참고] 부동산 수요의 탄력성과 경제적 순손실(사회적 후생손실)의 관계

1. 사회적 후생손실이란?

조세부과로 인한 비용이 임대인에게도 임차인에게도 전가되지 않고 공중에 날아가는 비용이 되는 것을 사회적 후생손실 또는 경제적 순손실이라고 한다.

2. 수요의 탄력성과 경제적 순손실(사회적 후생손실)의 관계

1) 수요가 탄력적일수록 조세 부과시(임대료 상승) 거래량은 크게 감소하므로 경제적 순손실(사회적 후생손실)은 증가한다.

2) 수요가 비탄력적일수록 조세를 부과해도 거래량은 작게 감소하므로 경제적 순손실(사회적 후생손실)은 감소한다.

3) <u>수요곡선이 변하지 않을 때 조세부과에 의한 경제적 순손실(사회적 후생손실)은 공급이 비탄력적일수록 작아지고</u>, 따라서 공급이 완전 비탄력적이면 경제적 순손실(사회적 후생손실)은 전혀 없게 된다.

4. 부동산 수요의 가격탄력성의 결정요인

1) 대체재가 많을수록 <u>더 탄력적</u>이 되고, 대체재가 감소할수록 <u>비탄력적</u>이 된다.

2) 용도가 다양할수록, 용도전환이 용이할수록 <u>더 탄력적</u>이 된다.

3) 부동산 수요에 대한 관찰 기간이 장기일수록 <u>더 탄력적</u>이 된다. ⇨ 대체재를 구할 기회가 늘어나기 때문

4) 일반적으로 부동산 수요는 일반재화 수요에 비해 <u>더 비탄력적</u>이 된다.

5) 일반적으로 주거용 부동산은 상업용·공업용 부동산보다 <u>더 탄력적</u>이다.

6) 부동산을 지역별·용도별로 세분할수록 <u>더 탄력적</u>이 된다. ⇨ 대체재가 더 많아지기 때문

7) 부동산의 가격수준이 소득에서 차지하는 비중이 높을수록 <u>더 탄력적</u>이 된다.

8) 부동산이 일상생활에서 차지하는 중요도가 클수록 <u>더 비탄력적</u>이 된다.

Ⅴ 수요의 소득탄력성과 교차탄력성

1. 수요의 소득탄력성

1) 수요는 가격변화에는 물론 소득의 변화에도 변동한다.

2) 소득의 변화율에 대한 수요량의 변화율을 '<u>수요의 소득탄력성</u>'이라 한다.

3) 수요의 소득탄력성이란 소비자의 소득이 변화할 때 어느 재화의 수요량이 얼마나 변하는지를 나타내는 지표로 <u>수요량의 변화율을 소득의 변화율로 나눈 수치</u>이다.

$$\text{수요의 소득탄력성} = \frac{\text{수요량의 변화율}}{\text{소득의 변화율}} = \frac{\text{수요량의 변화분/원래의 수요량}}{\text{소득의 변화분/원래의 소득}}$$

수요량 변화율 = 수요의 소득탄력성 × 소득변화율

주) 1. 부(-)의 값일 때의 재화는 '<u>열등재</u>'(쌀에 대한 보리쌀, 버터에 대한 마가린 등)이다.
　　 2. 정(+)의 값일 때에는 '<u>정상재</u>'이다.

[예시1]

A부동산에 대한 수요의 가격탄력성과 소득탄력성이 각각 0.9와 0.5이다. A부동산 가격이 2% 상승하고 소득이 4% 증가할 경우, A부동산 수요량의 전체 변화율(%)은? (단, A부동산은 정상재이고, 가격탄력성은 절대값으로 나타내며, 다른 조건은 동일함)

[풀이]

① 부동산 가격이 상승하면 수요의 가격탄력성은 <u>감소</u>한다.(가격과 수요량은 반비례 관계임) 따라서 0.9(수요의 가격탄력성) × 2%(가격변화율) = 1.8% 감소(가격탄력성 = 수요량의 변화율/2% = 0.9. 따라서 수요량의 변화율 1.8% 감소)

② 소득이 증가하면 수요량이 <u>증가</u>한다. 따라서 0.5(수요의 소득탄력성) × 4%(소득변화율) = 2.0% 증가(소득탄력성 = 수요량의 변화율/4% = 0.5. 따라서 수요량의 변화율 2.0% 증가)

※ 수요량 전체 변화율 = <u>2.0%(증가분) - 1.8%(감소분) = 0.2% 증가</u>

[예시2]

어느 지역의 오피스텔 가격이 4% 인상되었다. 오피스텔의 가격탄력성이 2.0이면 오피스텔 수요량의 변화는?(단, 오피스텔은 정상재이고, 가격탄력성은 절대값으로 나타내며, 다른 조건은 동일함)

[풀이]

① 부동산 가격이 상승하면 수요의 가격탄력성은 <u>감소</u>한다.
② 수요량 변화율 = 수요의 가격탄력성 × 가격변화율
   <u>따라서 2.0 × 4% = 8.0% 감소</u>(가격탄력성 = 수요량의 변화율/4% = 2.0. 따라서 수요량의 변화율은 8.0% 감소)

[예시3]

어느 지역의 오피스텔에 대한 수요의 가격탄력성은 0.6이고 소득탄력성은 0.5이다. 오피스텔 가격이 5% 상승함과 동시에 소득이 변하여 전체 수요량이 1% 감소하였다면, 이 때 소득의 변화율은?(단, 오피스텔은 정상재이고, 수요의 가격탄력성은 절대값으로 나타내며, 다른 조건은 동일함)

[풀이]

① 수요의 가격탄력성 변화율
   0.6 × 5% = <u>3% 감소</u>
② 전체 수요량이 1% 감소하려면 소득탄력성이 <u>2% 증가</u>하여야 한다.
   2% = 0.5 × 소득변화율 → 따라서 소득변화율이 <u>4% 증가</u>하여야 한다.

2. 수요의 교차탄력성

   1) 재화의 수요는 그 재화의 가격에 따라서 변화함은 물론 그 재화와 관련된 다른 대체재의 가격에 의해서도 변화한다.
   2) X재와 Y재가 상호 대체관계가 성립될 경우, Y재의 가격변화율에 대한 X재의 수요량 변화율을 X재 수요의 Y재 가격에 대한 교차탄력성이라고 한다.

$$\text{수요의 교차탄력성} = \frac{\text{X재의 수요량 변화율}}{\text{Y재의 가격변화율}} = \frac{\text{X재 수요량의 변화분/원래 X재의 수요량}}{\text{Y재 가격의 변화분/원래 Y재의 가격}}$$

3) 교차탄력성의 부호가 양수(+)이면 대체재이고, 음수(-)이면 보완재이다.
   ○ Y재 가격과 X재 수요량이 같은 방향 : 교차탄력성 > 0 ⇒ (대체재)
   ○ Y재 가격과 X재 수요량이 반대 방향 : 교차탄력성 < 0 ⇒ (보완재)

[예시1]

다음 아파트에 대한 다세대주택 수요의 교차탄력성은?

> * 가구소득이 10% 상승하고 아파트 가격은 5% 상승했을 때 다세대주택 수요는 8% 증가
> * 다세대주택 수요의 소득탄력성은 0.6이며, 다세대주택과 아파트는 대체관계임

[풀이]

① 소득탄력성에 의한 다세대주택의 수요 변화

   * 소득탄력성 : 소득탄력성(0.6) = $\dfrac{\text{수요량의 변화율}(x)}{\text{소득의 변화율}(10\%)}$

   → 따라 수요량의 변화율(x)은 6%(증가)임

② 아파트에 대한 다세대주택 교차탄력성
   * 다세대주택의 수요량 변화율(8% - 6% = 2%)

   * 다세대주택 교차탄력성 : $\dfrac{\text{다세대주택 수요량 변화율}(2\%)}{\text{아파트 가격변화율}(5\%)}$ = 0.4

[예시2]

아파트에 대한 수요의 가격탄력성은 0.6, 소득탄력성은 0.4이고, 오피스텔 가격에 대한 아파트의 수요량의 교차탄력성은 0.2이다. 아파트 가격, 아파트 수요자의 소득, 오피스텔 가격이 각각 3%씩 상승할 때, 아파트 전체 수요량의 변화율은?(단, 부동산은 모두 정상재이고 서로 대체재이며, 아파트에 대한 수요의 가격탄력성은 절대값으로 나타내며, 다른 조건은 동일함)

[풀이]

* 아파트 전체 수요량의 변화율을 계산하려면 아파트의 가격탄력성, 소득탄력성, 교차탄력성에 의한 수요량의 변화율을 모두 구해서 더하면 된다.
① 아파트 수요의 가격탄력성(0.6) = 수요량의 변화율/가격변화율(3%) = 1.8%(감소)
② 아파트 수요의 소득탄력성(0.4) = 수요량의 변화율/소득변화율(3%) = 1.2%(증가)
③ 아파트 수요의 교차탄력성(0.2) = 아파트 수요량의 변화율/오피스텔의 가격변화율(3%) = 0.6%
   ∴ 아파트 전체 수요량의 변화율 = (-1.8% + 1.2% + 0.6% = 0)
   즉, 아파트 전체 수요량의 변화율에는 변화가 없다.

> [예시3]
>
> 아파트 매매가격이 16% 상승함에 따라 다세대주택의 매매수요량이 8% 증가하고 아파트 매매 수요량이 4% 감소한 경우에, 아파트 매매 수요의 가격탄력성(A), 다세대주택 매매 수요의 교차탄력성(B)은?(단, 수요의 가격탄력성은 절대값으로 표시하며, 다른 조건은 불변이라고 가정함)
>
> [풀이]
>
> ① 아파트 매매 수요의 가격탄력성 : 수요량 변화율(4%)/매매가격 변화율(16%)= <u>0.25</u>
> ② 다세대주택 매매 수요의 교차탄력성 : 다세대주택 수요변화율(8%)/아파트의 가격 변화율(16%) = <u>0.5</u>

VI 가격탄력성과 재화의 관계

1. 재화의 구분

1) 정상재

   (1) <u>다른 조건이 불변일 때, 소득이 증가하면 수요가 증가하고, 소득이 감소하면 수요가 감소하는 재화를 말한다.</u>

   예) 고급 옷, 승용차, 고급주택 등

   (2) 소득이 증가하면 수요곡선이 우측으로 이동하고, 소득이 감소하면 수요곡선이 좌측으로 이동한다.

2) 열등재

   (1) <u>다른 조건이 불변일 때, 소득이 증가하면 수요가 감소하고, 소득이 감소하면 수요가 증가하는 재화이다.</u>

   예) 값싼 옷, 대중교통, 저가주택 등

   (2) 소득이 증가하면 수요곡선이 좌측으로 이동하고, 소득이 감소하면 수요곡선이 우측으로 이동한다.

3) 대체재

   (1) 유사한 효용을 주므로 대신 교체해서 사용 가능한 관계를 말한다.

   (2) 한 재화의 가격이 상승(하락)함에 따라 다른 한 재화의 수요가 증가(감소)하는 경우를 대체재라고 한다. → 가격과 수요가 같은 방향으로 변화

   (3) <u>녹차가격이</u> 상승하면, 커피가격이 상대적으로 하락하여 <u>커피수요가 증가</u>한다든지, <u>사이다가격이</u> 하락하면 사이다수요가 증가하여 <u>콜라수요가 감소</u>하는 경우 등이 이에 해당된다.

4) 보완재

    (1) 두 재화를 같이 소비했을때 더 큰 만족을 주는 관계를 말한다.

    (2) 한 재화의 <u>가격이 상승(하락)</u>함에 따라 다른 한 재화의 <u>수요가 감소(증가)</u>하는 경우를 보완재라고 한다. → 가격과 수요가 반대 방향으로 변화

    (3) <u>프림 가격이 상승하면 프림의 수요량이 감소하므로 커피의 수요량도 감소한다</u>든지, <u>책상 가격이 하락하면 책상의 수요가 증가하므로, 의자의 수요가 증가하는 경우</u> 등이 이에 해당된다.

5) 독립재

    한 재화의 가격이 다른 재화의 수요에 아무런 영향을 주지 않고 따라서 수요곡선도 불변인 두 재화를 독립재라고 한다.

2. 대체재·보완재의 가격·수요의 변화가 해당 재화의 수요에 미치는 영향

  예) ○ 오피스텔과 소형아파트는 대체재로 가정

        ○ 커피와 프림은 보완재로 가정

1) 대체재 가격이 상승하면, 해당 재화의 수요는 증가한다.(오피스텔 가격 ↑, 소형아파트 수요 ↑)

2) 대체재 가격이 하락하면, 해당 재화의 수요는 감소한다.(오피스텔 가격 ↓, 소형아파트 수요 ↓)

3) 대체재 수요가 증가하면, 해당 재화의 수요는 감소한다.(오피스텔 수요 ↑, 소형아파트 수요 ↓)

4) 대체재 수요가 감소하면, 해당 재화의 수요는 증가한다.(오피스텔 수요 ↓, 소형아파트 수요 ↑)

5) 보완재 가격이 상승하면, 해당 재화의 수요는 감소한다.(커피 가격 ↑, 프림 수요 ↓)

6) 보완재 가격이 하락하면, 해당 재화의 수요는 증가한다.(커피 가격 ↓, 프림 수요 ↑)

7) 보완재 수요가 증가하면, 해당 재화의 수요도 증가한다.(커피 수요 ↑, 프림 수요 ↑)

8) 보완재 수요가 감소하면, 해당 재화의 수요도 감소한다.(커피 수요 ↓, 프림 수요 ↓)

[예시1]

A부동산의 가격이 5% 상승할 때, B부동산의 수요는 10% 증가하고, C부동산의 수요는 5% 감소한다. A와 B, A와 C의 관계는?

[풀이]

① A와 B의 관계 : 대체재(같은 방향 : A 가격 ↑, B 수요증가 ↑)
② A와 C의 관계 : 보완재(반대 방향 : A 가격 ↑, B 수요감소 ↓)

[예시2]

최근 부동산 시장에서 소형아파트의 임대료가 10% 상승함에 따라 소형아파트의 임대수요량은 5% 감소한 반면 오피스텔의 임대수요는 7% 증가하였다. 다른 조건이 불변인 경우 (　　) 안에 들어갈 내용으로 옳은 것은?

- 소형아파트의 가격탄력성 : (　ⓐ　)
- 소형아파트와 오피스텔의 관계 : (　ⓑ　)

	ⓐ	ⓑ
①	탄력적	보완재
②	비탄력적	보완재
③	단위탄력적	대체재
④	탄력적	대체재
⑤	비탄력적	대체재

[해설] …… ⑤

① 소형아파트 수요의 가격탄력성 : 5%/10% → 탄력성이 0보다 크고 1보다 작으므로 '비탄력적'
② 소형아파트의 임대료가 상승하자 오피스텔의 수요가 증가했으므로 소형아파트와 오피스텔의 관계는 '대체재'이다.

[예시3]

X지역의 오피스텔 임대료가 10% 상승하고 오피스텔 임차수요가 15% 감소하자 이 지역의 소형아파트 임차수요가 5% 증가하였다. X지역의 '소형아파트 임차수요의 교차탄력성(A)' 및 '소형아파트와 오피스텔의 관계(B)'로 옳은 것은?(단, 다른 조건은 일정하다고 가정함)

① A : 2.0   B : 보완재
② A : 2.0   B : 대체재
③ A : 0.5   B : 보완재
④ A : 0.5   B : 대체재
⑤ A : 0.3   B : 정상재

[해설] …… ④

① 소형아파트 임차수요의 교차탄력성 : 5%/10% = 0.5
   ■ 소형아파트 수요량의 변화율 : 5%
   ■ 오피스텔 임대료의 변화율 : 10%
② 오피스텔의 임대료가 상승하자, 소형아파트 임차수요가 증가했으므로 소형아파트와 오피스텔은 '대체재'이다.

01 아파트 매매가격이 10% 상승할 때, 아파트 매매수요량이 5% 감소하고 오피스텔 매매수요량이 8% 증가하였다. 이때 아파트 매매수요의 가격탄력성의 정도(A), 오피스텔 매매수요의 교차탄력성(B), 아파트에 대한 오피스텔의 관계(C)는?(단, 수요의 가격탄력성은 절댓값이며, 다른 조건은 동일함) (32회)

① A : 비탄력적, B : 0.5, C : 대체재
② A : 탄력적, B : 0.5, C : 보완재
③ A : 비탄력적, B : 0.8, C : 대체재
④ A : 탄력적, B : 0.8, C : 보완재
⑤ A : 비탄력적, B : 1.0, C : 대체재

해 설 1. 아파트 매매수요의 가격탄력성의 정도 $= \left| \dfrac{-5\%}{10\%} \right| = 0.5 \to 0 < 0.5 < 1$이므로 '비탄력적'

2. 오피스텔 매매수요의 교차탄력성 $= \dfrac{\text{오피스텔 수요변화율}}{\text{아파트 가격변화율}} = \dfrac{8\%}{10\%} = 0.8$

3. 아파트에 대한 오피스텔의 관계 = 아파트 가격상승에 따라 오피스텔 수요가 증가하므로 '대체재' 관계임

정 답 ③ ▶ 기본서 연결 : 논점정리 01-Ⅳ, Ⅴ

02 A부동산의 가격이 5% 상승할 때, B부동산의 수요는 10% 증가하고 C부동산의 수요는 5% 감소한다. A와 B, A와 C 간의 관계는?(단, 다른 조건은 동일함) (24회)

	A와 B의 관계	A와 C의 관계
①	대체재	보완재
②	대체재	열등재
③	보완재	대체재
④	열등재	정상재
⑤	정상재	열등재

해 설 A부동산의 가격이 5% 상승할 때, B부동산의 수요는 10% 증가하였으므로 A와 B는 대체재 관계이다. 그리고 A부동산의 가격이 5% 상승할 때, C부동산의 수요는 5% 감소하였으므로 A와 C는 보완재 관계이다.

정 답 ① ▶ 기본서 연결 : 논점정리 01-Ⅵ

【부동산의 공급 요약 체계도】

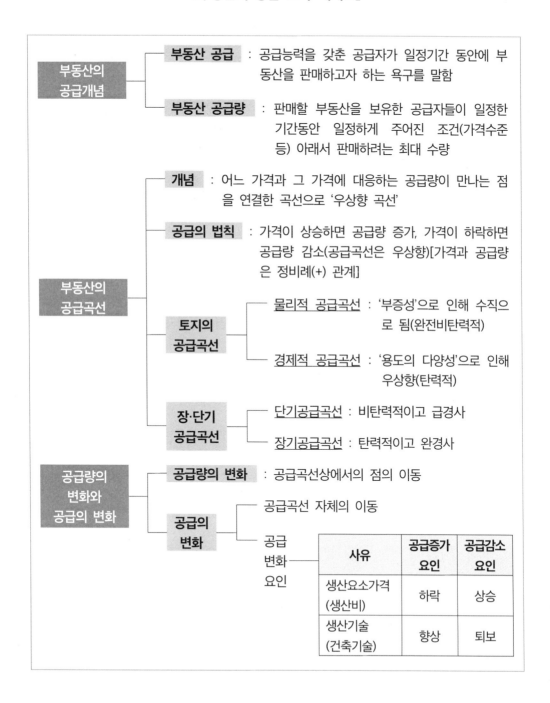

부동산의
공급개념

부동산 공급 : 공급능력을 갖춘 공급자가 일정기간 동안에 부동산을 판매하고자 하는 욕구를 말함

부동산 공급량 : 판매할 부동산을 보유한 공급자들이 일정한 기간동안 일정하게 주어진 조건(가격수준 등) 아래서 판매하려는 최대 수량

부동산의
공급곡선

개념 : 어느 가격과 그 가격에 대응하는 공급량이 만나는 점을 연결한 곡선으로 '우상향 곡선'

공급의 법칙 : 가격이 상승하면 공급량 증가, 가격이 하락하면 공급량 감소(공급곡선은 우상향)[가격과 공급량은 정비례(+) 관계]

토지의 공급곡선
물리적 공급곡선 : '부증성'으로 인해 수직으로 됨(완전비탄력적)
경제적 공급곡선 : '용도의 다양성'으로 인해 우상향(탄력적)

장·단기 공급곡선
단기공급곡선 : 비탄력적이고 급경사
장기공급곡선 : 탄력적이고 완경사

공급량의
변화와
공급의 변화

공급량의 변화 : 공급곡선상에서의 점의 이동

공급의 변화
공급곡선 자체의 이동
공급 변화 요인

사유	공급증가 요인	공급감소 요인
생산요소가격 (생산비)	하락	상승
생산기술 (건축기술)	향상	퇴보

사유	공급증가 요인	공급감소 요인
가격	하락예상	상승예상
대체재 가격	하락	상승
보완재 가격	상승	하락
금리	하락	상승
세금	인하	인상
공급자수 (주택건설업체)	증가	감소
공적 규제	완화	강화

부동산 공급의 가격탄력성

개념 : 가격의 변화율에 따른 공급량의 변화율

공식 : $\dfrac{공급량의\ 변화율}{가격변화율}$

가격변화에 따른 가격탄력성의 크기

완전비탄력적(탄력성 = 0) : 가격이 변화할 때 공급량이 전혀 변하지 않는 경우(공급곡선 → 수직선)

비탄력적(0 < 탄력성 < 1) : 가격변화율보다 공급량의 변화율이 더 작은 경우(공급곡선 →급격한 경사)

단위탄력적(탄력성 = 1) : 가격변화율과 공급량의 변화율이 같은 경우(공급곡선 → 45° 기울기로 직각쌍곡선)

탄력적(1 < 탄력성 < 무한대(∞)) : 가격변화율보다 공급량의 변화율이 더 큰 경우(공급곡선 → 완만한 경사)

완전탄력적(탄력성 = 무한대(∞)) : 가격변화율에 대한 공급량의 변화율이 무한대인 경우(공급곡선 = 수평선)

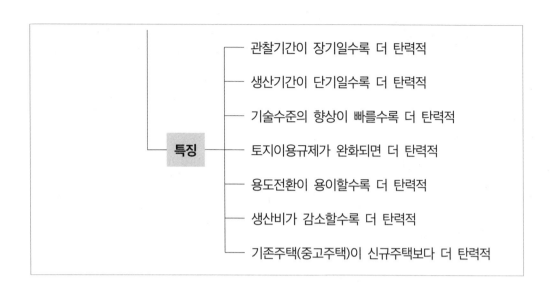

특징
- 관찰기간이 장기일수록 더 탄력적
- 생산기간이 단기일수록 더 탄력적
- 기술수준의 향상이 빠를수록 더 탄력적
- 토지이용규제가 완화되면 더 탄력적
- 용도전환이 용이할수록 더 탄력적
- 생산비가 감소할수록 더 탄력적
- 기존주택(중고주택)이 신규주택보다 더 탄력적

(20·23·24·26·28·29·30·32·33회)

Ⅰ 부동산 공급과 부동산 공급량의 개념

1. 부동산 공급

  1) 부동산 공급이란 공급능력을 갖춘 공급자가 일정기간 동안에 부동산을 판매하고자 하는 욕구를 말한다.

  2) 부동산은 공간과 위치가 공급되는 성질이 있다.

  3) 부동산의 부증성은 공급을 완전 비탄력적으로 만들고, 부동산의 개별성은 공급을 독점적으로 만드는 성질이 있다.

  4) 공공임대주택의 공급은 주택시장에 정부가 개입하는 사례라 할 수 있다.

  5) 주택의 공급규모가 커지면, 규모의 경제로 인해 생산단가가 낮아져 건설비용을 절감할 수 있다.

2. 부동산 공급량

  1) 부동산 공급량은 판매할 부동산을 보유한 공급자들이 일정한 기간 동안 일정하게 주어진 조건(가격수준 등) 아래서 판매하려는 최대 수량을 말한다.

  2) 주택의 신축 공급은 생산부터 판매까지의 공급시차가 존재하므로 부동산 공급에 있어서는 생산이 완료되어 시장에 판매할 수 있는 상태의 실질적 공급을 중시한다.

  3) 공급량은 이미 판매한 양(사후적 개념)이 아니라 판매하려고 의도한 양(사전적 개념)이므로 과거의 개념이 아닌 미래의 개념이다. 판매 의도(욕구)량이므로 사전적(事前的) 개념이다.

  4) 부동산의 공급량은 일정한 시점에서 측정되는 저량(stock) 개념이 아니라 일정한 기간 동안 측정되는 유량(flow) 개념이다.

  5) 완전경쟁시장에서 부동산 공급량은 한계비용곡선이 가격곡선과 일치하는 지점에서 결정된다.

    ∨완전경쟁시장 : 동일한 상품을 취급하는 수많은 공급자와 수요자로 구성되어 모든 사람이 가격수용자인 시장

    ∨한계비용곡선 : 공급량을 한 단위 증가시킬 때 총비용의 증가분을 나타내는 곡선

3. 부동산 공급자

부동산 공급자에는 신규 생산자뿐만 아니라 기존 건물의 소유자도 포함된다. 따라서 부동산의 공급에는 신규 부동산뿐만 아니라 기존의 부동산(중고부동산)도 포함된다.

Ⅱ 부동산의 공급곡선

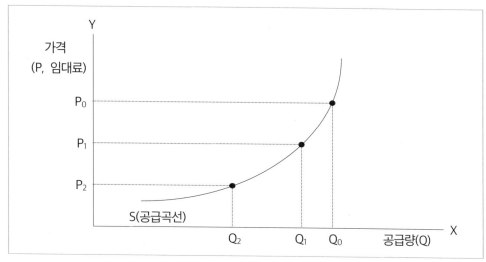

1. 의 의

1) 공급곡선이란 평면직각좌표 위에 Y축에 가격(임대료)과 X축에 공급량 간의 관계를 나타낸 곡선을 말한다.

2) 공급곡선은 어느 가격과 그 가격(P_0, P_1, P_2)에 대응하는 공급량(Q_0, Q_1, Q_2)이 만나는 점을 연결한 곡선이다.

3) 가격이 높을수록 공급량은 증가하므로 공급곡선은 우상향 한다.

2. 공급법칙

1) 다른 조건이 불변일 때, 어느 재화의 <u>가격(임대료)이 상승하면 공급량은 증가하고 가격(임대료)이 하락하면 공급량은 감소</u>한다는 법칙이다.

2) 공급법칙에서는 수요법칙과 달리 <u>가격(임대료)과 공급량은 비례(정, +)</u>한다.

3. 토지의 물리적 공급곡선과 경제적 공급곡선

1) 물리적 공급곡선

(1) 토지는 '부증성'이라는 물리적 특성으로 인하여 공급이 제한되므로 가격에 대한 토지의 <u>물리적 공급곡선은 수직으로 된다.</u>(완전 비탄력적)

(2) 따라서 물리적 공급량은 수요에 즉각적으로 대응하지 못한다.

2) 경제적 공급곡선

(1) 토지의 인문적 특성인 '<u>용도의 다양성</u>' 등으로 인해 토지의 경제적 공급(토지의 개발, 토지이용의 집약화, 공법상의 규정에 의한 용도전환 등)은 가능하다.

(2) 따라서 택지 등 특정 용도의 토지는 경제적 측면에서 공급량 증가가 가능하므로, 가격에 대한 <u>경제적 공급곡선은 우상향 한다.</u>(탄력적)

4. 단기공급곡선, 장기공급곡선

1) 단기공급곡선

(1) 단기란 기존의 생산시설을 확장할 수 없을 정도의 짧은 기간을 말한다.

(2) 공급곡선이 <u>비탄력적이고 급경사</u>를 보인다.

2) 장기공급곡선

(1) 생산시설을 확장 또는 신규 기업이 진입할 수 있는 충분한 기간을 말한다.

(2) 공급곡선이 <u>탄력적이고 완경사</u>를 보인다.

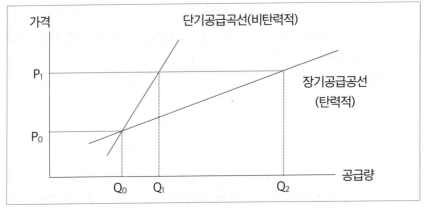

㈜ 1. 가격이 P_0 → P_1으로 상승시 공급량이 Q_0 → Q_2로 변화 : 탄력적
2. 가격이 P_0 → P_1으로 상승시 공급량이 Q_0 → Q_1로 변화 : 비탄력적

III 공급량의 변화와 공급의 변화

1. 공급량의 변화

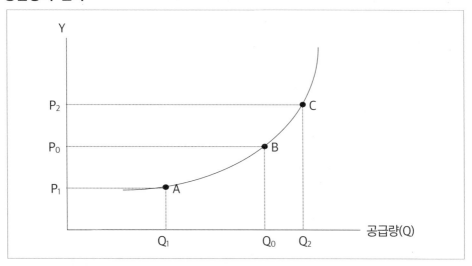

1) 해당 재화의 <u>가격변화에 의한 '공급량의 변화'</u>를 말한다.
2) 다른 조건이 일정할 경우 부동산 가격이 상승하면 <u>공급량은 증가</u>하고, 가격이 하락하면 <u>공급량은 감소</u>하지만, 공급곡선 그 자체는 이동하지 않고, 공급곡선 위의 점(A, B, C)만 이동하는 것을 '공급량의 변화'라 한다.
3) 주택가격이 상승하면 주택공급이 증가하며, 그로 인해 주택용지의 수요가 증가하고 주택용지의 가격이 상승하여 주택용지의 공급이 증가한다.

2. 공급의 변화

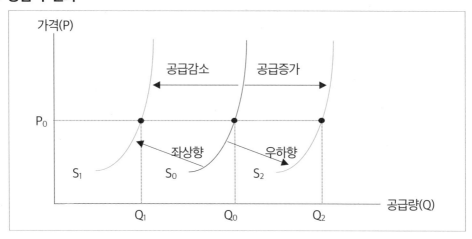

1) 해당 재화가격 이외의 다른 요인(공급량 결정요인)이 변화하여 일어나는 공급량의 변화를 말한다.
2) 공급곡선 자체가 이동한다.
   (1) 공급곡선이 우하향으로 이동($S_0 \to S_2$)한다는 것은 모든 가격에서 공급량이 증가했다는 것을 의미한다.
   (2) 공급곡선이 좌상향으로 이동($S_0 \to S_1$)했다는 것은 모든 가격에서 공급량이 감소했다는 것을 의미한다.
3) 부동산 공급의 변화요인(공급곡선 자체를 이동시키는 주요 요인)

공급 증가요인 (공급곡선 ⇒ 우측 이동)	공급 감소요인 (공급곡선 ⇒ 좌측 이동)
① 생산요소가격(토지가격, 임금, 건축원자재 등)의 하락(생산비 감소)	① 생산요소가격(토지가격, 임금, 건축원자재 등)의 상승(생산비 증가)
② 생산기술(건축기술)의 향상으로 원가절감	② 생산기술(건축기술)의 퇴보로 원가상승
③ 가격하락의 기대감(예상)	③ 가격상승의 기대감(예상)
④ 대체재 가격의 하락(대체재 가격하락 → 대체재 공급감소 → 해당 재화 공급증가)	④ 대체재 가격의 상승(대체재 가격상승 → 대체재 공급증가 → 해당 재화 공급감소)
⑤ 보완재 가격의 상승(보완재 가격상승 → 보완재 공급량 증가 → 해당 재화의 공급증가)	⑤ 보완재 가격의 하락(보완재 가격하락 → 보완재 공급량 감소 → 해당 재화의 공급감소)
⑥ 금리의 하락	⑥ 금리의 상승
⑦ 정부보조금의 지급, 세금인하	⑦ 세금부과, 세금인상, 정부보조금 축소
⑧ 공급자(주택건설업체)의 수 증가	⑧ 공급자(주택건설업체)의 수 감소

(주) 1. 공급증가 요인에 의해 공급이 증가하면, 부동산 가격은 하락하게 된다.
   2. 공급감소 요인에 의해 공급이 감소하면, 부동산 가격은 상승하게 된다.
   3. 공급자는 가격하락이 예상되면 나중에 판매하는 것보다 지금 현재 상태에서 공급을 증가시킬 것이고, 가격상승이 예상되면 나중에 판매하기 위해 지금 현재 상태에서 공급을 감소시키는 것이 유리하다.

[참고] 수요·공급이론의 비교

구 분	수요이론	공급이론
(수요·공급) 법칙	가격과 수요량은 반비례(역, -) 관계	가격과 공급량은 비례(정, +) 관계
(수요·공급) 곡선	우하향의 모양	우상향의 모양
(수요량· 공급량) 변화	해당 재화의 가격(임대료) 변화 로 동일 수요곡선 상에서의 점 의 이동	해당 재화의 가격(임대료) 변화 로 동일 공급곡선 상에서의 점 의 이동
(수요·공급) 변화	해당재화의 가격(임대료) 이외 의 요인변화로 수요곡선 자체의 이동 (수요증가 : 우상향 이동) (수요감소 : 좌하향 이동)	해당재화의 가격(임대료) 이외 의 요인변화로 공급곡선 자체의 이동 (공급증가 : 우하향 이동) (공급감소 : 좌상향 이동)

Ⅳ 부동산 공급의 탄력성

1. 의 의

1) 공급의 탄력성이란 공급결정요인의 변화에 따른 공급량 변화의 정도를 의미하는 것으로, 공급량의 변화율을 공급결정요인의 변화율로 나눈 값이다.

2) 일반적으로 탄력성이 클수록 공급량은 해당 결정요인의 변화에 민감하게 반응하게 된다.

2. 공급의 가격탄력성

1) 어느 재화의 가격이 변할 때 그 재화의 공급량이 얼마나 변했는지를 나타내는 지표로서, 공급량의 변화율을 가격변화율로 나눈 수치이다.

2) 일반적으로 공급의 탄력성이란 공급의 가격탄력성을 의미하는 경우가 많다.

3) 주택신축시장에서 주택공급에 소요되는 기간이 길수록 공급의 가격탄력성은 비탄력적이고, 짧을수록 공급의 탄력성은 탄력적이다.

$$공급의\ 가격탄력성 = \frac{공급량의\ 변화율}{가격변화율} = \frac{공급량\ 변화분/원래의\ 공급량}{가격변화분/원래의\ 가격}$$

4) 한 국가 전체의 토지공급량이 불변이라면 토지공급의 가격탄력성은 '0'(완전 비탄력적)이다.

3. 가격변화에 따른 가격탄력성의 크기

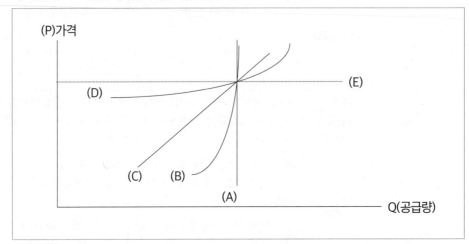

구 분	크 기	수요곡선형태	특 징
1) 완전 비탄력적	탄력성 = 0	수직선 (그림A)	○ 가격이 변화할 때 공급량이 전혀 변하지 않는다. ○ 물리적 토지공급량이 불변이라면 토지의 물리적 공급은 토지가격변화에 대해 완전 비탄력적이다.
2) 비탄력적	0 < 탄력성 < 1	급격한 경사 (그림B) *단기공급곡선	○ 탄력성의 값이 1보다 작은 경우로 가격변화율보다 공급량의 변화율이 더 작다. ○ 공급곡선이 급한 것은 완만한 것에 비해 가격이 상승한다고 할지라도 공급이 어렵다는 것을 의미한다.(주로 단기공급곡선이 이에 해당) ○ 토지이용규제가 엄격해 지면 토지의 공급곡선은 이전보다 더 비탄력적이 된다.

구 분	크 기	수요곡선형태	특 징
3) 단위 탄력적	탄력성 = 1	45° 기울기 (그림C)	○ 탄력성의 값이 1인 경우로 가격변화율과 공급량의 변화율이 같다.
4) 탄력적	1 < 탄력성 < 무한대(∞)	완만한 경사 (그림 D) *장기공급곡선	○ <u>탄력성의 값이 1보다 큰 경우로 가격변화율보다 공급량의 변화율이 더 크다.</u> ○ 장기공급곡선이 단기공급곡선에 비해 완만한 것은 장기에는 그만큼 공급이 쉬워진다는 것을 의미한다. ○ 토지이용규제가 완화될수록 공급곡선은 완만해진다.
5) 완전 탄력적	탄력성 = 무한대(∞)	수평선 (그림E)	○ 탄력성의 값이 무한대인 경우로 가격변화율에 대한 공급량의 변화율이 무한대이다.

Ⅴ 공급의 가격탄력성의 결정요인

1. 단기공급곡선은 가용생산요소의 제약으로 <u>비탄력적</u>이며 급경사이고, 장기공급곡선은 생산시설의 확장이나 신규 기업이 진입할 수 있는 충분한 기간이 있어 <u>탄력적</u>이며 완만한 경사이다. → <u>관찰기간 단기 : 비탄력적, 관찰기간 장기 : 탄력적</u>

2. 생산에 소요되는(건축하여 공급하는) 기간이 장기일수록 공급이 <u>비탄력적</u>이고, 생산에 소요되는 기간이 단기일수록(중고주택) 공급이 <u>탄력적</u>이다. 따라서 신규 주택의 공급곡선은 <u>비탄력적</u>이고, 기존 주택(중고주택)의 공급곡선은 상대적으로 <u>탄력적</u>인 경향이 있다. → <u>생산기간 단기 : 탄력적, 생산기간 장기 : 비탄력적</u>

3. 기술수준의 향상이 빠를수록 공급이 용이해서 공급이 <u>탄력적</u>이다.

4. <u>개발행위 허가기준의 강화와 같은 토지이용규제가 엄격해지면 토지의 공급곡선은 이전보다 더 비탄력적이 된다.</u>

5. 재화의 저장가능성이 작고 저장비용이 클수록 공급이 <u>비탄력적</u>이 된다.

6. 용도전환이 용이할수록 더 <u>탄력적</u>이 되고, 용도변경을 제한하는 법규가 강화
될수록 공급은 이전에 비해 <u>비탄력적</u>이 된다.

7. 생산비가 증가할수록 공급이 제한적이어서 <u>비탄력적</u>이 된다.

01 **수요와 공급의 가격탄력성에 관한 설명으로 옳은 것은?**(단, x축은 수량, y축은 가격, 수요의 가격탄력성은 절댓값이며, 다른 조건은 동일함)   (32회)

① 수요의 가격탄력성은 수요량의 변화율에 대한 가격의 변화비율을 측정한 것이다.

② 수요의 가격탄력성이 완전비탄력적이면 가격이 변화할 때 수요량이 무한대로 변화한다.

③ 수요의 가격탄력성이 비탄력적이면 수요량의 변화율이 가격의 변화율보다 더 크다.

④ 공급의 가격탄력성이 탄력적이면 가격의 변화율보다 공급량의 변화율이 더 크다.

⑤ 공급곡선이 수직선이면 공급의 가격탄력성은 완전탄력적이다.

해 설   ① 가격의 변화율에 따른 수요량의 변화율로 측정한다.
　　　　② 가격이 변화할 때 수요량이 전혀 변하지 않는다.
　　　　③ 수요량의 변화율이 가격의 변화율보다 더 작다.
　　　　⑤ 탄력성 '0'으로 완전비탄력적이다.

정 답   ④   ▶ 기본서 연결 : ①②③ → 논점정리 01-Ⅳ, ④⑤ → 논점정리 02-Ⅳ

02 **신규주택시장에서 공급을 감소시키는 요인을 모두 고른 것은?**(단, 신규주택은 정상재이며, 다른 조건은 동일함)   (33회)

> ㄱ. 주택가격의 하락 기대
> ㄴ. 주택건설업체 수의 감소
> ㄷ. 주택건설용 토지의 가격 하락
> ㄹ. 주택건설에 대한 정부 보조금 축소
> ㅁ. 주택건설기술 개발에 따른 원가절감

① ㄱ, ㄴ   ② ㄴ, ㄹ   ③ ㄷ, ㅁ   ④ ㄱ, ㄴ, ㄹ   ⑤ ㄴ, ㄹ, ㅁ

해 설   ㄱ, ㄷ, ㅁ은 공급증가요인(주택의 공급곡선을 우측으로 이동시키는 요인)에 해당된다.

정 답   ②   ▶ 기본서 연결 : 논점정리 02-Ⅲ

【부동산 수요와 공급의 균형 요약 체계도】

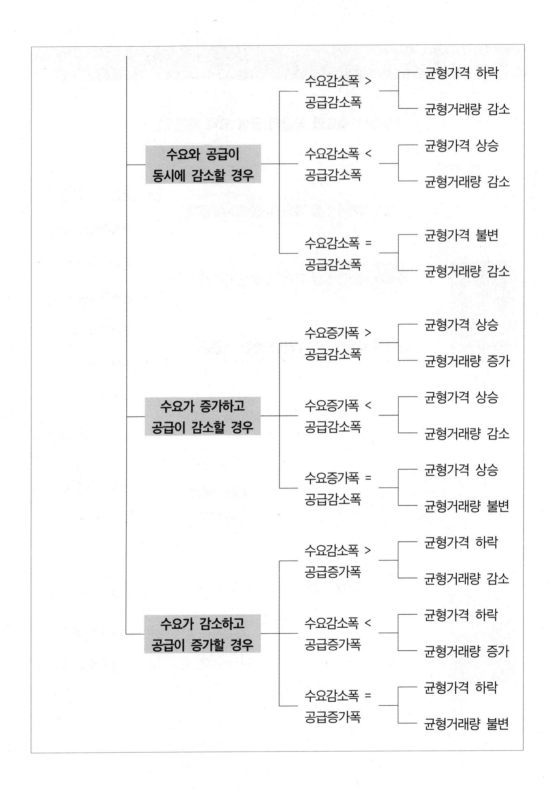

(20·22·24·25·26·27·28·30·31·32·33회)

Ⅰ 부동산 시장의 균형가격

1. 의 의

완전경쟁시장에서 가격은 공급량과 수요량이 일치하는 수준에서 결정되는데, 이때의 가격수준을 '균형가격'이라 하고 균형가격에서의 수요량과 공급량을 '균형거래량'이라 한다.

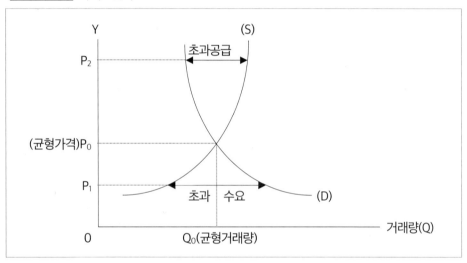

1) 균형상태에서는 수요량(최대 수량)과 공급량(최대 수량)이 일치한다.
2) 균형상태에서는 수요자 가격(최대 가격)과 공급자 가격(최대 가격)도 일치한다.
3) 균형가격보다 높은 가격수준에서는 '초과 공급현상'이 나타나고, 낮은 가격수준에서는 '초과 수요현상'이 나타난다.

II 부동산 시장의 균형가격의 결정(대상사례 중심)

[예시1]

아파트의 수요함수는 P = 900 - Q_d, 공급함수는 P = 100 + Q_s이다. 균형가격은?[단, P는 가격(단위 : 만원), Q_d = 수요량(단위 : ㎡), Q_s는 공급량(단위 : ㎡)]

[풀이]

① 균형가격은 수요량(Q_d)과 공급량(Q_s)이 일치할 때의 가격이다.

② Q_d = Q_s → <u>900 - P = P - 100</u>
   (수요함수 P = 900 - Q_d → Q_d = <u>900 - P</u>, 공급함수 P = 100 + Q_s → Q_s = <u>P - 100</u>로 정리됨)

③ 따라서 900 - P = P - 100 → 2P = 1,000 → P = 500
   ∴ 균형가격은 500만원이 된다.

[예시2]

어떤 지역에서 토지의 시장공급량(Q^S)은 300이다. 토지의 시장수요함수가 Q^d_1 = 500 - 2P에서 Q^d_2 = 450 - 2P로 변화하면 시장의 균형가격은 얼마만큼 감소하는가?(P는 가격, Q^d는 수요량이며, 다른 조건은 일정하다고 가정함)

[풀이]

① 당초 균형가격 Q^S = Q^d_1에서 Q^S = Q^d_2로 변화되었으므로 각각 계산해서 차액을 산출하면 된다.

② Q^S = 300, Q^d_1 = 500 - 2P이므로 300 = 500 - 2P → 2P = 200 → <u>P = 100</u>

③ Q^S = 300, Q^d_2 = 450 - 2P이므로 300 = 450 - 2P → 2P = 150 → <u>P = 75</u>
   ∴ <u>균형가격이 100에서 75로 변했으므로 균형가격은 25 감소</u>

[예시3]

A지역의 오피스텔 시장공급량이 3P이고, A지역의 오피스텔 시장수요함수가 Q^d_1 = 1,200 - P 에서 Q^d_2 = 1,600 - P로 변화하였다. 이때 A지역 오피스텔 시장의 균형가격의 변화는?(단, P 는 가격, Q^d_1과 Q^d_2는 수요량이며, 다른 조건은 일정하다고 가정함)

[풀이]

① 당초 균형가격 : Q^S = Q^d_1 → 3P = 1,200 - P이므로 3P = 1,200 - P → 4P = 1,200 → P = 300

② 변화된 균형가격 : Q^S = Q^d_2 → 3P = 1,600 - P이므로 3P = 1,600 - P → 4P = 1,600 → P = 400

∴ 균형가격이 300에서 400으로 변했으므로 균형가격은 100 상승

[예시4]

임대아파트의 수요함수 Q_d = 1,400 - 2P, 공급함수 Q_s = 200 + 4P라고 하자. 이때 정부 가 아파트 임대료를 150만원/㎡으로 규제하였다. 이 규제 하에서 시장의 초과수요 또는 초 과공급 상황과 그 수량은?[여기서 P는 가격(단위 : 만원), Q_d, Q_s는 각각 수요량과 공급량 (단위 : ㎡), 다른 조건은 불변이라고 가정]

[풀이]

① 수요량(Q_d) = 1,400 - 2P → 1,400 - (2 × 150만원) = 1,100㎡

② 공급량(Q_s) = 200 + 4P → 200 + (4 × 150만원) = 800㎡

∴ 초과수요량 = 수요량(1,100) - 공급량(800) = 300㎡

[예시5]

임대주택의 수요함수 Q^d = 2,800 - 3P, 공급함수 Q^S = 400 + 5P라고 하자. 이때 정부가 주택임대료를 ㎡당 200만원으로 규제하였다. 이와 같은 규제 아래서 시장에서 나타날 수 있는 수요 또는 공급의 초과 상황과 그 수량은?[여기서 P는 가격(단위 : 만원), Q^d, Q^S는 각 각 수요량과 공급량(단위 : ㎡), 다른 조건은 불변이라고 가정]

[풀이]

① 수요량(Q^d) = 2,800 - 3P → 2,800 - (3 × 200만원) = 2,200㎡

② 공급량(Q^S) = 400 + 5P → 400 + (5 × 200만원) = 1,400㎡

∴ 초과수요량 = 수요량(2,200) - 공급량(1,400) = 800㎡

[예시6]

다음 조건에서 A지역 아파트 시장이 t시점에서 (t + 1)시점으로 변화될 때, 균형가격과 균형량의 변화는?(단, 주어진 조건에 한하며, P는 가격, Q_s는 공급량이며, Q_{d1}과 Q_{d2}는 수요량임)

- 아파트 공급함수 : Q_s = 2P
- t시점 아파트 수요함수 : Q_{d1} = 900 - P
- (t + 1)시점 아파트 수요함수 : Q_{d2} = 1,500 - P

[풀이]

① t시점의 균형가격과 균형량

Q_s = Q_{d1} → 2P = 900 - P → 3P = 900 → P = 300

∴ 균형가격은 300, 균형량 Q_s = 2P = 2 × 300 = 600

② (t + 1)시점의 균형가격과 균형량

Q_s = Q_{d2} → 2P = 1,500 - P → 3P = 1,500 → P = 500

∴ 균형가격 500, 균형량 Q_s = 2P = 2 × 500 = 1,000

③ 따라서 균형가격변화는 300에서 500으로 200 상승, 균형량의 변화는 600에서 1,000으로 400증가

[예시7]

다음의 (   )에 들어갈 내용으로 옳은 것은?(단, P는 가격, Q_d는 수요량이며, 다른 조건은 동일함)

어떤 도시의 이동식 임대주택 시장의 수요함수는 Q_d = 800 - 2P, 공급함수는 P_1 = 200이다. 공급함수가 P_2 = 300으로 변할 경우 균형거래량의 변화량은 (㉠   )이고, 공급곡선은 가격에 대하여 (㉡   )이다.

[풀이]

① 수요함수는 Q_d = 800 - 2P, 공급함수는 P_1 = 200일 때 :

수요함수 P에 200을 대입하면

균형거래량 Q_d = 800 - (2 × 200) = 400

② 수요함수는 Q_d = 800 - 2P, 공급함수는 P_2 = 300일 때:

균형거래량 Q_d = 800 - (2 × 300) = 200

∴ 균형거래량은 400에서 200으로 '200 감소' 한다.

또한 공급함수에서 P_1 = 200, P_2 = 300이라는 것은 가격이 고정되어 있다는 것을 의미하며, 공급곡선의 모양이 수평이다. 따라서 공급의 탄력성은 '완전 탄력적'이다.(탄력성의 값이 무한대인 경우로 가격변화율에 대한 공급량의 변화율이 무한대임)

1. 수요·공급 중 어느 한쪽만 변동할 경우

1) 수요가 증가하게 될 경우(공급불변, 수요증가)

균형상태에서 수요가 증가하게 되면, 초과수요가 발생하므로 균형가격이 상승하고 균형거래량은 증가한다.

(1) 균형가격 상승 : 가계소득(家計所得)의 증가로 주택에 대한 수요가 증가한 경우 다음 <그림>에서 수요곡선은 D_0에서 D_1으로 이동하게 된다. 이때 가격 P_0 수준에서 $Q_3 - Q_0$만큼의 초과수요량이 나타나 균형가격이 P_1으로 상승하게 된다.

(2) 균형거래량 증가 : 새로운 균형점 E_1에서 균형이 성립되고 균형가격 P_1에서 Q_1만큼의 양이 거래된다. 이와 같이 수요곡선이 우측으로 이동하면 균형가격은 상승($P_0 \rightarrow P_1$)하고 균형거래량은 증가($Q_0 \rightarrow Q_1$)한다.

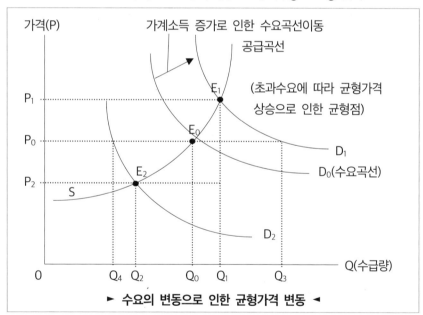

► 수요의 변동으로 인한 균형가격 변동 ◄

2) 수요가 감소하게 될 경우(공급불변, 수요감소)

균형상태에서 수요가 감소하게 되면, 초과공급이 발생하므로 균형가격이 하락하고 균형거래량은 감소한다.

(1) 균형가격 하락 : 앞의 <그림>에서 수요곡선은 D_0에서 D_2로 이동하게
　　　　　　　　 되므로 Q_0 - Q_4 만큼의 초과공급이 발생한다. 따라
　　　　　　　　 서 새로운 균형점은 E_2로 되고 거래량은 Q_2가 되며
　　　　　　　　 임대료는 P_2로 하락한다.

(2) 균형거래량 감소 : 이처럼 공급곡선이 불변인 경우 수요곡선이 좌측으
　　　　　　　　　 로 이동하면 균형가격은 하락(P_0 → P_2)하고 균형거
　　　　　　　　　 래량도 감소(Q_0 → Q_2)하게 된다.

3) 공급이 증가되었을 경우(수요불변, 공급증가)

　　균형상태에서 공급이 증가하게 되면, 초과공급이 발생하므로 균형가격이 하락하고 균
　　형거래량은 증가한다.

(1) 공급 증가시 공급곡선 : 공급이 증가할 때 공급곡선은 아래 <그림>처
　　　　　　　　　　 럼 S_0에서 S_1으로 이동한다.

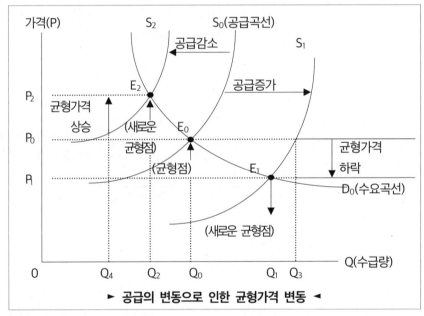

▶ 공급의 변동으로 인한 균형가격 변동 ◀

(2) 균형가격 하락 : 공급곡선이 우측으로 이동하면 가격이 P_0 수준에서는
　　　　　　　　 Q_3 - Q_0 만큼의 초과공급이 발생하여 균형가격은 하
　　　　　　　　 락한다. 이때에 새로운 균형점은 E_1이 되고, 균형가격
　　　　　　　　 은 P_1이 되며 균형거래량은 Q_1이 된다.

(3) 균형거래량 증가 : 일반적으로 공급이 증가하는 경우엔 균형가격은 하
　　　　　　　　　 락(P_0 → P_1)하고 균형거래량은 증가(Q_0 → Q_1)한다.

4) 공급이 감소하였을 경우(수요불변, 공급감소)

> 균형상태에서 공급이 감소하게 되면, 초과수요가 발생하므로 균형가격은 상승하고 균형거래량은 감소한다.

(1) 균형가격 상승 : 앞의 <그림>에서 공급곡선은 S_0에서 S_2로 이동하고 균형점을 E_0에서 E_2로 이동하여 균형가격은 상승하고 균형거래량은 감소한다. 균형가격의 상승은 Q_0 - Q_4 만큼 초과수요가 발생하였기 때문이다.

(2) 균형거래량 감소 : 이와 같이 수요곡선이 불변일 때 공급곡선이 좌측으로 이동하면 균형가격은 상승($P_0 \rightarrow P_2$)하고 균형거래량은 감소($Q_0 \rightarrow Q_2$)한다.

2. 수요·공급이 동시에 변동할 경우

1) 수요와 공급이 동시에 증가할 경우

(1) 수요의 증가폭 > 공급의 증가폭 : <u>수요의 증가가 공급의 증가보다 큰 경우 균형가격은 상승($P_\cdot \rightarrow P_1$)하고 균형거래량도 증가($Q_\cdot \rightarrow Q_1$)한다.</u>

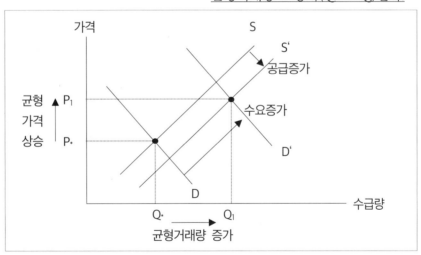

(2) 수요의 증가폭 < 공급의 증가폭 : <u>공급의 증가가 수요의 증가보다 큰 경우 균형가격은 하락($P_\cdot \rightarrow P_1$)하나 균형거래량은 증가($Q_\cdot \rightarrow Q_1$)한다.</u>

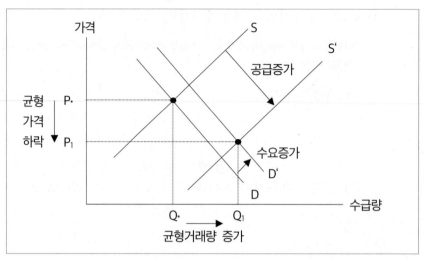

(3) 수요의 증가폭 = 공급의 증가폭 : 수요와 공급이 동일하게 증가하면
　　　　　　　　　　　　　　균형가격은 불변이고, <u>균형거래량
　　　　　　　　　　　　　　만 증가한다.</u>

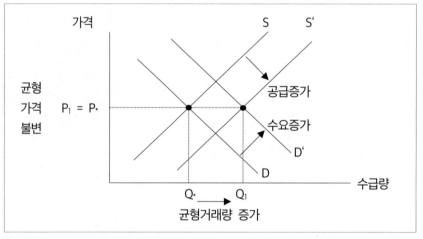

2) 수요와 공급이 동시에 감소할 경우

　(1) 수요의 감소폭 > 공급의 감소폭 : <u>수요의 감소가 공급의 감소보다 큰
　　　　　　　　　　　　　　경우 균형가격은 하락($P* → P_1$)하고
　　　　　　　　　　　　　　균형거래량도 감소($Q* → Q_1$)한다.</u>

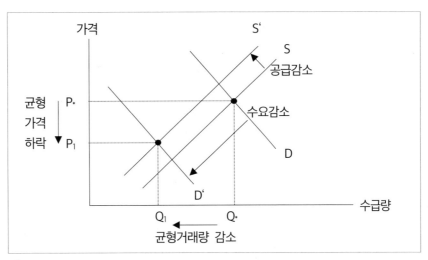

(2) 수요의 감소폭 < 공급의 감소폭 : <u>공급의 감소가 수요의 감소보다 큰</u>
<u>경우 균형가격은 상승($P_\bullet \to P_1$)하고</u>
<u>균형거래량은 감소($Q_\bullet \to Q_1$)한다.</u>

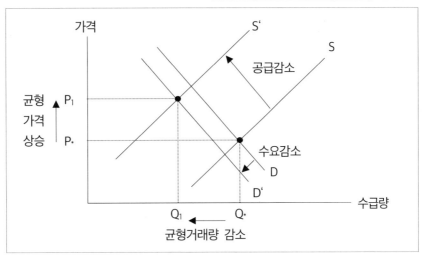

(3) 수요의 감소폭 = 공급의 감소폭 : 수요와 공급이 동일하게 감소한 경
우 <u>균형가격은 불변이고 균형거래</u>
<u>량은 감소한다.</u>

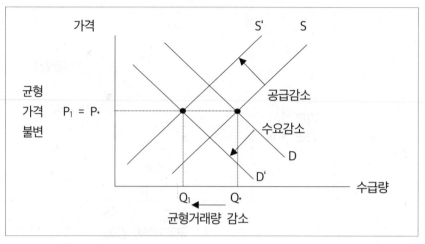

3) 수요가 증가하고 공급이 감소할 경우

    (1) 수요의 증가폭 > 공급의 감소폭 : 수요의 증가가 공급의 감소보다 큰
                        경우 균형가격은 상승($P_\cdot$ → P_1)하고
                        균형거래량은 증가($Q_\cdot$ → Q_1)한다.

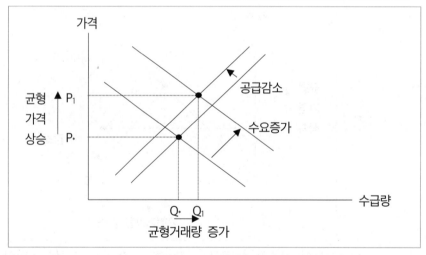

    (2) 수요의 증가폭 < 공급의 감소폭 : 공급의 감소가 수요의 증가보다 큰
                        경우 균형가격은 상승($P_\cdot$ → P_1)하고
                        균형거래량은 감소($Q_\cdot$ → Q_1)한다.

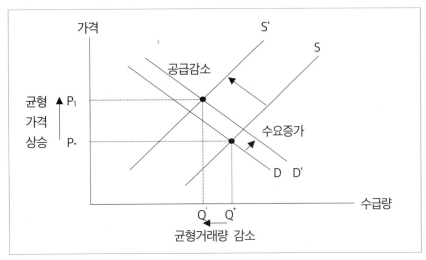

(3) 수요의 증가폭 = 공급의 감소폭 : 수요의 증가와 공급의 감소가 동일하
다면 균형가격은 상승(P· → P₁)하고
균형거래량은 변함없다.(Q· = Q₁)

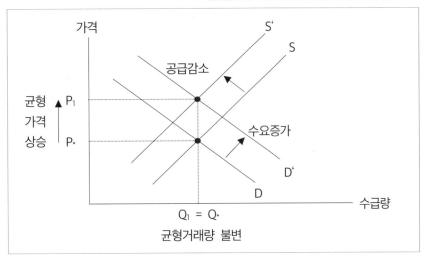

4) 수요가 감소하고 공급이 증가할 경우

(1) 수요의 감소폭 > 공급의 증가폭 : 수요의 감소가 공급의 증가보다 큰
경우 균형가격은 하락(P· → P₁)하고
균형거래량은 감소(Q· → Q₁)한다.

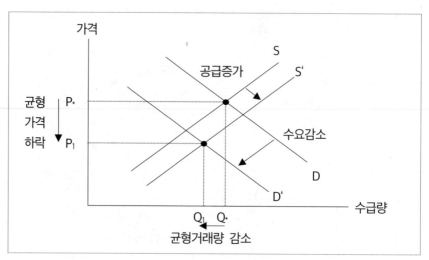

(2) 수요의 감소폭 < 공급의 증가폭 : 공급의 증가가 수요의 감소보다 큰
경우 균형가격은 하락($P_* \rightarrow P_1$)하고
균형거래량은 증가($Q_* \rightarrow Q_1$)한다.

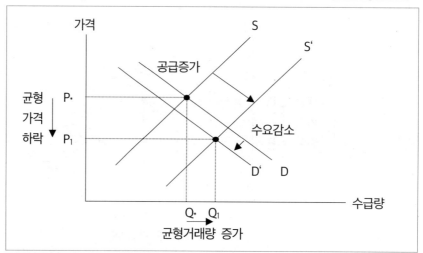

(3) 수요의 감소폭 = 공급의 증가폭 : 수요의 감소와 공급의 증가가 동일하
다면 균형가격은 하락($P_* \rightarrow P_1$)하고
균형거래량은 변함없다.($Q_* = Q_1$)

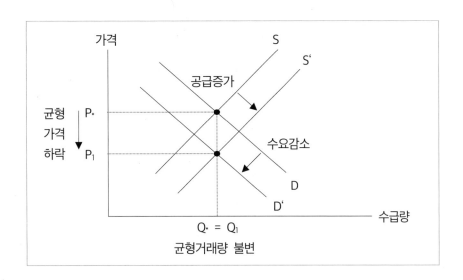

3. 수요가 변화할 때 공급의 탄력성에 따른 균형의 변화

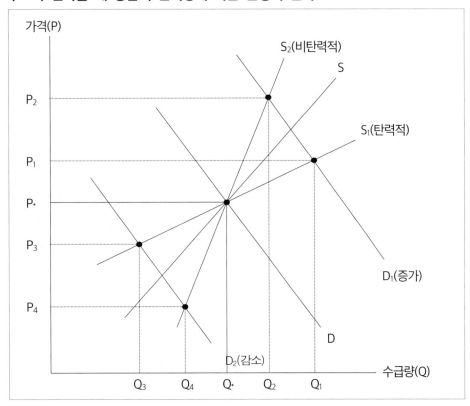

1) 수요가 증가하고 공급이 탄력적인 경우(D₁, S₁) : 균형가격은 더 작게 상승(P₁), 균형거래량은 더 크게 증가(Q₁)

2) 수요가 증가하고 공급이 비탄력적인 경우(D₁, S₂) : 균형가격은 더 크게 상승(P₂), 균형거래량은 더 작게 증가(Q₂)

3) 수요가 감소하고 공급이 탄력적인 경우(D₂, S₁) : 균형가격은 더 작게 하락(P₃), 균형거래량은 더 크게 감소(Q₃)

4) 수요가 감소하고 공급이 비탄력적인 경우(D₂, S₂) : 균형가격은 더 크게 하락(P₄), 균형거래량은 더 작게 감소(Q₄)

4. 공급이 변화할 때 수요탄력성에 따른 균형의 변화

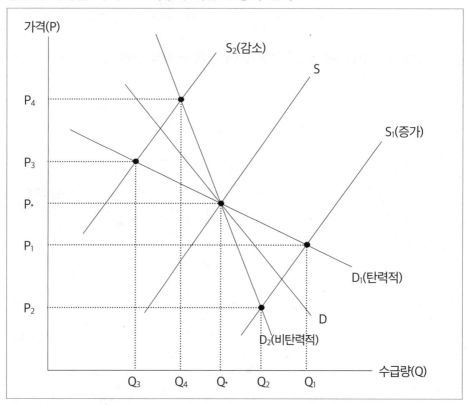

1) 공급이 증가하고 수요가 탄력적인 경우(S₁, D₁) : 균형가격은 더 작게 하락하고(P₁), 균형거래량은 더 크게 증가(Q₁)

2) 공급이 증가하고 수요가 비탄력적인 경우(S₁, D₂) : 균형가격은 더 크게 하락하고(P₂), 균형거래량은 더 작게 증가(Q₂)

3) 공급이 감소하고 수요가 탄력적인 경우(S₂, D₁) : 균형가격은 더 작게 상승하고(P₃), 균형거래량은 더 크게 감소(Q₃)

4) 공급이 감소하고 수요가 비탄력적인 경우(S₂, D₂) : 균형가격은 더 크게 상승하고(P₄), 균형거래량은 더 작게 감소(Q₄)

5. 수요와 공급의 탄력성이 특수한 경우

1) 수요가 가격에 대해 완전 탄력적일 때 : 공급이 변화(증가, 감소)해도 균형가격은 변하지 않으며, 균형거래량만 변화(증가, 감소)한다.

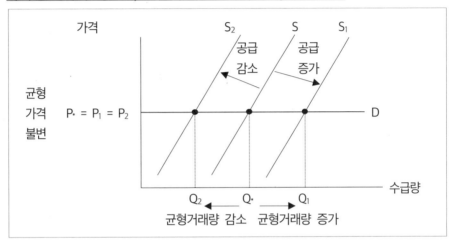

2) 수요가 가격에 대해 완전 비탄력적일 때 : 공급이 변화(증가, 감소)하면 균형가격은 변화(증가, 감소)하나, 균형거래량은 변하지 않는다.

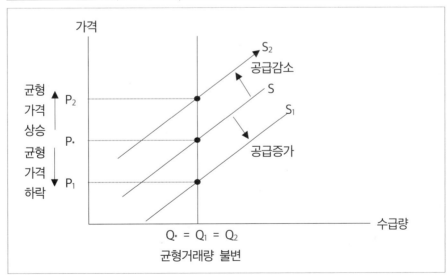

3) 공급이 가격에 대해 완전 탄력적일 때 : 수요가 변화(증가, 감소)해도 균형가격은 변하지 않으며, 균형거래량만 변화(증가, 감소)한다.

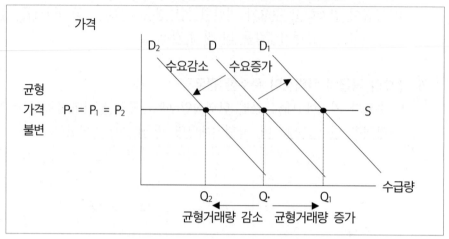

4) 공급이 가격에 대해 완전 비탄력적일 때 : 수요가 변화하면 균형가격은 변화(증가, 감소)하나 균형거래량은 변하지 않는다.

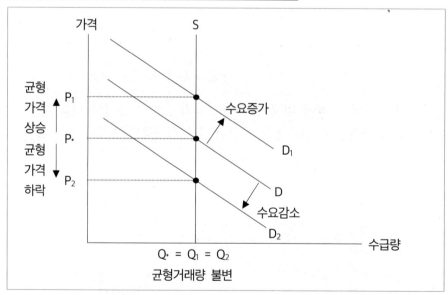

[정리] 수요와 공급의 변화에 따른 균형의 이동

구 분		균형가격	균형량
□ 수요증가, 공급증가	① 수요증가 > 공급증가	상승	증가
	② 수요증가 < 공급증가	하락	증가
	③ 수요증가 = 공급증가	불변	증가
□ 수요감소, 공급감소	① 수요감소 > 공급감소	하락	감소
	② 수요감소 < 공급감소	상승	감소
	③ 수요감소 = 공급감소	불변	감소
□ 수요증가, 공급감소	① 수요증가 > 공급감소	상승	증가
	② 수요증가 < 공급감소	상승	감소
	③ 수요증가 = 공급감소	상승	불변
□ 수요감소, 공급증가	① 수요감소 > 공급증가	하락	감소
	② 수요감소 < 공급증가	하락	증가
	③ 수요감소 = 공급증가	하락	불변

01 **부동산의 수요 및 공급에 관한 설명으로 틀린 것은?**(단, 다른 조건은 동일함)

(28회)

① 수요곡선이 변하지 않을 때, 세금부과에 의한 경제적 순손실은 공급이 비탄력적일수록 커진다.

② 부동산수요가 증가하면, 부동산공급이 비탄력적일수록 시장균형가격이 더 크게 상승한다.

③ 용도변경을 제한하는 법규가 강화될수록, 공급은 이전에 비해 비탄력적이 된다.

④ 수요와 공급이 모두 증가하는 경우, 균형가격의 상승 여부는 수요와 공급의 증가폭에 의해 결정되고 균형량은 증가한다.

⑤ 부동산수요곡선상 수요량은 주어진 가격수준에서 부동산 구매의사와 구매능력이 있는 수요자가 구매하고자 하는 수량이다.

해 설 경제적 순손실(사회적 후생손실)은 공급이 비탄력적일수록 작아지고, 공급이 탄력적일수록 커진다.

정 답 ① ▶ 기본서 연결 : ① → 논점정리 01-Ⅳ, ② → 논점정리 03-Ⅲ, ③ → 논점정리 02-Ⅴ, ④ → 논점정리 03-Ⅲ, ⑤ → 논점정리 01-Ⅰ

02 **주택매매시장의 수요와 공급에 관한 설명으로 틀린 것은?**(단, X축은 수량, Y축은 가격, 수요의 가격탄력성은 절댓값을 의미하며, 다른 조건은 동일함) (29회)

① 주택의 수요와 공급이 모두 증가하게 되면 균형거래량은 증가한다.

② 주택수요의 가격탄력성이 완전탄력적인 경우에 공급이 증가하면 균형가격은 변하지 않고 균형거래량은 증가한다.

③ 해당 주택가격 변화에 의한 수요량의 변화는 동일한 수요곡선상의 이동으로 나타난다.

④ 주택수요가 증가하면 주택공급이 탄력적일수록 균형가격이 더 크게 상승한다.

⑤ 주택공급의 가격탄력성은 단기에 비해 장기에 더 크게 나타난다.

해 설 주택수요가 증가하면 주택공급이 탄력적일수록 공급곡선의 기울기가 완만해져서 균형가격이 더 작게 상승하고 균형거래량은 더 크게 증가한다.

정 답 ④ ▶ 기본서 연결 : ①·②·④ → 논점정리 03-Ⅲ, ③ → 논점정리 01-Ⅲ, ⑤ → 논점정리 02-Ⅳ

【유량(flow)과 저량(stcok) 요약 체계도】

유량(flow)
- **개념** : 일정한 기간을 정해야 측정이 가능한 변수
- **유량 개념의 변수** : 신규주택공급량, 아파트 생산량, 주택거래량, 임대료 수입, 지대 수입, 순영업소득, 투자, 가계소득, 근로자의 임금(노동자 소득), 부동산 회사의 당기순이익, 국민총생산, 국제수지·수출·수입, 가계소비

  예) 2022년 1년 동안에 공급된 주택의 수가 60만채였는데, 이 중에서 50만채가 팔렸다고 하면, 주택 유량의 공급량은 60만채이고, 주택 유량의 수요량은 50만채가 된다.

저량(stock)
- **개념** : 일정시점에서만 측정이 가능한 변수
- **저량 개념의 변수** : 주택재고, 부동산가치(가격), 가계의 자산·부채·실물자산, 인구규모(도시인구, 농촌인구), 부동산투자회사의 자산가치, 외환보유액, 통화량, 노동량, 자본총량

  예) 2022년 7월 현재 우리나라에 총 1,500만채의 주택이 존재하고 그 중 100만채가 공가로 남았다면, 현재 주택 저량의 수요량은 1,400만채가 된다.

(22·24·31회)

Ⅰ 유량(flow)과 저량(stock)

1. 유량(flow)

   1) 개념

     (1) '일정기간 동안'에 측정되는 변수이다.

     (2) 일정한 기간을 정해야 측정이 가능한 개념이다.

   2) 유량개념의 변수

     (1) 신규주택공급량, 아파트 생산량

     (2) 주택거래량

     (3) 임대료수입, 지대수입

     (4) 순영업소득

     (5) 투자

     (6) 가계소득, 근로자의 임금(노동자 소득)

     (7) 부동산투자 회사의 당기순이익

     (8) 국민총생산

     (9) 국제수지·수출·수입

     (10) 가계소비

2. 저량(stock)

   1) 개념

     (1) '일정시점'에 측정되는 변수이다.

     (2) 일정시점에서만 측정이 가능한 개념이다.

   2) 저량개념의 변수

     (1) 주택재고

     (2) 부동산가치(가격)

     (3) 가계의 자산·부채·실물자산

     (4) 인구규모(도시인구, 농촌인구)

     (5) 부동산 투자회사의 자산가치

     (6) 외환보유액

(7) 통화량

(8) 노동량, 자본총량

Ⅱ 주택저량(stock)의 공급량과 수요량

1. 주택저량의 공급량 : '일정시점에' 시장에 존재하는 주택의 양

2. 주택저량의 수요량 : '일정시점에' 사람들이 보유하고자 하는 주택의 양

예) 2022. 7월 현재 우리나라에 총 1,500만채의 주택이 존재하고 그 중 100만채가 공가로 남아 있다면, 현재 주택저량의 수요량은 1,400만채가 된다.

Ⅲ 주택유량(flow)의 공급량과 수요량

1. 주택유량의 공급량 : '일정한 기간 동안에' 시장에 공급되는 주택의 양

2. 주택유량의 수요량 : '일정한 기간 동안에' 사람들이 보유하고자 하는 주택의 양

예) 2022년 1년 동안에 공급된 주택의 수가 60만채였는데, 이 중에서 50만채가 팔렸다고 하자. 그렇다면 주택유량의 공급량은 60만채이고, 주택유량의 수요량은 50만채가 된다.

01 다음 중 저량(stock)의 경제변수는 모두 몇 개인가? (24회)

- 주택재고　　　　- 건물 임대료 수입　　　- 가계의 자산
- 근로자의 임금　　- 도시인구 규모　　　　- 신규 주택공급량

① 2개　　② 3개　　③ 4개　　④ 5개　　⑤ 6개

해 설　저량(stock)변수는 일정시점에 측정되는 변수로, 주택재고, 가계의 자산, 도시
인구 규모가 이에 해당한다. 유량(flow)변수는 일정기간에 걸쳐 측정되는 변
수로, 건물 임대료 수입, 근로자의 임금, 신규 주택공급량이 이에 해당한다.

정 답　②　▶ 기본서 연결 : 논점정리 04- l

[참고] 유량(flow)과 저량(stock)의 변수

유량(flow : 기간개념)의 경제변수	저량(stock : 시점개념)의 경제변수
○ 신규주택공급량, 아파트 생산량, 주택거래량 ○ 임대료수입, 지대수입, 가계소득, 근로자의 임금(노동자 소득) ○ 투자, 순영업소득, 부동산회사의 당기순이익 ○ 국민총생산, 국제수지·수출·수입 ○ 가계소비	○ 주택재고, 부동산가치(가격) ○ 가계의 자산·부채·실물자산 ○ 인구규모(도시인구, 농촌인구) ○ 부동산 투자회사의 자산가치 ○ 통화량, 노동량, 자본총량, 외환보유액

02 다음 중 유량(flow)의 경제변수는 모두 몇 개인가? (31회)

- 가계 자산　　　　- 노동자 소득
- 가계 소비　　　　- 통화량
- 자본총량　　　　- 신규 주택공급량

① 1개　　② 2개　　③ 3개　　④ 4개　　⑤ 5개

해 설　유량(流量, flow)변수란 일정기간에 걸쳐서 측정하는 변수로서 노동자 소득,
가계 소비, 신규 주택공급량이 이에 해당된다. 저량(貯量, stock)변수란 일정
시점에 측정하는 변수로서 가계 자산, 통화량, 자본총량이 이에 해당된다.

정 답　③　▶ 기본서 연결 : 논점정리 04- l

Chapter 04
부동산경기변동

제33회 문제 분석(기출 관련)	제34회 출제 예상 핵심 항목
• 부동산 경기의 순환국면별 특징 (O)	• 부동산 경기의 4국면 • 거미집이론(수렴형, 순환형, 발산형)

❖ 위 **(기출 관련)**은 **최근 10년 이내 출제 문제**를 정확하게 정리할 경우 쉽게 답을 찾을 수 있는 문제를 말함

논점정리

각 논점정리 앞부분에 논점정리 미리보기(체계도)가 있습니다.

【인플레이션과 일반경기변동 요약 체계도】

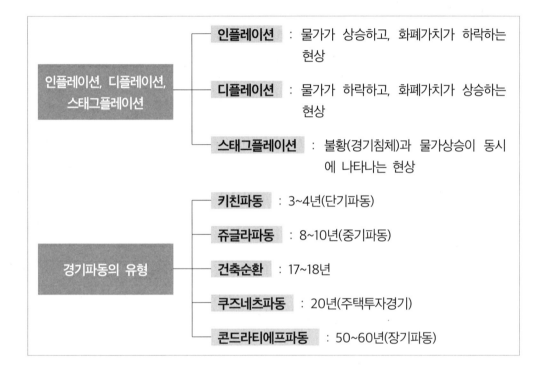

인플레이션, 디플레이션, 스태그플레이션

- **인플레이션** : 물가가 상승하고, 화폐가치가 하락하는 현상
- **디플레이션** : 물가가 하락하고, 화폐가치가 상승하는 현상
- **스태그플레이션** : 불황(경기침체)과 물가상승이 동시에 나타나는 현상

경기파동의 유형

- **키친파동** : 3~4년(단기파동)
- **쥬글라파동** : 8~10년(중기파동)
- **건축순환** : 17~18년
- **쿠즈네츠파동** : 20년(주택투자경기)
- **콘드라티에프파동** : 50~60년(장기파동)

(27회)

Ⅰ 인플레이션, 디플레이션, 스태그플레이션

1. 인플레이션(inflation)

물가가 상승하고, 화폐가치가 하락하는 현상을 말한다.

2. 디플레이션(deflation)

물가가 하락하고, 화폐가치가 상승하는 현상을 말한다.

3. 스태그플레이션(stagflation)

스태그네이션(stagnation, 경기침체)와 인플레이션(inflation)의 합성어로 불황(경기침체)과 물가상승이 동시에 나타나는 현상을 말한다.

Ⅱ 경기파동의 유형

유 형	주 기	원 인
1. 키친(kitchin) 파동	3~4년 (단기파동)	○ 이자율변동이나 기업의 재고변동 등에 기인
2. 쥬글라(juglar) 파동	8~10년 (중기파동, 주순환)	○ 투자재의 수명과 관련되므로 기업의 설비투자가 원인
3. 건축순환(building cycle)	17~18년	○ 주택수급의 시차, 건축경기에 기인
4. 쿠즈네츠(kuznets) 파동	20년 (주택투자경기)	○ 자녀의 결혼, 경제성장률의 변동, 인구의 일시적이고 폭발적인 증가·감소, 인구에 비하여 주택·건축물의 과부족에 기인한 건축투자현상이 원인
5. 콘드라티에프 (kondratiev) 파동	50~60년 (장기파동)	○ 기술의 혁신이나 신자원의 개발이 원인

Ⅲ 일반경기변동과 부동산 경기변동의 국면

1. 일반경기변동의 국면

일반적으로 경기변동국면은 호황 → 후퇴 → 불황 → 회복의 4국면으로 구분된다.

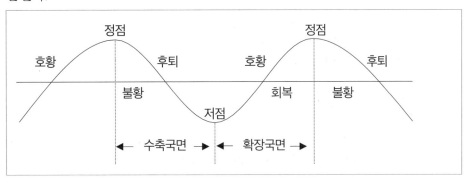

2. 부동산 경기변동의 국면

1) 부동산경기는 일반경기와 마찬가지로 회복국면 → 상향국면 → 후퇴국면 → 하향국면 등의 순환적 경기변동을 나타낸다.

2) 다만, 부동산 경기는 4개 국면 외에 일반시장과는 달리 부동산시장에만 나타나는 '안정시장'이 존재한다.

  (1) '안정시장'은 부동산 고유의 시장으로서 불황에 강한 유형의 시장이다.

  (2) '안정시장'의 부동산은 경기순환에 의해 분류한 것은 아니나 일반경기와 전혀 무관한 것은 아니다.

01 부동산시장에 영향을 미치는 요인 중 하나로, 불황과 물가상승이 동시에
   나타나는 현상은? (27회)

① 콘드라티에프 파동(Kondratiev wave)
② 스태그플레이션(stagflation)
③ 디플레이션(deflation)
④ 쥬글라 파동(Juglar wave)
⑤ 키친 파동(Kitchin wave)

해 설 스태그플레이션(stagflation)이란 스태그네이션(stagnation)과 인플레이션
      (inflation)의 합성어로 불황(경기침체)과 물가상승이 동시에 나타나는 현상
      을 말한다.

정 답 ② ▶ 기본서 연결 : 논점정리 01- I

【부동산 경기변동 요약 체계도】

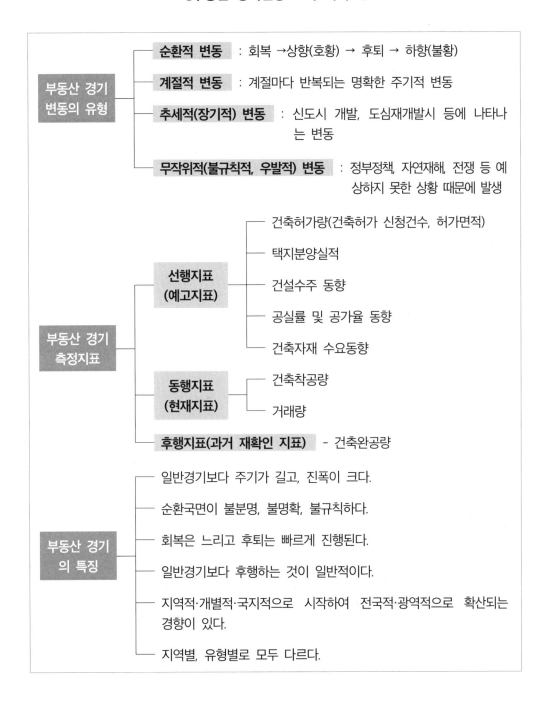

부동산 경기 변동의 유형	**순환적 변동**	: 회복 →상향(호황) → 후퇴 → 하향(불황)
	계절적 변동	: 계절마다 반복되는 명확한 주기적 변동
	추세적(장기적) 변동	: 신도시 개발, 도심재개발시 등에 나타나는 변동
	무작위적(불규칙적, 우발적) 변동	: 정부정책, 자연재해, 전쟁 등 예상하지 못한 상황 때문에 발생

부동산 경기 측정지표

선행지표 (예고지표)
- 건축허가량(건축허가 신청건수, 허가면적)
- 택지분양실적
- 건설수주 동향
- 공실률 및 공가율 동향
- 건축자재 수요동향

동행지표 (현재지표)
- 건축착공량
- 거래량

후행지표(과거 재확인 지표) - 건축완공량

부동산 경기의 특징
- 일반경기보다 주기가 길고, 진폭이 크다.
- 순환국면이 불분명, 불명확, 불규칙하다.
- 회복은 느리고 후퇴는 빠르게 진행된다.
- 일반경기보다 후행하는 것이 일반적이다.
- 지역적·개별적·국지적으로 시작하여 전국적·광역적으로 확산되는 경향이 있다.
- 지역별, 유형별로 모두 다르다.

(20·21·22·23·25·26·29·31회)

Ⅰ 부동산 경기변동의 개념

1. 부동산 경기변동의 의의

부동산 경기변동이란 <u>부동산시장이 일반경기변동처럼 상승과 하강국면이 반복되는 현상</u>을 말한다.

2. 협의의 부동산경기

일반적으로 부동산경기는 '<u>건축경기</u>'를 의미하는데, 그 중에서도 '<u>주거용 부동산의 건축경기</u>'를 지칭하며, 이를 협의의 부동산경기라 한다.

3. 광의의 부동산경기

광의의 부동산경기는 공업용, 상업용 부동산경기를 포함하며 최광의의 부동산경기는 토지경기를 포함한다.

Ⅱ 부동산 경기변동의 유형

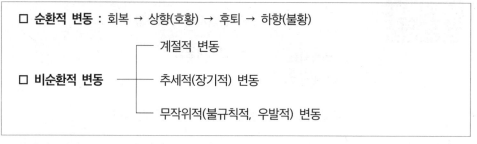

□ **순환적 변동** : 회복 → 상향(호황) → 후퇴 → 하향(불황)

□ **비순환적 변동** ─┬─ 계절적 변동
　　　　　　　　　├─ 추세적(장기적) 변동
　　　　　　　　　└─ 무작위적(불규칙적, 우발적) 변동

1. 순환적 변동

1) <u>회복시장 → 상향(호황)시장 → 후퇴시장 → 하향(불황)시장의 국면을 순차적으로 반복하는 변동을 의미한다.</u>
2) 가장 대표적인 경기순환으로서 호황과 불황이 일정 간격을 두고 반복되는 현상을 말하며, 일반적인 경기변동을 의미한다.

2. 계절적 변동

1) 계절마다 반복되는 명확한 주기적 변동을 말한다.
　예) ○ <u>봄·가을 이사철에 주택거래건수의 증가나 주택가격이 변화하는 현상</u>

○ 방학기간동안 대학가 원룸의 공실이 높아지는 현상

○ 매년 12월에 건축허가량이 다른 달에 비해 줄어드는 현상이 반복적으로 나타나는 것

2) 사전예측에 의해 합리적인 대처가 가능하다.

3. 추세적(장기적) 변동

1) 어떤 지역이 새로 개발된다거나 기존 지역이 재개발되었을 때 나타난다.

2) 부동산경기의 장기변동은 일반경제의 장기적 변동(콘드라티에프)보다 기간이 짧고 지역적으로 불규칙하게 나타나는 경향이 있다.

3) 신도시 개발, 도심 재개발, 재건축 등이 이에 해당된다.

4. 무작위적(불규칙적, 우발적) 변동

1) 정부의 부동산정책, 자연재해, 전쟁 등 예상하지 못한 상황 때문에 발생하는 비주기적 또는 임시적 경기변동을 말한다.

2) 총부채상환비율(DTI) 규제 완화 후 주택거래증가는 무작위적 변동에 해당된다.

Ⅲ 부동산경기의 측정

1. 부동산경기의 측정은 주로 ㉠ 건축의 양(공급지표), ㉡ 부동산의 거래량(수요지표), ㉢ 부동산의 가격변동(보조지표) 등을 동시에 고려하는 종합측정이 바람직하다.

2. 부동산경기 측정지표를 선행지표, 동행지표, 후행지표로 분석하면 다음과 같다.

구 분	내 용	예 시
□ 선행지표	미래의 경제활동을 예측할 수 있는 지표, 즉 예고지표이다.	① 건축허가량(건축허가 신청건수, 허가면적) ② 택지분양실적 ③ 건설수주동향 ④ 공실률 및 공가율 동향 ⑤ 건축자재 수요 동향
□ 동행지표	측정시점 현재의 경제활동을 나타내는 지표이다.	① 건축착공량 ② 거래량
□ 후행지표	측정시점 이전인 과거의 경제활동을 재확인하는 지표이다.	① 건축완공량

Ⅳ 부동산 경기변동의 특징

1. <u>부동산 경기변동은 일반경기변동보다 부동산의 특성으로 인해 변동주기가 더 길다.</u> 즉, 부동산경기의 순환주기는 보통 17~18년(건축순환)이 되므로 일반경기의 주순환인 쥬글라 파동(8~10년)보다 약 2배 정도 길게 나타난다.

2. 부동산경기는 일반경기에 비해 생산의 장기성으로 인해 <u>저점이 깊고, 정점이 높은 경향이 있다. 즉, 진폭이 크다.</u>

3. 부동산경기는 주기의 순환국면이 명백하거나 일정치 않다. <u>즉, 부동산경기는 그 순환국면이 불분명, 불명확, 불규칙적이므로 일반경기에 선행, 동행, 후행, 독립적일 수 있다.</u>
   <u>부동산경기는 일반경기보다 후행하는 것이 일반적이나, 상업용·공업용 부동산은 일반경기와 대체로 동행하고, 주거용 부동산은 일반경기와 역행의 모습을 보인다는 견해가 있다.</u>

4. <u>부동산경기는 비교적 경기회복이 느리고 경기후퇴는 빠르게 진행된다.</u>

5. 부동산경기는 지역적·개별적·국지적으로 시작하여 전국적·광역적으로 확산되는 경향이 있다.

6. <u>부동산경기는 지역(도시)별로 다르게 변동할 수 있으며, 같은 지역(도시)에서도 부분시장(sub-market)에 따라 다른 변동양상을 보일 수 있다.</u>

7. 부동산경기는 타성기간이 길다. 타성기간이란 부동산경기가 일반경기의 변동에 민감하게 대응하지 못하는 현상을 말한다.

8. <u>업무용 부동산의 경우 부동산 경기의 하강국면이 장기화되면 공실률이 증가하는 경향이 있다.</u>

9. 실수요 증가에 의한 공급부족이 발생하는 경우 공인중개사는 매도자를 확보해두려는 경향이 있다.

10. 중개물건의뢰의 접수와 관련하여 안정기의 경우 공인중개사는 매각의뢰와 매입의뢰의 수집이 디 같이 중요하다.

01 **부동산경기순환과 경기변동에 관한 설명으로 틀린 것은?** (31회)

① 부동산경기변동이란 부동산시장이 일반경기변동처럼 상승과 하강국면이 반복되는 현상을 말한다.

② 부동산경기는 일반경기와 같이 일정한 주기와 동일한 진폭으로 규칙적이고 안정적으로 반복되며 순환된다.

③ 부동산경기변동은 일반경기변동에 비해 저점이 깊고 정점이 높은 경향이 있다.

④ 부동산경기는 부동산의 특성에 의해 일반경기보다 주기가 더 길 수 있다.

⑤ 회복시장에서 직전 국면 저점의 거래사례가격은 현재 시점에서 새로운 거래가격의 하한이 되는 경향이 있다.

해 설　부동산경기는 일반경기에 비해 주기의 순환국면이 명백하지 않고 일정치 않으며, 진폭이 더 크다. 즉, 부동산경기는 그 순환국면이 불분명, 불명확, 불규칙적이다.

정 답　②　▶ 기본서 연결 : ① → 논점정리 02- I, ②·③·④ → 논점정리 02-Ⅳ, ⑤ → 논점정리 03

02 **부동산경기변동에 관한 설명으로 옳은 것은?** (33회)

① 상향시장 국면에서는 부동산가격이 지속적으로 하락하고 거래량은 감소한다.

② 후퇴시장 국면에서는 경기상승이 지속적으로 진행되어 경기의 정점에 도달한다.

③ 하향시장 국면에서는 건축허가신청이 지속적으로 증가한다.

④ 회복시장 국면에서는 매수자가 주도하는 시장에서 매도자가 주도하는 시장으로 바뀌는 경향이 있다.

⑤ 안정시장 국면에서는 과거의 거래가격을 새로운 거래가격의 기준으로 활용하기 어렵다.

해 설　① 상향시장 : 부동산가격 지속적 상승, 거래량증가
　　　② 상향시장 국면의 특징
　　　③ 하향시장 : 건축허가신청건수 최저
　　　⑤ 안정시장 : 과거의 거래가격은 새로운 거래에 있어 신뢰할 수 있는 기준이 됨

정 답　④　▶ 기본서 연결 : 논점정리 03

【부동산경기의 순환국면별 특징 요약 체계도】

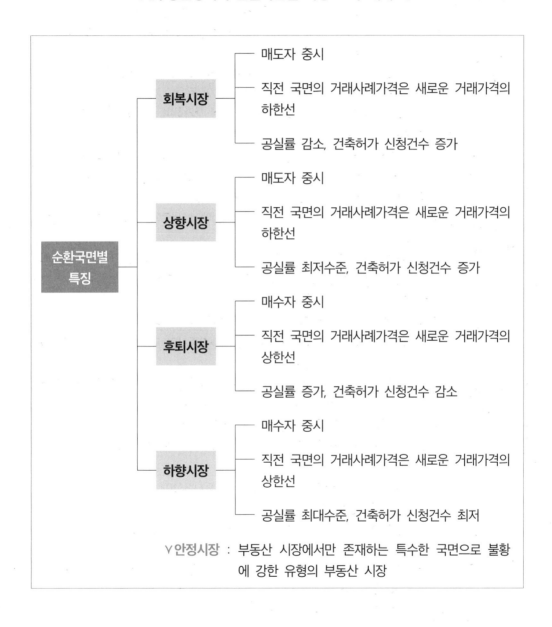

순환국면별 특징

회복시장
- 매도자 중시
- 직전 국면의 거래사례가격은 새로운 거래가격의 하한선
- 공실률 감소, 건축허가 신청건수 증가

상향시장
- 매도자 중시
- 직전 국면의 거래사례가격은 새로운 거래가격의 하한선
- 공실률 최저수준, 건축허가 신청건수 증가

후퇴시장
- 매수자 중시
- 직전 국면의 거래사례가격은 새로운 거래가격의 상한선
- 공실률 증가, 건축허가 신청건수 감소

하향시장
- 매수자 중시
- 직전 국면의 거래사례가격은 새로운 거래가격의 상한선
- 공실률 최대수준, 건축허가 신청건수 최저

∨안정시장 : 부동산 시장에서만 존재하는 특수한 국면으로 불황에 강한 유형의 부동산 시장

회복시장 (회복국면)	① 부동산 가격상승이 시작되고, 건축허가 신청건수가 증가한다. ② 부동산전문업자들은 매수자중시의 태도에서 매도자중시의 태도로 변화한다.(매도자수 감소, 매수자수 증가 원인) ③ 직전국면(과거)의 거래사례가격은 현재시점에서 새로운 거래가격의 기준가격이 되거나 하한선(직전국면의 저점인 경우)이 된다. ④ 부동산시장에 참여하는 고객의 수가 조금씩 증가하며, 이자율 하락 및 공실률이 적어지게 된다.
상향시장 (상향국면)	① 부동산전문업자의 활동에 있어서는 매도자중시현상이 더욱 커지게 된다.(매도자수 감소, 매수자수 증가 원인) 따라서 매도자는 거래성립시기를 미루려 하고, 매수자는 이를 앞당기려 하는 경향이 있다. ② 직전국면(과거)의 거래사례가격은 현재시점에서 새로운 거래가격의 하한선이 된다. ③ 부동산가격은 지속적으로 상승하고, 부동산거래도 활발해져 거래량이 증가하며, 건축허가신청건수의 증가 및 증가율이 계속 상승한다. ④ 공실률은 최저수준이 된다. ⑤ 경기상승이 지속적으로 진행되어 경기의 정점에 도달한다.
후퇴시장 (후퇴국면)	① 부동산전문업자는 매도자중시태도에서 매수자중시의 태도로 변화한다.(매도자수 증가, 매수자수 감소 원인) ② 직전국면(과거)의 거래사례가격은 현재시점에서 새로운 거래가격의 기준가격이 되거나 상한선(직전국면의 정점인 경우)이 된다. ③ 부동산거래와 건축허가 신청건수가 감소하고, 가격은 하락하며, 이자율 상승 및 공실률이 증가한다. 한편, 후퇴국면은 정부의 규제에 의하여 단시일 내에 이루어지기도 한다.
하향시장 (하향국면)	① 부동산전문업자의 활동에 있어서는 매수자중시현상이 더 커진다.(매도자수 증가, 매수자수 감소 원인) ② 직전국면(과거)의 거래사례가격은 현재시점에서 새로운 거래가격의 상한선이 된다. ③ 거래가 저조하고, 부동산가격은 지속적으로 하락하며, 금리가 높아져 부동산을 소유하는 것이 큰 부담이 된다. ④ 공실률은 최대, 건축허가 신청건수는 최저가 된다.

※ 안정시장

1. '안정시장'은 부동산경기의 순환적 분류에는 해당되지 않으며, 부동산시장에서만 존재하는 특수한 국면으로 불황에 강한 유형의 부동산시장이다.
2. 실수요자에 의해 주도되는 시장으로 경기에 많은 영향을 받지 않고, 수급이 안정된 지역으로서 상대적으로 투자의 위험이 적다.(예 : 입지조건이 좋은 도심속 소규모 점포가 모여 있는 시장)
3. 안정시장에서의 과거의 거래가격은 새로운 거래에 있어 신뢰할 수 있는 기준이 된다.

【거미집이론(Cob-Web Theory) 요약 체계도】

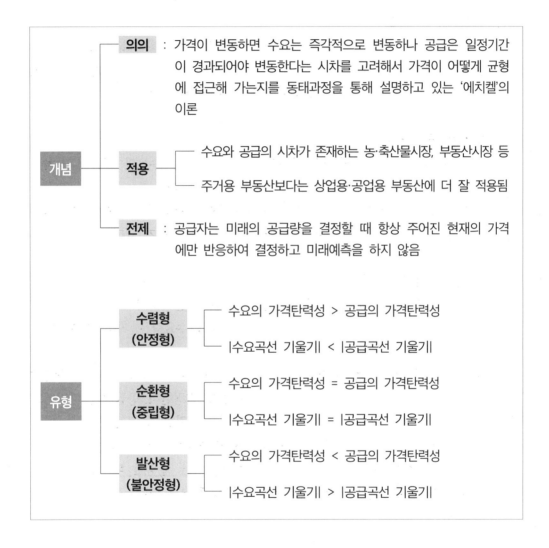

(21·23·25·27·29·31·32회)

ㅣ 거미집이론의 개념

1. 거미집이론의 의의

거미집이론이란 가격이 변동하면 수요는 즉각적으로 변동하나 공급은 일정기
간이 경과되어야 변동한다는 시차를 고려해서 가격이 어떻게 균형에 접근해
가는지를 동태과정을 통해 설명하고 있는 에치켈(M. J. Eziekel)의 이론이다.

2. 거미집이론의 적용

1) 거미집이론은 모든 시장에 적용되는 것은 아니며, 수요와 공급의 시차가
   존재하는 농·축산물시장, 부동산시장 등에 적용된다.

2) 거미집이론은 주거용 부동산보다는 대규모의 임대공간을 동시에 창출하는
   상업용·공업용 부동산에 더 잘 적용되는 것으로 알려져 있다.

3. 거미집이론의 가정

1) 금기의 수요량 = f(금기의 가격) : 금기의 수요량은 그 재화의 금기의 가격
   에 의존한다.(수요량은 가격변화에 즉각
   반응)

2) 금기의 공급량 = g(전기의 가격) : 금기의 공급량은 전기의 가격에 반응해
   서 수량을 결정한다.(공급량은 가격변화
   에 일정한 시차를 두고 반응)

3) 공급자는 현재의 시장가격에만 반응하며, 미래예측을 하지 않는다.

4) 결국 거미집이론에서 공급자는 미래의 공급량을 결정할 때 항상 주어진
   현재의 가격에만 반응하여 결정한다는 것을 전제로 한다.

II 거미집모형의 유형

1. 기본 개념

(주) 기울기는 절댓값($|\quad|$)으로 표시

수렴형(안정형)	순환형(중립형)	발산형(불안정형)
수요가격탄력성 > 공급가격탄력성	수요가격탄력성 = 공급가격탄력성	수요가격탄력성 < 공급가격탄력성
|수요곡선 기울기| < |공급곡선 기울기|	|수요곡선 기울기| = |공급곡선 기울기|	|수요곡선 기울기| > |공급곡선 기울기|

1) 수렴형
  (1) 시장균형의 '안정형'이다.
  (2) 시장가격이 아무리 균형치로부터 떨어져 있어도 결국에 균형치로 수렴하게 된다.

2) 순환형
  (1) 시장균형의 '중립형'이다.
  (2) 시간의 경과에 따라 가격이 수렴도 확산도 하지 않고 순환만 계속하게 된다.

3) 발산형
  (1) 시장균형의 '불안정형'이다.
  (2) 시간의 경과에 따라 가격이 점차로 균형에서 이탈하는 경우이다.

2. 탄력성과 기울기에 따른 유형 구분

유 형	탄력성과 기울기	예시
수렴형	① 수요의 가격탄력성이 공급의 가격탄력성보다 <u>커야 한다.</u> ② 수요곡선의 기울기가 공급곡선의 기울기보다 작아야 한다.	① A부동산 - 수요의 가격탄력성 : 1.1, 공급의 가격탄력성 : 0.9 ② B부동산 - 수요의 가격탄력성 : 0.9, 공급의 가격탄력성 : 1.3
발산형	① 수요의 가격탄력성이 공급의 가격탄력성보다 <u>작아야 한다.</u> ② 수요곡선의 기울기가 공급곡선의 기울기보다 커야 한다.	③ C부동산 - 수요곡선의 기울기 : -0.8, 공급곡선의 기울기 : 0.5 ④ D부동산 - 수요곡선의 기울기 : -0.5, 공급곡선의 기울기 : 0.5
순환형	① 수요의 가격탄력성과 공급의 가격탄력성이 <u>같아야 한다.</u> ② 수요곡선의 기울기는 공급곡선의 기울기와 같아야 한다.	① A : 수렴형 ② B : 발산형 ③ C : 발산형 ④ D : 순환형

3. 수요·공급함수에 따른 유형의 구분

> **[사례1] 수요함수와 공급함수가 아래와 같이 주어졌을 때!!**
>
> □ 수요함수 : $Q_d = a - bP$
>   (Q_d : 수요량, P : 가격, a : 상수, b : 수요계수)
> □ 공급함수 : $Q_s = c + dP$
>   (Q_s : 공급량, P : 가격, c : 상수, d : 공급계수)

1) 계수 앞의 부호는 기울기의 방향을 나타내고 계수는 기울기를 나타낸다.
   예) ① -bP에서 수요계수 앞의 '-'는 수요곡선의 우하향 방향을 나타내고, b는 기울기로서 절댓값(| |)으로 표시한다. 따라서 수요함수의 기울기 정도는 계수 b의 절대치 ($|b|$)가 된다.
   ② +dP에서 공급계수 앞의 '+'는 공급곡선의 우상향 방향을 나타내고, d는 기울기로서 절댓값(| |)으로 표시한다. 따라서 공급함수의 기울기 정도는 계수 d의 절대치 ($|d|$)가 된다.
2) 기울기가 $|b| < |d|$인 경우 수렴형, 기울기가 $|b| = |d|$인 경우 순환형, 기울기가 $|b| > |d|$인 경우 발산형이 된다.

[사례 2] 수요함수와 공급함수가 아래와 같이 주어졌을 때!!

□ 수요함수 : $2P = 500 - Q_d$
  (P : 가격, Q_d : 수요량)
□ 공급함수 : $3P = 300 + 4Q_s$
  (P : 가격, Q_s : 공급량)

1) 기울기를 구하기 위해 P(가격)에 대해 정리하여야 한다.

   (1) 수요함수 $2P = 500 - Q_d \rightarrow P = 250 - \dfrac{1}{2}Q_d$

   (2) 공급함수 $3P = 300 + 4Q_s \rightarrow P = 100 + \dfrac{4}{3}Q_s$

2) 수요곡선의 기울기 $\left|\dfrac{1}{2}\right|$, 공급곡선의 기울기 $\left|\dfrac{4}{3}\right|$로 공급곡선의 기울기가 수요곡선의 기울기보다 크다.

3) 탄력성과 기울기는 반비례하므로, 수요의 가격탄력성이 공급의 가격탄력성보다 크다는 의미이며, '수렴형'이 된다.

[사례 3] 수요함수와 공급함수가 아래와 같이 주어졌을 때!!

□ 수요함수 : $P = 400 - 2Q_d$
  (P : 가격, Q_d : 수요량)
□ 공급함수 : $2P = 100 + 4Q_s$
  (P : 가격, Q_s : 공급량)

1) 기울기를 구하기 위해 P(가격)에 대해 정리하여야 한다.
   (1) 수요함수 $P = 400 - 2Q_d$
   (2) 공급함수 $2P = 100 + 4Q_s \rightarrow P = 50 + 2Q_s$
2) 수요곡선의 기울기 $|2|$, 공급곡선의 기울기 $|2|$로 기울기가 같다.
3) 따라서 수요의 가격탄력성과 공급의 가격탄력성이 같다는 의미이며, '순환형'에 해당된다.

01 A, B, C부동산시장이 다음과 같을 때 거미집이론에 따른 각 시장의 모형 형태는?(단, X축은 수량, Y축은 가격을 나타내며, 다른 조건은 동일함) **(27회)**

구 분	A시장	B시장	C시장
수요곡선 기울기	-0.8	-0.3	-0.6
공급곡선 기울기	0.6	0.3	1.2

① A : 수렴형,　　B : 발산형,　　C : 순환형
② A : 순환형,　　B : 발산형,　　C : 수렴형
③ A : 발산형,　　B : 수렴형,　　C : 순환형
④ A : 수렴형,　　B : 순환형,　　C : 발산형
⑤ A : 발산형,　　B : 순환형,　　C : 수렴형

해 설　○ A시장 : |0.8| > |0.6| → 발산형
　　　　○ B시장 : |0.3| = |0.3| → 순환형
　　　　○ C시장 : |0.6| < |1.2| → 수렴형

정 답 ⑤　▶ 기본서 연결 : 논점정리 04-Ⅱ

02 다음은 거미집이론에 관한 내용이다. (　　　)에 들어갈 모형 형태는?(단, X축은 수량, Y축은 가격을 나타내며, 다른 조건은 동일함) **(31회)**

- 수요의 가격탄력성의 절댓값이 공급의 가격탄력성의 절댓값보다 크면 (㉠)이다.
- 수요곡선의 기울기의 절댓값이 공급곡선의 기울기의 절댓값보다 크면 (㉡)이다.

① ㉠ : 수렴형,　㉡ : 수렴형　　② ㉠ : 수렴형,　㉡ : 발산형
③ ㉠ : 발산형,　㉡ : 수렴형　　④ ㉠ : 발산형,　㉡ : 발산형
⑤ ㉠ : 발산형,　㉡ : 순환형

해 설　㉠ 수요의 가격탄력성이 공급의 가격탄력성보다 크면 '수렴형'이다.
　　　　㉡ 수요곡선의 기울기의 절댓값이 공급곡선의 기울기보다 크면 '발산형'이다.

정 답 ②　▶ 기본서 연결 : 논점정리 04-Ⅱ

Chapter 05
부동산시장

제33회 문제 분석(기출 관련)	제34회 출제 예상 핵심 항목
• 부동산 시장의 특성 (O) • 대형마트 개발정보의 현재 가치 (계산문제) (O)	• 부동산 시장의 특성과 기능 • 효율적 시장이론 • 주택의 여과과정과 주거분리

❖ 위 **(기출 관련)**은 **최근 10년 이내 출제 문제**를 정확하게 정리할 경우 쉽게 답을 찾을 수 있는 문제를 말함

논점정리

각 논점정리 앞부분에 논점정리 미리보기(체계도)가 있습니다.

【부동산시장의 개념 및 유형 요약 체계도】

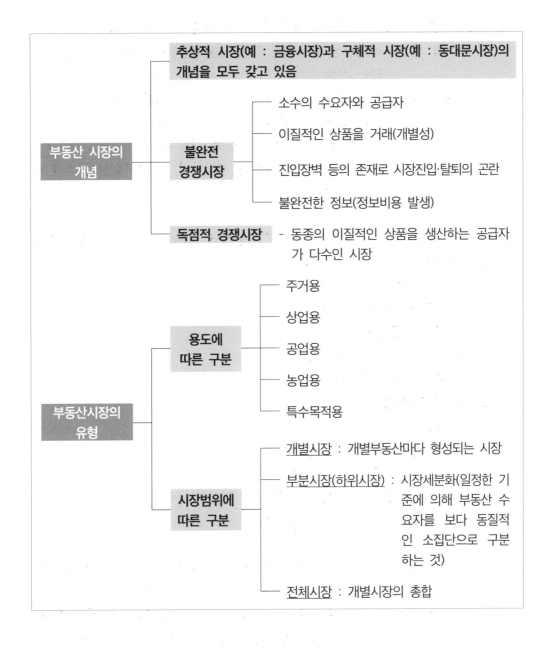

Ⅰ 부동산시장의 개념

1. 부동산시장은 추상적 시장과 구체적 시장의 개념을 모두 갖고 있다.
   1) 추상적 시장 : 화폐시장, 금융시장 등의 자본시장처럼 장소적 제한을 받지 않는 시장
   2) 구체적 시장 : 동대문시장, 남대문시장처럼 장소적 제한을 받는 시장
      따라서 부동산시장을 자본시장의 일종으로 본다면 추상적 시장이지만, 유사한 부동산에 대해 유사한 가격이 형성되는 지리적 구역으로 본다면 부동산의 부동성 특성에 따라 구체적 시장이 될 수 있다.

2. 부동산시장은 '불완전경쟁시장'이며, 그 중에서 「독점적 경쟁시장」으로 보는 것이 일반적이다.
   1) 완전경쟁시장
      (1) 수요자와 공급자가 다수
      (2) 상품의 동질성
      (3) 시장진입과 탈퇴의 자유
      (4) 완전한 정보(정보비용 없음)
   2) 불완전경쟁시장
      (1) 특징
         ① 소수의 수요자와 공급자
         ② 이질적 상품을 거래(개별성)
         ③ 진입장벽 등의 존재로 시장진입·탈퇴의 곤란
         ④ 불완전한 정보(정보비용 발생)
      (2) 종류
         ① 독점시장 : 하나의 재화나 서비스 공급이 하나의 기업에 의해 이루어지는 시장(예 : 한국전력, 담배인삼공사)
         ② 과점시장 : 동질적 또는 이질적 상품을 생산하는 공급자가 둘 이상의 소수의 기업인 경우의 시장(예 : 자동차시장, 휴대폰시장 등)

③ 독점적 경쟁시장 : 동종의 이질적 상품을 생산하는 공급자가 다수인 시장(예 : 부동산시장, 약국, 음식점, 미용실 등)

(3) 기타

① 토지의 특성 중 개별성(비대체성, 이질성)은 토지시장을 불완전경쟁시장으로 만드는 요인이다.

② 일반적으로 부동산시장은 일반시장에 비해 거래비용이 많이 들고, 수요자와 공급자의 시장 진출입이 제약을 받게 되어 불완전경쟁시장이 된다.

II 부동산시장의 유형

1. 용도에 따른 구분

1) 주거용 부동산시장
2) 상업용 부동산시장
3) 공업용 부동산시장
4) 농업용 부동산시장
5) 특수목적용 부동산시장

2. 시장범위에 따른 분류

1) 개별시장

지역 내 개개 부동산은 각각 다른 위치, 면적, 형태를 가지므로 개별부동산마다 형성되는 시장을 말한다.

2) 부분시장(하위시장, sub-market)

(1) 개별시장과 전체시장의 중간 규모의 시장을 말한다.

(2) 부동산시장이 여러 개의 부분시장으로 나누어지는 현상을 시장세분화(market segmentation)라고 하며, 부동산시장은 부동산의 유형, 규모, 품질 등에 따라 세분화되어 하위시장(sub-market)으로 존재한다.

① 시장세분화(market segmentation)란 일정한 기준에 의해 부동산수요자를 보다 동질적인 소집단으로 구분하는 것을 말한다.

② 부분시장을 세분화할수록 부동산상품의 동질성과 대체성이 커지므로 수요의 탄력성은 보다 탄력적이 된다.

③ 지역별 부분시장, 용도별 부분시장, 점유형태별 부분시장, 가격수준별 부분시장 등으로 형성된다.

3) 전체시장

개별시장의 총합으로서 일반재화와 비교해 볼 때 공통점이 있으며 전체로
서의 부동산시장의 특성도 있다.

01 주택시장에서 시장세분화(market segmentation)에 관한 설명으로 옳은 것은? (31회)

① 주택 공급자의 신용도에 따라 소비자들의 공급자 선호를 구분하는 것이다.

② 일정한 기준에 의해 주택 수요자를 보다 동질적인 소집단으로 구분하는 것이다.

③ 주택의 수요가 공급보다 많은 매도자 우위의 시장을 의미한다.

④ 공급하고자 하는 주택이 가장 잘 팔릴 수 있는 시장을 의미한다.

⑤ 시장세분화가 이루어지면 시장정보가 증가하여 거래비용이 항상 증가한다.

해 설 시장세분화(market segmentation)란 일정한 기준에 의해 주택 수요자를 보다 동질적인 소집단으로 구분하는 것이다.

정 답 ② ▶ 기본서 연결 : 논점정리 01-Ⅱ

【부동산시장의 특성 및 기능 요약 체계도】

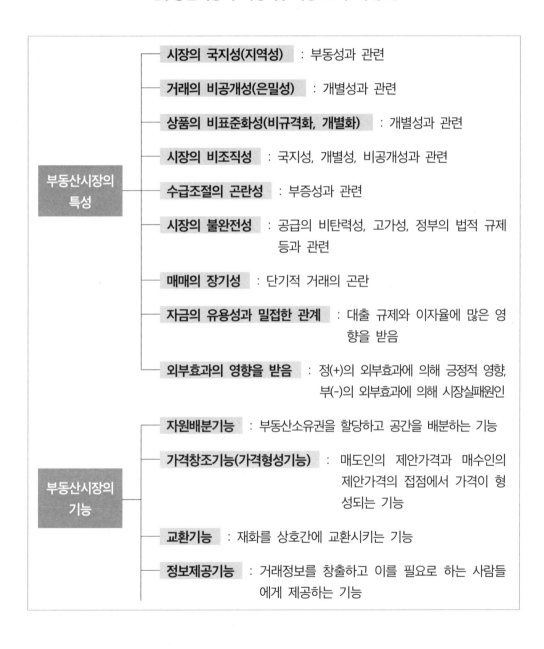

부동산시장의 특성
- **시장의 국지성(지역성)** : 부동성과 관련
- **거래의 비공개성(은밀성)** : 개별성과 관련
- **상품의 비표준화성(비규격화, 개별화)** : 개별성과 관련
- **시장의 비조직성** : 국지성, 개별성, 비공개성과 관련
- **수급조절의 곤란성** : 부증성과 관련
- **시장의 불완전성** : 공급의 비탄력성, 고가성, 정부의 법적 규제 등과 관련
- **매매의 장기성** : 단기적 거래의 곤란
- **자금의 유용성과 밀접한 관계** : 대출 규제와 이자율에 많은 영향을 받음
- **외부효과의 영향을 받음** : 정(+)의 외부효과에 의해 긍정적 영향, 부(-)의 외부효과에 의해 시장실패원인

부동산시장의 기능
- **자원배분기능** : 부동산소유권을 할당하고 공간을 배분하는 기능
- **가격창조기능(가격형성기능)** : 매도인의 제안가격과 매수인의 제안가격의 접점에서 가격이 형성되는 기능
- **교환기능** : 재화를 상호간에 교환시키는 기능
- **정보제공기능** : 거래정보를 창출하고 이를 필요로 하는 사람들에게 제공하는 기능

        ├─ **토지이용의 결정기능(양과 질의 조절기능)** ： 경제활동별 지대지
                                                          불능력에 따라 토
                                                          지이용의 　유형을
                                                          결정하는 기능

        └─ **계속적인 부지경쟁기능** ： 부지경쟁을 통해 최유효이용원리에 맞
                                      는 방향으로 이용결정이 되는 경향

(22·23회)

Ⅰ 부동산시장의 특성

부동산시장은 부동산의 부동성, 부증성, 개별성, 영속성, 고가성, 법률적 복잡성 등 부동산의 자연적·인문적 특성에 의해 다음과 같은 특성을 갖는다.

부동산시장의 특성	내 용
1. 시장의 국지성 (지역성)	① 부동산의 '부동성'과 관련이 있다. ② 부동산시장은 어떤 특정한 지역에 국한되는 시장의 지역성 혹은 지역시장성이 존재한다. ③ 부동산시장은 국지성으로 인해 동일한 부동산일지라도 지역에 따라 달리 가격이 형성된다. 따라서 완전히 동질적인 아파트라 하더라도 아파트가 입지한 시장지역이 달라지면 서로 다른 가격이 형성될 수 있다. ④ 부동산시장은 지역의 경제적·사회적·행정적 변화에 따라 영향을 받으며, 수요·공급도 그 지역 특성의 영향을 받는다. ⑤ 부동산시장의 국지성은 지역 간 수급불균형을 초래한다.
2. 거래의 비공개성 (은밀성)	① 부동산시장은 부동산의 개별성과 사회적 관행에 의해 부동산의 거래사실이나 내용을 외부에 공개를 꺼리는 관행이 있다. ② 거래의 비공개성은 부동산시장에서 정보의 비대칭성을 발생시키고 이로 인하여 부동산가격의 왜곡현상이 나타나기도 한다.
3. 상품의 비표준화성 (비규격화, 개별화)	① 부동산의 개별성은 부동산상품의 표준화를 불가능하게 할 뿐만 아니라 부동산시장을 복잡·다양하게 한다. ② 부동산시장은 일물일가의 법칙이 적용되지 않고, 상품간의 비교를 어렵게 한다. ③ 토지의 자연적 특성인 지리적 위치의 고정성(부동성)으로 인하여 개별화된다.
4. 시장의 비조직성	① 부동산시장은 국지성, 개별성, 비공개성으로 인해 유통구조가 조직적이지 못하다. ② 부동산시장이 비조직적인 것은 시장이 하위시장(sub-marker)으로 구성되기 때문이다. ③ 부동산은 개별성으로 인해 대체가 불가능한 재화이기에 부동산시장에서는 공매(short selling, 공매도로 실물 없이 파는 행위)가 발생하기 곤란하다.

부동산시장의 특성	내 용
5. 수급조절의 곤란성	① 토지에는 '부증성'의 특성이 있고, 건물의 경우에는 생산하는데 시간이 많이 소요되기 때문에 공급이 비탄력적이므로 수급조절이 곤란하다. 그러므로 수요와 공급의 불균형으로 인해 단기적으로 가격형성이 왜곡될 가능성이 있다. ② 부동산시장의 분화현상(세분화)은 경우에 따라 부분시장별로 시장의 불균형을 초래하기도 한다.
6. 시장의 불완전성	① 공급의 비탄력성으로 인해 부동산의 공급은 수요에 신속히 적응할 수 없는 등 시장의 조절기능을 저하시켜 가격을 왜곡시킨다. ② 고가성으로 인하여 수요자와 공급자의 시장진입을 어렵게 하여 부동산시장을 불완전하게 만든다. ③ 부동산시장에서는 정부의 법적 규제가 많아서 불완전경쟁이 되고, 특히 단기적으로 부동산가격이 왜곡되고 시장기능을 왜곡시킨다.
7. 매매의 장기성 (단기적 거래의 곤란)	① 부동산거래는 의사결정과정 및 절차가 복잡하여 장시간이 소요되므로 단기거래를 곤란하게 한다. ② 단기적으로 가격이 왜곡될 가능성이 있다. ③ 매매의 장기성으로 인해 유동성과 환금성이 낮은 특징이 있다.
8. 자금의 유용성과 밀접한 관계	① 대출규제와 이자율에 많은 영향을 받는다. ② 부동산은 고가품이므로 자금의 조달과 깊은 관계가 있으며, 원활한 자금의 융통은 더 많은 공급자와 수요자를 시장에 참여하게 한다.
9. 외부효과의 영향	부동산시장은 정(+)의 외부효과에 의해 긍정적인 영향을 받지만, 부(-)의 외부효과에 의해 시장실패(시장의 자원배분이 효율적이지 못한 경우를 말함)의 원인이 될 수도 있다.
10. 기타 특성	① 부동산시장에서 기술의 개발로 부동산공급이 증가하는 경우, 수요의 가격탄력성이 작을수록 균형가격의 하락폭은 커진다. ② 일반적으로 부동산은 일반재화에 비해 거래비용이 많이 들고, 부동산이용의 비가역적 특성 때문에 일반재화에 비해 의사결정 지원분야의 역할이 더욱 중요하다. ③ 부동산은 다양한 공·사적 제한이 존재하며, 이는 부동산가격변동에 영향을 미칠 수 있어 부동산시장의 기능을 왜곡할 수 있다.

부동산시장의 기능(시장의 역할)

부동산시장의 기능	내 용
1. 자원배분기능	① 부동산시장은 경쟁과정에서 수요자와 공급자 간의 공간배분의 역할을 한다. ② 부동산시장은 부동산소유권을 할당하고 공간을 배분하는 기능을 한다. ③ 시장의 자원배분이 효율적이지 못한 경우를 시장실패(market failure)라 한다.
2. 가격창조기능 (가격형성기능)	① 부동산시장은 수요와 공급의 상호작용에 의해 가격을 창조하는 기능을 한다. ② 부동산가격은 매도인의 제안가격(주관적, 하한선)과 매수인의 제안가격(주관적, 상한선)의 접점에서 형성된다. ③ 매도인의 제안가격은 시간이 지날수록 하락하며 매수인의 제안가격은 시간이 지날수록 상승하여 교차하는 점에서 객관적 가격이 형성된다. 가격 매도인의 제안가격 부동산 시장 매수인의 제안가격 시간
3. 교환기능	① 부동산시장은 재화를 상호간에 교환시키는 기능을 한다. ② 부동산과 현금, 부동산과 부동산, 소유와 임대 등의 교환이 이루어지게 된다.
4. 정보제공기능	① 부동산활동 주체들은 그들의 업무상 또는 가격결정이나 판단을 위해 부동산거래에 관한 정보를 이용하고 또 수집한다. ② 부동산시장은 거래정보를 창출하고 이를 필요로 하는 사람들에게 제공하는 기능을 한다.
5. 토지이용의 결정기능(양과 질의 조절기능)	① 부동산시장은 경제활동별 지대 지불능력에 따라 토지이용의 유형을 결정하는 기능을 한다. ② 부동산은 용도가 다양하므로 토지이용의 전환을 통해 그 양과 질이 조절된다.
6. 계속적인 부지 경쟁기능	부동산시장은 부지경쟁을 통해 최유효이용원리에 맞는 방향으로 이용결정이 되는 경향이 있다.

01 부동산시장에 관한 설명으로 틀린 것은? (22회)

① 완전히 동질적인 아파트라 하더라도 아파트가 입지한 시장지역이 달라지면 서로 다른 가격이 형성될 수 있다.

② 일반적으로 부동산의 공급에는 상당한 시간이 소요되기 때문에 단기적으로 가격의 왜곡이 발생할 가능성이 있다.

③ 부동산시장은 부동산소유권을 할당하고 공간을 배분하는 기능을 한다.

④ 부동산시장은 경제활동별 지대지불능력에 따라 토지이용의 유형을 결정하는 기능을 한다.

⑤ 부동산시장은 국지성으로 인해 동일한 가격이 형성된다.

해 설 부동산시장은 국지성으로 인해 동일한 부동산일지라도 지역에 따라 달리 가격이 형성된다.

정 답 ⑤ ▶ 기본서 연결 : ①·②·⑤ → 논점정리 02-Ⅰ, ③·④ → 논점정리 02-Ⅱ

02 부동산시장에 관한 일반적인 설명으로 틀린 것은? (23회)

① 부동산시장은 지역의 경제적·사회적·행정적 변화에 따라 영향을 받으며, 수요·공급도 그 지역 특성의 영향을 받는다.

② 부동산시장에서는 수요와 공급의 불균형으로 인해 단기적으로 가격형성이 왜곡될 가능성이 있다.

③ 부동산시장은 거래의 비공개성으로 불합리한 가격이 형성되며, 이는 비가역성과 관련이 깊다.

④ 부동산시장은 외부효과에 의해 시장의 실패가 발생할 수 있다.

⑤ 부동산시장에서는 매도인의 제안가격과 매수인의 제안가격의 접점에서 부동산가격이 형성된다.

해 설 부동산시장의 거래의 비공개성은 부동산의 개별성과 사회적 통제나 관행 등과 관련이 깊다.

　　　* 비가역성 : 원상태로 복귀하는 것이 어려운 것을 말함(예 : 농지를 용도변경하여 대지화하여 건물을 건축하면 다시 농지로 되돌리기가 어려워짐)

정 답 ③ ▶ 기본서 연결 : ①·②·③·④ → 논점정리 02-Ⅰ, ⑤ → 논점정리 02-Ⅱ

【효율적 시장이론 요약 체계도】

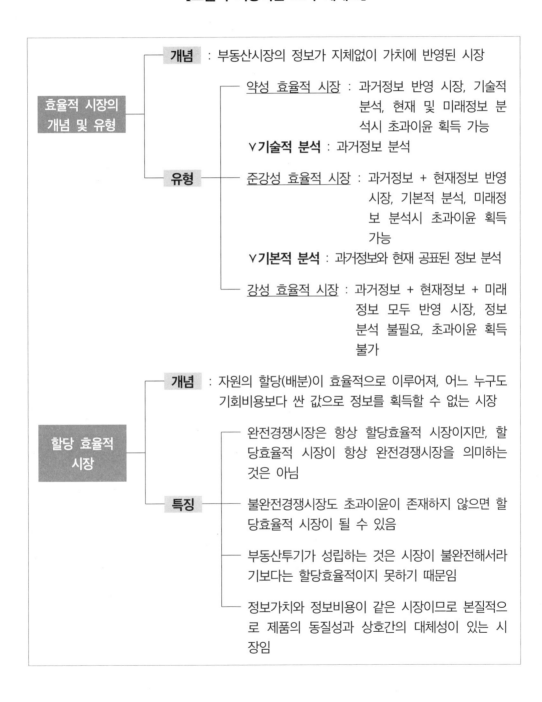

효율적 시장의 개념 및 유형

개념 : 부동산시장의 정보가 지체없이 가치에 반영된 시장

유형

약성 효율적 시장 : 과거정보 반영 시장, 기술적 분석, 현재 및 미래정보 분석시 초과이윤 획득 가능

∨**기술적 분석** : 과거정보 분석

준강성 효율적 시장 : 과거정보 + 현재정보 반영 시장, 기본적 분석, 미래정보 분석시 초과이윤 획득 가능

∨**기본적 분석** : 과거정보와 현재 공표된 정보 분석

강성 효율적 시장 : 과거정보 + 현재정보 + 미래정보 모두 반영 시장, 정보 분석 불필요, 초과이윤 획득 불가

할당 효율적 시장

개념 : 자원의 할당(배분)이 효율적으로 이루어져, 어느 누구도 기회비용보다 싼 값으로 정보를 획득할 수 없는 시장

특징

완전경쟁시장은 항상 할당효율적 시장이지만, 할당효율적 시장이 항상 완전경쟁시장을 의미하는 것은 아님

불완전경쟁시장도 초과이윤이 존재하지 않으면 할당효율적 시장이 될 수 있음

부동산투기가 성립하는 것은 시장이 불완전해서라기보다는 할당효율적이지 못하기 때문임

정보가치와 정보비용이 같은 시장이므로 본질적으로 제품의 동질성과 상호간의 대체성이 있는 시장임

| 정보의
현재가치 | **개념** : 정보의 현재가치 = 확실성의 현재가치 - 불확실성의
현재가치 |
| | PV(현재가치) 산출공식
$$= \frac{(실현가치 \times 실현확률) + (미실현가치 \times 미실현확률)}{(1+r)^n}$$
*r = 이자율, n = 투자(보유)기간 |

(22·25·26·27·28·29·32·33회)

Ⅰ 효율적 시장의 개념
1. 부동산시장이 새로운 정보를 얼마나 지체없이 가치에 반영하는가 하는 것을 시장의 효율성이라 하고, 정보가 지체없이 가치에 반영된 시장을 효율적 시장 (efficient market)이라고 한다.

2. 부동산증권화 및 실거래가 신고제도 등으로 우리나라 부동산시장의 효율성이 점차 증대되고 있다고 평가할 수 있다.

3. 효율적 시장은 본질적으로 제품의 동질성과 상호간의 대체성이 있는 시장 이다.

Ⅱ 효율적 시장의 유형
효율적 시장이론을 처음으로 주장한 파마(E. Fama)에 의하면 효율적 시장은 반영되는 정보에 따라 약성 효율적 시장, 준강성 효율적 시장, 강성 효율적 시장으로 구분한다.

유 형	반영되는 정보	정보분석 방법	정상 이윤	초과이윤 획득 여부		
				과거정보 분석(기술적 분석)시	현재정보 분석(기본적 분석)시	미래 정보 분석시
약성	과거정보	기술적 분석	○	×	○	○
준강성	과거정보 + 현재 공표되는 정보	기본적 분석	○	×	×	○
강성	과거정보 + 현재 정보 + 미래정보 (모든 정보)	분석 불필요	○	×	×	×

∨기술적 분석 : 지나간 역사적 사실인 과거의 정보를 분석하여 시장가치변동을 예측하는 방법
∨기본적 분석 : 과거의 지나간 정보와 현재 공표된 정보를 분석하여 시장가치변동을 예측하는 방법

1. 약성 효율적 시장

  1) 개념

    약성 효율적 시장이란 현재의 부동산가격은 과거의 부동산가격 및 거래량 변동 등과 같은 역사적 정보를 완전히 반영하고 있는 시장을 말한다.

  2) 분석방법

    과거의 역사적 자료를 토대로 시장가치의 변동을 분석하는 '기술적 분석' 방법에 의한다.

  3) 특징

    (1) 약성 효율적 시장은 과거정보가 반영된 시장이다.

    (2) 현재가치에 대한 과거의 역사적 자료를 분석한다 하더라도 정상이상의 수익을 획득할 수 없는 시장이다.

       → 가치에 대한 과거의 역사적 자료를 분석함으로써, 정상수익을 얻을 수 있지만 현재나 미래의 정보가 없어 초과이윤을 얻을 수 없는 시장이다.(현재의 정보나 미래의 정보분석시는 초과이윤 획득가능)

2. 준강성 효율적 시장

  1) 개념

    준강성 효율적 시장이란 어떤 새로운 정보가 공표되는 즉시 현재의 부동산가격에 반영되는 시장을 말한다.

  2) 분석방법

    공표된 정보(과거 + 현재)를 토대로 시장가치의 변동을 분석하는 '기본적 분석' 방법에 의한다.

  3) 특징

    (1) 준강성 효율적 시장은 과거의 추세적 정보뿐만 아니라 현재 새로 공표되는 정보가 지체없이 시장가치에 반영되므로 공식적으로 이용가능한 정보를 기초로 기본적 분석을 하여 투자해도 초과이윤을 얻을 수 없다.

       → 미래의 정보를 분석해야 초과이윤 획득 가능

    (2) 준강성 효율적 시장에서는 기술적 분석(과거정보이용)뿐만 아니라 기본적 분석(과거정보 + 현재 공표정보이용)으로도 초과이익을 얻을 수 없다.

    (3) 일반적으로 부동산시장은 준강성 효율적 시장에 해당된다.

3. 강성 효율적 시장

1) 개념

강성 효율적 시장이란 현재의 부동산가격이 부동산에 관한 모든 정보, 즉 이미 투자자들에게 <u>공개된 정보뿐만 아니라, 공표되지 않은 정보</u>까지도 신속 정확하게 반영하는 완벽한 효율적 시장을 말한다.

2) 분석방법

강성 효율적 시장에서는 이미 모든 정보가 가격에 반영되어 있으므로 투자분석이 불필요하다.

3) 특징

(1) <u>강성 효율적 시장은 완전경쟁시장의 가정에 가장 근접하게 부합되는 시장이다.</u>

(2) <u>강성 효율적 시장은 공표된 정보는 물론이고 아직 공표되지 않은 정보까지도 시장가치에 반영되어 있는 시장이므로 어느 누구가 어떠한 정보를 이용한다고 하더라도 시장 참여자들은 결코 초과이윤을 획득할 수 없다.</u>

Ⅲ 할당 효율적 시장

1. 개 념

1) 할당 효율적 시장이란 자원의 할당(배분)이 효율적으로 이루어지는 시장을 말한다.

수익률 균형 : 임대료 수익률 = 다른 대안의 투자수익률

2) 할당 효율적 시장은 자원의 할당이 효율적으로 이루어지는 시장으로, <u>어느 누구도 기회비용보다 싼 값으로 정보를 획득할 수 없는 시장이다.</u>

3) <u>할당 효율적 시장에서는 정보비용과 정보가치(정보이익의 현재가치)가 동일한 시장이므로 정보를 이용한 초과이윤은 획득할 수가 없다. 즉, 할당효율적 시장에서도 정보비용이 존재할 수 있지만, 초과이윤은 존재하지 않는다.</u>

2. 특 징

1) <u>완전경쟁시장은 항상 할당 효율적 시장이지만, 할당 효율적 시장이 항상 완전경쟁시장을 의미하는 것은 아니다.</u>

2) 불완전경쟁시장도 정보가치와 정보비용이 일치하여 초과이윤이 존재하지 않는다면 할당 효율적 시장이 될 수 있다. 따라서 독점시장이나 부동산시장도 독점을 획득하기 위한 기회비용이 모든 투자자들에게 동일하여 초과이윤이 존재하지 않는다면 할당효율적 시장이 될 수 있다.

3) 부동산거래비용의 증가는 부동산 수요자와 공급자의 시장 진출입에 제약을 줄 수 있어 불완전 경쟁시장의 요인이 될 수 있다.

4) 소수의 사람들이 부동산을 매수하여 초과이윤을 획득할 수 있는 것은 할당 효율적이지 못하기 때문이다.

5) 부동산 투기가 성립하는 것은 시장이 불완전해서라기보다는 할당 효율적이지 못하기 때문이다.

6) 할당 효율적 시장은 정보가치와 정보비용이 같은 시장이므로 본질적으로 제품의 동질성과 상호간의 대체성이 있는 시장이다. 따라서 부동산가격의 과소평가 또는 과대평가 등의 왜곡 가능성이 적어진다.

Ⅳ 정보의 현재가치(정보가치)

1. 할당 효율적 시장과 정보비용

완전경쟁시장과 같은 강성 효율적 시장에서는 정보비용이 존재할 수 없지만, 약성이나 준강성 시장에서는 정보비용이 존재한다.

2. 정보의 가치

1) 정보가치 = 확실성의 현재가치 - 불확실성의 현재가치

2) 대상부동산의 현재가치

$$PV(현재가치) = \frac{(실현가치 \times 실현확률) + (미실현가치 \times 미실현확률)}{(1 + r)^n}$$

- r = 이자율, ■ n : 투자(보유)기간

3) 사례를 통한 계산 예

[사례 1]

투자자 甲은 1년 후에 신도시가 들어설 가능성이 있는 주변지역에 토지를 소유하고 있다. 투자결정 현재의 시점에 신도시가 들어설 가능성은 50%에 해당한다고 가정한다. 만약 신도시가 들어선다면 1년 후의 토지가격은 8,800만원이 되고, 신도시가 들어지지 않는다면 토지가격은 6,600만원이다.(단, 투자자의 요구수익률은 10%이다)

1) 불확실성하의 현재가치(50:50)

$$PV(현재가치) = \frac{(8,800만원 \times 50\%) + (6,600만원 \times 50\%)}{(1 + 0.1)^1} = 7,000만원$$

2) 확실성하의 현재가치(신도시가 들어설 가능성 100%)

$$PV(현재가치) = \frac{(8,800만원 \times 100\%) + (6,600만원 \times 0\%)}{(1 + 0.1)^1} = 8,000만원$$

3) 정보의 현재가치 : 신도시가 확실히 들어선다는 정보의 가치

정보의 현재가치(1,000만원) = 확실성 하의 현재가치(8,000만원) - 불확실 성 하의 현재가치(7,000만원)

[사례 2]

복합쇼핑몰 개발사업이 진행된다는 정보가 있다. 다음과 같이 주어진 조건하에서 합리적인 투자자가 최대한 지불할 수 있는 이 정보의 현재가치는?(단, 주어진 조건에 한함)

○ 복합쇼핑몰 개발예정지 인근에 일단의 A토지가 있다.
○ 2년 후 도심에 복합쇼핑몰이 개발된 가능성은 50%로 알려져 있다.
○ 2년 후 도심에 복합쇼핑몰이 개발되면 A토지의 가격은 6억 500만원, 개발되지 않으면 3억 250만원으로 예상된다.
○ 투자자의 요구수익률(할인율)은 연 10%이다.

1) 불확실성하의 현재가치(50:50)

$$PV(현재가치) = \frac{(6억 500만원 \times 50\%) + (3억 250만원 \times 50\%)}{(1 + 0.1)^2}$$
$$= 3억 7,500만원$$

2) 확실성하의 현재가치(복합쇼핑몰이 개발될 가능성 100%)

$$PV(현재가치) = \frac{(6억 500만원 \times 100\%) + (3억 250만원 \times 0\%)}{(1 + 0.1)^2}$$
$$= 5억$$

3) 정보의 현재가치 : 복합쇼핑몰이 개발될 가능성이 있다는 정보의 가치

정보의 현재가치(1억 2,500만원) = 확실성 하의 현재가치(5억원) - 불확실성 하의 현재가치(3억 7,500만원)

01 **부동산시장에 관한 설명으로 틀린 것은?**(단, 다른 조건은 동일함)　　　**(31회)**

① 부동산은 대체가 불가능한 재화이기에 부동산시장에서 공매(short selling)
가 빈번하게 발생한다.

② 부동산시장이 강성 효율적 시장일 때 초과이윤을 얻는 것은 불가능하다.

③ 부동산시장은 부동산의 유형, 규모, 품질 등에 따라 구별되는 하위시장
이 존재한다.

④ 부동산시장이 준강성 효율적 시장일 때 새로운 정보는 공개되는 즉시
시장에 반영된다.

⑤ 부동산시장은 불완전경쟁시장이더라도 할당효율적 시장이 될 수 있다.

해 설　부동산은 개별성으로 인해 대체가 불가능한 재화이기에 부동산시장에서는
　　　공매(short selling)가 발생하기 어렵다.

정 답　①　▶ 기본서 연결 : ① → 논점정리 02-Ⅰ, ②·④ → 논점정리 03-Ⅱ,
　　　　　　　　　　　　　③ → 논점정리 01-Ⅱ, ⑤ → 논점정리 03-Ⅲ

02 **부동산시장에 관한 설명으로 틀린 것은?**(단, 다른 조건은 모두 동일함)　　**(33회)**

① 부동산시장에서는 정보의 비대칭성으로 인해 부동산가격의 왜곡현상이
나타나기도 한다.

② 부동산시장은 장기보다 단기에서 공급의 가격탄력성이 크므로 단기 수
급조절이 용이하다.

③ 부동산시장은 규모, 유형, 품질 등에 따라 세분화되고, 지역별로 구분되
는 특성이 있다.

④ 부동산시장에서는 일반적으로 매수인의 제안가격과 매도인의 요구가격
사이에서 가격이 형성된다.

⑤ 부동산시장은 불완전하더라도 할당효율적일 수 있다.

해 설　부동산시장은 공급이 수요에 신속하게 적응할 수 없어 단기적으로 공급의 가
　　　격탄력성이 비탄력적이므로 단기 수급조절이 어려운 특성이 있다.

정 답　④　▶ 기본서 연결 : ①·② → 논점정리 02-Ⅰ, ③ → 논점정리 01-Ⅱ,
　　　　　　　　　　　　　④ → 논점정리 02-Ⅱ, ⑤ → 논점정리 03-Ⅲ

【주택시장 요약 체계도】

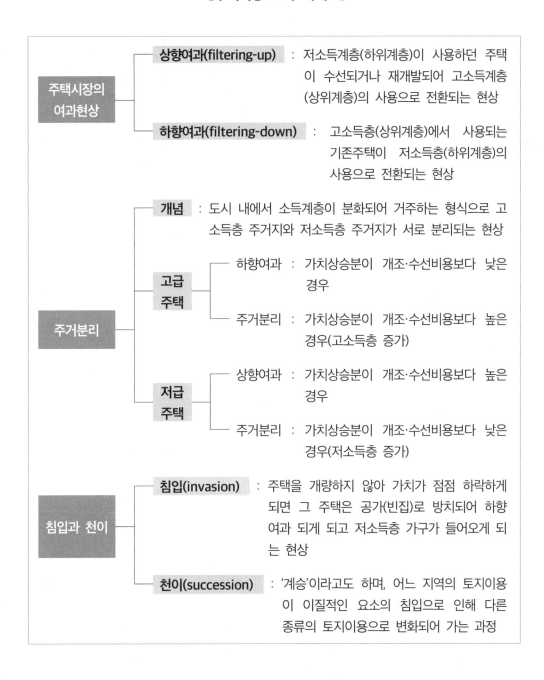

주택시장의 여과현상	**상향여과(filtering-up)**	: 저소득계층(하위계층)이 사용하던 주택이 수선되거나 재개발되어 고소득계층(상위계층)의 사용으로 전환되는 현상
	하향여과(filtering-down)	: 고소득층(상위계층)에서 사용되는 기존주택이 저소득층(하위계층)의 사용으로 전환되는 현상

주거분리

개념 : 도시 내에서 소득계층이 분화되어 거주하는 형식으로 고소득층 주거지와 저소득층 주거지가 서로 분리되는 현상

고급 주택
- 하향여과 : 가치상승분이 개조·수선비용보다 낮은 경우
- 주거분리 : 가치상승분이 개조·수선비용보다 높은 경우(고소득층 증가)

저급 주택
- 상향여과 : 가치상승분이 개조·수선비용보다 높은 경우
- 주거분리 : 가치상승분이 개조·수선비용보다 낮은 경우(저소득층 증가)

침입과 천이

침입(invasion) : 주택을 개량하지 않아 가치가 점점 하락하게 되면 그 주택은 공가(빈집)로 방치되어 하향여과 되게 되고 저소득층 가구가 들어오게 되는 현상

천이(succession) : '계승'이라고도 하며, 어느 지역의 토지이용이 이질적인 요소의 침입으로 인해 다른 종류의 토지이용으로 변화되어 가는 과정

(23·27·30·31회)

Ⅰ 주택수요와 주택소요

구 분	주택수요(Demands)	주택소요(Needs)
1. 의 의	구매력이 있는 수요자(유효수요)의 주택에 대한 구매욕구로 시장경제상의 개념이다.	구매력이 없는 무주택 서민의 생존수단으로서의 주택에 대한 최소한의 필요량으로 사회적 주택정책상의 개념이다.
2. 적용원리	시장경제원리	사회복지적 정책원리
3. 중시개념	효율성 중시	형평성 중시
4. 적용대상	중산층 이상(유효수요층)	저소득층(무주택 서민)

[참고] 주택서비스

1. 주택서비스란 주택이 소유자에게 제공하는 효용을 의미한다.
2. 주택시장분석의 대상은 물리적 주택이 아니라 주택서비스이다.
3. 개인은 주어진 소득이라는 제약조건하에 최대의 만족을 얻을 수 있는 주택서비스를 소비한다.

Ⅱ 주택시장의 여과과정(필터링 현상, 순환과정)

1. 개 념

1) 주택여과과정은 시간이 경과하면서 주택의 질적 변화와 주택에 거주하는 가구의 소득이 변화함에 따라 발생하는 가구의 이동과의 관계를 설명해 준다.

2) 주택의 여과과정이 원활하게 작동하는 주택시장에서 주택여과효과가 긍정적으로 작동하면 주거의 질을 개선하는 효과가 있다.

2. 상향여과와 하향여과

1) 상향여과(filtering-up)

(1) 저소득계층(하위계층)이 사용하던 주택이 수선되거나 재개발되어 고소득계층(상위계층)의 사용으로 전환되는 현상을 말한다.

(2) 상향여과는 소득증가 등의 이유로 인해 고가주택(고급주택)의 수요가 증가되었을 때 발생한다.

2) 하향여과(filtering-down)

   (1) 고소득층(상위계층)에서 사용되는 기존 주택이 저소득층(하위계층)의 사용으로 전환되는 현상을 말한다.

   (2) 하향여과는 저소득층의 인구증가, 임대료 보조금 지급 등의 이유로 인해 저가주택(저급주택)의 수요가 증가되었을 때 발생한다.

   (3) 주택의 하향여과과정이 원활하게 작동하면 저가주택(저급주택)의 공급량이 증가한다.

   (4) 민간주택시장에서 저가주택이 발생하는 것은 시장이 하향여과과정을 통해 자원할당기능을 원활하게 수행하고 있기 때문이다.

Ⅲ 주택의 하향여과과정

1. 가 정

1) 주택시장은 고가주택시장(고급주택시장)과 저가주택시장(저급주택시장)으로 나뉘어진다고 가정한다.

2) 고소득층은 신규주택을, 저소득층은 기존주택을 수요한다고 가정한다.

2. 저가(저급)주택시장

1) 단기 : 저가(저급)주택 수요 증가 → 초과수요 발생 → 임대료 상승

2) 장기 : 저가(저급)주택 임대료 상승 → 고가(고급)주택 하향여과 → 공급증가 → 임대료 하락

3. 고가(고급)주택시장

1) 단기 : 하향여과 발생 → 고가(고급)주택 공급 감소 → 고가(고급)주택 임대료 상승

2) 장기 : 임대료 상승 → 신규 공급자 시장 진입 → 공급 증가 → 임대료 하락

Ⅳ 주거분리와 여과과정

1. 주거분리의 의의

1) 주거분리란 도시 내에서 소득계층이 분화되어 거주하는 형식으로 고소득층 주거지와 저소득층 주거지가 서로 분리되는 현상을 말한다.

2) 주거분리는 도시 전체에서 뿐만 아니라 지리적으로 인접한 근린지역에서도 발생할 수 있다.

3) <u>여과과정에서 주거분리를 주도하는 것은 고소득 가구로 정(+)의 외부효과 (긍정적인 외부효과)를 추구하고 부(-)의 외부효과(부정적인 외부효과)를 회피 하려는 동기에서 비롯된다.</u>

2. 고급주택지역의 주거분리현상과 하향여과

1) 가치상승분이 개조·수선비용보다 높은 경우
   (1) 투자를 받아 고소득층이 더 많이 이용하게 된다.
   (2) 주거분리가 이루어지며, 고급주택지역은 더욱 고급화가 된다.

2) 가치상승분이 개조·보수비용보다 낮은 경우
   (1) 투자를 받지 못한다.
   (2) <u>저소득층이 이용하게 되어 하향여과가 발생한다.</u>

3. 저급(저가)주택에서의 주거분리현상과 상향여과

1) 가치상승분이 개조·수선비용보다 높은 경우
   (1) 투자를 받아 고소득층이 많이 이용하게 된다.
   (2) <u>따라서 상향여과가 발생한다.</u>

2) 가치상승분이 개조·보수비용보다 낮은 경우
   (1) 투자를 받지 못하며 고소득층의 이용이 발생하지 않고 저소득층만 이 용하게 된다. <u>따라서 주거분리현상이 일어난다.</u>
   (2) 저소득층은 저급(저가)주택을 개량하지 않은 채로 이용하게 되고, 이를 불량주택화라기도 한다.

4. 침입(invasion)과 천이(succession)

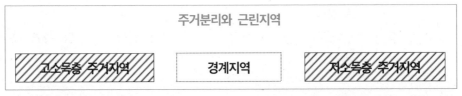

1) 고소득층 주거지역 중 오른쪽(경계지역의 왼쪽)은 저소득층 주거지역에 가까 우므로 선호도가 낮아 <u>부(-)의 외부효과</u>가 발생하므로 할인되어 거래된다.
2) 저소득층 주거지역 중 왼쪽(경계지역의 오른쪽)은 고소득층 주거지역에 가까 우므로 선호도가 높고 <u>정(+)의 외부효과</u>가 발생하므로 할증 거래된다.

3) 따라서, 고소득층 주거지와 저소득층 주거지가 인접한 경우, 경계지역 부근의 저소득층 주택은 할증되어 거래되고 고소득층 주택은 할인되어 거래된다.

4) 침입(invasion)과 천이(succession)의 원인

(1) 고소득층 주거지역의 오른쪽 경계에 있는 주택이 쇠락하였을 경우, 만약 주택개량비용이 개량 후 주택가치의 상승분보다 크다고 하면 소유자는 주택을 개량하려고 하지 않을 것이다.

(2) 주택을 개량하지 않아 가치가 점점 하락하게 되면 그 주택은 공가(空家, 빈집)로 방치되어 하향여과 되게 되고 저소득층 가구가 들어오게 되는데 이러한 현상을 침입(invasion)이라고 한다. → 따라서 공가(空家)의 발생과 주거지 이동은 밀접한 관련을 지닌다.

(3) 이처럼 어떤 지역의 토지이용이 이질적인 요소의 침입(invasion)으로 인해 다른 종류의 토지이용으로 변화되어가는 과정을 천이(succession) 또는 계승이라고 하며, 저소득가구의 침입과 천이현상으로 인하여 주거입지의 변화가 야기될 수 있다.

5. 불량주택문제

1) 의의

불량주택문제는 주택 그 자체의 문제라기보다는 실제로 거주자의 소득이 낮기 때문에 생기는 문제이다.

2) 불량주택의 공급

불량주택이 공급되는 것은 시장이 실패하기 때문이 아니라, 시장이 하향여과과정을 통해 수요(저소득층의 수요)에 적정하게 대응하고 있기 때문이다.

01 **주거분리에 관한 설명으로 틀린 것은?**(단, 다른 조건은 동일함) (27회)

① 고소득층 주거지와 저소득층 주거지가 서로 분리되는 현상을 의미한다.

② 고소득층 주거지와 저소득층 주거지가 인접한 경우, 경계지역 부근의 저소득층 주택은 할인되어 거래되고 고소득층 주택은 할증되어 거래된다.

③ 저소득층은 다른 요인이 동일할 경우 정(+)의 외부효과를 누리고자 고소득층 주거지에 가까이 거주하려 한다.

④ 고소득층 주거지와 저소득층 주거지가 인접한 지역에서는 침입과 천이현상이 발생할 수 있다.

⑤ 도시 전체에서뿐만 아니라 지리적으로 인접한 근린지역에서도 발생할 수 있다.

해 설 고소득층 주거지와 저소득층 주거지가 인접한 경우, 경계지역 부근의 저소득층 주택은 할증되어 거래되고 고소득층 주택은 할인되어 거래된다.

정 답 ② ▶ 기본서 연결 : 논점정리 04-Ⅳ

02 **주택의 여과과정(filtering process)과 주거분리에 관한 설명으로 틀린 것은?** (31회)

① 주택의 하향여과과정이 원활하게 작동하면 저급주택의 공급량이 감소한다.

② 저급주택이 재개발되어 고소득가구의 주택으로 사용이 전환되는 것을 주택의 상향여과과정이라 한다.

③ 저소득가구의 침입과 천이현상으로 인하여 주거입지의 변화가 야기될 수 있다.

④ 주택의 개량비용이 개량 후 주택가치의 상승분보다 크다면 하향여과과정이 발생하기 쉽다.

⑤ 여과과정에서 주거분리를 주도하는 것은 고소득가구로 정(+)의 외부효과를 추구하고 부(-)의 회부효과를 회피하려는 동기에서 비롯된다.

해 설 주택의 하향여과과정이 원활하게 작동하면 저급주택의 공급량이 증가한다.

정 답 ① ▶ 기본서 연결 : ①·② → 논점정리 04-Ⅱ, ③·④·⑤ → 논점정리 04-Ⅳ

Chapter 06
입지 및 공간구조론

제33회 문제 분석(기출 관련)	제34회 출제 예상 핵심 항목
• 허프모형 관련 (O) • 크리스탈러의 중심지이론 관련 (O) • 튀넨의 위치지대설 관련 (O) • 레일리의 소매중력모형에 따른 월추정 소비액 산출(계산문제) (O) • 입지 및 도시공간구조이론 　(베버, 뢰쉬, 넬슨, 해리스와 울만) (O)	• 리카도의 차액지대설, 마르크스의 절대지대설 • 알론소의 입찰지대이론, 마샬의 준지대론, 파레토의 경제지대설, 헤이그의 마찰비용이론 • 호이트의 선형이론 • 컨버스의 분기점모형(계산문제) • 허프의 확률모형(계산문제) • 입지계수(계산문제)

❖ 위 (기출 관련)은 최근 10년 이내 출제 문제를 정확하게 정리할 경우 쉽게 답을 찾을 수 있는 문제를 말함

논점정리

각 논점정리 앞부분에 논점정리 미리보기(체계도)가 있습니다.

【지대이론 요약 체계도】

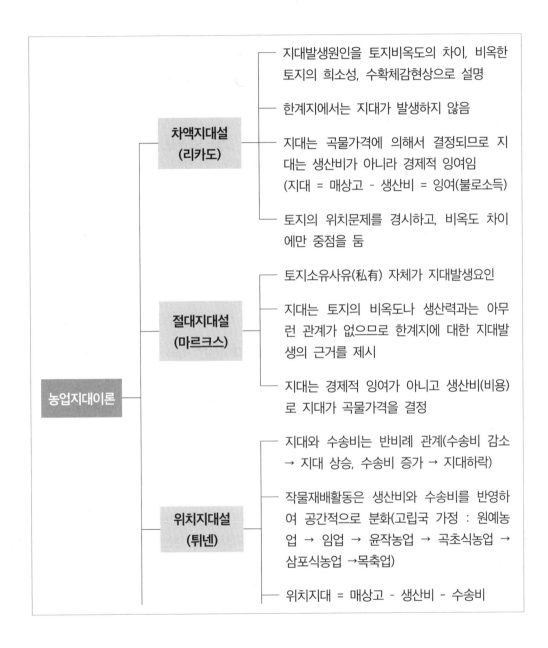

차액지대설 (리카도)
- 지대발생원인을 토지비옥도의 차이, 비옥한 토지의 희소성, 수확체감현상으로 설명
- 한계지에서는 지대가 발생하지 않음
- 지대는 곡물가격에 의해서 결정되므로 지대는 생산비가 아니라 경제적 잉여임 (지대 = 매상고 - 생산비 = 잉여(불로소득))
- 토지의 위치문제를 경시하고, 비옥도 차이에만 중점을 둠

절대지대설 (마르크스)
- 토지소유사유(私有) 자체가 지대발생요인
- 지대는 토지의 비옥도나 생산력과는 아무런 관계가 없으므로 한계지에 대한 지대발생의 근거를 제시
- 지대는 경제적 잉여가 아니고 생산비(비용)로 지대가 곡물가격을 결정

위치지대설 (튀넨)
- 지대와 수송비는 반비례 관계(수송비 감소 → 지대 상승, 수송비 증가 → 지대하락)
- 작물재배활동은 생산비와 수송비를 반영하여 공간적으로 분화(고립국 가정 : 원예농업 → 임업 → 윤작농업 → 곡초식농업 → 삼포식농업 →목축업)
- 위치지대 = 매상고 - 생산비 - 수송비

농업지대이론

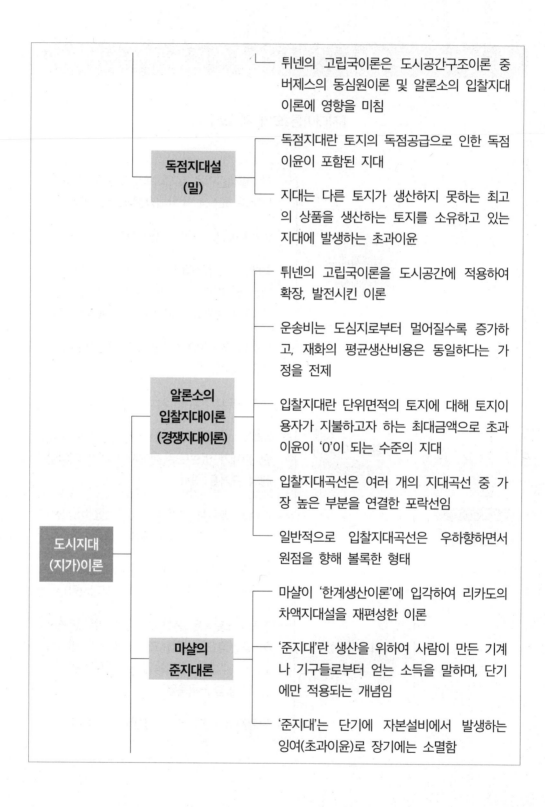

| | | 튀넨의 고립국이론은 도시공간구조이론 중 버제스의 동심원이론 및 알론소의 입찰지대이론에 영향을 미침 |

독점지대설 (밀)
- 독점지대란 토지의 독점공급으로 인한 독점 이윤이 포함된 지대
- 지대는 다른 토지가 생산하지 못하는 최고의 상품을 생산하는 토지를 소유하고 있는 지대에 발생하는 초과이윤

알론소의 입찰지대이론 (경쟁지대이론)
- 튀넨의 고립국이론을 도시공간에 적용하여 확장, 발전시킨 이론
- 운송비는 도심지로부터 멀어질수록 증가하고, 재화의 평균생산비용은 동일하다는 가정을 전제
- 입찰지대란 단위면적의 토지에 대해 토지이용자가 지불하고자 하는 최대금액으로 초과이윤이 '0'이 되는 수준의 지대
- 입찰지대곡선은 여러 개의 지대곡선 중 가장 높은 부분을 연결한 포락선임
- 일반적으로 입찰지대곡선은 우하향하면서 원점을 향해 볼록한 형태

마샬의 준지대론
- 마샬이 '한계생산이론'에 입각하여 리카도의 차액지대설을 재편성한 이론
- '준지대'란 생산을 위하여 사람이 만든 기계나 기구들로부터 얻는 소득을 말하며, 단기에만 적용되는 개념임
- '준지대'는 단기에 자본설비에서 발생하는 잉여(초과이윤)로 장기에는 소멸함

도시지대 (지가)이론

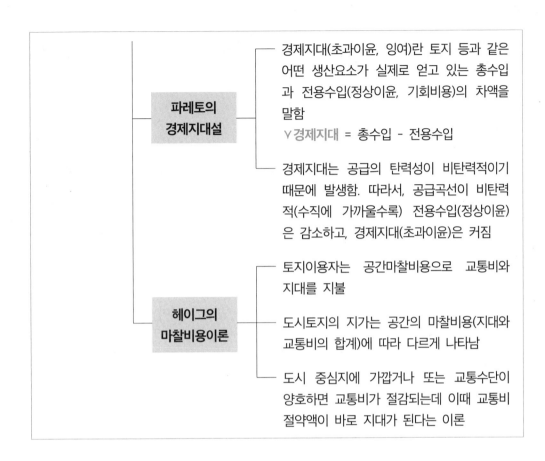

파레토의 경제지대설

— 경제지대(초과이윤, 잉여)란 토지 등과 같은 어떤 생산요소가 실제로 얻고 있는 총수입과 전용수입(정상이윤, 기회비용)의 차액을 말함

∨경제지대 = 총수입 - 전용수입

— 경제지대는 공급의 탄력성이 비탄력적이기 때문에 발생함. 따라서, 공급곡선이 비탄력적(수직에 가까울수록) 전용수입(정상이윤)은 감소하고, 경제지대(초과이윤)은 커짐

헤이그의 마찰비용이론

— 토지이용자는 공간마찰비용으로 교통비와 지대를 지불

— 도시토지의 지가는 공간의 마찰비용(지대와 교통비의 합계)에 따라 다르게 나타남

— 도시 중심지에 가깝거나 또는 교통수단이 양호하면 교통비가 절감되는데 이때 교통비 절약액이 바로 지대가 된다는 이론

(22·23·24·27·28·29·31·33회)

Ⅰ 지대와 지가

1. 지대(地代 : land rent)

1) 지대는 일정기간동안 토지를 사용한 대가로 지불되는 임대료를 말한다.

2) <u>지대는 기간개념인 유량(flow) 개념이다.</u>

2. 지가(地價 : land value)

1) 지가는 일정시점에서의 토지의 교환대가로 지불되는 매매가격을 의미한다.

2) <u>지가는 시점개념인 저량(stock) 개념이다.</u>

3) 지가는 장래 발생하는 지대를 이자율로 할인한 값이 된다. 따라서 지가와 지대는 비례하고, 지가와 이자율은 반비례한다.

$$\text{지가(토지가치)} = \frac{\text{지대}}{\text{이자율(할인율)}}$$

[참고] 고전학파와 신고전학파의 지대논쟁

고전학파	신고전학파
○ 리카도, 튀넨 등의 견해이다.	○ 마르크스, 밀 등의 견해이다.
○ 지대를 잉여(불로소득)로 본다.	○ 지대를 비용(생산비)으로 본다.
○ 생산요소(토지, 노동, 자본)를 엄격히 구분하였다.	○ 생산요소(토지, 노동, 자본)를 엄격히 구분하지 않았다.
○ 토지의 자연적 특성을 강조하였다.	○ 토지의 인문적 특성을 강조하였다.
○ 생산물의 가격이 지대를 결정한다.	○ 지대가 생산물의 가격을 결정한다.
○ 사회전체입장, 소득분배, 형평성을 강조하였다.	○ 개별주체입장, 효율적 이용, 효율성을 강조하였다.
○ 한계지 또는 최열등지에서는 생산물가격과 생산비용이 같아 지대가 발생하지 않는다.	○ 사유 토지의 최열등지에서도 지대가 발생한다.

II 지대결정이론

1. 리카도의 차액지대설

1) 고전학파인 리카도(D. Ricardo)가 주장한 이론이다.

2) 리카도는 지대발생의 원인을 ① 토지비옥도의 차이 ② 비옥한 토지의 희소성과 ③ 수확체감현상으로 설명하고, 토지의 질적 차이에서 발생하는 임대료의 차이로 보았다.

3) 차액지대론에 따르면 지대는 조방적 한계의 토지(경작되고 있는 토지 중 가장 척박한 토지로 지대가 발생하지 않는 무지대(無地代) 토지를 말함. 한계지 또는 최열등지라고도 함)에서의 생산성과 우등지에서의 생산성 차이에서 결정된다.

4) 지대는 매상고(단위당 가격 × 수확량)에서 생산비(단위당 생산비 × 수확량)를 차감하고 남은 잉여(불로소득)의 일종으로, 토지생산물의 가격이 높아지면 지대가 높아지고 토지생산물의 가격이 낮아지면 지대도 낮아진다. 따라서 지대는 곡물가격에 의해서 결정된 결과이지, 곡물가격을 결정하는 원인이 될 수 없다.(지대는 생산비가 아니라 경제적 잉여이다)

5) 차액지대설은 토지의 위치문제를 경시하였고, 비옥도 차이에만 중점을 두었으며, 한계지에서도 지대가 발생한다는 사실을 설명하지 못하는 한계가 있다.

2. 마르크스의 절대지대설

1) 신고전학파인 마르크스(K. Marx)가 주장한 이론이다.

2) 마르크스는 토지사유(私有) 자체가 지대의 발생요인으로 농산물가격을 인상시키고 잉여가치는 평균이윤보다 높아 이것이 절대지대의 원칙이라고 주장하였다.

3) 절대지대는 소수가 토지를 독점적으로 소유(토지의 사유화)하고 있기 때문에 발생하고, 토지의 비옥도나 생산력과는 아무런 관계없이 발생된다. 따라서 절대지대설은 차액지대설로는 설명이 불가능한 한계지(최열등지)에 대한 지대발생의 근거를 제시하고 있다.

4) 지대는 경제적 잉여가 아니고, 생산물가격에 영향을 미치는 생산비(비용)가 된다. 즉, 지대가 곡물가격을 결정한다.

3. 튀넨의 위치지대설(입지교차지대설, 단순지대설, 고립국이론)

1) 고전학파인 튀넨(Thünen)이 주장한 농업입지론 이론이다.

2) 튀넨은 리카도의 차액지대론에 위치개념을 추가시켜 지대의 결정이 토지의 비옥도만이 아닌 위치에 따라 달라지는 위치지대의 개념을 통해 <u>현대적인 입지이론의 기초를 마련</u>하였다.

> □ **지대** = 매상고(생산물 가격) - 생산비 - 수송비(단위당 교통비용 × 거리)

3) 위치지대설에 따르면 다른 조건이 동일한 경우 <u>지대는 중심지에 가까울수록 수송비가 감소하므로 상승하고, 중심지에서 거리가 멀어질수록 수송비가 증가하므로 하락한다.</u>
   ※ 지대와 수송비는 반비례 관계
   - 수송비 감소 → 지대상승
   - 수송비 증가 → 지대하락

4) 입찰지대(한계지대)곡선(bid rent curve)
   (1) <u>서로 다른 지대곡선을 가진 농산물들이 입지경쟁을 벌이면서 각 지점에 따라 가장 높은 지대를 지불하는 농업적 토지이용에 토지가 할당된다.</u>
   (2) <u>농산물 생산활동의 입지경쟁과정에서 토지이용이 할당되어 지대가 결정되는데 이를 입찰지대라 한다.</u>
   ※ **입찰지대** = 한계지대(수송비때문에 더 이상 경작할 수 없는 곳)

5) 튀넨은 완전히 단절된 고립국을 가정하여 이곳의 작물재배활동은 <u>생산비와 수송비를 반영하여 공간적으로 분화된다</u>고 보았다.

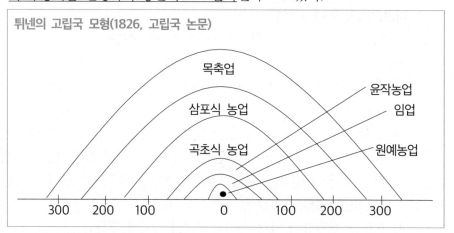

튀넨의 고립국 모형(1826, 고립국 논문)

목축업
삼포식 농업
곡초식 농업
윤작농업
임업
원예농업

300 200 100 0 100 200 300

   (1) 튀넨은 농업지역의 동심원적 지대가 형성되는 원리를 수송비를 매개로 설명하였으며, 이것은 농업입지론의 기초가 되었다.
   (2) 중심지에 가까울수록 집약농업이 입지하고, 교외로 갈수록 조방농업이 입지한다.

(3) 튀넨의 고립국이론은 도시공간구조 이론 중 버제스(Burgess)의 동심원이론 및 알론소의 입찰지대이론에 영향을 미쳤다.

4. 알론소의 입찰지대이론(경쟁지대이론)

1) 의의

알론소(W. Alonso)의 입찰지대이론은 튀넨의 고립국이론을 도시공간에 적용하여 확장, 발전시킨 이론이다.

운송비는 도심지로부터 멀어질수록 증가하고, 재화의 평균생산비용은 동일하다는 가정을 전제한다.

2) 입찰지대

알론소(W. Alonso)는 단일 도심도시의 토지이용형태를 설명함에 있어 입찰지대의 개념을 적용하였다.

지대는 기업주의 정상이윤과 투입생산비를 지불하고 남은 잉여에 해당하며, 토지이용자에게는 '최대지불용의액'이라 할 수 있다.

3) 내용

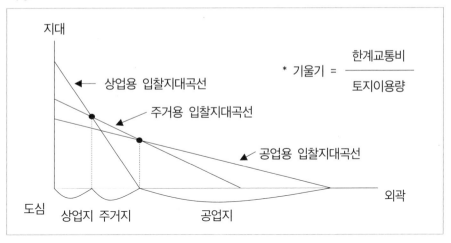

(1) 입찰지대(경쟁지대)란 단위면적의 토지에 대해 토지이용자가 지불하고자 하는 최대금액으로 초과이윤이 0이 되는 수준의 지대를 말한다.
(2) 알론소(W. Alonso)의 입찰지대곡선은 여러 개의 지대곡선 중 가장 높은 부분을 연결한 포락선(여러 개의 지대곡선을 감싸고 있는 선)이다.
(3) 특정 토지는 입지경쟁이 일어난다면 최대의 순현재가치를 올릴 수 있는 이용(최고의 지대지불의사가 있는 용도)에 할당되는데, 이때 최대의 순현재가치를 올릴 수 있는 원인이 무엇이든 아무런 상관이 없다.

(4) 도심지역의 이용가능한 토지는 외곽지역에 비해 한정되어 있어 토지 이용자들 사이에 경쟁이 치열해질 수 있다.

(5) 교통비 부담이 너무 커서 도시민이 거주하려고 하지 않는 한계지점이 도시의 주거한계점이다.

(6) 생산요소간의 대체가 일어날 경우, 일반적으로 입찰지대곡선은 우하향하면서 원점을 향해 볼록한 형태를 지니게 된다.

5. 마샬(A. Marshall)의 준지대론

1) 의의

준지대론은 마샬이 '한계생산이론'에 입각하여 리카도(D. Ricardo)의 지대론(차액지대설)을 재편성한 이론이다.

2) 준지대

(1) 의의

① 준지대란 생산을 위하여 사람이 만든 기계나 기구들로부터 얻는 소득을 말한다.

② 준지대란 일시(단기)적으로 토지의 성격(공급이 제한)을 갖는 토지 이외의 고정생산요소에 귀속되는 소득을 의미한다.

③ 토지에 대한 개량공사로 인해 추가적으로 발생하는 일시적 소득은 준지대에 속한다.

(2) 내용

① 고정생산요소의 공급량은 단기적으로 변동하지 않으므로(기계·기구와 같은 자본설비는 단기간에 증대하기 어려움) 다른 조건이 동일하다면 준지대는 고정생산요소에 대한 수요에 의해 결정된다.

② 고정생산요소는 단기에만 공급이 제한되고 장기에는 공급이 가능하므로 준지대는 단기에만 적용되는 개념이다. 따라서 준지대는 단기에 자본설비에서 발생하는 잉여(초과이윤)로 장기에는 소멸한다.

[참고] 마샬(A. Marshall)의 토지지대

① **순수지대** : 대자연의 무상공여물로서 토지로부터 창출된 지대를 말한다.

② **공공발생지대** : 토지소유자의 노력과 희생없이 사회 전체의 노력(공공)에 의해 창출된 지대를 말한다.

③ **사적지대** : 토지의 생산력을 높이기 위한 개량공사와 같이 토지보유자의 노력과 투자에서 창출된 지대를 말한다.

6. 파레토(V. Pareto)의 경제지대설

1) 전용수입(정상이윤, 기회비용)

   전용수입은 어떤 생산요소가 다른 용도로 전용되지 않고 현재의 용도에 그대로 사용되도록 지급하는 최소한의 지급액을 말한다.

2) 경제지대(초과이윤, 잉여)

   (1) 토지에서 생기는 영구적으로 발생하는 초과이윤을 말한다.

   (2) 토지 등과 같은 어떤 생산요소가 실제로 얻고 있는 총수입과 전용수입의 차액을 말한다.

   > **경제지대 = 총수입 - 전용수입(기회비용)**

3) 경제지대(초과이윤)는 공급의 탄력성이 비탄력적이기 때문에 발생한다. 따라서, 공급곡선이 비탄력적일수록(수직에 가까울수록) 전용수입(정상이윤)은 감소하고, 경제지대(초과이윤)는 커진다. 따라서 공급이 완전비탄력적이면 총수입 전액이 경제적 지대로 구성(전용수입은 '0')된다고 할 수 있다.

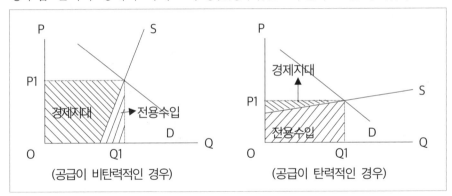

(공급이 비탄력적인 경우)　　　(공급이 탄력적인 경우)

7. 헤이그(R. M. Haig)의 마찰비용이론

1) 도시토지의 지가이론 중 하나이다.

2) 도시토지의 지가는 공간의 마찰비용(지대와 교통비의 합계)에 따라 다르게 나타난다. 중심지로부터 멀어질수록 수송비는 증가하고 지대는 감소한다고 보고 교통비의 중요성을 강조했다.

3) 토지이용자는 공간마찰비용으로 교통비와 지대를 지불한다.

4) 도시중심지에 가깝거나 또는 교통수단이 양호하면 교통비가 절감되는데 이 때 교통비 절약액이 바로 지대가 된다는 이론이다.

Ⅲ 생산요소의 대체성

1. 의 의

생산요소의 대체성이란 토지에 대한 자본의 투입비율, 즉 토지와 자본의 결합 비율을 의미하고 토지이용의 집약도를 결정한다.

2. 특 징

1) 생산요소의 대체성은 기업이나 산업의 종류에 따라 달라지며, 생산요소의 상대적 가격에 의해서도 달라진다.
2) 도심지역은 지가가 비싸므로 상대적으로 싼 자본을 많이 투입하므로 토지에 대한 자본의 대체성이 크다.
3) 도심지역은 토지이용이 집약적 이용이 된다.
   <u>따라서 도심지역에 건물들이 고층화되는 것은 토지에 대한 자본의 대체성이 높다는 것이다.</u>(자본 ↑, 토지 ↓)
4) <u>외곽지역은 지가가 싸기 때문에 토지를 많이 투입하고 자본투입을 줄이므로 토지에 대한 자본의 대체성이 작다.</u>(자본 ↓, 토지 ↑)
   즉, 외곽지역의 토지이용은 조방적 이용이 된다.
5) 도심에 가까울수록 집약적 이용이므로 토지에 대한 자본의 대체성이 크고 토지의 한계생산성이 크다.
6) 일정량의 재화를 생산하기 위한 토지와 자본의 대체관계는 우하향하는 지수곡선으로 나타난다.

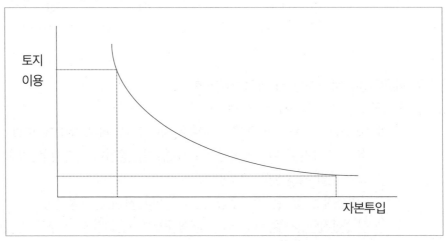

01 다음 중 리카도(D. Ricardo)의 차액지대론에 관한 설명으로 옳은 것을 모두 고른 것은? (31회)

ㆍ① 지대발생의 원인으로 비옥한 토지의 부족과 수확체감의 법칙을 제시하였다.
ㆍ② 조방적 한계의 토지에는 지대가 발생하지 않으므로 무지대(無地代) 토지가 된다.
ㆍ③ 토지소유자는 토지 소유라는 독점적 지위를 이용하여 최열등지에도 지대를 요구한다.
ㆍ② 지대는 잉여이기에 토지생산물의 가격이 높아지면 지대가 높아지고 토지생산물의 가격이 낮아지면 지대도 낮아진다.

---

① ㉠, ㉢   ② ㉡, ㉣   ③ ㉠, ㉡, ㉢
④ ㉠, ㉡, ㉣   ⑤ ㉡, ㉢, ㉣

해 설 토지소유자는 토지 소유라는 독점적 지위를 이용하여 최열등지에도 지대를 요구한다고 주장하는 지대론은 마르크스(K. Marx)의 절대지대론에 해당한다.

정 답 ④ ▶ 기본서 연결 : 논점정리 01-Ⅱ

02 다음 설명에 모두 해당하는 것은? (33회)

- 서로 다른 지대곡선을 가진 농산물들이 입지경쟁을 벌이면서 각 지점에 따라 가장 높은 지대를 지불하는 농업적 토지이용에 토지가 할당된다.
- 농산물 생산활동의 입지경쟁 과정에서 토지이용이 할당되어 지대가 결정되는데, 이를 입찰지대라 한다.
- 중심지에 가까울수록 집약농업이 입지하고, 교외로 갈수록 조방농업이 입지한다.

---

① 튀넨의 위치지대설   ② 마샬의 준지대설
③ 리카도의 차액지대설   ④ 마르크스의 절대지대설
⑤ 파레토의 경제지대론

해 설 튀넨의 위치지대설에 관한 내용이다.(농업입지론)

정 답 ④ ▶ 기본서 연결 : 논점정리 01-Ⅱ

【도시공간구조이론과 도시경제기반이론 요약 체계도】

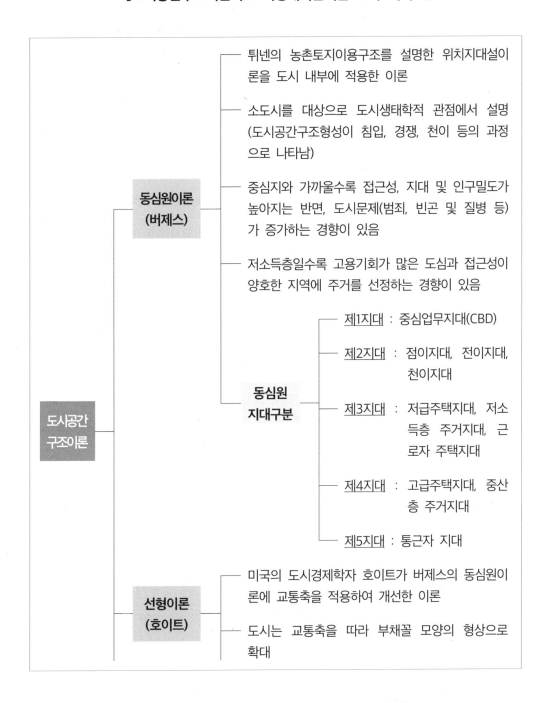

도시공간
구조이론

동심원이론
(버제스)

— 튀넨의 농촌토지이용구조를 설명한 위치지대설이
론을 도시 내부에 적용한 이론

— 소도시를 대상으로 도시생태학적 관점에서 설명
(도시공간구조형성이 침입, 경쟁, 천이 등의 과정
으로 나타남)

— 중심지와 가까울수록 접근성, 지대 및 인구밀도가
높아지는 반면, 도시문제(범죄, 빈곤 및 질병 등)
가 증가하는 경향이 있음

— 저소득층일수록 고용기회가 많은 도심과 접근성이
양호한 지역에 주거를 선정하는 경향이 있음

동심원
지대구분

— 제1지대 : 중심업무지대(CBD)

— 제2지대 : 점이지대, 전이지대,
천이지대

— 제3지대 : 저급주택지대, 저소
득층 주거지대, 근
로자 주택지대

— 제4지대 : 고급주택지대, 중산
층 주거지대

— 제5지대 : 통근자 지대

선형이론
(호이트)

— 미국의 도시경제학자 호이트가 버제스의 동심원이
론에 교통축을 적용하여 개선한 이론

— 도시는 교통축을 따라 부채꼴 모양의 형상으로
확대

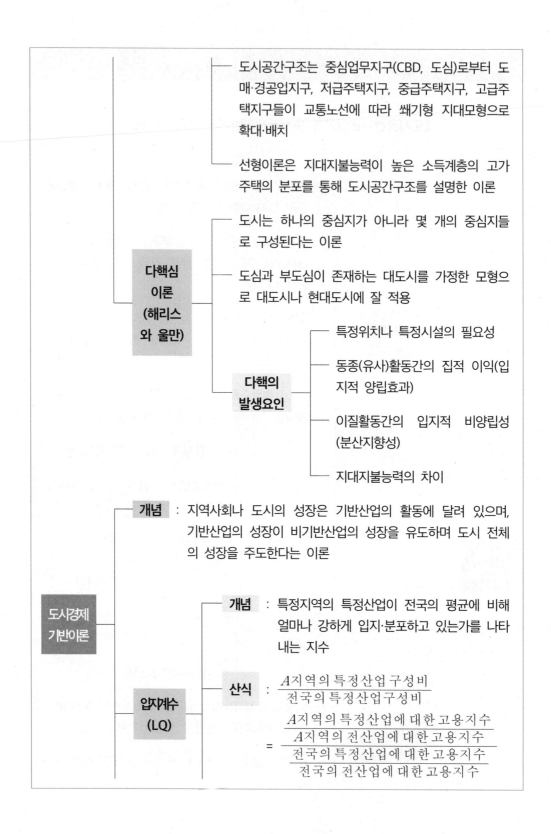

도시공간구조는 중심업무지구(CBD, 도심)로부터 도매·경공입지구, 저급주택지구, 중급주택지구, 고급주택지구들이 교통노선에 따라 쐐기형 지대모형으로 확대·배치

선형이론은 지대지불능력이 높은 소득계층의 고가주택의 분포를 통해 도시공간구조를 설명한 이론

도시는 하나의 중심지가 아니라 몇 개의 중심지들로 구성된다는 이론

다핵심 이론 (해리스와 울만)

도심과 부도심이 존재하는 대도시를 가정한 모형으로 대도시나 현대도시에 잘 적용

특정위치나 특정시설의 필요성

동종(유사)활동간의 집적 이익(입지적 양립효과)

다핵의 발생요인

이질활동간의 입지적 비양립성 (분산지향성)

지대지불능력의 차이

개념 : 지역사회나 도시의 성장은 기반산업의 활동에 달려 있으며, 기반산업의 성장이 비기반산업의 성장을 유도하며 도시 전체의 성장을 주도한다는 이론

도시경제 기반이론

개념 : 특정지역의 특정산업이 전국의 평균에 비해 얼마나 강하게 입지·분포하고 있는가를 나타내는 지수

입지계수 (LQ)

산식 : $\dfrac{A지역의 특정산업 구성비}{전국의 특정산업 구성비}$

$= \dfrac{\dfrac{A지역의 특정산업에 대한 고용지수}{A지역의 전산업에 대한 고용지수}}{\dfrac{전국의 특정산업에 대한 고용지수}{전국의 전산업에 대한 고용지수}}$

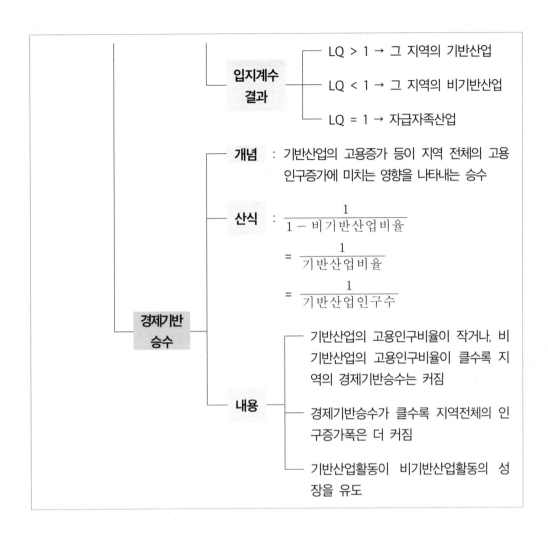

입지계수
결과
— LQ > 1 → 그 지역의 기반산업

— LQ < 1 → 그 지역의 비기반산업

— LQ = 1 → 자급자족산업

개념 : 기반산업의 고용증가 등이 지역 전체의 고용 인구증가에 미치는 영향을 나타내는 승수

산식 : $\dfrac{1}{1 - 비기반산업비율}$

$= \dfrac{1}{기반산업비율}$

$= \dfrac{1}{기반산업인구수}$

경제기반
승수

내용

— 기반산업의 고용인구비율이 작거나, 비기반산업의 고용인구비율이 클수록 지역의 경제기반승수는 커짐

— 경제기반승수가 클수록 지역전체의 인구증가폭은 더 커짐

— 기반산업활동이 비기반산업활동의 성장을 유도

Ⅰ 도시공간구조이론

<u>도시공간구조의 변화를 야기하는 요인은 교통의 발달이나 소득의 증가 등과 밀접히 관련이 있으며</u>, 대표적인 도시공간구조이론으로는 단핵도시이론인 동심원이론과 선형이론 및 다핵심이론이 있다.

1. 버제스(E. W. Burgess)의 동심원이론

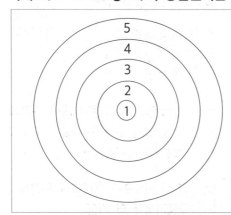

5	1. 중심업무지대(CBD)
4	2. 점이지대(천이지대, 전이지대)
3	3. 저급주택지대(저소득층 주거지대)
2	4. 고급주택지대(중산층 주거지대)
1	5. 통근자지대

㈜ 버제스(E. W. Burgess) : 시카고대학의 시카고학파, 도시사회학자

1) 개요

(1) 도시 내부공간구조에 관한 최초의 연구는 20세기 초반 미국의 도시사회학자 버제스(E. W. Burgess)에 의해 행해졌다. <u>버제스는 거주지문화현상의 연구를 통하여 도시팽창이 도시내부구조에 미치는 영향을 설명하였다.</u>

(2) <u>버제스의 동심원이론은 토지이용이 도시를 중심으로 지대지불능력에 따라 달라진다는 <u>튀넨(Thünen)의 농촌 토지이용구조를 설명한 위치지대설이론</u>을 도시 내부에 적용하였다.</u>

(3) <u>버제스는 소도시를 대상으로 거주지 분화의 사회적 공간현상을 도시생태학적 관점에서 설명하였다. 즉, 도시의 공간구조형성이 침입, 경쟁, 천이(계승) 등의 과정으로 나타난다고 보았고, 도시가 성장함에 따라 동심원상으로 그 공간구조가 확대되어 나간다고 보았다.</u>

(4) 도시는 중심지와 가까울수록 접근성, 지대 및 인구밀도가 높아지는 반면, <u>도시문제(범죄, 빈곤 및 질병 등)가 증가하는 경향을 보이고, 중심지에서 멀어질수록 지대 및 인구밀도가 낮아진다.</u>

(5) 동심원이론에 따르면 저소득층일수록 고용기회가 많은 도심과 접근성이 양호한 지역에 주거를 선정하는 경향이 있다.

2) 5개의 동심원 지대별 특징

동심원 지대	특 징
(1) 제1지대	○ 중심업무지대(CBD)이다. ○ 도심지역으로서 상업, 사회·시민생활 및 교통의 중심핵을 이루는 지역이다.
(2) 제2지대	○ 점이지대, 전이지대, 천이지대라고 한다. ○ CBD를 둘러싸고 있는 불량한 주거지대를 말하며, 내측에는 경공업지구가 있고 외측에는 불량주거지대가 나타나고 있다.
(3) 제3지대	○ 저급주택지대, 저소득층 주거지대, 근로자 주택지대이다. ○ 주로 공장노동자·단순기능인과 같은 근로자가 거주하는 지역이다. ○ 저소득층의 고용기회가 많은 도심에 가까운 지역에의 선호경향으로 형성된 지대이다.
(4) 제4지대	○ 고급주택지대, 중산층 주거지대이다. ○ 경영주, 전문직 종사자 등이 살고 있는 지역이다. ○ 이 지대의 교통요지에는 위성도심이라 불리는 국지적 업무중심지역이 형성된다. ○ 고급단독주택이나 고급아파트단지 등이 공존해 있는 지역이다.
(5) 제5지대	○ 통근자 지대이다. ○ 주로 주택지로서의 기능을 갖는 소규모의 위성도시가 발달되어 있는 곳이며, 접근성이 양호한 고속도로를 따라 고급주택가가 산재되어 있다. ○ 이 지대의 주민들의 대다수는 중심업무지대(CBD)로 통근하고 있다.

2. 호이트(Hoyt)의 선형이론

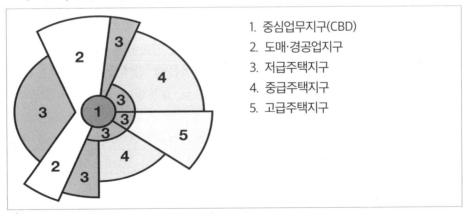

1. 중심업무지구(CBD)
2. 도매·경공업지구
3. 저급주택지구
4. 중급주택지구
5. 고급주택지구

1) 의의
   (1) 선형이론은 1939년에 미국의 도시경제학자인 호이트(Homer Hoyt)에 의해 주장된 도시내부구조를 설명하는 이론으로 버제스(E. W. Burgess) 의 동심원이론에 교통축을 적용하여 개선한 이론이다.
   (2) 선형이론은 교통의 축이 거주지 분화를 유도하여 유사한 계층끼리의 거주지역이 방사상의 선형(부채꼴)으로 형성된다는 이론으로서, 도시공 간구조가 교통망을 따라 확장되어 하나의 핵심도심을 축으로 하여 부 채꼴 모양으로 성장하고, 교통축에의 접근성이 지가에 영향을 주며 형 성된다는 이론이다.

2) 내용
   (1) 호이트는 도시의 성장과 분화가 주요 교통망에 따라 확대되면서 나타 난다고 보았다.
   (2) 호이트에 의하면 도시는 전체적으로 원을 반영한 부채꼴 모양의 형상 으로 그 핵심의 도심도 하나이나 교통의 선이 도심에서 방사되는 것 을 전제로 하였다.
   (3) 도시공간구조의 성장과 지역분화에 있어 중심업무지구(CBD, 도심)로부 터 도매·경공업지구, 저급주택지구, 중급주택지구, 고급주택지구들이 교통노선에 따라 쐐기형(wedge) 지대모형으로 확대·배치된다.
   (4) 고급주택은 교통망의 축에 가까이 입지하고, 중급주택은 고급주택의 인근에 입지하며, 저급주택은 반대편에 입지하는 경향이 있다.
   (5) 선형이론에 따르면 주택구입능력이 높은 고소득층의 주거지는 주요 간 선도로 인근(주요 교통노선을 축으로 하여 접근성이 양호한 지역)에 입지하 는 경향이 있다.
   (6) 주택가격의 지불능력이 도시주거공간의 유형을 결정하는 중요한 요인 이다. 따라서 선형이론은 지대지불능력이 높은 소득계층의 고가주택의 분포를 통해 도시공간구조를 설명한 이론이다.
   (7) 선형이론에 의하면 도시가 성장하는데 장애물이 존재하는 것을 전제 하므로 공간마찰이 적은 방향으로 교통망이 확대되어 고급주택이 입 지한다.
   (8) 호이트는 고소득층의 주거지 형성요인으로 도심과 부도심 사이의 도 로, 홍수의 위험이 없는 고지대의 구릉지, 강변과 호반 인근의 쾌적한 환경지역, 주요 간선도로의 근접성 등을 제시하였다.

3. 해리스와 울만의 다핵심이론

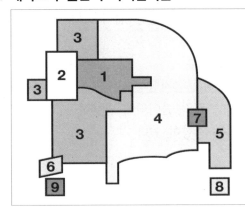

1. 중심업무지구(CBD) - 도심
2. 도매업·경공업지구
3. 저급주거지구(저소득층 주거지역)
4. 중급주거지구(중류층 주거지역)
5. 고급주거지구(상류층 주거지역)
6. 중공업지구
7. 부도심지구
8. 교외주거지구
9. 교외공업지구

1) 개요

(1) 다핵심이론은 맥켄지(R. D. Makenzie)가 처음 주장하였고, 해리스(Harris) 와 울만(Ullman)에 의해 발전된 이론이다.

(2) 다핵심이론은 단핵도시이론의 한계를 극복하기 위한 이론으로, 도시는 하나의 중심지가 아니라 여러 개의 전문화된 중심지들로 구성된다는 이론이다.

(3) 다핵심이론은 도심과 부도심이 존재하는 대도시를 가정한 모형으로 대도시나 현대도시에 잘 적용된다.

(4) 다핵심이론은 도시의 토지이용유형은 동심원이론이나 선형이론처럼 단 일의 중심업무지구를 핵으로 발달하는 것이 아니라, 몇 개의 분리된 핵이 점진적으로 통합됨에 따라 전체적인 도시구조가 형성된다는 것 이다.

(5) 다핵심이론의 핵심요소에는 공업, 소매, 고급주택 등이 있으며, 도시성 장에 맞춰 핵심의 수가 증가하고 특화될 수 있다고 한다. 따라서 도시 는 하나의 중심지가 아니라 몇 개의 중심지로 구성된다고 한다.

2) 다핵의 발생요인

(1) 특정위치나 특정시설의 필요성

도시활동 중에는 교통이나 입지의 측면에서 특별한 편익을 필요로 하 는 기능들이 있다.

예) 상업이나 업무활동은 접근성이 양호한 위치, 공업활동은 수륙교통과 수자원 확 보가 용이한 위치

(2) 동종(유사)활동 간의 집적이익(입지적 양립효과)

상호편익을 가져다주는 유사한 도시활동은 집적으로부터 발생하는 이익 때문에 집중하려는 경향이 있다.

예) 소매업지구, 도매업지구, 금융업지구

(3) 이질활동 간의 입지적 비양립성(분산지향성)

서로 다른 도시활동 중에서는 집적 불이익이 발생하는 경우가 있는데, 이러한 활동은 상호 분산되는 경향이 있다.

예) 고급주택지구와 중공업지구

(4) 지대지불능력의 차이

지불능력이 낮은 업종은 외곽에 입지한다.

예) 교외공업지구

II 도시경제기반이론

1. 도시경제기반이론의 의의

1) 경제기반이론에서는 한 지역의 산업활동을 기반산업과 비기반산업으로 나눈다.

(1) 기반산업 : 도시의 주된 산업으로서 도시 외부로 재화나 용역을 수출 (제공)하여 외부로부터 화폐의 유입을 가져오는 산업을 말한다.

(2) 비기반산업 : 도시 내부에서 소비되는 재화와 용역을 생산·판매하는 산업으로서 도시 내부의 화폐유통을 가져온다. 지역서비스산업이라고도 한다.

2) 경제기반이론에 의하면 지역사회나 도시의 성장은 기반산업의 활동에 달려 있다. 즉, 기반산업의 성장이 비기반산업의 성장을 유도하며 도시 전체의 성장을 주도한다는 이론이다.

2. 입지계수(Location Quotient : LQ)

1) 의의

입지계수(LQ)란 특정지역의 특정산업이 전국의 평균에 비해 얼마나 강하게 입지·분포하고 있는가를 나타내는 지수이다. 즉, 어떤 지역의 산업이 전국의 동일산업에 갖는 상대적 중요도를 나타내거나 그 산업의 상대적 특화정도, 전문화정도를 나타내는 지수이다.

2) 입지계수 산출공식

$$\text{입지계수(LQ)} = \cfrac{\text{A지역의 특정}\atop\text{산업 구성비}}{\text{전국의 특정}\atop\text{산업 구성비}} = \cfrac{\text{A지역의 특정산업에 대한 고용지수 /}\atop\text{A지역의 전산업에 대한 고용지수}}{\text{전국의 특정산업에 대한 고용지수 /}\atop\text{전국의 전산업에 대한 고용지수}}$$

3) 입지계수 결과 설명

(1) LQ > 1 → 그 지역의 기반산업

(2) LQ < 1 → 그 지역의 비기반산업(지역서비스산업)

(3) LQ = 1 → 자급자족산업(전국 평균과 동일하게 분포)

4) 사례연습

[사례1]

각 도시의 산업별 고용자수가 다음과 같을 때, X산업의 입지계수가 1을 초과하는 도시를 모두 고르시오(단, 주어진 조건에 한함)   (단위 : 명)

구 분	A도시	B도시	C도시	D도시	전국
X산업	400	1,200	650	1,100	3,350
Y산업	600	800	500	1,000	2,900
합 계	1,000	2,000	1,150	2,100	6,250

[해설]

① A도시의 입지계수(LQ) : $\cfrac{400/1,000}{3,350/6,250} = 0.746$

② B도시의 입지계수(LQ) : $\cfrac{1,200/2,000}{3,350/6,250} = 1.119$

③ C도시의 입지계수(LQ) : $\cfrac{650/1,150}{3,350/6,250} = 1.054$

④ D도시의 입지계수(LQ) : $\cfrac{1,100/2,100}{3,350/6,250} = 0.975$

(정답) 입지계수가 1보다 큰 도시는 B, C도시이다.

다음은 각 도시별·산업별 고용자수를 나타낸 표이다. 섬유산업의 입지계수가 높은 도시순으로 나열하면?(다만, 전국에 세 개의 도시와 두 개의 산업만이 존재한다고 가정함) (단위 : 명)

구 분	섬유산업	전자산업	전체산업
A도시	250	150	400
B도시	250	250	500
C도시	500	600	1,100
전국	1,000	1,000	2,000

[해설]

① A도시의 입지계수(LQ) : $\dfrac{250/400}{1,000/2,000}$ = 1.25

② B도시의 입지계수(LQ) : $\dfrac{250/500}{1,000/2,000}$ = 1.0

④ C도시의 입지계수(LQ) : $\dfrac{500/1,100}{1,000/2,000}$ = 0.909

(정답) A > B > C

3. 경제기반승수

1) 의의

경제기반승수는 (수출)기반산업의 고용(생산)증가 등이 지역 전체의 고용(생산)인구증가에 미치는 영향을 나타내는 승수이다.

경제기반승수는 고용인구변화가 부동산수요에 미치는 영향을 예측하는데 사용된다.

2) 경제기반승수 산출공식

경제기반승수 = $\dfrac{1}{1 - 비기반산업비율}$ = $\dfrac{1}{기반산업비율}$

= $\dfrac{1}{기반산업인구수}$

* 지역의 총고용인구 = 기반산업인구 + 비기반산업인구
* 1 = 기반산업비율 + 비기반산업비율
* 지역전체의 고용인구증가 = 경제기반승수 × 기반산업의 고용인구증가

3) 내용
   (1) 기반산업의 고용인구비율이 작거나, 비기반산업의 고용인구비율이 클수록 지역의 경제기반승수는 커진다.
   (2) 경제기반승수는 기반산업에 의해 수출이 커져서 소득이 증가하면 지역 내의 비기반산업(서비스업)에 대한 소비가 증가한다는 사실을 전제로 한다. 즉, 기반산업활동이 비기반산업활동의 성장을 유도한다.
   (3) 경제기반승수가 클수록 지역 전체의 인구(소득)증가폭은 더 커진다.
4) 사례연습

[사례1]

A도시의 인구 10만, 기반산업인구 2만, 비기반산업인구 8만인 경우에 기반산업의 고용증가가 1만명이라면 A도시의 전체 고용인구증가와 비기반산업의 고용인구증가는 각각 얼마인가?

[해설]

* 기반산업비율 : 20%, 비기반산업비율 80%

* 경제기반승수 : $\dfrac{1}{1-0.8} = \dfrac{1}{0.2} = 5$

* A도시 지역 전체의 고용인구증가 : 경제기반승수(5) × 기반산업의 고용인구증가(1만명) = <u>5만명</u>

* 비기반산업의 고용인구증가 : 5만명 - 1만명 = <u>4만명</u>

[사례2]

B도시의 인구 20만, 기반산업인구 2만, 비기반산업인구 18만명인 경우에 기반산업의 고용인구증가가 1만명이라면 B도시의 전체 고용인구증가와 비기반산업의 고용인구증가는 각각 얼마인가?

[해설]

* 기반산업비율 : 10%, 비기반산업비율 90%

* 경제기반승수 : $\dfrac{1}{1-0.9} = \dfrac{1}{0.1} = 10$

* B도시 전체의 고용인구증가 : 경제기반승수(10) × 기반산업의 고용인구증가(1만명) = <u>10만명</u>

* 비기반산업의 고용인구증가 : 10만명 - 1만명 = <u>9만명</u>

01 **다음 내용을 모두 만족시키는 도시공간구조이론은?** (29회)

> - 유사한 도시활동은 집적으로부터 발생하는 이익 때문에 집중하려는 경향이 있다.
> - 서로 다른 도시활동 중에서는 집적 불이익이 발생하는 경우가 있는데, 이러한 활동은 상호 분리되는 경향이 있다.
> - 도시활동 중에는 교통이나 입지의 측면에서 특별한 편익을 필요로 하는 기능들이 있다.
> - 해리스(C. Harris)와 울만(E. Ullman)이 주장하였다.

① 동심원이론   ② 선형이론   ③ 다핵심이론
④ 입지지대이론   ⑤ 최소비용이론

정 답 ③   ▶ 기본서 연결 : 논점정리 02-Ⅰ

02 **도시공간구조이론 및 지대이론에 관한 설명으로 틀린 것은?** (32회)

① 버제스(E. Burgess)의 동심원이론에 따르면 중심업무지구와 저소득층 주거지대 사이에 점이지대가 위치한다.
② 호이트(H. Hoyt)의 선형이론에 따르면 도시공간구조의 성장과 분화는 주요 교통축을 따라 부채꼴 모양으로 확대되면서 나타난다.
③ 해리스(C. Harris)와 울만(E. Ullman)의 다핵심이론에 교통축을 적용하여 개선한 이론이 호이트의 선형이론이다.
④ 헤이그(R. Haig)의 마찰비용이론에 따르면 마찰비용은 교통비와 지대로 구성된다.
⑤ 알론소(W. Alonso)의 입찰지대곡선은 도심에서 외곽으로 나감에 따라 가장 높은 지대를 지불할 수 있는 각 산업의 지대곡선들을 연결한 것이다.

해 설 호이트의 선형이론은 버제스의 동심원이론에 교통축을 적용하여 개선한 이론이다.

정 답 ③   ▶ 기본서 연결 : ①·②·③ → 논점정리 02-Ⅰ, ④·⑤ → 논점정리 01-Ⅱ

【부동산 입지선정 요약 체계도】

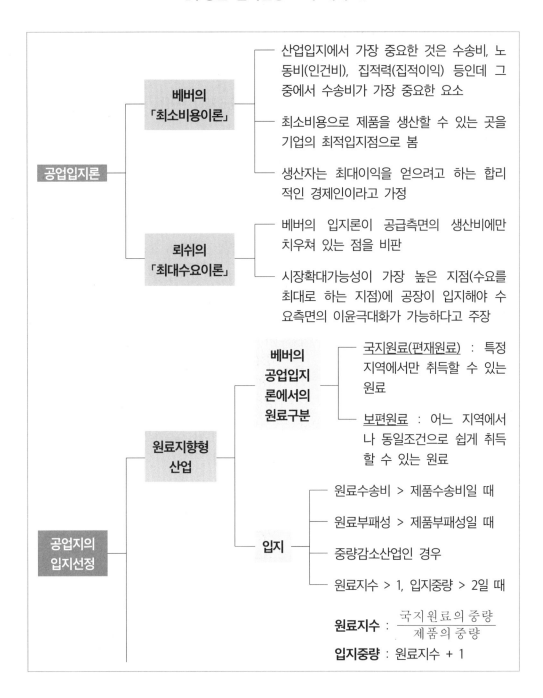

공업입지론

베버의 「최소비용이론」
- 산업입지에서 가장 중요한 것은 수송비, 노동비(인건비), 집적력(집적이익) 등인데 그 중에서 수송비가 가장 중요한 요소
- 최소비용으로 제품을 생산할 수 있는 곳을 기업의 최적입지점으로 봄
- 생산자는 최대이익을 얻으려고 하는 합리적인 경제인이라고 가정

뢰쉬의 「최대수요이론」
- 베버의 입지론이 공급측면의 생산비에만 치우쳐 있는 점을 비판
- 시장확대가능성이 가장 높은 지점(수요를 최대로 하는 지점)에 공장이 입지해야 수요측면의 이윤극대화가 가능하다고 주장

공업지의 입지선정

원료지향형 산업

베버의 공업입지론에서의 원료구분
- 국지원료(편재원료) : 특정 지역에서만 취득할 수 있는 원료
- 보편원료 : 어느 지역에서나 동일조건으로 쉽게 취득할 수 있는 원료

입지
- 원료수송비 > 제품수송비일 때
- 원료부패성 > 제품부패성일 때
- 중량감소산업인 경우
- 원료지수 > 1, 입지중량 > 2일 때

원료지수 : $\dfrac{국지원료의\ 중량}{제품의\ 중량}$

입지중량 : 원료지수 + 1

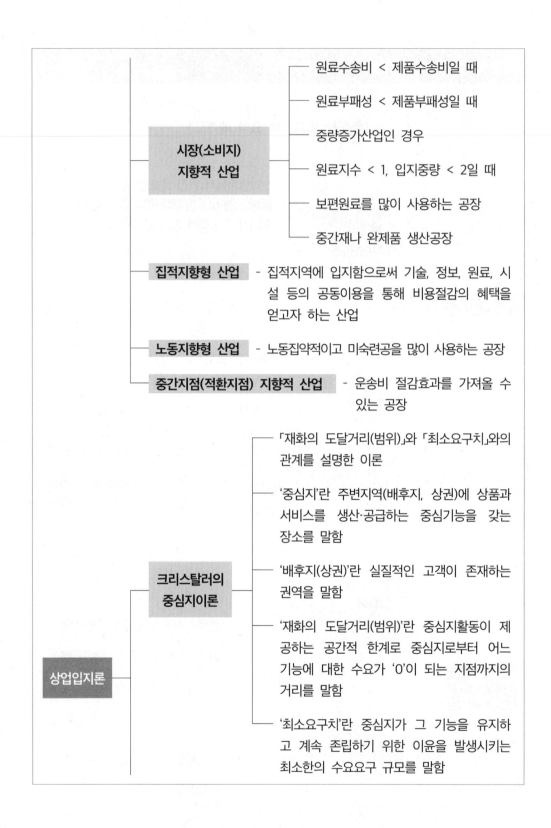

시장(소비지)
지향적 산업
- 원료수송비 < 제품수송비일 때
- 원료부패성 < 제품부패성일 때
- 중량증가산업인 경우
- 원료지수 < 1, 입지중량 < 2일 때
- 보편원료를 많이 사용하는 공장
- 중간재나 완제품 생산공장

집적지향형 산업 - 집적지역에 입지함으로써 기술, 정보, 원료, 시설 등의 공동이용을 통해 비용절감의 혜택을 얻고자 하는 산업

노동지향형 산업 - 노동집약적이고 미숙련공을 많이 사용하는 공장

중간지점(적환지점) 지향적 산업 - 운송비 절감효과를 가져올 수 있는 공장

상업입지론

크리스탈러의
중심지이론

- 「재화의 도달거리(범위)」와 「최소요구치」와의 관계를 설명한 이론

- '중심지'란 주변지역(배후지, 상권)에 상품과 서비스를 생산·공급하는 중심기능을 갖는 장소를 말함

- '배후지(상권)'란 실질적인 고객이 존재하는 권역을 말함

- '재화의 도달거리(범위)'란 중심지활동이 제공하는 공간적 한계로 중심지로부터 어느 기능에 대한 수요가 '0'이 되는 지점까지의 거리를 말함

- '최소요구치'란 중심지가 그 기능을 유지하고 계속 존립하기 위한 이윤을 발생시키는 최소한의 수요요구 규모를 말함

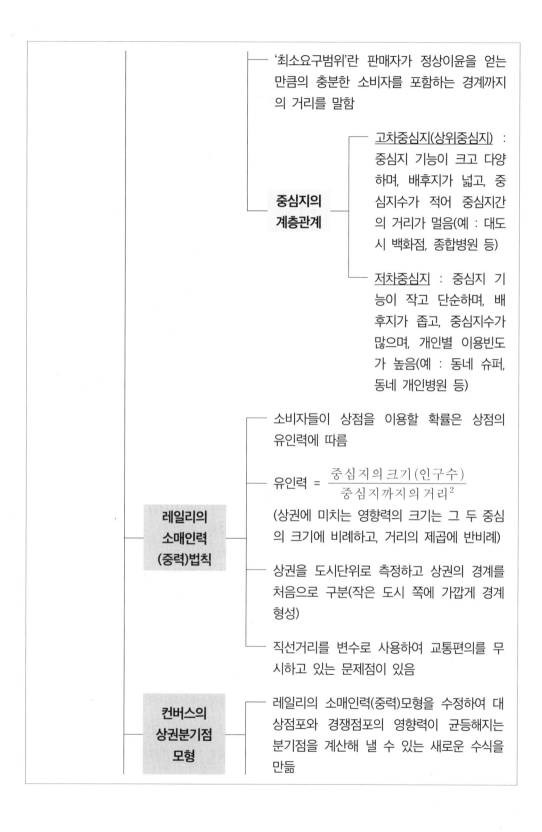

'최소요구범위'란 판매자가 정상이윤을 얻는 만큼의 충분한 소비자를 포함하는 경계까지의 거리를 말함

중심지의 계층관계

고차중심지(상위중심지) : 중심지 기능이 크고 다양하며, 배후지가 넓고, 중심지수가 적어 중심지간의 거리가 멀음(예 : 대도시 백화점, 종합병원 등)

저차중심지 : 중심지 기능이 작고 단순하며, 배후지가 좁고, 중심지수가 많으며, 개인별 이용빈도가 높음(예 : 동네 슈퍼, 동네 개인병원 등)

레일리의 소매인력 (중력)법칙

소비자들이 상점을 이용할 확률은 상점의 유인력에 따름

유인력 $= \dfrac{중심지의 크기(인구수)}{중심지까지의 거리^2}$

(상권에 미치는 영향력의 크기는 그 두 중심의 크기에 비례하고, 거리의 제곱에 반비례)

상권을 도시단위로 측정하고 상권의 경계를 처음으로 구분(작은 도시 쪽에 가깝게 경계형성)

직선거리를 변수로 사용하여 교통편의를 무시하고 있는 문제점이 있음

컨버스의 상권분기점 모형

레일리의 소매인력(중력)모형을 수정하여 대상점포와 경쟁점포의 영향력이 균등해지는 분기점을 계산해 낼 수 있는 새로운 수식을 만듦

- '분기점'이란 경쟁하는 두 도시 중 어느 도시로 구매하려 가는가에 대한 무차별적인 경쟁경계지점을 말함

- 상권분기점 산출산식(A, B 도시(점포)의 경우)

  * **A도시(점포)로부터의 분기점 =**

  $$\frac{A와\ B두\ 도시(점포)의\ 거리}{1+\sqrt{\dfrac{B도시의\ 인구(또는\ 면적)}{A도시의\ 인구(또는\ 면적)}}}$$

  * **B도시(점포)로부터의 분기점 =**

  $$\frac{A와\ B두\ 도시(점포)의\ 거리}{1+\sqrt{\dfrac{A도시의\ 인구(또는\ 면적)}{B도시의\ 인구(또는\ 면적)}}}$$

허프의 확률모형

- 도시 내에서 매장 단위를 기준으로 시장점유율을 계산한 소매상권론(미시적 분석)

- 소비자가 특정점포를 이용할 확률은 경쟁점포의 수, 점포와의 거리, 점포의 면적에 의해 결정된다고 봄

- 허프모형을 적용하기 전에 공간(거리)마찰계수가 먼저 정해져야 하며, 공간(거리)마찰계수는 시장의 교통조건과 쇼핑물건의 특성에 따라 달라지는 값임

- 대상점포의 유인력 = $\dfrac{면적}{거리^{(마찰계수)}}$

  * 일반적으로 교통조건이 나쁠 경우, 공간(거리)마찰계수는 커지게 됨

  * 일반적으로 전문품점의 경우 일상용품점보다 공간(거리)마찰계수가 작음(전문품점은 일상용품점보다 거리의 영향을 적게 받음)

- 대상점포의 시장점유율 = $\dfrac{대상점포의\ 소비자에\ 대한\ 유인력}{모든\ 점포의\ 소비자에\ 대한\ 유인력의\ 합계}$

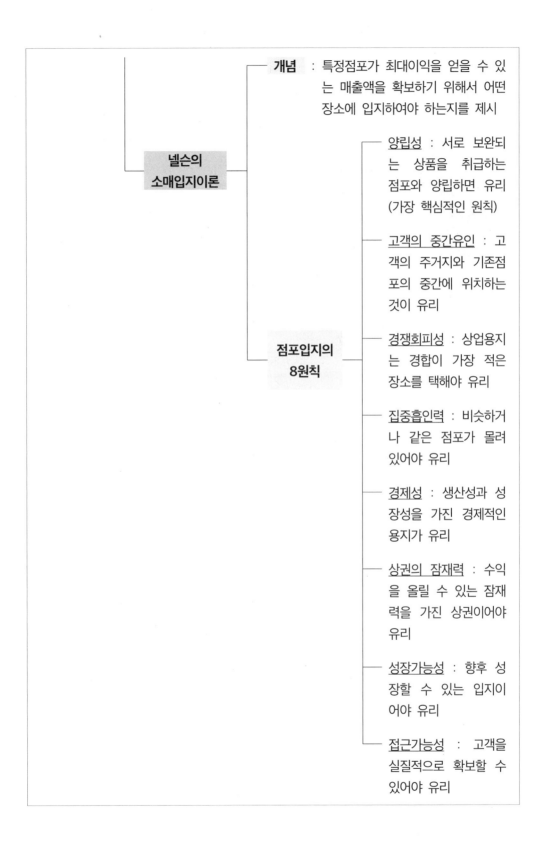

넬슨의 소매입지이론

개념 : 특정점포가 최대이익을 얻을 수 있는 매출액을 확보하기 위해서 어떤 장소에 입지하여야 하는지를 제시

점포입지의 8원칙

양립성 : 서로 보완되는 상품을 취급하는 점포와 양립하면 유리 (가장 핵심적인 원칙)

고객의 중간유인 : 고객의 주거지와 기존점포의 중간에 위치하는 것이 유리

경쟁회피성 : 상업용지는 경합이 가장 적은 장소를 택해야 유리

집중흡인력 : 비슷하거나 같은 점포가 몰려 있어야 유리

경제성 : 생산성과 성장성을 가진 경제적인 용지가 유리

상권의 잠재력 : 수익을 올릴 수 있는 잠재력을 가진 상권이어야 유리

성장가능성 : 향후 성장할 수 있는 입지이어야 유리

접근가능성 : 고객을 실질적으로 확보할 수 있어야 유리

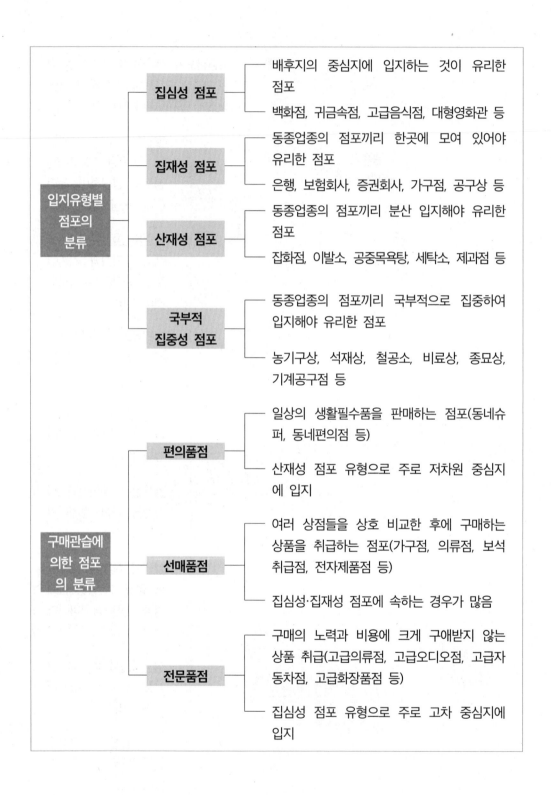

입지유형별 점포의 분류	집심성 점포	배후지의 중심지에 입지하는 것이 유리한 점포
		백화점, 귀금속점, 고급음식점, 대형영화관 등
	집재성 점포	동종업종의 점포끼리 한곳에 모여 있어야 유리한 점포
		은행, 보험회사, 증권회사, 가구점, 공구상 등
	산재성 점포	동종업종의 점포끼리 분산 입지해야 유리한 점포
		잡화점, 이발소, 공중목욕탕, 세탁소, 제과점 등
	국부적 집중성 점포	동종업종의 점포끼리 국부적으로 집중하여 입지해야 유리한 점포
		농기구상, 석재상, 철공소, 비료상, 종묘상, 기계공구점 등
구매관습에 의한 점포의 분류	편의품점	일상의 생활필수품을 판매하는 점포(동네슈퍼, 동네편의점 등)
		산재성 점포 유형으로 주로 저차원 중심지에 입지
	선매품점	여러 상점들을 상호 비교한 후에 구매하는 상품을 취급하는 점포(가구점, 의류점, 보석취급점, 전자제품점 등)
		집심성·집재성 점포에 속하는 경우가 많음
	전문품점	구매의 노력과 비용에 크게 구애받지 않는 상품 취급(고급의류점, 고급오디오점, 고급자동차점, 고급화장품점 등)
		집심성 점포 유형으로 주로 고차 중심지에 입지

(22·23·24·25·26·27·28·29·30·31·32·33회)

I 부동산 입지선정의 의의

1. 입지와 입지선정

1) 입지(立地)

입지란 주택, 공장, 점포 등이 자리 잡고 있는 일정한 장소로서의 공간적 개념이다.(정적이고 공간적인 개념)

2) 입지선정

입지주체(경제활동주체)가 추구하는 입지조건을 갖춘 부동산을 발견하고 자리 잡기 위한 과정을 말한다.(동적이고 공간적·시간적 개념)

2. 입지론과 적지론

1) 입지론

공장, 점포 등 토지를 이용하는 입장에서 더 유리한 위치를 결정하는 것을 말한다.(토지의 '부동성' 성질에 의한 부지선정의 중요성 관점)

2) 적지론

그 토지가 존재하는 경우 그것을 어떻게 사용하는 것이 최적인지를 논의하는 것이다.(토지의 '용도의 다양성' 성질에 의한 용도선정의 중요성 관점)

3. 입지론의 체계

1) 농업입지론 : 튀넨의 「위치지대설」(입지교차지대설, 고립국론)
2) 공업입지론
   (1) 베버의 「최소비용이론」
   (2) 뢰쉬의 「최대수요이론」
3) 상업(서비스업)입지론
   (1) 크리스탈러의 「중심지이론」
   (2) 레일리의 「소매인력법칙」
   (3) 컨버스의 「분기점이론」
   (4) 허프의 「확률모형」
   (5) 넬슨의 「소매입지론」

II 공업입지론

1. 베버(A. Weber)의 「최소비용이론」

1) 베버(A. Weber)는 공업입지에 영향을 미치는 요인으로서 어느 지역에서나 드는 일반적인 입지인자인 ㉠ 수송비와 ㉡ 노동비(인건비) 및 특정지역에서 나타나는 입지인자로서 ㉢ 집적이익(집적력)을 고려하였다.

2) 베버(A. Weber)는 우선 ㉠ 수송비가 최소되는 지점을 먼저 조사한 후, 이 지점이 ㉡ 노동비(인건비)가 최소되는 지점의 지역적 차이에 의해 어떻게 수정되는가를 살펴보고, 마지막으로 ㉢ 집적이익(집적력)이 최대가 되는 지점에 의해 최적 지점이 어떻게 달라지는지를 단계적으로 고찰하였다. <u>이 요소들을 고려하여 비용이 최소화되는 지점이 공장의 최적입지가 된다는 것이다.</u>

3) 베버(A. Weber)의 「최소비용이론」에 의하면 산업입지에서 가장 중요한 것은 수송비, 노동비(인건비), 집적력(집적이익) 등인데 그 중에서 <u>수송비가 가장 중요한 요소이다.</u>

   수송비는 다른 생산조건이 동일하다면 원료와 제품의 <u>무게</u>, 원료와 제품이 수송되는 거리에 의해 결정된다.

   (1) <u>최소수송비 지점으로부터 기업이 입지를 바꿀 경우, 이에 따른 추가적인 수송비의 부담액이 동일한 지점을 연결한 곡선을 '등비용선(isodapane)'이라고 한다.</u>

   (2) 수송비의 관점에서 특정 공장이 원료지향적인지 또는 시장지향적인지를 판단하기 위해 <u>원료지수(MI : Material Index)개념을 사용한다.</u>

4) 베버(A. Weber)는 최소비용으로 제품을 생산할 수 있는 곳을 기업의 최적입지점으로 본다.

5) <u>베버(A. Weber)의 「최소비용이론」에서는 생산자는 최대이익을 얻으려고 하는 합리적인 경제인이라고 가정한다.</u>

2. 뢰쉬(A. Lösch)의 「최대수요이론」

1) 베버(A. Weber)의 입지론이 공급측면의 생산비에만 치우쳐있는 점을 비판하고 장소에 따라 수요가 차별적이라는 전제하에 <u>시장확대가능성이 가장 높은 지점(수요를 최대로 하는 지점)에 공장이 입지해야 수요측면의 이윤극대화가 가능하다고 주장하였다. 즉, 최대수요이론은 수요측면에서 경제활동의 공간조직과 상권조직을 파악한 것이다.</u>

2) 뢰쉬(A. Lösch)의 산업입지 및 공간구조론의 요체는 이윤을 추구하는 기업의 입지는 집적이익 때문에 개개의 시장지역의 중심부가 최적입지가 되고, 개개 시장지역의 형태는 자유경쟁을 통해 정육각형 패턴의 공간조직이 이루어진다는 것이다.

3. 공업지의 입지선정

1) 원료지향형 산업

  (1) 베버(A. Weber)의 공업입지론에서의 원료 구분

    ① 국지원료(편재원료)

      광물자원과 같이 특정의 지역에서만 취득할 수 있는 원료를 말한다.

    ② 보편원료

      물이나 공기처럼 어느 지역에서나 동일조건으로 쉽게 취득할 수 있는 원료를 말한다.

  (2) 원료지향형 산업의 입지특성

    ① 원료수송비 > 제품수송비일 때

    ② 원료부패성 > 제품부패성일 때(예 : 통조림공업, 냉동공업)

    ③ 중량감소 산업인 경우(예 : 시멘트공업, 제련공업, 제당공업 등)

    ④ 원료지수 > 1, 입지중량 > 2일 때

    ⑤ 국지원료(편재원료)를 많이 투입하는 공장

□ 원료지수 = $\dfrac{\text{국지원료의 중량}}{\text{제품의 중량}}$

공정의 초기단계에서는 부피가 큰 원료를 정제해야 하지만, 최종제품은 보다 비싸고 소량이 된다.

㉠ 원료지수 > 1 : 원료지향형 입지

㉡ 원료지수 < 1 : 시장지향형 입지

㉢ 원료지수 = 1 : 자유입지

□ 입지중량 = $\dfrac{\text{국지원료의 중량 + 제품의 중량}}{\text{제품의 중량}}$ = 원료지수 + 1

㉠ 입지중량 > 2 : 원료지향형 입지

㉡ 입지중량 < 2 : 시장지향형 입지

㉢ 입지중량 = 2 : 자유입지

---

2) 시장(소비지)지향형 산업

(1) 시장지향형 산업의 입지특성

① 원료수송비 < 제품수송비일 때

② 원료부패성 < 제품부패성일 때

③ 중량증가 산업인 경우(예 : 청량음료제조업, 맥주공업, 제약업, 제빵업 등)

④ 원료지수 < 1, 입지중량 < 2일 때

⑤ 보편원료를 많이 사용하는 공장

⑥ 중간재나 완제품 생산공장

3) 집적지향형 산업

수송비의 비중이 적고 기술연관성이 높은 산업들이 집적 지역에 입지함으로써 기술, 정보, 원료, 시설 등의 공동이용을 통해 비용절감의 혜택을 얻고자 하는 산업을 말한다.

4) 노동지향형 산업

(1) 노동비가 생산비 중 많은 비중을 차지하여 노동비가 입지에 큰 영향을 미치게 되는 산업을 말한다.

(2) 노동집약적이고 미숙련공을 많이 사용하는 공장은 노동지향형 입지를 선호한다.(예 : 의류산업, 신발산업 등)

5) 중간지점(적환지점) 지향적 산업

(1) 적환지점(환적지점, 이적지점)이란 제품이나 원료의 수송수단이 바뀌는 지점을 말한다.

(2) 적환지점은 운송비 절감효과가 크기 때문에 공장입지에 유리하다.

(3) 항구에 공장이 입지할 경우 물건을 싣고 내리는 종착지 비용이 절약되어 총수송비가 가장 저렴하게 된다.

III 상업입지론

1. 크리스탈러(W. Christaller)의 중심지이론

1) 의의

(1) 1933년 독일지리학자인 크리스탈러가 주장한 중심지이론은 인간정주체계의 분포원리와 상업입지의 계층체계를 설명하고 있다.

(2) 크리스탈러의 중심지이론은 재화의 도달거리(범위)와 최소 요구치와의 관계를 설명한 이론으로서, 중심지의 형성과정을 설명하고 있다.

(3) 크리스탈러는 공간적 중심지 규모의 크기에 따라 상권의 규모가 달라진다는 것을 실증하였다.

2) 중심지와 배후지

□ **중심지** **(시장)**	① 각종 재화와 서비스 공급기능이 집중되어 주변지역(배후지, 상권)에 상품과 서비스를 생산·공급하는 중심기능을 갖는 장소를 말한다. ② 중심성의 대소에 따라 도시를 상하계층(고차중심지와 저차중심지)으로 나뉜다. ③ 중심지란 상점들이 서로 밀집되어 있는 지역을 말한다.
□ **배후지** **(상권)**	① 배후지란 실질적인 고객이 존재하는 권역을 말한다. 즉, 배후지는 점포의 매출이 발생하는 구역을 정의하는 공간적 넓이를 의미한다. ② 배후지의 범위는 상품가격과 소비자가 그 상점까지 오는데 드는 교통비에 의해 결정된다. ③ 배후지의 범위는 시간의 경과에 따라 가변적이다. 즉, 교통수단의 발달은 배후지를 확대하는 주요 요인이 되고, 경쟁업자의 출현은 배후지를 축소하는 요인이 된다. ④ 인구밀도가 높고 지역면적이 넓으며, 고객의 경제적 수준이 높을수록 좋은 배후지가 된다.

3) 최소요구치, 최소요구범위, 재화의 도달거리(범위)

□ **최소요구치**	① 최소요구치란 중심지가 그 기능을 유지하고 계속 존립하기 위한 이윤을 발생시키는 최소한의 수요요구 규모를 말한다. ② 중심지가 운영되기 위해서는 최소요구치가 항상 재화의 도달거리 내에 있어야 한다.
□ **최소요구범위**	판매자가 정상이윤을 얻는 만큼의 충분한 소비자를 포함하는 경계까지의 거리를 말한다.
□ **재화의 도달** **거리(범위)**	① 재화의 도달거리란 소비자가 물품구입을 위해 기꺼이 교통비를 지불하고 중심지까지 도달할 용의가 있는 최대한의 거리이다. 즉, 중심지활동이 제공하는 공간적 한계로 중심지로부터 어느 기능에 대한 수요가 '0'이 되는 지점까지의 거리를 말한다. ② 중심지가 운영되기 위해서는 재화의 도달거리가 최소요구치보다 커야 중심지는 성립된다.

4) 중심지의 계층관계
  (1) 중심지의 계층성
      크리스탈러는 재화와 서비스에 따라 중심지가 계층화되며 서로 다른 크기의 도달범위와 최소요구범위를 가진다고 보았다.

(2) 고차중심지(상위중심지)
① 중심지기능이 크고 다양하며, 배후지가 넓고, 중심지 수가 적어 중심지간의 거리가 멀다.
② 최소요구치와 재화의 도달범위가 크고, 개인별 이용빈도가 낮다.
③ 주로 고급상품을 취급한다.(예 : 대도시 백화점, 종합병원 등)
④ 고차중심지는 저차중심지 기능을 포함한다.
⑤ 저차중심지에서 고차중심지로 갈수록 중심지의 수는 점차 줄어드는 피라미드 형태를 보인다.
⑥ 교통수단이 발달하면 고차중심지는 발달하고, 저차중심지는 쇠퇴하게 된다.
(3) 저차중심지
① 중심지기능이 작고 단순하다.
② 배후지가 좁고, 중심지 수가 많으며, 중심지간의 거리가 가깝다.
③ 최소요구치와 재화의 도달범위가 작으며, 개인별 이용빈도가 높다.
④ 주로 값싼 일상생활용품을 취급한다.(예 : 동네 슈퍼, 동네 개인병원 등)
⑤ 소비자의 이용빈도는 저차중심지가 고차중심지보다 높다.

5) 중심지 배후지의 형태
(1) 중심지가 하나일 경우 배후지는 원형의 형태로 형성된다.
(2) 다수의 중심지가 있을 때에는 정육각형(벌집구조) 형태로 형성된다.

6) 중심지 구조의 변화
(1) 인구밀도 증가 및 소득증가, 구매력 향상
① 새로운 중심지 형성, 중심지 수의 증가(중심지간의 거리는 감소)
② 배후지의 크기 축소(조밀한 육각형 형태 형성)
(2) 교통발달
① 고차중심지 기능 강화, 저차중심지의 기능 쇠퇴
② 교통이 발달하면 대도시의 기능 확대, 중소도시의 기능은 정체 혹은 쇠퇴

7) 중심지이론의 한계점
(1) 크리스탈러의 중심지이론은 점포들 간의 공간분포에 관한 이론이지만 유사상품을 취급하는 점포들이 도심에 인접해 있는 경우를 잘 설명해주지 못한다. 즉, 집적이익을 고려하지 않았다.

(2) <u>고객의 다목적 구매행동, 고객의 지역간 문화적 차이를 반영하지 않았다.</u>

2. 레일리(W. Reilly)의 소매인력(중력)법칙

1) 의의

(1) 레일리의 소매인력(중력)법칙은 뉴턴의 만유인력의 법칙을 이용하여 상권의 범위를 측정하는 모형이다.

(2) 크리스탈러의 중심지이론이 중심지의 형성과정에 대해 설명하는데 비해 소매인력(중력)모형은 중심지간의 상호작용을 가져오는 요인들을 설명한다.

(3) 레일리의 소매인력(중력)법칙은 소비자들이 상점을 이용할 확률은 상점의 유인력에 따른다는 것이다.

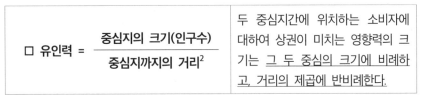

□ 유인력 = $\dfrac{중심지의\ 크기(인구수)}{중심지까지의\ 거리^2}$	두 중심지간에 위치하는 소비자에 대하여 상권이 미치는 영향력의 크기는 <u>그 두 중심의 크기에 비례하고, 거리의 제곱에 반비례한다.</u>

2) 특징

(1) 상권을 도시단위로 측정하였다.

(2) 상권의 경계를 처음으로 구분하였다.

(3) 두 중심지가 소비자에게 미치는 영향력의 크기는 두 중심지의 크기에 비례하고, 거리의 제곱에 반비례한다고 하였다.

(4) <u>보다 많은 인구를 지닌 중심지에 위치한 상가들은 보다 낮은 계층의 중심지에 위치한 상가보다 더 먼 거리로부터 고객을 유인한다는 것이다.</u>

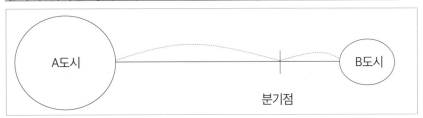

(5) 직선거리를 변수로 사용하여 교통편의를 무시하고 있는 문제점이 있다.

3) 사례연습

[사례1]

도시A와 도시 B간에 도시 C가 있다. 레일리의 소매인력법칙을 이용하여 도시 C로부터 도시 A와 도시 B의 인구유입비율을 구하면?

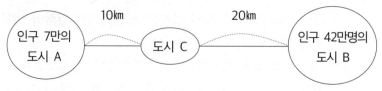

10km   20km

인구 7만의
도시 A

도시 C

인구 42만명의
도시 B

[해설]

① A도시의 유인력 : $\dfrac{7}{10^2}$ = $\dfrac{7}{100}$ = 0.07

② B도시의 유인력 : $\dfrac{42}{20^2}$ = $\dfrac{42}{400}$ = 0.105

③ A도시의 유인력(0.07) + B도시의 유인력(0.105) 합계 = 0.175

* 따라서 ○ A도시의 유인력 비율 = $\dfrac{0.07}{0.175}$ = 0.4(40%)

　　　　　 ○ B도시의 유인력 비율 = $\dfrac{0.105}{0.175}$ = 0.6(60%)

[사례2]

A도시와 B도시 사이에 위치하고 있는 C도시는 A도시로부터 5㎞, B도시로부터 10㎞ 떨어져 있다. A도시의 인구는 5만명, B도시의 인구는 10만명, C도시의 인구는 3만명이다. 레일리(W. Reilly)의 '소매인력법칙'을 적용할 경우 C도시에서 A도시와 B도시로 구매활동에 유인되는 인구규모는?(단, C도시의 모든 인구는 A도시와 B도시에서만 구매함)

[해설]

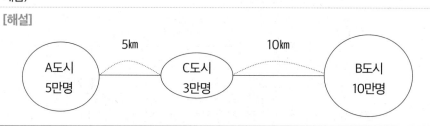

5km   10km

A도시
5만명

C도시
3만명

B도시
10만명

① A도시의 유인력 : $\dfrac{5}{5^2}$ = $\dfrac{5}{25}$ = 0.20

② B도시의 유인력 : $\dfrac{10}{10^2}$ = $\dfrac{10}{100}$ = 0.10

③ A도시의 유인력(0.20) + B도시의 유인력(0.10) 합계 = 0.30

* 따라서 ○ A도시의 유인규모 = $\dfrac{0.20}{0.30}$ = $\dfrac{2}{3}$ × 30,000명 = <u>20,000명</u>

   ○ B도시의 유인규모 = $\dfrac{0.10}{0.30}$ = $\dfrac{1}{3}$ × 30,000명 = <u>10,000명</u>

[사례3]

레일리(W. Reilly)의 소매인력법칙을 적용할 경우 다음과 같은 상황에서 (   )에 들어갈 숫자로 옳은 것은?

> ○ 인구가 1만명인 A시와 5천명인 B시가 있다. A시와 B시 사이에 인구 9천명의 신도시 C가 들어섰다. 신도시 C로부터 A시, B시까지의 직선거리는 각각 1km, 2km이다.
> ○ 신도시 C의 인구 중 비구매자는 없고, A시, B시에서만 구매활동을 한다고 가정할 때, 신도시 C의 인구 중 A시로의 유인규모는 (㉠   )명이고, B시로의 유인규모는 (㉡   )명이다.

[해설]

① A시의 유인력 : $\dfrac{10}{1^2}$ = 10

② B시의 유인력 : $\dfrac{5}{2^2}$ = 1.25

③ A도시의 유인력(10) + B도시의 유인력(1.25) 합계 = 11.25

*따라서 ○A도시의 유인규모 = $\dfrac{10}{11.25}$ × 9천명 = <u>8,000명</u>

   ○B도시의 유인규모 = $\dfrac{1.25}{11.25}$ × 9천명 = <u>1,000명</u>

3. 컨버스(P. D. Converse)의 상권분기점모형(수정소매인력법칙)

1) 의의

(1) 컨비스는 레일리의 소매인력(중력)모형을 수정하여 대상점포와 경쟁점포의 영향력이 균등해지는 '분기점'을 계산해 낼 수 있는 새로운 수식을 만들었다.

(2) '분기점'이란 경쟁하는 두 도시 중 어느 도시로 구매하려 가는가에 대한 무차별적인 경쟁경계지점을 말한다.

(3) 컨버스의 분기점모형은 두 상권의 분기점에서의 두 점포에 대한 구매지향력은 같다는 것이다.

2) 상권분기점 산출공식

상권분기점(A·B도시(점포)의 경우)

□ **A도시(점포)로부터의 분기점** = $\dfrac{A와\,B\,두\,도시\,(점포)의\,거리}{1 + \sqrt{\dfrac{B도시의\,인구\,(또는\,면적)}{A도시의\,인구\,(또는\,면적)}}}$

□ **B도시(점포)로부터의 분기점** = $\dfrac{A와\,B\,두\,도시\,(점포)의\,거리}{1 + \sqrt{\dfrac{A도시의\,인구\,(또는\,면적)}{B도시의\,인구\,(또는\,면적)}}}$

---

3) 사례연습

[사례]

어떤 도시에 점포 A와 B가 있다. A, B 점포간 거리는 21km이다. A의 면적은 4,000㎡이고, B의 면적은 16,000㎡라고 할 때 컨버스의 분기점 모형에 따른 두 점포의 상권 경계선은 어디인가?

[해설]

① A점포로부터의 분기점 = $\dfrac{21}{1 + \sqrt{\dfrac{16,000}{4,000}}}$ = $\dfrac{21}{3}$ = 7km지점

② B점포로부터의 분기점 = $\dfrac{21}{1 + \sqrt{\dfrac{4,000}{16,000}}}$ = $\dfrac{21}{1 + \dfrac{1}{2}}$ = $\dfrac{21}{1.5}$ = 14km지점

---

4. 허프(D. Huff)의 확률모형(중력모형을 활용한 상권이론)

1) 의의

(1) 레일리나 컨버스가 '도시단위'로 소매인력론을 전개(거시적 분석)한데 반해, 허프는 도시 내에서 '매장단위'를 기준으로 시장점유율을 계산한 소매상권론(미시적 분석)이다.

(2) 허프는 상권분석에서 레일리의 소매인력법칙과 같은 결정론적인 접근보다는 확률론적인 접근이 필요하다고 보았다.

(3) 허프는 중력모형을 활용하여 상권의 규모 또는 매출액을 추정한 소매상권이론을 전개하였다.

(4) 허프는 소비자들의 특정상점의 구매를 설명할 때 실측거리, 시간거리, 매장규모와 같은 공간요인뿐만 아니라 효용이라는 비공간요인도 고려하였다.

2) 특징

(1) 어떤 매장이 고객에게 주는 효용이 클수록 그 매장이 고객들에게 선택될 확률이 더 높아진다는 루스(Luce)의 선택공리이론에 바탕을 두고 있다.

(2) 해당 매장을 방문하는 고객의 행동력은 방문하고자 하는 매장의 크기(면적)에 비례하고 매장까지의 거리에 반비례한다(단, 거리는 공간(거리)마찰계수에 따른다)는 것을 공식화한 모형이다.

(3) 허프는 소비자는 가장 가까운 곳에서 상품을 택하려는 경향이 있으나, 적당한 거리에 고차원 중심지가 있으면 인근의 저차원 중심지를 지나칠 가능성이 커진다고 하였다.

(4) 허프는 소비자가 특정점포를 이용할 확률은 ㉠ 경쟁점포의 수, ㉡ 점포와의 거리, ㉢ 점포의 면적에 의해 결정된다고 보았다.

(5) 허프는 소비자에 대한 유인력은 현실적인 장애물을 상정하여 계산하여야 한다고 하였는데, 이러한 현실적인 장애물은 공간(거리)마찰계수라고 하였다.

(6) 레일리와 컨버스는 마찰계수를 '2'로 고정시키고 분석하였으나, 허프는 상품의 종류, 도로교통상황 등에 따라 마찰계수가 변할 수 있다고 하여 고정시키지 않았다.

(7) 허프모형을 적용하기 전에 공간(거리)마찰계수가 먼저 정해져야 하며, 공간(거리)마찰계수는 시장의 교통조건과 쇼핑 물건의 특성에 따라 달라지는 값이다.

① 일반적으로 교통조건이 나쁠 경우, 공간(거리)마찰계수는 커지게 된다.

② 일반적으로 전문품점의 경우는 일상용품점보다 공간(거리)마찰계수가 작다.(전문품점은 일상용품점보다 거리의 영향을 적게 받음)

(8) 허프모형은 고정된 상권을 놓고 점포간 경쟁을 함으로써 제로섬(Zero -Sum)게임이 된다는 한계가 있다.

3) 대상점포의 시장점유율 계산사례 연습

□ **대상점포의 유인력** = $\dfrac{\text{면적}}{\text{거리}^{(\text{마찰계수})}}$

□ **대상점포의 시장점유율** = $\dfrac{\text{대상점포의 소비자에 대한 유인력}}{\text{모든 점포의 소비자에 대한 유인력의 합계}}$

[사례1]

허프(Huff)의 상권분석모형을 이용하여 A점포의 이용객수를 추정하시오.[단, 공간(거리)마찰계수는 A점포는 3, B점포는 2, C점포는 2이며, 배후지의 인구수는 50,000명이다]

구 분	A점포	B점포	C점포
면 적	10,000㎡	16,000㎡	1,250㎡
거 리	10km	20km	5km

[해설]

① A점포의 유인력 : $\dfrac{10,000}{10^3} = \dfrac{10,000}{1,000} = 10$

② B점포의 유인력 : $\dfrac{16,000}{20^2} = \dfrac{16,000}{400} = 40$

③ C점포의 유인력 : $\dfrac{1,250}{5^2} = \dfrac{1,250}{25} = 50$

* 따라서 ○ A점포의 시장점유율 = $\dfrac{10}{10 + 40 + 50} = 10\%$

○ A점포의 이용객수 = 50,000 × 10% = 5,000명

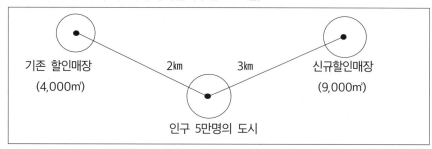

[사례2]

아래의 그림을 보고 허프(Huff)의 상권분석모형을 이용하여 신규 할인매장의 이용객 수를 추정하시오.[단, 공간(거리)마찰계수는 2로 함]

기존 할인매장   2km   3km   신규할인매장
(4,000㎡)   (9,000㎡)

인구 5만명의 도시

[해설]

① 기존 할인점의 유인력 : $\dfrac{4,000}{2^2} = \dfrac{4,000}{4} = 1,000$

② 신규 할인매장의 유인력 : $\dfrac{9,000}{3^2} = \dfrac{9,000}{9} = 1,000$

* 따라서 ○ 기존 할인점과 신규 할인매장의 시장점유율은 50%:50%로 동일 하다.
○ 신규 할인매장의 추정이용객수 = 5만명 × 50% = <u>25,000명</u>

5. 넬슨(R. Nelson)의 소매입지이론

1) 개요

(1) 넬슨(R. Nelson)은 <u>특정점포가 최대이익을 얻을 수 있는 매출액을 확보 하기 위해서 어떤 장소에 입지하여야 하는지를 제시</u>하였다.

(2) 넬슨(R. Nelson)은 점포입지의 8가지 원칙을 제시하면서, <u>특히 '양립성' 을 강조</u>하였는데, 양립성이란 서로 다른 인접점포가 고객을 주고받는 현상으로 서로 <u>보완적인 상품을 취급하는 상점들이 근접하여 입지하는 경우 서로 매출액을 증대시킬 수 있다는 특성을 말한다.</u>

2) 점포입지의 8가지 원칙

8원칙	내 용
(1) <u>양립성</u>	서로 보완되는 상품을 취급하는 점포와 양립하면 유리하다.
(2) <u>고객의 중간유인</u>	고객의 주거지와 기존점포의 중간에 위치하는 것이 유리하다.

8원칙	내 용
(3) 경쟁회피성	상업용지는 경합이 가장 적은 장소를 택하여야 유리하다.
(4) 집중흡인력	비슷하거나 같은 점포가 몰려 있어야 유리하다.
(5) 경제성	용지경제학 입장에서 생산성과 성장성을 가진 경제적인 용지가 유리하다.
(6) 상권의 잠재력	수익을 올릴 수 있는 잠재력을 가진 상권이어야 유리하다.
(7) 성장가능성	향후 성장할 수 있는 입지이어야 유리하다.
(8) 접근가능성	고객을 실질적으로 확보할 수 있어야 유리하다.

Ⅳ 상 권

1. 상권의 개념

1) 상권이란 점포의 매출이 발생하는 구역을 정의하는 공간개념으로 상품이나 서비스의 종류에 따라 규모가 다르다.

2) 상권은 시장지역 또는 배후지라고도 한다.

3) 일반적으로 상품(재화나 서비스)의 구입빈도가 높은 편의품 등은 상권의 규모가 작고, 상품의 구입빈도가 낮은 선매품·전문품 등의 고가품은 상권의 규모가 크다.

2. 상권확정을 위한 접근법

1) 공간독점 접근법	편의품, 체인점, 주류판매점, 우체국 등 거리제한을 두거나 면허가 필요한 업종 등 지역독점력이 인정되는 업종에 적용된다.
2) 시장침투 접근법	선매품, 전문상가, 백화점, 슈퍼마켓 등 대부분의 상권분석에서 적용되는 방법으로, 상권의 중첩이나 경쟁을 인정하는 업종에 적합한 확률상권모형이다.
3) 분산시장 접근법	고급가구점 등 매우 전문화된 상품이나 특정 소득계층만을 대상으로 하는 점포에 적용되며, 상권이 연속되지 못한다는 특징이 있다.

Ⅴ 공간균배의 원리

1. 의 의

1) Fetter의 공간분배의 원리는 경쟁관계에 있는 점포는 점포 사이에 있는 공간을 서로 균등하게 분배한다는 이론이다.

2) 공간분배의 원리는 하나의 상권에 동질적인 소비자가 균등하게 분포하고 있다고 가정하고, 한 점포가 먼저 입지하고 새로운 점포가 입지할 때 어느 위치에 입지하는 것이 유리한가를 분석하는 원리이다.

2. 내 용

1) 시장이 좁고 수요의 교통비 탄력성이 작은 경우는 중앙에 집심성 입지 현상이 나타난다.

2) 시장이 넓고 수요의 교통비 탄력성이 큰 경우는 분산입지 현상이 나타난다.

Ⅵ 점포의 종류와 입지

1. 입지유형별 점포의 분류(공간균배의 원리에 따른 분류)

1) 집심성 점포	배후지의 중심지에 입지하는 것이 유리한 점포를 말한다.	도매점, 백화점, 고급음식점, 고급의류점, 대형약국, 대형영화관, 전문서점, 귀금속점 등
2) 집재성 점포	동종업종의 점포끼리 한 곳에 모여 있어야 유리한 점포를 말한다.	은행, 보험회사, 증권회사, 가구점, 공구상 등
3) 산재성 점포	동종업종의 점포끼리 분산 입지해야 유리한 점포를 말한다.	잡화점, 이발소, 공중목욕탕, 세탁소, 제과점 등
4) 국부적 집중성 점포	동종업종의 점포끼리 국부적으로 집중하여 입지해야 유리한 점포를 말한다.	농기구상, 석재상, 철공소, 비료상, 종묘상, 기계공구점 등

2. 구매관습에 의한 점포의 분류(상품의 유형별 분류)

1) 편의품점	○ 일상의 생활필수품을 판매하는 점포이다. ○ 주로 저차원 중심지에 입지하는 경향이 있으며(고객이 늘 통행하는 길목에 상점이 위치하는 경우가 대부분), 산재성 점포 유형에 속한다.	동네슈퍼, 동네편의점 등

2) 선매품점	○ 여러 상점들을 상호 비교한 후에 구매하는 상품을 취급하는 점포이다.(수요자의 취미·기호 등에 따라 구매하는 상품 취급) ○ 상품의 성격상 이 점포들은 집심성·집재성 점포에 속하는 경우가 많고 비교적 먼 거리에서 고객이 찾아오기 때문에 교통수단이나 접근성이 좋아야 한다.	가구점, 의류점, 보석취급점, 전자제품점 등
3) 전문품점	○ 고객이 상품의 특수한 매력을 찾아 구매를 위한 노력을 아끼지 않는 상품을 주로 취급하는 점포이다.(구매의 노력과 비용에 크게 구애받지 않는 상품 취급) ○ 주로 고차중심지에 입지하며, 집심성 점포가 많다. ○ 가격수준이 높고, 유명브랜드를 갖는 점포이다.	고급의류점, 고급오디오점, 고급자동차점, 고급화장품점 등

01 허프(D. Huff) 모형에 관한 설명으로 **틀린 것은?**(단, 다른 조건은 동일함)

① 중력모형을 활용하여 상권의 규모 또는 매장의 매출액을 추정할 수 있다.
② 모형의 공간(거리)마찰계수는 시장의 교통조건과 쇼핑 물건의 특성에 따라 달라지는 값이다.
③ 모형을 적용하기 전에 공간(거리)마찰계수가 먼저 정해져야 한다.
④ 교통조건이 나쁠 경우, 공간(거리)마찰계수가 커지게 된다.
⑤ 전문품점의 경우는 일상용품점보다 공간(거리)마찰계수가 크다.

해 설   전문품점의 경우는 일상용품점보다 공간(거리)마찰계수가 더 작다.
정 답   ⑤   ▶ 기본서 연결 : 논점정리 03-Ⅲ

02 다음 입지 및 도시공간구조이론에 관한 설명으로 옳은 것을 모두 고른 것은?

> ㄱ. 베버의 최소비용이론은 산업입지의 영향요소를 운송비, 노동비, 집적이익으로 구분하고, 이 요소들을 고려하여 비용이 최소화 되는 지점이 공장의 최적입지가 된다는 것이다.
> ㄴ. 뢰쉬의 최대수요이론은 장소에 따라 수요가 차별적이라는 전제하에 수요측면에서 경제활동의 공간조직과 상권조직을 파악한 것이다.
> ㄷ. 넬슨의 소매입지이론은 특정 점포가 최대 이익을 얻을 수 있는 매출액을 확보하기 위해서는 어떤 장소에 입지하여야 하는가에 대한 원칙을 제시한 것이다.
> ㄹ. 해리스와 울만의 다핵심이론은 단일의 중심업무지구를 핵으로 하여 발달하는 것이 아니라, 몇 개의 분리된 핵이 점진적으로 통합됨에 따라 전체적인 도시구조가 형성된다는 것이다.

① ㄱ, ㄴ   ② ㄷ, ㄹ   ③ ㄱ, ㄴ, ㄹ   ④ ㄴ, ㄷ, ㄹ   ⑤ ㄱ, ㄴ, ㄷ, ㄹ

정 답   ④   ▶ 기본서 연결 : ㄱ·ㄴ → 논점정리 03-Ⅱ, ㄷ → 논점정리 03-Ⅲ,
                             ㄹ → 논점정리 02-Ⅰ

Chapter 07
부동산정책

제33회 문제 분석(기출 관련)	제34회 출제 예상 핵심 항목
• 국토의 계획 및 이용에 관한 법령상 '도시지역'의 분류 (-) • 부동산정책 관련 (-) • 부동산조세 　(국세, 지방세, 취득단계, 보유단계) (O) • 공공주택 특별법령상 공공임대주택의 종류 (O)	• 시장실패의 원인으로서 공공재와 외부효과 • 토지정책의 수단(직접개입, 간접개입, 토지이용규제) • 임대료 규제정책과 임대료 보조정책 • 분양가 규제와 분양가 자율화 • 주택 선분양과 후분양제도 • 주택에 대한 조세부과의 영향(재산세, 양도소득세)

❖ 위 (기출 관련)은 **최근 10년 이내 출제 문제**를 정확하게 정리할 경우 쉽게 답을 찾을 수 있는 문제를 말함

논점정리

⊙
각 논점정리 앞부분에 논점정리 미리보기(체계도)가 있습니다.

【부동산문제 요약 체계도】

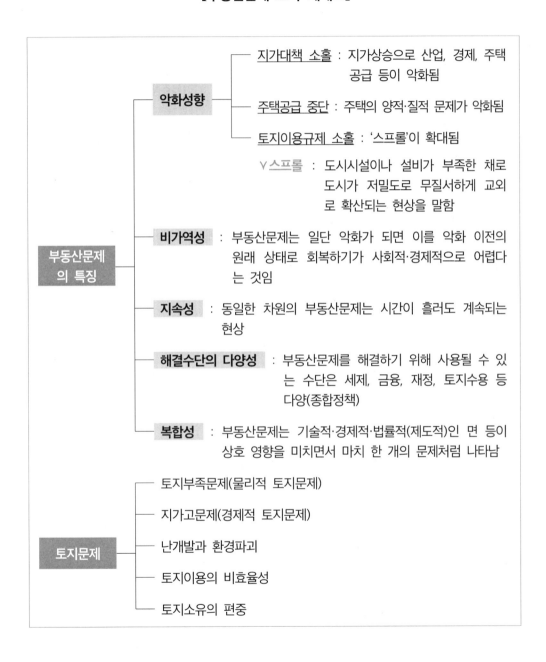

부동산문제
의 특징

악화성향
— 지가대책 소홀 : 지가상승으로 산업, 경제, 주택 공급 등이 악화됨

— 주택공급 중단 : 주택의 양적·질적 문제가 악화됨

— 토지이용규제 소홀 : '스프롤'이 확대됨

∨스프롤 : 도시시설이나 설비가 부족한 채로 도시가 저밀도로 무질서하게 교외로 확산되는 현상을 말함

비가역성 : 부동산문제는 일단 악화가 되면 이를 악화 이전의 원래 상태로 회복하기가 사회적·경제적으로 어렵다는 것임

지속성 : 동일한 차원의 부동산문제는 시간이 흘러도 계속되는 현상

해결수단의 다양성 : 부동산문제를 해결하기 위해 사용될 수 있는 수단은 세제, 금융, 재정, 토지수용 등 다양(종합정책)

복합성 : 부동산문제는 기술적·경제적·법률적(제도적)인 면 등이 상호 영향을 미치면서 마치 한 개의 문제처럼 나타남

토지문제
— 토지부족문제(물리적 토지문제)

— 지가고문제(경제적 토지문제)

— 난개발과 환경파괴

— 토지이용의 비효율성

— 토지소유의 편중

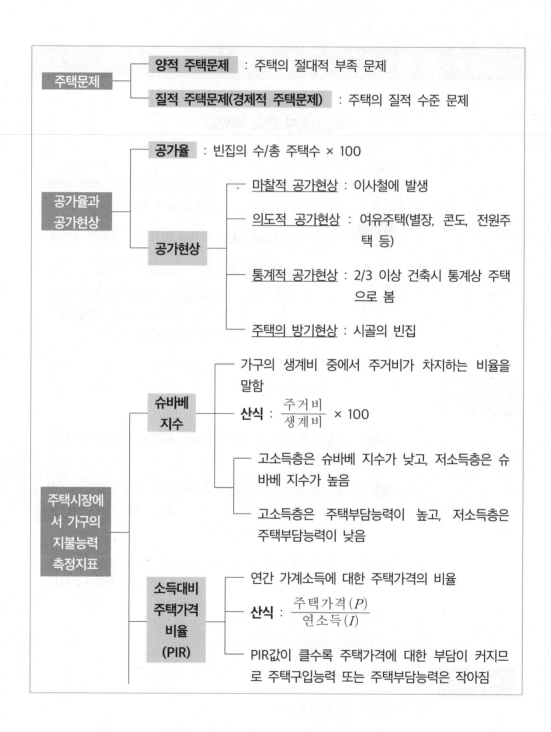

주택문제 ─┬─ **양적 주택문제** : 주택의 절대적 부족 문제
         └─ **질적 주택문제(경제적 주택문제)** : 주택의 질적 수준 문제

공가율과 ─┬─ **공가율** : 빈집의 수/총 주택수 × 100
공가현상   │
         └─ **공가현상** ─┬─ 마찰적 공가현상 : 이사철에 발생
                        ├─ 의도적 공가현상 : 여유주택(별장, 콘도, 전원주택 등)
                        ├─ 통계적 공가현상 : 2/3 이상 건축시 통계상 주택으로 봄
                        └─ 주택의 방기현상 : 시골의 빈집

주택시장에 ─┬─ **슈바베 지수** ─┬─ 가구의 생계비 중에서 주거비가 차지하는 비율을 말함
서 가구의   │   │   **산식** : $\dfrac{주거비}{생계비} \times 100$
지불능력   │   ├─ 고소득층은 슈바베 지수가 낮고, 저소득층은 슈바베 지수가 높음
측정지표   │   └─ 고소득층은 주택부담능력이 높고, 저소득층은 주택부담능력이 낮음
          │
          └─ **소득대비 주택가격 비율 (PIR)** ─┬─ 연간 가계소득에 대한 주택가격의 비율
                                            │   **산식** : $\dfrac{주택가격(P)}{연소득(I)}$
                                            └─ PIR값이 클수록 주택가격에 대한 부담이 커지므로 주택구입능력 또는 주택부담능력은 작아짐

소득대비 주택임대 료 비율 (RIR)	월 가계소득에 대한 월 주택임대료(월세) 비율
	산식 : $\dfrac{중위(평균)월\,임\,대\,료}{중위(평균)월\,소득} \times 100$
	RIR값이 클수록 임대료(월세) 부담이 커짐

Ⅰ 부동산문제

1. 의 의

1) 부동산문제란 인간과 부동산과의 관계악화의 제문제를 말한다.

2) 부동산문제는 크게 토지문제, 주택문제, 부동산의 공익성 저해문제(국토이용의 비효율화), 거래질서의 문란문제 등으로 나타난다.

2. 부동산문제의 특징

1) 악화성향

부동산문제가 한 번 발생하면 문제를 방치함으로써 시간이 흐름에 따라 더욱 악화되는 성향을 나타낸다.

(1) 지가대책을 소홀히 하면 지가상승으로 산업, 경제, 주택공급 등이 악화된다.

(2) 주택공급을 중단하면 주택의 양적·질적 문제가 악화된다.

(3) 토지이용규제를 소홀히 하면 스프롤(sprawl)이 확대된다.

> ∨스프롤 : 도시계획과 관리 등이 불량하여 발생하는 현상으로, 도시시설이나 설비가 부족한 채로 도시가 저밀도로 무질서하게 교외로 확산되는 것을 말한다.

2) 비가역성

부동산문제는 일단 악화가 되면 이를 악화 이전의 원래 상태로 회복하기가 사회적·경제적으로 어렵다는 것이다.

(1) 폭등한 지가는 다시 종전가격으로 돌아오기 어렵다.

(2) 토지이용계획은 한 번 잘못되면 종전으로 환원하기 어렵다.

3) 지속성

동일한 차원의 부동산문제는 시간이 흘러도 계속되는 현상을 말한다.

(1) 양적 주택문제의 해결 후에도 주거의 질적 수준향상을 위한 문제는 지속성이 있다.

(2) 부증성의 특성을 가지는 토지에 대한 수요증대는 수급불균형의 현상을 지속시킨다.

4) 해결수단의 다양성

하나의 부동산문제를 해결하기 위해 사용될 수 있는 수단은 세제, 금융, 재정, 토지수용 등 다양하므로 부동산정책은 종합정책으로서의 성격을 지닌다.

5) 복합성

부동산문제는 기술적·경제적·법률적(제도적)인 면 등이 상호 영향을 미치면서 마치 한 개의 문제처럼 나타난다.

Ⅱ 토지문제

1. 토지부족문제(물리적 토지문제)

물리적 토지문제는 '부증성'이라는 토지의 자연적 특성 때문에 토지가 부족한 상태를 말한다.

2. 지가고(地價高)문제(경제적 토지문제)

1) 사회불평등의 심화
2) 기업경영에의 악영향
3) 공공용지 확보의 어려움
4) 주택문제 해결에의 악영향
5) 투기심리의 만연

3. 난개발과 환경파괴문제

1) 도심 외곽으로의 무계획적인 난개발
2) 농지 등을 잠식하는 환경파괴적 난개발

4. 토지이용의 비효율성

지가고는 토지의 분할과 과밀화 요인이 되고, 도시 스프롤 현상이나 공한지처럼 토지이용의 효율성이 저해될 수 있다.

5. 토지소유의 편중

토지소유가 심하게 편중된 상황에서 토지가격이 지속적으로 상승하게 되면 엄청난 자본이득(매매차익, 양도차익)이 토지소유자에게 집중되게 되며, 그 결과 극심한 빈부격차로 이어지게 된다.

1. 10분위 분배율

10분위 분배율은 상위 20% 계층의 소득의 합계에 대한 하위 40% 계층의 합계의 비율을 의미한다.(스탠포드 대학의 아델만 교수와 모리수 교수 발표)

$$10분위\ 분배율 = \frac{하위\ 40\%\ 소득점유율}{상위\ 20\%\ 소득점유율}$$

① 10분위 분배율이 0이면 완전불균등, 2이면 완전균등이다.
② 10분위 분배율이 클수록 분배가 개선됨을 의미한다.

2. 로렌츠(Lorenz) 곡선

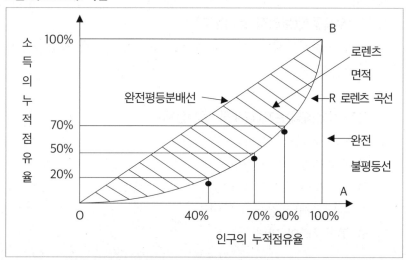

① 로렌츠 곡선은 계층별 소득분포 자료에서 인구의 누적점유율과 소득점유율 사이의 관계를 나타내는 곡선이다.
② 대각선 OB는 소득분배가 완전 균등함을 의미한다.
③ OAB는 소득분배가 완전 불균등함을 의미한다.
④ 로렌츠 곡선이 대각선에 가까울수록 소득분배가 균등하다.(로렌츠 면적이 작을수록 소득분배가 균등)
⑤ 로렌츠 곡선 상에서 점 R은 인구의 40%가 소득의 20%를 차지하고 있음을 나타낸다.

3. 지니계수

① 지니계수는 로렌츠 곡선의 소득분배상태를 수치로 나타낸 지수이다.

$$지니계수 = \frac{로렌츠\ 면적}{\triangle OAB\ 면적}$$

② 지니계수가 0이면 완전균등, 지니계수가 1이면 완전불균등을 의미한다.
③ 지니계수가 작을수록(0에 가까울수록) 소득분배가 균등(개선)해진다.

1. 의 의

주택문제는 주택의 절대적 부족문제인 양적 주택문제와 주거수준 문제인 질적 주택문제로 나눌 수 있다.

2. 양적 주택문제 : 주택의 절대적 부족문제

1) 의의

   (1) 양적인 주택문제는 주택의 절대량이 부족한 현상을 말하며, <u>가구총수에 필요 공가율을 합친 필요 주택수에 미달하는 경우에 발생한다.</u>

   > **필요 주택수 = 가구총수 + 필요 공가수 = 가구총수(1 + 적정 공가율)**

   (2) 양적 주택문제는 질적 주택문제에 우선해서 해결되어야 할 사항이다.

2) 필요 공가율(적정 공가율, 합리적 공가율)

   주택의 유통을 원활히 하기 위해서 실거주 이외에 필요로 하는 주택의 수가 가구총수에서 차지하는 비율을 말한다.(약 3~5%)

3) 양적 주택수요의 증가원인

   (1) 인구의 증가

   (2) 핵가족화에 따른 가구수 증가

   (3) 기존주택의 노후화

   (4) 공공사업을 위한 주택의 철거 및 전용에 따른 필요 공가율의 증가

   [참고] 공가율과 공가현상

   1. **공가율** : 빈집의 수/총주택수 × 100

   2. **공가현상**

   ① 마찰적 공가현상 : 주택의 유통을 원활히 하기 위한 합리적 공가율 (이사철)

   ② 의도적 공가현상 : 여가주택(별장, 콘도, 전원주택 등)

   ③ 통계적 공가현상 : 2/3 이상 건축시 통계상 주택으로 봄

   ④ 주택의 방기현상 : 시골의 빈 집

3. 질적 주택문제(경제적 주택문제) : 주택의 질적 수준문제

1) 의의

   질적 주택문제란 주택가격이나 주거비에 대한 부담능력이 적어서 질적으로 낮은 수준의 주택에서 살거나 혹은 열악한 주거환경의 생활에서 비롯되는 여러 가지 불만의 표현형태라 할 수 있다.(저소득이 주원인임)

2) 질적 주택수요의 증가원인

   (1) 소득증대

   (2) 생활수준 향상

   (3) 신건축자재의 개발과 보급

   (4) 주택금융의 확대 등

   [참고] 주택시장에서 가구의 지불능력 측정지표

   1. 슈바베 지수

   가구의 생계비 중에서 주거비가 차지하는 비율을 슈바베 지수라고 한다.

   $$
   \text{슈바베 지수} = \frac{\text{주거비}}{\text{생계비}} \times 100
   $$

   ① 고소득층은 슈바베 지수가 낮고, 저소득층은 슈바베 지수가 높다.

   ② 주거비의 상승률이 소득증가율을 초과하게 되면, 가구의 주택부담능력은 낮아진다.

   ③ 주택가격이 높은 대도시나 소득이 적은 저소득층일수록 슈바베 지수나 P/Y 비율이 높아져 생계비 중 주거비 부담비율이 증가하며 주택구입능력은 떨어진다.

   ④ 보통 슈바베 지수가 20% 정도일 때 적정한 것으로 본다.

   2. 소득대비 주택가격비율(PIR : Price-Income-Ratio) : P/Y비율

   PIR은 연간 가계소득에 대한 주택가격의 비율을 말한다.

   $$
   \text{PIR} = \frac{\text{주택가격(P)}}{\text{연소득(I)}}
   $$

   ① PIR 값이 클수록 주택가격에 대한 부담이 커지므로 주택구입능력 또는 주택부담능력은 작아진다.

   ② PIR 값이 작을수록 주택가격에 대한 부담이 작으므로 주택구입능력 또는 주택부담능력은 높아진다.

   ③ 일반적으로 도시의 PIR 값이 농촌의 PIR 값보다 더 크다.

   ④ 고소득층은 주택부담능력이 높고, 저소득층은 주택부담능력이 낮다.

   3. 소득대비 주택임대료비율(RIR : Rent-Income-Ratio)

   RIR은 월 가계소득에 대한 월주택임대료(월세) 비율을 말한다.

   $$
   \text{RIR} = \frac{\text{중위(평균) 월임대료}}{\text{중위(평균) 월소득}} \times 100
   $$

   ① RIR 값이 클수록 임대료(월세) 부담이 커진다.

   ② 국토교통부에서 2006년부터 2년 단위로 발표하고 있다.

【정부의 시장개입 요약 체계도】

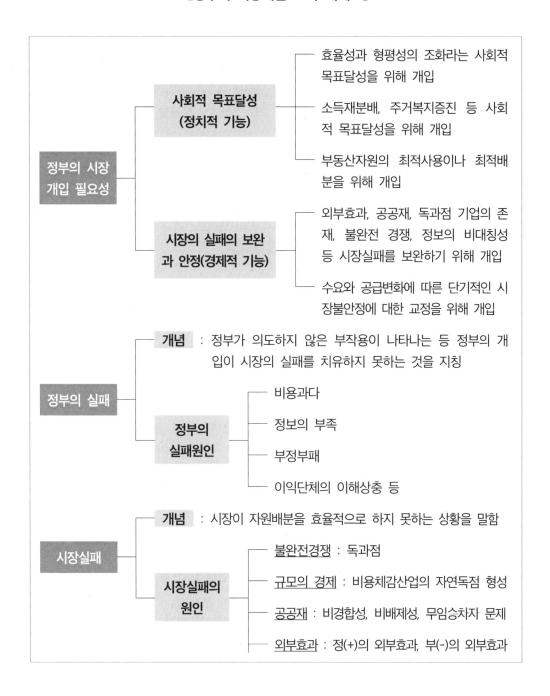

정부의 시장 개입 필요성

사회적 목표달성 (정치적 기능)
- 효율성과 형평성의 조화라는 사회적 목표달성을 위해 개입
- 소득재분배, 주거복지증진 등 사회적 목표달성을 위해 개입
- 부동산자원의 최적사용이나 최적배분을 위해 개입

시장의 실패의 보완과 안정(경제적 기능)
- 외부효과, 공공재, 독과점 기업의 존재, 불완전 경쟁, 정보의 비대칭성 등 시장실패를 보완하기 위해 개입
- 수요와 공급변화에 따른 단기적인 시장불안정에 대한 교정을 위해 개입

정부의 실패

개념 : 정부가 의도하지 않은 부작용이 나타나는 등 정부의 개입이 시장의 실패를 치유하지 못하는 것을 지칭

정부의 실패원인
- 비용과다
- 정보의 부족
- 부정부패
- 이익단체의 이해상충 등

시장실패

개념 : 시장이 자원배분을 효율적으로 하지 못하는 상황을 말함

시장실패의 원인
- 불완전경쟁 : 독과점
- 규모의 경제 : 비용체감산업의 자연독점 형성
- 공공재 : 비경합성, 비배제성, 무임승차자 문제
- 외부효과 : 정(+)의 외부효과, 부(-)의 외부효과

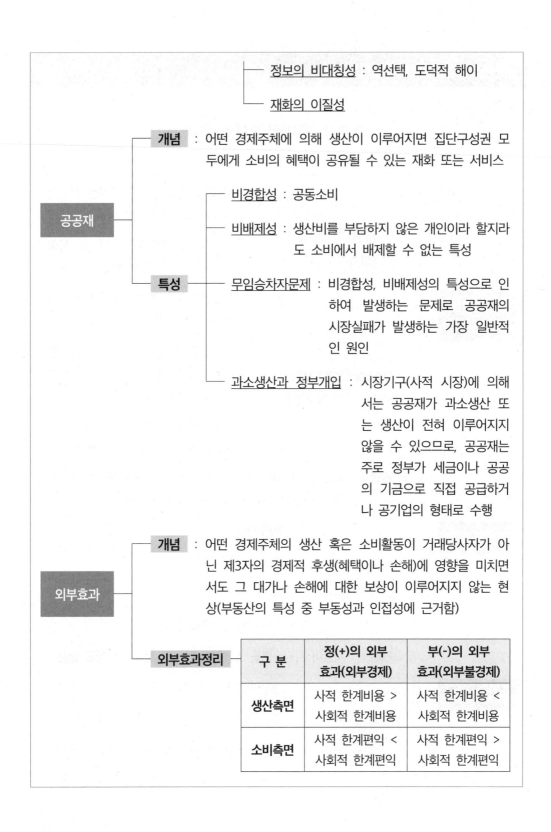

├─ 정보의 비대칭성 : 역선택, 도덕적 해이

└─ 재화의 이질성

공공재

├─ **개념** : 어떤 경제주체에 의해 생산이 이루어지면 집단구성권 모두에게 소비의 혜택이 공유될 수 있는 재화 또는 서비스

└─ **특성**

├─ 비경합성 : 공동소비

├─ 비배제성 : 생산비를 부담하지 않은 개인이라 할지라도 소비에서 배제할 수 없는 특성

├─ 무임승차자문제 : 비경합성, 비배제성의 특성으로 인하여 발생하는 문제로 공공재의 시장실패가 발생하는 가장 일반적인 원인

└─ 과소생산과 정부개입 : 시장기구(사적 시장)에 의해서는 공공재가 과소생산 또는 생산이 전혀 이루어지지 않을 수 있으므로, 공공재는 주로 정부가 세금이나 공공의 기금으로 직접 공급하거나 공기업의 형태로 수행

외부효과

├─ **개념** : 어떤 경제주체의 생산 혹은 소비활동이 거래당사자가 아닌 제3자의 경제적 후생(혜택이나 손해)에 영향을 미치면서도 그 대가나 손해에 대한 보상이 이루어지지 않는 현상(부동산의 특성 중 부동성과 인접성에 근거함)

└─ **외부효과정리**

구 분	정(+)의 외부효과(외부경제)	부(-)의 외부효과(외부불경제)
생산측면	사적 한계비용 > 사회적 한계비용	사적 한계비용 < 사회적 한계비용
소비측면	사적 한계편익 < 사회적 한계편익	사적 한계편익 > 사회적 한계편익

구 분	정(+)의 외부 효과(외부경제)	부(-)의 외부 효과(외부불경제)
생산과 소비	과소생산(사적 비용 초과발생), 과소소비	과대생산(사회적 비용 초과발생), 과대소비
사회현상	핌피(PIMFY)현상	님비(NIMBY)현상
해결수단	(생산량 증가를 위해) 보조금 지급, 세제 혜택	(생산량 감소를 위해) 부과금 부과, 배출권거래제도, 조세 부과, 용도지역·지구제(토지이용규제), 토지이용계획
수요·공급 곡선	○ 수요증가로 수요곡선 우상향 이동 ○ 균형가격 상승, 균형량 증가	○ 공급감소로 공급곡선 좌상향 이동 ○ 균형가격 상승, 균형량 감소

ⅠＩ 부동산정책의 의의와 과정

1. 부동산정책의 의의

1) 부동산정책은 부동산문제를 해결 또는 개선함으로써 인간과 부동산과의 관계를 개선하려는 공적 노력으로서 종합 정책적 성격을 띤다.

2) 부동산정책은 부동산시장에 대한 정부의 개입을 의미하며 주안점은 공익의 추구에 있다.

2. 부동산정책의 과정(6단계)

1) 1단계 : 부동산과 관련된 문제의 인지단계

2) 2단계 : 부동산문제에 대한 정보의 수집 및 분산단계

3) 3단계 : 부동산문제 해결을 위한 대안의 작성 및 평가단계

4) 4단계 : 부동산문제 해결대안 중 선택단계

5) 5단계 : 선택된 부동산문제 해결대안의 집행단계

6) 6단계 : 집행된 부동산정책의 평가단계

ⅡＩ 정부의 부동산시장 개입근거 및 필요성

1. 정부의 부동산시장 개입근거

1) 부동산 투기

2) 저소득층 주거문제

3) 토지자원배분의 비효율성

4) 난개발에 의한 기반시설의 부족

5) 공공재의 존재

6) 독과점 기업의 존재

7) 외부효과의 존재 등

2. 정부의 시장개입의 필요성(이유)

1) 사회적 목표달성 : 정치적 기능

(1) 효율성과 형평성의 조화라는 사회적 목표를 달성하기 위해 시장에 개입하는 것을 말한다.

(2) 소득재분배, 주거복지의 증진 등 사회적 목표달성을 위해 개입할 수 있다.

(3) 부동산 자원의 최적사용이나 최적배분을 위하여 부동산시장에 개입할 수 있다.

2) 시장의 실패의 보완과 안정 : 경제적 기능

(1) 외부효과, 공공재, 독과점기업의 존재, 불완전경쟁, 정보의 비대칭성 등 시장실패를 보완하기 위해 개입할 수 있다.

(2) 수요와 공급변화에 따른 단기적인 시장 불안정에 대한 교정을 위해 개입할 수 있다.

3. 정부의 실패

1) 정부의 실패란 정부가 의도하지 않은 부작용이 나타나는 등 정부의 개입이 시장의 실패를 치유하지 못하는 것을 지칭한다.

2) 정부의 실패원인으로 다음과 같은 것들이 있다.

(1) 비용과다

(2) 정보의 부족

(3) 부정부패

(4) 이익단체의 이해상충 등

3) 정부의 시장개입은 사회적 후생손실(시장왜곡현상에 의해 초래되는 경제적 순손실)을 발생시킬 수 있다.

Ⅲ 시장실패

1. 시장실패의 의의

시장실패란 시장이 자원배분을 효율적으로 하지 못하는 상황을 말한다. 즉, 어떠한 이유로 인하여 시장이 가격기구에 의한 자동조절기능이 원활하지 못하게 된 상황으로, 수급조절의 실패 등 자원배분이 불균형 상태임을 의미한다.

시장실패는 정부가 시장에 개입하는 근거가 된다.

2. 시장실패의 원인

> ㉠ 불완전경쟁 : 독과점
> ㉡ 규모의 경제 : 비용체감산업의 자연독점 형성
> ㉢ 공공재 : 비경합성, 비배제성, 무임승차자 문제
> ㉣ 외부효과 : 정(+)의 외부효과, 부(-)의 외부효과
> ㉤ 정보의 비대칭성 : 역선택, 도덕적 해이
> ㉥ 재화의 이질성

1) 불완전경쟁시장(독과점)

　　독과점공급자가 자신의 이익을 위해 생산을 줄여 가격을 높게 책정한다면, 과소생산에 따른 유휴설비가 존재하게 되고, 이에 따라 자원이 비효율적으로 배분되어 시장실패를 야기한다.

2) 규모의 경제

　(1) 생산규모를 확장할수록 평균비용이 감소하는 산업에서는 자연스럽게 독점이 형성되는데, 이러한 독점을 '자연독점'이라 한다.

　(2) 자연독점은 생산물시장에서 독점을 비롯한 불완전경쟁시장을 형성하게 하는 원인이 되어 자원배분을 왜곡시키는 시장실패를 초래한다.

3) 공공재

　(1) 공공재의 개념

　　① 공공재란 어떤 경제주체에 의해 생산이 이루어지면 집단구성원 모두에게 소비의 혜택이 공유될 수 있는 재화 또는 서비스로 비경합성과 비배제성의 특징을 갖는다.

　　② 국방, 법률, 치안, 철도, 항만, 공원, 공중파 방송, 산림, 갯벌, 명승지 등 잘 보존(보전)된 토지 등이 대표적인 공공재에 해당되며, 내구재뿐만 아니라 비내구재도 공공재에 해당될 수 있다.(주로 내구재에 해당)

　(2) 공공재의 특성

　　① 비경합성

　　　㉠ 어떤 개인의 공공재 소비(예 : TV 시청)가 다른 개인의 소비가능성(예 : TV 시청)을 감소시키지 않는 특성을 말한다.

　　　㉡ 공공재는 공동소비가 가능하므로 서로 소비하기 위하여 경쟁할 필요가 없다.

　　② 비배제성

　　　일단 공공재의 공급이 이루어지고 나면 생산비를 부담하지 않은 개인이라 할지라도 소비에서 배제할 수 없는 특성을 말한다.

　　③ 무임승차자의 문제

　　　㉠ 공공재는 비경합성과 비배제성의 특성으로 인하여 생산을 시장에 맡길 경우 개인들은 공급된 공공재를 최대한 이용(소비에 있어 규모의 경제)하되 가능하면 공공재 생산비는 부담하지 않으려는 행동을 보이게 되는데 이를 무임승차자문제(free-rider's problem)라고 한다.

       ⓒ 공공재의 시장실패가 발생하는 가장 일반적인 원인이다.

       ⓒ 공공재는 외부효과를 유발하는 경우도 많다.

  ④ 과소생산과 정부개입

       ㉠ 시장기구(사적 시장)에 의해서는 공공재가 사회적인 최적수준보다 과소하게 생산되거나 생산이 전혀 이루어지지 않을 수도 있다.

       ⓒ 따라서 국방과 치안 그리고 철도, 항만과 같은 사회간접자본이나 공원 등의 공공재 공급은 주로 정부가 세금이나 공공의 기금으로 직접 공급하거나 아니면 공기업의 형태로 수행되는 경우가 많다.

4) 외부효과

  (1) 개념

    외부효과(externality)란 어떤 경제주체의 생산 혹은 소비활동이 거래 당사자가 아닌 제3자의 경제적 후생(혜택이나 손해)에 영향을 미치면서도 그 대가나 손해에 대한 보상이 이루어지지 않는 현상을 말한다.(부동산의 특성 중 부동성과 인접성(연속성)에 근거함)

  (2) 외부효과의 종류

    ① 정(+)의 외부효과(외부경제)

       ㉠ 시장기구를 통하지 않고 제3자에게 의도하지 않게 이익을 주면서도 이에 대한 대가를 받지 못한 경우를 말한다.

       ⓒ 인근지역에 쇼핑몰이 개발됨에 따라 주변 아파트가격이 상승하는 경우, 정(+)의 외부효과가 나타난 것으로 볼 수 있다.

       ⓒ 정(+)의 외부효과의 경우 비용을 지불하지 않은 사람도 발생되는 이익을 누릴 수 있다.

       ⓔ 정(+)의 외부효과가 발생하면 주택에 대한 수요가 증가하여 수요곡선이 우상향으로 이동하며, 주택가치를 상승시킨다.

       ⓜ 정(+)의 외부효과를 발생시키는 재화를 시장에만 맡겨두면 사회적으로 적정한 수준보다 적게 생산될 수 있다.(과소생산, 과소소비)

       ⓑ 생산의 긍정적 외부효과가 있을 때 이를 증가시키기 위한 사회적 한계비용이 사적 한계비용보다 작고(사회적 한계비용 < 사적 한계비용), 사회적 한계편익이 사적 한계편익보다 크다.(사회적 한계편익 > 사적 한계편익)

ⓐ 정(+)의 외부효과는 <u>핌피(PIMFY)현상</u>이라는 지역이기주의를 발생시킨다.

> ∨ 핌피(PIMFY)현상(유치노력현상)
> 'Please In My Front Yard(제발 내 앞마당에서)'의 약칭으로 세수원 확보나 지역발전에 영향을 미치는 행정구역조정, 청사유치 등 우리지역에 유리한 사업을 서로 유치하려고 다투는 현상을 의미한다.

② 부(-)의 외부효과(외부불경제)

ㄱ <u>시장기구를 통하지 않고 제3자에게 의도하지 않게 손해를 입히면서도 이에 대한 대가를 지불하지 않는 경우를 말한다.</u>

ㄴ 부(-)의 외부효과를 발생시키는 시설의 경우, 발생된 외부효과를 제거 또는 감소시키기 위한 <u>사회적 비용을 증가시킨다.</u>

ㄷ 여러 용도가 혼재되어 있어 인접지역 간 토지이용의 상충으로 인하여 토지시장의 효율적인 작동을 저해하는 경우, 부(-)의 외부효과가 발생할 수 있다.

ㄹ <u>매연을 배출하는 석탄공장에 대한 규제가 전혀 없다면, 그 주변 주민들에게 부(-)의 외부효과가 발생하게 되고, 부(-)의 외부효과를 발생시키는 공장에 대해서 부담금을 부과하면, 생산비가 증가하여 이 공장에서 생산되는 제품의 공급이 감소하게 된다.</u>

ㅁ <u>부(-)의 외부효과가 발생하게 되면 법적 비용, 진상조사의 어려움 등으로 인해 당사자간 해결이 곤란한 경우가 많다.</u>

ㅂ <u>부(-)의 외부효과를 발생시키는 재화를 시장에만 맡겨두면 사회적으로 적정한 수준보다 과대하게 생산될 수 있다.(과대생산, 과대소비)</u>

ㅅ <u>부(-)의 외부효과에 대한 규제가 있으면 수요곡선은 변함이 없고, 공급곡선이 좌상향으로 이동하여 공급이 감소하게 되므로 주택의 균형가격은 상승하고 균형량은 감소하여 주택(부동산)의 가치를 상승시키는 효과를 가져올 수 있다.</u>

ㅇ 생산의 부정적 외부효과가 있을 때 이를 제거 또는 감소시키기 위한 사회적 한계비용이 사적 한계비용보다 크고(사회적 한계비용 > 사적 한계비용), 사회적 한계편익이 사적 한계편익보다 작다.(사회적 한계편익 < 사적 한계편익)

ⓩ 부(-)의 외부효과는 <u>님비(NIMBY)현상</u>이라는 지역이기주의를 발생시킨다.

> ∨ 님비(NIMBY)현상(유치반대현상)
>
> 'Not IN My Back Yard(내 뒷마당에서는 안된다)'의 약칭으로 장애인 시설, 하수처리장, 화장장 등의 시설물을 자신들이 사는 지역에 설치하는 것을 반대하는 지역주민들의 집단이기주의 현상을 의미한다.

(3) 외부효과의 해결수단
　① 정부의 시장개입
　　㉠ 정(+)의 외부효과 해결수단
　　　<u>보조금 지급이나 세제혜택 등을 통해 생산량을 증가시켜 효율적인 자원배분이 되도록 한다.</u>
　　㉡ 부(-)의 외부효과 해결수단
　　　<u>부담금 부과, 배출권거래제도, 중과세와 같은 조세부과 등을 통해 생산량을 감소시켜 효율적인 자원배분이 되도록 한다.</u>
　② 무임승차자
　　㉠ 무임승차자는 외부효과를 사적 시장에서 해결하는 데에 장애요인으로 작용하며 수반되는 비용을 상승하게 만든다.
　　㉡ <u>용도지역·지구제와 같은 토지이용규제나 토지이용계획과 같은 정부개입은 토지이용에 수반되는 부(-)의 외부효과를 제거하거나 감소하는 데에 그 목적이 있으므로 외부효과 문제의 해결수단이 될 수 있다.</u>
　③ 코오즈(R. H. Coase)의 정리 - 협상에 의한 해결
　　㉠ 코오즈 정리는 부(-)의 외부효과에 의해 손해를 보는 제3자가 부(-)의 외부효과를 유발하는 행위자에게 소송 등을 통한 책임을 지게 함으로써 외부효과 문제를 해결하고자 하는 것을 말한다.
　　㉡ 코오즈 정리는 민간의 자발적인 협상이나 타협에 의해서 해결이 가능하다는 원리이나 법적 비용, 진상조사의 어려움 등으로 인해 당사자간 해결이 곤란한 경우가 많다.

※ 외부효과 정리

구 분	정(+)의 외부효과 (외부경제)	부(-)의 외부효과 (외부불경제)
① 생산측면	사적 한계비용 > 사회적 한계비용	사적 한계비용 < 사회적 한계비용
② 소비측면	사적 한계편익 < 사회적 한계편익	사적 한계편익 > 사회적 한계편익
③ 생산과 소비(시장 에만 맡겨 두는 경우)	과소생산, 과소소비	과대생산, 과대소비
④ 수요·공급 곡선	○ 수요증가로 수요곡선 우상향 이동 ○ 균형가격 상승, 균형량 증가	(규제시) ○ 공급감소로 공급곡선 좌상향 이동 ○ 균형가격 상승, 균형량 감소
⑤ 사회현상	핌피(PIMFY) 현상	님비(NIMBY) 현상
⑥ 해결수단	(생산량 증가를 위해) ○ 보조금 지급 ○ 세제 혜택	(생산량 감소를 위해) ○ 부담금 부과 ○ 배출권 거래제도 ○ 조세 부과 ○ 용도지역·지구제(토지이용규제) ○ 토지이용계획

5) 정보의 비대칭성

(1) 정보의 비대칭성이란 경제적인 이해관계가 있는 당사자들 사이에 정보수준의 차이가 존재하는 상황을 의미한다.

(2) 정보의 비대칭성에서 비롯되는 역선택(정보가 적은 쪽)과 도덕적 해이(정보가 많은 쪽)의 문제는 자원배분의 비효율성을 초래하게 된다.

(3) 부동산시장에서 정보의 불완전성은 자원배분의 비효율성을 초래하여 시장을 실패시킬 수 있다.

01 **부동산시장에서 시장실패의 원인으로 틀린 것은?** (29회)

① 공공재
② 정보의 비대칭성
③ 외부효과
④ 불완전경쟁시장
⑤ 재화의 동질성

해 설 재화의 동질성은 일반적으로 완전경쟁시장에서 나타나는 조건으로 시장실패
의 원인에 해당하지 않는다.

정 답 ⑤ ▶ 기본서 연결 : 논점정리 02-Ⅲ

02 **공공재에 관한 일반적인 설명으로 틀린 것은?** (30회)

① 소비의 비경합적 특성이 있다.
② 비내구재이기 때문에 정부만 생산비용을 부담한다.
③ 무임승차문제와 같은 시장실패가 발생한다.
④ 생산을 시장기구에 맡기면 과소생산되는 경향이 있다.
⑤ 비배제성에 의해 비용을 부담하지 않은 사람도 소비할 수 있다.

해 설 공공재는 비내구재일 필요는 없으며,(내구재도 가능) 정부만 생산비를 부담
하는 것도 아니다.

정 답 ② ▶ 기본서 연결 : 논점정리 02-Ⅲ

【토지정책 요약 체계도】

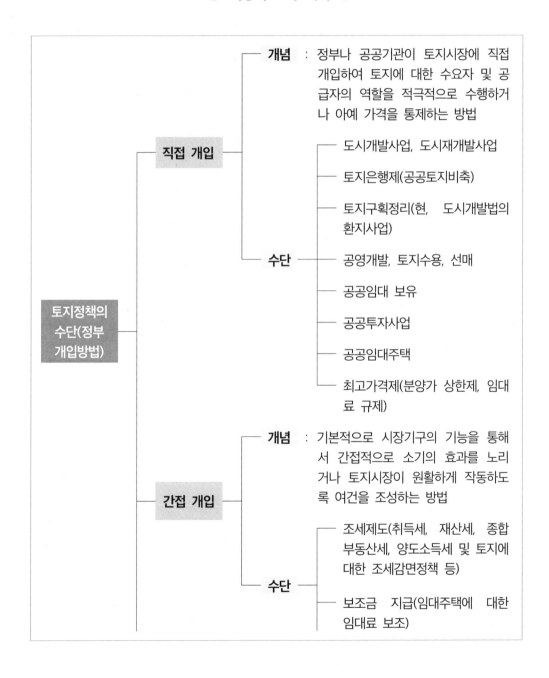

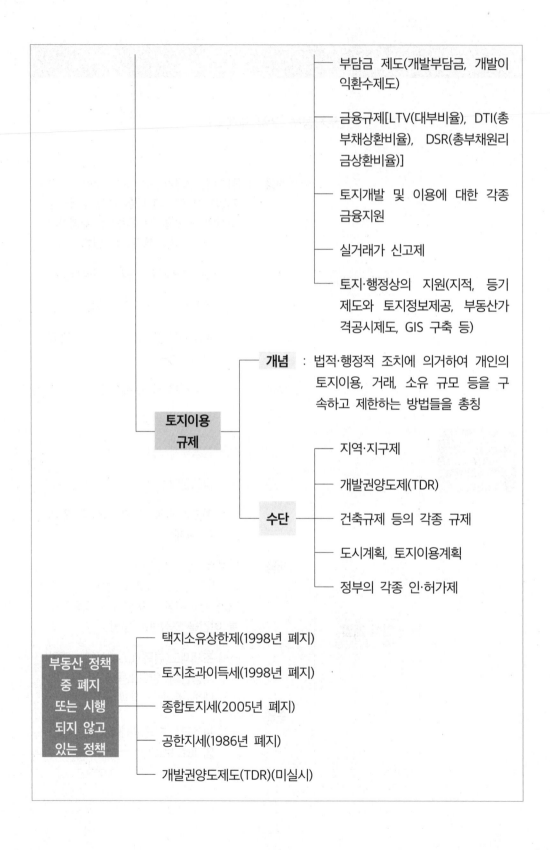

부담금 제도(개발부담금, 개발이익환수제도)

금융규제[LTV(대부비율), DTI(총부채상환비율), DSR(총부채원리금상환비율)]

토지개발 및 이용에 대한 각종 금융지원

실거래가 신고제

토지·행정상의 지원(지적, 등기제도와 토지정보제공, 부동산가격공시제도, GIS 구축 등)

토지이용 규제

개념 : 법적·행정적 조치에 의거하여 개인의 토지이용, 거래, 소유 규모 등을 구속하고 제한하는 방법들을 총칭

수단

지역·지구제

개발권양도제(TDR)

건축규제 등의 각종 규제

도시계획, 토지이용계획

정부의 각종 인·허가제

부동산 정책 중 폐지 또는 시행 되지 않고 있는 정책

택지소유상한제(1998년 폐지)

토지초과이득세(1998년 폐지)

종합토지세(2005년 폐지)

공한지세(1986년 폐지)

개발권양도제도(TDR)(미실시)

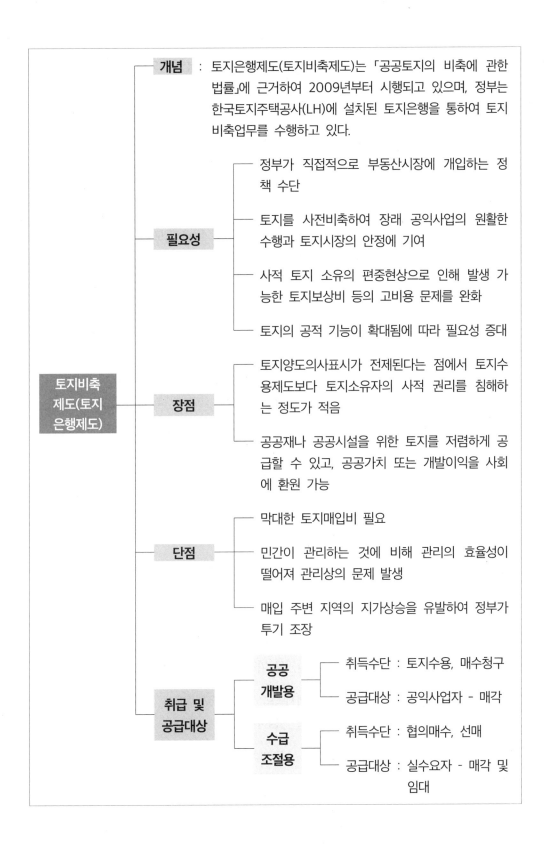

개념 : 토지은행제도(토지비축제도)는 「공공토지의 비축에 관한 법률」에 근거하여 2009년부터 시행되고 있으며, 정부는 한국토지주택공사(LH)에 설치된 토지은행을 통하여 토지 비축업무를 수행하고 있다.

토지비축제도(토지은행제도)

필요성
- 정부가 직접적으로 부동산시장에 개입하는 정책 수단
- 토지를 사전비축하여 장래 공익사업의 원활한 수행과 토지시장의 안정에 기여
- 사적 토지 소유의 편중현상으로 인해 발생 가능한 토지보상비 등의 고비용 문제를 완화
- 토지의 공적 기능이 확대됨에 따라 필요성 증대

장점
- 토지양도의사표시가 전제된다는 점에서 토지수용제도보다 토지소유자의 사적 권리를 침해하는 정도가 적음
- 공공재나 공공시설을 위한 토지를 저렴하게 공급할 수 있고, 공공가치 또는 개발이익을 사회에 환원 가능

단점
- 막대한 토지매입비 필요
- 민간이 관리하는 것에 비해 관리의 효율성이 떨어져 관리상의 문제 발생
- 매입 주변 지역의 지가상승을 유발하여 정부가 투기 조장

취급 및 공급대상
- **공공 개발용**
  - 취득수단 : 토지수용, 매수청구
  - 공급대상 : 공익사업자 - 매각
- **수급 조절용**
  - 취득수단 : 협의매수, 선매
  - 공급대상 : 실수요자 - 매각 및 임대

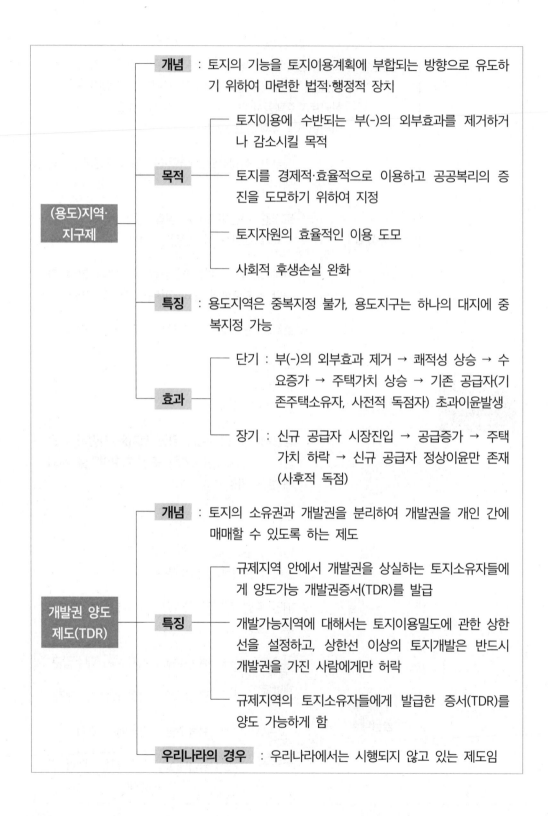

(용도)지역·지구제

- **개념** : 토지의 기능을 토지이용계획에 부합되는 방향으로 유도하기 위하여 마련한 법적·행정적 장치
- **목적**
  - 토지이용에 수반되는 부(-)의 외부효과를 제거하거나 감소시킬 목적
  - 토지를 경제적·효율적으로 이용하고 공공복리의 증진을 도모하기 위하여 지정
  - 토지자원의 효율적인 이용 도모
  - 사회적 후생손실 완화
- **특징** : 용도지역은 중복지정 불가, 용도지구는 하나의 대지에 중복지정 가능
- **효과**
  - 단기 : 부(-)의 외부효과 제거 → 쾌적성 상승 → 수요증가 → 주택가치 상승 → 기존 공급자(기존주택소유자, 사전적 독점자) 초과이윤발생
  - 장기 : 신규 공급자 시장진입 → 공급증가 → 주택가치 하락 → 신규 공급자 정상이윤만 존재 (사후적 독점)

개발권 양도 제도(TDR)

- **개념** : 토지의 소유권과 개발권을 분리하여 개발권을 개인 간에 매매할 수 있도록 하는 제도
- **특징**
  - 규제지역 안에서 개발권을 상실하는 토지소유자들에게 양도가능 개발권증서(TDR)를 발급
  - 개발가능지역에 대해서는 토지이용밀도에 관한 상한선을 설정하고, 상한선 이상의 토지개발은 반드시 개발권을 가진 사람에게만 허락
  - 규제지역의 토지소유자들에게 발급한 증서(TDR)를 양도 가능하게 함
- **우리나라의 경우** : 우리나라에서는 시행되지 않고 있는 제도임

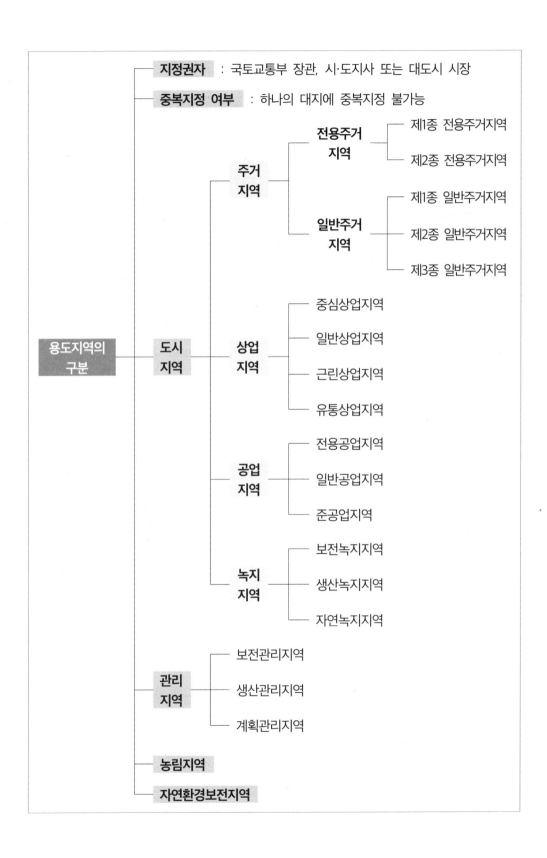

용도지역의 구분

- 지정권자 : 국토교통부 장관, 시·도지사 또는 대도시 시장
- 중복지정 여부 : 하나의 대지에 중복지정 불가능
- 도시지역
  - 주거지역
    - 전용주거지역
      - 제1종 전용주거지역
      - 제2종 전용주거지역
    - 일반주거지역
      - 제1종 일반주거지역
      - 제2종 일반주거지역
      - 제3종 일반주거지역
  - 상업지역
    - 중심상업지역
    - 일반상업지역
    - 근린상업지역
    - 유통상업지역
  - 공업지역
    - 전용공업지역
    - 일반공업지역
    - 준공업지역
  - 녹지지역
    - 보전녹지지역
    - 생산녹지지역
    - 자연녹지지역
- 관리지역
  - 보전관리지역
  - 생산관리지역
  - 계획관리지역
- 농림지역
- 자연환경보전지역

용도지구의 구분

지정권자 : 국토교통부 장관, 시·도지사 또는 대도시 시장

중복지정 여부 : 하나의 대지에 중복지정 가능

구분

경관지구
- 자연경관지구
- 시가지 경관지구
- 특화경관지구

고도지구

방화지구

방재지구
- 시가지 방재지구
- 자연방재지구

보호지구
- 역사문화환경보호지구
- 중요시설물보호지구
- 생태계보호지구

취락지구
- 자연취락지구
- 집단취락지구

개발진흥지구
- 주거개발진흥지구
- 산업·유통개발진흥지구
- 관광·휴양개발진흥지구
- 복합개발진흥지구
- 특정개발진흥지구

특정용도 제한지구

복합용도지구

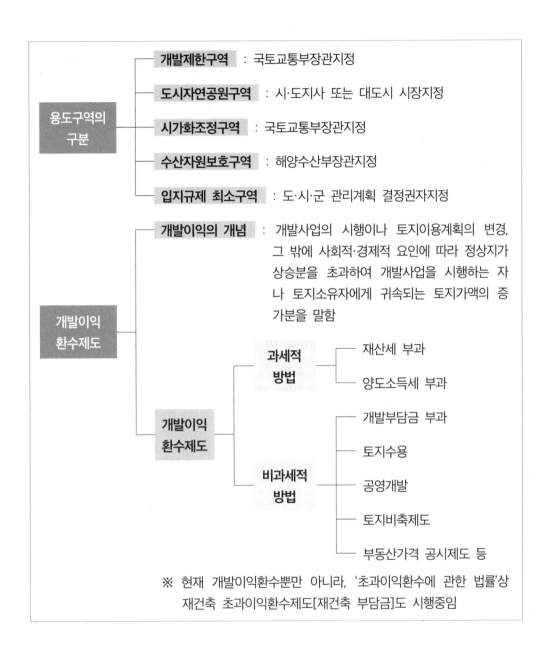

용도구역의 구분	개발제한구역	: 국토교통부장관지정
	도시자연공원구역	: 시·도지사 또는 대도시 시장지정
	시가화조정구역	: 국토교통부장관지정
	수산자원보호구역	: 해양수산부장관지정
	입지규제 최소구역	: 도·시·군 관리계획 결정권자지정

개발이익 환수제도

개발이익의 개념 : 개발사업의 시행이나 토지이용계획의 변경, 그 밖에 사회적·경제적 요인에 따라 정상지가 상승분을 초과하여 개발사업을 시행하는 자나 토지소유자에게 귀속되는 토지가액의 증가분을 말함

개발이익 환수제도

과세적 방법
— 재산세 부과
— 양도소득세 부과

비과세적 방법
— 개발부담금 부과
— 토지수용
— 공영개발
— 토지비축제도
— 부동산가격 공시제도 등

※ 현재 개발이익환수뿐만 아니라, '초과이익환수에 관한 법률'상 재건축 초과이익환수제도[재건축 부담금]도 시행중임

(22·23·24·26·27·28·29·30·31·32·33회)

Ⅰ 토지정책의 목표

1. 토지이용의 능률화 제고

2. 토지자원의 분배의 형평성 보장

3. 다른 정책과의 조화성 도모

4. 국토의 균형개발과 효율적인 토지정책의 계속성 확보

5. 택지의 수급불균형에 따른 투기억제 및 지가 안정

6. 개발이익 사유화 방지 및 개발이익의 사회적 환수

7. 토지자원의 보존과 지속가능한 개발

Ⅱ 토지정책의 방향

1. 토지소유 제도의 합리화	① 토지제도는 소유권 중심에서 이용권 중심으로 전환 ② 국·공유지는 처분중심에서 보전중심으로 전환 ③ 개발이익의 사회적 환수를 통한 토지소유의 불평등 완화
2. 토지이용 규제의 합리화	① 토지이용의 효율화와 토지생산성 제고를 위한 관리 및 운용 ② 토지이용규제제도의 일원화
3. 토지개발의 합리화	① 민간토지개발 주체를 육성·강화 ② 토지개발과 주택건설을 능률적으로 연계 ③ 토지재개발사업을 효율적으로 추진
4. 토지거래의 합리화	① 토지거래 전문인 육성을 통해 거래질서 확립 ② 토지평가제도의 합리화 ③ 부동산 권리분석사 제도와 부동산 컨설팅사 제도를 통해 거래사고 방지
5. 토지가격의 합리화	① 토지평가에 있어 객관적인 평가기준 확립

Ⅲ 토지정책의 수단(정부개입방법)

구 분	내 용	수 단
1. 직접개입	○ 정부나 공공기관이 토지시장에 직접 개입하여 토지에 대한 수요자 및 공급자의 역할을 적극적으로 수행하거나 아예 가격을 통제하는 방법을 말한다. ○ 정부의 직접적인 개입은 부동산 시장의 기능에 대한 불신에 근거한다.	① 도시개발사업, 도시재개발사업 ② 토지은행제(공공토지비축) ③ 토지구획정리(현, 도시개발법의 환지사업) ④ 공영개발, 토지수용, 선매 ⑤ 공공임대보유 ⑥ 공공투자사업 ⑦ 공공임대주택(보금자리주택의 건설·공급) ⑧ 최고가격제(분양가상한제, 임대료 규제)
2. 간접개입	기본적으로 시장기구의 기능을 통해서 간접적으로 소기의 효과를 노리거나 토지시장이 원활하게 작동하도록 여건을 조성하는 방법을 말한다.	① 조세제도(취득세, 재산세, 종합부동산세, 양도소득세 및 토지에 대한 조세감면정책 등) ② 보조금 지급(임대주택에 대한 임대료 보조) ③ 부담금제도(개발부담금, 개발이익환수제도) ④ 금융규제[LTV(대부비율), DTI(총부채 상환비율), DSR(총부채 원리금 상환비율)] ⑤ 토지개발 및 이용에 대한 각종 금융지원 ⑥ 실거래가 신고제 ⑦ 토지행정 상의 지원(지적, 등기제도와 토지정보제공, 부동산가격공시제도, GIS 구축 등)
3. 토지이용 규제	개별토지이용자의 토지이용행위를 사회적으로 바람직한 방향으로 유도하기 위하여 법적·행정적 조치에 의거하여 개인의 토지이용, 거래, 소유 규모를 구속하고 제한하는 방법들을 총칭한다.	① 지역·지구제 ② 개발권양도제(TDR) ③ 건축규제 등의 각종 규제 ④ 도시계획, 토지이용계획 ⑤ 정부의 각종 인·허가제

※ 정부의 시장개입의 문제점과 효과 등

① 정부의 시장개입은 사회적 후생손실을 발생시킬 수 있다. 예를 들어 정부가 주택가격안정을 목적으로 신규주택의 분양가를 규제할 경우, 신규주택 공급량이 감소하면서 주택가격상승에 따른 사회적 후생손실이 발생할 수 있다.

② <u>토지수용과 같은 시장개입수단에서는 토지매입과 보상과정에서 사업시행자와 피수용자 간에 갈등이 발생하기도 한다.</u>

③ 공공임대주택의 공급은 저소득층의 주택문제를 해결하기 위한 직접적 시장개입방법으로 소득재분배의 효과를 기대할 수 있다.

④ 개발제한구역은 도시의 무질서한 팽창을 억제하는 효과가 있다.

[참고] 법령을 기준으로 현재 우리나라에서 시행되고 있는 부동산정책과 폐지 또는 시행되지 않고 있는 정책

1. 시행되고 있는 정책

정 책	관련 법령
① 투기지역 지정	소득세법
② 투기과열지구 지정 ③ 조정대상지역 지정 ④ 분양가 상한제 ⑤ 선분양제도, 후분양제도 ⑥ 최저주거기준	주택법
⑦ 용도지구·지역·구역 지정 ⑧ 개발행위 허가제	국토의 계획 및 이용에 관한 법률
⑨ 토지은행제도	공공토지의 비축에 관한 법률
⑩ 토지거래 허가구역 지정 ⑪ 토지선매제도 ⑫ 부동산거래 신고제	부동산거래 신고 등에 관한 법률
⑬ 실거래가 신고제	공인중개사법
⑭ 개발부담금제(개발이익환수제)	개발이익 환수에 관한 법률
⑮ 부동산공시가격제도	부동산가격 공시에 관한 법률
⑯ 부동산실명제	부동산 실권리자 명의 등기에 관한 법률
⑰ 종합부동산세	종합부동산세법

정 책	관련 법령
⑱ 공공주택사업(공공주택지구 조성사업, 공공주택 건설사업, 공공주택 매입사업, 공공주택 관리사업, 공공임대주택사업)	공공주택특별법
⑲ 재건축부담금제(재건축초과이익환수제도)	재건축초과이익환수에 관한 법률
⑳ 주거급여제도	주거급여법, 국민기초생활보장법
㉑ 검인계약서제도	부동산등기특별조치법

2. 폐지 또는 시행되지 않고 있는 정책

① 택지소유 상한제(1998년 폐지) : 사유재산권 침해 이유
② 토지초과이득세(1998년 폐지) : 미실현이익에 대한 과세 논란
③ 종합토지세(지방세, 2005년 폐지)
  * 종합부동산세(국세)와 착오 없기 바람
④ 공한지세(1986년 폐지)
⑤ 개발권 양도제도(TDR, 미실시)
⑥ 재개발초과이익환수제도(미실시)

Ⅳ 토지비축제도(토지은행제도)

1. 의 의

1) 토지비축제도(토지은행제도)는 「공공토지의 비축에 관한 법률」에 근거하여 2009년부터 시행되고 있으며, 공익사업용지의 원활한 공급과 토지시장의 안정에 기여하는 것을 목적으로 한다.
2) 토지비축제도는 정부가 토지를 매입하여 보유하고 있다가 적절한 때에 이를 매각하거나 공공용도로 사용하는 제도이다.
3) 정부는 한국토지주택공사(LH)에 설치된 토지은행을 통하여 토지비축업무를 수행하고 있다.

2. 필요성

1) 토지비축제도는 정부가 직접적으로 부동산시장에 개입하는 정책수단이다.
2) 토지비축사업은 토지를 사전에 비축하여 장래 공익사업의 원활한 수행과 토지시장의 안정에 기여할 수 있다.
3) 토지비축제도는 사적 토지소유의 편중현상으로 인해 발생 가능한 토지보상비 등의 고비용 문제를 완화시킬 수 있다.
4) 토지비축제도의 필요성은 토지의 공적 기능이 확대됨에 따라 커질 수 있다.

3. 장 점

1) 토지은행제도(토지비축제도)는 토지양도의사표시가 전제된다는 점에서 토지 수용제도보다 토지소유자의 사적 권리를 침해하는 정도가 적다.

2) 개인들에 의한 무질서·무계획적인 토지개발을 막을 수 있고, 계획적인 개발이 가능하다.

3) 공공재나 공공시설을 위한 토지를 저렴하게 공급할 수 있고, 공공가치 또는 개발이익을 사회에 환원할 수 있다.

4. 단 점

1) 토지은행제도(토지비축제도)의 효과적인 운영을 위해서는 막대한 토지매입비가 필요하다.

2) 공공토지의 비축에 관한 법령상 비축토지는 한국주택토지공사가 토지은행 사업으로 취득하여 관리하는 공공토지로, 민간이 관리하는 것에 비해 관리의 효율성이 떨어져 관리상의 문제가 발생한다.

3) 적절한 투기방지책이 없이 토지를 매입하면 매입 주변지역의 지가상승을 유발하여 정부가 투기를 조장할 수도 있다.

5. 비축대상

구 분	공공개발용	수급조절용
1) 비축목적	공공개발사업의 원활한 수행	토지시장의 안정도모
2) 비축대상	사회간접자본시설(SOC)용지, 산업용지, 공공택지 등	일반토지, 개발가능지, 매립지 등
3) 취득수단	토지수용, 매수청구	협의매수, 선매
4) 공급대상	공익사업시행자 - 매각	실수요자 - 매각 및 임대

6. 법령상 취득 및 공급 관련

1) 취득 관련 내용

(1) 공공개발용 토지로서 보상계획공고 이전일 경우 토지소유자는 한국토지주택공사에 해당 토지의 매수를 청구할 수 있다.

(2) 한국토지주택공사는 토지은행사업을 위하여 필요한 경우 농지를 취득할 수 있다.

(3) 한국토지주택공사는 토지비축위원회에서 비축이 필요하다고 인정하는 매립지 등에 대하여는 국토교통부장관의 승인을 받아 해당 매립지 등을 우선적으로 매입할 수 있다.

2) 공급 관련 내용

(1) 토지은행사업으로써 토지를 공급받은 자는 상속 등을 제외하고 그 토지를 지정용도로 사용하지 아니하고 전매 및 전대할 수 없다.

(2) 토지은행사업으로써 토지를 공급받은 자는 공급받은 토지를 3년 이내에 지정용도대로 사용하지 아니한 경우 한국토지주택공사는 해당 토지를 환매할 수 있다.

Ⅴ (용도)지역·지구제 등

1. 의 의

1) (용도)지역·지구제는 토지의 기능을 토지이용계획에 부합되는 방향으로 유도하기 위하여 마련한 법적·행정적 장치로 사적 시장이 외부효과에 대한 효율적인 해결책을 제시하지 못할 때, 정부에 의해 채택되는 부동산정책의 한 수단이다.

2) (용도)지역·지구제는 토지이용계획의 내용을 구현하는 법적 수단으로서, 도시·군 관리계획의 내용을 구성한다.

㈜ 토지이용계획은 토지이용규제의 근간을 이루지만 법적 구속력을 가지고 있지는 않다.

2. 목 적

1) (용도)지역·지구제는 토지이용에 수반되는 부(-)의 외부효과를 제거하거나 감소시키는데 그 목적이 있다.

2) (용도)지역·지구는 토지를 경제적·효율적으로 이용하고 공공복리의 증진을 도모하기 위하여 지정된다.

3) (용도)지역·지구제는 특정 토지를 용도지역이나 용도지구로 지정한 후 해당 토지의 이용을 지정목적에 맞게 제한하는 제도로 (용도)지역·지구제에 따른 용도 지정 후 관련법에 의해 사인의 토지이용이 제한(건축물이나 그 밖의 시설의 용도·종류 및 규모 등)을 받는다.

4) (용도)지역·지구제는 토지자원의 효율적인 이용을 도모하여 현세대와 후세대 간의 토지자원의 이용과 관련된 형평성 있는 이용을 도모하기 위한 정책이다.

5) (용도)지역·지구는 사회적 후생손실을 완화하기 위해 지정된다.

6) 용도지역은 하나의 대지에 중복 지정될 수 없지만, 용도지구는 하나의 대지에 중복 지정될 수 있다.

3. 주택시장에 미치는 효과

1) 단기효과	부(-)의 외부효과 제거 → 쾌적성 상승 → 수요 증가 → 주택가치 상승 → 기존 공급자 초과이윤 발생(사전적 독점)
	① 지역·지구제를 실시하면 투자자 입장에서는 부(-)의 외부효과가 제거됨으로써 위험이 감소하게 되므로 기대수익을 증가시키게 된다. ② 따라서 해당 지역의 주택수요가 증가함에 따라 주택가치는 상승하게 되어 기존의 공급자(기존의 주택소유자, 사전적 독점자)는 초과이윤을 획득하게 된다. ⱽ사전적 독점 : 부동산 가치에 영향을 줄 수 있는 사건이 발생하기 전(지역·지구제 지정·변경 전)에 특정위치를 점하고 있음으로써 생기는 독점을 말한다.
2) 장기효과	신규 공급자 시장진입 → 공급 증가 → 주택가치 하락 → 신규 공급자 정상이윤만 존재(사후적 독점)
	① 기존부동산 소유자의 초과이윤의 획득은 신규주택 공급자가 시장에 진입하도록 유도하게 하여 주택공급량이 증가하게 된다. ② 주택산업이 생산요소가격이 일정한 산업(비용고정산업)이라면 원래의 주택가치수준에서 그 지역의 주택공급량은 증가한다. ③ 주택산업이 생산요소가격이 증가하는 산업(비용증가산업)이라면 원래의 주택가치보다 높은 수준에서 그 지역의 주택공급량은 증가한다.

4. 지역·지구제의 문제점

1) 토지이용을 제한하여 지역에 따라 지가의 상승 또는 하락을 야기할 수도 있다.

2) 토지이용에 대한 규제가 심한 지역과 독점적 위치를 부여한 지역 간의 지가상승에 큰 차이를 야기한다.

3) 규제가 심한 지역 내 토지의 불법개발 및 불법이용을 조장하게 된다.

4) 독점적 위치로 지정된 토지소유자들의 재산권을 과잉보호하는 결과를 낳는다.

VI 개발권양도제도(TDR) : 현재 우리나라에서는 시행되지 않고 있는 제도임

1. 의의

1) 개발권양도제도란 토지의 소유권과 개발권을 분리하여 개발권을 개인 간에 매매할 수 있도록 하는 제도를 말하며, 토지이용규제에 따른 형평성의 문제를 해결하기 위한 정책수단이다.

2) 개발권양도제도는 개발제한으로 인해 규제되는 보전지역에서 발생하는 토지소유자의 손실을 보전하기 위한 제도이다.

2. 내용

1) 규제지역 안에서 개발권을 상실하는 토지소유자들에게 양도가능 개발권증서(TDR)를 발급한다.

2) 개발가능 지역에 대해서는 토지이용밀도에 관한 상한선을 설정하고, 상한선 이상의 토지개발은 반드시 개발권을 가진 사람에게만 허락하도록 한다.

3) 규제지역의 토지소유자들에게 발급한 증서를 양도 가능하게 하고, 이 증서의 소지자가 개발지역에서의 토지개발을 원하는 사람에게 자유롭게 팔 수 있도록 여건을 조성한다.

4) 개발권양도제에서 개발권의 수요가 증대되려면 개발 가능지역의 지가상승과 개발권의 취득 없이는 토지개발자가 원하는 정도로 토지를 집약적으로 이용할 수 없도록 하는 개발행위를 효과적으로 규제해야 한다.

VII 「국토의 계획 및 이용에 관한 법령」상 주요 용어 정의

용 어	근 거	정 의
도시·군 기본계획	법 제2조 제3호	특별시·광역시·특별자치시·특별자치도·시 또는 군의 관할구역에 대하여 기본적인 공간구조와 장기발전방향을 제시하는 종합계획으로서 도시·군 관리계획수립의 지침이 되는 계획을 말한다.
도시·군 관리계획	법 제2조 제4호	특별시·광역시·특별자치시·특별자치도·시 또는 군의 개발·정비 및 보전을 위하여 수립하는 토지이용, 교통, 환경, 경관, 안전, 산업, 정보통신, 보건, 복지, 안보, 문화 등에 관한 계획을 말한다.

용 어	근 거	정 의
지구단위계획	법 제2조 제5호	도시·군 계획수립 대상지역의 일부에 대하여 <u>토지이용을 합리화하고 그 기능을 증진시키며 미관을 개선하고 양호한 환경을 확보하며, 그 지역을 체계적·계획적으로 관리하기 위하여 수립하는 도시·군 관리계획</u>을 말한다.
성장관리계획	법 제2조 제5의3호	성장관리계획 구역에서의 난개발을 방지하고 계획적인 개발을 유도하기 위하여 수립하는 계획을 말한다.
용도지역	법 제2조 제15호	국토교통부장관, 시·도지사 또는 대도시 시장이 <u>토지의 이용 및 건축물의 용도, 건폐율, 용적률, 높이 등을 제한함으로써 토지를 경제적·효율적으로 이용하고 공공복리의 증진을 도모하기 위하여 서로 중복되지 아니하게 도시·군 관리계획으로 결정하는 지역</u>을 말한다.(※ 하나의 대지에 중복지정 불가능)
용도지역의 구분	법 제6조	국토는 토지의 이용실태 및 특성, 장래의 토지이용 방향, 지역간 균형발전 등을 고려하여 다음과 같은 용도지역으로 구분한다. ① 도시지역 : 인구와 산업이 밀집되어 있거나 밀집이 예상되어 그 지역에 대하여 체계적인 개발·정비·관리·보전 등이 필요한 지역 ② 관리지역 : 도시지역의 인구와 산업을 수용하기 위하여 도시지역에 준하여 체계적으로 관리하거나 농림업의 진흥, 자연환경 또는 산림의 보전을 위하여 농림지역 또는 자연환경 보전지역에 준하여 관리할 필요가 있는 지역 ③ 농림지역 : 도시지역에 속하지 아니하는 「농지법」에 따른 농업진흥지역 또는 「산지관리법」에 따른 보전산지 등으로서 농림업을 진흥시키고 산림을 보전하기 위하여 필요한 지역 ④ 자연환경보전지역 : <u>자연환경·수자원·해안·생태계·상수원 및 문화재의 보전과 수산자원의 보호·육성 등을 위하여 필요한 지역</u>

용 어	근 거	정 의
용도지역 중 '도시지역'의 지정구분	법 제36조 제1항 제1호	① 주거지역 : 거주의 안녕과 건전한 생활환경의 보호를 위하여 필요한 지역 ② 상업지역 : 상업이나 그 밖의 업무의 편익을 증진하기 위하여 필요한 지역 ③ 공업지역 : 공업의 편익을 증진하기 위하여 필요한 지역 ④ 녹지지역 : 자연환경·농지 및 산림의 보호, 보건위생, 보안과 도시의 무질서한 확산을 방지하기 위하여 녹지의 보전이 필요한 지역
용도지역 중 '관리지역'의 지정구분	법 제36조 제1항 제2호	① 보전관리지역 : 자연환경보호, 산림보호, 수질오염방지, 녹지공간확보 및 생태계 보전 등을 위하여 보전이 필요하나, 주변 용도지역과의 관계 등을 고려할 때 자연환경 보전지역으로 지정하여 관리가 곤란한 지역 ② 생산관리지역 : 농업·임업·어업생산 등을 위하여 관리가 필요하나, 주변 용도지역과의 관계 등을 고려할 때 농림지역으로 지정하여 관리하기가 곤란한 지역 ③ 계획관리지역 : 도시지역으로의 편입이 예상되는 지역이나 자연환경을 고려하여 제한적인 이용·개발을 하려는 지역으로서 계획적·체계적인 관리가 필요한 지역
'도시지역'의 세분	영 제30조 제1항	1. 주거지역 　가. 전용주거지역 : 양호한 주거환경을 보호하기 위하여 필요한 지역 　　(1) 제1종 전용주거지역 : 단독주택 중심의 양호한 주거환경을 보호하기 위하여 필요한 지역 　　(2) 제2종 전용주거지역 : <u>공동주택 중심의 양호한 주거환경을 보호하기 위하여 필요한 지역</u>

용 어	근 거	정 의
		나. 일반주거지역 : 편리한 주거환경을 조성하기 위하여 필요한 지역 (1) 제1종 일반주거지역 : <u>저층주택을 중심으로 편리한 주거환경을 조성하기 위하여 필요한 지역</u> (2) 제2종 일반주거지역 : <u>중층주택을 중심으로 편리한 주거환경을 조성하기 위하여 필요한 지역</u> (3) 제3종 일반주거지역 : 중고층 주택을 중심으로 편리한 주거환경을 조성하기 위하여 필요한 지역 2. 상업지역 　가. 중심상업지역 　나. 일반상업지역 　다. 근린상업지역 　라. 유통상업지역 3. 공업지역 　가. 전용공업지역 　나. 일반공업지역 　다. 준공업지역 4. 녹지지역 　가. 보전녹지지역 　나. 생산녹지지역 　다. 자연녹지지역
용도지구	법 제2조 제16호	국토교통부장관, 시·도지사 또는 대도시 시장이 토지의 이용 및 건축물의 용도, 건폐율, 용적률, 높이 등에 대한 용도지역의 제한을 강화하거나 완화하여 적용함으로써 용도지역의 기능을 증진시키고 경관·안전 등을 도모하기 위하여 도시·군 관리계획으로 결정하는 지역을 말한다. (※ <u>하나의 대지에 중복지정 가능</u>)

용 어	근 거	정 의
용도지구의 종류 및 세분	법 제37조 제1항 법 제37조 제2항 영 제31조 제2항	1. 경관지구 — 자연경관지구 — 시가지경관지구 — 특화경관지구 2. 고도지구 3. 방화지구 4. 방재지구 — 시가지방재지구 — 자연방재지구 5. 보호지구 — 역사문화환경보호지구 — 중요시설물보호지구 — 생태계보호지구 6. 취락지구 — 자연취락지구 — 집단취락지구 7. 개발진흥지구 — 주거개발진흥지구 — 산업·유통개발진흥지구 — 관광·휴양개발진흥지구 — 복합개발진흥지구 — 특정개발진흥지구 8. 특정용도제한지구 9. 복합용도지구
용도구역	법 제2조 제17호	토지의 이용 및 건축물의 용도, 건폐율, 용적률, 높이 등에 대한 용도지역 및 용도지구의 제한을 강화하거나 완화하여 따로 정함으로써 <u>시가지의 무질서한 확산방지, 계획적이고 단계적인 토지이용의 도모, 토지이용의 종합적 조정·관리 등을 위하여</u> 도시·군 관리계획으로 결정하는 지역을 말한다.(※ <u>하나의 대지에 중복지정 가능</u>)

용 어	근 거	정 의
용도구역의 지정	법 제38조~ 제40조의2	① 개발제한구역(제38조) : <u>도시의 무질서한 확산을 방지하고 도시주변의 자연환경을 보전하여 도시민의 건전한 생활환경을 확보목적</u>(국토교통부장관 지정) ② 도시자연공원구역(제38조의2) : 도시의 자연환경 및 경관을 보호하고 도시민의 건전한 여가·휴식공간을 제공목적<u>(시·도지사 또는 대도시 시장 지정)</u> ③ 시가화조정구역(제39조) : 도시지역과 그 주변지역의 무질서한 시가화를 방지하고 계획적·단계적인 개발도모목적(5년 이상 20년 이내의 기간 동안 시가화 유보 필요시)<u>(국토교통부장관 지정)</u> ④ 수산자원보호구역(제40조) : 수산자원의 보호·육성을 위하여 필요한 경우<u>(해양수산부장관 지정)</u> ⑤ 입지규제최소구역(제40조의2) : 도시지역에서 복합적인 토지이용을 증진시켜 도시정비를 촉진하고 지역거점을 육성할 필요가 있다고 인정되는 경우<u>(도·시·군 관리계획 결정권자 지정)</u>

Ⅷ 개발이익 환수제도

1. 개발이익의 개념

개발이익이란 개발사업의 시행이나 토지이용계획의 변경, 그 밖에 사회적·경제적 요인에 따라 <u>정상지가 상승분을 초과하여</u> 개발사업을 시행하는 자나 토지소유자에게 귀속되는 <u>토지가액의 증가분</u>을 말한다.(개발이익 환수에 관한 법률 제2조 제1호)

2. 개발이익 환수제도

1) 과세적 방법
  (1) 재산세 부과
  (2) 양도소득세 부과
2) 비과세적 방법

(1) 개발부담금 부과 : 개발사업의 시행으로 이익을 얻은 사업시행자로부터 개발이익(불로소득의 증가분)의 일정액을 환수하는 제도(시장·군수·구청장이 징수)

(2) 토지수용

(3) 공영개발

(4) 토지비축제도

(5) 부동산가격공시제도 등

[참고] 개발손실보상제

「개발손실보상제」는 토지이용계획의 결정 등으로 종래의 용도규제가 강화됨으로 인해 발생한 손실을 보상하는 제도로 대표적인 것 중에 개발권양도제도(TDR, 우리나라는 현재 미실시)가 있다.

[참고] 개발부담금제와 재건축부담금제

1. 개발부담금제

○ 1990년 처음 시행

○ 토지초과이득세의 위헌판정으로 2004년부터 부과 중단

○ 2005년 11월 「개발이익환수에 관한 법률」 개정안의 국회승인으로 2006년부터 재시행

2. 재건축부담금제

2007년 9월 25일 「재건축초과이익환수에 관한 법률」을 만들어 도입한 제도

IX 기타 부동산정책의 다양한 수단 해설

부동산 정책수단	근거 법령	내 용
1. 토지선매제도	「부동산 거래 신고 등에 관한 법률」 제15조	시장·군수·구청장은 토지거래허가구역 내에서 토지계약에 관한 허가신청이 있는 경우 공익사업용 토지나 토지거래계약 허가를 받아 취득한 토지를 그 이용목적대로 이용하고 있지 아니한 토지에 대하여 국가, 지방자치단체, 한국토지주택공사, 그 밖에 대통령령으로 정하는 공공기관 또는 공공단체가 그 매수를 원하는 경우에는 사적 거래에 우선하여 이들 중에서 해당 토지를 매수할 자(선매자)를 지정하여 그 토지를 협의매수하게 할 수 있다.

부동산 정책수단	근거 법령	내 용
2. 토지거래허가 구역지정	「부동산 거래 신고 등에 관한 법률」 제10조, 제11조	○ 국토교통부장관 또는 시·도지사는 국토의 이용 및 관리에 관한 계획의 원활한 수립과 집행, 합리적인 토지이용 등을 위하여 <u>토지의 투기적인 거래가</u> 성행하거나 지가가 급격히 상승하는 지역과 그러한 우려가 있는 지역으로서 5년 이내의 기간을 정하여 토지거래계약에 관한 허가구역으로 지정할 수 있다. ○ 허가구역에 있는 토지에 대한 토지거래계약을 체결하려는 당사자는 공동으로 대통령령으로 정하는 바에 따라 <u>시장·군수 또는 구청장의 허가</u>를 받아야 한다.
3. 토지적성평가 제도	「국토의 계획 및 이용에 관한 법률」 제20조	○ <u>토지적성평가제도는 토지에 대한 개발과 보전의 문제가 발생했을 때 이를 합리적으로 조정하는 제도로 계획을 입안하는 단계에서 실시하는 기초조사이다.</u> ○ <u>토지적성평가에는 토지의 토양, 입지, 활용가능성 등 토지의 적성에 대한 내용이 포함되어야 한다.</u>
4. 도시개발사업 방식 중 '환지방식'	「도시개발법」 제3장 제3절	○ 도시개발사업에서 활용되는 방식(수용, 사용, 환지) 중 하나로 택지가 개발되기 전 토지의 위치·지목·면적·등급·이용도 및 기타사항을 고려하여 택지가 개발된 후 개발된 토지를 토지소유자에게 재분배하는 방식을 말한다. ○ 미개발토지를 토지이용계획에 따라 구획정리하고 기반시설을 갖춘 도시형 토지로 전환시키는 방식이다.
5. 부동산가격 공시제도	「부동산 가격 공시에 관한 법률」 제3조, 제10조, 제16조, 제17조, 제18조	① 표준지 공시지가 공시(제3조) : <u>국토교통부장관</u>은 토지이용상황이나 주변 환경, 그 밖에 자연적·사회적 조건이 일반적으로 유사하다고 인정되는 일단의 토지 중에서 선정한 표준지에 대하여 매년 공시기준일 현재의 단위면적당 적정가격(표준지 공시지가)을 조사·평가하고 중앙부동산가격공시위원회의 심의를 거쳐 이를 공시하여야 한다.

부동산 정책수단	근거 법령	내 용
		② 개별 공시지가 공시(제10조) : <u>시장·군수 또는 구청장</u>은 국세·지방세 등 각종 세금의 부과, 그 밖의 다른 법령에서 정하는 목적을 위한 지가산정에 사용되도록 하기 위하여 시·군·구 부동산가격공시위원회의 심의를 거쳐 매년 공시지가의 공시기준일 현재 관할구역 안의 개별 토지의 단위면적당 가격(개별 공시지가)을 결정·공시하고, 이를 관계 행정기관 등에 제공하여야 한다.
		③ 표준주택가격 공시(제16조) : <u>국토교통부장관</u>은 용도지역, 건물구조 등이 일반적으로 유사하다고 인정되는 일단의 단독주택 중에서 선정한 표준주택에 대하여 매년 공시기준일 현재의 적정가격(표준주택가격)을 조사·산정하고 중앙부동산가격공시위원회의 심의를 거쳐 이를 공시하여야 한다.
		④ 개별 주택가격 공시(제17조) : <u>시장·군수 또는 구청장</u>은 시·군·구 부동산가격공시위원회의 심의를 거쳐 매년 표준주택가격의 공시기준일 현재 관할구역 안의 개별 주택의 가격(개별 주택가격)을 결정·공시하고, 이를 관계 행정기관 등에 제공하여야 한다.
		⑤ 공동주택가격 공시(제18조) : <u>국토교통부장관</u>은 공동주택에 대하여 매년 공시기준일 현재의 적정가격(공동주택가격)을 조사·산정하여 중앙부동산가격공시위원회의 심의를 거쳐 공시하고, 이를 관계 행정기관 등에 제공하여야 한다. 이 때 국토교통부장관은 공동주택가격을 공시하기 위하여 그 가격을 산정할 때에는 대통령령으로 정하는 바에 따라 공동주택소유자와 그 밖의 이해관계인의 의견을 들어야 한다.

부동산 정책수단	근거 법령	내 용
6. 부동산거래 신고제 및 자금조달 계획서 제출의무	「부동산 거래 신고 등에 관한 법률」 제3조	① 거래당사자는 부동산의 매매계약을 체결한 경우 그 실제거래가격 등 대통령령으로 정하는 사항을 <u>거래계약의 체결일부터 30일 이내에 그 권리의 대상인 부동산 등의 소재지를 관할하는 시장·군수 또는 구청장에게 공동으로 신고하여야 한다.</u> 다만, 거래당사자 중 일방이 국가 등인 경우에는 국가 등이 신고하여야 한다. ② 거래당사자는 신고한 후 해당 거래계약이 해제, 무효 또는 취소된 경우 해제 등이 <u>확정된 날부터 30일 이내에</u> 해당 신고 관청에 공동으로 신고하여야 한다. 다만, 거래당사자 중 일방이 신고를 거부하는 경우에는 국토교통부령으로 정하는 바에 따라 단독으로 신고할 수 있다.
	「동법 시행령 및 시행규칙」	③ <u>규제지역(투기과열지구·조정대상지역) 내 모든 주택거래신고시 「주택자금 조달 및 입주계획서(자금조달계획서)」 제출의무.</u> 단, 비규제지역은 6억원 이상 주택거래시 자금조달계획서 제출
7. 투기과열지구	「주택법」 제63조	<u>국토교통부장관 또는 시도지사는</u> 주택가격의 안정을 위하여 필요한 경우에는 주거정책심의위원회의 심의를 거쳐 일정한 지역을 투기과열지구로 지정하거나 이를 해제할 수 있다.
8. 조정대상지역	「주택법」 제63조의2	<u>국토교통부장관은</u> 다음의 어느 하나에 해당하는 지역으로서 국토교통부령으로 정하는 기준을 충족하는 지역을 주거정책심의위원회의 심의를 거쳐 조정대상지역으로 지정할 수 있다. ① 주택가격, 청약경쟁률, 분양권 전매량 및 주택보급률 등을 고려하였을 때 주택분양 등이 과열되어 있거나 과열될 우려가 있는 지역 ② 주택가격, 주택거래량, 미분양 주택의 수 및 주택보급률 등을 고려하여 주택의 분양·매매 등 거래가 위축되어 있거나 위축될 우려가 있는 지역

부동산 정책수단	근거 법령	내 용
9. 지정지역 (투기지역)	「소득세법」 제104조의2	<u>기획재정부장관</u>은 해당지역의 부동산가격 상승률이 전국 소비자물가 상승률보다 높은 지역으로서 전국 부동산가격 상승률 등을 고려할 때 그 지역의 부동산가격이 급등하였거나 급등할 우려가 있는 경우에는 대통령령으로 정하는 기준 및 방법에 따라 그 지역을 지정지역으로 지정할 수 있다.
10. 농지취득 자격증명제	「농지법」 제8조	<u>농지를 취득하려는 자는 농지소재지를 관할하는 시·구·읍·면의 장에게서 농지취득자격증명을 발급받아야 한다.</u>(단, 동조 단서에서 규정하고 있는 발급면제 대상은 제외)

01 **토지정책에 관한 설명으로 틀린 것은?** (29회)

① 개발부담금제는 개발사업의 시행으로 이익을 얻은 사업시행자로부터 개발이익의 일정액을 환수하는 제도이다.

② 용도지역·지구제는 토지이용계획의 내용을 구현하는 법적 수단이다.

③ 개발권양도제(TDR)는 개발이 제한되는 지역의 토지소유권에서 개발권을 분리하여 개발이 필요한 다른 지역에 개발권을 양도할 수 있도록 하는 제도이다.

④ 부동산가격공시제도에 있어 개별공시지가는 국토교통부장관이 공시한다.

⑤ 토지비축제도는 정부가 직접적으로 부동산시장에 개입하는 정책수단이다.

해 설   개별공시지가는 시장·군수 또는 구청장이 결정·공시한다.

정 답   ④   ▶ 기본서 연결 : 논점정리 03-VI, VII

02 **정부가 시행중인 부동산정책에 관한 설명으로 틀린 것은?** (30회)

① 국토교통부장관은 도시의 무질서한 확산을 방지하고 도시주변의 자연환경을 보전하여 도시민의 건전한 생활환경을 확보하기 위하여 개발제한구역을 지정할 수 있다.

② 도시계획구역 안의 택지에 한하여 가구별 소유상환을 초과하는 해당 택지에 대하여는 초과소유부담금을 부과한다.

③ 정부는 한국토지주택공사를 통하여 토지비축업무를 수행할 수 있다.

④ 토지를 경제적·효율적으로 이용하고 공공복리의 증진을 도모하기 위하여 용도지역제를 실시하고 있다.

⑤ 국토교통부장관은 주택가격의 안정을 위하여 필요한 경우 일정한 지역을 투기과열지구로 지정할 수 있다.

해 설   ②는 「택지소유상환에 관한 법률」에 관한 내용으로 이는 폐지된 법률에 해당한다.

정 답   ②   ▶ 기본서 연결 : 논점정리 03-VI, VII

【주택정책 요약 체계도】

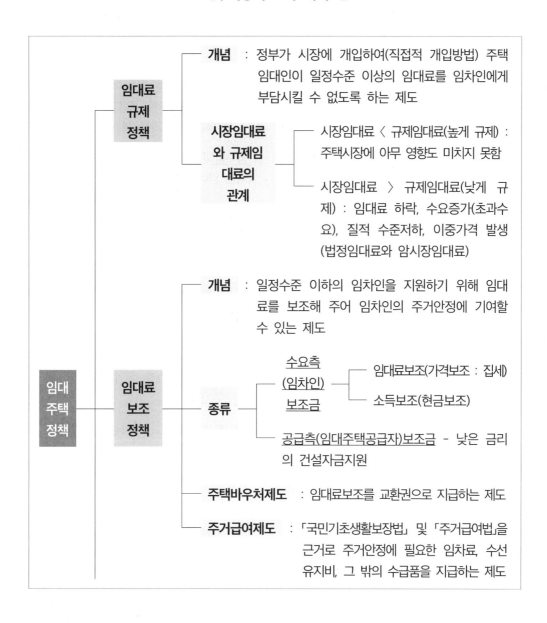

		공공주택의 개념	: 공공주택 사업자가 국가 또는 지방자치단체의 재정이나 주택도시기금을 지원받아 「공공주택특별법」 또는 다른 법률에 따라 건설, 매입 또는 임차하여 공급하는 '공공임대주택'과 '공공분양주택'을 말함
		공공임대주택 공급정책의 개념	: 정부 등이 시장임대료보다 낮은 임대료 수준을 갖춘 임대주택을 직접 공급하는 정책으로, 임대료 차액만큼 주거비 보조효과를 볼 수 있음
공공 (임대) 주택 공급 정책		**공공임대 주택의 종류**	영구임대주택 : 50년 이상 또는 영구적인 임대 목적으로 공급
			국민임대주택 : 30년 이상 장기간 임대 목적으로 공급
			행복주택 : 대학생, 사회초년생, 신혼부부 등 젊은층의 주거안정 목적으로 공급
			통합공공임대주택 : 최저소득계층, 저소득서민, 젊은층 및 장애인·국가유공자 등 사회취약계층 등의 주거안정 목적으로 공급
			장기전세주택 : 전세계약의 방법으로 공급
			분양전환공공임대주택 : 일정기간 임대 후 분양전환 목적으로 공급
			기존주택매입임대주택 : 기존주택을 매입하여 수급자 등 저소득층과 청년 및 신혼부부 등에게 공급
			기존주택전세임대주택 : 기존주택을 임차하여 수급자 등 저소득층과 청년 및 신혼부부 등에게 전대 목적으로 공급

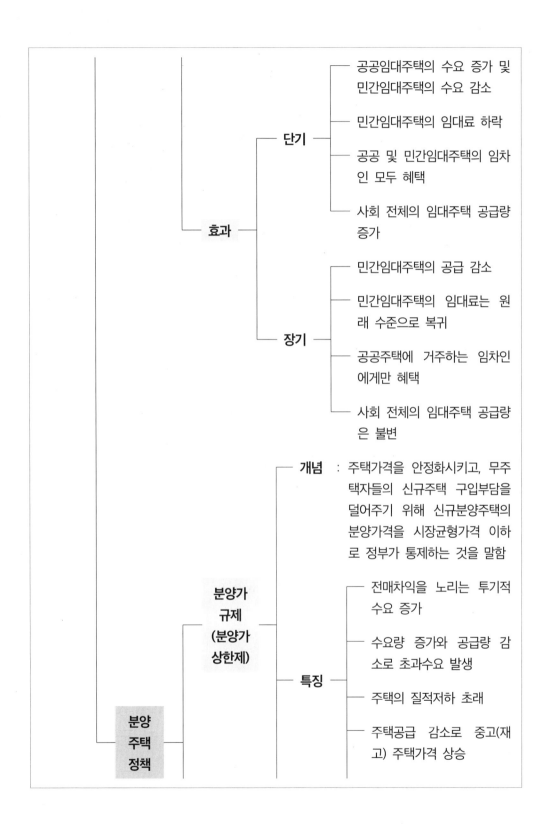

공공임대주택의 수요 증가 및 민간임대주택의 수요 감소

민간임대주택의 임대료 하락

공공 및 민간임대주택의 임차인 모두 혜택

사회 전체의 임대주택 공급량 증가

단기

민간임대주택의 공급 감소

민간임대주택의 임대료는 원래 수준으로 복귀

공공주택에 거주하는 임차인에게만 혜택

사회 전체의 임대주택 공급량은 불변

장기

효과

개념 : 주택가격을 안정화시키고, 무주택자들의 신규주택 구입부담을 덜어주기 위해 신규분양주택의 분양가격을 시장균형가격 이하로 정부가 통제하는 것을 말함

전매차익을 노리는 투기적 수요 증가

수요량 증가와 공급량 감소로 초과수요 발생

주택의 질적저하 초래

주택공급 감소로 중고(재고) 주택가격 상승

특징

분양가 규제 (분양가 상한제)

분양 주택 정책

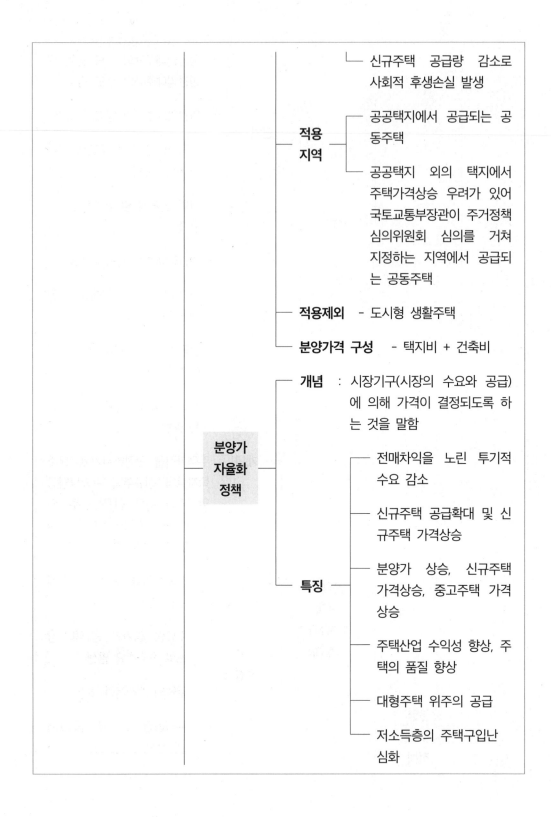

신규주택 공급량 감소로 사회적 후생손실 발생

적용지역
- 공공택지에서 공급되는 공동주택
- 공공택지 외의 택지에서 주택가격상승 우려가 있어 국토교통부장관이 주거정책 심의위원회 심의를 거쳐 지정하는 지역에서 공급되는 공동주택

적용제외 - 도시형 생활주택

분양가 구성 - 택지비 + 건축비

분양가 자율화 정책

개념 : 시장기구(시장의 수요와 공급)에 의해 가격이 결정되도록 하는 것을 말함

특징
- 전매차익을 노린 투기적 수요 감소
- 신규주택 공급확대 및 신규주택 가격상승
- 분양가 상승, 신규주택 가격상승, 중고주택 가격상승
- 주택산업 수익성 향상, 주택의 품질 향상
- 대형주택 위주의 공급
- 저소득층의 주택구입난 심화

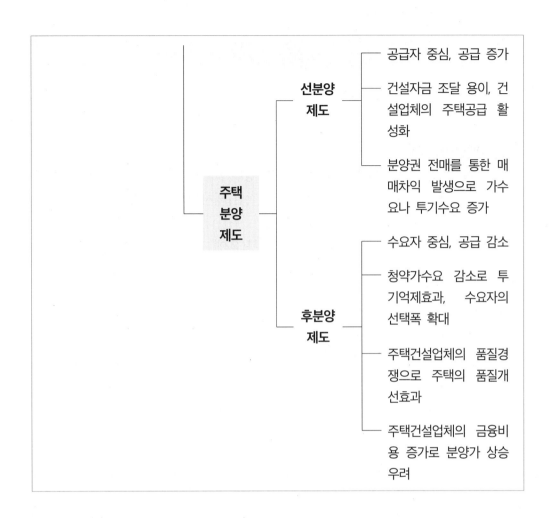

주택
분양
제도

**선분양
제도**
- 공급자 중심, 공급 증가
- 건설자금 조달 용이, 건설업체의 주택공급 활성화
- 분양권 전매를 통한 매매차익 발생으로 가수요나 투기수요 증가

**후분양
제도**
- 수요자 중심, 공급 감소
- 청약가수요 감소로 투기억제효과, 수요자의 선택폭 확대
- 주택건설업체의 품질경쟁으로 주택의 품질개선효과
- 주택건설업체의 금융비용 증가로 분양가 상승 우려

(22·23·24·25·26·27·28·29·30·31·32·33회)

I 주택정책의 의의와 목표

1. 주택정책의 의의

주택정책은 주택문제를 해결하기 위해 정부가 여러 가지 정책수단을 통해 주택시장에 공적으로 개입하는 정부의 공적인 의사결정으로, 주거안정을 보장해준다는 측면에서 복지기능도 수행한다.

현재 주택정책의 관련 부처는 국토교통부 외에 기획재정부, 행정안전부 등 다양하다.

2. 주택정책의 목표

1) 주택부족문제의 해결
   - 주택시장에서 단기적으로 수요에 비해 공급이 부족하여 시장실패가 발생할 경우, 이는 정부의 주택시장에 대한 개입의 근거가 된다.
2) 불량주택의 개선으로 질적으로 양호한 주택 확보
3) 쾌적한 주거환경 확보

   [참고] 최저주거기준

   「주택법」 제5조의2 및 동법 시행령 제7조의 규정에 의하여 국민이 쾌적하고 살기 좋은 생활을 위하여 필요한 최저주거기준(가구 구성별 최소 주거면적 및 용도별 방의 개수, 필수적인 설비의 기준, 구조·성능 및 환경기준)을 국토교통부령으로 정하고 있다.

II 주택정책의 내용

1. 공급확대정책

1) 신규 주택건설 촉진(flow정책)
   (1) 싼 택지의 공급 : 가장 관건이 되는 요건
   (2) 주택생산성 증대 : 건설노동비, 자재, 기술 등
   (3) 건설주체의 역할 : 정부주도냐 민간주도냐에 따라 정부의 역할이 증대 또는 감소
      ※ 주택보급률이 100%를 초과하더라도 주거수준의 개선과 삶의 질을 높이기 위해 지속적으로 신규주택공급이 이루어져야 하기 때문에 정부가 주택시장에 개입하는 정책은 계속될 수 있다.

2) 재고주택의 보전과 개량(stock정책)

    (1) 재고주택의 증·개축

    (2) 재고주택의 내용연수 연장

2. 구매력 강화정책

1) 일반소득분포의 개선 : 소득분포의 개선을 통하여 저소득층의 주택구입능력 조장

2) 주택규모분포 개선 : 대규모 주택건설을 가급적 지양하고, 중소규모의 주택을 대량 공급

3) 서민을 위한 주택저당금융제 증대 : 주택공급을 위해 가장 바람직한 제도

4) 임대주택제도의 활성화

5) 주택비 지원 및 보조(주거급여제도)

6) 세제상의 혜택 : 주택 관련 세제의 경감·면제 등

7) 주택청약종합저축제도

3. 주택가격 안정화 대책

1) 주택구입자금의 대출금리 상향조정

2) 주택담보대출의 융자비율(LTV) 하향조정

3) 총부채상환비율(DTI) 하향조정

4) 총부채원리금상환비율(DSR) 적용대상 확대

5) 주택보유 및 양도 관련 과세 강화

6) 종합부동산세 도입

7) 분양권전매의 금지

8) 주택청약자격의 강화

9) 재건축 개발이익의 환수(재건축 초과이익 환수제도)

10) 부동산실거래가 신고제 도입

4. 주택정책의 주요 수단

1) 임대주택정책

    (1) 임대료 규제정책

    (2) 임대료 보조정책

    (3) 공공(임대)주택정책

2) 분양주택정책

   (1) 분양가 상한제 정책

   (2) 분양가 자율화 정책

   (3) 주택분양제도

     ① 선분양제도

     ② 후분양제도

Ⅲ 임대주택정책

1. 임대료 규제정책 : 직접적 개입방법

1) 의의

  (1) <u>임대료 규제란 정부가 시장에 개입하여 주택임대인이 일정수준 이상의 임대료를 임차인에게 부담시킬 수 없도록 하는 제도이다.</u>

  (2) 임대료 규제는 임차인을 보호하고 소득재분배를 목적으로 하는 정책이다.

  (3) 정부의 규제 임대료가 균형임대료(시장임대료)보다 낮아야 저소득층의 주거비 부담 완화효과를 기대할 수 있다.

2) 시장임대료와 규제임대료의 관계

  (1) <u>시장임대료 < 규제임대료(높게 규제) : 주택시장에 아무영향도 미치지 못한다.(초과수요나 초과공급이 존재하지 않음)</u>

  (2) <u>시장임대료 > 규제임대료(낮게 규제) : 임대료가 하락하고 수요증가(초과수요)가 발생한다.</u>

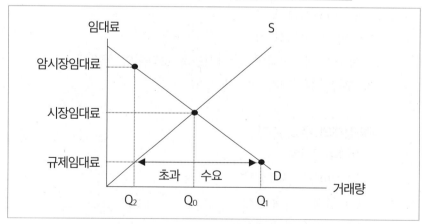

3) 임대료 규제정책의 효과
  (1) 단기적 효과
    ① 임대료가 시장가격보다 낮으므로 수요가 증가한다.(초과수요)
    ② 단기에는 임대주택의 공급량이 감소하는 문제가 발생하지 않는다. (임대료 하락에 대해 공급량을 줄일 수 없기 때문임, 공급의 가격 탄력성이 비탄력적)
    ③ 따라서 임대료 규제를 통해 임차인의 부담을 경감시켜 주고자 하는 목적은 단기에는 부분적으로 달성되며, 소득재분배 효과가 있다.
    ④ 그러나 임대주택 공급자는 투자를 기피하고, 관리소홀 등으로 임대주택의 질이 저하되는 문제점도 나타난다.
  (2) 장기적 효과
    ① 정부가 임대료 상승을 균형가격 이하로 규제하면 장기적으로 기존 임대주택이 다른 용도로 전환되면서 임대주택의 공급량이 감소하게 된다.
    ② 초과수요량은 단기보다 장기에 더 많아진다.
    ③ 임대주택 공급 감소는 기존 중고주택 가격을 상승시킬 수 있다.
    ④ 이중가격의 발생(법정임대료와 암시장임대료)으로 음성적 거래가 발생할 수 있다.
    ⑤ 주택임대차계약 갱신시 임대료 상승률에 대한 규제는 기존 임차인들의 이동을 저하시킨다.(다른 곳으로 이사를 하게 될 경우 집을 구하기도 힘들고, 현재보다 높은 임대료를 지불해야 되기 때문임)
    ⑥ 정부가 임대료 상승을 균형가격 이하로 규제하면 단기적으로 임대주택의 공급량이 늘어나지는 않지만 임대료가 하락하기 때문에 단기적으로는 임대료 규제의 효과가 나타나지만, 장기적으로는 민간 임대주택의 공급량이 줄어들기 때문에 임대료 규제의 효과가 충분히 발휘되지 못한다. 즉, 시장실패가 초래될 수 있다.

[사례연습1]

어느 도시의 임대주택 단기공급함수는 Q = 100, 장기공급함수는 Q = 2P - 100이다. 임대주택에 대한 수요함수는 Q = 200 - P이다. 수요함수는 장단기 동일하다. 만일 정부가 임대주택의 호당 임대료를 월 90만원으로 통제할 경우, 임대주택의 부족량은 단기와 장기에 각각 얼마인가?[Q는 임대주택수(단위 : 호), P는 임대주택 호당 월임대료(단위 : 만원), 모든 임대주택은 동일한 양과 질의 주거서비스를 제공한다고 가정]

[해설]

* 규제임대료 90만원을 P에 대입하여 수요량과 공급량을 각각 계산한다.
① 단기 : 공급량 Q = 100, 수요량 Q = 200 - P(90) = 110
    ∴ 초과수요 10
② 장기 : 공급량 Q = 2 × 90 - 100 = 80, 수요량 Q = 200 - P(90) = 110
    ∴ 초과수요 30

<정답> 단기 부족량 10호, 장기 부족량 30호

[사례연습2]

임대아파트의 수요함수는 Q_d = 1,400 - 2P, 공급함수는 Q_s = 200 + 4P 이다. 이때 정부가 아파트 임대료를 150만원으로 규제했을 경우와 300만원으로 규제했을 경우 시장에서의 그 수량 변화는 얼마가 되겠는가?(단, 수량의 단위는 m²임)

[해설]

① 균형가격 : 1,400 - 2P = 200 + 4P → 6P = 1,200, P(균형가격) = 200만원
② 150만원으로 규제한 경우 : 수요함수와 공급함수 P에 150을 대입하면
    - 수요량(Q_d) = 1,400 - (2 × 150) = 1,100m²
    - 공급량(Q_s) = 200 + (4 × 150) = 800m²
    따라서 초과수요가 300m² 발생
③ 300만원으로 규제한 경우 : 시장균형가격(200만원)보다 높은 가격으로 규제하였으므로 시장에서는 아무런 변화가 없다.

2. 임대료 보조정책 : 간접적 개입방법

1) 의의

 (1) 저소득층의 주택문제를 해결하기 위한 간접적 시장개입정책으로, 임대료 규제보다 장기적으로 임차인의 주거안정에 기여할 수 있는 제도이다.

 (2) 일정수준 이하의 임차인을 지원하기 위해 임대료를 보조하는 것으로, <u>수요측(임차인) 보조금</u>과 <u>공급측(임대주택 공급자) 보조금</u>이 있다.

  - <u>임차인에게 보조금을 지급하는 방식이 임대주택 공급자에게 보조금을 지급하는 방식보다 임차인의 주거지 선택의 자유를 보장하는 장점이 있다.</u>

2) 임대료 보조정책의 효과

 (1) 단기적 효과

 (2) 장기적 효과

3) 수요측(임차인) 보조금

 (1) <u>정부가 저소득층에게 임차료를 보조해주면 저소득층 주거의 질적 수준이 높아질 수 있다.</u>

 (2) 수요측(임차인) 보조금은 주택임차가구의 임대료 부담능력을 높이기 위해 제공되는 것으로 <u>임대료보조(가격보조)</u>와 <u>소득보조(현금보조)</u>의 두 가지 유형이 있다.

구 분	임대료보조(가격보조 : 집세)	소득보조(현금보조)
개 념	○ 주택을 임차할 경우에만 보조금을 지급하는 방식	○ 임대료보조 대신 동일한 금액을 현금으로 지급하는 방식
특 징	○ 보조금 전액이 주택의 소비량으로 전환됨 ○ 임대주택의 상대가격을 낮추어 줌으로써 임차인의 주택소비를 증대시킴	○ 보조금 전액이 주택의 소비량으로 전환되는 것은 아님 ○ 임차인의 실질소득을 높여주고 적정한 주택소비 수준을 임차인 스스로 결정하게 하여 주거수준의 향상을 유도

구 분	임대료보조(가격보조 : 집세)	소득보조(현금보조)
	○ 임대료 보조금을 주택 재화의 구입에만 사용하도록 하면, 일반적으로 저소득층의 다른 재화의 소비량은 임대료 보조금 지급 전보다 늘어남	
효 과	○ 정책목표달성 측면에서 우월 ○ 주택소비증가 면에서 우월 ○ 단기 : 임대주택의 공급량이 늘어나지 않기 때문에 초과수요는 시장임대료를 상승시킬 수 있음 ○ 장기 : 임대주택의 공급량을 증대시키게 되고, 시장임대료를 낮추게 됨	○ 소비자 효용 측면에서 우월

4) 공급측(임대주택 공급업자) 보조금

   (1) 주택공급자에게 낮은 금리로 건설자금을 지원하는 방법으로 생산비를 낮추는 효과가 있으므로 민간부문의 주택공급을 증대시킬 수 있다.

   (2) 공급자 보조금은 단기적으로는 공급곡선이 수직에 가까우므로 아무 효과가 없으나, 장기적으로는 주택의 생산비를 절감시켜 주택공급이 증가하고 시장임대료가 하락하여 주택소비가 증가한다.

5) 주택바우처(housing voucher)제도

   (1) 의의

     주택바우처제도는 임대료 보조를 교환권으로 지급하는 제도를 말하며, 우리나라에서는 일부 지방자치단체(예 : 서울형 주택바우처)에서 저소득 가구에 주택임대료를 일부 지원해 주는 방식으로 운영되고 있다.

   (2) 특징

     ① 주택바우처제도는 교환권으로 임대료를 보조해 줌으로써 임차인이 민간임대주택에 낮은 임대료로 거주할 수 있게 하는 임대료 보조정책의 하나이다.

     ② 주택바우처제도는 임차인들이 정부의 보조를 받으면서도 살고 싶은 곳을 직접 결정할 수 있다는 점에서 소득보조방식의 장점을 가지고 있다.

③ 주택바우처제도는 보조금이 쿠폰 형태로 제공되고 법적으로 타용도로 사용할 수 없으므로 다른 곳으로 유용될 가능성이 적어 <u>임대료보조방식</u>의 장점도 가지고 있다.

6) 주거급여제도

(1) 의의

① <u>주거급여는 생활이 어려운 사람에게 주거안정에 필요한 임차료 등을 지급하는 것을 말한다.</u>

② 기초생활보장제도 내 주거급여를 개편, 소득·주거형태·주거비 부담 수준 등을 종합적으로 고려하여 저소득층의 주거비를 지원하는 제도로서 <u>주거복지정책상 소비자보조방식의 일종</u>이다.

(2) 시행근거

① 주거급여제도는 「국민기초생활보장법」 및 「주거급여법」을 근거로 시행되고 있다.

② 「주거급여법」 제2조에 따르면 주거급여란 주거안정에 필요한 임차료, 수선유지비, 그 밖의 수급품을 지급하는 것을 말한다.

[참고] PIR과 RIR(주택시장에서 가구의 지불능력을 측정하는 지표)

① **PIR(Price to Income Ratio, <u>가구소득 대비 주택가격 비율</u>)**
- 연평균 소득을 반영한 특정지역 또는 국가 평균수준의 주택을 구입하는데 걸리는 시간을 의미한다.
- 가구소득수준을 반영해 주택가격의 적정성을 나타낼 때 사용하는 지수이다.
- PIR 10이라는 것은 10년 동안의 소득을 한 푼도 쓰지 않고 모두 모아야 집 한 채를 살 수 있다는 의미다.

② **RIR(Rent Index Ratio, <u>가구소득 대비 주택임대료 비율</u>)**
- 무주택자가 주거를 위해 부담하는 주택임대료를 월소득 대비 비율로 나타낸 수치이다.
- 이 지표의 수치가 높을수록 무주택 가구의 주거비 부담이 크다는 것을 의미한다.
- 국토교통부에서 실시하는 주거실태조사에서 산출되며, 2006년부터 2년 단위로 발표한다.

3. 공공(임대)주택 공급정책

1) 공공주택 사업의 정의(「공공주택 특별법」 제2조 제3호)

<u>공공주택 사업이란 공공주택지구 조성사업, 공공주택 건설사업, 공공주택 매입사업, 공공주택 관리사업 중 어느 하나에 해당하는 사업을 말한다.</u>

2) 공공주택의 정의(「공공주택 특별법」 제2조 제1호)

　　공공주택이란 공공주택 사업자(국가 또는 지방자치단체, 한국토지주택공사, 지방공사, 부동산투자회사 등)가 국가 또는 지방자치단체의 재정이나 주택도시기금을 지원받아 「공공주택 특별법」 또는 다른 법률에 따라 건설, 매입 또는 는 임차하여 공급하는 '공공임대주택'과 '공공분양주택'을 말한다.

　　(1) 공공임대주택 : 임대 또는 임대한 후 분양전환을 할 목적으로 공급하는 「주택법」에 따른 주택으로 '공공건설임대주택'과 '공공매입임대주택'으로 나뉜다.

　　(2) 공공분양주택 : 분양을 목적으로 공급하는 주택으로서 국민주택규모 이하의 주택을 말한다.

3) 공공임대주택

　　(1) 종류 및 정의(「공공주택 특별법 시행령」 제2조)

종　류	정　의
① 영구임대주택	국가나 지방자치단체의 재정을 지원받아 최저소득계층의 주거안정을 위하여 50년 이상 또는 영구적인 임대를 목적으로 공급하는 공공임대주택
② 국민임대주택	국가나 지방자치단체의 재정이나 주택도시기금의 자금을 지원받아 저소득 서민의 주거안정을 위하여 30년 이상 장기간 임대를 목적으로 공급하는 공공임대주택
③ 행복주택	국가나 지방자치단체의 재정이나 주택도시기금의 자금을 지원받아 대학생, 사회초년생, 신혼부부 등 젊은 층의 주거안정을 목적으로 공급하는 공공임대주택
④ 통합공공임대주택	국가나 지방자치단체의 재정이나 주택도시기금의 자금을 지원받아 최저소득계층, 저소득 서민, 젊은 층 및 장애인·국가유공자 등 사회취약계층 등의 주거안정을 목적으로 공급하는 공공임대주택
⑤ 장기전세주택	국가나 지방자치단체의 재정이나 주택도시기금의 자금을 지원받아 전세계약의 방식으로 공급하는 공공임대주택
⑥ 분양전환공공임대주택	일정기간 임대 후 분양 전환할 목적으로 공급하는 공공임대주택
⑦ 기존주택매입임대주택	국가나 지방자치단체의 재정이나 주택도시기금의 자금을 지원받아 기존주택을 매입하여 수급자 등 저소득층과 청년 및 신혼부부 등에게 공급하는 공공임대주택

종 류	정 의
⑧ 기존주택전세 임대주택	국가나 지방자치단체의 재정이나 주택도시기금의 자금을 지원받아 기존주택을 임차하여 수급자 등 저소득층과 청년 및 신혼부부 등에게 전대하는 공공임대주택

(2) 공공임대주택 공급정책의 의의

① 공공임대주택 공급정책은 정부 등이 시장임대료보다 낮은 임대료 수준을 갖춘 임대주택을 직접 공급하는 정책으로, 임대료 차액만큼 주거비 보조효과를 볼 수 있다.

② 공공임대주택의 공급은 민간임대주택의 수요의 가격탄력성을 더 크게 한다.

- 임차수요의 임대료 탄력성이 크면(즉, 탄력적이면), 민간임대주택의 수요감소에 따른 임대료 하락으로 사적 임대료와 공적 임대료의 차이가 작아져 임대료 하락효과가 작아질 수 있다.
- 임차수요의 임대료 탄력성이 작으면(즉, 비탄력적이면), 민간임대주택의 수요불변에 따른 임대료 하락폭도 작아 사적 임대료와 공적 임대료의 차이가 커져 임대료 하락효과가 커질 수 있다.

③ 공공임대주택의 공급은 소득재분배 효과를 기대할 수 있으며, 민간임대주택시장의 수요의 가격탄력성이 비탄력적인 시장상황일수록 공공임대주택의 공급으로 인한 소득재분배 효과는 더 커진다.

④ 정부의 공공임대주택 공급은 임대료에 대한 이중가격을 형성하므로, 공공임대주택에 거주하는 임차인들은 단기적으로 민간임대주택과의 임대료 차액만큼을 정부로부터 주거비 보조를 받는 것과 같은 효과를 얻는다.

⑤ 공공임대주택 공급정책은 공공임대주택이 공급되는 지역으로 입주자의 주거지 선택이 제한될 수 있다.

(3) 효과

단기적 효과	① 공공임대주택의 수요증가 및 민간임대주택의 수요감소 ② 민간임대주택의 임대료 하락 ③ 공공 및 민간임대주택의 임차인 모두 혜택 ④ 사회 전체의 임대주택 공급량 증가
장기적 효과	① 민간임대주택의 공급감소(감소된 양은 공공임대주택의 양과 동일) ② 민간임대주택의 임대료는 원래 수준으로 복귀

	③ 공공주택에 거주하는 임차인에게만 혜택
	④ 사회 전체의 임대주택 공급량은 불변

[참고] 「민간임대주택에 관한 특별법」상 임대주택 등의 용어의 정의(제2조)

1. 민간임대주택이란 임대목적으로 제공하는 주택(토지를 임차하여 건설된 주택 및 오피스텔 등 대통령령으로 정하는 준주택 및 대통령령으로 정하는 일부만을 임대하는 주택을 포함한다)으로서 임대사업자가 등록한 주택을 말하며, 민간건설 임대주택과 민간매입 임대주택으로 구분한다.

2. 공공지원 민간임대주택이란 임대사업자가 다음의 어느 하나에 해당하는 민간임대주택을 <u>10년 이상 임대할 목적으로 취득하여 이 법에 따른 임대료 및 임차인의 자격제한 등을 받아 임대하는 민간임대주택</u>을 말한다.

   ① 주택도시기금의 출자를 받아 건설 또는 매입하는 민간임대주택

   ② 공공택지 또는 수의계약 등으로 공급되는 토지 및 종전 부동산을 매입 또는 임차하여 건설하는 민간임대주택

   ③ 용적률을 완화 받거나 용도지역 변경을 통하여 용적률을 완화 받아 건설하는 민간임대주택

   ④ 공공지원 민간임대주택 공급촉진지구에서 건설하는 민간임대주택

3. 장기일반 민간임대주택이란 임대사업자가 공공지원 민간임대주택이 아닌 <u>주택을 10년 이상 임대할 목적으로 취득하여 임대하는 민간임대주택</u>(아파트를 임대하는 민간매입 임대주택은 제외한다)을 말한다.

4. 임대사업자란 공공주택사업자가 아닌 자로서 <u>1호 이상의 민간임대주택을 취득하여 임대하는 사업을 할 목적으로 임대사업자의 등록을 한 자</u>를 말한다.

IV 분양주택정책

1. 분양가 규제 : 분양가 상한제(최고가격제)

1) 의의

분양가 규제정책(분양가 상한제)은 <u>주택가격을 안정화시키고, 무주택자들의 신규주택 구입부담을 덜어주기 위해 신규분양주택의 분양가격을 시장균형가격 이하로 정부가 통제하는 것</u>을 말한다.

2) 특징

(1) <u>분양가 상한제는 내집마련 부담을 완화하기 위해 도입되었다.</u>

(2) 분양가를 규제하면 분양가격과 시장가격의 차이가 발생하고 이러한 전매차익을 노리는 <u>투기적 수요가 증가</u>한다.

(3) 수요량 증가와 공급량 감소로 <u>초과수요가 발생</u>한다.

수요의 가격탄력성이 탄력적일수록 수요증가가 커지고, 공급의 가격탄력성이 탄력적일수록 공급감소가 더욱 심해져 초과수요(공급부족)가 더욱 커진다.

(4) 주택구입난 심화, 신규주택 공급이 위축(생산성 악화)되어 주택의 질적 저하를 초래할 수 있다.

(5) 장기적으로 주택공급이 감소하고 중고(재고)주택가격이 상승한다.

(6) 분양주택에 대한 프리미엄이 형성되면 분양권을 불법으로 전매하는 등의 현상이 나타나며, 분양받은 자와 분양받지 못한 자 간의 소득의 불균형이 심화된다.

(7) 지가가 낮은 외곽에 주택을 건설하므로 외곽이 고밀도로 이용되어 토지이용의 비효율성을 초래한다.

(8) 정부가 주택가격 안정을 목적으로 신규주택의 분양가를 규제할 경우 신규주택 공급량이 감소하면서 사회적 후생손실이 발생할 수 있다.

3) 주택법령상 분양가 규제

(1) 「주택법」 제57조(주택의 분양가격 제한 등)

① 사업주체가 일반인에게 공급하는 공동주택 중 다음의 어느 하나에 해당하는 지역에서 공급하는 주택의 경우에는 「주택법」 제57조에서 정하는 기준에 따라 산정되는 분양가격 이하로 공급하여야 한다.

㉠ 공공택지

㉡ 공공택지 외의 택지에서 주택가격 상승우려가 있어 국토교통부 장관이 주거정책심의위원회 심의를 거쳐 지정하는 지역

② 다음의 어느 하나에 해당하는 경우에는 분양가 규제를 적용하지 아니한다.

㉠ 도시형 생활주택

㉡ 경제자유구역에서 건설·공급하는 공동주택으로서 경제자유구역위원회에서 외자유치 촉진과 관련이 있다고 인정하여 분양가격 제한을 적용하지 아니하기로 심의·의결한 경우

㉢ 관광특구에서 건설·공급하는 공동주택으로서 해당건축물의 층수가 50층 이상이거나 높이가 150미터 이상인 경우

㉣ 한국토지주택공사 또는 지방공사가 정비사업의 시행자로 참여하는 등 공공성 요건을 충족하는 경우로서 해당사업에서 건설·공급하는 주택

③ 분양가격은 <u>택지비와 건축비로 구성</u>(토지임대부 분양주택의 경우에는 건축비만 해당한다)된다.

[참고] 공공택지, 도시형 생활주택

① **공공택지**

국가, 토지주택공사, 지방자치단체 등 공공기관이 개발하는 택지를 공공택지라 말한다.

㉠ 국민주택건설 또는 대지조성사업으로 개발하는 택지

㉡ 택지개발촉진법의 택지개발사업으로 개발하는 택지

㉢ 산업입지 및 개발에 관한 법률의 산업단지 개발사업으로 개발하는 택지

㉣ 국민임대주택건설 등에 관한 특별조치법의 국민임대주택단지 조성사업에서 공공사업으로 개발·조성되는 공동주택 건설용지 등

② **도시형 생활주택**

300세대 미만의 국민주택 규모에 해당하는 주택으로서 「국토의 계획 및 이용에 관한 법률」에 따른 도시지역에 건설하는 원룸형 주택, 단지형 연립주택, 단지형 다세대주택을 말한다.

(2) 주택법 제57조의2(분양가 상한제 적용주택 등의 입주자의 거주의무 등)

① 다음 각 호의 어느 하나에 해당하는 거주의무자는 <u>해당주택의 최초 입주 가능일부터 5년 이내의 범위에서</u> 해당주택의 분양가격과 국토교통부장관이 고시한 방법으로 결정된 인근지역 주택매매가격의 비율에 따라 정하는 <u>거주의무기간동안 계속하여 해당주택에 거주하여야 한다.</u> 다만, 해외체류 등 대통령령으로 정하는 부득이한 사유가 있는 경우 그 기간은 해당주택에 거주한 것으로 본다.

㉠ 사업주체가 수도권에서 건설·공급하는 분양가 상한제 적용 주택

㉡ 행정중심복합도시 중 투기과열지구에서 건설·공급하는 주택으로서 국토교통부령으로 정하는 기준에 따라 행정중심복합도시로 이전하거나 신설되는 기관 등에 종사하는 사람에게 입주자모집조건을 달리 정하여 별도로 공급되는 주택

(3) 주택법 제64조 제1항 제3호(전매행위 제한)

<u>분양가 상한제 적용주택</u>(수도권 외의 지역 중 투기과열지구로 지정되지 아니하거나 지정 해제된 지역 중 공공택지 외의 택지에서 건설·공급되는 분양가 상한제 적용주택은 제외) <u>및 그 주택의 입주자로 선정된 지위</u>(입주자로 선정되어 그 주택에 입주할 수 있는 권리·자격·지위 등을 말한다)<u>에 대하여 10년 이내의 범위에서 대통령령으로 정하는 기간이 지나기 전에 그 주택을 전매</u>(매매·증여나 그 밖에 권리변동을 수반하는 모든 행위를 포함하되, 상속의 경우는 제외)<u>하거나 이의 전매를 알선할 수 없다.</u>

2. 분양가 자율화 정책

1) 의의

정부가 사적 시장의 가격규제를 풀고 자율화함으로써 시장기구(시장의 수요와 공급)에 의해 가격이 결정되도록 하는 것을 말한다.

2) 특징

(1) 분양가와 시장가격의 차이가 작아지므로 전매차익을 노린 투기적 수요는 감소할 것이다.

(2) 장기적으로 신규주택의 공급이 확대되고 신규주택가격이 상승한다.

(3) 분양가가 상승하므로 저소득층의 부담이 커질 수 있고, 신규주택가격 상승에 편승하여 중고주택가격도 상승할 수 있다.

(4) 주택산업의 수익성이 향상되고, 주택의 품질경쟁으로 주택의 질이 향상될 것이다.

(5) 대형주택 위주의 공급이 증가하여 저소득층의 주택구입난이 더욱 심화되므로 이에 대한 대책으로 대형주택 보유에 관한 과세를 강화할 필요가 있다.

(6) 분양가를 자율화하기 위해서는 택지의 확보, 금융지원 등을 통한 공급증대 노력이 선행되어야 한다.

3. 주택분양제도

구 분	선분양 제도(공급자 중심)	후분양 제도(수요자 중심)
1) 의의	주택건설업체가 주택을 완성하기 전에 입주자를 모집하여 계약금, 중도금을 미리 수령하여 주택건설자금으로 사용할 수 있게 하는 제도이다.	일정규모 이상 주택건설공사가 진행된 뒤 분양하는 방식으로 건설자금을 건설업자가 직접 조달하는 제도이다.
2) 장점	① 건설자금조달이 용이하여 건설업체의 주택공급이 활성화된다. ② 시장위험이 수요자에게 전가되므로 건설업체의 위험관리가 용이하고 주택공급이 증가된다. ③ 주택건설업체의 시장위험이 작아지고 분양가는 낮아진다. ④ 수요자는 건축기간 중 분양대금을 분할납부(중도금 분할납부)할 수 있어 초기 자금부담이 적다.	① 청약 가수요 감소로 투기억제 효과가 있다. ② 수요자가 주택완제품을 비교한 후 계약하므로 수요자의 선택폭이 확대된다. ③ 주택건설업체의 품질경쟁으로 주택의 품질개선효과가 있어 수요자 측면에서 공급자의 부실시공 품질 저하에 대처할 수 있다.

구 분	선분양 제도(공급자 중심)	후분양 제도(수요자 중심)
		④ 주택건설업체의 부도로 인한 소비자 피해가 감소된다.
3) 단점	① 초기 주택건설자금의 대부분을 주택구매자로부터 조달하므로 건설자금에 대한 이자의 일부를 주택구매자가 부담하게 된다. ② 분양권 전매를 통한 매매차익의 발생으로 가수요나 투기수요가 증가하여 부동산시장의 불안을 야기할 수 있다. ③ 주택건설업체 부도시 수요자의 피해발생 위험이 있다. ④ 견본주택만 보고 선택하므로 소비자의 선택폭이 축소된다. ⑤ 부실공사 등 주택품질저하 우려가 있다.	① 선분양 제도에 비해 주택공급을 감소시켜 주택시장을 위축시킬 가능성이 있다. ② 주택건설업체가 건설자금을 직접 조달해야 하므로 주택건설업체의 사업부담이 증가한다. ③ 주택건설업체의 금융비용 증가로 분양가 상승이 우려된다.(수요자에게 전가) ④ 수요자 입장에서는 분양대금의 일시납부로 인한 목돈마련의 어려움이 있다. ⑤ 자금여력이 없는 주택건설업체의 부도위험이 크고 건설자금조달이 곤란할 수 있다.

[참고] 주택조합과 재건축 부담금

1. 주택조합(주택법 제2조 제11호)

주택조합이란 많은 수의 구성원이 사업계획의 승인을 받아 주택을 마련하거나 리모델링하기 위하여 결성하는 다음의 조합을 말한다.

① 지역주택조합 : 지역에 거주하는 주민이 주택을 마련하기 위하여 설립한 조합
② 직장주택조합 : 같은 직장의 근로자가 주택을 마련하기 위하여 설립한 조합
③ 리모델링 주택조합 : 공동주택의 소유자가 그 주택을 리모델링하기 위하여 설립한 조합

2. 재건축 부담금(재건축 초과이익 환수에 관한 법률 제2조 제3호)

재건축 부담금이라 함은 재건축 초과이익 중 재건축 초과이익 환수에 관한 법률에 따라 국토교통부장관이 부과·징수하는 금액을 말한다.

01 **주택공급제도에 관한 설명으로 틀린 것은?** (30회)

① 후분양 제도는 초기 주택건설자금의 대부분을 주택구매자로부터 조달하므로 건설자금에 대한 이자의 일부를 주택구매자가 부담하게 된다.

② 선분양 제도는 준공 전 분양대금의 유입으로 사업자의 초기자금부담을 완화할 수 있다.

③ 후분양 제도는 주택을 일정 절차에 따라 건설한 후에 분양하는 방식이다.

④ 선분양 제도는 분양권 전매를 통하여 가수요를 창출하여 부동산시장의 불안을 야기할 수 있다.

⑤ 소비자 측면에서 후분양 제도는 선분양 제도보다 공급자의 부실시공 및 품질저하에 대처할 수 있다.

해 설 초기 주택건설자금의 대부분을 주택구매자로부터 조달하므로 건설자금에 대한 이자의 일부를 주택구매자가 부담하게 되는 방식은 선분양 제도에 대한 설명이다. 후분양 제도는 일정 규모 이상 건설공사가 이루어진 뒤 공급하는 방식으로 건설자금을 건설업자가 직접 조달하는 제도이다.

정 답 ① ▶ 기본서 연결 : 논점정리 04-Ⅳ

02 **공공주택 특별법령상 공공임대주택에 해당하지 않는 것은?** (33회)

① 영구임대주택

② 국민임대주택

③ 분양전환공공임대주택

④ 공공지원민간임대주택

⑤ 기존주택등매입임대주택

해 설 '공공지원민간임대주택'은 「민간임대주택에 관한 특별법」상 공공임대주택에 해당된다.

정 답 ④ ▶ 기본서 연결 : 논점정리 04-Ⅲ

【부동산조세정책 요약 체계도】

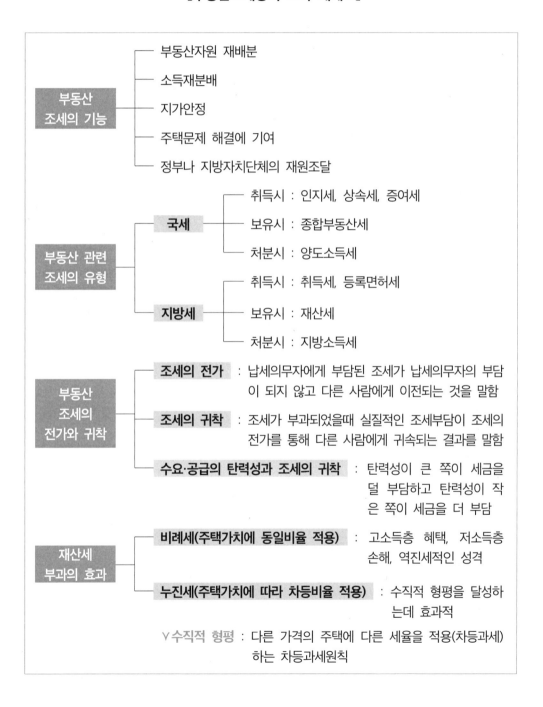

부동산
조세의 기능
— 부동산자원 재배분
— 소득재분배
— 지가안정
— 주택문제 해결에 기여
— 정부나 지방자치단체의 재원조달

부동산 관련
조세의 유형
국세
— 취득시 : 인지세, 상속세, 증여세
— 보유시 : 종합부동산세
— 처분시 : 양도소득세

지방세
— 취득시 : 취득세, 등록면허세
— 보유시 : 재산세
— 처분시 : 지방소득세

부동산
조세의
전가와 귀착
조세의 전가 : 납세의무자에게 부담된 조세가 납세의무자의 부담이 되지 않고 다른 사람에게 이전되는 것을 말함

조세의 귀착 : 조세가 부과되었을때 실질적인 조세부담이 조세의 전가를 통해 다른 사람에게 귀속되는 결과를 말함

수요·공급의 탄력성과 조세의 귀착 : 탄력성이 큰 쪽이 세금을 덜 부담하고 탄력성이 작은 쪽이 세금을 더 부담

재산세
부과의 효과
비례세(주택가치에 동일비율 적용) : 고소득층 혜택, 저소득층 손해, 역진세적인 성격

누진세(주택가치에 따라 차등비율 적용) : 수직적 형평을 달성하는데 효과적

∨수직적 형평 : 다른 가격의 주택에 다른 세율을 적용(차등과세)하는 차등과세원칙

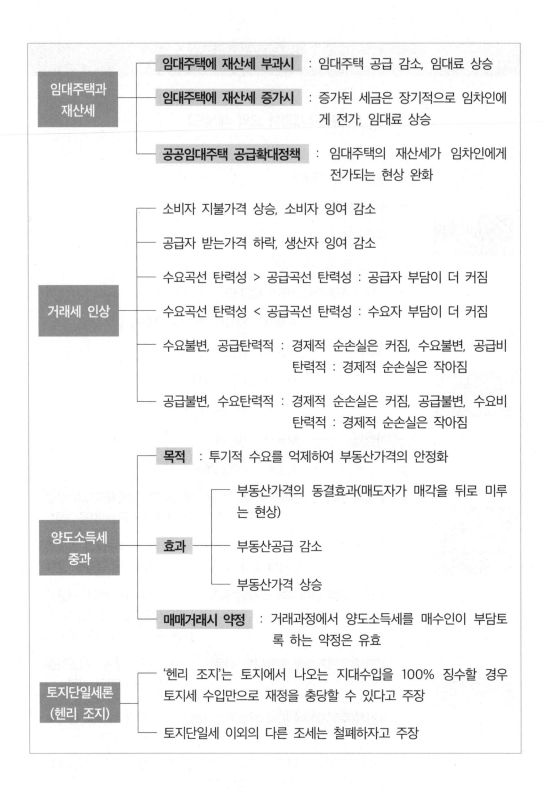

임대주택과 재산세
- **임대주택에 재산세 부과시** : 임대주택 공급 감소, 임대료 상승
- **임대주택에 재산세 증가시** : 증가된 세금은 장기적으로 임차인에게 전가, 임대료 상승
- **공공임대주택 공급확대정책** : 임대주택의 재산세가 임차인에게 전가되는 현상 완화

거래세 인상
- 소비자 지불가격 상승, 소비자 잉여 감소
- 공급자 받는가격 하락, 생산자 잉여 감소
- 수요곡선 탄력성 > 공급곡선 탄력성 : 공급자 부담이 더 커짐
- 수요곡선 탄력성 < 공급곡선 탄력성 : 수요자 부담이 더 커짐
- 수요불변, 공급탄력적 : 경제적 순손실은 커짐, 수요불변, 공급비 탄력적 : 경제적 순손실은 작아짐
- 공급불변, 수요탄력적 : 경제적 순손실은 커짐, 공급불변, 수요비 탄력적 : 경제적 순손실은 작아짐

양도소득세 중과
- **목적** : 투기적 수요를 억제하여 부동산가격의 안정화
- **효과**
  - 부동산가격의 동결효과(매도자가 매각을 뒤로 미루는 현상)
  - 부동산공급 감소
  - 부동산가격 상승
- **매매거래시 약정** : 거래과정에서 양도소득세를 매수인이 부담토록 하는 약정은 유효

토지단일세론 (헨리 조지)
- '헨리 조지'는 토지에서 나오는 지대수입을 100% 징수할 경우 토지세 수입만으로 재정을 충당할 수 있다고 주장
- 토지단일세 이외의 다른 조세는 철폐하자고 주장

(22·23·24·25·26·28·30·31·32·33회)

Ⅰ 부동산 조세의 의의, 기능, 유형

1. 부동산 조세의 의의

부동산 조세는 부동산을 과세대상으로 하여 부과하는 조세로서, 토지와 건물 등의 부동산을 취득·소유하는 경우, 이용(임대)하는 경우, 처분(양도)하는 경우 등에 부과되는 조세를 말한다.

[참고] 세금 관련 절세, 탈세, 조세회피의 개념

① **절세** : 합법적으로 세금을 줄이려는 행위

② **탈세** : 불법적으로 세금을 줄이려는 행위

③ **조세회피** : 세법의 미비점 등을 이용하여 세금부담을 줄이는 것으로 합법적인 탈세 행위(세법상 처벌대상이 되지 않음)

2. 부동산 조세의 기능

1) 부동산자원 재배분	조세를 통하여 토지이용을 규제하거나 조장시켜 민간과 공공부문에서 활용할 수 있도록 함으로써 부동산자원의 재배분 기능이 있다.
2) 소득 재분배	부동산 조세는 분배의 불공평을 개선하기 위해 부과되기도 하는데, 상속세, 증여세, 재산세 등은 소득을 재분배하는 중요한 조세이다.
3) 지가안정	부동산 조세는 지가가 급등하는 지역이나 투기발생지역에 조세를 강화함으로써 지가안정 및 투기를 억제시키는 기능을 한다.
4) 주택문제 해결에 기여	소형주택공급의 확대, 호화주택의 건축억제 등과 같은 주택문제 해결수단의 기능을 갖는다.
5) 정부나 지방 자치단체의 재원조달	부동산세금은 정부나 지방자치단체의 필요한 재원을 조달하는 기능을 가지고 있다.

3. 부동산 관련 조세의 유형

구 분	취득시	보유시	처분시
국세	○ 인지세 ○ 상속세 ○ 증여세	○ 종합부동산세	○ 양도소득세 ○ 부가가치세(과세대상 건물)

구 분	취득시	보유시	처분시
지방세	○ 취득세 ○ 등록면허세	○ 재산세	○ 지방소득세

(주) 1. 취득세 감면은 부동산거래의 활성화에 기여할 수 있다.

2. 주택의 취득세율을 낮추면 주택의 수요가 증가한다.

3. 주택의 보유세 감면은 자가소유를 촉진할 수 있다.

4. 상속세, 증여세, 취득세, 재산세, 종합부동산세, 양도소득세 등은 모두 누진세율 적용 대상이다.

5. 종합부동산세와 재산세의 과세기준일은 매년 6월 1일이다.

4. 조세의 중립성

1) 과세 결과 납세자의 상대적인 경제상황에 변화가 없는 것을 조세의 중립성이라고 한다.

2) 세금은 효율적 시장에서 이루어지고 있는 자원배분에 대하여 중립적이어야 한다는 것으로, 조세가 시장의 자원배분에 영향을 미치지 않아야 한다는 원칙을 의미한다.

Ⅱ 부동산 조세의 전가와 귀착

1. 조세의 전가와 귀착의 개념

1) 조세의 전가

조세가 부과되었을 때 각 경제주체들이 자신의 경제활동에서 부과된 조세의 실질적인 부담의 일부 또는 전부를 다른 경제주체에 이전하는 것을 말한다.

즉, 납세의무자에게 부담된 조세가 납세의무자의 부담이 되지 않고 다른 사람에게 이전되는 것을 말한다.

2) 조세의 귀착

조세가 부과되었을 때 실질적인 조세부담이 조세의 전가를 통해 최종적으로 어떤 사람에게 귀속되는 결과를 말한다.

즉, 조세전가가 이루어지면 '납세의무자'와 실제로 조세를 부담하는 '담세자'가 달라진다.

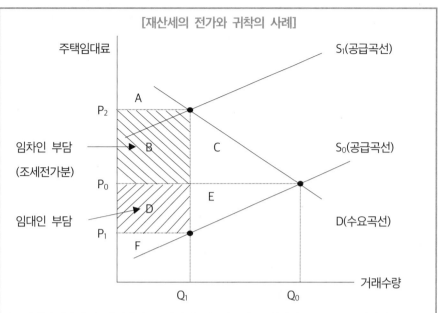

[재산세의 전가와 귀착의 사례]

① 임대차시장에서 재산세가 부과되기 전 최초의 균형임대료는 P_0, 균형거래량은 Q_0 이다.

② 재산세부과는 임대인 입장에서는 재산세 부과액만큼 공급자 비용이 증가하게 된다. 따라서 임대차시장에서 임대주택에 대한 공급곡선은 S_0에서 S_1으로 좌측 상향이동하게 된다.

③ 공급곡선이 좌측 상향으로 이동하게 됨에 따라 새로운 균형임대료는 P_2, 균형거래량은 Q_1이 된다.

④ 재산세 부과로 인한 조세부담을 구분할 경우 임대료가 상승한 것은 임대인이 임대료 인상을 통해 재산세 부과액 중 일부를 임차인에게 전가한 것이며, 나머지는 임대인이 부담하는 것이 된다.

⑤ 임차인이 실질적으로 지불하는 금액이 상승하므로(P_0 → P_2) 소비자 잉여는 감소하고, 임대인은 세금부과로 인한 수요감소(Q_0 → Q_1)로 임대인이 받는 실제임대료(재산세 부담분 제외)는 P_1으로 하락하므로 공급자 잉여도 감소하게 된다.

⑥ 재산세 부과로 인해 주택임대료는 상승하여 임차인은 재산세 부과 전보다 더 높은 금액을 지불하고(P_2), 임대인은 더 낮은 금액(P_1)을 받게 되므로 소비자 잉여와 공급자 잉여가 감소하여 사회적 후생손실(경제적 순손실)이 발생한다.

　□ **소비자 잉여 감소** : 당초 균형가격에서 소비자 잉여는 A + B + C 부분이었으나, 새로운 균형가격에서의 소비자 잉여는 <u>A 부분</u>만 남게 된다.

　□ **공급자 잉여 감소** : 당초 균형가격에서 공급자 잉여는 D + E + F 부분이었으나, 새로운 균형가격에서의 공급자 잉여는 <u>F 부분</u>만 남게 된다.

> □ **사회적 후생손실(경제적 순손실, 사회적 비용)** : <u>C + E 부분으로 공급이 탄력</u>
> <u>적일수록 더 커진다.</u>

2. 수요·공급의 탄력성과 조세의 귀착

1) 수요의 탄력성과 조세의 귀착

   (1) <u>수요곡선이 탄력적일수록 수요자 부담이 작고, 비탄력적일수록 수요자</u>
     <u>부담이 크다.</u>

   (2) 수요곡선이 탄력적이라는 것은 수요자가 임대료 변화에 민감하게 반응한
     다는 것으로, 임대료 상승시 수요가 감소함에 따라 공급자 부담이 더 커
     진다.

   (3) 수요곡선이 비탄력적이라는 것은 수요자가 임대료 변화에 민감하게 반
     응하지 않는 것을 의미한다. 따라서 임대료가 상승한다 할지라도 수요
     자는 어쩔 수 없이 임차할 수밖에 없어 공급자는 정부가 부과한 세금
     을 수요자에게 떠넘기기가 쉬워진다.

2) 공급의 탄력성과 조세의 귀착

   (1) <u>공급곡선이 탄력적일수록 공급자 부담이 작아지고, 비탄력적일수록 공</u>
     <u>급자 부담이 커진다.</u>

   (2) 공급곡선이 탄력적이라는 것은 공급자가 임대료 변화에 민감하게 반응
     한다는 것으로 공급이 증가함에 따라 공급자 부담은 작아지고 수요자
     부담이 더 커진다.

   (3) 공급곡선이 비탄력적이라는 것은 공급자가 임대료 변화에 민감하게 반
     응하지 않는 것을 의미한다. 따라서 공급곡선이 비탄력적인 경우라면
     공급자는 정부가 부과한 세금을 수요자에게 떠넘길 생각을 못하므로
     공급자가 더 많이 부담할 수밖에 없으며 그에 따라 수요자 부담이 작
     아진다.

3) 탄력성과 조세귀착의 결론

수요자 측면	공급자 측면
○ 수요 비탄력적 → 수요자 많이 부담	○ 공급 비탄력적 → 공급자 많이 부담
○ 수요 탄력적 → 공급자 많이 부담	○ 공급 탄력적 → 수요자 많이 부담
○ 수요 완전 비탄력적 → 수요자 전부 부담	○ 공급 완전 비탄력적 → <u>공급자 전부 부담</u>
○ 수요 완전 탄력적 → <u>공급자 전부 부담</u>	○ 공급 완전 탄력적 → 수요자 전부 부담

(1) 수요가 탄력적일수록 수요자 부담은 작아지고, 수요가 비탄력적일수록 수요자 부담은 커진다.

(2) 공급이 탄력적일수록 공급자 부담은 작아지고, 공급이 비탄력적일수록 공급자 부담이 커진다.

(3) 수요가 완전 비탄력적이거나, 공급이 완전 탄력적일 때는 수요자가 모두 부담한다.

(4) 수요가 완전 탄력적이거나, 공급이 완전 비탄력적일 때는 공급자가 모두 부담한다.

※ 탄력성이 큰(탄력적) 쪽은 가격에 민감하므로 세금을 적게 부담하고, 탄력성이 작은(비탄력적) 쪽은 가격에 둔감하므로 세금을 많이 부담한다.

○ 공급탄력성 > 수요탄력성 → 공급자가 수요자보다 세금부담이 적다.(수요자 부담이 큼)

○ 공급탄력성 < 수요탄력성 → 수요자가 공급자보다 세금부담이 적다.(공급자 부담이 큼)

예) 1. 토지공급의 탄력성이 '0'(완전 비탄력적)인 경우 부동산 조세 부과시 토지 소유자가 전부 부담하게 된다.

2. 주택수요가 완전 탄력적인 경우 재산세 상승분은 전부 임대인에게 귀착된다.

III 주택에 대한 조세부과의 영향과 정책적 고려

1. 재산세부과의 효과

1) 수요자의 입장에서 볼 때 재산세가 부과된다는 것은 그 만큼 주택의 가치가 상승했다고 느끼게 된다. 따라서 수요자들은 주택소비량을 줄이게 되고 주택가격은 하락하게 된다.

2) 공급자 입장에서 볼 때 재산세부과로 인한 수요감소로 공급량을 줄일 수 밖에 없으므로 공급자의 입장에서는 주택가치가 그만큼 하락한 것과 동일한 효과가 나타난다.

3) 따라서 다른 조건이 동일하다고 할 때 재산세의 부과는 주택의 소비량과 공급량을 감소시키고 거래량이 줄면서 시장균형에서 사회적 후생손실(경제적 손실)이 발생하게 된다.

[참고] 조세로 인한 사회적 후생손실(경제적 순손실)

1. 사회적 후생손실(경제적 순손실)의 개념

세금부과 등과 같은 시장왜곡현상에 따라 초래되는 총잉여(소비자 잉여 + 생산자 잉여) 감소분을 말한다.

세금은 구입자에게는 가격을 높이고 판매자에게는 가격을 낮추어 자유거래를 억제한다. 따라서 자유거래의 이득이 사라지는데 이것이 사회적 후생손실(경제적 순손실)이다.

2. 세금의 크기가 증가함에 따라 사회적 후생손실(경제적 순손실)이 증가한다.

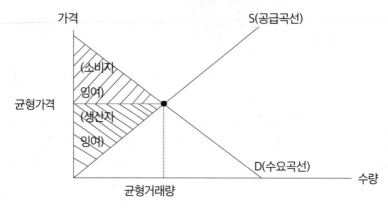

<세금이 없는 경우의 총 잉여>

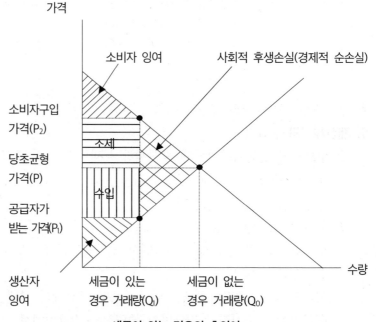

<세금이 있는 경우의 총잉여>

3. 수요나 공급곡선이 탄력적일수록 사회적 후생손실(경제적 순손실)은 커지며, 비탄력적일수록 작아진다.

○ 수요가 불변이고 공급이 탄력적이거나, 공급이 불변이고 수요가 탄력적이면 → 경제적 순손실은 커진다.

○ 수요가 불변이고 공급이 비탄력적이거나, 공급이 불변이고 수요가 비탄력적이면 → 경제적 순손실은 작아진다.

2. 신규주택과 중고주택의 조세 영향

1) 일반적으로 신규주택의 공급곡선은 비탄력적인 경향이 강하고, 중고주택일수록 탄력적인 경향이 강하다.

2) 신규주택인 경우에는 공급이 비탄력적이기 때문에 재산세의 상당 부분이 공급자에게 귀착되나, 중고주택의 경우에는 공급이 상대적으로 탄력적이므로 오히려 소비자인 저소득층에게 많이 귀착되게 된다. 따라서 신규주택을 주로 구입하는 고소득층은 중고주택을 주로 구입하는 저소득층에 비해 세금의 귀착문제에서 상대적으로 혜택을 보게 된다.

3) 다른 조건이 동일할 경우 주택가치에 같은 비율로 적용하는 재산세(비례세)는 '역진세'적인 성격을 나타내어 오히려 저소득층이 세금을 더 많이 부담하는 결과를 초래한다.

4) 이에 대한 해결방안으로는 차등비율의 누진세를 부과하는 것이 수직적 형평을 달성하고 소득계층간의 조세부담의 형평성에 대한 왜곡현상을 방지하는데 효과적이다.

   ∨ 수직적 형평 : 다른 가격의 주택에 다른 세율을 적용(차등과세)하는 차등과세원칙

3. 임대주택시장의 경우

1) 임대주택에 재산세를 부과하면 임대주택의 공급은 감소하고, 임대료는 임차인에 대한 재산세 전가분만큼 상승할 것이다.

2) 임대주택에 재산세를 중과하면 증가된 세금은 장기적으로 임차인에게 전가될 수 있으며, 임대료가 상승할 것이다.

3) 공공임대주택의 주택공급 확대정책은 임대주택의 재산세가 임차인에게 전가되는 현상을 완화할 수 있다.

Ⅳ 양도소득세와 토지보유세의 경제적 효과 및 거래세 인상과 경제적 순손실

1. 양도소득세의 경제적 효과

1) 양도소득세를 중과하는 목적은 투기적 수요를 억제하여 부동산가격을 안정화시키는 것이다.

2) 그러나 부동산가격이 오른 상태에서 양도소득세를 중과하면 매도자들이 부담을 느껴 매각을 뒤로 미루게 되어 부동산공급은 감소하게 된다.[부동산공급의 동결효과(lock-in effect)]

> **양도세의 중과 ⇨ 동결효과 ⇨ 주택공급감소 ⇨ 주택가격상승**

3) 부동산공급의 감소는 장기적으로 수요의 가격탄력성이 더 낮아지게 되어, 거래할 때 매수자의 부담은 기존보다 더 커지게 되고, <u>이것은 결국 부동 산가격의 상승으로 나타날 수 있다.</u>

4) 부동산을 매매할 때에 양도인 쪽에 양도소득세(이에 부대되는 지방소득세 포함)와 부가가치세(단, 토지는 제외) 부담이 발생하는바, <u>거래과정에서 이를 매수인이 부담토록 하는 약정(즉, 매수인에게 전가)은 유효하다는 것이 판례 의 입장이다.</u>

2. 토지보유세의 경제적 효과

1) 부동산에 대한 보유세를 중과할 경우 부동산가격이 안정되고, 투기를 방지하며 부동산이용을 촉진하는 효율적 과세가 된다.

2) <u>토지이용을 특정방향으로 유도하기 위해 정부가 토지보유세를 부과할 때에는 토지의 용도에 따라 차등과세하여야 한다.</u>

3) 토지보유세의 전가와 귀착문제는 토지공급곡선의 탄력성과 밀접한 관련이 있다. <u>따라서 토지의 공급곡선이 완전 비탄력적인 경우(가격탄력성 '0') 토지의 수급량은 종전과 동일하므로 토지보유세가 부과되더라도 자원배분의 왜곡이 초래되지 않는다.</u>

아래 <그림>에서와 같이 토지시장의 균형가격은 세금이 부과되기 전과 마찬가지로 P에서 변화가 없으므로 토지보유세의 부과는 다른 사람에게 전가되지 않는다.(<u>토지소유자가 전부 부담</u>)

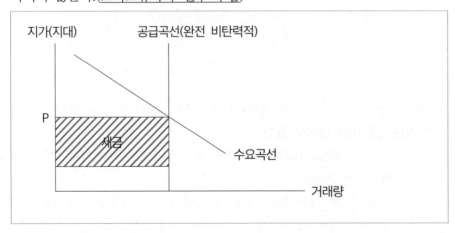

3. 거래세 인상과 경제적 순손실

1) 거래세 인상시 소비자가 지불하는 가격이 상승하므로, 소비자 잉여가 감소한다.

2) 거래세 인상시 공급자가 받는 가격이 하락하므로, 생산자 잉여가 감소한다.

3) 수요곡선이 공급곡선에 비해 더 탄력적이면 수요자에 비해 공급자의 부담이 더 커진다.

4) 공급곡선이 수요곡선에 비해 더 탄력적이면 공급자에 비해 수요자의 부담이 더 커진다.

5) 수요가 불변인 경우 공급이 탄력적일수록 경제적 순손실은 커지고, 공급이 비탄력적일수록 경제적 순손실은 작아진다.

6) 공급이 불변인 경우 수요가 탄력적일수록 경제적 순손실은 커지고, 수요가 비탄력적일수록 경제적 순손실은 작아진다.

V 헨리 조지(H. George)의 토지단일세론

1. 토지단일세론의 내용

1) 미국의 경제학자 헨리 조지는 그의 저서 '진보와 빈곤'에서 토지단일세(Single Tax)를 주장하며, 토지에서 나오는 지대수입을 100% 징세할 경우 토지세 수입만으로 재정을 충당할 수 있다고 주장하였다.

2) 토지에서 발생하는 불로소득적 성격의 지대를 100% 조세로 징수하여 사회복지 등의 지출에 충당해야 한다고 역설하며, 이 세수입은 전체 재정지출을 충당하고도 남음이 있다고 전제, 토지단일세 이외의 다른 조세는 철폐하자고 주장하였다.

3) 헨리 조지는 토지는 공급이 완전 비탄력적(토지공급곡선이 수직)으로 물리적 토지가치에 대한 과세는 토지의 공급에 전혀 영향이 없다고 보아, 토지단일세의 부담은 공급자인 지주에게만 귀착되고 수요자인 임차인에게는 전혀 전가되지 않는다고 보았다.

4) 또한 토지의 수급량은 종전과 동일하므로 자원의 배분이 왜곡되지 않는다고 주장하였다.

2. 토지단일세론의 특징

1) 지대는 자연적 기회를 이용하는 반대급부로 토지소유자에게 지불하는 대가로 보았다.

2) 지대는 토지이용으로부터 얻는 순소득을 의미하며, 이 순소득을 잉여라고
하였다.

3) 토지의 몰수가 아닌 지대의 몰수라고 주장하면서 토지가치에 대한 조세
이외의 모든 조세를 철폐하고자 하였다.

01 **부동산 조세에 관한 설명으로 틀린 것은?** (32회)

① 조세의 중립성은 조세가 시장의 자원배분에 영향을 미치지 않아야 한다는 원칙을 의미한다.

② 양도소득세를 중과하면 부동산의 보유기간이 늘어나는 현상이 발생할 수 있다.

③ 조세의 사실상 부담이 최종적으로 어떤 사람에게 귀속되는 것을 조세의 귀착이라 한다.

④ 양도소득세는 양도로 인해 발생하는 소득에 대해 부과되는 것으로 타인에게 전가될 수 있다.

⑤ 재산세와 종합부동산세는 보유세로서 지방세이다.

해 설   재산세는 지방세, 종합부동산세는 국세이다.

정 답   ⑤   ▶ 기본서 연결 : 논점정리 05-Ⅰ, Ⅱ, Ⅳ

02 **부동산조세에 관한 설명으로 옳은 것을 모두 고른 것은?** (33회)

> ㄱ. 양도세와 부가가치세는 국세에 속한다.
> ㄴ. 취득세와 등록면허세는 지방세에 속한다.
> ㄷ. 상속세와 재산세는 부동산의 취득단계에 부과한다.
> ㄹ. 증여세와 종합부동산세는 부동산의 보유단계에 부과한다.

① ㄱ   ② ㄱ, ㄴ   ③ ㄴ, ㄹ   ④ ㄱ, ㄷ, ㄹ   ⑤ ㄴ, ㄷ, ㄹ

해 설   ㄷ. 상속세는 국세로서 취득단계에 부과, 재산세는 지방세로서 보유단계에 부과

ㄹ. 증여세는 국세로서 취득단계에 부과, 종합부동산세는 국세로서 보유단계에 부과

정 답   ②   ▶ 기본서 연결 : 논점정리 05-Ⅰ

Chapter 08
부동산투자론

제33회 문제 분석(기출 관련)	제34회 출제 예상 핵심 항목
• 부동산투자일반 (O) • 포트폴리오이론 (O) • 부동산투자 타당성 평가를 위한 부동산투자 분석 기법 (O) • 순소득승수산출(계산문제) (O) • 자기자본수익률산출(계산문제) (O) • 원리금분할상환대출의 연금의 현가계수를 이용한 대출잔액산출(계산문제) (-)	• 부동산투자의 레버리지(지렛대) 효과 • 부동산투자의 위험(위험의 유형, 체계적 위험, 비체계적 위험) • 경제상황별(비관적, 정상적, 낙관적) 기대수익률 (계산문제) • 포트폴리오 기대수익률(계산문제) • 영업수지(영업현금흐름)(계산문제) • 부동산투자 분석기법 중 할인현금흐름분석법(순현재가치법, 수익성지수법, 내부수익률법) • LTV와 DTI를 적용한 주택담보대출 가능금액산출 (계산문제)

❖ 위 (기출 관련)은 **최근 10년 이내 출제 문제**를 정확하게 정리할 경우 쉽게 답을 찾을 수 있는 문제를 말함

각 논점정리 앞부분에 논점정리 미리보기(체계도)가 있습니다.

【부동산투자의 성격 요약 체계도】

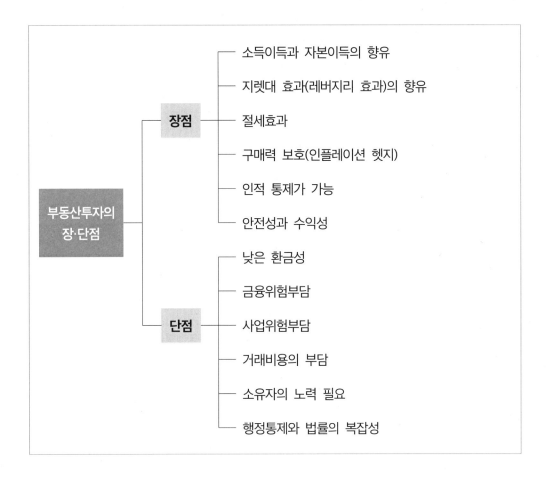

[논점정리] 01 부동산투자의 성격

(27회)

I 부동산투자의 개념

1. 부동산투자란 현재의 지출과 미래의 수익을 교환하는 행위이다.
   즉, 현재의 확실한 지출을 희생하여 미래의 불확실한 수익을 목적으로 합리적 안전성과 원금의 궁극적인 회수를 전제로 부동산에 자본을 투입하는 행위이다.

2. 부동산투자의 궁극적 목적은 부의 극대화이며, 투자의 대상이 되는 부동산을 '투자성 부동산' 또는 '수익성 부동산'이라 한다.

II 부동산투자의 장·단점

1. 장 점

1) 소득이득과 자본이득의 향유	① 소득이득이란 운영을 통해 발생되는 지대나 임대료 수입을 말한다. ② 자본이득이란 처분시 자산가치 상승으로 발생하는 양도차익, 매매차익을 말한다. ③ 따라서 투자자는 부동산의 자산가치와 운영수익의 극대화를 위해 효과적인 자산관리 운영계획을 수립할 필요가 있다.
2) 지렛대 효과 (레버리지 효과)의 향유	① 이자율이 낮은 타인자본(부채)을 이용하여 자기자본수익률(지분수익률)을 증대시킬 수 있다. ② 부동산투자자는 저당권과 전세제도 등을 통해 레버리지를 활용할 수 있다.
3) 절세효과	① 부동산은 낮은 세율, 세액공제 등의 기회가 있어 세금을 최소화할 수 있다. ② 임대사업을 영위하는 법인은 건물에 대한 감가상각비와 대출금의 이자비용을 세금산정시 비용으로 인정받을 수 있다.
4) 구매력 보호 (인플레이션 헷지)	① 부동산가격이 물가상승률과 연동하여 상승하는 기간에는 인플레이션에 대한 방어(인플레이션 헷지) 효과가 있다. ② 부동산투자는 실물투자에 해당하므로 화폐가치가 하락하고 자원의 희소성이 커지는 인플레시에 부동산에 투자하는 것이 유리하다.

5) 인적 통제가 가능	부동산은 증권이나 채권 등과 같은 투자재산과 마찬가지로 투자자에게 인적 통제의 기회를 부여한다.
6) 안전성과 수익성	토지의 부동성·부증성·영속성 등의 특징으로 가치보존력이 양호하여 안전성과 수익성에 있어서 유리한 장점이 있다.

2. 단 점

1) 낮은 환금성	① 부동산은 예금, 채권, 주식 등 금융상품에 비해 단기간에 현금화할 수 있는 가능성이 낮다. ② 비유동성의 특징으로 유동성 위험에 처할 수도 있다.
2) 금융위험 부담	① 부동산을 구입하기 위하여 대출을 받아 투자한 경우 금융위험 부담이 있다. ② 부채의 비율이 크면 자기자본수익률(지분수익률)이 커질 수 있지만, 마찬가지로 부담해야 될 위험도 그 만큼 커진다.
3) 사업위험 부담	① 계획했거나 예측한 수입이 실현되지 않을 가능성을 말한다. ② 경기침체로 인해 부동산의 수익성이 악화되면서 야기되는 위험이 이에 해당된다.
4) 거래비용의 부담	세금이나 중개수수료 등 거래비용 부담이 크다.
5) 소유자의 노력 필요	소유자의 시간·노력 등이 많이 필요하다.
6) 행정통제와 법률의 복잡성	부동산투자에는 토지이용통제, 개발통제 등 여러 가지 행정적 규제가 따르며, 법률의 복합성 등에 따른 위험이 따른다.

01 **부동산투자에 관한 설명으로 틀린 것은?**   (27회)

① 부동산은 실물자산의 특성과 토지의 영속성으로 인해 가치 보존력이 양호한 편이다.

② 임대사업을 영위하는 법인은 건물에 대한 감가상각과 이자비용을 세금산정시 비용으로 인정받을 수 있다.

③ 부동산투자자는 저당권과 전세제도 등을 통해 레버리지를 활용할 수 있다.

④ 부동산가격이 물가상승률과 연동하여 상승하는 기간에는 인플레이션을 방어하는 효과가 있다.

⑤ 부동산은 주식 등 금융상품에 비해서 단기간에 현금화할 수 있는 가능성이 높다.

해 설 부동산은 일반적으로 예금이나 주식보다 환금성이 낮은 편이므로 예금이나 주식보다 단기간에 현금화할 수 있는 가능성이 낮다.

정 답 ⑤ ▶ 기본서 연결 : 논점정리 01-Ⅱ

【지렛대 효과(leverage effect) 요약 체계도】

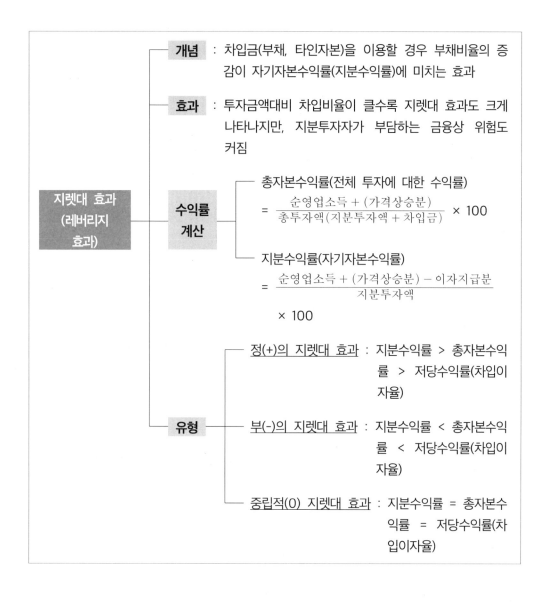

지렛대 효과
(레버리지
효과)

개념 : 차입금(부채, 타인자본)을 이용할 경우 부채비율의 증감이 자기자본수익률(지분수익률)에 미치는 효과

효과 : 투자금액대비 차입비율이 클수록 지렛대 효과도 크게 나타나지만, 지분투자자가 부담하는 금융상 위험도 커짐

수익률 계산

총자본수익률(전체 투자에 대한 수익률)

$$= \frac{순영업소득 + (가격상승분)}{총투자액(지분투자액 + 차입금)} \times 100$$

지분수익률(자기자본수익률)

$$= \frac{순영업소득 + (가격상승분) - 이자지급분}{지분투자액}$$
$$\times 100$$

유형

정(+)의 지렛대 효과 : 지분수익률 > 총자본수익률 > 저당수익률(차입이자율)

부(-)의 지렛대 효과 : 지분수익률 < 총자본수익률 < 저당수익률(차입이자율)

중립적(0) 지렛대 효과 : 지분수익률 = 총자본수익률 = 저당수익률(차입이자율)

(25·27·29·31·33회)

I 지렛대 효과의 의의

1. 지렛대 효과(레버리지 효과)란 차입금(부채, 타인자본)을 이용할 경우 부채비율의 증감이 자기자본수익률(지분수익률)에 미치는 효과를 말한다.

2. 투자금액대비 차입비율이 클수록 지렛대 효과도 크게 나타나지만 지분투자자가 부담하는 금융상 위험도 커진다.
   즉, 정(+)의 지렛대 효과를 예상하고 투자를 했을 때에도 부채비율이 커질수록 경기변동이나 금리변동에 따른 투자위험이 증가한다.

3. 대출을 받아 아파트를 구입하는 경우 또는 전세를 안고 주택을 구입하는 경우는 지렛대 효과를 이용한 예라고 할 수 있다.

II 지렛대 효과를 이용한 수익률 계산

1. 총자본수익률(전체 투자에 대한 수익률, 총투자수익률)

$$총자본수익률(전체투자에 대한 수익률) = \frac{순영업소득 + (가격상승분)}{총투자액} \times 100$$

2. 지분수익률(자기자본수익률)

$$지분수익률(자기자본수익률) = \frac{순영업소득 + (가격상승분) - 이자지급분}{지분투자액} \times 100$$

[사례연습]

1. 부동산 투자에 따른 1년간 자기자본수익률은?(단, 주어진 조건에 한함)

> ○투자부동산 가격 : 3억원
> ○금융기관 대출 : 2억원, 자기자본 : 1억원
> ○대출조건
>   - 대출기간 : 1년
>   - 대출이자율 : 연 6%
>   - 대출기간 만료시 이자지급과 원금은 일시상환
> ○1년간 순영업이익(NOI) : 2천만원
> ○1년간 부동산가격 상승률 : 0%

[해설]

$$\square \ \text{자기자본수익률} = \frac{\text{1년간 순영업이익(2천만원)} + \text{가격상승분(0)} - \text{이자지급분(2억원} \times \text{6%)}}{\text{지분투자액(1억원)}} \times 100 = \underline{8\%}$$

[사례연습]

2. 다음과 같이 부동산에 20억원을 투자한 A의 연간 세후 자기자본수익률은?(단, 주어진 조건에 한함)

> ○부동산 가격 : 20억원(토지 12억원, 건물 8억원)
> ○대출조건
>   - 대출비율 : 부동산가격의 60%
>   - 대출금리 : 연 5%
>   - 대출기간 : 20년
>   - 원금만기 일시상환방식(매년 말 연단위 이자지급)
> ○순영업소득 : 연 2억원
> ○건물의 총 내용연수 : 20년(잔존가치는 없고, 감가상각은 정액법을 적용함)
> ○영업소득세율 : 20%
> ○부동산가격 상승률 : 건물감가상각과 토지가격상승률을 감안 0%로 가정함(추가
>   내용)

(주) 27회 시험에서 (추가내용) 제시가 없어 문제불성립으로 모두 정답 처리됨에 따라 본
     사례에서는 추가내용을 반영함

[해설]

① 자기자본투자액 : 20억원 - (20억원 × 60%) = <u>8억원</u>

② 대출금이자지급액 : 12억원 × 5% = <u>6천만원</u>

③ 영업소득세 과세소득 : 순영업소득(2억원) - 대출금이자지급액(6천만원) - 건물감가상
각액(4천만원) = <u>1억원</u>

④ 영업소득세 : 1억원 × 20% = <u>2천만원</u>

∴ 세후 자기자본수익률 = $\dfrac{2억원 - 6천만원 - 2천만원}{8억원}$ × 100 = <u>15%</u>

[사례연습]

3. 부동산 투자시 ㉠ 타인자본을 활용하지 않는 경우와 ㉡ 타인자본을 50% 활용하는
경우, 각각의 1년간 자기자본수익률은?(단, 주어진 조건에 한함)

> ○기간 초 부동산가격 : 10억원
> ○1년간 순영업소득(NOI) : 연 3천만원(기간 말 발생)
> ○1년간 부동산가격 상승률 : 연 2%
> ○1년 후 부동산을 처분함
> ○대출조건 : 이자율 연 4%, 대출기간 1년, 원리금은 만기시 일시상환함

[해설]

① 타인자본을 활용하지 않는 경우

□ 자기자본수익률 = $\dfrac{\begin{array}{c}순영업소득(3천만원) + \\ 부동산가격상승액(2천만원)\end{array}}{자기자본(10억원)}$ × 100 = <u>5%</u>

② 타인자본을 50% 활용하는 경우

□ 자기자본수익률 = $\dfrac{\begin{array}{c}순영업소득(3천만원) + 부동산가격상승액 \\ (2천만원) - 이자지급분(2천만원)\end{array}}{자기자본(5억원)}$ × 100 = <u>6%</u>

3. 지렛대 효과의 유형

(※ 각 율은 가정임)

유 형	효 과
정(+)의 지렛대 효과	지분수익률 > 총자본(투자)수익률 > 저당수익률(차입이자율) * 부채비율이 커질수록 지분수익률은 더 커진다.
부(-)의 지렛대 효과	지분수익률 < 총자본(투자)수익률 < 저당수익률(차입이자율) * 부채비율이 커질수록 지분수익률은 더 작아진다.
중립적(○) 지렛대 효과	지분수익률 = 총자본(투자)수익률 = 저당수익률(차입이자율) * 부채비율이 변해도 지분수익률은 변하지 않는다.

1) 총자본(투자)수익률(8%)에서 지분수익률(5%)를 차감하여 정(+)의 수익률이 나오는 경우는 부(-)의 레버리지가 발생한다.
2) 차입이자율(10%)이 총자본(투자)수익률(8%)보다 높은 경우에는 부(-)의 레버리지가 발생한다.
3) 정(+)의 레버리지는 차입이자율의 변화 등에 따라 부(-)의 레버리지로 변화될 수 있다.
4) 부채비율이 상승할수록 레버리지 효과로 인한 지분투자자의 수익률 증대효과가 있지만, 한편으로는 차입금리의 상승으로 지분투자자의 수익률 감소효과도 발생한다.
5) 대출기간 연장을 통하여 기간이자 상환액을 줄이는 것은 부(-)의 레버리지 발생시 적용할 수 있는 대안 중 하나이다.

4. 지렛대 효과의 특징

예) 1. 조건
- 20억원 투자시 4억원의 수익발생
- 20억원 투자금 중 자기자본 8억원, 타인자본(부채) 12억원
- 타인자본 차입이자율 10%, 20%, 25%인 경우

2. 수익률 지렛대 효과

구 분	㉠ 전액 자기자본 투자시	타인자본(부채) 12억원 조달 투자시		
		㉡ 이자율 10% 인 경우	㉢ 이자율 20% 인 경우	㉣ 이자율 25% 인 경우
자기 자본 수익률	$\dfrac{4억\,원}{20억\,원}$ = 20%	$\dfrac{4억원 - 1억2천만원}{8억원}$ = 35%	$\dfrac{4억원 - 2억4천만원}{8억원}$ = 20%	$\dfrac{4억원 - 3억원}{8억원}$ = 12.5%

구 분	㉠ 전액 자기자본 투자시	타인자본(부채) 12억원 조달 투자시		
		㉡ 이자율 10% 인 경우	㉢ 이자율 20% 인 경우	㉣ 이자율 25% 인 경우
총자본 수익률	$\dfrac{4억원}{20억원}$ = 20%	$\dfrac{4억원}{20억원}$ = 20%	$\dfrac{4억원}{20억원}$ = 20%	$\dfrac{4억원}{20억원}$ = 20%

① 수익률 지렛대 효과의 전제조건은 부동산에서 발생하는 수익률보다 타인자본이자율이 낮아야 한다.

② ㉠의 경우 전액 자기자본으로 투자하고 타인자본이 없으므로 지렛대 효과도 없다.

③ ㉡의 경우 총자본수익률(20%)보다 차입이자율(10%)이 낮으므로 지분수익률(35%)은 높아지며, 이러한 경우를 '정(+)의 지렛대 효과'라 한다.

④ ㉢의 경우 총자본수익률(20%)과 차입이자율(20%)이 동일한 경우 부채비율의 변화는 자기자본수익률에 영향을 미치지 못한다.

⑤ ㉣의 경우 총자본수익률(20%)보다 차입이자율(25%)이 높기 때문에 타인자본을 이용할수록 지분수익률은 낮아지며, 이러한 경우를 '부(-)의 지렛대 효과'라 한다. '부(-)의 지렛대 효과'가 발생할 경우에 부채비율을 낮추어도 '정(+)의 지렛대 효과'로 전환할 수 없다. 그러나 차입이자율을 낮추면 '정(+)의 지렛대 효과'로 전환할 수 있다.

5. 자기자본수익률을 상승시키는 전략

1) 영업소득은 크게, 영업비용은 작게 하여 순영업소득을 증가시켜야 한다.

2) 자본이득증대를 위한 자산가치를 극대화시켜야 한다.

3) 임대관리를 통한 공실률을 최소화하고, 효율적 시설관리를 통한 운영경비를 절감하여야 한다.

4) 세금이 감면되는 도관체(conduit)를 활용한 절세효과를 도모하여야 한다.
   ∨도관체(conduit) : SPC와 같은 특수목적법인으로 모기지(비우량주택담보대출) 상품투자를 위해 설립된 법인(회사)

5) 저당수익률(차입이자율)이 총자본수익률보다 클 때, 부채비율을 낮추는 자본구조조정이나 저당수익률(차입이자율)을 낮추어 자기자본수익률을 높여야 한다.

01 부동산투자에서 (ㄱ) 타인자본을 40% 활용하는 경우와 (ㄴ) 타인자본을 활용하지 않는 경우, 각각의 1년간 자기자본수익률(%)은?(단, 주어진 조건에 한함) **(33회)**

- 부동산 매입가격 : 20,000만원
- 1년 후 부동산 처분
- 순영업소득(NOI) : 연 700만원 (기간 말 발생)
- 보유기간 동안 부동산가격 상승률 : 연 3%
- 대출조건 : 이자율 연 5%, 대출기간 1년, 원리금은 만기일시상환

---

① ㄱ : 7.0, ㄴ : 6.0 ② ㄱ : 7.0, ㄴ : 6.5
③ ㄱ : 7.5, ㄴ : 6.0 ④ ㄱ : 7.5, ㄴ : 6.5
⑤ ㄱ : 7.5, ㄴ : 7.0

해 설 ㄱ. 타인자본을 40% 활용하는 경우

$$\square \text{ 자기자본 수익률} = \frac{\text{순영업소득(700만원)} + \text{부동산가격 상승액(600만원)} - \text{이자지급분(8,000만원} \times 5\% = 400\text{만원)}}{\text{자기자본(12,000만원)}}$$

$$= \frac{900\text{만원}}{12,000\text{만원}} = \underline{7.5\%}$$

ㄴ. 타인자본을 활용하지 않는 경우

$$\square \text{ 자기자본 수익률} = \frac{\text{순영업소득(700만원)} + \text{부동산가격 상승액(600만원)}}{\text{자기자본(12,000만원)}}$$

$$= \frac{1,300\text{만원}}{20,000\text{만원}} = \underline{6.5\%}$$

정 답 ④ ▶ 기본서 연결 : 논점정리 02- Ⅱ

【부동산투자의 위험 요약 체계도】

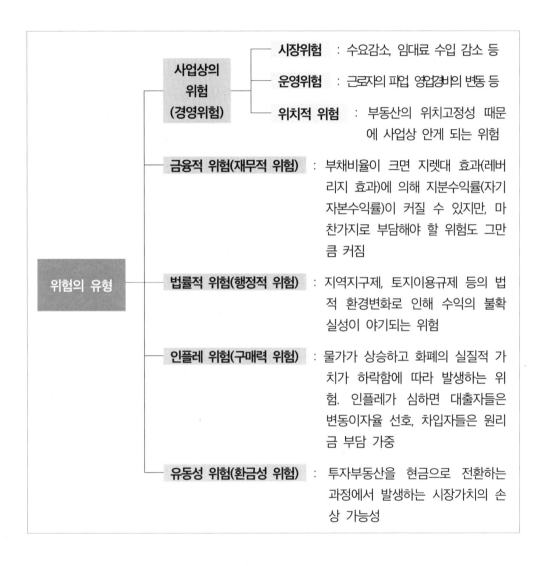

위험의 유형

사업상의 위험 (경영위험)
- **시장위험** : 수요감소, 임대료 수입 감소 등
- **운영위험** : 근로자의 파업 영업경비의 변동 등
- **위치적 위험** : 부동산의 위치고정성 때문에 사업상 안게 되는 위험

금융적 위험(재무적 위험) : 부채비율이 크면 지렛대 효과(레버리지 효과)에 의해 지분수익률(자기자본수익률)이 커질 수 있지만, 마찬가지로 부담해야 할 위험도 그만큼 커짐

법률적 위험(행정적 위험) : 지역지구제, 토지이용규제 등의 법적 환경변화로 인해 수익의 불확실성이 야기되는 위험

인플레 위험(구매력 위험) : 물가가 상승하고 화폐의 실질적 가치가 하락함에 따라 발생하는 위험. 인플레가 심하면 대출자들은 변동이자율 선호, 차입자들은 원리금 부담 가중

유동성 위험(환금성 위험) : 투자부동산을 현금으로 전환하는 과정에서 발생하는 시장가치의 손상 가능성

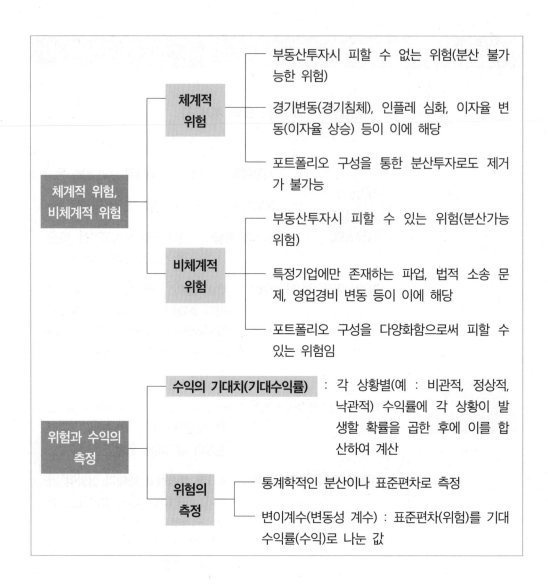

(22·23·25·29·30회)

Ⅰ 위험(Risk)의 유형

1. 사업상의 위험(경영위험)

사업상의 위험(business risk)이란 부동산사업 자체로부터 연유하는 수익성에 관한 위험을 말하며, 시장위험, 운영위험, 위치적 위험이 있다.

1) 시장위험(market risk)

경기침체 등 수요·공급의 변화로 수익성이 악화되면서 야기되는 위험이다.(수요 감소, 임대료수입 감소 등)

2) 운영위험(operating risk)

사무실의 관리, 근로자의 파업, 영업경비의 변동 등으로 인해 야기될 수 있는 수익성의 불확실성을 폭넓게 지칭하는 개념이다.

3) 위치적 위험(locational risk)

부동산의 위치고정성 때문에 사업상 안게 되는 위험이며, 환경이 변하면 대상 부동산의 상대적 위치가 변화하는 위험이다.

2. 금융적 위험(재무적 위험)

1) 부동산 투자시 부채의 비율이 크면 지렛대 효과(레버리지 효과)에 의해 지분수익률(자기자본수익률)이 커질 수 있지만, 마찬가지로 부담해야 할 위험도 그 만큼 커진다.

2) 부채가 많으면 대출원금과 이자에 대한 채무불이행의 가능성도 높아지며, 금리상승기에 추가적인 비용이 발생하는 경우는 금융적 위험에 해당된다.

3) 투자금액을 모두 자기자본으로 조달할 경우 금융위험을 제거할 수 있다.

3. 법률적 위험(행정적 위험)

1) 부동산에 대해 가지는 재산권의 법적 환경변화에 따른 위험을 말한다.

2) 정부의 각종 정책, 즉 지역지구제, 토지이용규제 등의 법적 환경의 변화로 인해 수익의 불확실성이 야기되는 위험이다.

4. 인플레 위험(구매력 위험)

1) 인플레이션이 발생하면 물가가 상승하고 화폐의 실질적 가치가 하락함에 따라 발생하는 위험을 말한다.

2) 인플레이션이 악화되면 대출자(금융기관)는 원금의 실질적 가치가 하락하므로 대출자들은 이를 피하기 위해 고정이자율이 아닌 인플레율이 반영된 변동이자율로 대출하고자 한다. 이에 따라 차입자들의 원리금상환부담이 가중되면, 투자자들의 요구수익률도 인플레율만큼 상승하게 된다.

> 대출자의 고정금리 대출실행 → 대출자의 인플레이션 위험 상승
> 인플레이션시 대출자의 변동금리 대출실행 → 차입자의 원리금 상환부담 상승

5. 유동성 위험(환금성 위험)

1) 대상 부동산을 원하는 시기에 처분하여 현금화할 때 생기는 시장가치의 손실가능성을 말한다. 즉, 부동산의 낮은 환금성으로 인한 위험을 말한다.

2) 불황(하향시장)이나 디플레이션 시기에는 부동산을 매각 처분하여 현금화하기가 더욱 어렵고 시장가격보다 싸게 팔아서 손해가 되므로 유동성 위험이 더 커진다.

II 총위험(체계적 위험 + 비체계적 위험)

부동산투자의 위험에는 '피할 수 없는 위험'과 '피할 수 있는 위험'이 있다. 피할 수 없는 위험을 「체계적 위험」이라 하고, 피할 수 있는 위험을 「비체계적 위험」이라 한다.

1. 체계적 위험

1) 시장위험 또는 분산불가능위험이라고도 하며, 시장의 힘에 의해 야기되는 위험으로 모든 부동산에 영향을 주는 위험이다.

2) 경기변동(경기침체), 인플레 심화, 이자율 변동(이자율 상승) 등이 체계적 위험에 해당된다.

3) 체계적 위험은 포트폴리오 구성을 통한 분산투자로도 제거가 불가능하다.

2. 비체계적 위험

1) 비체계적 위험은 분산가능위험이라고도 하며, 개별적인 부동산의 특성으로부터 야기되는 위험이라서 투자대상을 다각화하여 분산투자를 함으로써 제거할 수 있는 위험을 말한다.

2) 특정기업에만 존재하는 파업, 법적 소송문제, 영업경비 변동 등이 비체계
    적 위험에 해당된다.

3) 비체계적 위험은 포트폴리오 구성을 다양화함으로써 피할 수 있는 위험이다.

Ⅲ 위험과 수익의 측정

1. 부동산투자의 위험

부동산투자에서는 통계적 기법으로 기대수익에 대한 변동가능성을 위험으로
정의한다. 따라서 기대수익에 대한 측정이 먼저 이루어진 후에 위험도를 측정
할 수 있다.

2. 수익의 기대치(기대수익률)

1) 미래의 기대수익은 확률적으로 계산한다.

2) 기대수익률은 각 상황별 수익률에 각 상황이 발생할 확률을 곱한 후에 이
    를 합산하여 계산한다.

> 기대수익률 = Σ(각 상황 발생확률 × 각 상황 수익률) = (각 상황 발생확률 × 각 상
> 황 수익률) + (각 상황 발생확률 × 각 상황 수익률) + ……

[사례]

상가 경제상황별 예측된 확률이 다음과 같을 때 상가 기대수익률이 8%라고 한다.
정상적 경제상황의 경우 (   )에 들어갈 예상수익률은?(단, 주어진 조건에 한함)

상가의 경제상황		경제상황별 예상수익률(%)	상가의 기대수익률(%)
상황별	확률(%)		
비관적	20	4	
정상적	40	( )	8
낙관적	40	10	

[해설]

□ 기대수익률 = (20% × 4%) + (40% × χ%) + (40% × 10%) = 8%
   → (0.8%) + (?   ) + (4%) = 8% → (?   ) = 3.2%가 되어야 하므로 40%
   × χ% = 3.2% → χ% = 8%
   따라서 정상적인 경제상황에서 예상수익률은 8%가 된다.

3. 위험의 측정

1) 기대수익의 평균이 계산되고 나면 각각의 상황이 기대치를 벗어나는 정도를 측정하여 이를 위험으로 계산한다.
2) <u>위험의 측정은 통계학적인 분산이나 표준편차로 측정된다.</u>
   (1) 분산이나 표준편차가 클수록 위험은 커지고, 분산이나 표준편차가 작을수록 위험은 작아진다.
   (2) 만일 표준편차가 0이면 위험이 없다는 의미이다.

> **분산** = Σ[(각 경제상황별 추정수익률 - 기대수익률)^2 × 발생확률 + ······]
>   * Σ(시그마) : 여러 개의 합을 표시하는 기호
> **표준편차** = $\sqrt{분산}$

[사례]

시장상황별 추정수익률의 예상치가 다음과 같은 부동산의 기대수익률과 분산은?

시장상황	수익률	확률
불 황	10%	30%
보 통	20%	40%
호 황	30%	30%

[해설]

1. 기대수익률
   불황(10% × 30%) + 보통(20% × 40%) + 호황(30% × 30%) = 0.03 + 0.08 + 0.09 = <u>0.2(20%)</u>
2. 분산
   (10% - 20%)^2 × 30% + (20% - 20%)^2 × 40% + (30% - 20%)^2 × 30% = (0.1 - 0.2)^2 × 0.3 + (0.2 - 0.2)^2 × 0.4 + (0.3 - 0.2)^2 × 0.3 = <u>0.006(0.6%)</u>

3) 변이계수(변동성 계수)
   (1) <u>변이계수(변동성 계수)란 표준편차(위험)를 기대수익률(수익)로 나눈 값이다.</u>

$$변이계수(변동성 \ 계수) = \frac{표준편차}{기대수익률} = \frac{위험}{수익}$$

(2) 변이계수(변동성 계수)는 수익률 단위당 위험도이므로, 평균수익 1단위를 얻을 때 부담하는 위험의 크기를 의미하며, 측정단위가 다른 집단의 상대적 위험도를 비교할 때 이용한다.

(3) 변이계수가 작을수록 수익률의 변동폭이 작으므로 상대적으로 유리하다.

[사례] 상대적 위험도 비교

투자대상	표준편차 (%, 위험)	기대수익률 (%, 수익)	변이계수 $\left(\dfrac{위험}{수익}\right)$
A	20	100	0.20
B	30	200	0.15

① 표준편차가 A보다 B가 더 크므로 절대적으로는 B가 더 위험한 투자대상이 된다.

② 변이계수가 B보다 A가 더 크므로 상대적으로는 A가 더 위험한 투자대상이 된다.

01 부동산투자의 위험과 관련하여 (   )에 들어갈 용어로 옳은 것은?

(29회)

> 투자재원의 일부인 부채가 증가함에 따라 원금과 이자에 대한 채무불이행의 가능성이 높아지며, 금리 상승기에 추가적인 비용부담이 발생하는 경우는 (   )에 해당한다.

① 기술위험   ② 입지위험   ③ 시장위험
④ 법적위험   ⑤ 금융위험

해 설   투자재원의 일부인 부채가 증가함에 따라 원금과 이자에 대한 채무불이행의 가능성이 높아지며, 금리 상승기에 추가적인 비용부담이 발생하는 경우는 금융위험에 해당한다.

정 답   ⑤   ▶ 기본서 연결 : 논점정리 03- I

02 상가 경제상황별 예측된 확률이 다음과 같을 때, 상가의 기대수익률이 8%라고 한다. 정상적 경제상황의 경우 (   )에 들어갈 예상수익률은?
(단, 주어진 조건에 한함)

(30회)

상가의 경제상황		경제상황별 예상수익률(%)	상가의 기대수익률(%)
상황별	확률(%)		
비관적	20	4	8
정상적	40	( )	
낙관적	40	10	

① 4   ② 6   ③ 8   ④ 10   ⑤ 12

해 설   상가의 기대수익률이 8%라고 주어졌으므로 정상적 경제상황의 경우 예상수익률을 χ%라고 가정하면
(4% × 0.2) + (χ% × 0.4) + (10% × 0.4) = 8%이다.
따라서 0.8% + (χ% × 0.4) + 4% = 8%이며, χ% × 0.4 = 3.2%이다.
따라서 χ = 8이 된다.

정 답   ③   ▶ 기본서 연결 : 논점정리 03-III

【부동산투자의 수익률 요약 체계도】

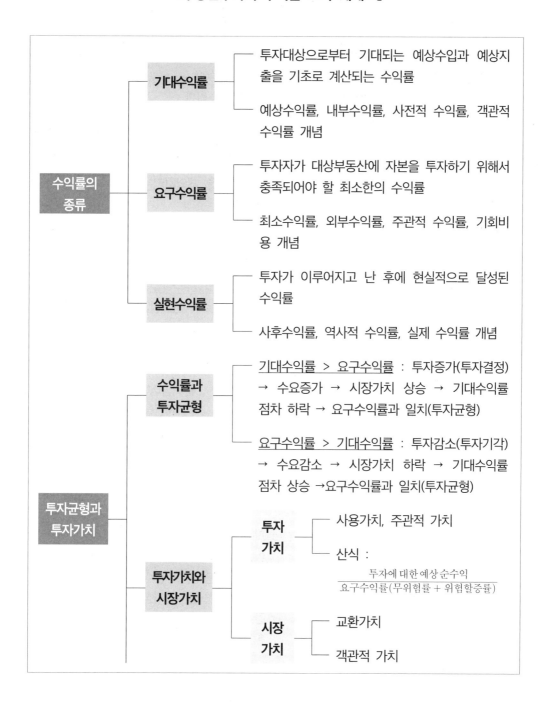

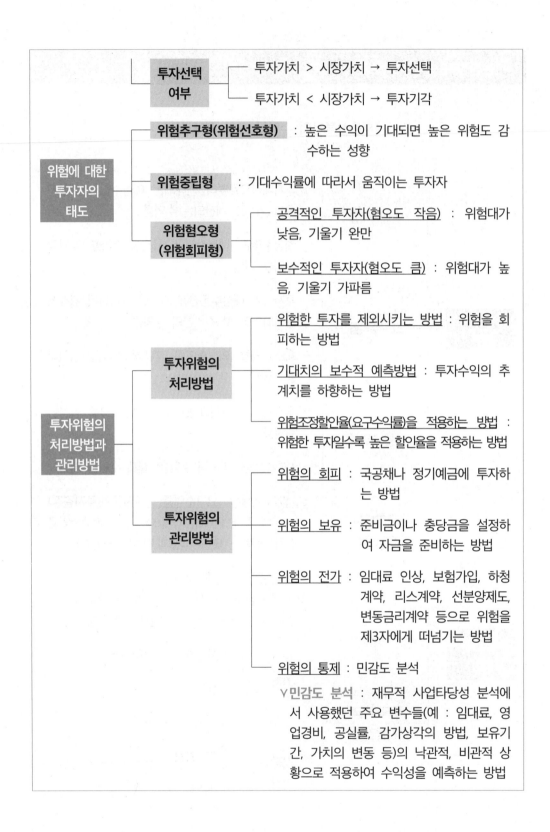

투자선택 여부
— 투자가치 > 시장가치 → 투자선택
— 투자가치 < 시장가치 → 투자기각

위험에 대한 투자자의 태도
— **위험추구형(위험선호형)** : 높은 수익이 기대되면 높은 위험도 감수하는 성향
— **위험중립형** : 기대수익률에 따라서 움직이는 투자자
— **위험혐오형 (위험회피형)**
  — 공격적인 투자자(혐오도 작음) : 위험대가 낮음, 기울기 완만
  — 보수적인 투자자(혐오도 큼) : 위험대가 높음, 기울기 가파름

투자위험의 처리방법과 관리방법
— **투자위험의 처리방법**
  — 위험한 투자를 제외시키는 방법 : 위험을 회피하는 방법
  — 기대치의 보수적 예측방법 : 투자수익의 추계치를 하향하는 방법
  — 위험조정할인율(요구수익률)을 적용하는 방법 : 위험한 투자일수록 높은 할인율을 적용하는 방법
— **투자위험의 관리방법**
  — 위험의 회피 : 국공채나 정기예금에 투자하는 방법
  — 위험의 보유 : 준비금이나 충당금을 설정하여 자금을 준비하는 방법
  — 위험의 전가 : 임대료 인상, 보험가입, 하청계약, 리스계약, 선분양제도, 변동금리계약 등으로 위험을 제3자에게 떠넘기는 방법
  — 위험의 통제 : 민감도 분석
    ∨ 민감도 분석 : 재무적 사업타당성 분석에서 사용했던 주요 변수들(예 : 임대료, 영업경비, 공실률, 감가상각의 방법, 보유기간, 가치의 변동 등)의 낙관적, 비관적 상황으로 적용하여 수익성을 예측하는 방법

I 수익률의 개념과 종류

1. 수익률의 개념

수익률이란 투하자본에 대한 수익의 비율을 말한다.

이는 부동산투자 의사결정의 중요한 변수 중 하나이다.

2. 수익률의 종류

1) 기대수익률

(1) 투자대상으로부터 기대되는 예상수입과 예상지출을 기초로 계산되는 수익률이다.

(2) 예상수익률, 내부수익률, 사전적 수익률, 객관적 수익률 개념이다.

2) 요구수익률

(1) 투자에 대한 위험 때문에 투자자가 대상부동산에 자본을 투자하기 위해서 충족되어야 할 최소한의 수익률을 말한다.

(2) 요구수익률은 해당부동산에 투자하였을 경우에 포기하여야 하는 대체투자안의 수익률이라는 점에서 자본의 기회비용의 의미를 갖는다.

(3) 최소수익률, 외부수익률, 주관적 수익률, 기회비용 개념이다.

(4) 투자자의 요구수익률은 인플레이션이나 이자율 상승 등과 같은 체계적 위험이 증대됨에 따라 상승한다.(위험이 클수록 요구수익률은 커짐)

(5) 동일 투자자산이라도 개별투자자가 위험을 기피할수록 요구수익률이 높아진다.

3) 실현수익률

(1) 투자가 이루어지고 난 후에 현실적으로 달성된 수익률을 말한다. 따라서 투자결정시 직접적인 관련성이 없는 수익률이다.

(2) 사후수익률, 역사적 수익률, 실제 수익률 개념이다.

II 수익률의 산정

1. 기대수익률의 산정

기대수익률은 각 상황별 발생 가능한 수익률에 그 상황이 발생할 확률을 곱한 후에 이를 합하여 계산한다. 즉, 가중평균치로 계산하여 객관화한다.

[사례]

다음 자료를 활용하여 투자자의 기대수익률을 구하면 얼마이겠는가?

경제환경변수	수익률	확 률
호황(낙관)	10%	50%
보통(정상)	8%	30%
불황(비관)	5%	20%

* <u>기대수익률</u> : 10% × 50% + 8% × 30% + 5% × 20% = <u>8.4%</u>

---

2. 요구수익률의 산정

1) 계산

요구수익률은 무위험률(시간에 대한 비용)과 위험할증률(위험에 대한 비용)의 합으로 구성된다. 무위험률과 위험할증률을 합한 것을 위험조정률(위험에 따라 조정된 할인율)이라고 한다.

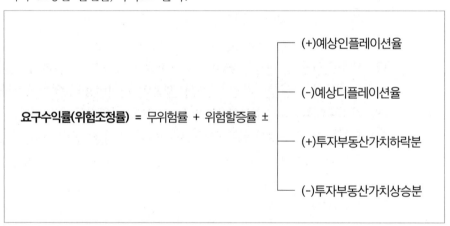

요구수익률(위험조정률) = 무위험률 + 위험할증률 ±
— (+)예상인플레이션율
— (−)예상디플레이션율
— (+)투자부동산가치하락분
— (−)투자부동산가치상승분

2) 무위험률과 위험할증률

(1) 무위험률

① 무위험률은 순수시간에 대한 대가로서 예금이자율이나 국공채이자율처럼 안전하고 확실한 수익률을 말한다.

② <u>무위험률은 모든 투자자들이 기본적으로 요구하는 수익률이다. → 투자자마다 동일</u>

③ <u>무위험률은 일반경제상황과 관련이 있다. 따라서 무위험률이 상승(하락)하면 요구수익률도 상승(하락)하게 된다.</u>

(2) 위험할증률

① 위험할증률이란 투자에 수반되는 위험에 대한 대가이다.

② 위험할증률은 체계적 위험(피할 수 없는 위험)이 증대됨에 따라 상승한다.

③ 위험할증률은 투자자들의 성향에 따라 요구수익률에 반영되는 정도가 다르게 된다. <u>따라서 위험혐오도가 클수록(보수적 투자자) 위험할증률이 커진다.</u>

④ 피셔(I. Fisher)는 예상되는 인플레이션율까지 요구수익률에 포함시켰으며, 이를 Fisher효과라고 한다.

> **요구수익률(피셔효과) =** 무위험률 + 위험할증률 + 예상된 인플레이션율

[사례]

다음 자료를 활용하여 투자자의 요구수익률을 구하면 얼마이겠는가?

○ 무위험률 : 2%	○ 위험할증률 : 5%
○ 예상인플레이션율 : 2%	○ 투자부동산가치상승예상율 : 3%

* 요구수익률 : 무위험률(2%) + 위험할증률(5%) + 예상인플레이션율(2%) − 투자부동산가치상승예상율(3%) = <u>6%</u>

Ⅲ 투자균형과 투자가치

1. 수익률과 투자균형

> **기대수익률 > 요구수익률 :** 투자증가(투자결정) → 수요증가 → 시장가치상승 → 기대수익률 점차 하락 → 요구수익률과 일치(투자균형)
>
> **요구수익률 > 기대수익률 :** 투자감소(투자기각) → 수요감소 → 시장가치하락 → 기대수익률 점차 상승 → 요구수익률과 일치(투자균형)

1) <u>부동산투자안이 채택되기 위해서는 기대수익률이 요구수익률보다 커야 한다.</u>

2) 어떤 부동산에 대한 투자자의 요구수익률이 기대수익률보다 큰 경우 대상 부동산에 대한 기대수익률도 점차 상승하게 된다.

2. 투자가치와 시장가치

1) 투자가치(사용가치)

   (1) 부동산을 소유함으로써 예상되는 미래의 편익이 부동산투자자에게 주는 현재가치로서, 대상부동산이 대상부동산의 투자자에게 부여하는 주관적 가치이다.

   (2) 매년 일정 순수익이 영구히 나오는 경우 투자가치계산

$$투자가치 = \frac{투자에\ 대한\ 예상순수익}{요구수익률(무위험률\ +\ 위험할증률)}$$

[사례]

매년 2천만원의 확정적 소득이 영구히 기대되는 주차장 용도의 토지가 있다. 시장에서 국공채 이자율은 5%이고, 이 토지에 대한 위험할증률은 3%라고 한다. 이 토지의 투자가치는 얼마인가?(단, 물가는 안정적이라고 가정함)

[해설]

$$\square\ 투자가치 = \frac{예상순수익}{요구수익률(무위험률\ +\ 위험할증률)} = \frac{2,000만원}{5\% + 3\%}$$

$$= 2억\ 5천만원$$

2) 시장가치(교환가치)

   공정한 매매를 보장할 수 있는 모든 조건이 충족된 공개경쟁시장에서 성립될 가능성이 가장 많은 가격을 말하며, 대상부동산이 시장에서 가지는 객관적 가치이다.

3) 투자선택 여부

   (1) 투자가치 > 시장가치 → 투자선택

   (2) 투자가치 < 시장가치 → 투자기각

Ⅳ 위험과 수익의 관계

1. 위험에 대한 투자자의 태도

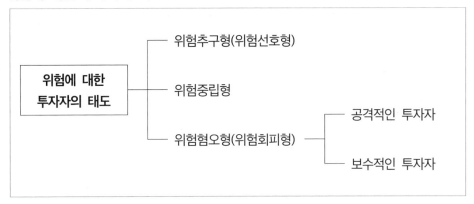

1) 위험추구형(위험선호형)

   높은 수익이 기대되면 아주 높은 위험도 기꺼이 감수하는 성향을 가진 투자자를 말한다.

2) 위험중립형

   위험의 크기에는 관심이 없고, 기대수익률에 따라서 움직이는 투자자를 말한다.

3) 위험혐오형(위험회피형)

   (1) 투자자들은 일반적으로 위험을 싫어하는 이성적 투자자이므로 투자이론에서 특별한 언급이 없으면 위험혐오형(위험회피형) 투자자를 전제로 하고 있다.

   (2) 위험혐오형(위험회피형) 투자자는 또다시 '공격적 투자자'와 '보수적인 투자자'로 분류되며, 공격적인 투자자는 보수적인 투자자에 비해 위험이 높더라도 기대수익률이 높은 투자안을 선호한다.

   (3) 투자자가 위험혐오형(위험회피형)일 경우 위험이 증가할수록 투자자의 요구수익률도 증가한다.

2. 위험-수익의 상쇄관계

1) 부담하는 위험이 크면 투자자의 요구수익률이 커진다. 이와 같은 위험과 수익의 비례관계를 위험과 수익의 상쇄관계라고 한다. 따라서 투자위험(표준편차)과 기대수익률은 정(+)의 상관관계를 가진다.

2) 동일한 위험증가에 대해 보수적 투자자는 공격적 투자자보다 더 높은 수익률을 요구하게 된다.

3) 동일한 위험증가에 대해 <u>공격적 투자자는 보수적 투자자보다 더 낮은 수익률을 요구하게</u> 된다.

4) <u>위험혐오도가 큰 투자자일수록 요구수익률은 더 커지며</u>, 동일한 위험에서도 투자자마다 요구수익률이 다르므로 요구수익률은 주관적 수익률이다.

V 투자위험의 처리방법과 관리방법

1. 투자위험의 처리방법

1) 위험한 투자를 제외시키는 방법(위험을 회피하는 방법)

   (1) 위험한 투자자산(투자부적격 자산)을 투자대상에서 제외하고 안전한 자산에만 투자하는 방법을 말한다.

   (2) 안전한 투자수단으로는 국공채나 정기예금 같은 것이 있으며, 여기서 얻는 수익률은 무위험률이다.

2) 기대치의 보수적 예측방법

   (1) 투자수익(기대수익)을 최대, 중간, 최소치로 산정하여 이 중 수익의 최소치로 예측하는 방법이다. 즉, 수익은 낮게 예측하고 비용은 높게 추정하여 수익과 비용을 기준으로 투자결정을 하는 방법을 말한다.

   (2) <u>보수적 예측방법은 투자수익의 추계치를 하향조정함으로써 미래에 발생할 수 있는 위험을 상당부분 제거할 수 있다는 가정에 근거를 두고 있다.</u>

   (3) 기대치를 보수적으로 예측하면 좋은 투자안이 기각될 가능성이 커서 부의 극대화가 곤란하다.

3) 위험조정할인율(요구수익률)을 적용하는 방법

$$투자가치 = \frac{순수익}{요구수익률(할인율)}$$

   (1) <u>장래 기대되는 소득을 현재가치로 환산하는 경우 위험한 투자일수록 높은 할인율을 적용하는 방법이다.</u>

   (2) 위험이 높은 투자대안일수록 보다 높은 요구수익률로 할인되기 때문에 부동산의 투자가치는 하락한다.

   (3) 이 방법의 장점은 현금흐름의 변동가능성을 계량화하기 쉽고, 측정된 결과를 비교하기 편리하다는 점이다.

(4) 이 방법의 단점은 위험조정치 결정시 주관이 개입될 여지가 많고 시간 경과에 따라 일정비율로 위험이 증가한다는 가정은 단점이 될 수 있다.

2. 투자위험의 관리방법

1) 위험의 회피	○ 무위험자산에 투자하는 방법으로 수익이 확실한 투자대상에만 투자하며, 위험한 투자안을 제외시키는 투자전략이다. ○ 국공채나 정기예금에 투자하는 방법이 이에 해당된다.
2) 위험의 보유	○ 위험으로 인한 장래의 손실을 스스로 부담하는 방법이다. ○ 위험에 대비해 준비금이나 충당금을 설정하여 자금을 준비하는 방법 등이 이에 해당된다.
3) 위험의 전가	○ 위험으로 인한 경제적 부담이나 책임을 제3자에게 떠넘기는 방법이다. ○ 임대료인상, 보험가입, 하청계약, 리스계약, 선분양제도, 변동금리계약 등이 이에 해당된다.
4) 위험의 통제	○ 위험으로 인한 손실의 발생횟수나 규모를 줄이려는 방법이다. ○ 위험요소가 변화함에 따라 투자결과치가 어떠한 영향을 받는가를 분석하는 민감도 분석이 이에 해당된다.

[참고] 민감도 분석(감응도 분석)

① 민감도 분석이란 투자효과를 분석하는 모형의 투입요소가 변화함에 따라 그 결과치가 어떠한 영향을 받는가를 분석하는 것이다. 따라서, 민감도분석을 통해 미래의 투자환경변화에 따른 투자가치의 영향을 검토할 수 있다.
  * 투입요소(예) : 토지구입비, 개발기간, 분양가격 등
② 투자안의 경제성 분석에서 민감도 분석을 통해 투입요소의 변화가 그 투자안의 순현재가치(NPV)에 미치는 영향을 분석할 수 있다.
③ 보통은 수익성에 영향을 주는 변수 중에서 한 변수를 제외한 나머지 변수는 일정하게 두고 한 변수만을 변동시킬 때 수익이 얼마나 민감하게 변동하는지를 각각 파악한 후에 수익성에 영향을 많이 주는 변수에 대해서 집중적인 관리를 통하여 투자안의 위험을 관리하는 것이다.
④ 일반적으로 민감도가 큰 투자안일수록 더 위험한 투자안으로 평가되며, 이는 투자분석뿐만 아니라 감정평가 및 부동산개발에도 사용된다.

01 **부동산 투자수익률에 관한 설명으로 옳은 것은?**(단, 위험회피형 투자자를 가정함) (32회)

① 기대수익률이 요구수익률보다 높을 경우 투자자는 투자가치가 있는 것으로 판단한다.

② 기대수익률은 투자에 대한 위험이 주어졌을 때, 투자자가 투자부동산에 대하여 자금을 투자하기 위해 충족되어야 할 최소한의 수익률을 말한다.

③ 요구수익률은 투자가 이루어진 후 현실적으로 달성된 수익률을 말한다.

④ 요구수익률은 투자에 수반되는 위험이 클수록 작아진다.

⑤ 실현수익률은 다른 투자의 기회를 포기한다는 점에서 기회비용이라고도 한다.

해 설 ② 요구수익률의 개념
③ 실현수익률의 개념
④ 요구수익률은 투자에 수반되는 위험이 클수록 커진다.
⑤ 요구수익률의 개념

정 답 ① ▶ 기본서 연결 : 논점정리 04- I , III

【포트폴리오 이론 요약 체계도】

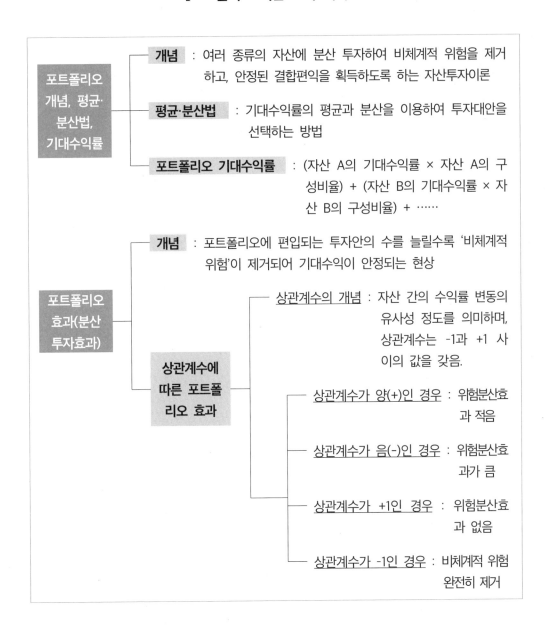

포트폴리오 개념, 평균·분산법, 기대수익률

개념 : 여러 종류의 자산에 분산 투자하여 비체계적 위험을 제거하고, 안정된 결합편익을 획득하도록 하는 자산투자이론

평균·분산법 : 기대수익률의 평균과 분산을 이용하여 투자대안을 선택하는 방법

포트폴리오 기대수익률 : (자산 A의 기대수익률 × 자산 A의 구성비율) + (자산 B의 기대수익률 × 자산 B의 구성비율) + ……

포트폴리오 효과(분산 투자효과)

개념 : 포트폴리오에 편입되는 투자안의 수를 늘릴수록 '비체계적 위험'이 제거되어 기대수익이 안정되는 현상

상관계수에 따른 포트폴리오 효과

상관계수의 개념 : 자산 간의 수익률 변동의 유사성 정도를 의미하며, 상관계수는 -1과 +1 사이의 값을 갖음.

상관계수가 양(+)인 경우 : 위험분산효과 적음

상관계수가 음(-)인 경우 : 위험분산효과가 큼

상관계수가 +1인 경우 : 위험분산효과 없음

상관계수가 -1인 경우 : 비체계적 위험 완전히 제거

효율적 프론티어 (효율적 전선)	**개념**	: 평균·분산 지배원리에 의해 동일한 위험에서 최고의 수익률을 나타내는 투자대안을 연결한 선
	전선의 방향	: 우상향(위험과 수익은 정(+)의 상관관계 즉, 위험과 수익은 상쇄(비례)관계이기 때문임)
무차별 곡선	**개념**	: 투자자들의 위험에 대한 태도를 나타내는 그래프
	곡선의 방향	: 아래로 볼록한 우상향
	기울기	: 보수적 투자자 - 기울기가 가파름, 공격적 투자자 - 기울기 완만함
최적의 포트폴리오	효율적 프론티어(효율적 전선)와 무차별 곡선이 서로 만나는 접점	

(24·25·26·27·28·29·30·32·33회)

Ⅰ 의 의

1. 포트폴리오 이론이란 자산이 하나에 집중되어 있는 경우 발생할 수 있는 불확실성을 제거하기 위해 여러 종류의 자산에 분산 투자하여 비체계적 위험을 제거하고 안정된 결합편익을 획득하도록 하는 자산투자이론이다.

2. 포트폴리오에 편입되는 투자자산수를 늘림으로써 '비체계적 위험'을 줄여 나갈 수 있으며, 그 결과로 총위험은 줄어들게 된다.(분산투자효과)

3. 포트폴리오 기법에 의하면 평균·분산법(지배원리)으로 판단하기 어려운 투자대안의 위험과 수익관계를 용이하게 분석할 수 있다.

Ⅱ 평균·분산법(지배원리)

1. 의 의

1) 평균·분산모형은 미래수익의 평균(기대치)과 분산(혹은 표준편차)의 두 통계치만으로 투자자의 기대효용을 나타내는 모형을 말한다. 즉, 기대수익률의 평균과 분산을 이용하여 투자대안을 선택하는 방법이다.
2) 일반적으로 수익성을 나타내는 지표로는 '기대수익률'을 사용하고, 위험을 나타내는 지표로는 '분산'이나 '표준편차'를 사용하고 있다.
3) 평균·분산법이란 두 대안의 기대수익률이 같으면 위험이 작은 것을 선택하고, 위험이 같으면 기대수익률이 큰 것을 선택하는 투자안의 선택기준을 말한다.

2. 내 용

1) 평균·분산의 지배원리
   (1) A투자안과 B투자안의 기대수익률이 같은 경우

투자안	기대수익률	표준편차(위험)	
A	10%	5%	12%
B	10%	12%	5%

① A투자안과 B투자안의 기대수익률이 같은 경우, A투자안보다 B투자안의 기대수익률의 표준편차가 더 크면 표준편차(위험)가 상대적으로 작은 A투자안이 선호된다.

② A투자안과 B투자안의 기대수익률이 같은 경우, B투자안보다 A투자안의 기대수익률의 표준편차가 더 크다면 표준편차(위험)가 상대적으로 작은 B투자안이 선호된다.

(2) A투자안이 B투자안보다 기대수익률도 크고 표준편차(위험)도 큰 경우

투자안	기대수익률	표준편차(위험)
A	20%	12%
B	10%	8%

① A투자안이 B투자안보다 기대수익률도 크고 표준편차(위험)도 큰 경우에는 평균·분산법의 지배원리로 A를 선택할지 또는 B를 선택할지 의사결정을 할 수 없다. 이때에는 변이계수법(변동계수법)을 이용하여 해결하는 방법이 있다.

② 변이계수는 수익률 한단위당 위험도를 나타내는 것으로 $\left[\dfrac{\text{표준편차}}{\text{기대수익률}} \right]$ 로 계산한다.

    ㉠ A투자안 : $\dfrac{12\%}{20\%}$ = 0.6

    ㉡ B투자안 : $\dfrac{8\%}{10\%}$ = 0.8

③ 변이계수가 낮을수록 위험이 작아서 더 유리한 투자안이 된다.(위 경우 A투자안(0.6)이 B투자안(0.8)보다 낮으므로 A가 B보다 덜 위험한 투자안이기 때문에 A가 더 유리한 투자안이 된다.)

Ⅲ 포트폴리오 기대수익률

1. 포트폴리오 기대수익률은 포트폴리오를 구성하는 각 자산에 대한 상대적 투자비중과 각 개별자산의 기대수익률에 의해 결정된다.

> **포트폴리오 기대수익률** = (자산 A의 기대수익률 × 자산 A의 구성비율) + (자산 B의 기대수익률 × 자산 B의 구성비율) + (자산 C의 기대수익률 × 자산 C의 구성비율) + ……

2. 포트폴리오 기대수익률은 총투자금액의 크기와는 아무런 관계가 없다.

3. 동일한 자산들로 포트폴리오를 구성하여도 개별자산의 투자비중에 따라 포트폴리오의 기대수익률과 분산은 다를 수 있다.

[사례연습]

1. A·B·C 3개의 부동산자산으로 이루어진 포트폴리오가 있다. 이 포트폴리오의 자산비중 및 경제상황별 예상수익률 분포가 다음 표와 같을 때 전체 포트폴리오의 기대수익률은?(다만, 호황과 불황의 확률은 각각 50%임)

구 분	포트폴리오 비중(%)	경제상황별 예상수익률(%)	
		호 황	불 황
A부동산	20	6	4
B부동산	30	8	4
C부동산	50	10	2

[해설]

- A의 기대수익률 = (6% × 0.5) + (4% × 0.5) = 5%
- B의 기대수익률 = (8% × 0.5) + (4% × 0.5) = 6%
- C의 기대수익률 = (10% × 0.5) + (2% × 0.5) = 6%
 ∴ 포트폴리오의 기대수익률 = (5% × 0.2) + (6% × 0.3) + (6% × 0.5) = <u>5.8%</u>

[사례연습]

2. 자산비중 및 경제상황별 예상수익률이 다음과 같을 때, 전체 구성자산의 기대수익률은?(단, 확률은 호황 40%, 불황 60%임)

구 분	자산비중(%)	경제상황별 예상수익률(%)	
		호 황	불 황
상 가	20	20	10
오피스텔	30	25	10
아파트	50	10	8

[해설]

전체 구성자산의 기대수익률, 즉 <u>포트폴리오의 기대수익률은 포트폴리오를 구성하는 개별자산들의 기대수익률을 구성비율로 가중평균한 값이다.</u> 따라서 포트폴리오의 기대수익률 = Σ(개별자산의 기대수익률 × 개발자산의 구성비율)이다.
- 상가의 기대수익률 = (20% × 0.4) + (10% × 0.6) = 14%
- 오피스텔의 기대수익률 = (25% × 0.4) + (10% × 0.6) = 16%
- 아파트의 기대수익률 = (10% × 0.4) + (8% × 0.6) = 8.8%
 ∴ 포트폴리오의 기대수익률 = (14% × 0.2) + (16% × 0.3) + (8.8% × 0.5) = <u>12%</u>

Ⅳ 포트폴리오 효과

1. 의 의

1) 포트폴리오 효과(분산투자효과)란 포트폴리오에 편입되는 투자안의 수를 늘릴수록 '비체계적 위험'이 제거되어 기대수익이 안정되는 현상을 말한다.

2) 부동산의 부동성과 용도의 다양성 때문에 지역별·유형별 분산투자가 가능하여 다양한 포트폴리오를 구성할 수 있다.

3) 개별부동산의 특성으로 인한 '비체계적 위험'은 포트폴리오의 구성을 통해 감소될 수 있으나, 인플레이션·경기변동 등의 '체계적인 위험'은 포트폴리오를 통해서도 제거할 수 없다.

2. 상관계수와 포트폴리오 효과

1) 상관계수

상관계수는 한 자산의 수익률의 변동에 따른 다른 자산의 수익률의 변동 정도를 의미한다. 즉 상관계수는 자산 간의 수익률 변동의 유사성 정도를 의미하며, 상관계수는 -1과 +1 사이의 값을 갖는다.

2) 상관계수에 따른 포트폴리오 효과(분산투자효과)

(1) 포트폴리오 효과(분산투자효과)는 상관계수가 -1에 가까울수록 크게 나타나고, +1에 가까울수록 작게 나타난다.

(2) 자산들의 수익률간의 상관계수가 +1인 경우를 제외하면 포트폴리오 효과(분산투자효과)는 항상 일어난다.

상관계수	내 용
① 상관계수가 양(+)인 경우	자산 간의 수익률 변동방향이 서로 유사하므로 위험분산효과가 적다.
② 상관계수가 음(-)인 경우	자산 간의 수익률의 변동방향이 서로 다르므로 위험분산효과가 커진다.
③ 상관계수가 +1인 경우	수익률 변동방향이 완전 동일하므로 위험분산효과가 없어서, 비체계적 위험은 전혀 감소되지 않는다.
④ 상관계수가 -1인 경우	수익률 변동방향이 완전 반대이므로 위험분산효과가 가장 커서, 비체계적 위험을 완전히 제거(O, Zero)할 수 있다.

V 효율적 프론티어(효율적 전선, 효율적 투자선)와 지배원리

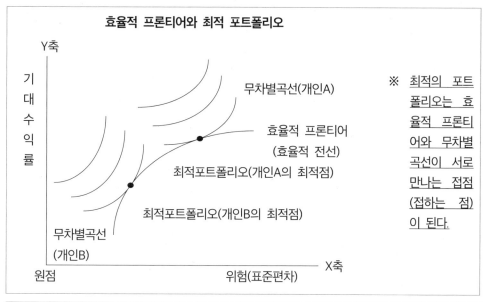

효율적 프론티어와 최적 포트폴리오

Y축
기대수익률

무차별곡선(개인A)

효율적 프론티어
(효율적 전선)

최적포트폴리오(개인A의 최적점)

최적포트폴리오(개인B의 최적점)

무차별곡선
(개인B)

원점

위험(표준편차)   X축

※ 최적의 포트폴리오는 효율적 프론티어와 무차별곡선이 서로 만나는 접점(접하는 점)이 된다.

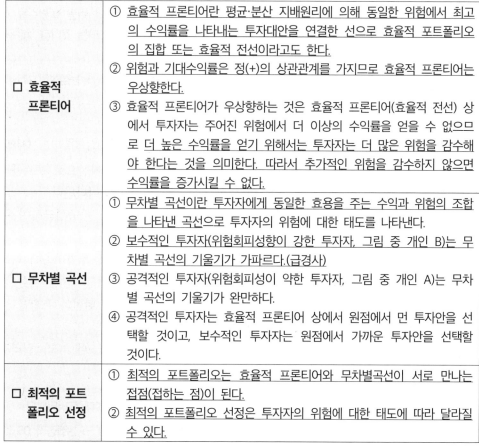

□ 효율적 프론티어	① 효율적 프론티어란 평균·분산 지배원리에 의해 동일한 위험에서 최고의 수익률을 나타내는 투자대안을 연결한 선으로 효율적 포트폴리오의 집합 또는 효율적 전선이라고도 한다. ② 위험과 기대수익률은 정(+)의 상관관계를 가지므로 효율적 프론티어는 우상향한다. ③ 효율적 프론티어가 우상향하는 것은 효율적 프론티어(효율적 전선) 상에서 투자자는 주어진 위험에서 더 이상의 수익률을 얻을 수 없으므로 더 높은 수익률을 얻기 위해서는 투자자는 더 많은 위험을 감수해야 한다는 것을 의미한다. 따라서 추가적인 위험을 감수하지 않으면 수익률을 증가시킬 수 없다.
□ 무차별 곡선	① 무차별 곡선이란 투자자에게 동일한 효용을 주는 수익과 위험의 조합을 나타낸 곡선으로 투자자의 위험에 대한 태도를 나타낸다. ② 보수적인 투자자(위험회피성향이 강한 투자자, 그림 중 개인 B)는 무차별 곡선의 기울기가 가파르다.(급경사) ③ 공격적인 투자자(위험회피성이 약한 투자자, 그림 중 개인 A)는 무차별 곡선의 기울기가 완만하다. ④ 공격적인 투자자는 효율적 프론티어 상에서 원점에서 먼 투자안을 선택할 것이고, 보수적인 투자자는 원점에서 가까운 투자안을 선택할 것이다.
□ 최적의 포트폴리오 선정	① 최적의 포트폴리오는 효율적 프론티어와 무차별곡선이 서로 만나는 접점(접하는 점)이 된다. ② 최적의 포트폴리오 선정은 투자자의 위험에 대한 태도에 따라 달라질 수 있다.

01 **포트폴리오 이론에 관한 설명으로 틀린 것은?** (30회)

① 분산투자효과는 포트폴리오를 구성하는 투자자산 종목의 수를 늘릴수록 체계적 위험이 감소되어 포트폴리오 전체의 위험이 감소되는 것이다.

② 포트폴리오 전략에서 구성자산 간에 수익률이 반대 방향으로 움직일 경우 위험감소의 효과가 크다.

③ 효율적 프런티어(효율적 전선)란 평균-분산 지배원리에 의해 모든 위험수준에서 최대의 기대수익률을 얻을 수 있는 포트폴리오의 집합을 말한다.

④ 효율적 프런티어(효율적 전선)의 우상향에 대한 의미는 투자자가 높은 수익률을 얻기 위해 많은 위험을 감수하는 것이다.

⑤ 포트폴리오 이론은 투자시 여러 종목에 분산투자함으로써 위험을 분산시켜 안정된 수익을 얻으려는 자산투자 이론이다.

해 설 분산투자효과는 포트폴리오를 구성하는 투자자산 종목의 수를 늘릴수록 비체계적 위험이 감소되어 포트폴리오 전체의 위험이 감소되는 것이다. 체계적 위험은 분산투자를 하더라도 제거할 수 없다.

정 답 ① ▶ 기본서 연결 : ①·⑤ → 논점정리 05-Ⅰ, ② → 논점정리 05-Ⅳ, ③·④ → 논점정리 05-Ⅴ

02 **포트폴리오이론에 관한 설명으로 틀린 것은?**(단, 다른 조건은 동일함) (33회)

① 개별자산의 기대수익률 간 상관계수가 '0'인 두 개의 자산으로 포트폴리오를 구성할때 포트폴리오의 위험감소 효과가 최대로 나타난다.

② 포트폴리오의 기대수익률은 개별자산의 기대수익률을 가중평균하여 구한다.

③ 동일한 자산들로 포트폴리오를 구성하여도 개별자산의 투자비중에 따라 포트폴리오의 기대수익률과 분산은 다를 수 있다.

④ 무차별곡선은 투자자에게 동일한 효용을 주는 수익과 위험의 조합을 나타낸 곡선이다.

⑤ 최적 포트폴리오의 선정은 투자자의 위험에 대한 태도에 따라 달라질 수 있다.

해 설 상관계수가 '-1'인 경우 포트폴리오의 위험감소 효과가 최대로 나타난다.

정 답 ① ▶ 기본서 연결 : ①④⑤ → 논점정리 05-Ⅳ, ②③ → 논점정리 05-Ⅲ

【부동산 투자분석을 위한 수학적 기초 요약 체계도】

화폐의 시간가치 계수	미래가치계수			현재가치계수		
	일시불의 내가계수	개념	현재의 1원이 n년 후에 얼마인가?	일시불의 현가계수	개념	n년 후에 1원은 현재가치로 얼마인가?
		공식	$(1 + r)^n$		공식	$\dfrac{1}{(1+r)^n} = (1+r)^{-n}$
		활용	일시불의 미래가치 계산 = 일시불 × 일시불의 내가계수		활용	일시불의 현재가치 계산 = 일시불 × 일시불의 현가계수
	연금의 내가계수	개념	매년 1원씩 적금을 계속 불입하면 n년 후에 얼마가 되는가?	연금의 현가계수	개념	n년 동안 매년 1원씩 받게 될 연금을 현재가치로 환원하면?
		공식	$\dfrac{(1+r)^n - 1}{r}$		공식	$\dfrac{1 - (1+r)^{-n}}{r}$
		활용	연금의 미래가치 계산 = 연금 × 연금의 내가계수		활용	연금의 현재가치 계산 = 연금 × 연금의 현가계수
	감채기금계수	개념	n년 후에 1원을 만들기 위해서는 매년 얼마씩 적금을 불입(적립)해야 하는가?	저당상수	개념	1원을 차입했을 때 상환해야 할 원리금(부채서비스액, 저당지불액)은 얼마인가?
		공식	$\dfrac{r}{(1+r)^n - 1}$		공식	$\dfrac{r}{1 - (1+r)^{-n}}$
		활용	미래가치를 알 때 매기의 연금액 계산(적금액) = 미래가치 × 감채기금계수		활용	일정액을 빌린 경우 상환액 계산(원리금 상환액) = 융자원금 × 저당상수

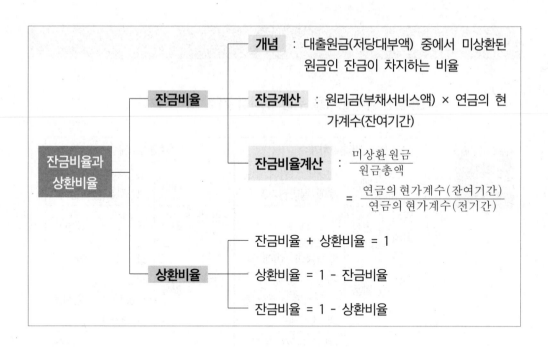

(22·24·26·28·29·30·31·32·33회)

Ⅰ 화폐의 시간가치의 개념

1. 부동산투자시점은 현재이며, 수익발생시점은 미래이다.

2. 화폐의 가치는 시간에 따라 다르므로 투자여부를 결정할 때는 화폐의 시간가치를 동일시점으로 일치시켜야 한다.

   1) 현재가치를 미래가치로 환산할 때는 '할증'이라는 개념을 사용하고 '이자율'을 적용한다.

   2) 미래가치를 현재가치로 환산할 때는 '할인'이라는 개념을 사용하고 '할인율'을 적용한다.

3. 원금에 대한 이자뿐만 아니라 이자에 대한 이자도 함께 계산하는 것을 '복리방식'이라고 하며, 화폐의 시간가치를 계산할 때 이자율이나 할인율은 복리를 사용한다.

4. 이자율이 상승할수록 미래가치계수(내가계수)는 커지고, 현재가치계수(현가계수)는 작아진다.

[사례] 할인과 할증계산

현재가치(현금)	할증과 할인 : 10% 적용	미래가치
1,000만원 ⇒	1,000만원 × (1 + 10%)	⇒ 1,100만원
1,000만원 ⇐	$\dfrac{1,100만원}{(1 + 10\%)}$	⇐ 1,100만원

Ⅱ 미래가치의 계산

1. 일시불의 미래가치

1) 개념 : 이자율(할증률)이 r%일 때 현재의 일정액(일시불)이 n년 후에 얼마가 되겠는가를 알고자 할 때 사용한다.

2) 일시불의 미래가치계수(일시불의 내가계수) : $(1 + r)^n \rightarrow$ <u>일시불의 내가계수는 일시불의 현가계수와 역수 관계임</u>

    (주) 기간단위가 연수 대신 월수일 때에는 n 대신에 12n을 r 대신에 r/12을 대입하면 된다.(이하 나머지 공식에서도 동일)

3) 일시불의 미래가치계산 : (현재의)일시불 × 일시불의 내가계수

> **[사례] 일시불의 미래가치**
>
> 이자율 : 5%(복리계산), 현재 10억원인 아파트가 5년 후에 얼마가 되겠는가?
>
> **[해설]**
>
> 10억원 × $(1 + 0.05)^5$ = 10억원 × 1.276282 = <u>1,276,282,000원</u>

2. 연금의 미래가치

1) 개념 : 매기간 일정액인 연금을 이자율 r로 계속해서 적립했을 경우 <u>n년 후에 원금과 이자의 총액이 얼마가 되겠는가를 알고자 할 때</u>

2) 연금의 미래가치계수(연금의 내가계수) : $\dfrac{(1 + r)^n - 1}{r} \rightarrow$ <u>연금의 내가계수는 감채기금계수와 역수관계임</u>

3) 연금의 미래가치계산 : 연금액 × 연금의 내가계수

> **[사례] 연금의 미래가치**
>
> 이자율 : 10%(복리계산), 3년 동안 매년 연말에 1,000만원씩을 불입하는 정기적금에 가입하였을 경우 3년 후 이 정기적금의 미래가치는 얼마가 되겠는가?
>
> **[해설]**
>
> 1,000만원 × $\dfrac{(1 + 0.1)^3 - 1}{0.1}$ = 1,000만원 × $\dfrac{1.331 - 1}{0.1}$ = <u>33,100,000원</u>

3. 감채기금계수

1) 개념 : <u>n년 후에 일정액을 만들기 위해서</u> 매기간 불입해야 할 일정액을 알고자 할 때 사용한다.

2) 매기간 불입금액계산 : 기말 적금총액(연금의 미래가치) × 감채기금계수

3) 감채기금계수 : $\dfrac{r}{(1 + r)^n - 1} \rightarrow$ 감채기금계수는 연금의 내가계수와 역수관계임

> **[사례] 감채기금계수를 이용한 매기간 적금액**
>
> 주택자금을 마련하기 위하여 3년 만기로 5,000만원짜리 정기적금에 가입한 경우 매년 불입해야 될 금액은 얼마인가?(단, 상환기금 이자율은 10%임)
>
> **[해설]**
>
> ① 감채기금계수 : $\dfrac{0.1}{(1+0.1)^3 - 1}$ = $\dfrac{0.1}{0.331}$ = 0.30211
>
> ② 매년 불입액 : 5,000만원 × 0.30211 = <u>15,105,500원</u>

Ⅲ 현재가치계산

1. 일시불의 현재가치

1) 개념 : 이자율(할인율)이 r%일 때, n년 후의 일시불이 현재 일시불로 환원하면 얼마가 되는가를 알고자 할 때 사용한다.

2) 일시불의 현재가치계수(일시불의 현가계수) : $\dfrac{1}{(1+r)^n}$

  → 일시불의 현가계수는 일시불의 내가계수와 역수관계임

  → 일시불의 현가계수는 연금의 현가계수에 감채기금계수를 곱하여 산출할 수 있음

3) 일시불의 현재가치계산 : (미래의)일시불 × 일시불의 현가계수

4) 특징 : <u>일시불의 현재가치계수는 이자율(할인율)이 상승할수록 작아진다.</u>

> **[사례] 일시불의 현재가치**
>
> 할인율 10%(복리계산), 5년 후 1억원의 현재가치는?(단, 최종 현재가치금액은 백만원 단위 미만 버림)
>
> **[해설]**
>
> 1억원 × $\dfrac{1}{(1+0.1)^5}$ = 1억원 × $\dfrac{1}{1.61051}$ = <u>62백만원</u>

2. 연금의 현재가치

1) 개념 : 이자율(할인율)이 r이고 기간이 n일 때, <u>매년 일정액씩 n년 동안 받게 되는 연금</u>을 현재 일시불로 환원한 금액을 알고자 할 경우에 사용한다.

2) 연금의 현재가치계수(연금의 현가계수) : $\dfrac{1 - (1 + r)^{-n}}{r}$

→ 연금의 현가계수는 저당상수와 역수관계임

3) 연금의 현재가치계산 : 연금액 × 연금의 현가계수

[사례1] 연금의 현재가치

A는 부동산자금을 마련하기 위하여 20X1년 1월 1일 현재, 2년 동안 매년 연말 2,000원씩 불입하는 투자상품에 가입했다. 투자상품의 복리이자율이 연 10%라면, 이 상품의 현재가치는?(단, 10원 단위 이하는 절사함)

[해설]

① $(1 + r)^{-n}$에서 제곱에 '–'가 붙으면 분모로 바뀜

따라서 $1 - \dfrac{1}{(1 + r)^n}$로 됨

② 연금의 현가계수 : $\dfrac{1 - \dfrac{1}{(1 + 0.1)^2}}{0.1} = \dfrac{1 - \dfrac{1}{1.21}}{0.1} = \dfrac{1 - 0.826445}{0.1} = 1.73555$

③ 연금의 현재가치 : 2,000원 × 1.73555 = 3,400원(10원 단위 이하 절사)

[사례2] 현금흐름표를 기초로 계산한 순현재가치

다음 현금흐름표를 기초로 계산한 순현재가치는?(다만, 0년차 현금흐름은 초기 투자액, 1년차부터 5년차까지 현금흐름은 현금유입과 유출을 감안한 순현금흐름이며, 할인율은 연 10%, 이때 기간 5년인 연금의 현가계수는 3.79079이고 일시불의 현가계수는 0.620921임)　　　　　　　　　　　　　　　　(단위 : 만원)

기간(년)	0	1	2	3	4	5
현금흐름	-1,000	130	130	130	130	1,430

[해설]

○ 순현재가치 = $\begin{bmatrix} \text{보유기간동안 예상} \\ \text{되는 매년의 현금} \\ \text{유입의 현재가치} \end{bmatrix}$ + $\begin{pmatrix} \text{처분시에 예상} \\ \text{되는 지분복귀} \\ \text{액의 현재가치} \end{pmatrix}$ – $\begin{bmatrix} \text{초기 투자비용} \\ (= \text{지분투자액}) \end{bmatrix}$

○ 5년차 현금흐름(1,430)을 130만원과 1,300만원으로 나누어 계산하면

순현재가치 = [{130만원 × 연금의 현가계수(3.79079)} + {1,300만원 × 일시불의 현가계수(0.620921)}] – {초기 투자액(1,000원)} = 300만원

[사례3] 순현재가치의 계산

현금흐름이 다음과 같은 투자안의 순현재가치가 큰 순서대로 나열된 것은?(단, 할인율 연 10%, 사업기간은 1년임)

투자안	금년의 현금지출	내년의 현금유입
A	5,000	5,786
B	4,000	4,730
C	3,000	3,575
D	2,000	2,398

[해설]

① A안의 순현재가치 = $(5,786 \times \dfrac{1}{(1+0.1)^1})$ - 5,000 = 5,260 - 5,000 = 260

② B안의 순현재가치 = $(4,730 \times \dfrac{1}{(1+0.1)^1})$ - 4,000 = 4,300 - 4,000 = 300

③ C안의 순현재가치 = $(3,575 \times \dfrac{1}{(1+0.1)^1})$ - 3,000 = 3,250 - 3,000 = 250

④ D안의 순현재가치 = $(2,398 \times \dfrac{1}{(1+0.1)^1})$ - 2,000 = 2,180 - 2,000 = 180

* 따라서 순현재가치의 큰 순위 : B > A > C > D

3. 저당상수

1) 개념 : 일정액을 빌렸을 때 매기간마다 갚아나가야 할 원리금균등상환액 (부채서비스액, 저당지불액)을 구할 때 사용한다.

2) 저당상수 : $\dfrac{r}{1 - (1+r)^{-n}}$

→ 저당상수는 연금의 현가계수와 역수관계임

3) 원리금균등상환액 : 대출원금 × 저당상수

[사례]

현재 시가 614,000,000원의 주택을 구입하기 위하여 대출이자율 10%로 10년간 매년 일정액씩 상환하기로 하고 전액 대출금으로 주택을 구입하였다. 매년 얼마씩 상환하여야 하는가?(단, 기간 10년의 연금현가계수는 6.14이고, 감채기금계수는 0.62임)

[해설]

① 원리금균등상환액 : 대출원금 × 저당상수

② 저당상수 : 연금현가계수의 역수

③ 원리금균등상환액 : 614,000,000원 × $\dfrac{1}{6.14}$ = 10,000,000원

[참고] 화폐의 시간가치계수 정리

미래가치			현재가치		
일시불의 내가계수 (미래가치 계수)	개념	현재의 일정액이 n년 후에 얼마가 되겠는가?	일시불의 현가계수	개념	n년 후의 일정액은 현재가치로 얼마가 되겠는가?
	공식	$(1 + r)^n$		공식	$\dfrac{1}{(1+r)^n} = (1+r)^n$
	활용	일시불의 미래가치 계산 * 일시불 × 일시불의 내가계수		활용	일시불의 현재가치 계산 * 일시불 × 일시불의 현가계수
연금의 내가계수 (미래가치 계수)	개념	매년 일정액의 적금을 계속 불입하면 n년 후에 얼마가 되겠는가?	연금의 현가계수	개념	n년 동안 매년 일정액씩 받게 될 연금을 현재가치로 환원하면 얼마가 되겠는가?
	공식	$\dfrac{(1+r)^n - 1}{r}$		공식	$\dfrac{1 - (1+r)^{-n}}{r}$
	활용	연금의 미래가치계산 * 연금 × 연금의 내가계수		활용	연금의 현재가치계산 * 연금 × 연금의 현가계수
감채기금 계수	개념	n년 후에 일정액을 만들기 위해서는 매년 얼마씩 적립해야 되겠는가?	저당상수	개념	일정액을 차입했을 때 상환해야 할 원리금(부채서비스액, 저당지불액)은 얼마가 되겠는가?
	공식	$\dfrac{r}{(1+r)^{n-1}}$		공식	$\dfrac{r}{1 - (1+r)^{-n}}$
	활용	미래가치를 알 때 매기의 연금액 계산 * 미래가치 × 감채기금계수		활용	일정액을 빌린 경우 원리금상환액 계산 * 대출원금 × 저당상수

※ **화폐의 시간가치 계산시 역수관계**

① 일시불 내가계수 ↔ 일시불의 현가계수 : 현재의 일정액과 미래의 일정액의 관계

예) 10억원 × 일시불의 내가계수 = 10억원 × $\dfrac{1}{\text{일시불의 현가계수}}$

② 연금의 내가계수 ↔ 감채기금계수 : 적립하고 있는 금액과 적립해야 될 금액의 관계

예) 10억원 × 연금의 내가계수 = 10억원 × $\dfrac{1}{\text{감채기금계수}}$

③ 연금의 현가계수 ↔ 저당상수 : 받게 될 금액과 상환해야 될 금액의 관계

예) 10억원 × 연금의 현가계수 = 10억원 × $\dfrac{1}{\text{저당상수}}$

※ **자본환원계수인 감채기금계수와 저당상수의 비교**

① 감채기금계수 : 기간이 길어질수록 작아지고, 이자율이 클수록 작아진다.

예) 적금의 적립기간이 길수록, 이자율(할인율)이 클수록 적립액은 작아짐

② 저당상수 : 기간이 길어질수록 작아지고, 이자율이 클수록 커진다.

예) 원리금상환금액의 기간이 길수록 작아지고, 대출이자율이 클수록 커짐

Ⅳ 잔금비율과 상환비율

1. 잔금비율

1) 개념

   잔금비율이란 대출원금(저당대부액) 중에서 미상환된 원금인 잔금이 차지하는 비율을 말한다.

2) 잔금계산

   $\boxed{\text{원리금(부채서비스액)}}$ × 연금의 현가계수(잔여기간)

   └ = 대출원금 × 저당상수(전체 저당기간)

3) 잔금비율계산

$$\frac{\text{미상환 원금}}{\text{원금 총액}} = \frac{\text{연금의 현가계수(잔여기간)}}{\text{연금의 현가계수(전기간)}} = \frac{\text{원리금 × 연금의 현가계수(잔여기간)}}{\text{원리금 × 연금의 현가계수(전기간)}}$$

[사례]

15년간 매월 원리금균등상환조건으로 연리 10%로 5,000만원을 융자받은 경우, 5년 후 융자잔고를 계산하기 위한 잔금비율은?(단, 10% 월복리로 연금의 현가계수는 5년 47, 10년 75, 15년 93임)

2. 상환비율

1) 상환비율이란 대출원금(저당대부액)에서 상환금이 차지하는 비율을 말한다.

2) 잔금비율 + 상환비율 = 1

    (1) 상환비율 = 1 - 잔금비율

    (2) 잔금비율 = 1 - 상환비율

01 화폐의 시간가치에 관한 설명으로 옳은 것을 모두 고른 것은?(단, 다른 조건은 동일함) (30회)

> ㉠ 은행으로부터 주택구입자금을 대출한 가구가 매월 상환할 금액을 산정하는 경우 감채기금계수를 사용한다.
> ㉡ 연금의 현재가치계수와 저당상수는 역수관계이다.
> ㉢ 연금의 미래가치란 매 기간마다 일정금액을 불입해 나갈 때, 미래의 일정시점에서의 원금과 이자의 총액을 말한다.
> ㉣ 일시불의 현재가치계수는 할인율이 상승할수록 작아진다.

① ㉠ ② ㉡, ㉢ ③ ㉠, ㉡, ㉣
④ ㉡, ㉢, ㉣ ⑤ ㉠, ㉡, ㉢, ㉣

해 설 ㉠은 저당상수에 대한 설명이다. 저당상수는 은행으로부터 주택구입자금을 대출한 가구가 매월 상환할 금액을 산정하는 경우에 사용한다.

정 답 ④ ▶ 기본서 연결 : ㉠·㉡·㉣ → 논점정리 06-Ⅲ, ㉢ → 논점정리 06-Ⅱ

02 화폐의 시간가치 계산에 관한 설명으로 옳은 것은? (32회)

① 현재 10억원인 아파트가 매년 2%씩 가격이 상승한다고 가정할 때, 5년 후의 아파트 가격을 산정하는 경우 연금의 미래가치계수를 사용한다.
② 원리금균등상환방식으로 담보대출 받은 가구가 매월 상환할 금액을 산정하는 경우, 일시불의 현재가치계수를 사용한다.
③ 연금의 현재가치계수에 감채기금계수를 곱하면 일시불의 현재가치계수이다.
④ 임대기간동안 월임대료를 모두 적립할 경우, 이 금액의 현재시점 가치를 산정한다면 감채기금계수를 사용한다.
⑤ 나대지에 투자하여 5년 후 8억원에 매각하고 싶은 투자자는 현재 이 나대지의 구입금액을 산정하는 경우, 저당상수를 사용한다.

해 설 ① 일시불의 미래가치계수(일시불의 내가계수)를 사용한다.
② 저당상수를 사용한다.
④ 연금의 현재가치계수를 사용한다.
⑤ 일시불의 현재가치계수를 사용한다.

정 답 ③ ▶ 기본서 연결 : ①·② → 논점정리 06-Ⅱ, ③·④·⑤ → 논점정리 06-Ⅲ

【부동산투자 결정단계와 현금수지의 측정방법 요약 체계도】

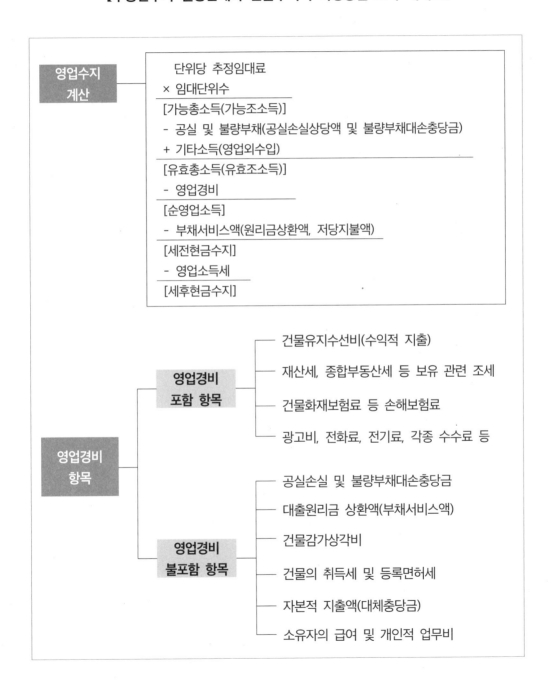

영업수지 계산

단위당 추정임대료
× 임대단위수
─────────────
[가능총소득(가능조소득)]
- 공실 및 불량부채(공실손실상당액 및 불량부채대손충당금)
+ 기타소득(영업외수입)
─────────────
[유효총소득(유효조소득)]
- 영업경비
─────────────
[순영업소득]
- 부채서비스액(원리금상환액, 저당지불액)
─────────────
[세전현금수지]
- 영업소득세
─────────────
[세후현금수지]

영업경비 항목

영업경비 포함 항목
- 건물유지수선비(수익적 지출)
- 재산세, 종합부동산세 등 보유 관련 조세
- 건물화재보험료 등 손해보험료
- 광고비, 전화료, 전기료, 각종 수수료 등

영업경비 불포함 항목
- 공실손실 및 불량부채대손충당금
- 대출원리금 상환액(부채서비스액)
- 건물감가상각비
- 건물의 취득세 및 등록면허세
- 자본적 지출액(대체충당금)
- 소유자의 급여 및 개인적 업무비

	(A방법)	(B방법)
영업소득세 계산	순영업소득[원금, 이자 포함] + 대체충당금 - 이자지급분 - 감가상각액 ─────── 과세소득 × 세율 ─────── 영업소득세	세전현금수지[원금, 이자 차감] + 대체충당금 + 원금상환분 - 감가상각액 ─────── 과세소득 × 세율 ─────── 영업소득세

지분복귀액
계산

매도가격
- 매도경비
──────────
순매도액
- 미상환저당잔금
──────────
세전지분복귀액
- 자본이득세(양도소득세)
──────────
세후지분복귀액

Ⅰ 부동산 소득

1. 부동산투자에 대한 대가(소득)

부동산투자에 대한 대가는 보유시 대상부동산의 운영으로부터 나오는 소득이
득과 처분시의 자본이득의 형태로 나타난다.

2. 소득이득과 자본이득의 비교

구 분	소득이득	자본이득
1) 발생	보유기간, 운영(영업)을 통해 발생	기간말, 처분시 발생
2) 발생횟수	매기간 발생	한번만 발생
3) 발생원천	지대, 임대료	매매차익, 양도차익, 시세차익
4) 현금흐름의 성격	영업현금흐름(영업의 현금수지)	매각현금흐름(지분복귀액)

* 총투자 수익 = 소득이득 + 자본이득

Ⅱ 영업수지(영업현금흐름)의 계산

1. 개 념

영업수지의 계산이란 부동산투자의 운영(영업)으로 발생하는 현금수입과 현금
지출을 측정하는 것을 말한다. 이로 인한 이득을 '소득이득'이라 한다.

2. 영업수지(영업현금흐름)의 계산과정

Ⅰ. 가능총소득(PGI) (가능조소득)	단위당 추정임대료 × 임대 단위수(임대가능면적)
Ⅱ. 유효총소득(EGI) (유효조소득)	가능총소득 - 공실 및 불량부채(공실손실상당액 및 불량부채 대손충당금) + 기타소득(영업외수입 : 주차장수입, 자판기수입 등)
Ⅲ. 순영업소득(NOI)	유효총소득 - 영업경비(유지수선비, 재산세, 화재보험료 등)

Ⅳ. 세전 현금수지(흐름) (BTCF)	순영업소득 - 부채서비스액(원리금상환액, 저당지 불액)
Ⅴ. 세후 현금수지(흐름) (ATCF)	세전현금수지 - 영업소득세

1) 각 소득의 관계

(1) 유효총소득은 순영업소득에 비하여 큰 편이다.

(2) 순영업소득은 세전 현금수지보다 큰 편이지만, 대출금이 없다면 원리금상환액(부채서비스액)이 없으므로 순영업소득과 세전 현금수지는 동일할 것이다.

$$총투자수익률 = \frac{순영업소득}{지분투자액} \times 100$$

(3) 세전 현금수지는 세후 현금수지보다 큰 편이지만, 과세대상 소득이 적자이거나 투자자가 비과세대상이라면 영업소득세가 없으므로 세전 현금수지와 세후 현금수지는 동일할 것이다.

2) 영업경비(부동산 운영과 직접 관련 있는 경비)에 포함 항목과 불포함 항목

영업경비에 포함 항목	영업경비에 불포함 항목
① 건물유지수선비(수익적 지출) ② 재산세·종합부동산세 등 보유 관련 조세 ③ 건물화재보험료 등 손해보험료 ④ 광고비, 전화료, 전기료, 각종 수수료 등	① 공실손실 및 불량부채 대손충당금(회수불가능 임대료수입) ② 대출원리금상환액(부채서비스액) ③ 건물감가상각비 ④ 건물의 취득세 및 등록면허세 ⑤ 영업소득세, 양도소득세 ⑥ 자본적 지출액(대체충당금) ⑦ 소유자의 급여 및 개인적 업무비

3) 영업소득세 산출시 유의점

(1) 부채서비스액(원금 + 이자) 중 이자지급분은 영업소득세 과세표준에서 공제된다.

(2) 감가상각액은 영업소득세 과세표준에서 공제된다. 따라서 영업소득세를 계산하기 위해서는 건물의 감가상각비를 알아야 한다.

[사례1]

부동산의 다음 1년간 소득 및 비용명세서를 이용하여 순영업소득을 구하시오.

유효총소득		100,000,000원
비용명세	유지관리비 :	20,000,000원
	화재보험료 :	3,000,000원
	소득세 :	10,000,000원
	수도료 :	2,000,000원
	전기료 :	3,000,000원
	재산세 :	20,000,000원
	부채서비스액 :	10,000,000원

[해설]

① 순영업소득 = 유효총소득 - 영업경비
② 영업경비 = 유지관리비 + 화재보험료 + 수도료 + 전기료 + 재산세
　※ 부채서비스액은 세전 현금수지(흐름) 계산요소
　※ 소득세는 세후 현금수지(흐름) 계산요소
　　∴ 100,000,000원 - (20,000,000원 + 3,000,000원 + 2,000,000
　　　원 + 3,000,000원 + 20,000,000원) = 52,000,000원

[사례2]

대상부동산의 순영업소득(NOI)은?

○ 건축 연면적 : 1,800㎡
○ 유효임대면적비율 : 80%(건축연면적 대비)
○ 연평균 임대료 : 5,000원/㎡
○ 영업경비율 : 50%(유효조소득 기준)
○ 평균공실률 : 10%
○ 연간 부채상환액 : 500원/㎡(유효임대면적 기준)

[해설]

① 가능조소득(가능총소득) = 단위당 임대료(5,000원/㎡) × 임대가능면적(1,800 ㎡ × 80%) = 7,200,000원

② 유효조소득(유효총소득) = 가능조소득(7,200,000원) - 공실(7,200,000 × 10%) = 6,480,000원

③ 순영업소득 = 유효조소득(6,480,000원) - 영업경비(6,480,000원 × 50%) = 3,240,000원

　※ 연간부채상환액은 세전 현금수지(흐름) 계산요소

[사례3]

어느 회사의 1년 동안의 운영수지이다. 세후 현금수지는?(단, 주어진 조건에 한함)

○가능총소득 : 4,800만원	○공실 : 가능총소득의 5%
○영업소득세율 : 연 20%	○원금상환액 : 200만원
○이자비용 : 800만원	○영업경비 : 240만원
○감가상각비 : 200만원	

[해설]

① 유효총소득 = 가능총소득(4,800만원) - 공실(4,800만원 × 5%) = 4,560 만원

② 순영업소득 = 유효총소득(4,560만원) - 영업경비(240만원) = 4,320만원

③ 세전 현금수지 = 순영업소득(4,320만원) - 부채서비스액(200만원 + 800만 원) = 3,320만원

④ 영업소득세 과세표준 = 순영업소득(4,320만원) - [이자비용(800만원) + 감 가상각비(200만원)] × 20% = 664만원

⑤ 세후 현금수지 = 세전 현금수지(3,320만원) - 영업소득세(664만원) = 2,656 만원

Ⅲ 매각현금흐름(지분복귀액)의 계산

1. 개 념

매각현금흐름(지분복귀액)이란 부동산을 일정기간 보유하다가 처분하는 경우에 지분투자자에게 귀속되는 수입을 말한다. 이로 인한 소득을 '자본이득'이라 한다.

2. 매각현금흐름(지분복귀액) 계산과정

Ⅰ. 순매도액	매도가격(총매각대금) - 매도경비(중개수수료, 법적 수속비, 기타경비 등)
Ⅱ. 세전 지분복귀액	순매도액 - 미상환 저당잔금
Ⅲ. 세후 지분복귀액	세전 지분복귀액 - 자본이득세(양도소득세)

3. 특 징

1) 매각시점에 미상환 대출잔액이 있다면 세전 매각현금흐름이 총매각대금보다 적다.
2) 대출금이 없다면(총투자액과 지분투자액이 동일하다면) 순매도액과 세전 지분복귀액은 동일할 것이다.
3) 지분복귀액 구성요소는 다음과 같다.

> **(초기)지분투자액 + (매기간)대출원금상환분 + (기말)부동산가치상승분(가치변동분)**

01 **부동산 운영수지분석에 관한 설명으로 틀린 것은?** (28회)

① 가능총소득은 단위면적당 추정 임대료에 임대면적을 곱하여 구한 소득
이다.

② 유효총소득은 가능총소득에서 공실손실상당액과 불량부채액(충당금)을
차감하고, 기타 수입을 더하여 구한 소득이다.

③ 순영업소득은 유효총소득에 각종 영업외수입을 더한 소득으로 부동산운
영을 통해 순수하게 귀속되는 영업소득이다.

④ 세전 현금흐름은 순영업소득에서 부채서비스액을 차감한 소득이다.

⑤ 세후 현금흐름은 세전 현금흐름에서 영업소득세를 차감한 소득이다.

해 설   순영업소득은 유효총소득에서 영업경비를 뺀 소득이다.

정 답   ③   ▶ 기본서 연결 : 논점정리 07-Ⅱ

02 **부동산투자의 현금흐름추정에 관한 설명으로 틀린 것은?** (30회)

① 순영업소득은 유효총소득에서 영업경비를 차감한 소득을 말한다.

② 영업경비는 부동산운영과 직접 관련 있는 경비로, 광고비, 전기세, 수선
비가 이에 해당된다.

③ 세전 현금흐름은 지분투자자에게 귀속되는 세전소득을 말하는 것으로,
순영업소득에 부채서비스액(원리금상환액)을 가산한 소득이다.

④ 세전 지분복귀액은 자산의 순매각금액에서 미상환저당잔액을 차감하여
지분투자자의 몫으로 되돌아오는 금액을 말한다.

⑤ 부동산투자에 대한 대가는 보유시 대상부동산의 운영으로부터 나오는 소
득이득과 처분시의 자본이득의 형태로 나타난다.

해 설   세전 현금흐름은 지분투자자에게 귀속되는 세전소득을 말하는 것으로, 순영
업소득에서 부채서비스액(원리금상환액)을 차감한 소득이다.

정 답   ③   ▶ 기본서 연결 : 논점정리 07-Ⅱ, Ⅲ

【부동산투자 타당성 평가를 위한 부동산투자 분석기법 요약 체계도】

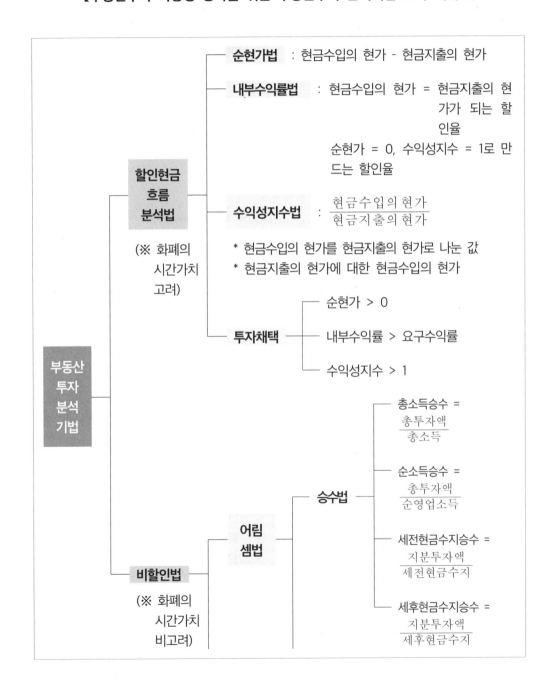

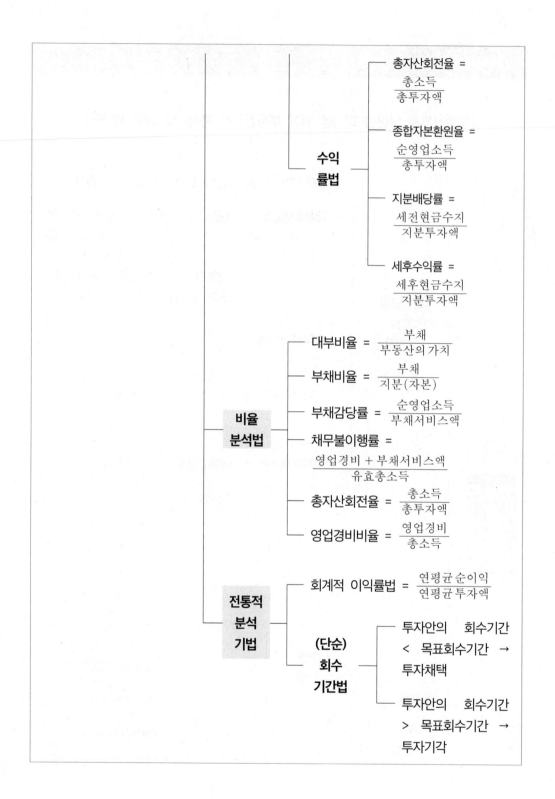

$$총자산회전율 = \frac{총소득}{총투자액}$$

$$종합자본환원율 = \frac{순영업소득}{총투자액}$$

$$지분배당률 = \frac{세전현금수지}{지분투자액}$$

$$세후수익률 = \frac{세후현금수지}{지분투자액}$$

수익률법

$$대부비율 = \frac{부채}{부동산의 \, 가치}$$

$$부채비율 = \frac{부채}{지분(자본)}$$

$$부채감당률 = \frac{순영업소득}{부채서비스액}$$

$$채무불이행률 = \frac{영업경비 + 부채서비스액}{유효총소득}$$

$$총자산회전율 = \frac{총소득}{총투자액}$$

$$영업경비비율 = \frac{영업경비}{총소득}$$

비율 분석법

$$회계적 \, 이익률법 = \frac{연평균 \, 순이익}{연평균 \, 투자액}$$

(단순) 회수 기간법

투자안의 회수기간 < 목표회수기간 → 투자채택

투자안의 회수기간 > 목표회수기간 → 투자기각

전통적 분석 기법

(22·23·24·25·26·27·28·29·30·31·32·33회)

I 부동산투자 분석기법의 체계

ⅠⅠ 할인현금흐름분석법(DCF법)

1. 개 념

할인현금흐름분석법(할인현금수지분석법)이란 부동산투자로부터 발생하는 현금
흐름(현금유입과 현금유출)을 일정한 할인율(요구수익률)로 할인하는 투자의사분
석방법(투자의사결정기법)이다.

2. 특 징

1) 미래의 현금흐름을 할인하므로 화폐의 시간가치를 고려한다.
2) 투자시 예상되는 모든 현금흐름을 대상으로 한다.
3) 장래 현금흐름의 예측은 대상부동산의 과거 및 현재자료와 비교부동산의
   시장자료를 토대로, 여러 가지 미래예측기법을 사용해서 이루어진다.
4) 현금흐름의 추계에서는 부동산운영으로 인한 영업소득뿐만 아니라 처분시
   의 지분복귀액도 포함된다.

3. 종 류

1) 순현재가치(NPV)법
   (1) 의의
      순현재가치(NPV)는 투자자의 요구수익률로 할인한 현금유입의 현가에
      서 현금유출의 현가를 뺀 값이다.

      > **순현재가치(NPV) = 현금유입의 현가 - 현금유출의 현가**

   (2) 투자결정

      > **순현재가치(NPV) > 0 → 투자채택**
      > **순현재가치(NPV) < 0 → 투자기각**

      ① 독립적인 투자안(단일투자안)일 경우 순현가가 '0'보다 크면 그 투
        자안을 채택하고, 순현가가 '0'보다 작으면 투자타당성이 없어 그
        투자안을 기각한다.
      ② 상호배타적인 투자안일 경우 순현가가 '0'보다 큰 투자안 중에서
        순현가가 가장 높은 투자안을 최적 투자안으로 선택한다.
        즉, 투자금액이 동일하고 순현재가치가 모두 '0'보다 큰 2개의 투
        자안을 비교·선택할 경우 '부(富)의 극대화 원칙'에 따라 순현재가
        치가 큰 투자안을 선택한다.

(3) 특징

① 순현재가치법에서 사용하는 할인율은 요구수익률(무위험률 + (체계적)위험할증률)을 사용한다. 재투자 수익률 역시 요구수익률을 가정한다.

② 동일한 현금흐름의 투자안이라도 투자자의 요구수익률에 따라 순현재가치(NPV)가 달라질 수 있다.

③ 재투자율의 가정에 있어 순현재가치법이 내부수익률법보다 더 합리적이라 투자준거로 선호된다.

④ 순현재가치법은 '가치가산원칙'이 적용된다.

> 가치가산원칙 : 여러 개의 자산으로 구성되어 있는 포트폴리오의 가치가 포트폴리오 내 개별자산의 가치들을 더한 총합과 일치하는 개념

Value(A + B + C) = Value(A) + Value(B) + Value(C)

2) 내부수익률(IRR)법

(1) 의의

내부수익률이란 투자로부터 발생하는 현재와 미래 현금흐름의 순현재가치를 '0'으로 만드는 할인율을 말하며, 수익성지수를 '1'로 만드는 할인율이다.

현금유입의 현가 - 현금유출의 현가 = 0

$$\frac{현금유입의\ 현가}{현금유출의\ 현가} = 1$$

---

(2) 투자결정

내부수익률(IRR) > 요구수익률 → 투자채택

내부수익률(IRR) < 요구수익률 → 투자기각

---

① 독립적인 투자안(단일투자안)일 경우 내부수익률이 요구수익률보다 크면 그 투자안을 채택하고, 내부수익률이 요구수익률보다 작으면 투자가치가 없다고 할 수 있으므로 그 투자안을 기각한다.

② 상호배타적인 투자안일 경우 내부수익률이 요구수익률보다 큰 투자안 중에서 내부수익률이 가장 큰 투자안을 선택한다.

(3) 특징

① 내부수익률법에서 사용하는 할인율은 내부수익률을 사용한다. 재투자수익률 역시 내부수익률을 가정한다.

② 내부수익률법은 '가치가산원칙'이 적용되지 않으며, 항상 부(富)의 극대화가 가능한 것도 아니다.

③ 내부수익률은 투자자의 수익을 의미하지 않으며, 내부수익률 자체만으로 투자결정을 할 수 없다.

④ 순현재가치법과 내부수익률법이 서로 상반된 결과를 나타낼 경우 순현재가치법이 우월한 투자대상이 되며, 투자판단의 준거로서 선호되는 방법이다.

[사례]

다음과 같은 현금흐름을 갖는 투자안 A의 순현가(NPV)와 내부수익률(IRR)은?[단, 할인율은 연 20%, 사업기간은 1년 이며, 사업초기(1월 1일)에 현금지출만 발생하고 사업말기(12월 31일)에 현금유입만 발생함]

투자안	초기 현금지출	말기 현금유입
A	5,000원	6,000원

[해설]

① 현금유입(6,000원)의 현가 : $\dfrac{6,000원}{(1+0.2)^1}$ = 5,000원

② 순현가 : 현금유입의 현가(5,000원) - 현금유출의 현가(5,000원) = 0

③ 내부수익률 : 순현가 = 0일 때의 할인율이므로, 내부수익률도 20%가 된다.

---

3) 수익성지수(PI)법

   (1) 의의

   예상된 현금유입의 현가를 예상현금유출의 현가로 나눈 값으로 투자안의 상대적 수익성을 나타낸다.

수익성지수(PI) = $\dfrac{현금유입의\ 현가(합)}{현금유출의\ 현가(합)}$

---

   (2) 투자결정

수익성지수(PI) > 1 → 투자채택(순현가가 '0'(zero)보다 크다는 뜻)
수익성지수(PI) < 1 → 투자기각(순현가가 '0'(zero)보다 작다는 뜻)

---

① 독립적인 투자안(단일투자안)일 경우 수익성지수가 1보다 크면 그 투자안을 채택하고, 수익성지수가 1보다 작으면 그 투자안을 기각한다.

② 상호배타적인 투자안일 경우 수익성지수가 1보다 큰 투자안 중에서 수익성지수가 가장 큰 투자안을 선택한다.

(3) 특징

① 투자규모에 차이가 있는 상호배타적인 투자안의 경우 순현재가치법과 수익성지수법을 통한 의사결정이 달라질 수 있다.

② 수익성지수법은 '가치가산원칙'이 적용되지 않는다.

③ 수익성지수법은 어떤 투자안의 상대적 수익성을 나타낼 뿐 투자자의 부(富)의 증가를 측정하지 못한다.

④ 수익성지수법에서 사용하는 할인율(재투자율)은 순현재가치법과 같은 요구수익률이다.

⑤ 수익성지수법은 투자비의 규모가 크게 다른 두 개 이상의 사업을 비교 검토할 때 유효한 지표로 사용한다.

구 분	A 투자안	B 투자안
현금유입의 현가	220	40
현금유출의 현가	200	20
순현가	20	20
수익성지수	1.1	2.0

※ 순현가는 같으나, 수익성지수가 높은 B 투자안이 타당성이 높다.

[사례]

다음 자료를 보고 수익성지수법(PI법)에 의한 부동산사업의 투자분석사례?
(단, 사업기간은 모두 1년, 할인율은 연 10%이며, 주어진 조건에 한함)

사 업	현금지출(2021. 1. 1.)	현금유입(2021.12.31.)
A	100만원	121만원
B	120만원	130만원
C	150만원	180만원
D	170만원	200만원

사업	현금 지출	현금 유입	현금유입의 현가	수익성지수 $\left(\dfrac{\text{현금유입의 현가}}{\text{현금유출의 현가}}\right)$
A	100만원	121만원	$\dfrac{121\text{만원}}{(1+0.1)}$ = 110만원	$\dfrac{110\text{만원}}{100\text{만원}} = 1.1$
B	120만원	130만원	$\dfrac{130\text{만원}}{(1+0.1)}$ = 118.18만원	$\dfrac{118.18\text{만원}}{120\text{만원}} = 0.98$
C	150만원	180만원	$\dfrac{180\text{만원}}{(1+0.1)}$ = 163.63만원	$\dfrac{163.63\text{만원}}{150\text{만원}} = 1.09$
D	170만원	200만원	$\dfrac{200\text{만원}}{(1+0.1)}$ = 181.81만원	$\dfrac{181.81\text{만원}}{170\text{만원}} = 1.07$

* A와 B사업에 투자하는 경우의 수익성지수

  - 현금유입의 현가 : $\dfrac{121\text{만원} + 130\text{만원}}{(1+0.1)}$ = 228.18만원

  - 현금유출의 현가 : 100만원 + 120만원 = 220만원

  ∴ 수익성지수 = $\dfrac{228.18\text{만원}}{220\text{만원}}$ = 1.04이다.

* C와 D사업에 투자하는 경우의 수익성지수

  - 현금유입의 현가 : $\dfrac{180\text{만원} + 200\text{만원}}{(1+0.1)}$ = 345.45만원

  - 현금유출의 현가 : 150만원 + 170만원 = 320만원

  ∴ 수익성지수 = $\dfrac{345.45\text{만원}}{320\text{만원}}$ = 1.08이다.

Ⅲ 어림셈법

1. 어림셈법의 종류

1) 승수법

(1) 매년 수익(소득)으로 투자액을 회수하는데 몇 년이 걸리겠는가를 계산하는 방법이다.

(2) 승수는 수익(소득)대비 투자액의 비율(투자액/소득)이므로 승수가 작을수록 유리하다.(승수값이 작을수록 자본회수기간이 짧다)

(3) 화폐의 시간가치를 고려하지 않는 비할인 기법이다.

2) 수익률법

(1) 매년 수익(소득)으로 투자액을 몇 % 회전시키는가를 계산하는 방법이다.

(2) 수익률은 투자액대비 수익(소득)의 비율이므로 수익률이 클수록 유리하다.

(3) 화폐의 시간가치를 고려하지 않는 비할인 기법이다.

2. 어림셈법 공식

1) 투자의 타당성은 총투자액 또는 지분투자액을 기준으로 분석할 수 있다.

2) 총소득승수와 순소득승수 및 총자산회전율과 종합자본환원율은 총투자액을 기준으로 분석하는 지표이다.

3) 세전·세후 현금흐름(수지)승수와 세전·세후 지분투자수익률은 지분투자액을 기준으로 분석하는 지표이다.

승수법		관계	수익률법	
① 총소득 승수	$\dfrac{총투자액}{총소득}$	(역수) ↔	① 총자산 회전율	$\dfrac{총소득}{총투자액}$
② 순소득 승수(자본 회수기간)	$\dfrac{총투자액}{순영업소득}$	↔	② 종합자본 환원율(총 투자수익률)	$\dfrac{순영업소득}{총투자액}$
③ 세전 현금 흐름(수지) 승수	$\dfrac{지분투자액}{세전 현금흐름(수지)}$	↔	③ 지분배당률 (세전지분 투자수익률)	$\dfrac{세전 현금흐름(수지)}{지분투자액}$
④ 세후 현금 흐름(수지) 승수	$\dfrac{지분투자액}{세후 현금흐름(수지)}$	↔	④ 세후지분투자 수익률	$\dfrac{세후 현금흐름(수지)}{지분투자액}$

※ 크기 비교

① 순소득승수 > 총소득승수

② 세후 현금흐름(수지)승수 > 세전 현금흐름(수지)승수

③ 총자산 회전율 > 종합자본환원율

④ 지분배당률 > 세후 수익률

Ⅳ 비율분석법

1. 대부비율과 부채비율

□ **대부비율(융자비율, 담보인정비율, 저당비율, LTV)** = $\dfrac{융자액(부채)}{부동산의 가치}$ = $\dfrac{부채}{지분 + 부채}$

□ **부채비율** = $\dfrac{타인자본(부채)}{자기자본(지분)}$ = $\dfrac{부채총계}{자기자본}$

□ **유동비율** = $\dfrac{유동자산}{유동부채}$

□ **자기자본비율** = $\dfrac{자기자본}{총자본(총자산)}$

1) 대부비율(담보인정비율)이 커지면 부채비율이 급격히 커진다.

2) 대부비율(담보인정비율)을 통해서 투자자가 <u>재무레버리지를 얼마나 활용하고 있는지 평가할 수 있으며</u>, 대부비율(담보인정비율)이 높을수록 지렛대효과(레버리지효과)나 지분수익률도 커지지만 채무불이행시 원금을 회수하기가 어려워 금융적 위험도 커진다.

3) 부채비율은 지분(자기자본)에 대한 부채(타인자본)의 비율로, 부채(타인자본)를 지분(자기자본)으로 나눈 값을 말한다.

※ 대부비율(융자비율)과 부채비율의 관계

대부비율(융자비율)	20%	50%	60%	80%	100%
부채비율	25%	100%	150%	400%	무한대
부채비율계산(자기자본 + 타인자본 = 100%)	<u>타인자본(20%)</u> 자기자본(80%)	<u>타인자본(50%)</u> 자기자본(50%)	<u>타인자본(60%)</u> 자기자본(40%)	<u>타인자본(80%)</u> 자기자본(20%)	<u>타인자본(100%)</u> 자기자본(0%)

2. 부채감당률, 채무불이행률, 총부채상환비율

□ **부채감당률(DCR)** = $\dfrac{순영업소득}{부채서비스액(대출원금 + 이자)}$

□ **채무불이행률** = $\dfrac{영업경비 + 부채서비스액(대출원금 + 이자)}{유효총소득}$

□ **총부채상환비율(DTI)** = $\dfrac{주택담보대출\ 원리금상환액 + 기타\ 대출이자상환액}{연간소득}$

1) 부채감당률이란 <u>순영업소득이 부채서비스액(원금 + 이자)의 몇 배가 되는가</u>를 나타내는 비율이다.

2) 부채감당률은 1보다 클수록 유리하다.

(1) 부채감당률이 <u>1보다 크면</u> 투자로부터 발생하는 순영업소득이 부채서비스액을 감당하고도 남음이 있다는 의미이다.

(2) 부채감당률이 <u>1보다 작으면</u> 투자로부터 발생하는 순영업소득이 부채서비스액을 감당하기에 부족하다는 의미이다.

3) 채무불이행률이란 <u>유효총소득이 영업경비와 부채서비스액을 감당할 수 있는 능력이 있는지를 측정하는 비율이다.</u>

(1) 채무불이행률이 클수록 채무불이행의 가능성은 높아진다.

(2) <u>채무불이행률을 손익분기율 또는 손익분기점이라고도 한다.</u>

4) 부채감당률이 클수록, 채무불이행률이 작을수록 금융상의 위험은 감소한다. 따라서, 대출기관이 채무불이행 위험을 낮추기 위해서는 해당 대출조건의 부채감당률을 높이는 것이 유리하다.

5) <u>총부채상환비율(DTI)은 차입자의 상환능력을 평가할 때 사용하는 비율로서 총부채상환비율(DTI)이 높을수록 채무불이행위험이 높아진다.</u>

3. 총자산회전율과 영업경비비율

□ **총자산회전율** = $\dfrac{총소득}{부동산가치(총투자액)}$

□ **영업경비비율** = $\dfrac{영업경비}{총소득}$

1) <u>총자산회전율이란 투자된 총자산(부동산가치)에 대한 총소득의 비율을 말한다.</u>

(1) <u>총소득으로는 가능총소득(PGI) 또는 유효총소득(EGI)이 사용된다.</u>

(2) 총자산회전율은 어림셈법에서 살펴본 총소득승수$\left(\dfrac{총투자액}{총소득}\right)$의 역수가 된다.

2) <u>영업경비비율이란 영업경비가 총소득에서 차지하는 비율로서 투자대상 부동산의 재무관리상태를 파악하는 지표의 하나로 사용된다.</u>
영업경비비율이 높으면 대상부동산의 수익성은 낮아진다.

4. 비율분석법의 한계

1) <u>비율을 구성하는 요소들에 대한 잘못된 추계로 인해 비율자체가 왜곡될 수 있다.</u>

2) 비율분석을 통해 투자를 판단할 때에는 같은 투자대안이라도 사용하는 지표에 따라 투자결정이 달리 나타날 수 있다.

V 전통적 분석기법

1. 회계적 이익률법

1) 회계적 이익률법은 투자대상 부동산의 연평균 순이익을 연평균 투자액으로 나눈 값을 말한다.

$$\text{회계적 이익률} = \frac{\text{연평균 순이익}}{\text{연평균 투자액}}$$

2) 회계적 이익률법에서는 투자안의 이익률이 목표이익률보다 높은 투자안 중에서 이익률이 가장 높은 투자안을 선택하는 것이 합리적이다.

> 투자안의 회계적 이익률 > 목표이익률 → 투자채택
> 투자안의 회계적 이익률 < 목표이익률 → 투자기각

3) 회계적 이익률법에서 평균 세후 이익이라는 회계적 이익은 재무제표의 손익계산서에서 쉽게 얻을 수 있다는 장점이 있다.

4) 회계적 이익률법은 화폐의 시간적 가치를 고려하지 않으며, 회계이익은 부동산의 현금흐름을 반영하지 못한다.

2. (단순)회수기간법

1) 회수기간은 부동산투자시점에서 발생한 비용(투자액)을 회수하는데 걸리는 시간을 말한다.

2) 회수기간법은 최초의 투자액을 얼마나 빨리 회수하는가를 측정하기 때문에 회계이익이 아니라 현금흐름을 대상으로 한다.

3) 회수기간법은 화폐의 시간적 가치를 고려하지 않고 회수기간이 더 짧은 투자안을 선택하는 투자결정방법이다.

> 투자안의 회수기간 < 목표회수기간 → 투자채택
> 투자안의 회수기간 > 목표회수기간 → 투자기각

4) 회수기간법은 계산하고 적용하기가 손쉽고 비용이 들지 않는다는 장점이 있으나, 회수기간 후의 현금흐름을 무시하고 화폐의 시간적 가치를 고려하지 않는다는 단점이 있다.

VI 금융기관의 대출가능금액 산출방법

1. 대부비율(융자비율, 담보인정비율, 저당비율, LTV)

$$\text{대부비율(LTV)} = \frac{\text{융자액(부채)}}{\text{부동산가치}}$$

2. 총부채상환비율(소득대비 부채비율, DTI) : 주택담보대출에 적용

$$\text{총부채상환비율(DTI)} = \frac{\text{주택담보대출원리금상환액 + 기타 대출이자상환액}}{\text{연간소득}}$$

3. 총부채원리금상환비율(DSR) : 모든 가계대출에 적용

$$\text{총부채상환비율(DSR)} = \frac{\text{주택담보대출원리금상환액 + 기타 대출원리금상환액}}{\text{연간소득}}$$

4. 부채감당률(DCR)

$$\text{부채감당률(DCR)} = \frac{\text{순영업소득}}{\text{부채서비스액}}$$

※ LTV는 차입자에 대한 대출가능금액 산출에 사용되고, DTI·DSR·DCR은 차입자의 상환능력을 평가할 때 사용할 수 있다.

01 **부동산투자에 관한 설명으로 틀린 것은?**(단, 다른 조건은 동일함)　　(33회)

① 투자자는 부동산의 자산가치와 운영수익의 극대화를 위해 효과적인 자산관리 운영전략을 수립할 필요가 있다.

② 금리상승은 투자자의 요구수익률을 상승시키는 요인이다.

③ 동일 투자자산이라도 개별투자자가 위험을 기피할수록 요구수익률이 높아진다.

④ 민감도분석을 통해 미래의 투자환경 변화에 따른 투자가치의 영향을 검토할 수 있다.

⑤ 순현재가치는 투자자의 내부수익률로 할인한 현금유입의 현가에서 현금유출의 현가를 뺀 값이다.

해 설　순현재가치는 투자자의 '요구수익률'로 할인한 현금유입의 현가에서 현금유출의 현가를 뺀 값이다.

정 답　⑤　▶ 기본서 연결 : ① → 논점정리 01-Ⅱ, ②·③ → 논점정리 04-Ⅰ, ④ → 논점정리 04-Ⅴ, ⑤ → 논점정리 08-Ⅱ

02 **부동산투자의 분석기법에 관한 설명으로 틀린 것은?**(단, 다른 조건은 동일함)

(33회)

① 수익률법과 승수법은 투자현금흐름의 시간가치를 반영하여 투자타당성을 분석하는 방법이다.

② 투자자산의 현금흐름에 따라 복수의 내부수익률이 존재할 수 있다.

③ 세후지분투자수익률은 지분투자액에 대한 세후현금흐름의 비율이다.

④ 투자의 타당성은 총투자액 또는 지분투자액을 기준으로 분석할 수 있으며, 총소득승수는 총투자액을 기준으로 분석하는 지표다.

⑤ 총부채상환비율(DTI)이 높을수록 채무불이행 위험이 높아진다.

해 설　'수익률법'과 '승수법'은 어림셈법으로 투자현금흐름의 시간가치를 고려하지 않는 투자타당성을 분석하는 방법이다.

정 답　①　▶ 기본서 연결 : ①·②·③·④ → 논점정리 08-Ⅲ, ⑤ → 논점정리 08-Ⅳ

Chapter 09
부동산금융론

제33회 문제 분석(기출 관련)	제34회 출제 예상 핵심 항목
• 부동산투자회사법령상 부동산투자회사의 구분 (자기관리, 위탁관리) (O) • 주택금융일반 (-) • 주택연금의 보증기관 (O) • 자산유동화에 관한 법령상 규정내용 (O) • 대출상환방식별 가중평균 상환기간의 순서 (O)	• 지분금융, 부채금융, 메자닌금융의 구분 • 주택저당의 상환방법 중 원금균등상환방식과 원리금 균등상환방식의 상환금액계산(계산문제) • 한국주택금융공사의 주택연금제도 • 주택저당증권의 종류별(MPTS, MBB, MPTB, CMO) 특징 • 프로젝트금융의 특징 • 부동산투자회사법상 리츠 종류별 내용

❖ 위 (기출 관련)은 **최근 10년 이내 출제 문제**를 정확하게 정리할 경우 쉽게 답을 찾을 수 있는 문제를 말함

논점정리

각 논점정리 앞부분에 논점정리 미리보기(체계도)가 있습니다.

【부동산금융의 개요 요약 체계도】

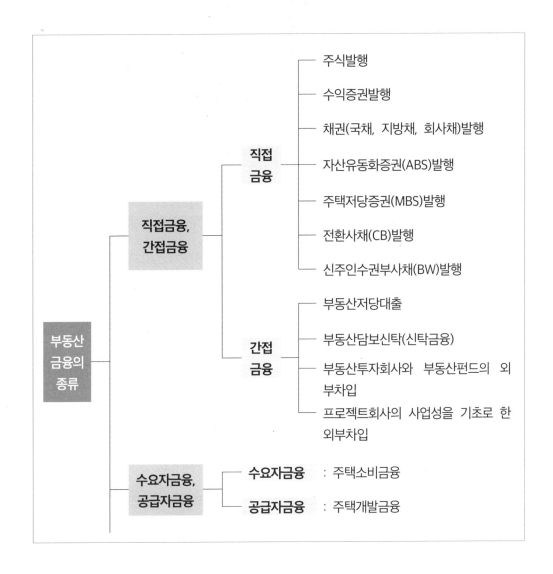

(22·24·29·31·32·33회)

I 부동산금융의 의의

1. 개 념

1) 부동산금융이란 부동산을 취득하거나 개발하기 위하여 자금을 융통하거나, 부동산을 이용하여 자금을 조달하는 행위를 말한다. 즉, 부동산을 운용대상으로 하여 필요한 자금을 조달하는 일련의 과정이라 할 수 있다.

2) 부동산금융은 주택금융과 토지금융으로 나누어지며, 이중 중심적 역할을 하는 주택금융은 주택과 같은 거주용 부동산을 매입 또는 임대하는데 필요한 자금조달을 위한 금융상품을 포괄한다.

2. 부동산금융의 기능과 원칙

1) 부동산금융의 기능

(1) 주택시장이 침체하여 주택거래가 부진하면 수요자 금융을 확대하여 주택수요를 증가시킴으로써 주택경기 활성화에 기여

(2) 주택자금융자를 통한 임차가구의 자가주택 소유 확대에 기여

(3) 주택자금융자를 통해 국민의 주거불안정 문제를 해소하여 주거안정을 도모

(4) 주택수요자 금융의 확대나 축소를 통해 주택경기조절

(5) 주택청약저축제도를 통한 저축의 유도와 이를 통한 주택자금조성

2) 부동산금융의 4대 원칙

(1) 자금의 확보 : 부동산금융의 재원을 정부재정뿐만 아니라 민간자금유치를 통해 확보

(2) 대출금리의 책정 : 부동산금융은 장기·저리의 대출금리책정이 필요

(3) 대출채권의 유동화 : 부동산금융은 대부분 장기대출이기 때문에 원활한 공급을 위하여 유동화 시킬 필요성

(4) 부동산채권보전 : 원활한 부동산금융을 위하여 이를 보전할 신용보완제도의 정비가 필요

1. 직접금융, 간접금융

1) 직접금융	① 자금의 수요자가 주식, 채권 등의 발행을 통해 금융기관을 거치지 않고 직접 자금을 조달하는 방식이다.
	② 주로 증권시장에서 거래가 이루어진다.
	<직접금융의 예>
	㉠ 주식발행
	㉡ 수익증권발행
	㉢ 채권(국채, 지방채, 회사채)발행
	㉣ 자산유동화증권(ABS)발행
	㉤ 주택저당증권(MBS)발행
	㉥ 전환사채(CB)발행
	㉦ 신주인수권부사채(BW)발행
2) 간접금융 (일반적)	① 자금의 중개기관인 금융기관을 사이에 두고 자금의 수요와 공급이 이루어지는 방식을 말한다.
	② 은행이 예금자로부터 받은 자금을 기업과 같은 자금부족 부문에게 대출해 주는 경우가 대표적인 간접금융에 해당된다.
	<간접금융의 예>
	㉠ 부동산저당대출
	㉡ 부동산담보신탁(신탁금융)
	㉢ 부동산투자회사와 부동산펀드의 외부차입
	㉣ 프로젝트 회사의 사업성을 기초로 한 외부차입

2. 수요자 금융, 공급자 금융

1) 수요자 금융 (주택소비금융)	① 주택을 구입하거나 개량하고자 하는 실수요자들에 대한 금융으로 주택구입능력을 제고시켜 자가주택 소유를 촉진시킬 수 있다.
	② 주택을 구입하려는 사람이 <u>주택을 담보로 제공하고 자금을 제공받는 형태이다.</u>(저당대부)
	③ <u>정부의 주택소비금융의 확대와 금리인하, 대출규제의 완화는 주택가격의 급격한 상승을 가져올 수 있기 때문에 주택소비금융의 축소, 금리인상, 대출규제의 강화를 통해 주택가격의 급격한 상승에 대처한다.</u>
2) 공급자 금융 (주택개발금융)	① 주택건설을 촉진하려는 목적에서 주택을 건설하는 공급자에게 제공하는 금융을 말한다.
	② 건축대부형태이다.
	③ 주택개발금융은 단기(3~4년), 고리, 단계적 대출, 일시불 상환이 일반적이다.

3. 지분금융, 부채금융, 메자닌금융

1) 지분금융 (지분증권)	(1) 의의	① 주식회사가 주식을 발행한다든가, 주식회사가 아닌 법인이 지분권을 판매하여 자기자본을 조달하는 것을 말한다. ② 자금조달에 대한 확정적 지급의무가 없으며, 투자자에게 투자·운영성과를 배당이나 분배금으로 지급한다.
	(2) 예	① (부동산)신디케이트(syndicate)의 지분출자액(다수의 소액투자자로 구성) ② 조인트벤처(joint venture)의 지분출자액(소수의 개인이나 기관투자자로 구성) ③ 부동산투자회사(REITS, 리츠)의 주식발행액 ④ 공모에 의한 증자 ⑤ 「자본시장과 금융투자업에 관한 법률(자본시장통합법)」에 의한 부동산 간접투자펀드
2) 부채금융 (부채증권)	(1) 의의	① 저당권을 설정하거나 채권을 발행하여 타인자본을 조달하는 것을 말한다. ② 자금조달주체는 대출기관이나 채권투자자에게 이자를 지급(상환)하여야 한다.
	(2) 예	① 저당금융(저당대출) ② 신탁금융(신탁증서금융) ③ 주택상환사채(회사채) ④ 자산유동화증권(ABS) ⑤ 주택저당채권담보부채권(MBB) ⑥ 주택저당증권(MBS) ⑦ 자산담보부기업어음(ABCP) ⑧ 프로젝트금융
3) 메자닌금융	(1) 의의	채권과 주식의 성격을 모두 가지고 있는 채권과 주식의 중간 형태의 사채를 말한다.
	(2) 예	① 후순위 대출 ② 자산매입조건부대출 ③ 전환사채(CB) ④ 신주인수권부사채(BW) ⑤ 우선주

용 어	해 설
① (부동산) 신디케이트 (syndicate)	부동산개발사업을 공동으로 영위하기 위하여 투자자의 자금과 개발업자의 전문성이 결합된 조합형태의 투자조직체, 소구좌지분형 부동산투자조합이다.
② 조인트벤처 (joint venture)	특정목적을 달성하기 위해 주로 부동산개발업자와 대출기관 사이에 공동으로 사업을 전개하는 조직체로서 공동벤처회사를 말한다.
③ 부동산투자 회사(REITS)	자산을 부동산에 투자하여 운용하는 것을 주된 목적으로 설립된 회사로서 자기관리 부동산투자회사, 위탁관리 부동산투자회사, 기업구조조정 부동산투자회사로 구분할 수 있다.
④ 저당금융 (저당대출)	차입자가 담보부동산의 소유권은 그대로 보유한 채 부동산을 담보로 자금을 융자받는 것을 말한다.
⑤ 신탁금융 (신탁증서금융)	부동산 소유자가 소유권을 신탁회사에 이전하고 신탁회사로부터 수익증권을 교부받아 그 수익증권을 담보로 금융기관에서 대출을 받는 것을 말한다.
⑥ 주택상환사채	주택건설업자가 발행하는 채권으로 일정기간이 지나면 주택으로 상환받을 수 있는 기명식 보증사채이다. 즉, 아파트 값의 일부를 미리 내고 사채를 매입, 만기가 되면 아파트를 분양받을 수 있는 제도이다.
⑦ 자산유동화 증권(ABS)	금융기관이나 기업이 보유하고 있는 현금화 할 수 있는 모든 자산을 집합화하여 유동화 전문회사(SPC, 특수목적회사)에 양도하고 그 자산을 담보로 증권을 발행·매각하여 자금을 조달하는 방법이다.
⑧ 주택저당증권 (MBS)	○ 저당대출기관, 저당회사, 기타 기관투자자들이 자신들이 설정하거나 사들인 주택저당권을 담보로 해서 발행하는 증권을 말한다.(예 : 한국주택금융공사의 주택저당채권을 기초로 한 주택저당증권발행) ○ 주택저당증권은 그 특성에 따라 이체증권(MPTS), 주택저당채권담보부채권(MBB), 저당직불채권(MPTB), 다계층채권(CMO)으로 분류된다.
⑨ 자산담보부기업 어음(ABCP)	유동화전문회사(SPC)가 매출채권, 리스채권, 회사채 등 자산을 근거로 발행하는 기업어음(CP)이다.
⑩ 프로젝트금융	① 특정 프로젝트의 수익성을 보고 자금을 대출하여 그 사업의 수익금으로 대출금을 다시 돌려받는 금융기법이다. ② 프로젝트금융은 비소구 또는 제한적 소구금융의 특징을 가지고 있다.

용 어	해 설
⑪ 신주인수권부 사채(BW)	○미리 정해진 가격으로 일정액의 신주를 인수할 수 있는 권리 가 붙은 채권이다. ○전환사채(CB)와 다른점은 전환사채가 전환에 의해 그 사채가 소멸되는데 비해 신주인수권부사채는 인수권의 행사에 의해 인수권 부분만 소멸될 뿐 사채부분은 계속 효력을 갖는다는 점이다. 따라서 인수권리를 행사할 때에는 신주의 대금은 따 로 지불해야 한다.
⑫ 전환사채	주식으로 전환할 수 있는 권리가 붙은 사채를 말한다. 전환청구 기간 내에 전환권을 행사함으로써 미리 정해진 가격으로 신주 를 인수할 수 있다.

Ⅲ 주택금융시장의 구조

1. 주택자금 대출시장

1) 제1차 주택저당대출시장이다.
2) 예금이나 보험을 취급하는 금융기관이 자금을 조달하여 주택자금수요자에게 주택담보대출을 제공하는 시장이다.
3) 저당대출을 원하는 수요자와 저당대출을 제공하는 금융기관 간의 관계만으로 형성되는 시장이다.

2. 주택자금 공급시장

1) 제2차 주택저당대출시장이다.
2) 특별목적회사(SPC)나 한국주택금융공사를 통해 투자자로부터 자금을 조달하여 주택자금 대출기관에 공급해주는 시장을 말한다.
3) 제2차 주택저당대출시장은 제1차 주택저당대출시장에 자금을 공급하는 역할을 한다.
4) 우리나라에서는 주로 한국주택금융공사가 제2차 저당대출기관의 역할을 하고 있으며, 한국주택금융공사는 시중은행이나 기타금융기관들이 설정한 저당권에 의해 담보된 주택저당채권을 사들이고, 이를 기초로 주택저당증권을 발행하고 있다.

3. 신용보강이 일어나는 신용보증시장(한국주택금융공사의 주택금융신용보증기금)

4. 기타의 간접투자시장

예 제

01 부채금융(debt financing)에 해당하는 것을 모두 고른 것은? (32회)

> ㄱ. 주택저당대출   ㄴ. 조인트 벤처(joint venture)
> ㄷ. 신탁증서금융   ㄹ. 자산담보부기업어음(ABCP)
> ㅁ. 부동산투자회사(REITs)

① ㄱ, ㄴ, ㄷ   ② ㄱ, ㄴ, ㄹ   ③ ㄱ, ㄷ, ㄹ
④ ㄴ, ㄷ, ㅁ   ⑤ ㄴ, ㄹ, ㅁ

해 설   조인트 벤처나 부동산투자회사(리츠)는 '지분금융'에 해당된다.

정 답   ③   ▶ 기본서 연결 : 논점정리 01-Ⅱ

02 주택금융에 관한 설명으로 **틀린 것은?**(단, 다른 조건은 동일함) (33회)

① 정부는 주택소비금융의 확대와 금리인하, 대출규제의 완화로 주택가격의 급격한 상승에 대처한다.
② 주택소비금융은 주택구입능력을 제고시켜 자가주택 소유를 촉진시킬 수 있다.
③ 주택자금대출의 확대는 주택거래를 활성화 시킬 수 있다.
④ 주택금융은 주택과 같은 거주용 부동산을 매입 또는 임대하는데 필요한 자금조달을 위한 금융상품을 포괄한다.
⑤ 주택도시기금은 국민주택의 건설이나 국민주택 규모 이하의 주택 구입에 출자 또는 융자할 수 있다.

해 설   주택가격의 급격한 상승에 대처하기 위해서는 ㉠ 주택소비금융의 축소, ㉡ 금리인상, ㉢ 대출규제의 강화정책을 펼쳐야 한다.

정 답   ③   ▶ 기본서 연결 : ①·② → 논점정리 01-Ⅱ, ③·④ → 논점정리 01-Ⅰ, ⑤ → 논점정리 07-Ⅰ

【부동산의 저당대출제도 요약 체계도】

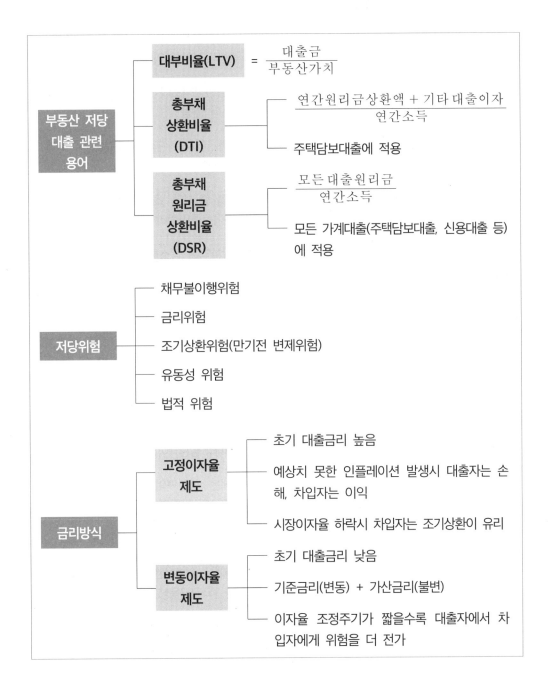

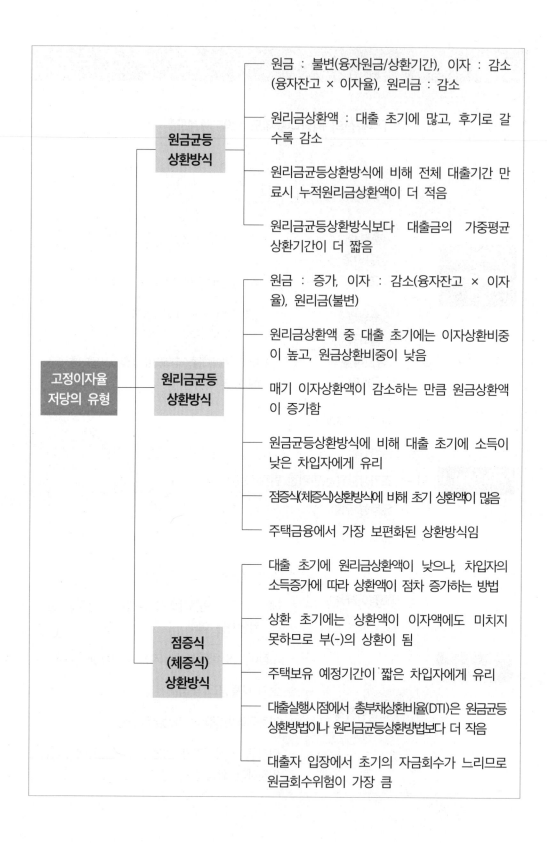

고정이자율
저당의 유형

**원금균등
상환방식**

- 원금 : 불변(융자원금/상환기간), 이자 : 감소 (융자잔고 × 이자율), 원리금 : 감소
- 원리금상환액 : 대출 초기에 많고, 후기로 갈 수록 감소
- 원리금균등상환방식에 비해 전체 대출기간 만료시 누적원리금상환액이 더 적음
- 원리금균등상환방식보다 대출금의 가중평균 상환기간이 더 짧음

**원리금균등
상환방식**

- 원금 : 증가, 이자 : 감소(융자잔고 × 이자율), 원리금(불변)
- 원리금상환액 중 대출 초기에는 이자상환비중이 높고, 원금상환비중이 낮음
- 매기 이자상환액이 감소하는 만큼 원금상환액이 증가함
- 원금균등상환방식에 비해 대출 초기에 소득이 낮은 차입자에게 유리
- 점증식(체증식)상환방식에 비해 초기 상환액이 많음
- 주택금융에서 가장 보편화된 상환방식임

**점증식
(체증식)
상환방식**

- 대출 초기에 원리금상환액이 낮으나, 차입자의 소득증가에 따라 상환액이 점차 증가하는 방법
- 상환 초기에는 상환액이 이자액에도 미치지 못하므로 부(-)의 상환이 됨
- 주택보유 예정기간이 짧은 차입자에게 유리
- 대출실행시점에서 총부채상환비율(DTI)은 원금균등상환방법이나 원리금균등상환방법보다 더 작음
- 대출자 입장에서 초기의 자금회수가 느리므로 원금회수위험이 가장 큼

[논점정리] 02 부동산의 저당대출제도

(23·24·25·26·27·28·29·31·32·33회)

Ⅰ 부동산저당대출 관련 용어

1. 대부비율(융자비율, 담보인정비율, 저당비율 : LTV)

$$대부비율(LTV) = \frac{대출금}{부동산가치}$$

1) 담보부동산의 시장가치대비 대출금의 비율을 나타낸다.
2) 대부비율이 높아질수록 원리금상환의 비율이 커지므로 채무불이행의 가능성도 높아지고, 이자율도 상승한다.
3) LTV가 상승할수록 주택수요는 증가하고, LTV가 하락할수록 주택수요는 감소한다.

2. 총부채상환비율(소득대비 원리금상환비율 : DTI)

$$총부채상환비율(DTI) = \frac{연간원리금상환액 + 기타 대출이자}{연간소득}$$

1) 주택담보대출에 적용된다.
2) DTI가 상승할수록 주택수요는 증가하고, DTI가 하락할수록 주택수요는 감소한다.

3. 총부채원리금상환비율(DSR)

$$총부채원리금상환비율(DSR) = \frac{모든 대출원리금}{연간소득}$$

1) 모든 가계대출(주택담보대출, 신용대출 등)에 적용된다.
2) 기존의 주택담보대출뿐만 아니라 마이너스통장, 학자금대출, 자동차할부, 신용카드 등 모든 대출의 원금과 이자를 더한 원리금상환액을 갚아야 할 부채로 상정해 소득대비 상환능력을 따지게 된다.
3) DSR을 적용하면 연소득은 그대로인 상태에서 금융부채가 커지기 때문에 대출한도가 대폭 감소한다.

4. 대출이자율

1) 고정이자율, 변동이자율

 (1) 고정이자율 : 전체 대출기간동안 처음 대출자와 차입자가 약정한 고정
   된 이자율을 적용하는 방식

 (2) 변동이자율 : 대출기간동안 이자율이 변동하는 방식

2) 실질이자율, 명목이자율

 (1) 실질이자율 : 명목이자율 - 예상 인플레이션율

 (2) 명목이자율(계약이자율, 표시이자율) : 실질이자율 + 예상 인플레이션율

5. 월부금(원리금상환액, 부채서비스액, 저당지불액)

> **월부금 = 대출액 × 저당상수**

1) 대출기간 중 원금상환분과 이자의 합계로서 매달 대출자에게 납입하는 금
액을 말한다.

2) 저당상수는 일정금액을 원리금균등분할상환방식으로 대출기관으로부터 융
자를 받을 때 매기간 상환하여야 할 원금과 이자의 합계 즉, 원리금을 구
하는 계수이며, '연금의 현가계수'와 역수관계이다.

Ⅱ 이자율

1. 이자율의 의의

1) 오늘의 소비를 포기하고 이를 미래로 미루는데 대한 화폐의 시간선호가치
를 나타낸다.

2) 부동산융자의 이자율에는 고정이자율과 변동이자율이 있으며, 항상 융자잔
고에 대해서 적용된다.

3) 대출이자율이 낮을수록 부동산수요는 늘어난다.

2. 대출자 입장에서의 이자율 결정요소

1) 대출자의 자금동원비용

2) 예상 인플레이션율

3) 다른 경쟁대출기관의 이자율

4) 담보가치나 담보인정비율 및 차입자의 신용에 따른 위험도

5) 다른 대안적 투자에서 얻을 수 있는 수익률 등

3. 이자율 결정원리

1) 실질이자율 : 인플레이션이 없는 상태의 이자율을 말한다.

> **실질이자율 : 명목이자율 - 예상 인플레이션율**

2) 명목이자율 : 인플레이션율이 가산된 이자율을 말한다.

> **명목이자율 : 실질이자율 + 예상 인플레이션율**

4. 이자계산 단위기간에 따른 유효이자율

1) 이자계산 단위기간에 따라 명목금리와 실질금리는 차이가 난다.

2) 명목금리가 같다고 하더라도 연간 유효이자율은 이자계산기간이 짧을수록 높아진다. 즉, 이자계산기간이 짧을수록 만기의 금액이 높아진다.

> 예) 연간 이자율이 같은 1년 만기 대출의 경우 대출자는 기말에 한번 이자를 받는 것보다 기간 중 4회 받는 것이 유리하다.

5. 융자수수료와 유효차입이자율

1) 융자가 이루어지는 과정에서 대출자가 여러 가지 명목의 대출수수료를 공제하고 융자를 해주거나 수수료를 따로 받는 경우에 실제 융자액은 계약 융자액보다 적게 된다.

2) 이 경우 대출금에 대한 상환은 수수료를 공제한 실제융자액이 아닌 계약 융자금 전액에 대하여 이루어지므로 차입자가 지불하는 실제 이자율은 계약이자율보다 높게 된다.

Ⅲ 저당위험

1. 저당위험의 의의

저당위험이란 저당대출자(금융기관 등)에게 발생할 수 있는 위험을 말한다.

2. 저당위험의 종류

1) 채무불이행 위험

(1) 저당대출 차입자가 대출원리금에 대한 채무상환의무를 이행하지 않을 위험을 말한다.

(2) 채무불이행은 저당이 설정된 후 차입자의 소득이 감소되거나, 담보부동산의 가치가 일정수준 이하로 떨어질 때 많이 발생한다.

> 예) 일반적으로 차입자의 소득과 담보부동산의 가치는 시간이 지날수록 증가하는 경향으로 인해 차입자의 채무불이행 위험이 낮아진다.

2) 금리위험

(1) 저당대출을 설정할 경우 여러 가지 위험을 충분히 감당하기 위해서 얼마만한 이자율을 부과해야 하는가 하는 문제에 대한 불확실성을 지칭한다.

(2) 주로 고정금리 장기대출에서 더욱 위험이 커지는데, 이는 저당대출자(금융기관 등) 입장에서 고정금리로 대출을 실행한 경우 예상하지 못한 인플레이션 등이 발생하면 이자소득을 손해 보는 것을 말한다.

예) 대출금리가 고정금리일 때, 대출시점의 예상 인플레이션보다 실제 인플레이션이 높으면 금융기관에는 손해이고 차입자에게는 이익이다. 즉, 금리(명목이자율 : 실질이자율 + 예상 인플레이션율)가 상승해도 고정금리 대출을 했을 경우에는 금리를 올릴 수 없기 때문에 금융기관은 기존 대출에서 높은 소득을 얻을 수 있는 기회가 사라진다.

3) 조기상환위험(만기 전 변제위험)

(1) 차입자가 대출기간 만기 전에 채무를 변제함에 따라 발생하는 위험을 말한다.

(2) 시장금리가 대출약정금리보다 낮은 상황(시장금리 < 대출약정금리)에서 대출이 조기 상환될 경우 저당대출자(금융기관 등)가 높은 수익률을 추구할 수 있는 기회를 상실하는 위험이다.

예) 1. 고정금리 대출시 시장이자율이 대출약정이자율보다 높아지면 차입자는 기존 대출금을 상환하지 않고 유지하는 것이 유리하다.
2. 시장이자율 하락시 고정금리대출을 실행한 대출기관은 차입자의 조기상환으로 인한 위험이 커진다.

4) 유동성 위험

(1) 대출자산을 현금으로 바꾸기 어려움에 따른 위험을 말한다. 즉, 자금의 조달(단기예금)과 운용(장기대출) 간의 기간 불일치로 인해 발생할 수 있는 위험이다.

(2) 자산유동화제도(그 중에서 MBS(주택저당증권)제도)는 자산의 유동성을 높여주기 때문에 유동성위험이 감소되며 주택금융의 이자율 수준도 낮출 수 있다.

5) 법적 위험

(1) 시장의 규제환경이 변화됨에 따라 저당대출자가 안게 되는 위험을 말한다.

(2) 저당대출 후 정부의 조세정책, 임대료규제, 이자율정책 등이 변화되어 대출자에게 불리한 영향을 미칠 수 있는 법적 환경의 변화로부터 직면하게 되는 위험이다.

1. 고정이자율제도(고정이자율 저당대출)

1) 의의

고정이자율제도는 전체 대출기간동안 처음 대출자와 차입자가 약정한 고정된 이자율(명목이자율)을 적용하는 대출을 말한다. 즉, 시장금리의 변동에 관계없이 대출시 확정된 이자율이 만기까지 계속 적용된다.

2) 유형

(1) 원금균등상환방식(CAM)

(2) 원리금균등상환방식(CPM)

(3) 점증식(체증식)상환방법(GPM)

(4) 만기일시상환방식

3) 특징

(1) 대출고정금리가 시장금리보다 높은 경우(대출금리 > 시장금리, 금리 하락시)

① 차입자에게 불리하여 차입자의 조기상환가능성이 증가되며, 이에 따라 대출자의 조기상환위험이 증가한다.

② 차입자의 조기상환시 대출자는 최초 대출금리에 의해 얻을 수 있었던 이자수입을 상실할 수 있기 때문에, 대출자는 이에 대비하기 위해 차입자에게 조기상환수수료 등을 부과한다.

(2) 대출고정금리가 시장금리보다 낮은 경우(대출금리 < 시장금리, 금리 상승시)

① 차입자는 현 상태를 유지하는 것이 유리하다.

② 대출자는 실질이자율 하락에 따른 수익성이 악화된다.

③ 실제 인플레이션이 대출시점의 예상 인플레이션보다 높다면, 예상치 못한 인플레이션에 따른 이자율 위험을 대출자가 전부 부담한다.

(3) 대출조건이 동일한 경우, 대출시점에 고정금리 주택담보대출의 금리가 변동금리 주택담보대출금리보다 높음

2. 변동이자율제도(변동이자율 저당대출)

1) 의의

변동이자율제도는 대출기간동안 이자율이 변동하는 방식을 말한다.

변동이자율제도는 이자율 변동위험의 전부 혹은 일부를 대출자가 차입자에게 전가시키기 위해 고안된 저당대출제도로서 금융기관의 이자율 변동위험을 줄일 수 있는 장점이 있다.

2) 구분
    (1) 가변이자율방식
    (2) 조정이자율방식
    (3) 재협정이자율방식

3) 특징
    (1) 통상 초기 대출금리는 변동이자율이 고정이자율보다 낮다.
    (2) 변동금리로 대출을 하더라도 금리조정기간동안 대출자도 금리변동위험을 부담하므로 대출자의 금리변동위험이 완전히 제거되지는 않는다.
    (3) 차입자에게 변동금리대출을 실행하면 대출자의 인플레이션 위험은 낮아진다.
    (4) 변동금리부 주택담보대출이자율의 조정주기가 짧을수록 이자율변동의 위험은 대출자에서 차입자에게로 더 전가된다.
    (5) 변동이자율제도에서 기준금리는 시장상황에 따라 계약기간 중에 변동하고, 가산금리는 계약기간 중 불변한다.

4) 변동이자율제도에서 이자율의 결정

> **변동금리 = 기준금리(지표, index) + 가산금리(마진, spread)**

    (1) 기준금리(index)
        ① 기준금리는 시장이자율을 대표하는 수익률이며, 보통 CD금리(양도성 예금증서의 유통수익률)를 사용하나 최근에는 코픽스금리(COFIX : 은행들의 자금조달 비용지수)를 사용하기도 한다. 따라서 코픽스금리나 CD금리가 상승하게 되면 기준금리가 상승하게 된다.
        ② 기준금리는 시장상황에 따라 변동하며, 이 기준금리 조정주기가 짧을수록 대출자가 유리하고, 차입자는 불리하다. CD금리의 경우 보통 3개월을 조정주기로 하고 있으며, 코픽스금리의 경우는 보통 6~12개월을 조정주기로 하고 있다.
    (2) 가산금리(spread)
        ① 기준금리에 신용도 등의 조건에 따라 덧붙이는 금리를 가산금리(spread)라고 한다.
        ② 차입자의 신용도가 높아 위험이 적으면 가산금리가 낮아지고, 반대로 차입자의 신용도가 낮아 위험이 많으면 가산금리는 높아진다.

Ⅴ 고정이자율 저당의 유형

1. 원금균등상환방식(CAM)

1) 원금균등상환방식은 원금을 매기간 동일한 금액으로 상환하고 이자는 남은 대출잔금에 따라 달라지는 방식을 말한다.

> **원금** : 불변(대출원금/상환기간)　　**이자** : 감소(대출잔금 × 이자율)　　**원리금** : 감소
> * 이자 = [융자원금 − {상환원금 × (n − 1)}] × 이자율(n은 상환회차)

2) 원리금상환액은 대출초기에는 많고, 후기로 갈수록 감소한다. 이를 체감식 상환방법이라고 한다.(매기간에 상환하는 원리금 상환액과 대출잔액이 점차적으로 감소)

3) 대출자 입장에서 초기의 자금회수가 빠르므로 원금회수위험이 원리금균등 분할상환방식보다 상대적으로 적다.

4) 원금균등상환방식은 원리금균등상환방식에 비해 전체 대출기간 만료시 누적원리금상환액이 더 적다.

5) 원금균등상환방식의 경우, 원리금균등상환방식보다 대출금의 가중평균 상환기간(duration)이 더 짧다.

[원금균등분할상환방법의 대출상환추이]

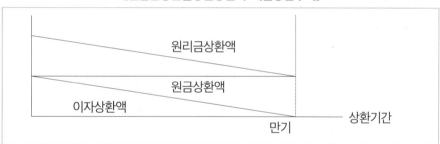

[참고] 가중평균 상환기간

○ 가중평균 상환기간이란 각 기간마다 발생하는 이자 및 상환되는 원금을 총지급액에 대한 비율로 계산하여 여기에 각 연수를 곱하여 만든 것으로 대출채권으로부터 발생하는 모든 현금흐름의 평균회수기간을 말한다.

○ 가중평균 상환기간은 마지막에 상환되는 원금뿐만 아니라 기간 중에 발생하는 모든 이자 지급을 고려하므로 만기까지의 기간보다 짧으며 이자 지급액이 클수록 만기 전에 현금흐름이 많아지므로 이 기간은 짧아진다.

○ 따라서 대출자입장에서 자금회수(원금+이자)가 빠른 대출방식이 대출금의 가중평균 상환기간이 짧다.

> ※ 가중평균 상환기간이 짧은 순서
> 　원금균등분할상환방식 > 원리금균등분할상환방식 > 만기일시상환방식

A씨는 주택을 구입하기 위해 은행으로부터 5억원을 대출받았다. 은행의 대출조건이 다음과 같을 때, 9회차에 상환할 원리금상환액과 13회차에 납부하는 이자납부액은 얼마인가?(단, 주어진 조건에 한함)

- 대출금리 : 고정금리, 연 5%
- 대출기간 : 20년
- 원리금상환조건 : 원금균등상환이고, 연단위 매기말 상환

[해설]

1. 9회차 상환할 원리금
   ○ 매년 상환할 원금 = 5억원 ÷ 20년 = 2,500만원
   ○ 9회차 상환할 이자 = [5억원 - {2,500만원 × (9회차 - 1)}] × 5% = 1,500만원
     ∴ 9회차 상환할 원리금 = 원금(2,500만원) + 이자(1,500만원) = 4,000만원
2. 13회차에 납부하는 이자납부액
   ○ [5억원 - {2,500만원 × (13회차 - 1)}] × 5% = 1,000만원

2. 원리금균등상환방식(CPM)

1) 원리금균등상환방식은 원금과 이자를 합하여 매기간 균등하게 상환하는 방식을 말한다.

2) 원리금상환액 중에서 <u>기간 초에는 이자상환비중이 높고, 원금상환비중이 낮다. 따라서 매기 이자상환액이 감소하는 만큼 원금상환액이 증가한다.</u>

> **원금** : 증가   **이자** : 감소   **원리금** : 불변

3) <u>원리금 균등상환방식은 원금균등상환방식에 비해 대출 초기에 소득이 낮은 차입자에게 유리하며, 점증식(체증식) 상환방식에 비해서는 초기 상환액이 많다.</u>

4) <u>대출금을 조기 상환하는 경우 그 동안의 상환된 금액은 원금균등상환방식이 원리금균등상환방식보다 크므로 상환할 금액은 원금균등상환방식에 비해 원리금균등상환방식의 상환액이 더 크다.</u>

5) 원리금균등상환방식은 매기간 상환액이 확정되어 차입자가 이해하기 쉽고 장기적 상환계획을 세우기가 쉬운 장점이 있어 부동산금융, 특히 주택금융에서 가장 보편화된 상환방식이다.

> **원리금상환액 = 대출원금 × 저당상수 = 대출원금 ÷ 연금의 현가계수**

[원리금균등상환방법의 대출상환 추이]

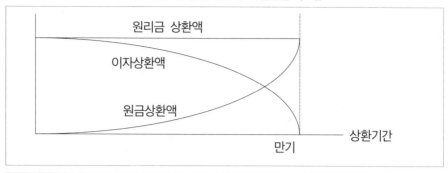

[사례연습1]

A씨는 8억원의 아파트를 구입하기 위해 은행으로부터 4억원을 대출받았다. 은행의 대출조건이 다음과 같을 때, A씨가 2회차에 상환할 원금과 3회차에 납부할 이자액은 얼마인가(단, 주어진 조건에 한함)

- 대출금리 : 고정금리, 연 6%
- 대출기간 : 20년
- 저당상수 : 0.087
- 원리금상환조건 : 원리금균등상환방식, 연단위 매기간말 상환

[해설]

* 계산방법
　첫째, 대출원금(4억원)에 저당상수(0.087)를 곱하여 매회차 원리금상환액(34,800,000원)을 구하며, 이는 매회차 동일하다.
　둘째, 1회차 이자는 대출원금(4억원)에 연이자율(6%)를 곱하여 산출(24,000,000원)한다.
　셋째, 원리금상환액(34,800,000원)에서 이자(24,000,000원)을 차감하여 원금상환액(10,800,000원)을 산출한다.
　넷째, <u>2회차부터는 각 회차별로 대출잔액에 연이자율을 곱하여 이자상환액을 구한 다음 원리금상환액(34,800,000원)에서 차감 원금상환액을 구해 나가면 된다.</u>

* 각 회차별 원금 및 이자상환액

구 분	1회차	2회차	3회차
원리금	34,800,000원 (4억원 × 0.087)	34,800,000원	34,800,000원

구 분	1회차	2회차	3회차
이자 상환액	(4억원 × 6%) 24,000,000원	(4억원 - 10,800,000 원) × 6% 23,352,000원	(4억원 - 22,248,000 원) × 6% <u>22,665,120원</u>
원금 상환액	(34,800,000원 - 24,000,000원) 10,800,000원	(34,800,000원 - 23,352,000원) <u>11,448,000원</u>	(34,800,000원 - 22,665,120원) 12,134,880원

[사례연습2]

A는 아파트를 구입하기 위해 은행으로부터 연초에 4억원을 대출받았다. A가 받은 대출의 조건이 다음과 같을 때, 대출금리(㉠)와 2회차에 상환할 원금(㉡)은(단, 주어진 조건에 한함)

- 대출금리 : 고정금리
- 대출기간 : 20년
- 연간 저당상수 : 0.09
- 1회차 원금상환액 : 1,000만원
- 원리금상환조건 : 원리금균등상환방식, 매년말 연단위 상환

[해설]

* 계산방법

  첫째, 대출원금(4억원)에 저당상수(0.09)를 곱하면 매회 상환해야 될 원리금합계액은 3천 6백만원이 된다.

  둘째, 1회차 원리상환액이 1,000만원이라 했으므로 이자상환액은 2천 6백만원이 된다.

  셋째, 대출원금 4억원에 대한 이자가 2천 6백만원이므로 대출금리는 6.5%이다.

* 1·2회차별 원금 및 이자상환액

구 분	1회차	2회차
원리금	36,000,000원(4억원 × 0.09)	36,000,000원(4억원 × 0.09)
이자 상환액	(36,000,000원 - 10,000,000원) 26,000,000원	(4억원 - 1천만원) × 6.5% 25,350,000원
원금 상환액	10,000,000원	(36,000,000원 - 25,350,000원) 10,650,000원

3. 점증식(체증식)상환방법(GPM)

1) 점증식(체증식)상환방법은 대출초기에 원리금상환액이 낮으나, 차입자의 소득증가에 따라 <u>상환액이 점차 증가하는 방법</u>이다.

2) 점증식(체증식)상환방법은 인플레이션으로 인한 문제점을 해결하기 위해 도입된 상품 중의 하나로, 상환초기에는 상환액이 이자액에도 미치지 못하므로 부(-)의 상환이 된다.

3) <u>점증식(체증식)상환방법의 경우 미래소득이 증가될 것으로 예상되는 차입자에게 적합한 방법으로, 주택보유예정기간이 짧은 차입자에게 유리하다.</u>

4) <u>점증식(체증식)상환방법은 다른 상환방법에 비해 이자부담이 크다.</u>

5) <u>대출실행시점에서 총부채상환비율(DTI)은 점증식(체증식)상환방법이 원금균등상환방법이나 원리금균등상환방법보다 더 작다.</u>

6) 대출자 입장에서 초기의 자금회수가 느리므로 원금회수위험이 가장 크며, 차입자가 중도상환시 잔액(잔금비율)이 가장 많다.

   ※ 만기일시상환방법
   ① 약정기간동안 이자만 부담하고 만기에 대출금을 모두 상환하는 방식의 대출이다.
   ② 다른 대출상환방식에 비해 이자부담이 크다.

[점증식(체증식)상환방법의 대출상환추이]

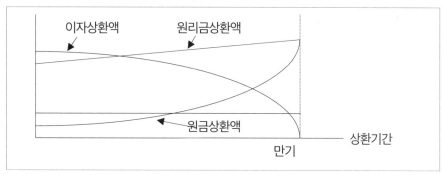

[참고] 대출상환방법(원금균등, 원리금균등, 점증식)의 상호 비교

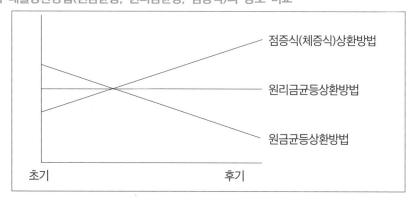

1. 대출초기의 원리금상환액이 많은 순서(총부채상환비율이 큰 순서)

> 원금균등상환방법 > 원리금균등상환방법 > 점증식(체증식)상환방법

2. 대출기간 중 중도 상환할 때 대출잔금(잔금비율)이 많은 순서

> 점증식(체증식)상환방법 > 원리금균등상환방법 > 원금균등상환방법

3. 전체 대출기간 중 총이자 납부액이 많은 순서

> 점증식(체증식)상환방법 > 원리금균등상환방법 > 원금균등상환방법

4. 전체 대출기간 만료시 누적원리금상환액이 큰 순서

> 점증식(체증식)상환방법 > 원리금균등상환방법 > 원금균등상환방법

VI 주택담보대출가능 최대금액산정

1. 대부비율(담보인정비율, LTV)

LTV는 주택의 가격대비 대출금의 비율로 은행들이 주택을 담보로 대출을 할 때 적용하는 <u>담보가치대비 최대 대출가능비율</u>을 말한다.

$$\text{LTV} = \frac{\text{대출금액}}{\text{주택의 가치(담보평가액)}}$$

2. 총부채상환비율(소득대비 부채비율, DTI)

DTI는 차주의 소득을 중심으로 대출규모를 결정하는 기준으로 연간소득에서 주택담보대출의 연간 원리금상환액과 기타 부채의 이자상환액을 합한 금액이 차지하는 비율을 말한다.

$$\text{DTI} = \frac{\text{주택담보대출 원리금상환액 + 기타 대출이자상환액}}{\text{연간소득}}$$

3. 총부채원리금상환비율(DSR)

DSR은 차주의 총금융부채(기존 주택담보대출뿐만 아니라 마이너스통장, 학자금대출, 자동차할부, 신용대출, 카드론 등 모든 대출의 원금과 이자를 더한 원리금상환액) 상환부담을 판단하기 위하여 산정하는 차주의 연간소득대비 연간금융부채 원리금상환액 비율을 말한다.

$$DSR = \frac{\text{연간 금융부채 원리금상환액}}{\text{연간소득}}$$

[참고] LTV, DTI, DSR의 기준결정

LTV, DTI, DSR의 구체적인 기준은 금융감독원장이 행정지도 심사위원회를 거쳐 결정한다.

[사례연습1]

80,000,000원의 기존 주택담보대출이 있는 甲은 A은행에서 추가로 주택담보대출을 받고자 한다. A은행의 대출승인기준이 다음과 같을 때, 甲이 대출 가능한 최대금액은?(단, 문제에서 제시한 것 외의 기타 조건은 고려하지 않음)

> - 甲 소유 주택의 담보평가가격 : 400,000,000원
> - 甲의 연간소득 : 40,000,000원
> - 연간 저당상수 : 0.1
>   - 담보인정비율(LTV) : 70%
>   - 소득대비 부채비율(DTI) : 50%
>   ※ 두 가지 대출승인 기준을 모두 충족시켜야 함

[해설]

1. 담보인정비율(LTV) = $\dfrac{\text{대출금액}}{\text{담보평가액}(4억원)}$ = 70%이므로 대출금액은 <u>2억 8천만원</u>

2. 소득대비 부채비율(DTI) = $\dfrac{\text{연간부채상환액}(부채서비스액)}{\text{연간소득}(4천만원)}$ = 50%이므로 연간부채

   상환액은 <u>2천만원</u>

3. 연간부채상환액 = 부채서비스액(대출원리금)으로 봄

4. 부채서비스액(2천만원) = 대출원금 × 저당상수(0.1)이므로 대출원금은 <u>2억원</u>

5. LTV와 DTI를 모두 충족시키기 위해서는 적은 금액인 2억원이 최대 대출가능금액이 된다.

6. 최대 대출가능금액(2억원) - 기존 대출금액(8천만원) = <u>추가 대출가능금액(1억 2천만원)</u>

[사례연습2]

주택담보대출을 희망하는 A의 소유 주택시장가치가 3억원이고 연소득이 5,000만원이며 다른 부채가 없다면, A가 받을 수 있는 최대 대출가능금액은?(단, 주어진 조건에 한함)

- 연간 저당상수 : 0.1
- 대출승인기준
  - 담보인정비율(LTV) : 시장가치기준 60%
  - 총부채상환비율(DTI) : 40%
    ※ 두 가지 대출승인 기준을 모두 충족시켜야 함

[해설]

1. 담보인정비율(LTV) = $\dfrac{대출금액}{담보물 시장가치(3억 원)}$ = 60%이므로 대출금액은 <u>1억 8천만원</u>

2. 총부채상환비율(DTI) = $\dfrac{연간부채상환액(부채서비스액)}{연간소득(5천만원)}$ = 40%이므로 연간부채상환액은 <u>2천만원</u>

3. 부채서비스액(2천만원) = 대출원금 × 저당상수(0.1)이므로 대출원금은 <u>2억원</u>

4. LTV와 DTI를 모두 충족시키기 위해서는 <u>적은 금액인 1억 8천만원이 최대 대출가능 금액이 된다.</u>

[사례연습3]

담보인정비율(LTV)과 차주상환능력(DTI)이 상향 조정되었다. 이 경우 A가 기존 주택담보대출금액을 고려한 상태에서 추가로 대출 가능한 최대금액은?(단, 금융기관의 대출승인기준은 다음과 같고, 다른 조건은 동일함)

- 담보인정비율(LTV) : 60% → 70%로 상향
- 차주상환능력(DTI) : 50% → 60% 상향
- A 소유 주택의 담보평가가격 : 3억원
- A 소유 주택의 기존 주택담보대출금액 : 1.5억원
- A의 연간소득 : 3천만원
- 연간 저당상수 : 0.1
  ※ 담보인정비율(LTV)과 차주상환능력(DTI)은 모두 충족시켜야 함

[해설]

1. 상향된 담보인정비율(LTV)에 의한 대출가능금액 : $\dfrac{대출금액}{담보평가가격(3억원)}$ = 70%이므로 대출금액은 <u>2억 1천만원</u>

2. 상향된 차주상환능력(DTI)에 의한 연간부채상환액(부채서비스액) : $\dfrac{연간부채상환액(부채서비스액)}{연간소득(3천만원)}$ = 60%이므로 연간부채상환액은 <u>1천 8백만원</u>

3. 부채서비스액(1천 8백만원) = 대출원금 × 저당상수(0.1)이므로 대출원금은 <u>1억 8천만원</u>

4. LTV와 DTI를 모두 충족시키기 위해서는 적은 금액인 <u>1억 8천만원</u>이 최대 대출가능금액이 된다.

5. 최대 대출가능금액(1억 8천만원) - 기존 대출금액(1억 5천만원) = <u>추가 대출가능금액(3천만원)</u>

[사례연습4]

A씨는 이미 은행에서 부동산을 담보로 7,000만원을 대출받은 상태이다. A씨가 은행으로부터 추가로 받을 수 있는 최대 담보대출금액은?(단, 주어진 조건에 한함)

- 담보부동산의 시장가치 : 5억원
- 연소득 : 6,000만원
- 연간 저당상수 : 0.1
- 대출승인기준
  - 담보인정비율(LTV) : 시장가치기준 50%
  - 총부채상환비율(DTI) : 40%
    ※ 두 가지 대출승인 기준을 모두 충족시켜야 함

[해설]

1. 담보인정비율(LTV) = $\dfrac{대출금액}{담보물 시장가치(5억원)}$ = 50%이므로 대출금액은 <u>2억 5천만원</u>

2. 총부채상환비율(DTI) = $\dfrac{연간부채상환액(부채서비스액)}{연간소득(6천만원)}$ = 40%이므로 연간부채상환액은 <u>2천 4백만원</u>

3. 부채서비스액(2천 4백만원) = 대출원금 × 저당상수(0.1)이므로 대출원금은 <u>2억 4천만원</u>

4. LTV와 DTI를 모두 충족시키기 위해서는 적은 금액인 <u>2억 4천만원</u>이 최대 대출가능금액이 된다.

5. 최대 대출가능금액(2억 4천만원) - 기존 대출금액(7천만원) = <u>추가 대출가능금액(1억 7천만원)</u>

[사례연습5]

A는 연소득이 5,000만원이고 시장가치가 3억원인 주택을 소유하고 있다. 현재 A가 이 주택을 담보로 5,000만원을 대출받고 있을 때, 추가로 대출 가능한 최대금액은?(단, 주어진 조건에 한함)

- 연간 저당상수 : 0.1
- 대출승인조건
  - 담보인정비율(LTV) : 시장가치기준 50% 이하
  - 총부채상환비율(DTI) : 40% 이하
    ※ 두 가지 대출승인 기준을 모두 충족시켜야 함

[해설]

1. 담보인정비율(LTV) = $\dfrac{\text{대출금액}}{\text{담보물 시장가치(3억 원)}}$ = 50% 이하이므로 대출금액은 <u>1억 5천만원</u>

2. 총부채상환비율(DTI) = $\dfrac{\text{연간부채상환액(부채서비스액)}}{\text{연간소득(5천만원)}}$ = 40% 이하이므로 연간부채상환액은 <u>2천만원</u>

3. 부채서비스액(2천만원) = 대출원금 × 저당상수(0.1)이므로 대출원금은 <u>2억원</u>

4. LTV와 DTI를 모두 충족시키기 위해서는 적은 금액인 <u>1억 5천만원</u>이 최대 대출가능금액이 된다.

5. 최대 대출가능금액(1억 5천만원) - 기존 대출금액(5천만원) = <u>추가 대출가능금액(1억원)</u>

01 대출상환방식에 관한 설명으로 옳은 것은?(단, 고정금리 기준이고, 다른 조건은 동일함) (32회)

① 원리금균등상환방식의 경우, 매기 상환하는 원금이 점차 감소한다.
② 원금균등상환방식의 경우, 매기 상환하는 원리금이 동일하다.
③ 원금균등상환방식의 경우, 원리금균등상환방식보다 대출금의 가중평균상환기간(duration)이 더 짧다.
④ 점증(체증)상환방식의 경우, 장래 소득이 줄어들 것으로 예상되는 차입자에게 적합하다.
⑤ 만기일시상환방식의 경우, 원금균등상환방식에 비해 대출금융기관의 이자수입이 줄어든다.

해 설 ① 원금 : 증가, 이자 : 감소, 원리금 : 불변
② 대출 초기에는 많고, 후기로 갈수록 감소
③ 원금균등상환방식은 원리금균등상환방식보다 대출자 입장에서 자금회수가 빠르므로 대출금의 가중평균 상환기간(duration)이 짧다.
④ 미래소득이 증가될 것으로 예상되는 차입자에게 적합한 방법
⑤ 만기일시상환방식의 경우, 전체 대출원금에 대해 만기시까지 이자수입을 하기 때문에 기간경과에 따라 대출원금이 줄어드는 원금균등상환방식에 비해 대출금융기관의 이자수입이 커진다.

정 답 ③ ▶ 기본서 연결 : 논점정리 02-Ⅴ

02 대출조건이 동일할 경우 대출상환방식별 대출채권의 가중평균상환기간이 짧은 기간에서 긴 기간의 순서로 옳은 것은? (33회)

> ㄱ. 원금균등분할상환
> ㄴ. 원리금균등분할상환
> ㄷ. 만기일시상환

① ㄱ → ㄴ → ㄷ ② ㄱ → ㄷ → ㄴ
③ ㄴ → ㄱ → ㄷ ④ ㄴ → ㄷ → ㄱ
⑤ ㄷ → ㄴ → ㄱ

해 설 대출자 입장에서 자금회수(원금 + 이자)가 빠른 대출방식이 대출금의 가중평균 상환기간(duration)이 짧다.

정 답 ① ▶ 기본서 연결 : 논점정리 02-Ⅴ

【한국주택금융공사의 주택연금제도 요약 체계도】

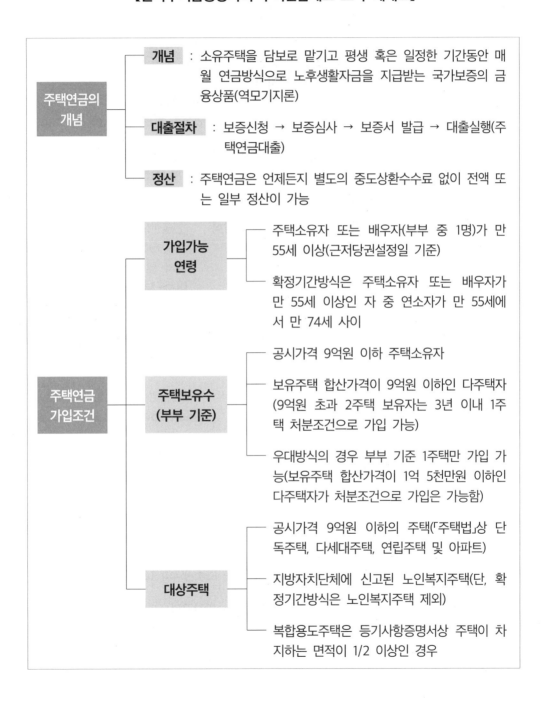

주택연금의 개념

개념 : 소유주택을 담보로 맡기고 평생 혹은 일정한 기간동안 매월 연금방식으로 노후생활자금을 지급받는 국가보증의 금융상품(역모기지론)

대출절차 : 보증신청 → 보증심사 → 보증서 발급 → 대출실행(주택연금대출)

정산 : 주택연금은 언제든지 별도의 중도상환수수료 없이 전액 또는 일부 정산이 가능

주택연금 가입조건

가입가능 연령
- 주택소유자 또는 배우자(부부 중 1명)가 만 55세 이상(근저당권설정일 기준)
- 확정기간방식은 주택소유자 또는 배우자가 만 55세 이상인 자 중 연소자가 만 55세에서 만 74세 사이

주택보유수 (부부 기준)
- 공시가격 9억원 이하 주택소유자
- 보유주택 합산가격이 9억원 이하인 다주택자(9억원 초과 2주택 보유자는 3년 이내 1주택 처분조건으로 가입 가능)
- 우대방식의 경우 부부 기준 1주택만 가입 가능(보유주택 합산가격이 1억 5천만원 이하인 다주택자가 처분조건으로 가입은 가능함)

대상주택
- 공시가격 9억원 이하의 주택(「주택법」상 단독주택, 다세대주택, 연립주택 및 아파트)
- 지방자치단체에 신고된 노인복지주택(단, 확정기간방식은 노인복지주택 제외)
- 복합용도주택은 등기사항증명서상 주택이 차지하는 면적이 1/2 이상인 경우

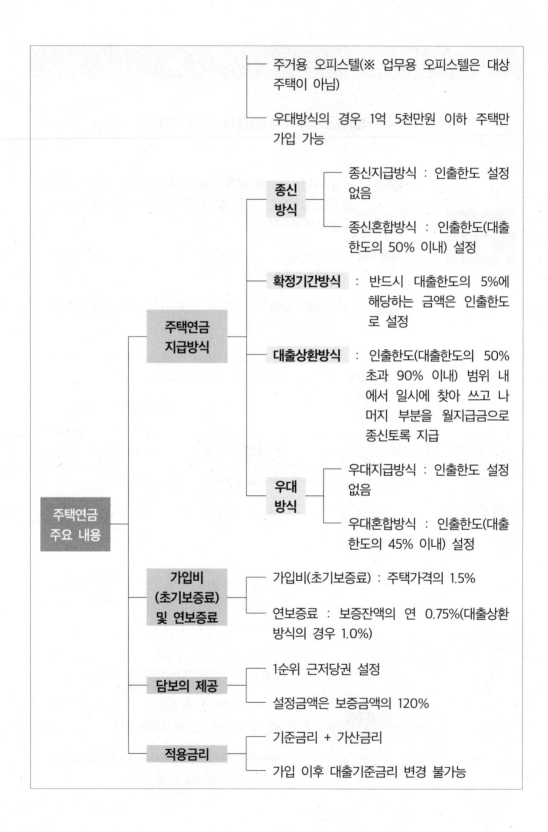

주거용 오피스텔(※ 업무용 오피스텔은 대상 주택이 아님)

우대방식의 경우 1억 5천만원 이하 주택만 가입 가능

주택연금 주요 내용

주택연금 지급방식

종신 방식
- 종신지급방식 : 인출한도 설정 없음
- 종신혼합방식 : 인출한도(대출한도의 50% 이내) 설정

확정기간방식 : 반드시 대출한도의 5%에 해당하는 금액은 인출한도로 설정

대출상환방식 : 인출한도(대출한도의 50% 초과 90% 이내) 범위 내에서 일시에 찾아 쓰고 나머지 부분을 월지급금으로 종신토록 지급

우대 방식
- 우대지급방식 : 인출한도 설정 없음
- 우대혼합방식 : 인출한도(대출한도의 45% 이내) 설정

가입비 (초기보증료) 및 연보증료
- 가입비(초기보증료) : 주택가격의 1.5%
- 연보증료 : 보증잔액의 연 0.75%(대출상환방식의 경우 1.0%)

담보의 제공
- 1순위 근저당권 설정
- 설정금액은 보증금액의 120%

적용금리
- 기준금리 + 가산금리
- 가입 이후 대출기준금리 변경 불가능

Ⅰ 주택연금(주택담보노후연금, 역모기지론)의 개념

1. 의 의

만 55세 이상(주택소유자 또는 배우자)의 대한민국 국민이 소유주택을 담보로 맡기고 평생 혹은 일정한 기간 동안 매월 연금방식으로 노후생활자금을 지급받는 국가보증의 금융상품(역모기지론)이다.

2. 대출절차

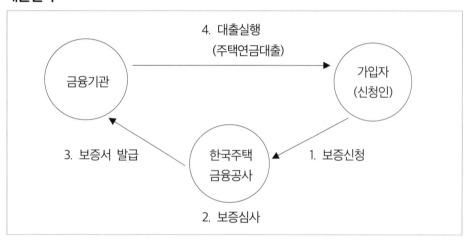

한국주택금융공사는 연금가입자를 위해 금융기관(은행)에 보증서를 발급하고, 금융기관(은행)은 한국주택금융공사의 보증서에 근거하여 연금가입자에게 주택연금을 지급한다.

1) 보증신청

   신청인이 한국주택금융공사를 방문하여 보증상담을 받고 보증신청을 한다.

2) 보증심사

   한국주택금융공사는 신청인의 자격요건과 담보주택의 가격평가 등에 대하여 심도 있는 심사를 진행한다.

3) 보증서 발급

   한국주택금융공사는 보증약정체결과 저당권설정의 과정을 거쳐 금융기관에 보증서를 발급한다.

4) 대출실행(주택연금대출)

신청인이 금융기관을 방문하여 대출거래약정체결 이후 금융기관에서 주택연금대출을 실행한다.

3. 정 산

1) 주택연금 종료 후 주택을 처분해서 정산하고, 연금수령액 등이 집값을 초과하여도 채무자(상속인)에게 청구하지 않으며, 반대로 집값이 남으면 채무자(상속인)에게 돌아간다.

금액 비교	정산방법
주택처분금액 > 연금지급총액	남은 부분은 채무자(상속인)에게 돌려준다.
주택처분금액 < 연금지급총액	부족분에 대하여 채무자(상속인)에게 청구하지 않는다.

2) 주택연금은 언제든지 별도의 중도상환수수료 없이 전액 또는 일부 정산이 가능하다.(다만, 초기 보증료는 환급되지 않는다)

Ⅱ 주택연금 가입요건

1. 가입가능연령

1) 주택소유자 또는 배우자(부부 중 1명)가 만 55세 이상(근저당권 설정일 기준)
2) 확정기간방식은 주택소유자 또는 배우자가 만 55세 이상인 자 중 연소자가 만 55세에서 만 74세 사이여야 한다.

2. 주택보유수(부부기준)

1) 공시가격 9억원 이하 주택소유자
2) 보유주택 합산가격이 9억원 이하인 다주택자(9억원 초과 2주택 보유자는 3년 이내 1주택 처분조건으로 가입가능)
3) 우대방식의 경우 부부기준 1주택만 가입가능(보유주택 합산가격이 1억 5천만원 이하인 다주택자가 처분조건으로 가입은 불가함)

3. 대상주택

1) 공시가격 9억원 이하의 주택(「주택법」상 단독주택, 다세대주택, 연립주택 및 아파트)
2) 지방자치단체에 신고된 노인복지주택(단, 확정기간방식은 노인복지주택 제외)

3) 복합용도주택은 등기사항증명서상 주택이 차지하는 면적이 1/2 이상인 경우

4) 주거용 오피스텔(※ 업무용 오피스텔은 대상주택이 아님)

5) 우대방식의 경우 1억 5천만원 이하 주택만 가입가능

4. 대상주택의 재개발/재건축

1) 가입당시 재개발/재건축이 예정된 경우 관리처분계획인가 전단계까지는 주택연금가입이 가능하다.

2) 이용 도중에 재개발/재건축이 되더라도 주택연금계약을 유지할 수 있다. (재건축 등 사업 종료시 주택연금 가입자는 신축 주택의 소유권을 취득, 한국주택금융공사는 종전의 1순위 근저당권을 확보)

5. 주택유형별 연금지급방식

연금지급방식 주택유형	□ 종신방식 □ 대출상환방식 □ 우대방식	□ 확정기간방식
일반주택	가입가능	
노인복지주택 (지자체에 신고된 주택에 한함)	가입가능	가입불가능
복합용도주택 (상가와 주택이 같이 있는 건물)	가입가능(단, 등기사항증명서상 주택이 차지하는 면적이 1/2 이상)	

6. 거주요건

1) 주택연금 가입주택을 가입자 또는 배우자가 실제 거주지로 이용하고 있어야 한다.

2) 해당 주택을 전세 또는 월세로 주고 있는 경우 가입이 불가능하다.(단, 부부 중 한 명이 거주하며 보증금 없이 주택의 일부만을 월세로 주고 있는 경우 가입가능)

7. 보증종료사유

1) 부부 모두 사망	○ 가입자만 사망한 경우에는 배우자가 채무인수 후 계속 수령 가능하다.

	○ 종신지급방식에서 가입자가 사망할 때까지 지급된 주택연금 대출원리금이 담보주택가격을 초과하는 경우에는 초과 지급된 금액을 법정상속인이 상환할 필요가 없다. * 이용 도중에 이혼한 경우 이혼한 배우자는 주택연금을 받을 수 없다. * 이용 도중에 재혼한 경우 재혼한 배우자는 주택연금을 받을 수 없다.	
2) 주택소유권 상실	매각, 양도로 인한 소유권이전, 화재 등으로 주택소실 등	
3) 장기 미거주	부부 모두 1년 이상 미거주하는 경우. 단, 병원 입원 및 장기요양 등 예외가 인정된다.	
4) 처분조건 약정 미이행 및 주택의 용도 외 사용	일시적 2주택자로 가입 후 최초 주택연금 지급일로부터 3년 내 주택 미처분 등	

8. 주택연금 지급방식

1) 종신방식	종신방식은 월지급금을 종신토록 지급받는 방식으로 '종신지급방식'과 '종신혼합방식'으로 다시 구별된다. ① 종신지급방식 : 인출한도 설정 없이 월지급금을 종신토록 지급받는 방식 ② 종신혼합방식 : 인출한도(대출한도의 50% 이내) 설정 후 나머지 부분을 월지급금으로 종신토록 지급받는 방식
2) 확정기간방식	① 고객이 선택한 일정기간동안만 월지급금을 지급받는 방식이다. ② 확정기간방식 선택시 대출한도의 5%에 해당하는 금액은 인출한도로 설정하여야 한다.
3) 대출상환방식	주택담보대출 상환용으로 인출한도(대출한도의 50% 초과 90% 이내) 범위 안에서 일시에 찾아 쓰고 나머지 부분을 월지급금으로 종신토록 지급받는 방식이다.
4) 우대방식	주택소유자 또는 배우자가 기초연금수급자이고, 부부기준 1억 5천만원 이하 1주택 보유자가 종신방식(정액형)보다 월지급금을 최대 20% 우대하여 지급받는 방식으로 '우대지급방식'과 '우대혼합방식'으로 다시 구별된다. ① 우대지급방식 : 인출한도 설정 없이 우대받은 월지급금을 종신토록 지급받는 방식 ② 우대혼합방식 : 인출한도(대출한도의 45% 이내) 설정 후 나머지 부분을 우대받은 월지급금으로 종신토록 지급받는 방식

9. 가입비(초기 보증료) 및 연보증료

1) 가입비(초기 보증료) : 주택가격의 1.5%를 최초 연금지급일에 납부한다.

2) 연보증료 : 보증잔액의 연 0.75%(대출상환방식의 경우 1.0%)를 매월 납부한다.

3) 보증료는 취급 금융기관이 가입자 부담으로 한국주택금융공사에 납부하고, 연금지급총액(대출잔액)에 가산된다.

10. 담보의 제공

1) 1순위 근저당권을 설정하되, 설정금액은 보증금액의 120%로 한다.

2) 제3자(자녀, 형제 등) 소유 주택을 담보로 하는 주택연금은 이용할 수 없다.

11. 적용금리

1) 적용금리는 '기준금리 + 가산금리'로 한다.

(1) '기준금리'는 고객과 금융기관이 협의하여 다음 중 한 가지를 선택한다.
① 3개월 CD금리(3개월 주기로 변동)
② 신규 취급액 COFIX금리(6개월 주기로 변동)

(2) '가산금리'는 기준금리가 3개월 CD금리인 경우 1.1%, 신규 취급액 COFIX금리인 경우 0.85%(대출상환방식의 경우 0.1%p 인하됨)

2) 이자는 매월 연금지급총액(대출잔액)에 가산되어 늘어나지만, 가입자가 직접 현금으로 납부할 필요가 없다.

3) 가입 이후에는 대출기준금리변경이 불가능하다.

12. 주택연금의 기타 특징

1) 주택연금대출을 받은 뒤, 나중에 집값 상승시 이미 대출받은 대출금을 일단 상환한 후에 오른 집값을 기준으로 다시 대출계약을 맺어 더 많은 생활비를 대출받을 수 있다.

2) 가입자가 중도에 이사를 가는 경우에는 대출금을 상환 뒤에 집을 옮겨갈 수가 있으며, 상속인이 대출금을 갚으면 상속을 받을 수 있다.

3) 담보주택의 가격하락으로 인해 발생하는 금융기관의 결손은 정부(한국주택금융공사)가 보증을 하므로 한국주택금융공사는 가격하락에 대한 위험을 부담할 수 있다.

4) 주택담보노후연금은 수령기간이 경과할수록 대출잔액이 누적된다.

5) 주택담보노후연금은 연금개시시점에서는 주택소유자에게 소유권이 인정되며, 주택소유권이 연금지급기관으로 이전되지 않는다.

[참고] 한국주택금융공사(HF)의 업무

주택신용보증	① 전세자금대출, 아파트 중도금대출에 대한 보증 ② 아파트 건설자금 대출에 대한 보증
모기지론 공급	① 청·장년층 대상 : 보금자리론, 디딤돌대출 등 공급 ② 노후계층 대상 : 주택연금 공급 및 주택담보노후연금보증
주택저당채권의 유동화	① 주택저당채권 집합물을 기초로 주택저당증권을 발행 ② MBS의 발행을 통해 대출재원의 확대 및 장기모기지론 자금을 조달
주택저당채권의 관리	① 주택저당채권의 평가 및 실사업무 ② 주택저당채권을 매입·보유

01 한국주택금융공사의 주택담보노후연금(주택연금)에 관한 설명으로 틀린 것은? (31회)

① 주택연금은 주택소유자가 주택에 저당권을 설정하고 연금방식으로 노후생활자금을 대출받는 제도이다.

② 주택연금은 수령기간이 경과할수록 대출잔액이 누적된다.

③ 주택소유자(또는 배우자)가 생존하는 동안 노후생활자금을 매월 지급받는 방식으로 연금을 받을 수 있다.

④ 담보주택의 대상으로 업무시설인 오피스텔도 포함된다.

⑤ 한국주택금융공사는 주택연금 담보주택의 가격하락에 대한 위험을 부담할 수 있다.

해 설 업무시설인 오피스텔은 포함되지 않는다.

정 답 ④   ▶ 기본서 연결 : 논점정리 03-Ⅱ

02 주택연금(주택담보노후연금) 관련 법령상 주택연금의 보증기관은? (33회)

① 한국부동산원   ② 신용보증기금
③ 주택도시보증공사   ④ 한국토지주택공사
⑤ 한국주택금융공사

정 답 ⑤   ▶ 기본서 연결 : 논점정리 03-Ⅰ

[참고] 한국주택금융공사의 업무

주택신용보증	① 전세자금대출, 아파트 중도금대출에 대한 보증 ② 아파트 건설자금대출에 대한 보증
모기지론 공급	① 청·장년층 대상 : 보금자리론, 디딤돌대출 등 공급 ② 노후계층 대상 : 주택연금공급 및 주택담보노후연금 보증
주택저당 채권의 유동화	① 주택저당채권 집합물을 기초로 주택저당증권을 발행 ② MBS의 발행을 통해 대출재원의 확대 및 장기모기지론 자금을 조달
주택저당 채권의 관리	① 주택저당채권의 평가 및 실사업무 ② 주택저당채권을 매입, 보유

【저당채권의 유동화 제도 요약 체계도】

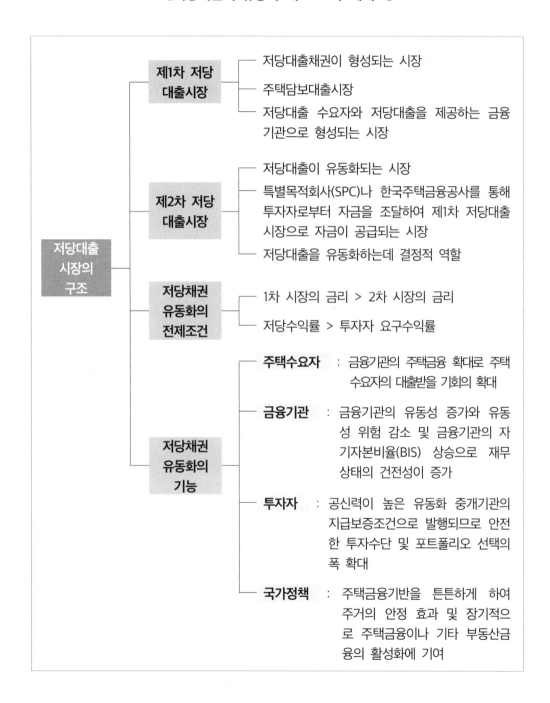

저당대출 시장의 구조

- **제1차 저당 대출시장**
  - 저당대출채권이 형성되는 시장
  - 주택담보대출시장
  - 저당대출 수요자와 저당대출을 제공하는 금융 기관으로 형성되는 시장

- **제2차 저당 대출시장**
  - 저당대출이 유동화되는 시장
  - 특별목적회사(SPC)나 한국주택금융공사를 통해 투자자로부터 자금을 조달하여 제1차 저당대출 시장으로 자금이 공급되는 시장
  - 저당대출을 유동화하는데 결정적 역할

- **저당채권 유동화의 전제조건**
  - 1차 시장의 금리 > 2차 시장의 금리
  - 저당수익률 > 투자자 요구수익률

- **저당채권 유동화의 기능**
  - **주택수요자** : 금융기관의 주택금융 확대로 주택 수요자의 대출받을 기회의 확대
  - **금융기관** : 금융기관의 유동성 증가와 유동 성 위험 감소 및 금융기관의 자 기자본비율(BIS) 상승으로 재무 상태의 건전성이 증가
  - **투자자** : 공신력이 높은 유동화 중개기관의 지급보증조건으로 발행되므로 안전 한 투자수단 및 포트폴리오 선택의 폭 확대
  - **국가정책** : 주택금융기반을 튼튼하게 하여 주거의 안정 효과 및 장기적으 로 주택금융이나 기타 부동산금 융의 활성화에 기여

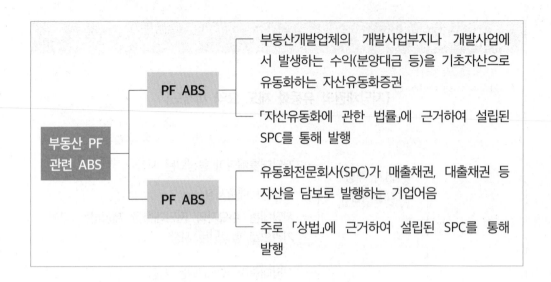

(26회)

I 저당채권의 유동화 개념

저당채권의 유동화란 <u>비현금</u> 자산인 저당채권을 담보 또는 기초로 하여 새로운 증권을 발행하는 방법을 통하여 <u>현금화</u> 하는 수단을 말한다.

II 저당대출시장의 구조

1. 제1차 저당대출시장(주택담보대출시장)

1) 제1차 저당대출시장은 저당대출채권이 형성되는 시장을 말한다.

2) 제1차 저당대출시장은 저당대출을 원하는 수요자와 저당대출을 제공하는 금융기관으로 형성되는 시장을 말하며, 주택담보대출시장이 여기에 해당한다.

3) 제1차 저당대출자들은 이자수입을 목적으로 저당을 자신들의 자산 포트폴리오의 일부로 보유하기도 하고, 대출자금을 마련할 목적으로 제2차 저당시장에서 그들이 설정한 저당을 팔기도 한다.

2. 제2차 저당대출시장

1) <u>제2차 저당대출시장은 저당대출채권이 유동화되는 시장을 말한다.</u>

2) 제2차 저당대출시장은 특별목적회사(SPC)나 한국주택금융공사를 통해 투자자로부터 자금을 조달하여 제1차 저당대출시장으로 자금이 공급되는 시장이다.

3) <u>제2차 저당대출시장은 원래의 저당차입자와는 직접적인 관계가 없고, 저당대출을 유동화 하는데 결정적인 역할을 한다.</u>

4) <u>제2차 저당대출시장은 제1차 저당대출시장에서 일단 이루어진 저당대출을 제1차 저당대출자가 팔게 되는 시장을 말하므로 일반투자자들은 자신들에게 필요한 저당대출을 사고 팔 수 있다.</u>

3. 저당채권 유동화의 전제조건

1) 저당대출에 필요한 자금이 계속해서 제2차 저당대출시장으로 원활하게 공급되어야 한다.

2) 1차 시장의 금리(주택대출금리)가 2차 시장의 금리(MBS 발행금리)보다 높아야 한다.

3) 저당수익률이 투자자들의 요구수익률을 만족시킬 수 있어야 한다.

   * 원대출채권의 수익률(1차 저당대출시장) > 저당담보증권의 수익률(2차 저당대출시장) > 투자자들의 요구수익률

4. 저당채권 유동화의 기능

1) 주택수요자	① 금융기관의 주택금융의 확대로 주택수요자는 대출을 받을 기회가 늘어남으로써 소규모의 자기자본으로도 주택구입이 가능하여 자가소유 가구비중이 증가한다. ② 저당대출의 유동화로 주택수요가 증가하면 단기적으로 주택가격이 상승할 수 있다.
2) 금융기관	① 주택저당채권을 유동화 함으로써 금융기관의 유동성은 증가하고 유동성 위험은 감소한다. ② 금융기관의 자기자본비율(BIS) 상승으로 재무상태의 건전성이 증가한다. * BIS(국제결제은행) 자기자본비율 = $\dfrac{\text{자기자본}}{\text{위험가중자산}} \times 100$ ③ 대출여력 확대로 많은 차입자들에게 더 많은 자금공급 혜택을 부여할 수 있다.

3) 투자자	① 공신력이 높은 유동화 중개기관(HF, SPC)의 지급보증 조건으로 발행되므로 안전한 투자수단이 된다.
	② 포트폴리오 선택의 폭이 확대된다.
	    * SPC(특수목적회사)
	     - 도관체(conduit) : 단순히 자금이 흘러가는 파이프에 불과
	     - 서류상 회사(paper company)

4) 국가정책	① 주택경기의 조절, 주택금융자금의 수급불균형 해소 등으로 주택금융기반을 튼튼하게 하여 주거의 안정효과를 기할 수 있다. ② 자본시장의 자금을 부동산시장으로 흘러들어오게 함으로써, 장기적으로 주택금융이나 기타 부동산금융의 활성화에 큰 기여를 한다.

III 부동산 PF(Project Financing) 관련 ABS

1. PF ABS

1) 부동산 개발 PF ABS(자산유동화증권)란 부동산 개발업체의 개발사업 부지나 개발사업에서 발생하는 수익(분양대금 등)을 기초자산으로 하여 유동화하는 자산유동화증권이다.

2) 금융기관이 부동산 개발업체에게 대출을 실행하고 이 대출채권을 유동화 전문회사(SPC)에게 매각하여 자산유동화증권을 발행한다.

2. PF ABCP

1) PF ABCP(자산담보부기업어음)란 유동화 전문회사(SPC)가 매출채권, 대출채권 등 자산을 담보로 발행하는 기업어음이다.

2) PF ABCP는 시행사에 대출해 준 대출기관의 대출채권을 상법상 SPC가 양수받아 이를 기초자산으로 하여 CP(기업어음)를 발행하는 구조이다.

3) PF ABS와 PF ABCP의 차이점

 (1) PF ABS는 「자산유동화에 관한 법률」에 근거하여 설립된 SPC를 통해 발행되는 반면, PF ABCP는 주로 「상법」에 근거하여 설립된 SPC를 통해 발행된다.

 (2) 「상법」상 SPC의 경우 「자산유동화에 관한 법률」에 의해서 만들어진 SPC와 달리 기초자산을 유동화 할 때마다 매번 회사를 만들어야 하는 번거로움이 없고 한번 설립하면 유동화증권을 발행할 수 있는 도관체(conduit)이다.

01 부동산시장의 활성화방안으로 저당의 유동화를 들 수 있다. 다음 설명 중 가장 타당한 것은? (26회)

① 저당의 유동화는 금융기관의 유동성위험을 증가시킨다.

② 부동산 저당담보채권의 유동화는 1, 2차 저당시장에서 이루어진다.

③ 2차 저당시장은 1차 저당시장에서 일단 이루어진 저당을 1차 저당대출자가 팔게 되는 시장을 말하므로 일반 투자자들은 자신들에게 필요한 저당을 사고 팔 수 있다.

④ 저당의 유동화는 대출자인 금융기관들이 적은 재원으로 일부 수요자나 공급자들에게 자금을 제공하여 부동산 시장의 활성화에 기여한다.

⑤ 저당의 유동화는 단기적으로 주택가격을 하락시킬 수 있다.

해 설   ① 유동성을 증가시키며, 유동성위험을 감소시킨다.

② 채권의 유동화는 2차 저당시장에서만 이루어진다.

④ 금융기관들은 한정된 재원으로 많은 부동산 자금의 수요자에게 자금을 제공할 수 있다.

⑤ 저당의 유동화로 주택수요가 증가하면 단기적으로 주택가격이 상승할 수 있다.

정 답   ④   ▶ 기본서 연결 : 논점정리 04-Ⅱ

【주택저당증권 요약 체계도】

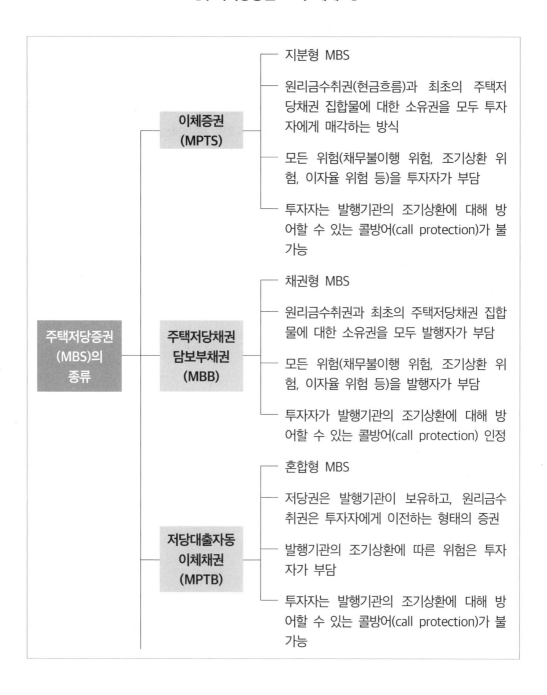

주택저당증권
(MBS)의
종류

**이체증권
(MPTS)**
- 지분형 MBS
- 원리금수취권(현금흐름)과 최초의 주택저당채권 집합물에 대한 소유권을 모두 투자자에게 매각하는 방식
- 모든 위험(채무불이행 위험, 조기상환 위험, 이자율 위험 등)을 투자자가 부담
- 투자자는 발행기관의 조기상환에 대해 방어할 수 있는 콜방어(call protection)가 불가능

**주택저당채권
담보부채권
(MBB)**
- 채권형 MBS
- 원리금수취권과 최초의 주택저당채권 집합물에 대한 소유권을 모두 발행자가 부담
- 모든 위험(채무불이행 위험, 조기상환 위험, 이자율 위험 등)을 발행자가 부담
- 투자자가 발행기관의 조기상환에 대해 방어할 수 있는 콜방어(call protection) 인정

**저당대출자동
이체채권
(MPTB)**
- 혼합형 MBS
- 저당권은 발행기관이 보유하고, 원리금수취권은 투자자에게 이전하는 형태의 증권
- 발행기관의 조기상환에 따른 위험은 투자자가 부담
- 투자자는 발행기관의 조기상환에 대해 방어할 수 있는 콜방어(call protection)가 불가능

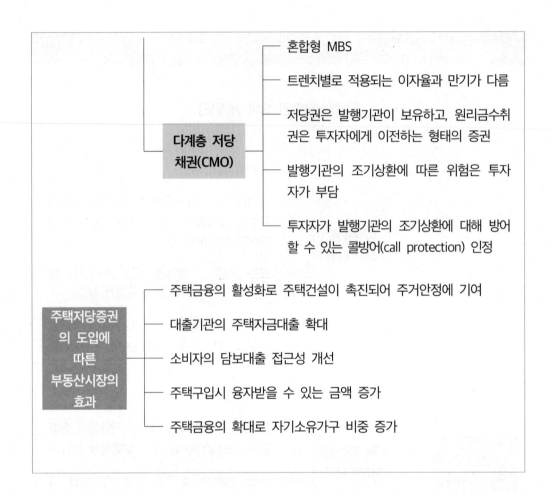

다계층 저당
채권(CMO)
- 혼합형 MBS
- 트렌치별로 적용되는 이자율과 만기가 다름
- 저당권은 발행기관이 보유하고, 원리금수취권은 투자자에게 이전하는 형태의 증권
- 발행기관의 조기상환에 따른 위험은 투자자가 부담
- 투자자가 발행기관의 조기상환에 대해 방어할 수 있는 콜방어(call protection) 인정

주택저당증권의 도입에 따른 부동산시장의 효과
- 주택금융의 활성화로 주택건설이 촉진되어 주거안정에 기여
- 대출기관의 주택자금대출 확대
- 소비자의 담보대출 접근성 개선
- 주택구입시 융자받을 수 있는 금액 증가
- 주택금융의 확대로 자기소유가구 비중 증가

(24·27·28·30·32회)

Ⅰ 주택저당증권(MBS)의 의의

1. 주택저당증권(= 주택저당담보부증권)이란 금융기관 등이 주택자금을 대출하고 취득한 주택저당채권을 유동화 중개기관(한국주택금융공사)에 양도하고 유동화 중개기관이 이들 자산을 기초로 발행하는 증권이다.

2. 주택저당증권의 발행자는 1차 저당대출기관일수도 있으며, 2차 저당대출기관 일수도 있다.

    [참고] CMBS(Commercial Mortgage Backed Securities, 상업용부동산저당증권)
    ① CMBS는 금융기관이 보유한 상업용부동산모기지를 기초자산으로 하여 발행하는 증권이다.
    ② CMBS는 주택저당증권(MBS)과 성격은 비슷하지만 담보대상측면에서 구분이 된다.
    ③ 주택과 같은 일반부동산이 아닌 상업용부동산을 담보로 하는 만큼 MBS에 비해 담보가치가 높고 그 만큼 투자리스크(위험)는 작다는 장점이 있다.

Ⅱ 주택저당증권(MBS)의 종류

주택저당증권
(= 주택저당
담보부증권)

── 이체증권(MPTS) - 지분형 MBS

── 주택저당채권담보부채권(MBB) - 채권형 MBS

── 저당대출자동이체채권(MPTB) - 혼합형 MBS

── 다계층저당채권(CMO) - 혼합형 MBS

1. 이체증권(MPTS : Mortgage Pass-Through Securities) - 지분형 MBS

1) MPTS란 차입자가 지불하는 원리금상환액(저당지불액, 부채서비스액)이 증권 발행자(유동화기관)를 통하여 바로 투자자에게 전달되는 증권이다.

2) MPTS는 주택담보대출의 원리금이 회수되면 MPTS의 원리금으로 지급되므로 발행기관(유동화기관)의 자금관리 필요성이 원칙적으로 제거된다.

3) MPTS는 원리금수취권(현금흐름)과 최초의 주택저당채권집합물(mortgage pool)에 대한 소유권을 모두 투자자에게 매각하는 방식이다.

4) MPTS는 지분형 증권이기 때문에 증권의 수익은 기초자산인 주택저당채권 집합물(mortgage pool)의 현금흐름(저당지불액)에 의존한다.

5) MPTS의 경우 모든 위험(채무불이행위험, 조기상환위험, 이자율위험 등)을 투자자가 부담한다.

6) 투자자는 발행기관(유동화기관)의 조기상환에 대해 방어할 수 있는 콜방어 (coll protection)가 불가능하며, 통상 MBB에 비해 수명이 짧다.

   ∨콜방어(call protection)란?
   차입자의 조기상환에 대해 발행기관이 조기상환을 요구하더라도 주택저당증권(MBS) 투자자들은 안정적인 자산운용을 위해 발행기관의 조기상환을 거부할 수 있는 권리를 말한다.

7) 발행기관(유동화기관)이 자신의 자산을 매도하는 것으로, 발행액만큼 자산은 감소하지만 현금이 증가하므로 주택저당채권의 총액과 MPTS 증권의 발행액이 같아진다.

8) 투자자는 매월 단위로 원금과 이자를 지불받는다.

9) MPTS는 지분을 나타내는 증권으로서 발행기관(유동화기관)의 부채로 표기되지 않는다.

2. 주택저당채권담보부채권(MBB : Mortgage-Backed Bond) - 채권형 MBS

1) MBB는 주택저당채권을 담보로 하여 발행기관 자신의 신용으로 발행한 채권형 MBS이다. 즉, 저당채권의 집합에 대한 채권적 성격의 주택저당증권이다.

2) MBB는 원리금수취권과 최초의 주택저당채권집합물에 대한 소유권을 모두 발행자가 보유한다.

3) MBB의 경우 모든 위험(채무불이행위험, 조기상환위험, 이자율위험 등)을 발행자가 부담한다. 따라서 주택저당대출 차입자의 채무불이행이 발생하더라도 MBB에 대한 원리금을 발행자가 투자자에게 지급하여야 한다.

4) MBB의 투자자가 발행기관의 조기상환에 대해 방어할 수 있는 콜방어(call protection)가 인정되어, 통상 MPTS에 비해서 수명이 길다.

5) 발행기관의 신용으로 채권을 발행하기 때문에 발행기관은 투자의 안전성을 높이기 위해 초과담보를 확보하며 주택저당채권의 총액이 MBB의 발행액보다 커진다.

6) 투자자의 수익이 낮고 위험 또한 낮다.

7) 투자자는 6개월 단위로 원금과 이자를 지불받는다.

3. **저당대출자동이체채권(MPTB : Mortgage Psy-Through Bond) - 혼합형 MBS**

   1) MPTB는 <u>저당권(최초의 주택저당채권집합물에 대한 소유권)은 발행기관이 보유하고(따라서 발행기관이 채무불이행 위험 부담), 원리금수취권은 투자자에게 이전하는 형태의 증권으로 MBB와 MPTS의 혼합형 MBS이다.</u>

   2) MPTS보다 수익률은 작으나, MBB보다 수익률이 높다. 즉, 중간수익, 중간위험정도가 된다.

   3) <u>MPTB는 발행기관의 조기상환에 따른 위험은 투자자가 부담한다.</u>

   4) MPTB 또한 MBB와 마찬가지로 초과담보가 필요하나 담보수준은 MBB보다는 낮은 수준이다.

4. **다계층저당증권(CMO : Collateralized Mortgage Obligations) - 혼합형 MBS**

   1) CMO는 주택저당채권집합물을 만기별로 몇 개의 그룹(단기, 중기, 장기)으로 나눈 후, 각 그룹마다 상이한 이자율(장기일수록 위험이 높기 때문에 이자율이 높다)을 적용하고 원금이 지급되는 순서를 다르게 정할 수 있는데, 이 때 나누어진 각 그룹을 트렌치라고 한다.(<u>트렌치별로 적용되는 이자율과 만기가 다름</u>)

   2) CMO는 저당권(최초의 주택저당채권집합물에 대한 소유권)은 발행기관이 보유하고, 원리금수취권은 투자자에게 이전되는 형태의 증권으로, CMO도 MBB나 MPTS의 혼합형 MBS이다.

   3) <u>CMO 발행자는 동일한 저당풀에서 상환우선순위와 만기가 다른 다양한 MBS를 발행할 수 있다.</u>

   4) CMO의 경우 조기상환위험은 투자자가 부담한다.

   5) CMO는 이전 트렌치의 원금지급이 끝나기 전에는 원금지급을 하지 않도록 함으로써 장기투자자들이 원하는 콜방어기능을 어느 정도 갖는다.

   6) <u>CMO의 발행자는 주택저당채권 집합물을 가지고 일정한 가공을 통해 위험-수익 구조가 다양한 트렌치를 발행함으로써, 투자자의 수요를 총족시켜준다.</u>

   7) CMO는 MPTS보다 수익률은 낮으나, MBB보다 수익률은 높다. 즉, 중간수익, 중간위험정도가 된다.

구 분	MPTS(지분형)	MBB(채권형)	MPTB(혼합형)	CMO(혼합형)
① 주택저당 채권의 소유권	투자자	발행자	발행자	발행자
② 원리금 수취권	투자자	발행자	투자자	투자자
③ 조기상환 위험부담	투자자	발행자	투자자	투자자
④ 콜방어 기능	없다.	있다.	없다.	있다. (장기투자자)
⑤ 초과담보	없다. * 저당총액 = 발행액	있다.(큼) * 저당총액 > 발행액	있다.(작음) * 저당총액 > 발행액	있다.(작음) * 저당총액 > 발행액
⑥ 수익률	큼	낮음	중간	중간

III 주택저당증권(주택저당담보부증권, MBS)의 도입에 따른 부동산시장의 효과

1. 주택금융의 활성화로 주택건설이 촉진되어 <u>주거안정에 기여</u>할 수 있다.

2. 주택금융이 확대됨에 따라 대출기관의 자금이 풍부해져 궁극적으로 <u>주택자금 대출이 확대</u>될 수 있다.

3. 대출기관의 유동성이 증대되어 <u>소비자의 담보대출 접근성이 개선</u>될 수 있다.

4. 주택금융의 대출이자율 하락과 다양한 상품설계에 따라 <u>주택구입시 융자받을 수 있는 금액이 증가</u>될 수 있다.

5. 주택금융의 확대로 <u>자기소유 가구 비중이 증가</u>한다.

[참고] 자산유동화증권(ABS)과 주택저당증권(MBS)의 차이점

1. 자산유동화증권(ABS, 자산담보부증권)

① 금융기관이나 기업이 보유하고 있는 현금화할 수 있는 모든 자산을 집합화하여 유동화전문회사(SPC, 특수목적회사)에 양도하고 그 자산을 담보로 증권을 발행·매각하여 자금을 조달하는 방법이다.

② 근거법률 : 「자산유동화에 관한 법률」

2. 주택저당증권(MBS, 주택저당담보부증권)

① 금융기관 등이 주택자금을 대출하고 취득한 주택저당채권을 유동화 중개기관 (한국주택금융공사)에 양도하고 유동화 중개기관이 이들 자산을 기초로 발행하는 증권이다.

② 근거법률 : 「한국주택금융공사법」

01 부동산금융에 관한 설명으로 **틀린 것은?** (28회)

① 부동산투자회사(REITs)와 조인트 벤처(joint venture)는 자금조달방법 중 지분금융에 해당한다.

② 원리금균등상환방식에서는 상환 초기보다 후기로 갈수록 매기 상환액 중 원금상환액이 커진다.

③ 주택담보노후연금은 연금개시 시점에 주택소유권이 연금지급기관으로 이전된다.

④ 주택저당담보부채권(MBB)은 주택저당대출차입자의 채무불이행이 발생하더라도 MBB에 대한 원리금 발행자가 투자자에게 지급하여야 한다.

⑤ 다층저당증권(CMO)의 발행자는 동일한 저당풀(mortgage pool)에서 상환우선순위와 만기가 다른 다양한 저당담보부증권(MBS)을 발행할 수 있다.

해 설　주택담보노후연금은 연금개시 시점에 주택소유권이 연금지급기관으로 이전되지 않는다.

정 답　③　▶ 기본서 연결 : ① → 논점정리 01-Ⅱ, ② → 논점정리 02-Ⅴ, ③ → 논점정리 03-Ⅱ, ④·⑤ → 논점정리 05-Ⅱ

02 저당담보부증권(MBB) 도입에 따른 부동산시장의 효과에 관한 설명으로 **틀린 것은?**(단, 다른 조건은 동일함) (30회)

① 주택금융이 확대됨에 따라 대출기관의 자금이 풍부해져 궁극적으로 주택자금대출이 확대될 수 있다.

② 주택금융의 대출이자율 하락과 다양한 상품설계에 따라 주택구입시 융자받을 수 있는 금액이 증가될 수 있다.

③ 주택금융의 활성화로 주택건설이 촉진되어 주거안정에 기여할 수 있다.

④ 주택금융의 확대로 자가소유가구 비중이 감소한다.

⑤ 대출기관의 유동성이 증대되어 소비자의 담보대출 접근성이 개선될 수 있다.

해 설　주택금융의 확대로 자가소유가구 비중이 증가한다.

정 답　④　▶ 기본서 연결 : 05-Ⅳ

【부동산금융의 동원방법 요약 체계도】

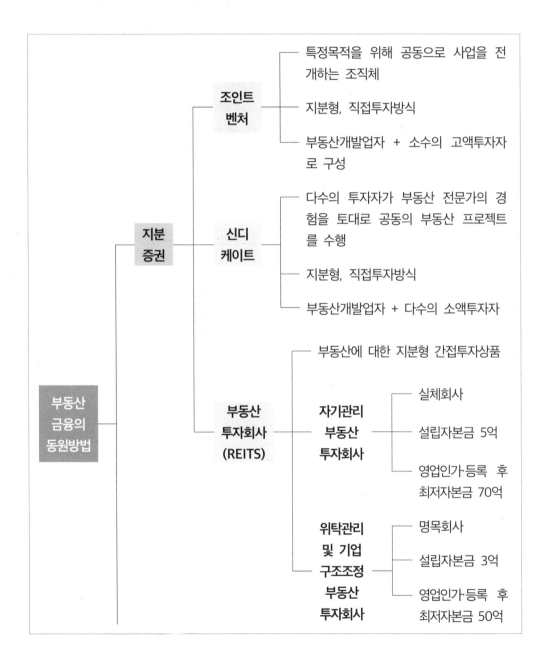

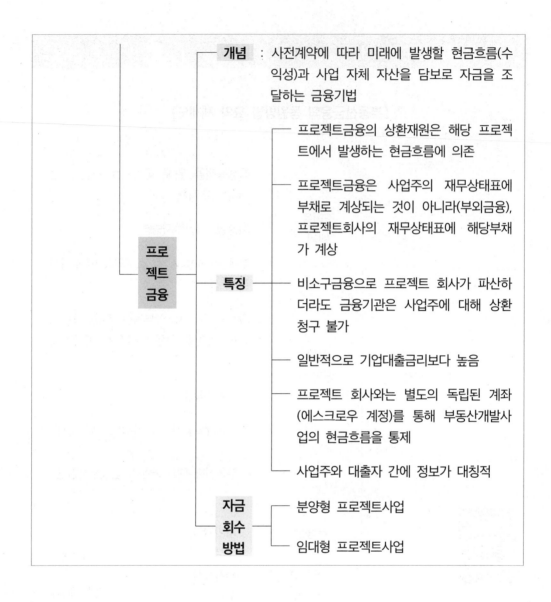

개념 : 사전계약에 따라 미래에 발생할 현금흐름(수익성)과 사업 자체 자산을 담보로 자금을 조달하는 금융기법

프로젝트금융의 상환재원은 해당 프로젝트에서 발생하는 현금흐름에 의존

프로젝트금융은 사업주의 재무상태표에 부채로 계상되는 것이 아니라(부외금융), 프로젝트회사의 재무상태표에 해당부채가 계상

프로젝트 금융 **특징** 비소구금융으로 프로젝트 회사가 파산하더라도 금융기관은 사업주에 대해 상환청구 불가

일반적으로 기업대출금리보다 높음

프로젝트 회사와는 별도의 독립된 계좌(에스크로우 계정)를 통해 부동산개발사업의 현금흐름을 통제

사업주와 대출자 간에 정보가 대칭적

자금 회수 방법 분양형 프로젝트사업

임대형 프로젝트사업

(22·23·24·25·26·27·29·30·33회)

Ⅰ 조인트벤처(Joint Venture)

1. 조인트벤처는 특정목적을 위해 공동으로 사업을 전개하는 조직체로서 공동벤처회사를 말한다.

2. 지분형, 직접투자방식이다.

3. 부동산개발업자 + 소수의 고액투자자(금융기관이나 기관투자자)로 구성된다.

4. 대출기관이 특정목적의 부동산 벤처사업에 장기금융을 제공하고 지분권의 일부를 획득하게 된다.

Ⅱ 신디케이트(Syndicate)

1. 신디케이트는 다수의 투자자가 부동산 전문가의 경험을 토대로 공동의 부동산 프로젝트를 수행하는 것으로 투자자모집형이다.

2. 지분형, 직접투자방식이다.

3. 부동산개발업자 + 다수의 소액투자자(일반투자자)로 구성된다.

4. 부동산개발업자(부동산 신디케이터, 무한책임사원)는 부동산 취득·개발·운영·관리·마케팅 등의 역할을 수행하기 위해 투자자를 모집한다.

5. 투자자는 유한책임사원으로 출자비율에 따라 배당수익이나 손해가 있는 수동적 주체이며, 지분양도가 제한된다.

6. 개별투자자 모집방식은 크게 '사모방식'과 '공모방식'이 있다.
   1) 사모방식 : 개발사업규모가 작을 때 투자자를 모집하는 방식(파트너십, 사적 신디케이트)

2) 공모방식 : 개발사업규모가 클 때 투자자를 모집하는 방식(엄격한 규제, 공적 신디케이트)

III 프로젝트 파이낸싱(Project Financing, 프로젝트금융)

1. 의 의

프로젝트금융(PF)은 특정프로젝트로부터 향후 일정한 현금흐름이 예상되는 경우 사전계약에 따라 미래에 발생할 현금흐름(수익성)과 사업자체 자산을 담보로 자금을 조달하는 금융기법이다.

2. 특 징

1) 프로젝트 자체로부터 발생하는 현금흐름을 근거로 필요한 자금을 조달하며, 어느 정도의 수익성이 있어야 하고, 프로젝트금융의 상환재원도 해당 프로젝트에서 발생하는 현금흐름에 의존한다.

2) 프로젝트금융은 '부외금융'의 특징을 가지고 있으므로 사업주의 재무구조는 현 상태를 유지하면서 채무수용능력이 제고된다. 즉, 프로젝트금융은 사업주의 재무상태표에 부채로 계상되는 것이 아니라 프로젝트 회사의 재무상태표에 해당부채가 계상된다.(사업주 : 채무수용능력 제고, 금융기관 : 더 많은 위험부담 - 단점)

3) 프로젝트 회사(특수법인)가 파산하더라도 금융기관은 사업주에 대해 상환을 청구할 수 없는 '비소구금융'이 원칙이다. 따라서 해당 프로젝트가 부실화되면 대출기관의 채권회수가 어려워져 해당 금융기관의 부실로 이어질 수 있다. 그러나 프로젝트 회사가 금융기관으로부터 프로젝트 파이낸싱을 획득할 때에는 여러 가지 보험이나 보증 등을 제공하는 수가 많기 때문에 '제한적 소구금융'의 경우도 있다.(사업주 : 상환의무가 제한되는 장점)

※ PF방식에 의한 부동산 개발사업시 금융기관이 위험을 줄이기 위해 취할 수 있는 조치
① 위탁관리계좌(에스크로우 계정)의 운영
② 시공사에 책임준공 의무부담
③ 시행사와 시공사에 대한 추가적인 출자요구
④ 대출금보증에 대한 시공사의 신용보강요구
⑤ 대출금 선상환, 공사비 정산 후 시행사 개발이익은 후지급
⑥ 개발사업토지에 대한 권리확보(담보신탁)

4) 프로젝트금융은 위험부담이 크기 때문에 일반적으로 기업대출보다 금리 등이 높아 사업이 성공할 경우 해당 금융기관은 높은 수익을 올릴 수 있으나, 프로젝트 회사는 높은 금융비용을 부담해야 한다.

5) 프로젝트금융의 자금은 차입자가 프로젝트 회사(특수법인)임에도 불구하고 프로젝트 회사와는 별도의 독립된 계좌(에스크로우 계정)를 통해 부동산개 발사업의 현금흐름을 통제하며, 그로 인해 사업주의 도덕적 해이를 방지할 수 있다.

   ∨에스크로우 계정 : 위탁관리계좌

6) 프로젝트 회사는 법률적·경제적으로 완전 독립된 회사이어야 하며, 일정한 요건을 갖춘 프로젝트 회사는 법인세 감면을 받을 수 있다.

7) 프로젝트에 참여하는 모든 당사자가 사업성을 검토하므로 정보공유가 이루어진다. 따라서 사업주와 대출자 간에 정보가 대칭적이다.

8) 프로젝트는 자본시장 내 다른 투자수단들과 경쟁하므로 동일위험수준의 투자수익률에 수렴하는 경향이 있다.

9) 프로젝트금융은 복잡한 계약에 따른 사업의 지연과 이해당사자간의 조정의 어려움은 사업주와 금융기관 모두의 입장에서 단점으로 작용한다.

3. 프로젝트와 자본환원율

1) 자본환원율(Cap. rate)이란 부동산가치대비 순영업이익의 비율을 나타낸다.

$$\frac{순영업소득}{부동산가치(해당자산의\ 가격)} \times 100$$

2) 자본환원율은 자본의 기회비용과 프로젝트의 투자위험을 반영한다.

3) 자본환원율은 자산상승에 대한 기대를 반영한다.

4) 자본환원율이 상승하면 자산가격은 하락하고, 자본환원율이 하락하면 자산가격은 상승한다.

5) 프로젝트의 위험이 높아지면 자산가격의 하락으로 자본환원율도 상승한다.

6) 자본환원율이 상승하면 부동산자산의 가격이 하락압력을 받으므로 신규 프로젝트사업 추진이 어려워진다.

4. 프로젝트 사업의 자금회수방식

1) 분양형 프로젝트사업 : 분양수입금을 핵심 상환재원으로 한다.

2) 임대형 프로젝트사업 : 준공 이후 발생하는 임대료·관리비 등의 영업현금 흐름을 핵심 상환재원으로 한다.

Ⅳ 부동산투자회사(REITS)

1. 부동산투자회사(REITS)의 의의

1) 부동산투자회사(REITS)란 주식발행을 통하여 다수의 투자자로부터 모은 자금을 부동산에 투자·운용하여 얻은 수익(부동산임대소득, 개발이득, 매매차익 등)을 투자자에게 배당하는 것을 목적으로 하는 주식회사를 말한다.
2) 부동산을 증권화한 형태로서 부동산에 대한 지분형 간접투자상품이다.
3) <u>부동산투자회사의 주식에 투자한 투자자는 배당에 따른 이익과 주식매매 차익을 향유할 수도 있고, 투자원금의 손실이 발생할 수도 있다.</u>

2. 리츠(REITS)의 특징

1) <u>소액투자자들도 리츠주식을 매입함으로써 간접적으로 부동산에 투자할 수 있다.</u>
2) 리츠주식을 매수한 투자자는 배당이익과 주식매매차익을 획득할 수 있다.
3) 주식매매를 통하여 투자자금을 회수할 수 있어 환금성이 높다.
4) 리츠에 투자하는 경우 소유부동산을 전문자산관리회사에 관리를 맡김으로써 편리하다.

3. 부동산투자회사법[2021. 6.23. 시행내용] 주요내용

> **제2조[정의]** 이 법에서 사용하는 용어의 뜻은 다음과 같다.
> 1. '부동산투자회사'란 자산을 부동산에 투자하여 운용하는 것을 주된 목적으로 이 법 규정에 적합하게 설립된 회사로서 다음 각 목의 회사를 말한다.
>   가. <u>자기관리 부동산투자회사 : 자산운용 전문인력을 포함한 임직원을 상근으로 두고 자산의 투자·운용을 직접 수행하는 회사</u>
>   나. <u>위탁관리 부동산투자회사 : 자산의 투자·운용을 자산관리회사에 위탁하는 회사</u>
>   다. <u>기업구조조정 부동산투자회사 : 기업구조조정 관련 부동산을 투자 대상으로 하며 자산의 투자·운용을 자산관리회사에 위탁하는 회사</u>
> 5. '자산관리회사'란 위탁관리 부동산투자회사 또는 기업구조조정 부동산투자회사의 위탁을 받아 자산의 투자·운용업무를 수행하는 것을 목적으로 「부동산투자회사법」에 따라 설립된 회사를 말한다.
>
> **제3조[법인격]** ① <u>부동산투자회사는 주식회사로 한다.</u>
> ② <u>부동산투자회사는 이 법에서 특별히 정한 경우를 제외하고는 「상법」의 적용을 받는다.</u>

③ 부동산투자회사는 그 상호에 부동산투자회사라는 명칭을 사용하여야 한다.

④ 이 법에 따른 부동산투자회사가 아닌 자는 부동산투자회사 또는 이와 유사한 명칭을 사용하여서는 아니 된다.

제5조[부동산투자회사의 설립] ① 부동산투자회사는 발기설립의 방법으로 하여야 한다.

② 부동산투자회사는 「상법」 제290조 제2호에도 불구하고 현물출자에 의한 설립을 할 수 없다.

제6조[설립 자본금] ① 자기관리 부동산투자회사의 설립 자본금은 5억원 이상으로 한다.

② 위탁관리 부동산투자회사 및 기업구조조정 부동산투자회사의 설립 자본금은 3억원 이상으로 한다.

제8조의2[자기관리 부동산투자회사의 설립보고 등] ① 자기관리 부동산투자회사는 그 설립등기일부터 10일 이내에 대통령령으로 정하는 바에 따라 설립보고서를 작성하여 국토교통부장관에게 제출하여야 한다.

② 자기관리 부동산투자회사는 제1항에 따른 설립보고서를 제출한 날부터 3개월 후 대통령령으로 정하는 바에 따라 설립 이후의 회사 현황에 관한 보고서를 작성하여 국토교통부장관에게 제출하여야 한다.

③ 국토교통부장관은 제1항 및 제2항에 따른 보고서의 내용을 검토한 결과 자기관리 부동산투자회사의 운영 등이 법령에 위반되거나 투자자 보호에 지장을 초래할 우려가 있는 등 공익을 위하여 필요하다고 인정하면 해당 자기관리 부동산투자회사에 대하여 그 시정이나 보완을 명할 수 있다.

④ 자기관리 부동산투자회사는 설립등기일부터 6개월 이내에 국토교통부장관에게 제9조제1항에 따른 인가를 신청하여야 한다.

제9조[영업인가] ① 부동산투자회사가 부동산투자회사법에서 정한 업무를 하려면 제2조 제1호에 따른 부동산투자회사의 종류별로 대통령령으로 정하는 바에 따라 국토교통부장관의 인가를 받아야 한다. 다만, 부동산 취득을 위한 조사 등 대통령령으로 정하는 업무의 경우에는 그러하지 아니하다.

제10조[최저자본금] 영업인가를 받거나 등록을 한 날부터 6개월(이하 '최저자본금 준비기간'이라 한다)이 지난 부동산투자회사의 자본금은 다음 각 호에서 정한 금액 이상이 되어야 한다.

  1. 자기관리 부동산투자회사 : 70억원
  2. 위탁관리 부동산투자회사 및 기업구조조정 부동산투자회사 : 50억원

제11조의2[위탁관리 부동산투자회사의 지점설치 금지 등] 위탁관리 부동산투자회사는 본점 외의 지점을 설치할 수 없으며, 직원을 고용하거나 상근 임원을 둘 수 없다.

제14조의8[주식의 공모] ① 부동산투자회사는 영업인가를 받거나 등록을 하기 전까지는 발행하는 주식을 일반의 청약에 제공할 수 없다.

제15조[주식의 분산] ① 주주 1인과 그 특별관계자는 최저자본금준비기간이 끝난 후에는 부동산투자회사가 발행한 주식 총수의 100분의 50(이하 '1인당 주식소유한도'라 한다)을 초과하여 주식을 소유하지 못한다.
② 주주 1인과 그 특별관계자(이하 '동일인'이라 한다)가 제1항을 위반하여 부동산투자회사의 주식을 소유하게 된 경우 그 주식의 의결권 행사 범위는 1인당 주식소유한도로 제한된다.
③ 국토교통부장관은 제1항을 위반하여 동일인이 1인당 주식소유한도를 초과하여 주식을 소유하는 경우에는 6개월 이내의 기간을 정하여 1인당 주식소유한도를 초과하는 주식을 처분할 것을 명할 수 있다.
④ 제3항에도 불구하고 국토교통부장관은 동일인이 현물출자로 인하여 1인당 주식소유한도를 초과하여 주식을 소유하는 경우에는 현물출자에 따른 주식의 발행일부터 1년 이상 1년 6개월 이하의 기간을 정하여 1인당 주식소유한도를 초과하는 주식을 처분할 것을 명할 수 있다.

제19조[현물출자] ① 부동산투자회사는 영업인가를 받거나 등록을 하고 제10조에 따른 최저자본금 이상을 갖추기 전에는 현물출자를 받는 방식으로 신주를 발행할 수 없다.
② 부동산투자회사의 영업인가 또는 등록 후에 「상법」 제416조 제4호에 따라 부동산투자회사에 현물출자를 하는 재산은 다음 각 호의 어느 하나에 해당하여야 한다.
1. 부동산
2. 지상권·임차권 등 부동산 사용에 관한 권리
3. 신탁이 종료된 때에 신탁재산 전부가 수익자에게 귀속하는 부동산 신탁의 수익권
4. 부동산소유권의 이전등기청구권
5. 「공익사업을 위한 토지 등의 취득 및 보상에 관한 법률」 제63조 제1항 단서에 따라 공익사업의 시행으로 조성한 토지로 보상을 받기로 결정된 권리 (이하 '대토보상권'이라 한다)

제21조[자산의 투자·운용 방법] ① 부동산투자회사는 그 자산을 다음 각 호의 어느 하나에 투자하여야 한다.

　　1. 부동산

　　2. 부동산개발사업

　　3. 지상권, 임차권 등 부동산 사용에 관한 권리

　　4. 신탁이 종료된 때에 신탁재산 전부가 수익자에게 귀속하는 부동산 신탁 수익권

　　5. 증권, 채권

　　6. 현금(금융기관의 예금을 포함한다)

② 부동산투자회사는 제1항 각 호에 대하여 다음 각 호의 어느 하나에 해당하는 방법으로 투자·운용하여야 한다.

　　1. 취득, 개발, 개량 및 처분

　　2. 관리(시설운영을 포함한다), 임대차 및 전대차

　　3. 부동산개발사업을 목적으로 하는 법인 등 대통령령으로 정하는 자에 대하여 부동산에 대한 담보권 설정 등 대통령령으로 정한 방법에 따른 대출, 예치

제22조[자기관리 부동산투자회사의 자산운용 전문인력] ① 자기관리 부동산투자회사는 그 자산을 투자·운용할 때에는 전문성을 높이고 주주를 보호하기 위하여 대통령령으로 정하는 바에 따라 다음 각 호에 따른 자산운용 전문인력을 상근으로 두어야 한다.

　　1. <u>감정평가사 또는 공인중개사로서 해당 분야에 5년 이상 종사한 사람</u>

　　2. 부동산 관련 분야의 석사학위 이상의 소지자로서 부동산의 투자·운용과 관련된 업무에 3년 이상 종사한 사람

　　3. 그 밖에 제1호 또는 제2호에 준하는 경력이 있는 사람으로서 대통령령으로 정하는 사람

　　　※ 법 시행령 제18조 제2항

　　　1. 부동산투자회사, 자산관리회사, 법 제23조에 따른 부동산투자자문회사, 그 밖에 이에 준하는 부동산관계 회사나 기관 등에서 5년 이상 근무한 사람으로서 부동산의 취득·처분·관리·개발 또는 자문 등의 업무에 3년 이상 종사한 경력이 있는 사람

　　　2. 부동산자산의 투자·운용 업무를 수행하는 외국의 부동산투자회사 또는 이와 유사한 업무를 수행하는 기관에서 5년 이상 근무한 사람으로서 부동산의 취득·처분·관리·개발 또는 자문 등의 업무에 3년 이상 종사한 경력이 있는 사람

② 제1항에 따른 자산운용 전문인력은 자산운용에 관한 사전교육을 이수하여야 한다. 이 경우 교육기관, 교육과정 등 필요한 사항은 대통령령으로 정한다.

제22조의2[위탁관리 부동산투자회사의 업무 위탁 등] ① <u>위탁관리 부동산투자회사</u>는 자산의 투자·운용업무는 자산관리회사에 위탁하여야 하고, 주식발행업무 및 일반적인 사무는 대통령령으로 정하는 요건을 갖춘 기관(이하 '일반사무등 위탁기관'이라 한다)에 위탁하여야 한다.

② 자산관리회사 및 일반사무등 위탁기관의 업무 범위 등 위탁관리 부동산투자회사의 업무 위탁에 필요한 사항은 대통령령으로 정한다.

③ 위탁관리 부동산투자회사와 그 자산의 투자운용업무를 위탁받은 자산관리회사 및 그 특별관계자는 서로 부동산이나 증권의 거래행위를 하여서는 아니 된다. 다만, 주주의 이익을 침해할 우려가 없는 경우로서 대통령령으로 정하는 거래는 그러하지 아니하다.

제25조[자산의 구성] ① 부동산투자회사는 최저자본금준비기간이 끝난 후에는 매 분기 말 현재 총자산의 100분의 80 이상을 부동산, 부동산 관련 증권 및 현금으로 구성하여야 한다. 이 경우 총자산의 100분의 70 이상은 부동산(건축 중인 건축물을 포함한다)이어야 한다.

② 제1항에 따라 자산의 구성 비율을 계산할 때 다음 각 호의 어느 하나에 해당되는 자산은 최저자본금준비기간의 만료일, 신주발행일 또는 부동산 매각일부터 2년 이내에는 부동산으로 본다.

    1. 설립할 때 납입된 주금(株金)
    2. 신주발행으로 조성한 자금
    3. 부동산투자회사 소유 부동산의 매각대금

제25조의2[회계처리] ① 부동산투자회사는 부동산 등 자산의 운용에 관하여 회계처리를 할 때에는 금융위원회가 정하는 회계처리기준에 따라야 한다.

② 금융위원회는 제1항에 따른 회계처리기준의 제정을 대통령령으로 정하는 바에 따라 민간 회계기준제정기구에 위탁할 수 있다.

제27조[증권에 대한 투자] ① 부동산투자회사는 다른 회사의 의결권 있는 발행주식의 100분의 10을 초과하여 취득하여서는 아니 된다. 다만, 다음 각 호의 어느 하나에 해당하는 경우에는 그러하지 아니하다.

    1. 특정 부동산을 개발하기 위하여 존립기간을 정하여 설립된 회사의 주식을 취득하는 경우
    2. 다른 회사와 합병하는 경우
    3. 다른 회사의 영업 전부를 양수하는 경우
    4. 부동산투자회사의 권리를 행사할 때 그 목적을 달성하기 위하여 필요한 경우

4의2. 부동산투자회사가 소유하는 부동산 또는 부동산 관련 권리(지상권, 지역권, 전세권, 사용대차 또는 임대차에 관한 권리, 그 밖에 대통령령으로 정하는 권리를 말한다)를 임차하여 해당 부동산 또는 그 시설을 관리하거나 「관광진흥법」에 따른 관광숙박업 등 대통령령으로 정하는 사업을 영위하는 회사의 주식을 취득하는 경우

5. 투자자 보호나 자산의 안정적 운용을 해칠 우려가 없는 경우로서 대통령령으로 정하는 경우

② 부동산투자회사는 제1항 제2호부터 제4호까지의 규정에 따라 다른 회사의 의결권 있는 발행주식의 100분의 10을 초과하여 취득하게 된 경우에는 초과취득하게 된 날부터 6개월 이내에 제1항에 따른 투자한도에 적합하도록 하여야 한다.

③ 부동산투자회사는 동일인이 발행한 증권(국채, 지방채, 그 밖에 대통령령으로 정하는 증권은 제외한다)을 총자산의 100분의 5를 초과하여 취득하여서는 아니 된다. 다만, 제1항 제4호의2에 따른 주식의 경우에는 부동산투자회사 총자산의 100분의 25를 초과하여 취득하여서는 아니 된다.

④ 부동산투자회사는 보유하고 있는 증권이 제3항에 따른 투자한도를 초과하게 된 경우에는 초과취득하게 된 날부터 6개월 이내에 같은 항에 따른 투자한도에 적합하도록 하여야 한다.

제28조[배당] ① 부동산투자회사는 「상법」 제462조 제1항에 따른 해당 연도 이익배당한도의 100분의 90 이상을 주주에게 배당하여야 한다. 이 경우 「상법」 제458조에 따른 이익준비금은 적립하지 아니한다.

제29조[차입 및 사채 발행] ① <u>부동산투자회사는 영업인가를 받거나 등록을 한 후에 자산을 투자·운용하기 위하여 또는 기존 차입금 및 발행사채를 상환하기 위하여 대통령령으로 정하는 바에 따라 자금을 차입하거나 사채를 발행할 수 있다.</u>
② 제1항에 따른 자금차입 및 사채발행은 자기자본의 2배를 초과할 수 없다. 다만, 「상법」 제434조의 결의 방법에 따른 주주총회의 특별결의를 한 경우에는 그 합계가 자기자본의 10배를 넘지 아니하는 범위에서 자금차입 및 사채발행을 할 수 있다.

제32조[미공개 자산운용정보의 이용 금지] 다음 각 호의 어느 하나에 해당하는 자(각 호의 어느 하나에 해당하지 아니하게 된 날부터 1년이 지나지 아니한 자를 포함한다)는 부동산투자회사의 미공개 자산운용정보(투자자의 판단에 중대한 영향을 미치는 것으로서 투자설명서 및 투자보고서에 의하여 공개되지 아니한 정보로서 부동산투자회사가 그 자산으로 특정한 부동산이나 증권을 매도 또는 매수하고자 하는 정보를 말한다. 이하 같다)를 이용하여 <u>부동산 또는 증권을 매매하거나 타인에게 이용하게 하여서는 아니 된다.</u>
1. <u>해당 부동산투자회사의 임직원 또는 대리인</u>

2. 주요주주
3. 해당 부동산투자회사와 자산의 투자·운용업무에 관한 위탁계약을 체결한 자
4. 제2호 또는 제3호에 해당하는 자의 대리인 또는 사용인, 그 밖의 종업원(제2호 또는 제3호에 해당하는 자가 법인인 경우에는 그 임직원 및 대리인)

제33조[임직원의 행위준칙] 부동산투자회사의 임직원은 자산의 투자·운용 업무와 관련하여 다음 각 호의 어느 하나에 해당하는 행위를 하여서는 아니 된다.
1. 투자를 하려는 자에게 일정한 이익을 보장하거나 제공하기로 약속하는 행위
2. 자산의 투자·운용과 관련하여 자기의 이익이나 제3자의 이익을 도모하는 행위
3. 부동산 거래질서를 해치거나 부동산투자회사 주주의 이익을 침해할 우려가 있는 행위로서 대통령령으로 정하는 행위

제34조[임직원 등의 손해배상책임] ① 부동산투자회사의 임직원이 법령이나 정관을 위반한 행위를 하거나 그 임무를 게을리하여 부동산투자회사에 손해를 입힌 경우에는 손해를 배상할 책임이 있다.
② 부동산투자회사의 임직원이 부동산투자회사에 손해배상책임을 지는 경우 관련 이사, 감사, 자산의 투자·운용 업무를 위탁받은 자 또는 제35조 제1항에 따른 자산보관기관에도 책임질 사유가 있을 때에는 이들이 연대하여 손해배상책임을 진다.

제39조의2[금융위원회의 감독] ① 금융위원회는 공익을 위하여 또는 부동산투자회사의 주주를 보호하기 위하여 필요하면 부동산투자회사등에 금융감독 관련 업무에 관한 자료 제출이나 보고를 명할 수 있으며, 금융감독원의 원장으로 하여금 그 업무에 관하여 검사하게 할 수 있다.

제43조[합병] ① 부동산투자회사는 다음 각 호의 요건을 모두 갖춘 경우가 아니면 다른 회사와 합병할 수 없다.
1. 다른 부동산투자회사를 흡수합병의 방법으로 합병할 것
2. 합병으로 인하여 존속하는 부동산투자회사와 합병으로 인하여 소멸되는 부동산투자회사가 제2조 제1호 각 목에서 정하는 같은 종류의 부동산투자회사일 것
3. 합병으로 인하여 존속하는 부동산투자회사와 합병으로 인하여 소멸되는 부동산투자회사 중 어느 하나의 부동산투자회사가 제14조의8에 따라 주식의 공모를 완료한 부동산투자회사인 경우에는 나머지 부동산투자회사도 제14조의8에 따라 주식의 공모를 완료하였을 것

제47조[내부통제기준의 제정 등] ① 자기관리 부동산투자회사 및 자산관리회사는 법령을 준수하고 자산운용을 건전하게 하며 주주를 보호하기 위하여 임직원이 따라야 할 기본적인 절차와 기준(이하 '내부통제기준'이라 한다)을 제정하여 시행하여야 한다.

② 자기관리 부동산투자회사 및 자산관리회사는 내부통제기준의 준수 여부를 점검하고 내부통제기준을 위반한 경우 이를 조사하여 감사에게 보고하는 준법감시인을 상근으로 두어야 한다.

[참고] 부동산투자회사별 주요 내용 비교

구 분	자기관리 REITS	위탁관리 REITS	기업구조조정 REITS
형 태	실체회사(상근 임·직원)	명목회사(비상근)	명목회사(비상근)
전문 인력	■ 영업인가시 : 3인 이상 ■ 영업인가 후 6개월 : 5인 이상	해당사항 없음 자산관리회사에 위탁 (등록)	해당사항 없음 자산관리회사에 위탁 (등록)
최저 자본금	설립당시 5억원, 영업인가를 받은 날부터 6개월이 지난 후 70억원	설립당시 3억원, 등록을 한 날부터 6개월이 지난 후 50억원	설립당시 3억원, 등록을 한 날부터 6개월이 지난 후 50억원
주식 분산	1인당 50% 이내	1인당 50% 이내	제한 없음
주식 공모	영업인가를 받은 날로부터 2년 이내에 발행되는 주식총수의 30% 이상	등록한 날로부터 2년 이내에 발행되는 주식총수의 30% 이상	의무사항 아님
상 장	설립 후 즉시	설립 후 즉시	의무사항 아님
현물 출자	최저자본금을 갖추면 가능	최저자본금을 갖추면 가능	최저자본금을 갖추면 가능
자산 구성	■ 부동산 : 70% 이상 ■ 부동산관련 유가증권 및 현금 : 10% 이상	■ 부동산 : 70% 이상 ■ 부동산관련 유가증권 및 현금 : 10% 이상	부동산 : 70% 이상
배당	90% 이상 의무배당 (단, 2021.12.31.까지는 50 % 이상 의무배당)	90% 이상 의무배당	90% 이상 의무배당
자금 차입	자기자본 2배 이내 주총 특별의결 10배	자기자본 2배 이내 주총 특별의결 10배	자기자본 2배 이내 주총 특별의결 10배
법인세	혜택 없음(실체회사)	90% 이상 배당시 면제 (명목회사)	90% 이상 배당시 면제 (명목회사)
존속 기간	영속적	영속적	한시적(5~7년)

V 부동산펀드(부동산집합투자기구)

1. 부동산펀드 개요

1) '부동산펀드'도 '부동산투자회사(리츠)'와 같이 부동산간접투자제도이다.
2) 부동산투자회사(리츠)는 「부동산투자회사법」을 근거로 하고 있으며, 부동산펀드는 「자본시장과 금융투자업에 관한 법률」을 근거로 하고 있다.
3) <u>부동산투자회사(리츠)나 부동산펀드는 투자자를 대신하여 투자자의 자금을 부동산에 투자하고 그 운영성과를 투자자에게 배분한다.</u>

2. 부동산펀드의 유형

1) 대출(PF)형 : 부동산개발회사에 자금을 대여해주고 대출이자로 수익을 얻는 방식
2) 임대형(수익형) : 빌딩 등을 매입한 후 이를 임대하여 임대수입과 가격상승에 의한 자본이익의 수익을 올리는 방식
3) 경·공매형 : 경매나 공매부동산을 매입한 후 임대나 매각으로 수익을 올리는 방식
4) 직접개발형 : 직접 개발에 나서 분양하거나 임대하여 개발이익을 얻는 방식

3. 부동산펀드와 부동산투자회사(리츠)의 비교

구 분	부동산펀드	부동산투자회사(리츠)
☐ 근거법	자본시장과 금융투자업에 관한 법률	부동산투자회사법
☐ 자금모집	사모, 공모방식	주식발행
☐ 투자	주로 개발사업에 투자	주로 실물부동산에 투자
☐ 공통점	■ 투자자를 대신하여 투자자의 자금을 부동산에 투자하고, 그 운영성과를 투자자에게 배분 ■ 부동산펀드와 부동산투자회사(리츠) 모두 투자자는 원금손실 위험이 있음	

VI 부동산신탁

1. 개 념

부동산소유자가 소유권을 신탁회사에 이전하고 신탁회사는 소유자 의견에다 신탁회사 자금과 전문지식을 결합해 신탁재산을 효과적으로 개발·관리하고 그 이익을 돌려주는 제도이다.

2. 근거법

신탁행위에 대해서는 「신탁법」에서 규율하고 있으며, 신탁영업에 대해서는 「자본시장과 금융투자업에 관한 법률」에서 규율하고 있다.

3. 신탁관계인

1) 위탁자 : 부동산소유자 등 신탁설정자를 말한다.
2) 수탁자 : 신탁회사 등 신탁의 인수를 하는 업자를 말한다.
    ∨신탁재산관리인 : 수탁자를 대신하여 신탁재산을 관리하는 자
3) 수익자 : 신탁행위에 따라 신탁이익을 받는 자로서 위탁자 또는 제3자를 말한다.

4. 부동산신탁방식

1) 관리신탁 : 부동산의 관리를 대행하는 방식
2) 처분신탁 : 신탁부동산을 처분하고 그 처분대금을 수익자에게 배당하는 방식
3) 담보신탁 : 부동산소유자가 수탁자(신탁회사)에게 소유권을 이전하고, 수탁자로부터 받은 수익증권(신탁증서)을 금융기관에 제출하여 융자를 받는 방식
4) 개발신탁
    (1) 수탁자(신탁회사)가 토지 등을 개발하여 발생한 수익을 수익자에게 교부하는 방식이다.
    (2) 우리나라의 부동산신탁회사들은 대부분 개발신탁을 목적으로 설립되어 운영되고 있다.
    (3) 토지소유자는 개발자금의 부담없이 토지를 개발하여 수익을 얻을 수 있다.
    (4) 부동산개발신탁(사업)금융의 차입자는 수탁자(신탁회사)로서, 자금은 수탁자(신탁회사)가 관리한다.

01 부동산투자회사법상 위탁관리 부동산투자회사(REITs)에 관한 설명으로 틀린 것은? (30회)

① 주주 1인당 주식소유의 한도가 제한된다.

② 주주를 보호하기 위해서 직원이 준수해야 할 내부통제 기준을 제정하여야 한다.

③ 자산의 투자·운용을 자산관리회사에 위탁하여야 한다.

④ 주요 주주의 대리인은 미공개 자산운용정보를 이용하여 부동산을 매매하거나 타인에게 이용하게 할 수 없다.

⑤ 설립자본금은 3억원 이상으로 한다.

해설　자기관리 부동산투자회사 및 자산관리회사는 법령을 준수하고 자산운용을 건전하게 하며 주주를 보호하기 위하여 임직원이 따라야 할 기본적인 절차와 기준(내부통제기준)을 제정하여 시행하여야 한다.(「부동산투자회사법」 제47조) 그러나 위탁관리 부동산투자회사는 상근 임직원이 없는 명목회사로 자산의 투자·운용업무를 자산관리회사에 위탁하는 회사이다. 따라서 주주를 보호하기 위해서 직원이 준수해야 할 내부통제기준은 제정할 필요가 없다.

정답　②　▶ 기본서 연결 : 논점정리 06-Ⅳ

02 부동산투자회사법령상 (　)에 들어갈 내용으로 옳은 것은? (33회)

- (　ㄱ　) 부동산투자회사 : 자산운용 전문인력을 포함한 임직원을 상근으로 두고 자산의 투자, 운용을 직접 수행하는 회사
- (　ㄴ　) 부동산투자회사 : 자산의 투자, 운용을 자산관리회사에 위탁하는 회사

① ㄱ : 자치관리,　　ㄴ : 위탁관리

② ㄱ : 자치관리,　　ㄴ : 간접관리

③ ㄱ : 자기관리,　　ㄴ : 위탁관리

④ ㄱ : 자기관리,　　ㄴ : 간접관리

⑤ ㄱ : 직접관리,　　ㄴ : 간접관리

정답　③　▶ 기본서 연결 : 논점정리 06-Ⅳ

【우리나라의 제도권 주택금융제도 요약 체계도】

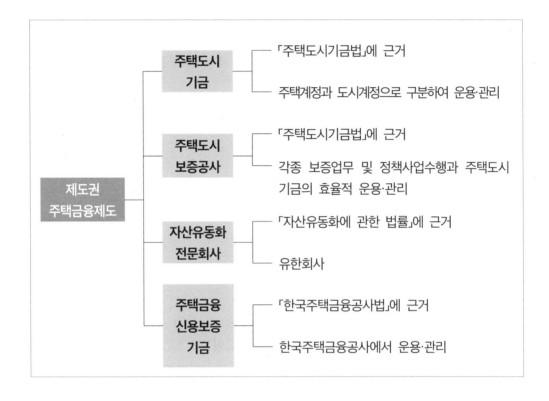

Ⅰ 주택도시기금

1. 의 의

주택도시기금은 「주택도시기금법」에 의거 주거복지증진과 도시재생활성화를 지원하기 위한 기금으로 '주택계정'과 '도시계정'을 구분하여 운용·관리한다.

2. 주택도시기금 중 주택계정의 용도 중 출자 또는 융자의 용도(주택도시기금법 제9조 ①)

1) 국민주택의 건설
2) 국민주택규모 이하의 주택의 구입·임차 또는 개량
3) 준주택의 건설
4) 준주택의 구입·임차 또는 개량
5) 국민주택규모 이하인 주택의 리모델링
6) 국민주택을 건설하기 위한 대기조성사업
7) 「주택법」에 따른 공업화 주택의 건설
8) 주택건축공정이 국토교통부령으로 정하는 기준에 도달한 이후 입주자를 모집하는 국민주택규모 이하인 주택의 건설
9) 「주택법」에 따라 한국토지주택공사가 분양가상한제 적용주택을 우선매입한 비용
10) 「경제자유구역의 지정 및 운영에 관한 특별법」에 따라 지정된 경제자유구역의 활성화를 위한 임대주택의 건설 및 이와 관련된 기반시설 등의 설치에 필요한 자금

Ⅱ 주택도시보증공사

1. 의 의

주택도시보증공사는 「주택도시기금법」의 목적을 달성하기 위한 각종 보증업무 및 정책사업수행과 주택도시기금의 효율적 운용·관리를 위하여 설립되었다.

2. 주택도시보증공사의 업무(주택도시기금법 제26조 ①)

1) 주택도시기금의 운용·관리에 관한 사무

2) 분양보증, 임대보증금보증, 하자보수보증, 그 밖에 대통령령으로 정하는 보증업무

3) 2)의 보증을 이행하기 위한 주택의 건설 및 하자보수 등에 관한 업무와 구상권 행사를 위한 업무

4) 「자산유동화에 관한 법률」 제3조 제1항에 따른 유동화전문회사 등이 발행한 유동화증권에 대한 보증업무

5) 유동화전문회사 등으로부터 위탁받은 유동화자산의 관리에 관한 업무

6) 부동산의 취득·관리·개량 및 처분의 수탁

7) 국가·지방자치단체·공공단체 등이 위탁하는 업무

8) 1)부터 7)까지의 업무와 관련된 조사 및 연구

9) 그 밖에 대통령령으로 정하는 업무

Ⅲ 자산유동화전문회사

1. 의 의

1) 유동화전문회사(특수목적회사, SPC는 「자산유동화에 관한 법률」에 따라 설립되어 자산유동화업무를 영위하는 회사를 말함)

2) 유동화전문회사는 유한회사로 한다.(법 제17조 ①)

3) '유동화자산'이라 함은 자산유동화의 대상이 되는 채권·부동산 기타의 재산권을 말한다.(법 제2조)

2. 유동화방식

자산을 유동화할 때에는 보통자산을 유동화전문회사(SPC)에 양도하고, 유동화전문회사(SPC)가 이 자산을 담보로 유가증권을 발행하여 자금을 조달하는 방식을 취한다. 유동화전문회사(SPC)가 자산을 담보로 하여 발행한 유가증권을 자산담보증권(ABS)이라고 부른다.

3. 유동화자산의 양도방식(법 제13조)

유동화자산의 양도는 자산유동화계획에 따라 다음 각 호의 방식에 의하여야 한다. 이 경우 이를 담보권의 설정으로 보지 아니한다.

1) 매매 또는 교환에 의할 것

2) 유동화자산에 대한 수익권 및 처분권은 양수인이 가질 것. 이 경우 양수인이 당해 자산을 처분하는 때에 양도인이 이를 우선적으로 매수할 수 있는 권리를 가지는 경우에도 수익권 및 처분권은 양수인이 가진 것으로 본다.

3) 양도인은 유동화자산에 대한 반환청구권을 가지지 아니하고, 양수인은 유동화자산에 대한 대가의 반환청구권을 가지지 아니할 것

4) 양수인이 양도된 자산에 관한 위험을 인수할 것. 다만, 당해 유동화자산에 대하여 양도인이 일정기간 그 위험을 부담하거나 하자담보책임을 지는 경우에는 그러하지 아니하다.

4. 부동산 PF(프로젝트 파이낸싱)의 유동화 방법

구 분	PFABS(자산담보증권)	PFABCP(자산담보부기업어음)
근거법	자산유동화에 관한 법률	상법
개념	부동산개발업체의 개발사업부지나 개발사업에서 발생하는 수익(분양대금)을 기초자산으로 하여 유동화하는 자산유동화증권이다.	유동화전문회사(SPC)가 매출채권, 대출채권 등 자산을 담보로 발행하는 기업어음이다.
	기간이 상대적으로 장기이다.	PFABS에 비해 만기가 짧고, 대부분 사모로 발행된다.
	금융감독원에 등록한 자산유동화계획에 따라 유사자산(출자증권·사채·수익증권·기타의 증권 또는 증서)을 반복적으로 유동화한다.	사모로만 발행되어 유가증권 신고절차가 면제되어 금융감독원의 유동화증권 발행에 대한 적절한 관리를 피할 수 있는 장점이 있다.
SPC	「자산유동화에 관한 법률」에 근거하여 설립된 SPC를 통해 발행. 따라서 기초자산을 유동화할 때마다 매번 회사를 만들어야 하는 번거로움이 있다.	「상법」에 근거하여 설립된 SPC를 통해 발행. 따라서 기초자산을 유동화할 때마다 매번 회사를 만들어야 하는 번거로움이 없고 한번 설립하면 유동화증권을 발행할 수 있는 도관형 구조이다.

Ⅳ 주택금융신용보증기금

1. 신용보증을 통한 주택금융을 활성화하고 자금운용의 건전성을 도모할 수 있도록 주택금융에 대한 신용보증을 위하여 「한국주택금융공사법」에 의하여 설치·조성된 것으로, 한국주택금융공사에서 운용·관리하고 있다.

2. 주택금융신용보증기금은 정부와 금융기관의 출연금 및 기금의 운영수익금 등을 재원으로 담보력이 부족한 중·저소득층의 주택자금융자에 대한 보증업무를 수행하고 있다.

[참고] 우리나라 주택금융 구성체계

□ 제도권 금융	① 공공주택금융 : 재정, 주택도시기금
	② 민간주택금융 : 일반은행, 보험회사, 주택할부금융
□ 비제도권 금융	① 수요자 : 전세제도
	② 공급자 : 선분양제도, 주택상환사채 등 사채

㈜ 공공주택금융은 일반적으로 민간주택금융에 비하여 대출금리가 낮고 대출기간도 장기이다.

01 주택도시기금법령상 주택도시기금 중 주택계정의 용도가 <u>아닌</u> 것은?

(28회)

① 국민주택의 건설에 대한 융자
② 준주택의 건설에 대한 융자
③ 준주택의 구입에 대한 융자
④ 국민주택규모 이상인 주택의 리모델링에 대한 융자
⑤ 국민주택을 건설하기 위한 대지조성사업에 대한 융자

해 설 국민주택규모 이하인 주택의 리모델링에 대한 융자에 사용된다.(「주택도시기금법」 제9조①)

정 답 ④ ▶ 기본서 연결 : 논점정리 07-Ⅰ

02 자산유동화에 관한 법령에 규정된 내용으로 <u>틀린</u> 것은?　(33회)

① 유동화자산이라 함은 자산유동화의 대상이 되는 채권, 부동산 기타의 재산권을 말한다.
② 양도인은 유동화자산에 대한 반환청구권을 가지지 아니한다.
③ 유동화자산의 양도는 매매 또는 교환에 의한다.
④ 유동화전문회사는 유한회사로 한다.
⑤ PF 자산담보부 기업어음의 반복적인 유동화는 금융감독원에 등록한 자산유동화계획의 기재내용대로 수행하여야 한다.

해 설 ⑤는 PF 자산담보증권(ABS)에 관한 설명이며, PF ABCP(자산담보부기업어음)는「상법」에 근거하여 사모로만 발행되어 유가증권 신고절차가 면제되어 금융감독원의 유동화증권 발행에 대한 적절한 관리를 피할 수 있는 장점이 있다.

정 답 ⑤ ▶ 기본서 연결 : 논점정리 07-Ⅲ

Chapter 10
부동산개발 및 관리론, 마케팅

제33회 문제 분석(기출 관련)	제34회 출제 예상 핵심 항목
• 부동산마케팅전략 (O) • 부동산관리방식(위탁) (O)	• 부동산개발의 위험 • 부동산개발의 유형 • 민간개발사업의 사회기반시설(SOC) 투자방식별 주요 특징(BTO, BOT, BTL, BLT, BOO) • 부동산관리의 영역 • 부동산관리업자의 부동산관리 활동 • 마케팅전략

❖ 위 **(기출 관련)**은 **최근 10년 이내 출제 문제**를 정확하게 정리할 경우 쉽게 답을 찾을 수 있는 문제를 말함

논점정리

각 논점정리 앞부분에 논점정리 미리보기(체계도)가 있습니다.

【부동산이용 요약 체계도】

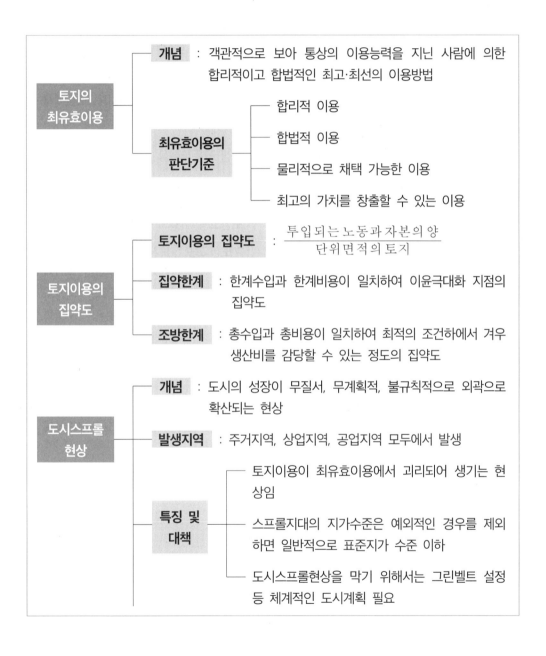

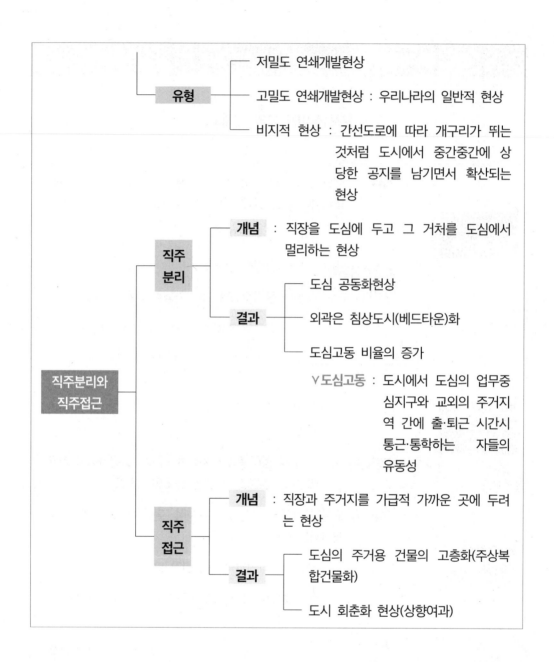

I 토지의 최유효이용

1. 개 념

최유효이용이란 객관적으로 보아 통상의 이용능력을 지닌 사람에 의한 합리적이고 합법적인 최고·최선의 이용방법을 말한다.

2. 최유효이용이 강조되는 근거

1) 용도의 다양성, 부증성을 갖는 토지와 인간과의 관계악화 방지
2) 능률적 토지정책 강구, 경제주체의 이윤극대화, 토지의 공공성·사회성의 발휘

3. 최유효이용의 판단기준

1) 합리적 이용 : 경제적 타당성이 있는 이용
2) 합법적 이용 : 공·사법상의 규제요건을 충족시키는 범위 내에서의 이용
3) 물리적으로 채택 가능한 이용 : 대상토지의 물리적 요소가 의도하고 있는 토지이용에 적합한 이용
4) 최고의 가치를 창출할 수 있는 이용 : 최대수익(생산성)을 실현할 수 있는 경험적 증거가 있는 이용

II 토지이용의 집약도

1. 개 념

1) 토지이용의 집약도란 어떤 토지이용에 투입되는 노동과 자본의 상대적 양을 말한다.

$$\text{토지이용의 집약도} = \frac{\text{투입되는 노동과 자본의 양}}{\text{단위면적의 토지}}$$

2) '수확체감의 법칙'에 의해 집약도가 높아감에 따라 단위면적당 투입되는 노동·자본의 크기에 대한 수익의 비율은 감소한다.
3) 도시지역의 토지가격상승은 토지의 집약적 이용을 촉진하고, 주거지의 외연적 확산을 조장한다.

2. 집약적 토지이용과 조방적 토지이용

1) 의의

토지이용의 집약도가 높은 경우를 '집약적 토지이용'이라 하고, 토지이용의 집약도가 낮은 경우를 '조방적 토지이용'이라 한다.

2) 집약한계와 조방한계

구 분	집약한계	조방한계
성립조건	한계비용 = 한계수입	총수익 = 총비용
이 윤	이윤극대화 지점(넘어서면 이윤감소)	손익분기점(넘어서면 손실)
토지이용	상한선	하한선

(1) 집약한계란 한계수입과 한계비용이 일치하여 이윤극대화 지점의 집약도를 의미한다.

(2) 조방한계란 총수입과 총비용이 일치하여 최적의 조건하에서 겨우 생산비를 감당할 수 있을 정도의 집약도로 이윤이 '0'이 되는 손익분기점에서의 토지이용의 집약도이다.

3. 입지잉여

1) 입지조건이 우수한 경우에 얻을 수 있는 이익을 말한다.

2) 입지 잉여는 입지조건이 나쁠수록 감소하고 좋을수록 증가하는데, 입지조건이 최악에 이르면 입지 잉여는 마이너스(-)나 '0'이 되고 입지조건이 최상이면 플러스(+)나 '100'이 된다.

3) 입지 잉여는 입지조건과 토지이용의 집약도가 같은 경우라도 모든 입지주체에 똑같이 생기는 것은 아니다. 즉, 입지 잉여는 어떤 위치의 가치가 한계입지 이상이고, 또한 그 위치를 최유효 이용할 수 있는 입지주체가 이용하는 경우라야 생기게 되는 것이다.

∨한계입지 : 입지 잉여가 '0'이 되는 위치

Ⅲ 도시스프롤(Sprawl)현상

1. 개 념

도시스프롤이란 도시의 성장이 무질서, 무계획적, 불규칙적으로 외곽으로 확산되는 현상을 말한다.

2. 발생지역

스프롤현상은 주거지역뿐만 아니라 상업지역·공업지역 모두에서 발생하며, 대도시의 중심지보다는 외곽부에서 더욱 발달하고 경우에 따라서는 입체적 슬럼(slum)의 형태로 입체적 스프롤현상을 나타내기도 한다.

3. 특징 및 대책

1) 스프롤현상은 토지이용이 최유효 이용에서 괴리되어 생기는 현상이다.
2) 스프롤지대의 지가 수준은 예외적인 경우를 제외하면 일반적으로 표준지가 수준 이하이다.
3) 도시스프롤현상을 막기 위해서는 그린벨트 설정 등 체계적인 도시계획이 필요하다.

4. 스프롤의 유형

1) 저밀도 연쇄개발현상 : 합리적 밀도수준 이하의 수준을 유지하면서 인접지를 잠식해 나가는 현상
2) 고밀도 연쇄개발현상 : 합리적 수준 이상의 수준을 유지하면서 인접지를 잠식해 가는 현상(우리나라의 일반적 현상)
3) 비지적(飛地的) 현상 : 간선도로를 따라 개구리가 뛰는 것처럼 도시에서 중간 중간에 상당한 공지를 남기면서 확산되는 현상

Ⅳ 직주분리와 직주접근

구 분	직주분리	직주접근
1. 의 의	직장을 도심에 두고 그 거처를 도심에서 멀리하는 현상	직장과 주거지를 가급적 가까운 곳에 두려는 현상
2. 원 인	① 도심의 환경악화 ② 도심의 재개발(주택 철거) ③ 도심의 지가상승 ④ 공적 규제의 강화 ⑤ 교통체계의 발달	① 도심의 환경개선 ② 도심재개발의 완료 ③ 공적 규제의 완화 ④ 교통체증의 심화 ⑤ 도심과 외곽의 지가차이 감소
3. 결 과	① 도심공동화현상 ② 외곽은 침상도시(베드타운)화 ③ 도심고동비율의 증가	① 도심의 주거용 건물의 고층화(주상복합건물화) ② 도시회춘화현상(상향여과)

(주) 1. 도심고동 : 도시에서 도심의 업무중심지구와 교외의 주거지역간에 출·퇴근 시간시 통근·
통학하는 자들의 유동성을 말한다.
2. 도시회춘화현상 : 도심지의 오래된 건물이 재개발·재건축이 완성되어 도심에 거주하는
소득계층이 저소득층에서 중·고소득층으로 유입, 대체되는 현상을 의
미한다.

V 도시지역의 토지가격이 급격히 상승하는 경우 발생할 수 있는 현상

1. 택지가격을 상승시켜 택지취득을 어렵게 만든다.

2. 직주분리현상을 심화시켜 통근거리가 길어진다.

3. 토지의 집약적 이용을 촉진하고, 주거지의 외연적 확산을 조장한다.

4. 한정된 사업비중 택지비의 비중이 높아져 상대적으로 건축비의 비중이 줄어
들기 때문에 주택의 질(성능)이 저하될 우려가 있다.

5. 높은 택지가격은 공동주택의 고층화를 촉진시킨다.

01 **도시지역의 토지가격이 정상지가상승분을 초과하여 급격히 상승한 경우 발생할 수 있는 현상이 <u>아닌 것은?</u>** (23회)

① 택지가격을 상승시켜 택지취득을 어렵게 만든다.

② 직주분리현상을 심화시켜 통근거리가 길어진다.

③ 토지의 조방적 이용을 촉진하고, 주거지의 외연적 확산을 조장한다.

④ 한정된 사업비 중 택지비의 비중이 높아져 상대적으로 건축비의 비중이 줄어들기 때문에 주택의 성능이 저하될 우려가 있다.

⑤ 높은 택지가격은 공동주택의 고층화를 촉진시킨다.

해 설 　도시지역의 토지가격이 정상지가상승분을 초과하여 급격히 상승한 경우 토지의 집약적 이용을 촉진하고, 주거지의 외연적 확산을 조장한다.

정 답 　③ 　▶ 기본서 연결 : 논점정리 01-Ⅳ

【부동산개발 요약 체계도】

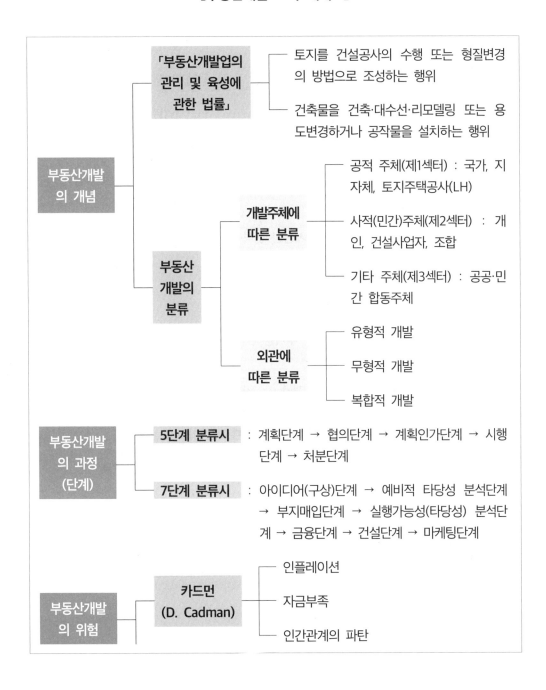

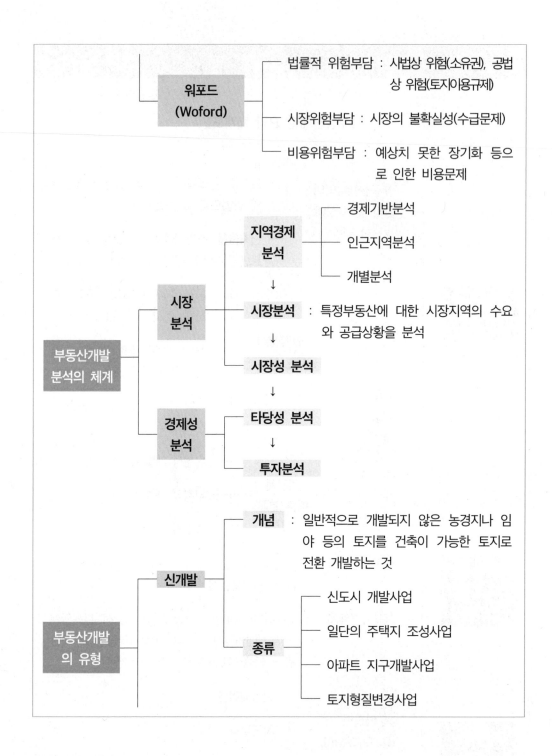

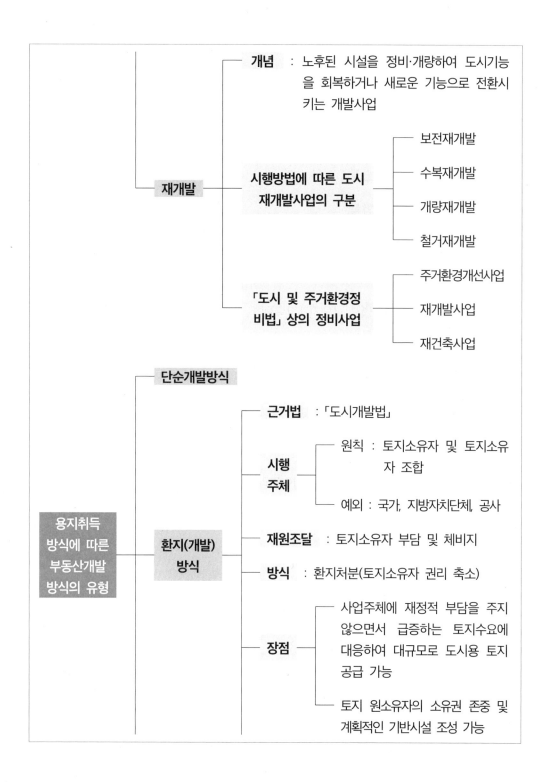

개념 : 노후된 시설을 정비·개량하여 도시기능을 회복하거나 새로운 기능으로 전환시키는 개발사업

재개발

시행방법에 따른 도시 재개발사업의 구분
- 보전재개발
- 수복재개발
- 개량재개발
- 철거재개발

「도시 및 주거환경정비법」 상의 정비사업
- 주거환경개선사업
- 재개발사업
- 재건축사업

용지취득 방식에 따른 부동산개발 방식의 유형

단순개발방식

환지(개발) 방식

근거법 : 「도시개발법」

시행주체
- 원칙 : 토지소유자 및 토지소유자 조합
- 예외 : 국가, 지방자치단체, 공사

재원조달 : 토지소유자 부담 및 체비지

방식 : 환지처분(토지소유자 권리 축소)

장점
- 사업주체에 재정적 부담을 주지 않으면서 급증하는 토지수요에 대응하여 대규모로 도시용 토지 공급 가능
- 토지 원소유자의 소유권 존중 및 계획적인 기반시설 조성 가능

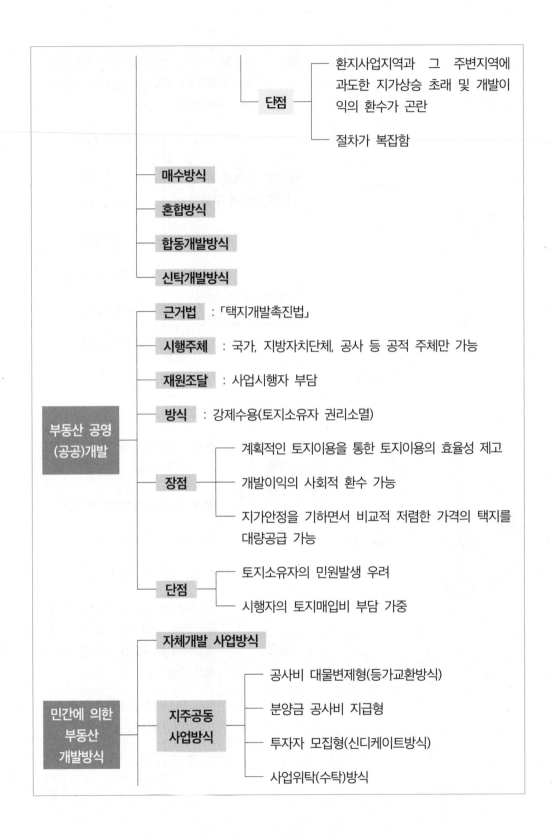

환지사업지역과 그 주변지역에 과도한 지가상승 초래 및 개발이익의 환수가 곤란

단점
절차가 복잡함

매수방식

혼합방식

합동개발방식

신탁개발방식

근거법 : 「택지개발촉진법」

시행주체 : 국가, 지방자치단체, 공사 등 공적 주체만 가능

재원조달 : 사업시행자 부담

방식 : 강제수용(토지소유자 권리소멸)

부동산 공영 (공공)개발

장점
- 계획적인 토지이용을 통한 토지이용의 효율성 제고
- 개발이익의 사회적 환수 가능
- 지가안정을 기하면서 비교적 저렴한 가격의 택지를 대량공급 가능

단점
- 토지소유자의 민원발생 우려
- 시행자의 토지매입비 부담 가중

자체개발 사업방식

민간에 의한 부동산 개발방식

지주공동 사업방식
- 공사비 대물변제형(등가교환방식)
- 분양금 공사비 지급형
- 투자자 모집형(신디케이트방식)
- 사업위탁(수탁)방식

토지(개발)신탁방식

컨소시엄방식

BTO방식 : 민간이 짓고(Build) → 국가 또는 지방자치단체에 소유권이전(Transfer) → 민간에 일정기간 운영권 부여(Operate)

BOT방식 : 민간이 짓고(Build) → 민간에 소유권 부여(Own) → 국가 또는 지방자치단체에 소유권 이전(Transfer)

민간개발 사업의 투자방식

BTL방식 : 민간이 짓고(Build) → 국가 또는 지방자치단체에 소유권 이전(Transfer) → 운영권을 국가 또는 지방자치단체에 임대(Lease)

BLT방식 : 민간이 짓고(Build) → 타인(국가 또는 지방자치단체 등)에게 운영권 임대(Lease) → 임대기간 종료 후 국가 또는 지방자치단체에 소유권 이전(Transfer)

BOO방식 : 민간이 짓고(Build) → 민간에 소유권(Own)·운영권(Operate) 부여

Ⅰ 부동산개발의 개념

1. 「부동산개발업의 관리 및 육성에 관한 법률」 제2조(정의)

1) '부동산개발'이란 다음 각 목의 어느 하나에 해당하는 행위를 말한다. 다만, 시공을 담당하는 행위를 제외한다.

(1) 토지를 건설공사의 수행 또는 형질변경의 방법으로 조성하는 행위

(2) 건축물을 건축·대수선·리모델링 또는 용도변경하거나 공작물을 설치하는 행위

2) '부동산개발업'이란 타인에게 공급할 목적으로 부동산개발을 수행하는 업을 말한다.

2. 부동산개발의 분류

1) 개발주체에 따른 분류

(1) 공적 주체(제1섹터) - 중앙정부, 지방정부, 한국토지주택공사, 수자원개발공사 등

(2) 사적(민간) 주체(제2섹터) - 개인, 주택건설업자, 토지소유자 조합 등

(3) 기타 주체(제3섹터) - 공공·민간합동개발(민관합동개발)과 같이 민간이 자본과 기술을 제공하고 지방자치단체 등과 같은 공공기관이 인·허가 등 행정적인 부분을 담당하는 상호 보완적인 개발을 말함

2) 외관에 따른 분류

(1) 유형적 개발 : 건축이나 토목공사 등과 같이 직접 토지의 물리적 변형을 초래하는 행위

(2) 무형적 개발 : 용도지역·지구의 지정 또는 변경과 같이 물리적 변형 없이 이용상태의 변경만 이루어지는 행위

(3) 복합적 개발 : 토지형질변경사업, 도시재개발사업, 공업단지조성사업, 도시개발사업 등과 같이 토지의 유형·무형의 개발행위가 동시에 이루어지는 경우

II 부동산개발의 과정(단계)

부동산개발과정은 학자들에 따라서 다소 다르게 분류하고 있으나 일반적으로 5단계와 7단계로 구분할 수 있다.

1. 5단계 부동산개발의 과정

계획단계 → 협의단계 → 계획인가단계 → 시행단계 → 처분단계

2. 7단계 부동산개발의 과정

단계별	내 용
1. 제1단계 [아이디어(구상)단계]	모든 부동산개발은 아이디어(구상)단계로부터 시작된다.
2. 제2단계 [예비적 타당성 분석 단계]	개발사업으로 예상되는 수입과 비용을 개략적으로 계산하여 수익성을 검토하는 단계이다.
3. 제3단계 [부지매입단계]	① 예비적 타당성 분석에서 수익성이 있다고 판단되면, 개발업자는 최적의 부지를 모색하여 확보하는 단계이다. ② 개발사업에 대한 적절한 부지가 선정되게 되면, 개발업자는 대상부지를 사용할 수 있는 권리를 확보해야 한다.
4. 제4단계 [실행가능성(타당성) 분석단계]	① 부지가 선택되면 개발업자는 더 구체적이고 세부적인 실행가능성(타당성) 분석을 하여야 한다. ② 실행가능성(타당성) 분석은 법률적·경제적·기술적 실행가능성(타당성) 분석을 모두 하여야 하며, 그 중에서 가장 중요한 것은 경제적 실행가능성(타당성) 분석이다. ③ 실행가능성(타당성) 분석결과가 동일한 경우에도 분석된 사업안은 개발업자에 따라 채택될 수도 있고, 그렇지 않을 수도 있다. ④ 실행가능성(타당성) 분석의 내용은 공법상 규제분석, 부지분석, 시장분석, 재정분석 등을 포함한다.
5. 제5단계 [금융단계]	타당성 분석결과 개발사업이 바람직한 것으로 평가되면 이것을 근거로 대출기관으로부터 필요한 자금을 융자받는 것이다.
6. 제6단계 [건설단계]	① 물리적인 공간을 창조하는 단계로, 택지조성의 경우는 토지의 형질을 변경하고 개량하여 택지화한다. ② 건설단계는 전체 개발사업의 성공여부를 결정짓는 가장 중요한 단계이다.

단계별	내 용
7. 제7단계 [마케팅단계]	① 개발사업의 마케팅이란 고객을 발견하고 개발공간을 분양하거나 임대하는 것을 말한다. ② 일반적으로 개발될 공간의 임대활동은 개발사업 초기단계에서부터 이루어지는 것이 바람직하다.(예 : 쇼핑센터, 대규모 업무시설 등)

Ⅲ 부동산개발의 위험

1. 의 의

부동산개발은 부동산개발사업이 내포하고 있는 불확실성(미래의 불확실한 수익을 근거로 개발을 진행) 때문에 위험요소가 많다. 카드먼(D. Cadman)은 개발사업의 진행과정에서 발생할 수 있는 위험부담으로 ① 인플레이션 ② 자금부족 ③ 인간관계의 파탄 등을 들고 있으며, 워포드(Wofford)는 ① 법률적 위험부담 ② 시장위험부담 ③ 비용위험부담을 들고 있다.

2. 유형(워포드의 분류)

1) 법률적 위험	① 법률적 위험은 토지이용규제(용도지역·지구제, 건축규제, 군사보호시설구역지 등)와 같은 공법적 관계와 소유권 관계나 주민의 민원 등 사법적 관계에서 발생하는 위험을 말한다. ② 법률적 위험을 최소화하기 위해서는 이용계획이 확정된 토지를 구입하는 것이 유리하다.
2) 시장위험	① 시장위험은 예측하기 어려운 부동산시장의 불확실성이 부동산개발사업에 영향을 주는 위험을 말한다. ② 부동산개발사업의 추진에는 많은 시간이 소요되므로 개발사업기간 동안 다양한 시장위험에 노출된다.(예 : 공사기간 중 이자율의 변화, 시장침체에 따른 공실의 장기화 등) ③ 개발업자 측에서 보면, 개발사업 초기에는 시장위험은 크고 개발사업의 가치는 낮으나, 후기로 갈수록 개발사업의 가치는 커지고 시장위험은 감소한다. ④ 개발업자는 시장위험을 최소화하기 위한 방법으로 대상부동산을 초기에 매도·임대하고자 노력한다.(예:선분양제도는 후분양제도에 비해 시장위험을 줄일 수 있음)

3) 비용위험	① 비용위험이란 개발기간의 연장, 이자율의 인상, 인플레이션의 영향으로 개발비용이 증가하는 위험을 말한다. ② 개발기간이 길수록, 인플레이션이 심할수록 비용위험이 커진다. ③ 개발업자가 비용위험을 줄이기 위해 '최대가격 보증계약'을 체결한다면 개발업자는 초과되는 비용을 부담하지 않으므로 비용위험부담을 줄일 수 있다. **최대가격 보증계약** 개발사업에 실제로 든 비용이 계약금을 초과하더라도 개발업자는 추가적인 비용을 부담하지 않는다는 계약을 말한다.

3. 부동산개발사업의 진행과정상 위험의 관리

1) <u>부동산개발사업의 진행과정상 ⊙ 행정의 변화에 의한 사업 인·허가 지연위험, ⓒ 매장문화재 출토로 인한 사업위험, ⓒ 거시적 시장환경의 변화위험, ⓔ 사업지 주변 사회간접자본시설 확충의 지연위험 등은 시행사 또는 시공사가 스스로 관리할 수 있는 위험이 아니다.</u>

2) <u>부실공사 하자에 따른 책임위험은 부동산개발사업의 진행과정에서 시행사 또는 시공사가 스스로 관리할 수 있는 위험에 해당된다.</u>

3) 프로젝트 파이낸싱(PF)은 예상되는 제반위험을 프로젝트 회사와 이해당사자 간의 계약에 의해 적절하게 배분한다.

Ⅳ 아파트 재개발(재건축) 사업성에 대한 긍정적 요인과 부정적 요인

긍정적 요인	부정적 요인
① (이주비)대출금리의 하락 ② 인·허가시 용적률의 증가(할증) ③ 일반분양분의 분양가 상승	① 건설자재 가격의 상승 ② 조합원 부담금 인상 ③ 공사기간의 연장 ④ (이주비)대출금리의 상승 ⑤ 초기 분양률의 저조 ⑥ 매수예정 사업부지 가격의 상승

V 부동산개발의 타당성 분석

1. 부동산분석의 체계

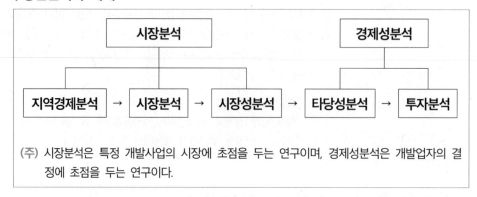

(주) 시장분석은 특정 개발사업의 시장에 초점을 두는 연구이며, 경제성분석은 개발업자의 결정에 초점을 두는 연구이다.

2. 부동산분석의 유형(5단계)

단계별	내 용
1) 지역경제분석	① 지역경제분석은 대상 시장지역(경제활동지역)의 인구, 고용, 소득 등 모든 부동산의 수요와 시장에 영향을 미치는 요인을 분석, 확인 및 예측하는 작업을 말한다. ② 지역경제분석은 지역의 경제활동지역 인구와 소득 등 대상지역 시장 전체에 대한 총량적 지표를 분석한다. ③ 지역경제분석시에는 경제기반분석, 인근지역분석(근린분석), 개별분석(부지분석) 등이 행해진다. 　㉠ 경제기반분석에서는 입지계수와 경제기반승수를 활용한다. 　㉡ 인근지역분석은 부동산개발에 영향을 미치는 인근지역의 환경요소의 현황과 전망을 분석하는 것이다. 　㉢ 개별분석은 개발대상부지의 개별적 요인을 분석하여 최유효이용을 꾀하는 것이다.
2) 시장분석	① 시장분석이란 특정부동산에 대한 시장지역의 수요와 공급상황을 분석하는 것을 말한다. ② 부동산개발과정에서 시장분석의 목적은 개발과 관련된 의사결정을 하기 위하여 부동산의 특성상 용도별, 지역별로 각각의 수요와 공급에 미치는 요인들과 수요와 공급의 상호관계가 개발사업에 어떠한 영향을 미치는가를 조사·분석하는 것이다.
3) 시장성분석	① 시장성분석이란 개발된 특정부동산이 가진 경쟁력을 중심으로 해당부동산이 현재나 미래의 상황에서 매매(분양)나 임대될 수 있는 가능성(경쟁력) 정도를 분석하는 것을 말한다.

단계별	내 용
	② 시장성분석에서는 대상개발사업 자체에 초점을 두어, 이것이 일정 기간동안 시장에서 어떻게 흡수될 것인가를 부동산의 양과 질적인 측면에서 지역별·유형별로 구체적으로 분석한다. ③ 시장성분석방법으로서 흡수율분석은 부동산시장의 추세를 파악하는데 도움을 주는 것으로, 단순히 과거의 추세를 파악하는데 있는 것이 아니라 미래흡수율을 예측하는 것이 주된 목적이다. **흡수율과 흡수시간** ㉠ 흡수율 : 시장에 공급된 부동산이 단위시간동안 분양이나 임대된 면적 또는 호수를 의미한다. ㉡ 흡수시간 : 시장에 공급된 부동산이 시장에서 완전히 분양이나 임대되는데 걸리는 시간을 의미한다.
4) 타당성분석	① 타당성분석이란 대상개발사업이 충분한 수익성(이윤)을 제공할 수 있도록 수행될 수 있는지 여부를 구체적으로 분석하는 것이다. 이때 대상개발사업의 수익성은 '세후 소득'을 기준으로 판단한다. ② 타당성분석에 활용된 투입요소(토지구입비, 개발기간, 분양가격 등)의 변화가 그 결과치에 어떠한 영향을 주는가를 분석하는 기법은 '민감도분석'이다. **민감도 분석** 재무적 사업타당성분석에서 사용했던 주요 변수(토지구입비, 개발기간, 분양가격 등)들의 투입값을 낙관적, 비관적 상황으로 적용하여 수익성을 예측하는 분석방법이다. ③ 개발사업에 대한 타당성분석결과가 동일한 경우에도 분석된 사업안은 개발업자에 따라 채택될 수도 있고, 그렇지 않을 수도 있다.
5) 투자분석	① 투자분석에서는 대상개발사업을 다른 투자대안과 비교·분석하여 투자여부를 최종적으로 결정한다. ② 투자분석단계에서는 타당성분석을 통해서 확인된 기대수익률이 요구수익률을 만족시킬 수 있는지를 분석하는 것이다.

□ 입지계수 (LQ)	① 입지계수는 특정지역의 특정산업이 전국 평균에 비해 얼마나 강하게 입지분포하고 있느냐를 나타낸다. ② 입지계수의 계산공식 $$입지계수(LQ) = \frac{지역의\ X산업고용률}{전국의\ X산업고용률}$$ $$= \frac{\dfrac{지역의\ X산업\ 고용인구}{지역의\ 총고용인구}}{\dfrac{전국의\ X산업\ 고용인구}{전국의\ 총고용인구}}$$
	㉠ 입지계수(LQ) > 1 : (수출)기반산업으로, 지역경제의 성장성을 유도하는 산업 ㉡ 입지계수(LQ) < 1 : 비기반 산업으로, 지역경제의 안정성을 유지하는 산업이다.

VI 부동산개발의 유형(신개발과 재개발)

1. 신개발

1) 의의

신개발은 일반적으로 개발되지 않은 농경지나 임야 등의 토지를 건축이 가능한 토지로 전환 개발하는 것을 말한다.

2) 종류

(1) 신도시 개발사업

(2) 일단의 주택지 조성사업

(3) 아파트 지구 개발사업

(4) 토지형질 변경사업

2. 재개발

1) 의의

도심지 재개발사업, 주택개량 재개발사업, 도시개발예정구역 지정개발(공영개발)사업 등을 통하여 노후된 시설을 정비·개량하여 도시기능을 회복하거나 새로운 기능으로 전환시키는 개발사업을 말한다.

2) 시행방법에 따른 도시재개발사업의 구분

(1) 보전재개발	노후·불량화 우려가 있을 때 사전에 노후·불량화의 진행을 방지하기 위하여 채택하는 가장 소극적인 도시재개발이다.

(2) 수복재개발	현재의 시설을 대부분 그대로 유지하면서 노후·불량화의 요인만을 제거하는 소극적인 도시재개발이다.
(3) 개량재개발	기존시설의 확장·개선 또는 새로운 시설의 첨가를 통하여 기존도시의 물리적 환경의 질적 수준을 높여 도시기능을 제고시키고자 하는 보다 적극적인 재개발이다.
(4) 철거재개발	기존시설을 제거하고 새로운 시설물로 대체하는 가장 적극적인 재개발이다.

3) 「도시 및 주거환경 정비법 제2조」의 정비사업

   (1) 의의

      정비사업이란 「도시 및 주거환경 정비법」에서 정한 절차에 따라 도시기능을 회복하기 위하여 정비구역에서 정비기반시설을 정비하거나 주택 등 건축물을 개량 또는 건설하는 사업을 말한다.

   (2) 정비사업의 구분

① 주거환경 개선사업	도시 저소득 주민이 집단 거주하는 지역으로서 정비기반시설이 극히 열악하고 노후·불량 건축물이 과도하게 밀집한 지역의 주거환경을 개선하거나, 단독주택 및 다세대주택이 밀집한 지역에서 정비기반시설과 공동이용시설 확충을 통하여 주거환경을 보전·정비·개량하기 위한 사업
② 재개발사업	정비기반시설이 열악하고 노후·불량 건축물이 밀집한 지역에서 주거환경을 개선하거나 상업지역·공업지역 등에서 도시기능의 회복 및 상권 활성화 등을 위하여 도시환경을 개선하기 위한 사업
③ 재건축사업	정비기반시설은 양호하나 노후·불량 건축물에 해당하는 공동주택이 밀집한 지역에서 주거환경을 개선하기 위한 사업

1. 단순개발방식	토지소유자가 형질변경허가를 획득하여 자력으로 개발하는 방식으로 전통적인 개발방식이다.
2. 환지(개발)방식	① 택지가 개발되기 전 토지의 위치·지목·면적·등급·이용도 및 기타사항을 고려하여, 사업 후 개발토지 중 사업에 소요된 비용과 공공용지를 제외한 토지를 당초의 토지소유자에게 재분배하는 방식이다. ② 토지소유자가 조합을 설립하여 농지를 택지로 개발한 후 보류지(체비지·공공시설용지)를 제외한 개발토지 전체를 토지소유자에게 배분하는 방식은 '신개발방식'이며 '환지방식'에 해당된다. ③ 미개발토지를 토지이용규제에 따라 구획정리하고 기반시설을 갖춘 도시형 토지로 전환시키는 방법이다. ④ 환지의 형평성을 기하기 위해 사업시행기간이 장기화 될 수 있다. ⑤ 이 방식에 따라 개발된 토지의 재분배 설계시 평가식이나 면적식을 적용할 수 있다. ⑥ 도시개발사업에서 이 방식이 많이 활용된다.
3. 매수방식	토지소유자, 공사, 중앙정부와 지방정부 등이 매수·수용 등을 통하여 일단의 택지를 조성하는 것으로 공영개발은 주로 매수방식(현 도시개발법상 수용방식)을 통해 이루어진다.
4. 혼합방식	매수방식과 환지(개발)방식을 혼합하여 택지를 조성하는 방식으로 「도시개발법」에 의한 도시개발사업, 「주택법」에 의한 대지조성사업 등이 이에 해당된다.
5. 합동개발방식	토지개발사업에 참여하는 토지소유자와 함께 사업시행자, 재원조달자, 건설업자가 택지개발에 착수하기 전에 대상지역의 토지를 일정가격에 전량 매수해서 택지로 개발하는 방식이다.
6. 신탁개발방식	토지신탁을 이용하여 택지를 개발하는 방식으로, 소유권이전의 형식을 취한다. 즉, 신탁회사가 토지소유권을 이전받아 토지를 개발한 후 분양하거나 임대하여 그 수익을 신탁자에게 돌려주는 것이다.

Ⅷ 부동산공영(공공)개발

1. 공영(공공)개발의 의의

공영(공공)개발은 국가, 지방자치단체, 공사 등 공적 주체가 공공성과 공익성을 위해 법이 정하는 바에 따라 토지를 매수(수용)하고 택지를 조성한 후 실수요자에게 분양 또는 임대하는 토지개발방식을 말한다.

2. 공영(공공)개발의 장·단점

1) 장점

    (1) 토지의 계획적 이용을 통해 토지이용의 효율성을 제고할 수 있다.

    (2) 개발이익의 사회적 환수가 가능하다.

    (3) 지가안정을 기하면서 비교적 저렴한 가격의 택지를 대량 공급할 수 있다.

    (4) 공공사업으로 재투자가 가능하다.

2) 단점

    (1) 사업비 전액을 사업시행자가 먼저 투자함으로써 시행자의 토지매입비 부담이 가중된다.

    (2) 토지수용에 따른 재산권의 상대적 손실감으로 토지소유자의 민원이 발생할 우려가 있다.

    (3) 대규모 사업 시행시 방대한 용지보상지출로 인해서 통화량 팽창과 주변지역의 지가상승이 우려된다.(주변지역의 투기발생가능성)

    (4) 여전히 개발에 따른 지가상승과 이에 따른 개발이익문제를 완전히 해결하지는 못한다.

[참고] 부동산개발방식 중 「환지방식」과 「공영개발(수용방식)」의 비교

구 분	환지방식	공영개발(수용방식)
1. 근거법	「도시개발법」	「택지개발촉진법」
2. 시행주체	① 원칙 : 토지소유자 및 토지소유자 조합 ② 예외 : 국가, 지방자치단체, 공사	국가, 지방자치단체, 공사 등 공적 주체만 가능
3. 재원조달	토지소유자 부담 및 체비지	사업시행자 부담
4. 방 식	환지처분(토지소유자 권리 축소)	강제수용(토지소유자 권리 소멸)
5. 장 점	① 사업주체에 재정적 부담을 주지 않으면서 급증하는 토지수요에 대응하여 대규모로 도시용 토지 공급가능 ② 토지원소유자의 소유권 존중 및 계획적인 기반시설 조성가능 ③ 수용방식에 비해 종전 토지소유자에게 개발이익이 귀속될 가능성이 큼	① 계획적인 토지이용을 통한 토지이용의 효율성 제고 ② 개발이익의 사회적 환수 가능 ③ 지가안정을 기하면서 비교적 저렴한 가격의 택지를 대량공급가능 ④ 환지방식에 비해 기반시설의 확보가 용이한 편임

구 분	환지방식	공영개발(수용방식)
	④ 수용방식에 비해 사업시행자의 개발토지 매각부담이 적은 편임 ⑤ 수용방식에 비해 종전 토지소유자의 재정착이 쉬운 편임	
6. 단 점	① 환지사업지역과 그 주변지역에 과도한 지가상승 초래 및 개발이익의 환수가 곤란 ② 절차가 복잡함	① 토지소유자의 민원발생 우려 ② 시행자의 토지매입비 부담 가중으로 사업비부담이 큰 편임

[참고] 도시개발법상 도시개발사업의 정의 및 시행방식

① '도시개발사업'이란 도시개발구역에서 주거, 상업, 산업, 유통, 정보통신, 생태, 문화, 보건 및 복지 등의 기능이 있는 단지 또는 시가지를 조성하기 위하여 시행하는 사업을 말한다.(제2조 제1항 제2호)

② 도시개발사업은 도시개발구역의 토지 등을 수용 또는 사용하는 방식이나 환지방식 또는 이를 혼용하는 방식으로 시행할 수 있다.(제21조 제1항)

IX 민간에 의한 부동산 개발방식

1. 자체개발사업방식

1) 의의

자체개발사업방식은 토지소유자가 사업기획을 하고, 직접 자금조달(토지소유자의 보유자금 혹은 차입)을 하여 건설을 시행하는 방식이다.

2) 장·단점

자체개발사업방식은 개발이익이 모두 토지소유자에게 귀속되고, 사업시행자의 주도적인 사업추진이 가능하며, 사업수행의 속도가 빠르나, 사업위험이 높을 수가 있어 위기관리능력이 요구된다.

2. 지주공동사업방식

1) 의의

지주공동사업방식은 토지소유자와 개발업자 등이 부동산개발을 공동으로 시행하는 것으로 부동산개발사업에 대한 위험을 분산할 수 있다는 장점이 있다. 일반적으로 토지소유자는 토지를 제공하고 개발업자는 개발의 노하우를 제공하여 서로의 이익을 취한다.

2) 종류

(1) 등가교환방식 (공사비 대물 변제형)	① 토지소유자가 제공한 토지에 개발업자가 공사비를 부담하여 부동산을 개발하고 개발된 부동산을 제공된 토지가격과 공사비의 비율에 따라 나누는 방식으로 수수료 문제가 발생하지 않는다. ② 토지소유자 입장에서는 개발에 대한 노하우 없이 개발사업에 참여하여 이익을 얻을 수가 있고, 개발업자 입장에서는 토지비용이라는 초기 투자비가 들지 않기 때문에 위험을 줄일 수가 있다.
(2) 분양금 공사비 지급형	① 토지소유자가 사업을 시행하면서 건설업체에 공사를 발주하고 공사비의 지급은 분양수입금으로 지급하는 방식(청산)이다. ② 수수료 문제가 발생하지 않는다.
(3) 투자자 모집형 (신디케이트 방식)	① 개발업자가 조합 아파트처럼 투자자로부터 사업자금을 마련하여 사업을 시행하고 투자자에게는 일정의 투자수익 또는 지분을 보장하는 방식이다. ② 이 방식은 현재 주로 신도시 상업지역의 개발이나 조합주택의 개발에 이용되고 있다.
(4) 사업위탁(수탁) 방식	① 사업위탁(수탁)방식은 토지소유자가 토지소유권을 그대로 보유한 채 개발업자에게 사업시행을 의뢰하고, 개발업자는 사업시행에 따른 수수료를 받는 방식이다. ② 토지소유자가 자금을 조달하며, 개발사업이 토지소유자의 명의로 행해진다.

3. 토지(개발)신탁방식

1) 의의

토지(개발)신탁방식은 자신의 토지를 신탁회사에 위탁하여 신탁회사가 개발·관리·처분하는 방식이다.

2) 특징

(1) 사업위탁방식과 유사하나 가장 큰 차이점은 신탁회사에 소유권이 이전된다는 점이다.

(2) 토지신탁방식은 신탁회사의 명의로 개발이 행해지고, 신탁회사가 자금을 조달한다.

(3) 신탁회사는 토지소유자로부터 형식적인 토지소유권을 이전받아 토지를 개발한 후 분양하거나 임대하여 그 수익을 신탁자에게 돌려준다.

(4) 신탁기간이 종료되면 신탁회사는 사업종료 후 개발사업에서 발생하는 지분, 수익, 소유권 등을 모두 토지소유자에게 반환하고, 신탁회사는 신탁수수료를 취하는 방식이다.

> ∨담보신탁 : 부동산소유자가 소유권을 신탁회사에 이전하고 신탁회사로부터 수익 증권을 교부받아 수익증권을 담보로 금융기관에서 대출을 받는 방식

4. 컨소시엄방식

1) 의의

대규모 개발사업에 있어서 사업자금의 조달 혹은 기술보완 등의 필요에 의해 법인 간에 컨소시엄을 구성하여 사업을 수행하는 방식이다.

2) 장·단점

사업의 안정성 확보라는 점에서 장점이 있으나, 사업시행에 시간이 오래 걸리고 출자회사간 상호 이해조정이 필요하며 책임의 회피현상이 있을 수 있다는 단점이 있다.

X 민간개발사업의 사회기반시설(SOC) 투자방식

투자방식	주요 특징
BTO(Build-Transfer-Operate)	① BTO 방식은 사회기반시설의 준공과 동시에 해당 시설의 소유권이 국가 또는 지방자치단체에 귀속되며, 사업시행자에게 일정기간의 시설운영권을 인정하는 방식이다. ② BTO 방식은 주로 도로, 터널 등 시설이용자로부터 이용료를 징수할 수 있어 자체적으로 수익을 벌 수 있는 사회기반시설의 사업방식으로 활용되고 있다. 민간이 짓고(Build) → 국가 또는 지방자치단체에 소유권 이전(Transfer) → 민간에 일정기간 운영권 부여(Operate)
BOT(Build-Own-Transfer)	BOT 방식은 사회기반시설의 준공 후 일정기간동안 사업시행자에게 해당시설의 소유권이 인정되며, 그 기간이 만료되면 시설소유권이 국가 또는 지방자치단체에 귀속되는 방식이다. 민간이 짓고(Build) → 민간에 소유권 부여(Own) → 국가 또는 지방자치단체에 소유권 이전(Transfer)

투자방식	주요 특징
BTL(Build-Transfer-Lease)	① BTL 방식은 사회기반시설의 준공과 동시에 해당시설의 소유권이 국가 또는 지방자치단체에 귀속되며, 사업시행자에게 일정기간의 시설관리운영권을 인정하되, 그 시설을 국가 또는 지방자치단체 등이 협약에서 정한 기간 동안 임차하여 사용·수익하는 방식이다. (사업시행자는 시설임대료를 지급받아 투자비 회수) ② BTL 방식은 학교시설, 문화시설 등 시설이용자로부터 사용료를 징수하기 어려운 사회기반시설 건설의 사업방식으로 활용된다. 민간이 짓고(Build) → 국가 또는 지방자치단체에 소유권 이전(Transfer) → 운영권을 국가 또는 지방자치단체에 임대(Lease)
BLT(Build-Lease-Transfer)	BLT 방식은 사업시행자가 사회기반시설을 준공한 후 일정기간 운영권을 타인(국가 또는 지방자치단체 등)에게 임대하여 투자비를 회수하며, 약정임대기간 종료 후 시설물의 소유권을 정부 또는 지방자치단체에 이전하는 방식이다. 민간이 짓고(Build) → 타인(국가 또는 지방자치단체 등)에게 운영권 임대(Lease) → 약정임대기간 종료 후 국가 또는 지방자치단체에 소유권 이전(Transfer)
BOO(Build-Own-Operate)	BOO 방식은 사회기반시설의 준공과 함께 사업시행자가 소유권과 운영권을 갖는 방식이다. 민간이 짓고(Build) → 민간에 소유권(Own)·운영권(Operate) 부여

01 **부동산개발사업에 관한 설명으로 틀린 것은?** (30회)

① 프로젝트 파이낸싱(PF)은 예상되는 제반 위험을 프로젝트회사와 이해당사자간의 계약에 의해 적절하게 배분한다.

② 부동산 소유자가 소유권을 신탁회사에 이전하고 신탁회사로부터 수익증권을 교부받아 수익증권을 담보로 금융기관에서 대출을 받는 상품을 토지신탁이라 한다.

③ 도시개발법령상 도시개발사업의 시행방식에는 환지방식, 수용 또는 사용방식, 혼용방식이 있다.

④ 지방자치단체와 민간기업이 합동으로 개발하는 방식은 민관합동개발사업에 해당한다.

⑤ 도시개발법령상 도시개발구역에서 주거, 상업, 산업, 유통 등의 기능이 있는 단지 또는 시가지를 조성하기 위하여 시행하는 사업을 도시개발사업이라 한다.

해 설   담보신탁이라 한다.

정 답   ②   ▶ 기본서 연결 : ① → 논점정리 02-Ⅲ, ② → 논점정리 02-Ⅷ, ③
→ 논점정리 02-Ⅶ, ④ → 논점정리 02-Ⅰ, ⑤ →
논점정리 02-Ⅶ

02 **부동산개발사업의 분류상 다음 (   )에 들어갈 내용으로 옳은 것은?**
(31회)

> 토지소유자가 조합을 설립하여 농지를 택지로 개발한 후 보류지(체비지·공공시설 용지)를 제외한 개발토지 전체를 토지소유자에게 배분하는 방식
> - 개발 형태에 따른 분류 : (㉠   )
> - 토지취득방식에 따른 분류 : (㉡   )

① ㉠ : 신개발방식,   ㉡ : 수용방식

② ㉠ : 재개발방식,   ㉡ : 환지방식

③ ㉠ : 신개발방식,   ㉡ : 혼용방식

④ ㉠ : 재개발방식,   ㉡ : 수용방식

⑤ ㉠ : 신개발방식,   ㉡ : 환지방식

정 답   ⑤   ▶ 기본서 연결 : 논점정리 02-Ⅵ

【부동산관리 요약 체계도】

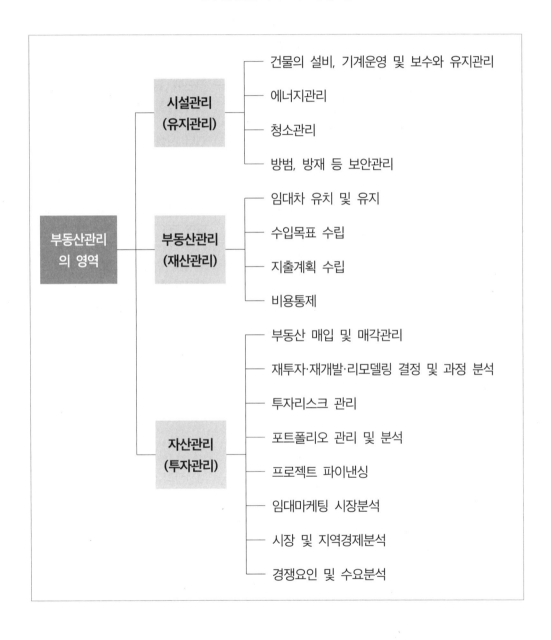

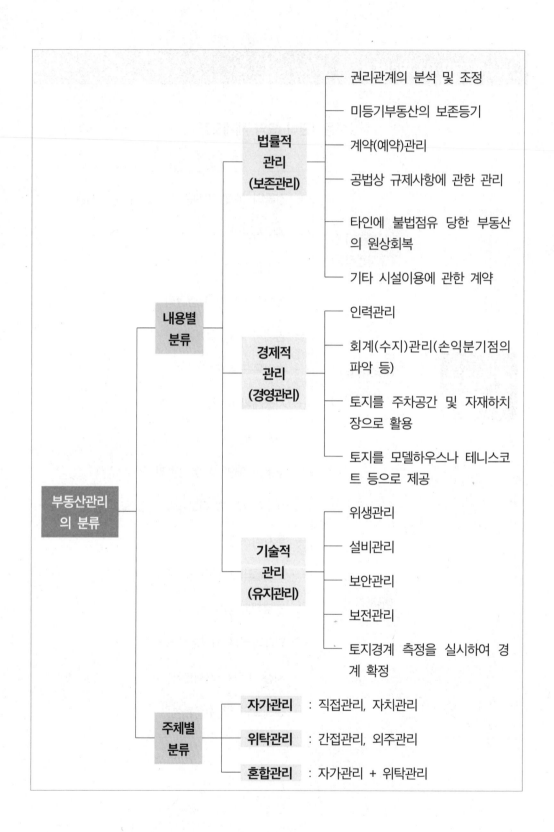

부동산관리의 분류

- 내용별 분류
  - 법률적 관리 (보존관리)
    - 권리관계의 분석 및 조정
    - 미등기부동산의 보존등기
    - 계약(예약)관리
    - 공법상 규제사항에 관한 관리
    - 타인에 불법점유 당한 부동산의 원상회복
    - 기타 시설이용에 관한 계약
  - 경제적 관리 (경영관리)
    - 인력관리
    - 회계(수지)관리(손익분기점의 파악 등)
    - 토지를 주차공간 및 자재하치장으로 활용
    - 토지를 모델하우스나 테니스코트 등으로 제공
  - 기술적 관리 (유지관리)
    - 위생관리
    - 설비관리
    - 보안관리
    - 보전관리
    - 토지경계 측정을 실시하여 경계 확정
- 주체별 분류
  - 자가관리 : 직접관리, 자치관리
  - 위탁관리 : 간접관리, 외주관리
  - 혼합관리 : 자가관리 + 위탁관리

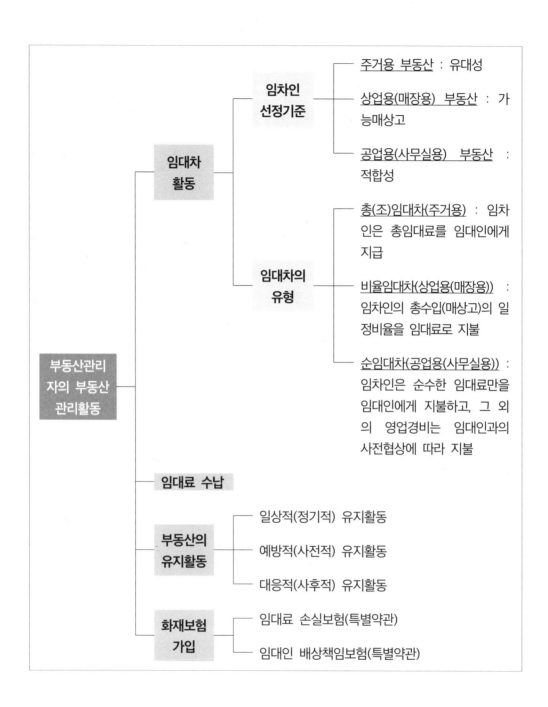

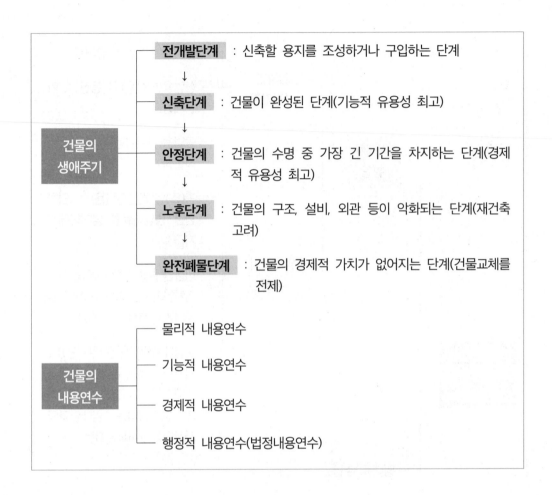

(21·22·23·24·25·26·27·29·30·31·33회)

I 부동산관리의 영역

부동산관리영역	개 념	주요 관리내용
1. 시설관리 (유지관리)	① 각종 부동산시설을 운영하고 유지하는 것으로 시설 사용자나 건물주의 요구에 단순히 부응하는 정도의 소극적 관리를 말한다. ② 시설관리는 기술적인 측면을 중시하는 관리를 말한다.	① 건물의 설비, 기계운영 및 보수와 유지관리 ② 에너지관리 ③ 청소관리 ④ 방범, 방재 등 보안관리
2. 부동산관리 (재산관리)	① 부동산의 임대 및 수지관리의 측면에서의 관리를 의미한다. ② 건물 및 임대차관리라고도 한다.	① 임대차 유치 및 유지 ② 수입목표 수립 ③ 지출계획 수립 ④ 비용통제
3. 자산관리 (투자관리)	① 자산관리는 소유자나 기업의 부를 극대화시키기 위하여 부동산의 가치를 증진시킬 수 있는 다양한 방법을 모색하는 적극적 관리를 말한다. ② 자산관리는 경제적인 측면을 중시하는 관리로서, 부동산자산의 포트폴리오 관점에서 자산-부채의 종합적 관리로 재무적 효율성을 최적화하는 것이다.	① 부동산 매입 및 매각관리 ② 재투자·재개발·리모델링 결정 및 과정분석 ③ 투자리스크(위험)관리 ④ 포트폴리오관리 및 분석 ⑤ 프로젝트 파이낸싱 ⑥ 임대마케팅 시장 분석 ⑦ 시장 및 지역경제 분석 ⑧ 경쟁요인 및 수요 분석

II 부동산관리의 분류

1. 부동산관리의 내용별 분류

(1) 부동산관리는 부동산소유자의 목적에 따라 대상부동산을 관리상 운영·유지하는 것이다.

(2) 부동산관리는 물리·기능·경제 및 법률 등을 포괄하는 복합개념이며, 법·제도·경영·경제·기술적 측면이 있어 설비 등의 기계적인 측면과 경제·경영을 포함한 종합적인 접근이 요구된다.

내용별 분류	개 념	주요 내용
1) 법률적 관리 (보존관리)	법률적 관리는 부동산의 유용성을 보호하고자 하는 법률상의 절차와 처리로서 법적인 보장을 최대한 확보하려는 관리행위를 말한다.	① 권리관계의 분석 및 조정 ② 미등기부동산의 보존등기 ③ 계약(예약)관리 ④ 공법상 규제사항에 관한 관리 ⑤ 타인에 불법 점유당한 부동산의 원상회복 ⑥ 기타 시설이용에 관한 계약
2) 경제적 관리 (경영관리)	경제적 관리는 부동산을 활용하여 발생하는 순수익을 합리적으로 산출하는 것으로, 장기적인 수익극대화를 위한 자산적 측면을 강조한다.	① 인력관리(고용계약과 적절한 배치 등) ② 회계(수지)관리(손익분기점의 파악 등) ③ 토지를 주차 공간 및 자재하치장으로 활용 ④ 토지를 모델하우스나 테니스코트 등으로 제공
3) 기술적 관리 (유지관리, 협의의 관리)	기술적 관리는 대상 부동산의 물리적·기능적 하자의 유무를 판단하여 필요한 조치를 취하거나 건물과 부지의 부적응을 개선시키는 활동을 말한다.	① 위생관리 ② 설비관리 ③ 보안관리 ④ 보전관리 ⑤ 토지경계측정을 실시하여 경계 확정

2. 부동산관리의 주체별 분류(부동산관리 3방식)

방 식	개 념	장 점	단 점
1) 자가관리 (직접관리, 자치관리)	전통적인 관리방식으로 소유자가 대상 부동산을 직접 관리하는 방식이다.	① 기밀 및 보안유지에 유리하다. ② 종합적인 관리에서 유리하다. ③ 친절한 서비스를 제공할 수 있다. ④ 의사결정과 업무처리가 신속하다. ⑤ 소유자의 지시, 통제권한이 강하다.	① 소유자 본업에 전념하기 곤란하다. ② 업무의 타성화(매너리즘)에 빠지기 쉽다. ③ 관리의 전문성이 결여되기 쉽다. ④ 소유자가 전문적 관리지식이 부족한 경우 효율적 관리에 한계가 있을 수 있다.

방 식	개 념	장 점	단 점
		⑥ 부동산에 대한 애호정신이 강하다.	⑤ 관리비가 필요 이상 상승하고, 불합리하게 지출될 가능성이 있다. ⑥ 인력관리가 비효율적이고, 인건비의 불합리한 지불우려가 있다.
2) 위탁관리 (간접관리, 외주관리)	외주관리로서 부동산 관리를 전문적으로 하는 대행업체에게 맡기는 방식으로 사회적으로 신뢰도가 높고 성실한 대행업체를 선정하는 것이 중요하다.	① 건물관리의 전문성을 통하여 노후화의 최소화 및 효율적·합리적 관리가 가능하며 대형건물의 관리에 유용하다. ② 관리업무의 타성화(매너리즘)를 방지할 수 있다. ③ 소유자는 본업에 전념할 수 있다. ④ 전문업자의 관리서비스를 받음으로서 관리비용의 저렴·안정화를 기할 수 있다. ⑤ 건물설비의 고도화에 대응할 수 있다. ⑥ 소유와 경영을 분리할 수 있다.	① 기밀 및 보안유지에 불리하다. ② 서비스나 애호정신이 낮다. ③ 각 부분의 종합적 관리가 곤란하다. ④ 신속한 업무처리가 곤란하다. ⑤ 관리회사의 선정이나 신뢰도에 문제가 발생할 수 있다.
3) 혼합관리	자가관리와 위탁관리를 병용하여 관리하는 방식이다.	① 자가관리에서 위탁관리로 옮겨가는 과도기에 유리한 관리방식이다. ② 일부 자기가 관리하고 (예 : 청소 등), 필요 부문(예 : 재무·회계관리, 시설이용·임대차계약, 인력관리 등)만 위탁관리 할 수 있는 장점이 있다.	① 관리상의 문제가 발생할 경우 책임소재가 불분명해지는 단점이 있다. ② 관리요원 사이의 원만한 협조를 기대하기가 곤란하다. ③ 운영이 악화되면 양방식의 결점만 노출된다.

방 식	개 념	장 점	단 점
		③ 관리업무에 대한 강력한 지도력을 확보할 수 있다. ④ 위탁관리의 편의를 이용할 수 있다.	

Ⅲ 부동산관리자의 부동산관리활동

부동산관리자는 소유주를 대신하여 부동산의 임대차관리(임대차활동), 임대료수납, 유지관리업무 등을 담당한다.

1. 임대차활동

  1) 임대차활동의 의의

    임대차활동은 수입을 확보하는 것으로서 부동산활동의 기초를 이루는 가장 중요한 활동이며, 대상부동산에 적합한 임차자들을 선정하는 일부터 시작된다.

  2) 임차인의 선정기준

    (1) 주거용부동산 : 다른 입주자들과 어울릴 수 있느냐 하는 '유대성'

    (2) 상업용(매장용)부동산 : 얼마만큼의 수입을 올릴 수 있느냐 하는 '가능매상고'

    (3) 공업용(사무실용)부동산 : 임차목적이 되는 활동이 대상부동산의 임대공간에 적절한 것인가 하는 '적합성'

  3) 임대차의 유형

유형별	대상부동산	내 용
(1) 총(조)임대차	주거용	임차인은 총임대료를 임대인에게 지불하고, 이를 수령한 임대인이 부동산 운영에 수반되는 비용을 지불하는 형태
(2) 비율임대차	상업용(매장용)	임차인의 총수입(매상고)의 일정비율을 임대료로 지불하는 형태
(3) 순임대차	공업용(사무실용)	임차인은 순수한 임대료만을 임대인에게 지불하고, 그 외의 영업경비는 임대인과의 사전협상에 따라 지불하는 형태

[임대료 계산 예시]

임차인 A는 작년 1년 동안 분양면적 1,000㎡의 매장을 비율임대차방식으로 임차하였다. 계약내용에 따르면, 매출액이 손익분기점 매출액 이하이면 기본임대료만 지급하고, 이를 초과하는 매출액에 대해서는 일정 임대료율을 적용한 추가임대료를 기본임대료에 가산하도록 하였다. 전년도 연 임대료로 총 5,500만원을 지급한 경우, 해당 계약내용에 따른 손익분기점 매출액은?(단, 연간 기준이며, 주어진 조건에 한함)

- 기본임대료 : 분양면적 ㎡당 5만원
- 손익분기점 매출액을 초과하는 매출액에 대한 임대료율 : 5%
- 매출액 : 분양면적 ㎡당 30만원

[해설]

① 기본임대료 : 1,000㎡ × 5만원 = 5,000만원
② 총매출액 : 1,000㎡ × 30만원 = 3억원
③ 초과매출액 : [지급임대료(5,500만원) - 기본임대료(5,000만원)]/5% = 1억원
④ 손익분기점 매출액 : 총매출액(3억원) - 손익분기점 초과매출액(1억원) = 2억원

2. 임대료의 수납

1) 임대료의 수납은 부동산관리자가 매월 주기적으로 해야 하는 통상적인 활동이다.

2) 임대료가 정상적으로 수납되지 않으면 사업을 운영하는 데에 많은 지장을 초래하게 되므로 부동산관리자는 임대차계약시 임차자에게 언제, 얼마의 임대료를 납입해야 하는지 주지시킬 필요가 있으며, 임대료납입에 관한 상세한 사항은 보통 계약서상에 명시되어 있다.

3. 부동산의 유지활동

1) 의의

(1) 유지활동이란 외부적 관리행위로서 부동산의 외형이나 형체를 변화시키지 않고 양호한 상태를 지속시키는 행위로서, 외형이나 형체를 변화시키면서 양호한 상태를 지속시키는 '개량'과는 구별되는 개념이다.

(2) 부동산관리자가 유지관리업무의 수행시 대상부동산의 물리적, 기능적인 흠을 발견하여 안전하게 유용성을 발휘할 수 있도록 사전에 조치하는 것이 바람직하다.

2) 유지활동의 종류
  (1) 일상적(정기적) 유지활동 : 청소, 소독, 잔디깍기 등 통상적으로 행하는 정기적 유지활동을 말한다.
  (2) 예방적(사전적) 유지활동 : 사전에 수립된 유지계획에 따라 부동산관리에 따른 어떤 하자나 문제가 발생하기 이전에 미리 점검하고 진단하는 사전적 유지활동을 말한다.
  (3) 대응적(사후적) 유지활동 : 대상부동산에 어떤 문제가 생긴 후에 이를 수정하기 위한 사후적 유지활동을 말한다.

[참고] 「민간임대주택에 관한 특별법」상 주택임대관리업

1. 주택임대관리업(제2조 제10호)
'주택임대관리업'이란 주택의 소유자로부터 임대관리를 위탁받아 관리하는 업(業)을 말하며, 다음 각 목으로 구분한다.
  ① 자기관리형 주택임대관리업 : 주택의 소유자로부터 주택을 임차하여 자기책임으로 전대하는 형태의 업
  ② 위탁관리형 주택임대관리업 : 주택의 소유자로부터 수수료를 받고 임대료 부과·징수 및 시설물 유지·관리 등을 대행하는 형태의 업

2. 주택임대관리업자의 업무 범위(제11조)
  ① 주택임대관리업자는 임대를 목적으로 하는 주택에 대하여 다음 각 호의 업무를 수행한다.
  ㉠ 임대차계약의 체결·해제·해지·갱신 및 갱신거절 등
  ㉡ 임대료의 부과·징수 등
  ㉢ 임차인의 입주 및 명도·퇴거 등(「공인중개사법」 제2조 제3호에 따른 중개업은 제외한다)
  ② 주택임대관리업자는 임대를 목적으로 하는 주택에 대하여 부수적으로 다음 각 호의 업무를 수행할 수 있다.
    ㉠ 시설물 유지·보수·개량 및 그 밖의 주택관리업무
    ㉡ 그 밖에 임차인의 주거편익을 위하여 필요하다고 대통령령으로 정하는 업무
    <시행령 제10조>
    ㉢ 임차인이 거주하는 주거공간의 관리
    ㉣ 임차인의 안전확보에 필요한 업무
    ㉤ 임차인의 입주에 필요한 지원업무

4. 화재보험가입

1) 임대료 손실보험(특별약관)

   <u>건물화재 등으로 피해가 발생하여 건물을 수리 및 복원하는 기간동안 초래되는 임대료 손실을 보상해 주는 보험이다.</u>

2) 임대인 배상책임보험(특별약관)

   임대해 준 주택의 소유, 사용, 관리에 기인한 우연한 사고로 타인의 신체의 장해(대인사고) 또는 재물의 손해(대물사고)에 대한 법률상의 배상책임을 부담함으로써 입은 손해(배상책임손해)를 보상해 주는 보험이다.

Ⅳ 건물의 생애주기와 내용연수

1. 건물의 생애주기

생애주기	특 징
1. 전 개발단계	① 신축 이전의 단계로 신축할 용지를 조성하거나 구입하는 단계를 말한다. ② 건축계획 및 건축 후의 관리계획을 수립한다. ③ 건물에 대한 규제(임대료 규제), 도시계획상 규제, 시장조사, 타당성 분석 등의 활동이 이루어진다.
2. 신축단계	① 건물이 완성된 단계를 말한다. ② 일반적으로 건물의 물리적·기능적인 유용성은 이 단계에서 가장 높게 나타난다. ③ 입주자의 질 등을 통제하고, 기능면에서 치유 가능한 하자는 신속히 치유한다.
3. 안정단계	① 일반적으로 건물의 수명 중 가장 긴 기간을 차지하는 단계이다. ② <u>건물의 양호한 관리가 이루어진다면 안정단계의 국면이 연장될 수 있다.</u> ③ <u>건물의 경제적 유용성이 가장 높게 나타나는 단계이다.</u> ④ 부동산관리(특히, 경제적 관리)의 중요성이 커지는 단계로서 리모델링(자본적 지출) 등을 하는 것이 효과적일 수 있다.
4. 노후단계	① <u>일반적으로 건물의 구조, 설비, 외관 등이 악화되는 단계이다.</u> ② 재건축을 고려하는 물리적인 쇠퇴단계로 재건축을 결정할 경우에는 다시 신축단계로 도래한다.
5. 폐물단계	① 건물의 설비 등이 쓸모가 거의 없어져 경제적 가치가 없어지는 단계이다. ② 건물교체를 전제하는 단계이다.

2. 건물의 내용연수

1) 물리적 내용연수 : <u>건물이용에 의한 마멸, 파손, 노후화, 우발적 사고 등으로 사용이 불가능할 때까지의 버팀연수를 말한다.</u>

2) 기능적 내용연수 : <u>건물이 기능적으로 유효한 기간으로 설계의 불량, 설비의 부족·불량, 건물과 부지의 부적응, 외관과 디자인의 구식화 등이 기능적 내용연수에 영향을 미치는 요인이다.</u>

3) 경제적 내용연수 : 경제수명이 다하기까지의 버팀연수를 말한다. 인근지역의 변화, 인근환경과 건물의 부적합, 인근의 다른 건물과 비교하여 시장성이 감소하는 것과 관계가 있다.

4) 행정적 내용연수 : 법 제도나 행정적 조건에 의해 건물의 수명이 다하기까지의 기간을 말한다. 철거 및 세법의 규정에 따라 결정된다. 특히 세법의 규정에 의한 내용연수를 법정 내용연수라고 한다.

3. 건물의 생애주기비용(life cycle cost)

1) 생애주기비용이란 건축물의 계획·설계비용으로부터 건설비용, 유지관리비용 그리고 폐기처분 비용까지 포함하여 건물의 생애에 걸쳐 필요한 비용의 총액을 말한다.

2) <u>건물관리의 경우 생애주기비용 분석을 통해 초기 투자비와 관리유지비의 비율을 조절함으로써 보유기간동안 효과적으로 총비용을 관리할 수 있다.</u>

V 부동산신탁

1. 부동산신탁의 당사자

○ 위탁자 : 부동산소유자

○ 수탁자 : 부동산신탁회사

○ 수익자 : 신탁재산의 수익권을 배당받는 자

2. 부동산신탁의 방법

○ 위탁자와 수탁자의 계약

○ 위탁자의 유언

3. 부동산신탁의 종류

1) 부동산관리신탁

   (1) 위탁자가 신탁회사와 신탁계약을 체결한 후 부동산을 신탁회사에게 소유권 이전 및 신탁등기를 한다.

   (2) 신탁회사는 소유권관리, 건물수선 및 유지, 임대차관리 등 제반 부동산 관리업무를 수행하고 발생한 수익을 수익자에게 교부한다.

2) 부동산처분신탁

   (1) 신탁회사가 신탁재산으로 인수한 부동산을 처분하고, 그 처분대금을 수익자에게 교부하는 신탁을 말한다.

   (2) 처분방법이나 절차가 까다로운 부동산에 대한 처분업무 및 처분완료시까지의 관리업무를 신탁회사가 수행한다.

3) 부동산담보신탁

   (1) 부동산을 담보로 은행에서 돈을 빌릴 경우에 사용한다.

   (2) 위탁자가 소유권을 신탁회사에 이전하고 신탁회사로부터 수익증권을 교부받아 수익증권을 담보로 금융기관에서 대출을 받는 신탁이다.

4) 부동산분양관리신탁

   (1) 상가 등 건축물 분양의 투명성과 안전성을 확보하기 위하여 신탁회사에게 사업부지의 신탁과 분양에 따른 자금관리업무를 부담시키는 것을 말한다.

   (2) 부동산분양관리신탁은 신탁사가 계약자가 지불한 계약금과 중도금 등의 비용을 안전하게 관리하거나 시행사에게 자금문제가 생길 경우에는 소비자들의 안전장치가 되기도 한다.

5) 토지(개발)신탁

   (1) 토지소유자가 자신의 토지를 신탁회사에 위탁하여 신탁회사가 개발·관리·처분하는 방식이다.

   (2) 신탁회사는 토지소유자로부터 형식적인 토지소유권을 이전받아 토지를 개발한 후 분양하거나 임대하여 그 수익을 신탁자에게 돌려준다.

01 **부동산신탁에 관한 설명으로 틀린 것은?** (30회)

① 부동산신탁에 있어서 당사자는 부동산 소유자인 위탁자와 부동산 신탁사인 수탁자 및 신탁재산의 수익권을 배당받는 수익자로 구성되어 있다.

② 부동산의 소유권관리, 건물수선 및 유지, 임대차관리 등 제반 부동산 관리업무를 신탁회사가 수행하는 것을 관리신탁이라 한다.

③ 처분신탁은 처분방법이나 절차가 까다로운 부동산에 대한 처분업무 및 처분완료시까지의 관리업무를 신탁회사가 수행하는 것이다.

④ 관리신탁에 의하는 경우 법률상 부동산 소유권의 이전 없이 신탁회사가 부동산의 관리업무를 수행하게 된다.

⑤ 분양관리신탁은 상가 등 건축물 분양의 투명성과 안전성을 확보하기 위하여 신탁회사에게 사업부지의 신탁과 분양에 따른 자금관리업무를 부담시키는 것이다.

해 설 부동산관리신탁은 법률상 부동산 소유권을 이전하여 신탁회사가 부동산의 관리업무를 수행하게 된다.

정 답 ④ ▶ 기본서 연결 : 논점정리 03-Ⅴ

02 **다음 설명에 모두 해당하는 부동산관리방식은?** (33회)

- 관리의 전문성과 효율성을 ㄹ제고할 수 있다.
- 건물설비의 고도화에 대응할 수 있다.
- 전문업자의 관리서비스를 받을 수 있다.
- 대형건물의 관리에 더 유용하다.
- 기밀유지에 어려움이 있다.

① 자치관리방식 　② 위탁관리방식 　③ 공공관리방식
④ 조합관리방식 　⑤ 직영관리방식

정 답 ② ▶ 기본서 연결 : 논점정리 03-Ⅱ

【부동산마케팅 요약 체계도】

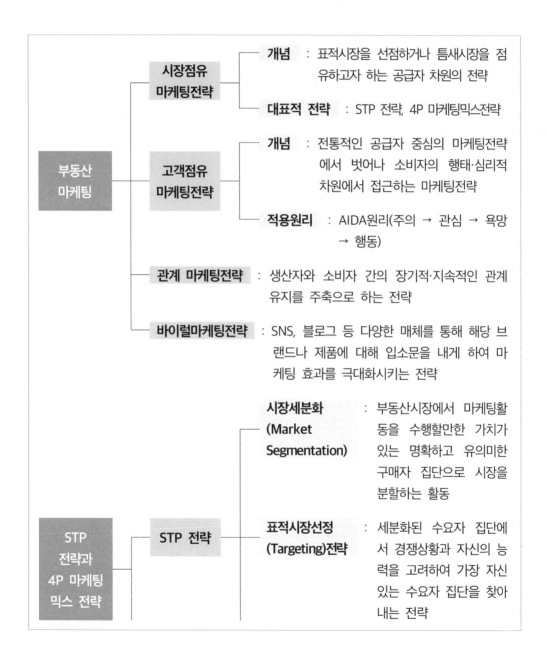

부동산
마케팅

시장점유
마케팅전략

개념 : 표적시장을 선점하거나 틈새시장을 점
유하고자 하는 공급자 차원의 전략

대표적 전략 : STP 전략, 4P 마케팅믹스전략

고객점유
마케팅전략

개념 : 전통적인 공급자 중심의 마케팅전략
에서 벗어나 소비자의 행태·심리적
차원에서 접근하는 마케팅전략

적용원리 : AIDA원리(주의 → 관심 → 욕망
→ 행동)

관계 마케팅전략 : 생산자와 소비자 간의 장기적·지속적인 관계
유지를 주축으로 하는 전략

바이럴마케팅전략 : SNS, 블로그 등 다양한 매체를 통해 해당 브
랜드나 제품에 대해 입소문을 내게 하여 마
케팅 효과를 극대화시키는 전략

STP
전략과
4P 마케팅
믹스 전략

STP 전략

시장세분화
(Market
Segmentation)

: 부동산시장에서 마케팅활
동을 수행할만한 가치가
있는 명확하고 유의미한
구매자 집단으로 시장을
분할하는 활동

표적시장선정
(Targeting)전략

: 세분화된 수요자 집단에
서 경쟁상황과 자신의 능
력을 고려하여 가장 자신
있는 수요자 집단을 찾아
내는 전략

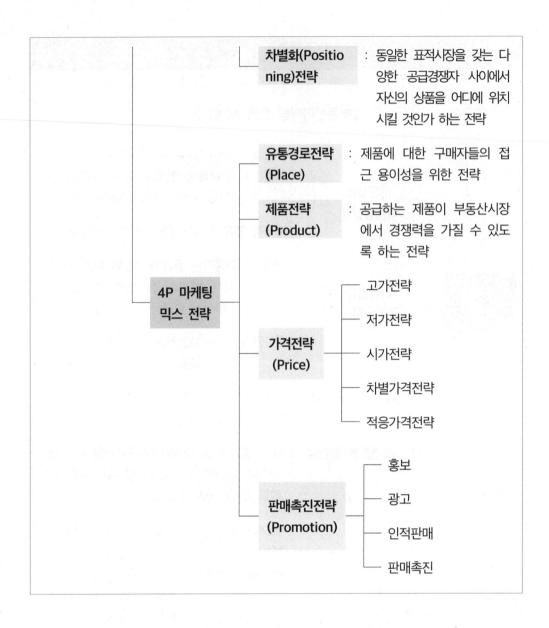

차별화(Positioning)전략 : 동일한 표적시장을 갖는 다양한 공급경쟁자 사이에서 자신의 상품을 어디에 위치시킬 것인가 하는 전략

유통경로전략(Place) : 제품에 대한 구매자들의 접근 용이성을 위한 전략

제품전략(Product) : 공급하는 제품이 부동산시장에서 경쟁력을 가질 수 있도록 하는 전략

4P 마케팅 믹스 전략

가격전략(Price)
— 고가전략
— 저가전략
— 시가전략
— 차별가격전략
— 적응가격전략

판매촉진전략(Promotion)
— 홍보
— 광고
— 인적판매
— 판매촉진

(22·23·24·25·26·27·28·30·31·32·33회)

Ⅰ 부동산마케팅의 기본 개념

1. 의 의

1) 부동산마케팅이란 부동산 활동 주체가 소비자나 이용자의 욕구를 파악하고
   창출하여 자신의 목적을 달성시키기 위해 시장을 정의하고 관리하는 과정
   이라 할 수 있다.

2) 부동산마케팅은 부동산수요를 창출하는 기능과 부동산수요를 충족시키는
   기능을 동시에 포함하고 있다.

3) 부동산시장은 지역별·용도별로 세분화되어 있으므로 부분별 마케팅전략이
   중요해지고 있다.

4) 부동산마케팅은 부동산시장이 공급자 우위 시장에서 구매자(수요자) 우위
   시장으로 전환됨에 따라 더욱 중요하게 되었다.

2. 부동산마케팅의 분류

1) 부동산공급마케팅
   (1) 주거용부동산마케팅
   (2) 업무용부동산마케팅
   (3) 토지투자마케팅

2) 부동산서비스마케팅
   (1) 부동산중개
   (2) 부동산평가
   (3) 부동산권리분석
   (4) 부동산금융

3) 부동산정책마케팅

3. 부동산마케팅 환경

부동산마케팅환경은 소비자 구매행동에 영향을 미치는 것으로 거시적 환경과
미시적 환경으로 구분할 수 있는데, 마케팅환경의 연구의 중심대상은 거시적
환경이다.

1) 미시적 환경

    (1) 경쟁업자

    (2) 공중(일반대중)

    (3) 고객

    (4) 정부

2) 거시적 환경

    (1) 자연환경 : 공기오염, 공동주택단지의 오물처리 및 종말처리, 유해물질의 처리 등

    (2) 정치·행정적 환경 : 토지거래허가제, 투기방지대책, 도시개발 및 재개발 등

    (3) 경제·기술적 환경 : 재정정책, 경기변동, 세부담, 기술적 혁신 등

    (4) 사회·문화적 환경 : 인구, 가족구성, 공공시설, 사회복지, 건축양식 등

II 부동산마케팅 전략

1. 시장점유마케팅 전략

1) 의의

시장점유마케팅 전략이란 표적시장을 선점하거나 틈새시장을 점유하고자 하는 공급자 차원의 전략이다. 대표적인 전략으로는 STP 전략과 4P 마케팅믹스 전략이 있다.

2) STP 전략

STP란 시장세분화(Market Segmentation), 표적시장(Targeting), 차별화(Positioning)를 표상하는 약자로서 전통적인 전략이다.

    (1) 시장세분화(Market Segmentation) 전략

        ① 시장세분화란 부동산시장에서 마케팅활동을 수행할만한 가치가 있는 명확하고 유의미한 구매자 집단으로 시장을 분할하는 활동을 말한다.

        ② 시장세분화 전략은 수요자 집단을 인구·경제학적 특성에 따라서 세분하고, 그 세분된 시장을 대상으로 상품의 판매지향점을 분명히 하는 전략이다.

    (2) 표적시장선정(Targeting) 전략

        ① 표적시장선정 전략이란 세분화된 수요자 집단에서 경쟁상황과 자신의 능력을 고려하여 가장 자신있는 수요자 집단을 찾아내는 전략을 말한다.

② 표적시장은 세분화된 시장 중 가장 좋은 시장기회를 제공해 줄 수 있는 특화된 시장으로, 부동산기업이 표적으로 삼아 마케팅활동을 수행하는 시장이다.

③ 표적시장의 반응을 빠르고 강하게 자극·유인하기 위한 방법으로 판매촉진(promotion) 전략이 사용되기도 한다.

(3) 차별화(Positioning) 전략

① 차별화(포지셔닝)란 표적고객의 마음속에 특정상품이나 서비스가 자리 잡는 느낌을 말하며, 목표시장에서 고객의 욕구를 파악하여 경쟁제품과의 차별성을 가지도록 제품개념을 정하고 소비자의 지각 속에 적절히 위치시키는 것이다.(예 : 아파트 브랜드를 고급스러운 이미지로 고객의 인식에 각인)

② 차별화 전략은 동일한 표적시장을 갖는 다양한 공급경쟁자들 사이에서 자신의 상품을 어디에 위치시킬 것인가를 정하는 전략이다.

3) 4P 마케팅믹스 전략

(1) 마케팅믹스의 의의

마케팅믹스란 기업이 마케팅목표의 효과적인 달성을 위한 표적시장에 도달하기 위해 이용하는 마케팅에 관련된 여러 요소(4P)들의 조합이라고 할 수 있다.

(2) 마케팅믹스의 구성요소(4P)

주로 상업용부동산의 마케팅에 사용되는 마케팅믹스의 구성요소는 다음과 같다.

① 유통경로(Place)

② 제품(Product)

③ 가격(Price)

④ 판매촉진(Promotion)

(3) 마케팅믹스 구성요소별 주요 전략 내용

① 유통경로전략(Place)

㉠ 유통경로전략이란 마케팅제품이 구매자들이 구입하기 가장 적합한 때와 장소에 있도록 하는 것으로 제품에 대한 구매자들의 접근 용이성을 위한 전략을 말한다.

㉡ 직접분양뿐만 아니라 중개업소를 통한 부동산거래활동이나 분양대행사를 이용한 분양활동 등이 이에 해당된다.

② 제품전략(Product)

　　㉠ 제품전략이란 공급하는 제품이 부동산시장에서 경쟁력을 가질 수 있도록 하는 전략을 말한다.

　　㉡ <u>혁신적인 내부구조로 설계된 아파트, 단지 내 자연친화적인 실개천 설치, 거주자 라이프스타일을 반영한 평면설계, 지상주차장의 지하화, 커뮤니티 시설에 헬스장, 골프연습장 설치 등이 이에 해당된다.</u>

③ 가격전략(Price)

□ **고가전략**	㉠ 고가전략은 처음에는 높은 가격을 책정하지만 시간이 경과함에 따라 가격을 낮추는 전략이다. 　→ 이를 '<u>스키밍전략(초기고가전략)</u>'이라고 한다. ㉡ <u>고가전략은 시장초기에 이익을 추구하여 빠른 자금회수를 원할 때 쓰는 전략이다.</u> ㉢ 고가전략은 <u>구매력이 높은 우수한 고객층을</u> 빨리 파악하여 위험을 최소화하려는 경우에 이용된다.
□ **저가전략**	㉠ 저가전략은 시장에 침투하는 주된 수단으로 가격을 낮추는 전략을 말하며, 시장점유율을 확대시키고자 하는 공격적인 전략이다. 　→ 이를 '<u>침투가격전략</u>'이라고 한다. ㉡ 저가전략은 장기적인 측면에서 시장점유율을 높이고, 판매량을 늘려 이익을 확대하려는 전략이다.
□ **시가전략**	시가전략은 <u>경쟁업자의 가격과 동일가격으로 하든지 혹은 경쟁업자의 가격을 추종하지 않으면 안되는 경우에</u> 취하는 가격전략이다.
□ **차별가격 전략(신축 가격전략)**	㉠ 차별가격전략은 동일한 종류의 상품판매가격에 차이를 두어서 판매고의 확대를 도모하는 전략이다. ㉡ <u>차별가격전략은 부동산의 용도, 위치, 방위, 층, 시간, 지역 등에 따라 다른 가격으로 판매하는 전략이다.</u>
□ **적응가격 전략**	㉠ 동일하거나 유사한 제품으로 다양한 소비자들의 구매를 유도하기 위하여 가격을 다르게 적용하는 가격전략의 일종이다. ㉡ 가장 대표적인 수단으로는 심리적 가격결정, 촉진가격전략, 할인가격전략, 지역별 가격전략, 차별가격전략 등이 있다.

④ 판매촉진전략(Promotion)

촉진관리는 홍보, 광고, 인적판매, 판매촉진 등이 있으며, 이러한 요소를 혼합하여 전략을 구사하는 것이 바람직하다.

□ 홍보	㉠ 홍보란 광고주가 대금을 지불하지 않으면서, 라디오·TV·신문 등과 같은 비인적 대중매체를 통해서 불특정다수의 청중을 대상으로 기업과 소비자 간의 우호적인 관계를 형성하기 위하여 수행되는 모든 활동을 말한다. ㉡ 부동산은 지리적 위치의 고정성으로 상품을 직접 제시하기가 어렵기 때문에 홍보·광고와 같은 커뮤니케이션 수단이 중요하다.
□ 광고	㉠ 부동산광고란 명시된 광고주가 대가를 지불하고 고객의 부동산 의사결정을 도와주는 설득과정의 하나이며, 부동산마케팅 활동을 수행하기 위한 수단 중의 하나이다. ㉡ 부동산광고의 특성 　* 광고의 양면성 : 부동산광고는 구매자뿐만 아니라 판매자도 대상이 된다. 　* 지역적 제한성 : 부동산의 지리적 위치의 고정성에 따른 특성이다. 　* 광고내용의 개별성 : 부동산의 개별성에 따른 특성이다. 　* 시간적 제한성 : 부동산광고는 시간적 제한성이 있다. ㉢ 부동산광고매체로는 신문광고(안내광고, 전시광고), 점두광고, 다이렉트메일(DM)광고, TV·라디오광고, 노벨티광고, 교통광고 등이 있다. 　* 안내광고 : 한정된 광고에 많은 정보를 넣어야 하므로 독특한 약어를 사용할 수 없다. 　* 전시광고 : 이용공간이 크기 때문에 캐치프레이즈, 사진, 상세한 설명문 등을 자유롭게 이용할 수 있다. 　* 노벨티광고 : 실용적이고 장식적인 조그만 물건을 광고매체로 이용하는 것이다.

□ 인적판매	⊙ 인적판매란 판매자가 예상고객을 직접 만나 대화를 통하여 잠재고객의 욕구를 환기시키거나, 판매저항을 배제함으로써 제품판매를 실현시키고자 하는 방법이다.(직접적인 판매유인방법) ⓛ 부동산중개업이나 부동산평가업 같은 서비스업은 인적판매가 갖는 비중이 매우 크다.
□ 판매촉진	⊙ 판매촉진은 비상례적이면서 단기적이고 강한 반응을 창출하기 위한 수단을 말한다. ⓛ 부동산판매촉진의 예로는 모델하우스, 가전제품 등 경품제공, 가격할인 및 할부판매 등이 있다.

[참고] 셀링포인트(Selling Point)

상품으로서 부동산이 지니는 여러 특징 중 구매자(고객)의 욕망을 만족시켜주는 특징을 말하며, 부동산의 복합개념에 따라 경제·기술·법률 측면에서 설명할 수 있다.

2. 고객점유마케팅 전략

1) 고객점유마케팅 전략은 전통적인 공급자 중심의 마케팅 전략에서 벗어나 소비자의 행태·심리적 차원에서 접근하는 마케팅 전략이다.

2) 고객점유마케팅 전략에서는 AIDA의 원리로 일컬어지는 소비자의 구매의사결정과정에서 각 단계마다 소비자와의 심리적 접점을 마련하고 전달하려는 정보의 취지와 강약을 조절하여 마케팅효과를 극대화하는 전략이다.

※ AIDA

주의(Attention) → 관심(Interest) → 욕망(Desire) → 행동(Action)으로 이어지는 소비자의 구매의사결정과정

3. 관계마케팅 전략

1) 관계마케팅전략이란 생산자와 소비자 간의 1회성 거래를 전제로 한 종래의 마케팅이론에 대한 반성으로 양자 간의 장기적·지속적인 관계유지를 주축으로 하는 전략이다.

2) 최근에 주택건설회사에서 브랜드 이미지를 내세우는 판매전략도 이것의 일종으로 볼 수 있다.

4. 바이럴마케팅(viral marketing) 전략

1) 바이럴마케팅 전략은 SNS, 블로그 등 다양한 매체를 통해 해당 브랜드나 제품에 대해 입소문을 내게 하여 마케팅효과를 극대화시키는 전략이다.

2) 네티즌들이 이메일이나 메신저 혹은 블로그 등을 통해 자발적으로 기업이나 상품을 홍보하도록 하는 기법으로, 2000년말부터 확산되면서 새로운 인터넷 광고기법으로 주목받기 시작했다.

01 부동산마케팅에서 4P 마케팅믹스(Marketing Mix) 전략의 구성요소를
모두 고른 것은?   (31회)

> ⊙ Product(제품)   ⓒ Place(유통경로)
> ⓒ Pride(긍지)   ② Price(가격)
> ⑩ Public Relations(홍보)   ⑪ Promotion(판매촉진)

① ⊙, ⓒ, ⓒ, ⑪   ② ⊙, ⓒ, ②, ⑩
③ ⊙, ⓒ, ②, ⑪   ④ ⓒ, ⓒ, ②, ⑩
⑤ ⓒ, ②, ⑩, ⑪

해 설   부동산마케팅에서 4P 마케팅믹스(Marketing Mix) 전략의 구성요소는 제품
  | (Product), 유통경로(Place), 판매촉진(Promotion), 가격(Price)이다.

정 답   ③   ▶ 기본서 연결 : 논점정리 04-Ⅱ

02 부동산마케팅 전략에 관한 설명으로 틀린 것은?   (33회)

① 시장점유 전략은 수요자 측면의 접근으로 목표시장을 선점하거나 점유
   율을 높이는 것을 말한다.
② 적응가격 전략이란 동일하거나 유사한 제품으로 다양한 수요자들의 구
   매를 유입하고, 구매량을 늘리도록 유도하기 위하여 가격을 다르게 하
   여 판매하는 것을 말한다.
③ 마케팅 믹스란 기업의 부동산 상품이 표적시장에 도달하기 위해 이용하
   는 마케팅에 관련된 여러 요소들의 조합을 말한다.
④ 시장세분화 전략이란 수요자 집단을 인구·경제적 특성에 따라 세분화하
   고, 세분된 시장에서 상품의 판매지향점을 분명히 하는 것을 말한다.
⑤ 고객점유 전략은 소비자의 구매의사결정 과정의 각 단계에서 소비자와
   의 심리적인 접점을 마련하고 전달하려는 정보의 취지와 강약을 조절하
   는 것을 말한다.

해 설   시장점유전략은 공급자 차원의 전략으로 대표적인 전략으로는 STP 전략과
  | 4P 마케팅믹스 전략이 있다.

정 답   ①   ▶ 기본서 연결 : 논점정리 04-Ⅱ

Chapter 11
부동산감정평가론

제33회 문제 분석(기출 관련)	제34회 출제 예상 핵심 항목
• 자본환원율 설명 (O) • 감가수정 설명 (O) • 시장가치기준 설명 (-) • 직접환원법에 의한 수익 가액산정(계산문제) (O) • 거래사례비교법으로 산정한 비준가액 (계산문제) (O) • 감정평가에 관한 규칙·규정 내용 (O)	• 「감정평가에 관한 규칙」 제6조(현황기준의 원칙), 제7조(개별물건기준의 원칙), 제8조(감정평가의 절차) • 부동산 가치형성요인과 가치 발생요인 • 부동산가치(가격)의 제원칙별 내용과 감정평가활동에서의 적용 • 「감정평가에 관한 규칙」 제14조부터 제26조(물건별 감정평가) • 원가법에 의한 건물의 재조달원가산정(계산문제) • 원가법에 의한 대상물건의 적산가액 산정(계산문제) • 공시지가기준법에 의한 토지 평가액산정(계산문제)

❖ 위 (기출 관련)은 최근 10년 이내 출제 문제를 정확하게 정리할 경우 쉽게 답을 찾을 수 있는 문제를 말함

논점정리

⊙ 각 논점정리 앞부분에 논점정리 미리보기(체계도)가 있습니다.

【감정평가의 기본개념 요약 체계도】

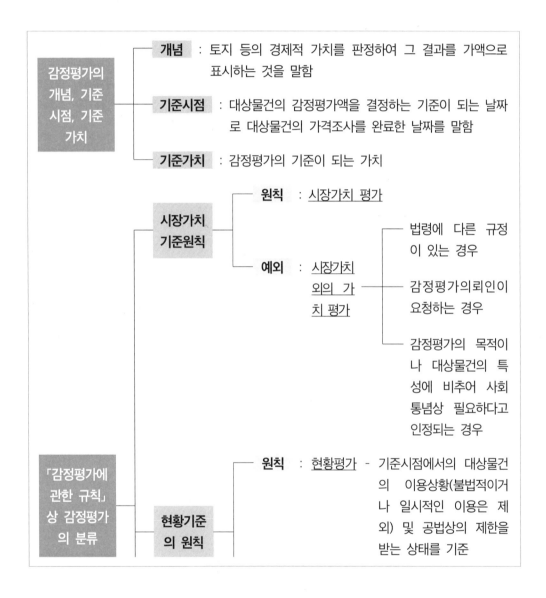

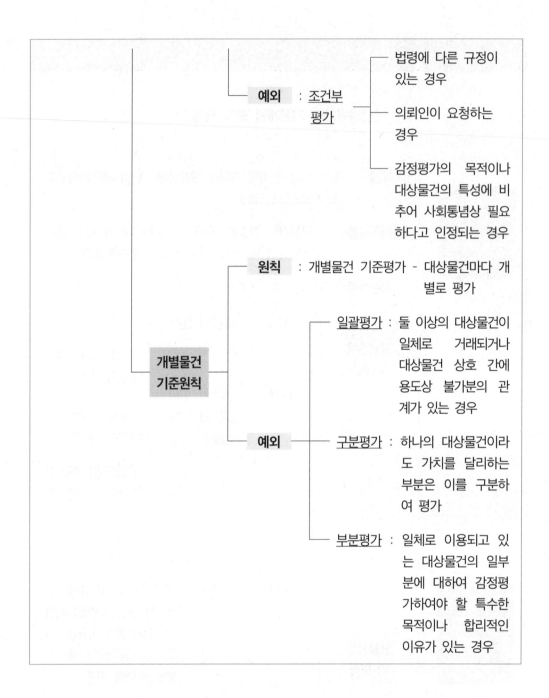

법령에 다른 규정이
있는 경우

예외 : 조건부
평가

의뢰인이 요청하는
경우

감정평가의 목적이나
대상물건의 특성에 비
추어 사회통념상 필요
하다고 인정되는 경우

원칙 : 개별물건 기준평가 - 대상물건마다 개
별로 평가

개별물건
기준원칙

일괄평가 : 둘 이상의 대상물건이
일체로 거래되거나
대상물건 상호 간에
용도상 불가분의 관
계가 있는 경우

예외

구분평가 : 하나의 대상물건이라
도 가치를 달리하는
부분은 이를 구분하
여 평가

부분평가 : 일체로 이용되고 있
는 대상물건의 일부
분에 대하여 감정평
가하여야 할 특수한
목적이나 합리적인
이유가 있는 경우

(30·33회)

Ⅰ 감정평가의 의의·필요성·기능·기준시점·기준가치

1. 감정평가의 의의

1) '감정평가'라 함은 토지 등의 경제적 가치를 판정하여 그 결과를 가액으로 표시하는 것을 말한다.(「감정평가 및 감정평가사에 관한 법률」 제2조 제2호)

2) '감정평가업'이란 타인의 의뢰에 따라 일정한 보수를 받고 토지 등의 감정평가를 업으로 행하는 것을 말한다.(「감정평가 및 감정평가사에 관한 법률」 제2조 제3호)

2. 감정평가의 필요성

1) 부동산의 특성(부증성, 개별성, 부동성, 용도의 다양성 등)으로 인한 필요성

2) 부동산의 합리적 시장의 결여로 인한 필요성

3) 부동산가치형성의 복잡성 및 다양성으로 인한 필요성

4) 부동산의 사회성 및 공공성으로 인한 필요성

3. 감정평가의 기능

□ 정책적 기능	① 부동산의 효율적 이용·관리 ② 적정한 가격형성 유도 ③ 합리적 손실보상 ④ 과세의 합리화
□ 경제적 기능	① 부동산자원의 효율적 배분 ② 거래질서의 확립과 유지 ③ 의사결정 판단기준 제시

4. 기준시점

1) '기준시점'이란 대상물건의 감정평가액을 결정하는 기준이 되는 날짜를 말한다.(「감정평가에 관한 규칙」 제2조 제2호)

2) '기준시점'은 대상물건의 가격조사를 완료한 날짜로 한다. 다만, 기준시점을 미리 정하였을 때에는 그 날짜에 가격조사가 가능한 경우에만 기준시점으로 할 수 있다.(「감정평가에 관한 규칙」 제9조 제2항)

5. 기준가치

'기준가치'란 감정평가의 기준이 되는 가치를 말한다.(「감정평가에 관한 규칙」 제2조 제3호)

Ⅱ 감정평가의 일반적 분류

1. 평가주체에 따른 분류

□ 공적평가	○ 국가, 공공기관 등 공적기관이 평가의 주체가 되는 평가 ○ 호주·뉴질랜드의 과세평가, 독일의 평가위원회
□ 공인평가	○ 국가로부터 일정한 자격을 부여받은 개인이 평가의 주체가 되는 평가 ○ 한국·미국·일본의 감정평가제도

2. 강제성 여부에 따른 분류

□ 필수적 평가	○ 일정한 사유가 발생하면 의무적으로 평가기관의 평가를 받아야 하는 평가 ○ 경매시 최저경매가액 산정을 위한 평가, 토지수용에 따른 보상평가, 표준지 공시지가의 평가, 국유재산 처분시의 평가, 조세부과를 위한 평가 등
□ 임의적 평가	○ 이해관계인이 강제적인 구속 없이 자유의사에 따라 임의로 의뢰하여 행하여지는 평가 ○ 부동산 매매시의 평가, 상속재산의 평가 등

3. 평가목적에 따른 분류

□ 공익평가	○ 평가의 목적이 공익에 있는 경우를 말하며, 대부분의 필수적 평가가 공익평가에 해당됨 ○ 표준지 공시지가의 평가, 토지수용에 따른 보상평가 등
□ 사익평가	○ 평가의 목적이 사익을 위한 경우의 평가 ○ 매매평가, 담보평가 등
□ 법정평가	○ 법규에서 정한대로 행하는 평가로서, 일종의 필수적 평가에 해당 ○ 표준지 공시지가의 평가, 토지수용에 따른 보상평가, 조세부과를 위한 평가, 개발부담금의 부과를 위한 평가 등

4. 감정평가수준에 따른 분류

□ 1차수준평가	부동산의 소유자, 투자자, 사용자, 거래자 등이 매매·임대사업 등 자기자신을 위해 행하는 평가활동
□ 2차수준평가	공인중개사, 건축업자, 부동산판매업자, 세무공무원, 금융기관 등 부동산업과 관련된 업무에 종사하는 자들에 의한 평가활동
□ 3차수준평가	전문가인 감정평가사들에 의하여 이루어지는 감정평가

5. 평가사의 소속 여부에 따른 분류

□ 참모평가	○ 주로 기관이나 기업에 소속되어 그들의 고용주 또는 고용기관의 업무를 위하여 행하는 평가 ○ 한국부동산원에 근무하는 감정평가사가 행하는 평가, 금융기관이 감정부서를 두고 자체감정평가를 하는 경우 등
□ 수시적 평가	○ 기관이나 기업에 소속되어 있는 것이 아니라, 어떤 특정사업에서 특별히 고도의 전문지식이 필요한 경우에 각 분야의 전문가로 구성되는 일시적인 감정평가 ○ 대규모 산업단지의 평가, 유조선 침몰에 따른 어장피해정도 파악을 위한 피해보상평가 등

6. 평가주체의 수에 따른 분류

□ 단독평가	평가주체가 1인인 경우의 감정평가
□ 합의제 평가(공동평가)	다수인이 평가의 주체가 되어 행하는 감정평가

Ⅲ 「감정평가에 관한 규칙」 상의 감정평가의 분류

1. 시장가치기준 원칙(「감정평가에 관한 규칙」 제5조)

원칙 : 시장가치   예외 : 시장가치 외의 가치

① 대상물건에 대한 감정평가액은 시장가치를 기준으로 결정한다.
② 감정평가업자는 제1항에도 불구하고 다음 각 호의 어느 하나에 해당하는 경우에는 대상물건의 감정평가액을 시장가치 외의 가치를 기준으로 결정할 수 있다.
　1. 법령에 다른 규정이 있는 경우
　2. 감정평가 의뢰인(이하 '의뢰인'이라 한다)이 요청하는 경우
　3. 감정평가의 목적이나 대상물건의 특성에 비추어 사회통념상 필요하다고 인정되는 경우

③ 감정평가업자는 제2항에 따라 시장가치 외의 가치를 기준으로 감정평가할 때에는 다음 각 호의 사항을 검토하여야 한다. 다만, 제2항 제1호의 경우에는 그러하지 아니하다.
  1. 해당 시장가치 외의 가치의 성격과 특징
  2. 시장가치 외의 가치를 기준으로 하는 감정평가의 합리성 및 적법성
④ 감정평가업자는 시장가치 외의 가치를 기준으로 하는 감정평가의 합리성 및 적법성이 결여(缺如)되었다고 판단할 때에는 의뢰를 거부하거나 수임(受任)을 철회할 수 있다.

2. 현황기준의 원칙(「감정평가에 관한 규칙」 제6조)

원칙 : 현황평가   예외 : 조건부 평가

① 감정평가는 기준시점에서의 대상물건의 이용상황(불법적이거나 일시적인 이용은 제외한다) 및 공법상 제한을 받는 상태를 기준으로 한다.
② 감정평가업자는 제1항에도 불구하고 다음 각 호의 어느 하나에 해당하는 경우에는 기준시점의 가치형성요인 등을 실제와 다르게 가정하거나 특수한 경우로 한정하는 조건(이하 '감정평가조건'이라 한다)을 붙여 감정평가할 수 있다.
  1. 법령에 다른 규정이 있는 경우
  2. 의뢰인이 요청하는 경우
  3. 감정평가의 목적이나 대상물건의 특성에 비추어 사회통념상 필요하다고 인정되는 경우
③ 감정평가업자는 제2항에 따라 감정평가조건을 붙일 때에는 감정평가조건의 합리성, 적법성 및 실현가능성을 검토하여야 한다. 다만, 제2항 제1호의 경우에는 그러하지 아니하다.
④ 감정평가업자는 감정평가조건의 합리성, 적법성이 결여되거나 사실상 실현 불가능하다고 판단할 때에는 의뢰를 거부하거나 수임을 철회할 수 있다.

3. 개별물건기준 원칙(「감정평가에 관한 규칙」 제7조)

원칙 : 개별물건기준 평가   예외 : 일괄평가, 구분평가, 부분평가

① 감정평가는 대상물건마다 개별로 하여야 한다.
② 둘 이상의 대상물건이 일체로 거래되거나 대상물건 상호 간에 용도상 불가분의 관계가 있는 경우에는 일괄하여 감정평가할 수 있다.

③ 하나의 대상물건이라도 가치를 달리하는 부분은 이를 구분하여 감정평가할 수 있다.

④ 일체로 이용되고 있는 대상물건의 일부분에 대하여 감정평가하여야 할 특수한 목적이나 합리적인 이유가 있는 경우에는 그 부분에 대하여 감정평가할 수 있다.

□ 개별평가	감정평가는 대상물건마다 개별로 하여야 한다.
□ 일괄평가	일괄평가란 둘 이상의 대상물건이 일체로 거래되거나 대상물건 상호간에 용도상 불가분의 관계가 있는 경우에 일괄하여 감정평가하는 것을 말한다. 예) ① 여러 개의 필지가 하나의 획지로 구성되어 있을 경우 ② 복합부동산(토지와 건물이 결합되어 구성된 부동산)
□ 구분평가	구분평가란 하나의 대상물건이라도 가치를 달리하는 부분은 이를 구분하여 감정평가하는 것을 말한다. 예) ① 하나의 필지가 여러 개의 획지로 구성되어 있을 경우 ② 주상복합건물(용도복합건축물)
□ 부분평가	부분평가란 일체로 이용되고 있는 대상물건의 일부분에 대하여 감정평가하여야 할 특수한 목적이나 합리적인 이유가 있는 경우에는 그 부분에 대하여 감정평가하는 것을 말한다. 예) ① 1필의 토지 일부분이 도시계획시설에 저촉되어 수용될 경우 저촉부분에 대해 보상평가를 하는 경우 ② 복합부동산에서 건물이 이용 중인 상태에서 토지가격만을 감정평가하는 경우

Ⅳ 감정평가의 절차(「감정평가에 관한 규칙」 제8조)

감정평가업자는 다음 각 호의 순서에 따라 감정평가를 하여야 한다. 다만, 합리적이고 능률적인 감정평가를 위하여 필요할 때에는 순서를 조정할 수 있다.

1. 기본적 사항의 확정
2. 처리계획 수립
3. 대상물건 확인
4. 자료수집 및 정리
5. 자료검토 및 가치형성요인의 분석
6. 감정평가방법의 선정 및 적용
7. 감정평가액의 결정 및 표시

01 감정평가에 관한 규칙상 시장가치기준에 관한 설명으로 **틀린** 것은? (33회)

① 대상물건에 대한 감정평가액은 원칙적으로 시장가치를 기준으로 결정한다.

② 감정평가법인등은 법령에 다른 규정이 있는 경우에는 대상물건의 감정평가액을 시장가치 외의 가치를 기준으로 결정할 수 있다.

③ 감정평가법인등은 대상물건의 특성에 비추어 사회통념상 필요하다고 인정되는 경우에는 대상물건의 감정평가액을 시장가치 외의 가치를 기준으로 결정할 수 있다.

④ 감정평가법인등은 감정평가 의뢰인이 요청하여 시장가치 외의 가치를 기준으로 감정평가할 때에는 해당 시장가치 외의 가치의 성격과 특징을 검토하지 않는다.

⑤ 감정평가법인등은 시장가치 외의 가치를 기준으로 하는 감정평가의 합리성 및 적법성이 결여되었다고 판단할 때에는 의뢰를 거부하거나 수임을 철회할 수 있다.

해 설 감정평가업자가 시장가치 외의 가치를 기준으로 감정평가할 때에는 ㄱ. 해당 시장가치 외의 가치의 성격과 특징, ㄴ. 시장가치 외의 가치를 기준으로 하는 감정평가의 합리성 및 적법성에 대하여 검토하여야 한다.

정 답 ④ ▶ 기본서 연결 : 논점정리 01-Ⅲ

【부동산의 가치(value)와 가격(price) 요약 체계도】

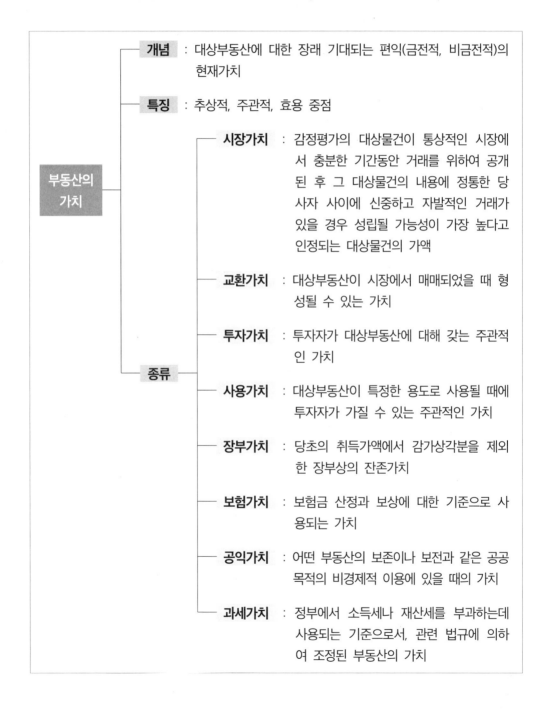

부동산의
가치

├─ **개념** : 대상부동산에 대한 장래 기대되는 편익(금전적, 비금전적)의 현재가치

├─ **특징** : 추상적, 주관적, 효용 중점

└─ **종류**

   ├─ **시장가치** : 감정평가의 대상물건이 통상적인 시장에서 충분한 기간동안 거래를 위하여 공개된 후 그 대상물건의 내용에 정통한 당사자 사이에 신중하고 자발적인 거래가 있을 경우 성립될 가능성이 가장 높다고 인정되는 대상물건의 가액

   ├─ **교환가치** : 대상부동산이 시장에서 매매되었을 때 형성될 수 있는 가치

   ├─ **투자가치** : 투자자가 대상부동산에 대해 갖는 주관적인 가치

   ├─ **사용가치** : 대상부동산이 특정한 용도로 사용될 때에 투자자가 가질 수 있는 주관적인 가치

   ├─ **장부가치** : 당초의 취득가액에서 감가상각분을 제외한 장부상의 잔존가치

   ├─ **보험가치** : 보험금 산정과 보상에 대한 기준으로 사용되는 가치

   ├─ **공익가치** : 어떤 부동산의 보존이나 보전과 같은 공공 목적의 비경제적 이용에 있을 때의 가치

   └─ **과세가치** : 정부에서 소득세나 재산세를 부과하는데 사용되는 기준으로서, 관련 법규에 의하여 조정된 부동산의 가치

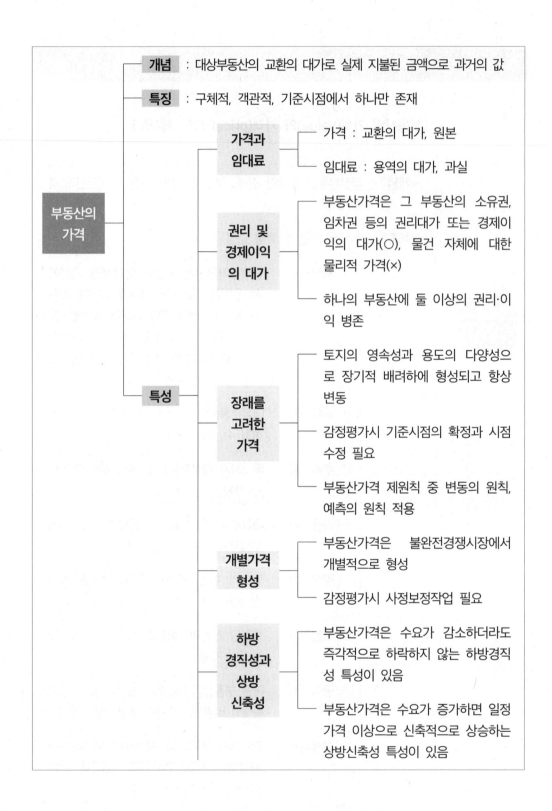

개념 : 대상부동산의 교환의 대가로 실제 지불된 금액으로 과거의 값

특징 : 구체적, 객관적, 기준시점에서 하나만 존재

부동산의 가격

가격과 임대료
- 가격 : 교환의 대가, 원본
- 임대료 : 용역의 대가, 과실

권리 및 경제이익의 대가
- 부동산가격은 그 부동산의 소유권, 임차권 등의 권리대가 또는 경제이익의 대가(○), 물건 자체에 대한 물리적 가격(×)
- 하나의 부동산에 둘 이상의 권리·이익 병존

특성

장래를 고려한 가격
- 토지의 영속성과 용도의 다양성으로 장기적 배려하에 형성되고 항상 변동
- 감정평가시 기준시점의 확정과 시점 수정 필요
- 부동산가격 제원칙 중 변동의 원칙, 예측의 원칙 적용

개별가격 형성
- 부동산가격은 불완전경쟁시장에서 개별적으로 형성
- 감정평가시 사정보정작업 필요

하방 경직성과 상방 신축성
- 부동산가격은 수요가 감소하더라도 즉각적으로 하락하지 않는 하방경직성 특성이 있음
- 부동산가격은 수요가 증가하면 일정 가격 이상으로 신축적으로 상승하는 상방신축성 특성이 있음

| | 가격의
이중성 | 부동산가격은 수요와 공급에 의하여 결정되고, 일단 결정된 가격은 수요와 공급에 영향을 미쳐 수급을 조정(피드백 원리) |
| | | 부동산가격의 제원칙 중 수요·공급의 원칙과 관련 |

(23·25·27회)

Ⅰ 부동산학의 다양한 정의

1. 가치(value)

  1) 가치(value)는 대상부동산에 대한 장래 기대되는 편익의 현재가치이며, 현재의 값이다.

  2) 가치(value)는 추상적이며 주관적 판단이 반영된 것으로 각 개인에 따라 차이가 발생할 수 있으므로, 주어진 시점에서 가치는 다양하다.

  3) 가치(value)는 효용에 중점을 두며, 장래 기대되는 편익은 금전적인 것 뿐만 아니라 비금전적인 것을 포함할 수 있다.

  4) 부동산의 가치(value)와 가격 사이에는 오차(가치 = 가격 ± 오차)가 있기 마련이며, 따라서 부동산의 가치를 평가할 때는 적절한 방법으로 이 같은 차이를 수정하는 것을 원칙으로 한다.

2. 가격(price)

  1) 가격(price)은 대상부동산의 교환의 대가로 실제 지불된 금액으로서 과거의 값이다.

  2) 가격(price)은 특정부동산에 대한 교환의 대가로서 매수인이 지불한 금액이다.

  3) 가격(price)은 기준시점에서 하나만 존재하며, 객관적·구체적 개념이다.

Ⅱ 가치(value)와 가격(price)의 관계

1. 가격의 기초에는 가치가 있다. 따라서 가격은 가치에 의해 결정된다.

2. 주관적·추상적인 개념인 가치는 화폐를 매개로 객관적·구체적인 개념인 가격이 되므로 가격은 가치의 화폐적인 표현이라고 할 수 있다.

3. 재화의 가치와 가격은 비례한다. 즉, 가치가 상승하면 가격도 상승하며, 가치가 하락하면 가격도 하락한다. 단, 가격이 상승하여 가치가 상승하는 것은 아니니다.

4. 화폐가치와 재화의 가격은 반비례한다. 즉, 화폐가치가 상승하면 재화의 가격은 하락하며, 화폐가치가 하락하면 재화의 가격은 상승한다.

5. 수요와 공급의 변동에 따라 단기적으로 가치와 가격은 괴리되는 현상이 있지만, 장기적으로 가격은 가치와 일치하는 현상을 나타낸다.

Ⅲ 부동산가치의 종류

1. 시장가치	○ 시장가치란 감정평가의 대상물건이 통상적인 시장에서 충분한 기간 동안 거래를 위하여 공개된 후 그 대상물건의 내용에 정통한 당사자 사이에 신중하고 자발적인 거래가 있을 경우 성립될 가능성이 가장 높다고 인정되는 대상물건의 가액을 말한다.(「감정평가에 관한 규칙」 제2조 제1호) ○ 시장가치는 대상부동산이 시장에서 매도되었을 때 형성될 수 있는 교환가치와 유사한 개념이다.
2. 교환가치	교환가치는 대상부동산이 시장에서 매매되었을 때 형성될 수 있는 가치로, 시장가치와 유사한 개념이다.
3. 투자가치	투자가치는 투자자가 대상부동산에 대해 갖는 주관적인 가치의 개념이다.
4. 사용가치	사용가치는 대상부동산이 특정한 용도로 사용될 때에 투자자가 가질 수 있는 주관적인 가치의 개념이다.
5. 장부가치	장부가치는 대상부동산의 당초의 취득가격에서 법적으로 허용하는 방법에 의한 감가상각분을 제외한 장부상의 잔존가치를 의미한다.
6. 보험가치	보험가치는 보험금 산정과 보상에 대한 기준으로 사용되는 가치의 개념이다.
7. 공익가치	공익가치는 부동산의 최유효이용이 사적 목적의 경제적 이용에 있는 것이 아니라, 어떤 부동산의 보존이나 보전과 같은 공공목적의 비경제적 이용에 있을 때의 가치를 말한다.
8. 과세가치	과세가치는 정부에서 소득세나 재산세를 부과하는데 사용되는 기준으로서, 관련 법규에 의하여 조정된 부동산의 가치를 말한다.

Ⅳ 부동산가격의 특성

1. 가격과 임대료	○ 부동산가격은 교환의 대가인 가격과 용역의 대가인 임대료로 표시되며, 가격과 임대료 사이에는 원본과 과실 간에 나타나는 상관관계를 인정할 수 있다. ○ 보통 협의의 가격이라 하면 가격만을 의미하고, 광의의 가격이라 하면 임대료까지를 통칭하는 의미가 된다.
2. 권리 및 경제 이익의 대가	○ 부동산가격은 그 부동산의 소유권, 임차권 등의 권리대가 또는 경제이익의 대가이지, 물건 자체에 대한 물리적 가격은 아니다. ○ 하나의 부동산에 둘 이상의 권리·이익이 병존할 수 있으며, 각 권리·이익마다 각각 개별적인 가격이 형성될 수 있다.
3. 장래를 고려한 가격	○ 부동산의 가격은 토지의 영속성과 용도의 다양성으로 장기적 배려 하에 형성되며 항상 변동한다. ○ 따라서 감정평가시 기준시점의 확정과 시점수정이 필요하게 되고, 부동산가격의 제원칙 중 변동의 원칙, 예측의 원칙을 적용하여야 한다.
4. 개별가격형성	○ 부동산가격은 불완전경쟁시장에서 개별적으로 형성되고, 거래당사자의 개별적 동기나 특수한 사정이 개입되기 쉽다. ○ 따라서 감정평가에 있어서 사례자료를 정상화시키는 사정보정의 작업이 필요하다.
5. 하방경직성과 상방신축성	○ 부동산가격은 수요가 감소하더라도 즉각적으로 하락하지 않는 하방경직성의 특성이 있다. ○ 부동산가격은 수요가 증가하면 일정가격 이상으로 신축적으로 상승하는 상방신축성의 특성이 있다.
6. 가격의 이중성	○ 부동산의 가격은 수요와 공급에 의하여 결정되고, 일단 결정된 가격은 수요와 공급에 영향을 미쳐 수급을 조정하게 하는 현상이 나타난다.(피드백 원리) ○ 부동산가격의 이중성은 부동산가격의 제원칙 중 수요·공급의 원칙과 관련이 된다.

01 **부동산가치에 관한 설명으로 틀린 것은?** (23회)

① 사용가치는 대상부동산이 시장에서 매도되었을 때 형성될 수 있는 교환가치와 유사한 개념이다.

② 투자가치는 투자자가 대상부동산에 대해 갖는 주관적인 가치의 개념이다.

③ 보험가치는 호험금 산정과 보상에 대한 기준으로 사용되는 가치의 개념이다.

④ 과세가치는 정부에서 소득세나 재산세를 부과하는데 사용되는 가치의 개념이다.

⑤ 공익가치는 어떤 부동산의 보존이나 보전과 같은 공공목적의 비경제적 이용에 따른 가치를 의미한다.

해 설　①은 교환가치에 대한 설명이다.

정 답　①　▶ 기본서 연결 : 논점정리 02-Ⅲ

02 **부동산의 가격과 가치에 관한 설명으로 틀린 것은?** (25회)

① 가격은 특정 부동산에 대한 교환의 대가로서 매수인이 지불한 금액이다.

② 가치는 효용에 중점을 두며, 장래 기대되는 편익은 금전적인 것뿐만 아니라 비금전적인 것을 포함할 수 있다.

③ 가격은 대상부동산에 대한 현재의 값이지만, 가치는 장래 기대되는 편익을 예상한 미래의 값이다.

④ 가치란 주관적 판단이 반영된 것으로 각 개인에 따라 차이가 발생할 수 있다.

⑤ 주어진 시점에서 대상부동산의 가치는 다양하다.

해 설　가격(price)은 대상부동산에 대한 과거의 값이지만, 가치(value)는 장래 기대되는 편익을 현재가치로 환원한 현재의 값이다.

정 답　③　▶ 기본서 연결 : 논점정리 02-Ⅰ

【부동산가치형성요인과 가치발생요인 요약 체계도】

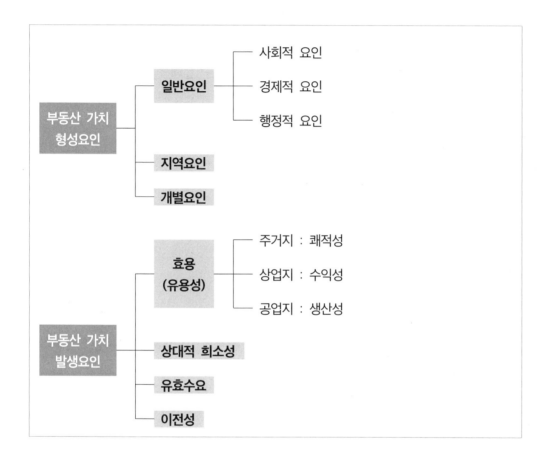

(22·24회)

I 부동산의 가치형성과정

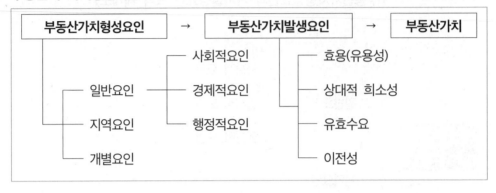

II 부동산의 가치형성요인

1. 가치형성요인의 정의(「감정평가에 관한 규칙」 제2조 제4호)

'가치형성요인'이란 대상물건의 경제적 가치에 영향을 미치는 일반요인, 지역요인 및 개별요인 등을 말한다.

2. 가치형성요인의 특징

1) 가치형성요인은 서로가 유기적인 상호관계를 지닌다는 '연관성'의 특성과 부단히 변동한다는 '유동성'의 특징을 지닌다.
2) 가치형성요인은 가치발생요인에 영향을 미친다.

3. 가치형성요인의 구성

1) 일반요인
   (1) 일반요인은 부동산 전반에 영향을 주는 요인이며, 대체로 전국적 차원에 영향을 미치는 요인이다.
   (2) 일반적으로 사회적 요인, 경제적 요인, 행정적 요인으로 구분된다.
2) 지역요인
   (1) 지역요인이란 어떤 지역이 다른 지역과 구별되는 지역특성을 형성하는 요인을 말한다.
   (2) 지역요인은 감정평가시 지역분석의 이론적 근거가 된다.

3) 개별요인
    (1) 개별요인은 그 부동산의 특수한 상태·조건 등 개별성이 가치형성에 미치는 요인을 말한다.
    (2) 개별요인은 감정평가시 개별분석의 이론적 근거가 된다.

Ⅲ 부동산의 가치발생요인

1. 의 의

부동산의 가치는 수요측면에서는 유용성(효용)과 유효수요가, 공급측면에서는 상대적 희소성이라는 3가지 가치발생요인의 상호작용으로 발생한다. 비록 3가지 요인이 존재한다고 하더라도 그것의 이전성이 제약을 받는다면 재화의 가치는 하락할 수밖에 없다. 따라서 학자들은 위에서 언급한 3가지 요인 외에도 '이전성(양도가능성)'을 가치발생요인으로 많이 들고 있다.

2. 가치발생요인의 구성

1) 유용성(효용)
    (1) 유용성(효용)이란 인간의 필요나 욕구를 만족시켜 줄 수 있는 재화의 능력이다.
    (2) 부동산의 경우 유용성(효용)은 주거지는 '쾌적성', 상업지는 '수익성', 공업지는 '생산성' 등으로 표현할 수 있다.
    (3) 대상부동산의 물리적 특성뿐만 아니라 토지이용규제 등과 같은 공법상의 제한 및 소유권의 법적 특성도 대상부동산의 유용성(효용)에 영향을 미친다.

2) 상대적 희소성
    (1) 상대적 희소성은 인간의 욕망에 비해 욕망의 충족수단이 질적·양적으로 한정되어 있어서 부족한 상태를 말한다.
    (2) 부동산의 경우 부동산의 공급이 수요에 비해 상대적으로 부족한 상태를 의미한다.
    (3) 부동산의 경우 용도적 관점에서 대체성이 인정되고 있기 때문에 절대적 희소성이 아닌 상대적 희소성을 가지고 있다.

3) 유효수요
    유효수요란 구매의사(욕구)와 구매능력을 갖춘 수요를 의미한다.

4) 이전성(양도가능성)

   (1) 이전성은 부동산의 가치발생요인으로 반드시 고려되어야 할 법적인 개념이다.

   (2) 이전성은 부동산의 소유권을 구성하고 있는 모든 권리에 대한 통제의 정도가 이전하는 것을 의미하는 '법적 개념'이다.

01 부동산의 가치발생요인에 관한 설명으로 틀린 것은? (22회)

① 효용(유용성)은 인간의 필요나 욕구를 만족시켜 줄 수 있는 재화의 능력을 말한다.

② 상대적 희소성은 인간의 욕망에 비해 욕망의 충족수단이 질적·양적으로 한정되어 있어서 부족한 상태를 말한다.

③ 가치발생요인인 효용, 유효수요, 상대적 희소성 중 하나만 있어도 가치가 발생한다.

④ 양도가능성(이전성)을 부동산의 가치발생요인으로 포함하는 견해도 있다.

⑤ 가치형성요인은 가치발생요인에 영향을 미친다.

해 설   부동산의 가치는 효용(유용성), 유효수요, 상대적 희소성이라는 3가지 가치발생요인의 상호작용으로 발생한다.

정 답   ③   ▶ 기본서 연결 : ①·②·③·④ → 논점정리 03-Ⅲ, ⑤ → 논점정리 03-Ⅱ

02 부동산의 가치발생요인에 관한 설명으로 틀린 것은? (24회)

① 대상부동산의 물리적 특성뿐 아니라 토지이용규제 등과 같은 공법상의 제한 및 소유권의 법적 특성도 대상부동산의 효용에 영향을 미친다.

② 유효수요란 대상부동산을 구매하고자 하는 욕구로, 지불능력(구매력)을 필요로 하는 것은 아니다.

③ 상대적 희소성이란 부동산에 대한 수요에 비해 공급이 부족하다는 것이다.

④ 효용은 부동산의 용도에 따라 주거지는 쾌적성, 상업지는 수익성, 공업지는 생산성으로 표현할 수 있다.

⑤ 부동산의 가치는 가치발생요인들의 상호 결합에 의해 발생한다.

해 설   유효수요란 구매의사(욕구)와 구매능력을 갖춘 수요를 의미한다.

정 답   ②   ▶ 기본서 연결 : 논점정리 03-Ⅲ

【부동산가치(가격)의 제원칙 요약 체계도】

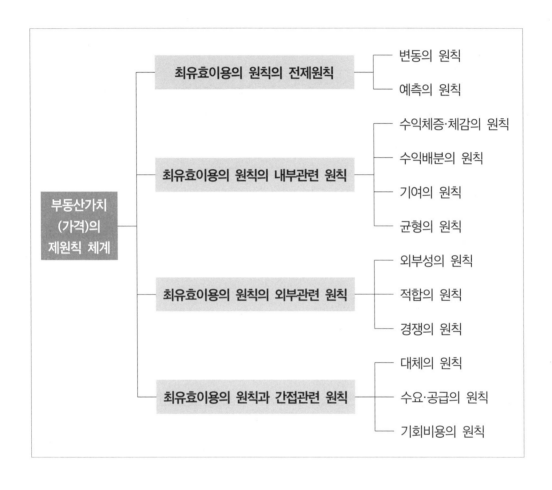

I 부동산가격 제원칙의 의의

1. 개 념

1) 부동산가격의 제원칙이란 부동산의 가격이 어떻게 형성되고 유지되는가에 관한 법칙성을 도출하여 평가활동의 지침으로 삼으려는 행위기준을 말한다.

2) 부동산가격 제원칙은 최유효이용을 가장 중추적인 원칙으로 하여 각 원칙들이 직·간접으로 연계되어 있으며 가장 토대(기초)가 되는 원칙은 '변동의 원칙'과 '예측의 원칙'이다.

2. 최유효이용의 원칙

1) 의의

최유효이용의 원칙이란 객관적으로 보아 양식과 통상의 이용능력을 지닌 사람이 대상부동산을 합법적이고 합리적이며 최고·최선의 방법으로 이용하는 것을 말한다.

2) 최유효이용의 판정기준

최유효이용은 대상부동산의 물리적 채택가능성, 합리적이고 합법적인 이용, 최고수익성을 기준으로 판정할 수 있다.

3) 감정평가 관련

(1) '최유효이용의 원칙'은 「감정평가에 관한 규칙」에서 직접 규정하고 있는 사항은 아니다.

(2) '최유효이용분석'은 지역분석과 개별분석을 통하여 대상부동산이 최대의 가치를 창출할 수 있는 용도를 찾아내는 작업이다.

II 가격 제원칙의 체계(분류)

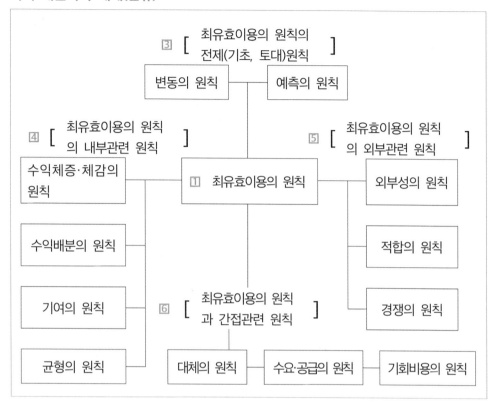

III 최유효이용의 원칙의 전제(기초, 토대)원칙

1. 변동의 원칙	① 부동산의 가격은 시간의 흐름에 따라 사회적·경제적·행정적 요인이나 부동산 자체가 가지는 개별적 요인에 따라 지속적으로 변동한다는 원칙이다. ② 부동산의 자연적 특성인 영속성과 인문적 특성인 용도의 다양성, 위치의 가변성을 성립 근거로 한다. ③ 시점수정 및 기준시점을 확정해야 한다는 것과 물리적 감가의 이론적 근거를 제시한다.
2. 예측의 원칙	① 감정평가활동에 있어서 가치형성요인의 변동추이 또는 동향을 주시하여야 한다는 원칙이다. ② 부동산의 가치를 장래 기대되는 편익을 현재가치로 환원한 값이라고 정의하는 것과 관련이 깊다. ③ 후보지·이행지의 감정평가와 수익환원법과 밀접한 관련이 있다.

※ 예측 및 변동의 원칙은 부동산의 현재보다 장래의 활용 및 변화가능성을 고려한다는 점에서 '수익환원법'의 토대가 될 수 있다.

IV 최유효이용의 원칙의 내부관련 원칙

1. 수익체증· 체감의 원칙	① 단위부동산에 대하여 계속적인 투자를 행하는 경우 단위투자당 순수익은 증가하다가 손익분기점 이후에는 감소한다는 원칙이다. ② 이 원칙은 수익의 한계점을 찾아 부동산투자의 균형점을 찾는데 의의가 있으며, 투자액의 한계점을 제시함으로써 최유효이용의 판정기준이 된다.
2. 수익배분의 원칙	① 수익배분의 원칙(잉여생산성의 원칙)은 토지의 수익은 자본·노동·경영 등 각 생산요소에 배분되고 남는 잔여수익이 배분된다는 원칙이다. ② 수익배분의 원칙은 토지의 부동성(위치의 고정성) 때문에 토지의 몫이 제일 나중에 배분된다는 의미이다. ③ 부동산에 귀속하는 순수익을 기초로 가격 또는 임대료를 구하는 수익방식 중 '수익분석법'과 '토지잔여법'의 이론적 근거이다.
3. 기여의 원칙	① 기여의 원칙은 부동산의 각 구성요소가 각각 기여하여 부동산 전체의 가격이 형성된다는 원칙이다. ② 전체 부동산가격은 각 구성요소의 기여도의 합으로 구성되는 것이지 생산비의 합으로 구성되는 것은 아니다. ③ 기여의 원칙은 부동산의 구성요소가 전체에 기여하는 정도가 가장 큰 사용방법을 선택해야 한다는 점에서 용도의 다양성, 병합·분할의 가능성 등이 그 성립 근거가 된다. ④ 기여의 원칙은 균형의 원칙에 선행한다.
4. 균형의 원칙	① 부동산이 최고의 가치를 구현하기 위해서는 생산요소(내부구성요소)의 결합비율이 적절한 균형을 이루고 있어야 한다는 원칙이다. 　예) 복도의 천정높이를 과대 개량한 전원주택이 냉·난방비 문제로 시장에서 선호도가 떨어진다면 이는 균형의 원칙에 어긋나기 때문이다. ② 균형의 원칙은 외부적 관계의 원칙인 '적합의 원칙'과는 대조적인 의미로 부동산 구성요소의 결합에 따른 최유효이용을 강조하는 것이다. ③ 균형의 원칙은 원가법을 적용할 때 균형을 이루지 못하는 과잉분은 '기능적 감가'의 이론적 근거가 되며, '개별분석'과 관련이 깊다.

V 최유효이용의 원칙의 외부관련 원칙

1. 외부성의 원칙	① 외부성의 원칙은 외부환경요인이 대상부동산에 어떠한 영향을 미치느냐를 고려하는 원칙이다. ② 대상부동산의 가치는 외부적인 요인에 의하여 긍정적인 영향을 미칠 때 외부경제(정(+)의 외부효과)라고 하고, 부정적인 영향을 미칠 때 외부불경제(부(-)의 외부효과)라고 한다. ③ 부동산가격은 위치의 고정성(부동성) 및 인접성이라는 자연적 특성과 관련되고 외부환경의 영향을 많이 받는다는 이론적 근거에 의한 원칙이다.
2. 적합의 원칙	① 부동산이 최유효이용이 되기 위해서는 이용방법이 부동산이 속한 지역의 외부환경에 적합하여야 한다는 원칙이다. 　예) 판매시설 입점부지 선택을 위해 후보지역 분석을 통해 표준적 사용을 확인하는 것은 '적합의 원칙'을 적용한 것이다. ② 적합의 원칙은 부동산의 입지와 인근 환경의 영향을 고려한다. ③ 균형의 원칙이 부동산의 내부구성요소간의 균형관계를 논한다면, 적합의 원칙은 외부적 조건의 균형관계를 논한다고 할 수 있다. ④ 적합의 원칙은 '경제적 감가'의 이론적 근거가 된다.
3. 경쟁의 원칙	① 부동산가격은 초과이윤을 얻기 위한 경쟁관계에 의해서 형성된다는 원칙이다. ② 어떤 수익성 부동산의 초과이윤은 경쟁을 야기하고 경쟁은 초과이윤을 소멸시켜 대상부동산은 그에 적합한 가격을 갖게 된다는 원칙이다. ③ 부동산은 지리적 위치의 고정성과 부증성이 있으므로 공급자 경쟁보다는 수요자 경쟁이 강하게 나타난다.

Ⅵ 최유효이용의 원칙과 간접관련 원칙

1. 대체의 원칙	① 대체의 원칙은 대상부동산의 가격은 대체성을 지닌 유사한 부동산 또는 재화 등의 가치와 상호작용과정에서 형성된다는 원칙이다. ② 대체관계가 성립되기 위해서는 부동산 상호간 또는 부동산과 일반 재화 상호간에 용도, 효용, 가격 등이 동일성 또는 유사성이 있어야 한다. ③ 유용성(효용)이 유사하면 가격이 낮은 것을 선택하고, 가격이 유사하면 유용성(효용)이 높은 것을 선택한다는 논리이다. ④ 대체의 원칙은 감정평가 3방식의 이론적 근거가 된다. 즉, 원가방식의 재조달원가, 비교방식의 거래사례 또는 임대사례, 수익방식의 순수익을 구할 때 쓰는 간접법은 대체를 전제로 하기 때문이다.
2. 수요·공급의 원칙	① 수요·공급의 원칙은 부동산의 가격도 기본적으로 수요와 공급과의 상호관계에 의하여 결정된다는 원칙이다. ② 수요·공급의 원칙은 피드백(feed-back) 원리에 의한 '부동산가격의 이중성'의 이론적 근거가 된다.
3. 기회비용의 원칙	① 기회비용이란 어떤 대안을 선택함으로 인하여 선택되지 않은 다른 기회를 희생한 대가를 의미한다. ② 주변지역이 상업지역인데 주거용으로 이용하는 경우에 상업용으로 평가하는 경우 또는 도심지역의 공업용지가 동일한 효용을 가지고 있는 외곽지역의 공업용지보다 시장가격이 더 높은 현상은 기회비용의 원칙에 의해서 설명 가능하다.

01 **부동산가격원칙(혹은 평가원리)에 관한 설명으로 틀린 것은?** (26회)

① 최유효이용은 대상부동산의 물리적 채택가능성, 합리적이고 합법적인 이용, 최고수익성을 기준으로 판정할 수 있다.

② 균형의 원칙은 구성요소의 결합에 대한 내용으로, 균형을 이루지 못하는 과잉부분은 원가법을 적용할 때 경제적 감가로 처리한다.

③ 적합의 원칙은 부동산의 입지와 인근환경의 영향을 고려한다.

④ 대체의 원칙은 부동산의 가격이 대체관계의 유사부동산으로부터 영향을 받는다는 점에서, 거래사례비교법의 토대가 될 수 있다.

⑤ 예측 및 변동의 원칙은 부동산의 현재보다 장래의 활용 및 변화가능성을 고려한다는 점에서, 수익환원법의 토대가 될 수 있다.

해 설 균형의 원칙은 구성요소의 결합에 대한 내용으로, 균형을 이루지 못하는 과잉부분은 원가법을 적용할 때 기능적 감가로 처리한다.

정 답 ② ▶ 기본서 연결 : ① → 논점정리 04-Ⅰ, ② → 논점정리 04-Ⅳ, ③ → 논점정리 04-Ⅴ, ④ → 논점정리 04-Ⅵ, ⑤ → 논점정리 04-Ⅲ

02 **다음 부동산현상 및 부동산활동을 설명하는 감정평가이론상 부동산가격원칙을 순서대로 나열한 것은?** (28회)

- 복도의 천장 높이를 과대 개량한 전원주택이 냉·난방비 문제로 시장에서 선호도가 떨어진다.
- 판매시설 입점부지 선택을 위해 후보지역 분석을 통해 표준적 사용을 확인한다.

① 균형의 원칙, 적합의 원칙
② 예측의 원칙, 수익배분의 원칙
③ 적합의 원칙, 예측의 원칙
④ 수익배분의 원칙, 균형의 원칙
⑤ 적합의 원칙, 변동의 원칙

해 설 ■ 균형의 원칙 : 부동산이 최고의 가치를 구현하기 위해서는 내부 구성요소의 결합비율이 적절한 균형을 이루고 있어야 한다는 원칙이다.
■ 적합의 원칙 : 부동산이 최유효이용이 되기 위해서는 이용방법이 부동산이 속한 지역의 환경에 적합하여야 한다는 원칙이다.

정 답 ① ▶ 기본서 연결 : 논점정리 04-Ⅳ, Ⅴ

【지역분석과 개별분석 요약 체계도】

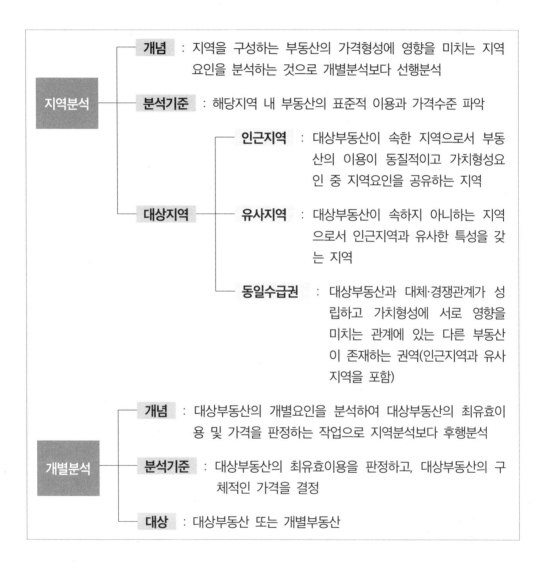

지역분석

개념 : 지역을 구성하는 부동산의 가격형성에 영향을 미치는 지역요인을 분석하는 것으로 개별분석보다 선행분석

분석기준 : 해당지역 내 부동산의 표준적 이용과 가격수준 파악

대상지역

인근지역 : 대상부동산이 속한 지역으로서 부동산의 이용이 동질적이고 가치형성요인 중 지역요인을 공유하는 지역

유사지역 : 대상부동산이 속하지 아니하는 지역으로서 인근지역과 유사한 특성을 갖는 지역

동일수급권 : 대상부동산과 대체·경쟁관계가 성립하고 가치형성에 서로 영향을 미치는 관계에 있는 다른 부동산이 존재하는 권역(인근지역과 유사지역을 포함)

개별분석

개념 : 대상부동산의 개별요인을 분석하여 대상부동산의 최유효이용 및 가격을 판정하는 작업으로 지역분석보다 후행분석

분석기준 : 대상부동산의 최유효이용을 판정하고, 대상부동산의 구체적인 가격을 결정

대상 : 대상부동산 또는 개별부동산

I 지역분석

1. 지역분석의 의의

지역분석이란 지역을 구성하는 부동산의 가격형성에 영향을 미치는 지역요인
을 분석하는 것을 말한다.

지역분석은 개별분석보다 먼저 실시하는 것이 일반적이다.

2. 지역분석의 목적(필요성)

1) 지역분석을 통해 해당 지역 내 부동산의 '표준적 이용'과 '가격수준'을 파
   악할 수 있다.
2) 지역분석은 대상지역의 가격수준을 판정하여 대상지역에 있는 부동산들의
   평균가격을 판정한다.
3) 지역분석은 대상부동산에 대한 최유효이용의 기준설정에 도움을 주고 대
   상부동산의 가격을 판정하는 방향을 제시한다.
4) 지역분석은 동일수급권을 판정하여 사례자료로 활용할 수 있는 부동산들
   의 지역적 범위를 확정한다.

II 지역분석의 대상지역(인근지역, 유사지역, 동일수급권)

> 「감정평가에 관한 규칙」 제2조[정의]
>
> 13. '인근지역'이란 대상부동산이 속한 지역으로서 부동산의 이용이 동질적이고 가치형
>   성요인 중 지역요인을 공유하는 지역을 말한다.
> 14. '유사지역'이란 대상부동산이 속하지 아니하는 지역으로서 인근지역과 유사한 특성
>   을 갖는 지역을 말한다.
> 15. '동일수급권'이란 대상부동산과 대체·경쟁관계가 성립하고 가치형성에 서로 영향을
>   미치는 관계에 있는 다른 부동산이 존재하는 권역을 말하며, 인근지역과 유사지
>   역을 포함한다.

1. 인근지역

1) 개념

   '인근지역'이란 대상부동산이 속한 지역으로서 부동산의 이용이 동질적이
   고 가치형성요인 중 '지역요인을 공유'하는 지역을 말한다.

2) 특징
  (1) 인근지역 내의 부동산들은 대상부동산과 용도적·기능적 면에서 동질성·유사성이 있어야 하므로, 인근지역은 특정한 토지의 용도를 중심으로 집중된 형태이다.
  (2) 인근지역은 도시·농촌과 같은 종합형태로서의 지역사회에 비해 작은 생활권에 속한다.
  (3) 인근지역의 사회적·경제적·행정적 위치는 고정적·경직적인 것이 아니고 유동적·가변적이기 때문에 부동산이 속한 인근지역은 그 가격형성의 일반적인 요인변화에 따라 끊임없이 발전, 쇠퇴한다.
  (4) 인근지역의 경계는 물리적으로 명백하지 않은 경우 주로 표준적인 사용을 중심으로 판단한다.
3) 인근지역의 생애주기현상

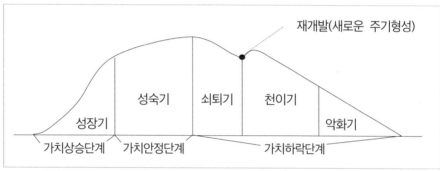

성장기 (약 20년)	① 지가상승률이 최고가 되고, 지역 내의 입지경쟁 및 투기적 경쟁이 치열해진다. ② 신축부동산이 부동산거래의 중심이 된다. ③ 상향여과현상이 활발하고, 교육수준이 높고 젊은 계층이 많이 유입된다.
성숙기 (약 25년)	① 부동산의 가격수준은 최고가 되고, 주민들의 유동(유입)이 많지 않다. ② 공공서비스는 우수한 편이며, 주민들의 사회·경제적 수준은 최고가 된다. ③ 중고부동산의 거래가 부동산시장의 중심을 이룬다.
쇠퇴기 (약 50년)	① 지역기능과 지가수준이 하락하기 시작한다. ② 지역의 건물은 노후되기 시작하여 유지·관리비가 급격히 증가한다. ③ 하향여과가 시작된다. ④ 지역에 따라서 재개발이 이루어지고, 재개발이 이루어지면 다시 성장기로 접어들게 된다.

천이기	① 하향여과현상이 보다 활발해지고 쇠퇴현상이 한결 심화된다.
	② 부동산의 가격은 일시적으로 가벼운 상승현상을 나타내기도 한다.
악화기	① 지가수준은 최저가 되고, 인근지역의 절대인구도 상당히 감소하게 된다.
	② 반달리즘, 공가, 부동산의 방기 등이 눈에 띄기 증가한다.
	∨반달리즘 : 문화·예술 및 공공시설을 파괴하는 행위나 경향

2. 유사지역

1) 개념

'유사지역'이란 대상부동산이 속하지 아니하는 지역으로서 인근지역과 유사한 특성을 갖는 지역을 말한다.

2) 특징

(1) 유사지역은 인근지역과 지리적 위치는 다르나 용도적·기능적으로 유사하여 지역구성요소가 동질적인 것으로 볼 수 있다.

(2) 유사지역은 여러 요인이 인근지역과 유사하여 서로 대체·경쟁관계가 성립된다.

(3) 감정평가시 인근지역 내에 사례가 없는 경우에는 동일수급권 내 유사지역의 사례자료를 활용할 수 있다.

3. 동일수급권

1) 개념

'동일수급권'이란 대상부동산과 대체·경쟁관계가 성립하고 가치형성에 서로 영향을 미치는 관계에 있는 다른 부동산이 존재하는 권역을 말하며, 인근지역과 유사지역을 포함한다.

> **동일수급권 = 인근지역 + 유사지역 + 주변용도지역(후보지, 이행지)**

2) 동일수급권의 파악

| (1) 주거지 | 주거지의 동일수급권은 도심에의 통근이 가능한 지역범위와 일치하는 경향이 있다. |
| (2) 상업지 | 상업지의 동일수급권은 배후지를 배경으로 일정한 상업수익을 올릴 수 있는 지역범위와 일치한다. |

(3) 공업지	공업지의 동일수급권은 수송비 등 비용성, 생산성의 대체성이 있는 지역범위와 일치하는 경향이 있다. 따라서 제품 및 공장의 형태에 따라 또한 소비지입지형이냐, 원료산지입지형이냐에 따라 그 대체성이 달라진다.
(4) 농지	농지에 있어서의 동일수급권은 당해 농지에 대하여 통상적인 형태로 농업경영이 가능한 거리와 일치하게 된다.
(5) 후보지·이행지	① 원칙 : 후보지 또는 이행지에 대한 동일수급권의 파악은 이행(전환) 후의 종별에 따라 그 범위를 정하여야 한다. ② 예외 : 성숙도가 낮거나 전환·이행의 속도가 완만한 경우에는 전환 전 용도지역의 동일수급권과 일치하는 경향이 있다.

III 개별분석

1. 개별분석의 의의

개별분석은 지역분석을 통하여 판정된 지역의 표준적 사용과 가격수준을 기준으로 대상부동산의 개별요인을 분석하여 대상부동산의 '최유효이용' 및 가격을 판정하는 작업을 말한다.

2. 지역분석과 개별분석의 관계

구 분	지역분석	개별분석
분석순서	개별분석보다 선행적	지역분석보다 후행적
분석내용	대상지역의 표준적 이용과 가격수준을 판정	대상부동산의 최유효이용을 판정하고, 대상부동산의 구체적인 가격을 결정
분석기준	대상지역의 광역적·거시적 분석	대상부동산의 국지적·미시적 분석
가격원칙	적합의 원칙 적용 (경제적 감가, 외부요인)	균형의 원칙 적용 (기능적, 내부요인)
근거특성	부동성·인접성	개별성
대상	인근지역, 유사지역, 동일수급권	대상부동산 또는 개별부동산

01 **감정평가 과정상 지역분석과 개별분석에 관한 설명으로 틀린 것은?**

(30회)

① 해당 지역 내 부동산의 표준적 이용과 가격수준 파악을 위해 지역분석이 필요하다.

② 지역분석은 대상부동산에 대한 미시적·국지적 분석인데 비하여, 개별분석은 대상지역에 대한 거시적·광역적 분석이다.

③ 인근지역이란 대상부동산이 속한 지역으로서 부동산의 이용이 동질적이고 가치형성요인 중 지역요인을 공유하는 지역을 말한다.

④ 동일수급권이란 대상부동산과 대체·경쟁관계가 성립하고 가치형성에 서로 영향을 미치는 관계에 있는 다른 부동산이 존재하는 권역을 말하며, 인근지역과 유사지역을 포함한다.

⑤ 대상부동산의 최유효이용을 판정하기 위해 개별분석이 필요하다.

해 설   지역분석과 개별분석이 바뀌었다. 즉, 지역분석은 대상지역에 대한 거시적·광역적 분석인데 비하여, 개별분석은 대상부동산에 대한 미시적·국지적 분석이다.

정 답   ②   ▶ 기본서 연결 : 논점정리 05-Ⅲ

02 **다음은 감정평가 과정상 지역분석 및 개별분석과 관련된 내용이다. ( )에 들어갈 용어는?**

(32회)

> 지역분석은 해당 지역의 (ㄱ) 및 그 지역 내 부동산의 가격수준을 판정하는 것이며, 개별분석은 대상부동산의 (ㄴ)을 판정하는 것이다. 지역분석의 분석대상지역 중 (ㄷ)은 대상부동산이 속한 지역으로서 부동산의 이용이 동질적이고 가치형성요인 중 지역요인을 공유하는 지역이다.

① ㄱ : 표준적 이용,   ㄴ : 최유효이용,   ㄷ : 유사지역
② ㄱ : 표준적 이용,   ㄴ : 최유효이용,   ㄷ : 인근지역
③ ㄱ : 최유효이용,   ㄴ : 표준적 이용,   ㄷ : 유사지역
④ ㄱ : 최유효이용,   ㄴ : 표준적 이용,   ㄷ : 인근지역
⑤ ㄱ : 최유효이용,   ㄴ : 최유효이용,   ㄷ : 유사지역

정 답   ②   ▶ 기본서 연결 : ㄱ → 논점정리 05-Ⅰ, ㄴ → 논점정리 05-Ⅲ, ㄷ → 논점정리 05-Ⅱ

【감정평가의 절차 및 기본적 사항 확정, 감정평가서의 작성, 물건별 감정평가 요약 체계도】

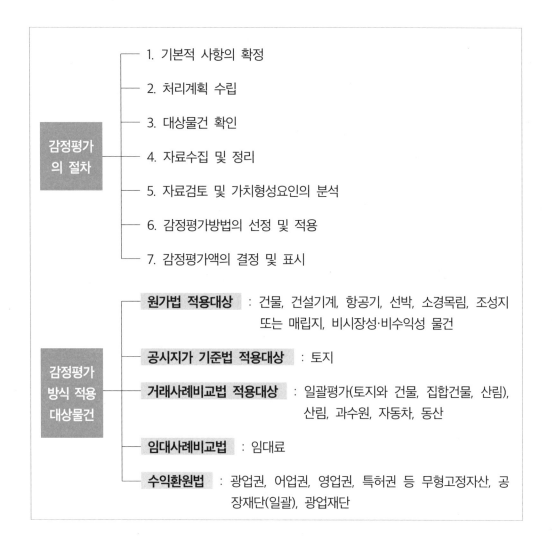

ㅣ 감정평가의 절차 및 기본사항 확정, 감정평가서의 작성

1. 감정평가의 절차(「감정평가에 관한 규칙」 제8조)

> 감정평가업자는 다음 각 호의 순서에 따라 감정평가를 하여야 한다. 다만, 합리적이고 능률적인 감정평가를 위하여 필요할 때에는 순서를 조정할 수 있다.
> 1. 기본적 사항의 확정
> 2. 처리계획 수립
> 3. 대상물건 확인
> 4. 자료수집 및 정리
> 5. 자료검토 및 가치형성요인의 분석
> 6. 감정평가방법의 선정 및 적용
> 7. 감정평가액의 결정 및 표시

2. 기본적 사항의 확정(「감정평가에 관한 규칙」 제9조)

> ① 감정평가업자는 감정평가를 의뢰받았을 때에는 의뢰인과 협의하여 다음 각 호의 사항을 확정하여야 한다.
> 1. 의뢰인
> 2. 대상물건
> 3. 감정평가 목적
> 4. 기준시점
> 5. 감정평가 조건
> 6. 기준가치
> 7. 관련 전문가에 대한 자문 또는 용역에 관한 사항
> 8. 수수료 및 실비에 관한 사항
> ② 기준시점은 대상물건의 가격조사를 완료한 날짜로 한다. 다만, 기준시점을 미리 정하였을 때에는 그 날짜에 가격조사가 가능한 경우에만 기준시점으로 할 수 있다.
> ③ 감정평가업자는 필요한 경우 관련 전문가에 대한 자문 등을 거쳐 감정평가할 수 있다.

3. 감정평가서의 작성(「감정평가에 관한 규칙」 제13조①)

> ① 감정평가법인 등은 감정평가서(전자문서로 작성된 감정평가서를 포함한다)를 의뢰인과 이해관계자가 이해할 수 있도록 명확하고 일관성 있게 작성하여야 한다.

Ⅱ 물건별 감정평가

「감정평가에 관한 규칙」 제14조부터 제26조까지 규정된 물건별 감정평가방식은 다음과 같다.

> **제14조[토지의 감정평가]** ① 감정평가업자는 법 제3조 제1항 본문에 따라 토지를 감정평가할 때에는 「공시지가기준법」을 적용하여야 한다.
>
> ② 감정평가업자는 「공시지가기준법」에 따라 토지를 감정평가할 때에 다음 각 호의 순서에 따라야 한다.
>
>   1. 비교표준지 선정 : 인근지역에 있는 표준지 중에서 대상토지와 용도지역·이용상황·주변환경 등이 같거나 비슷한 표준지를 선정할 것. 다만, 인근지역에 적절한 표준지가 없는 경우에는 인근지역과 유사한 지역적 특성을 갖는 동일수급권 안의 유사지역에 있는 표준지를 선정할 수 있다.
>
>   2. 시점수정 : 「국토의 계획 및 이용에 관한 법률」 제125조에 따라 국토교통부장관이 조사·발표하는 비교표준지가 있는 시·군·구의 같은 용도지역 지가변동률을 적용할 것. 다만, 다음 각 목의 경우에는 그러하지 아니하다.
>
>   가. 같은 용도지역의 지가변동률을 적용하는 것이 불가능하거나 적절하지 아니하다고 판단되는 경우에는 공법상 제한이 같거나 비슷한 용도지역의 지가변동률, 이용상황별 지가변동률 또는 해당 시·군·구의 평균지가변동률을 적용할 것
>
>   나. 지가변동률을 적용하는 것이 불가능하거나 적절하지 아니한 경우에는 「한국은행법」 제86조에 따라 한국은행이 조사·발표하는 생산자물가지수에 따라 산정된 생산자물가상승률을 적용할 것
>
>   3. 지역요인 비교
>
>   4. 개별요인 비교
>
>   5. 그 밖의 요인 보정 : 대상토지의 인근지역 또는 동일수급권내 유사지역의 가치형성요인이 유사한 정상적인 거래사례 또는 평가사례 등을 고려할 것
>
> ③ 감정평가업자는 법 제3조 제1항 단서에 따라 적정한 실거래가를 기준으로 토지를 감정평가할 때에는 「거래사례비교법」을 적용하여야 한다.
>
> ④ 감정평가업자는 법 제3조 제2항에 따라 토지를 감정평가할 때에는 제1항부터 제3항까지의 규정을 적용하되, 해당 토지의 임대료, 조성비용 등을 고려하여 감정평가할 수 있다.
>
> *** 감정평가 및 감정평가사에 관한 법률**
>
>   **제3조[기준]** ① 감정평가법인 등이 토지를 감정평가하는 경우에는 그 토지와 이용가치가 비슷하다고 인정되는 「부동산가격공시에 관한 법률」에 따른 표준지공시지가를 기준으로 하여야 한다. 다만, 적정한 실거래가가 있는 경우에는 이를 기준으로 할 수 있다.

② 제1항에도 불구하고 감정평가법인 등이 「주식회사 등의 외부감사에 관한 법률」에 따른 재무제표 작성 등 기업의 재무제표 작성에 필요한 감정평가와 담보권의 설정·경매 등 대통령령으로 정하는 감정평가를 할 때에는 해당토지의 임대료, 조성비용 등을 고려하여 감정평가할 수 있다.

제15조[건물의 감정평가] ① 감정평가업자는 건물을 감정평가할 때에 「원가법」을 적용하여야 한다.
② 삭제

제16조[토지와 건물의 일괄감정평가] 감정평가업자는 「집합건물의 소유 및 관리에 관한 법률」에 따른 구분소유권의 대상이 되는 건물부분과 그 대지사용권을 일괄하여 감정평가하는 경우 등 제7조 제2항에 따라 토지와 건물을 일괄하여 감정평가할 때에는 「거래사례비교법」을 적용하여야 한다. 이 경우 감정평가액은 합리적인 기준에 따라 토지가액과 건물가액으로 구분하여 표시할 수 있다.

제17조[산림의 감정평가] ① 감정평가업자는 산림을 감정평가할 때에 산지와 입목(立木)을 구분하여 감정평가하여야 한다. 이 경우 입목은 「거래사례비교법」을 적용하되, 소경목림(小徑木林 : 지름이 작은 나무·숲)인 경우에는 「원가법」을 적용할 수 있다.
② 감정평가업자는 제7조 제2항에 따라 산지와 입목을 일괄하여 감정평가할 때에 「거래사례비교법」을 적용하여야 한다.

제18조[과수원의 감정평가] 감정평가업자는 과수원을 감정평가할 때에 「거래사례비교법」을 적용하여야 한다.

제19조[공장재단 및 광업재단의 감정평가] ① 감정평가업자는 공장재단을 감정평가할 때에 공장재단을 구성하는 개별 물건의 감정평가액을 합산하여 감정평가하여야 한다. 다만, 계속적인 수익이 예상되는 경우 등 제7조 제2항에 따라 일괄하여 감정평가하는 경우에는 「수익환원법」을 적용할 수 있다.
② 감정평가업자는 광업재단을 감정평가할 때에 「수익환원법」을 적용하여야 한다.

제20조[자동차 등의 감정평가] ① 감정평가업자는 자동차를 감정평가할 때에 「거래사례비교법」을 적용하여야 한다.
② 감정평가업자는 건설기계를 감정평가할 때에 「원가법」을 적용하여야 한다.
③ 감정평가업자는 선박을 감정평가할 때에 선체·기관·의장(艤裝)별로 구분하여 감정평가하되, 각각 「원가법」을 적용하여야 한다.
④ 감정평가업자는 항공기를 감정평가할 때에 「원가법」을 적용하여야 한다.

⑤ 감정평가업자는 제1항부터 제4항까지에도 불구하고 본래 용도의 효용가치가 없는 물건은 해체처분가액으로 감정평가할 수 있다.

제21조[동산의 감정평가] 감정평가업자는 동산을 감정평가할 때에는 「거래사례비교법」을 적용하여야 한다. 다만, 본래 용도의 효용가치가 없는 물건은 해체처분가액으로 감정평가할 수 있다.

제22조[임대료의 감정평가] 감정평가업자는 임대료를 감정평가할 때에 「임대사례비교법」을 적용하여야 한다.

제23조[무형자산의 감정평가] ① 감정평가업자는 광업권을 감정평가할 때에 제19조제2항에 따른 광업재단의 감정평가액에서 해당 광산의 현존시설 가액을 빼고 감정평가하여야 한다. 이 경우 광산의 현존시설 가액은 적정 생산규모와 가행조건(稼行條件) 등을 고려하여 산정하되 과잉유휴시설을 포함하여 산정하지 아니한다.
② 감정평가업자는 어업권을 감정평가할 때에 어장 전체를 「수익환원법」에 따라 감정평가한 가액에서 해당 어장의 현존시설 가액을 빼고 감정평가하여야 한다. 이 경우 어장의 현존시설 가액은 적정 생산규모와 어업권 존속기간 등을 고려하여 산정하되 과잉유휴시설을 포함하여 산정하지 아니한다.
③ 감정평가업자는 영업권, 특허권, 실용신안권, 디자인권, 상표권, 저작권, 전용측선이용권(專用側線利用權), 그 밖의 무형자산을 감정평가할 때에 「수익환원법」을 적용하여야 한다.

제24조[유가증권 등의 감정평가] ① 감정평가업자는 주식을 감정평가할 때에 다음 각 호의 구분에 따라야 한다.
　　1. 상장주식[「자본시장과 금융투자업에 관한 법률」 제373조의2에 따라 허가를 받은 거래소(이하 '거래소'라 한다)에서 거래가 이루어지는 등 시세가 형성된 주식으로 한정한다] : 「거래사례비교법」을 적용할 것
　　2. 비상장주식(상장주식으로서 거래소에서 거래가 이루어지지 아니하는 등 형성된 시세가 없는 주식을 포함한다): 해당 회사의 자산·부채 및 자본 항목을 평가하여 수정재무상태표를 작성한 후 기업체의 유·무형의 자산가치(이하 '기업가치'라 한다)에서 부채의 가치를 빼고 산정한 자기자본의 가치를 발행주식 수로 나눌 것
② 감정평가업자는 채권을 감정평가할 때에 다음 각 호의 구분에 따라야 한다.
　　1. 상장채권(거래소에서 거래가 이루어지는 등 시세가 형성된 채권을 말한다) : 「거래사례비교법」을 적용할 것

2. 비상장채권(거래소에서 거래가 이루어지지 아니하는 등 형성된 시세가 없는 채권을 말한다) : 「수익환원법」을 적용할 것

③ 감정평가업자는 기업가치를 감정평가할 때에 「수익환원법」을 적용하여야 한다.

제25조[소음 등으로 인한 대상물건의 가치하락분에 대한 감정평가] 감정평가업자는 소음·진동·일조침해 또는 환경오염 등(이하 '소음등'이라 한다)으로 대상물건에 직접적 또는 간접적인 피해가 발생하여 대상물건의 가치가 하락한 경우 그 가치하락분을 감정평가할 때에 소음등이 발생하기 전의 대상물건의 가액 및 원상회복비용 등을 고려하여야 한다.

제26조[그 밖의 물건의 감정평가] 감정평가업자는 제14조부터 제25조까지에서 규정되지 아니한 대상물건을 감정평가할 때에 이와 비슷한 물건이나 권리 등의 경우에 준하여 감정평가하여야 한다.

[참고] 물건별 감정평가방식 요약 정리

1. **원가법 적용대상** : 건물, 건설기계, 항공기, 선박, 소경목림(지름이 작은 나무·숲), 조성지 또는 매립지, 비시장성·비수익성 물건
2. **공시지가기준법 적용대상** : 토지
3. **거래사례비교법 적용대상** : 일괄평가(토지와 건물, 집합건물, 산림), 산림, 과수원, 자동차, 동산
4. **임대사례비교법** : 임대료
5. **수익환원법** : 광업권, 어업권, 영업권, 특허권 등 무형고정자산, 공장재단(일괄), 광업재단

01 **감정평가에 관한 규칙상 평가대상의 주된 감정평가방법으로 틀린 것은?**

(28회)

① 건설기계 - 거래사례비교법

② 저작권 - 수익환원법

③ 건물 - 원가법

④ 임대료 - 임대사례비교법

⑤ 광업재단 - 수익환원법

해 설 ① 감정평가업자는 건설기계를 감정평가할 때에 원가법을 적용하여야 한다.
(「감정평가에 관한 규칙」 제20조 제2항)

② 감정평가업자는 영업권, 특허권, 실용신안권, 디자인권, 상표권, 저작권,
전용측선이용권(專用側線利用權), 그 밖의 무형자산을 감정평가할 때에
수익환원법을 적용하여야 한다.(동 규칙 제23조 제3항)

③ 감정평가업자는 건물을 감정평가할 때에 원가법을 적용하여야 한다.(동
규칙 제15조)

④ 감정평가업자는 임대료을 감정평가할 때에 임대사례비교법을 적용하여야
한다.(동 규칙 제22조)

⑤ 감정평가업자는 광업재단을 감정평가할 때에 수익환원법을 적용하여야
한다.(동 규칙 제19조 제2항)

정 답 ① ▶ 기본서 연결 : 논점정리 06-Ⅱ

02 **감정평가에 관한 규칙상 대상물건과 주된 감정평가방법의 연결이 틀린
것은?**

(31회)

① 과수원 - 공시지가기준법

② 광업재단 - 수익환원법

③ 임대료 - 임대사례비교법

④ 자동차 - 거래사례비교법

⑤ 건물 – 원가법

해 설 과수원을 감정평가할 때에 거래사례비교법을 원칙적으로 적용하여야 한다.

정 답 ① ▶ 기본서 연결 : 논점정리 06-Ⅱ

【감정평가 3방식(Ⅰ) - 개관 요약 체계도】

가격의 3면성과
감정평가방식

비용성 - 원가방식 : 「원가법」 및 「적산법」

시장성 - 비교방식 : 「거래사례비교법」, 「임대사례비교법」 및 「공시지가기준법」

수익성 - 수익방식 : 「수익환원법」 및 「수익분석법」

감정평가 3방식
과 7방법

3방식	조건	7방법	시산가액 (임대료)	산식
원가방식 (비용성)	가액	원가법	적산가액	재조달원가 - 감가누계액
	임대료	적산법	적산임료	기초가액 × 기대이율 + 필요제경비
비교방식 (시장성)	가액	거래사례 비교법	비준가액	거래사례 × 사정보정 × 시점수정 × 가치형성요인비교
	임대료	임대사례 비교법	비준임료	임대사례 × 사정보정 × 시점수정 × 가치형성요인비교
	가액	공시지가 기준법	토지가액	비교표준지공시지가 × 시점수정 × 지역·개별요인비교 × 그 밖의 요인보정
수익방식 (수익성)	가액	수익환원법	수익가액	순수익/환원이율
	임대료	수익분석법	수익임료	순수익 + 필요제경비

(21·24·26·27·29·31·32·33회)

Ⅰ 가격의 3면성

3면성	개 념	감정평가방식
1. 비용성	해당물건이 어느 정도의 생산비가 투입되어 만들어졌는가?	원가방식
2. 시장성	시장에서 어느 정도의 가격으로 거래되는가?	비교방식
3. 수익성	해당물건을 이용함으로써 어느 정도의 수익 또는 편익을 얻을 수 있는가?	수익방식

Ⅱ 감정평가의 3방식과 7방법

1. 감정평가방식(「감정평가에 관한 규칙」 제11조)

> **제11조[감정평가방식]** 감정평가업자는 다음 각 호의 감정평가방식에 따라 감정평가를 한다.
> 1. 원가방식 : 「원가법」 및 「적산법」 등 비용성의 원리에 기초한 감정평가방식
> 2. 비교방식 : 「거래사례비교법」, 「임대사례비교법」 등 시장성의 원리에 기초한 감정평가방식 및 「공시지가기준법」
> 3. 수익방식 : 「수익환원법」 및 「수익분석법」 등 수익성의 원리에 기초한 감정평가방식

3방식	조건	7방법	시산가액 (임대료)	산식
1. 원가방식 (비용성)	가액	원가법	적산가액	재조달원가 - 감가누계액
	임대료	적산법	적산임료	기초가액 × 기대이율 + 필요제경비
2. 비교방식 (시장성)	가액	거래사례비교법	비준가액	거래사례 × 사정보정 × 시점수정 × 가치형성요인비교
	임대료	임대사례비교법	비준임료	임대사례 × 사정보정 × 시점수정 × 가치형성요인비교
	가액	공시지가기준법	토지가액	비교표준지공시지가 × 시점수정 × 지역·개별요인비교 × 그 밖의 요인보정

3방식	조건	7방법	시산가액 (임대료)	산식
3. 수익방식 (수익성)	가액	수익환원법	수익가액	순수익 ÷ 환원이율
	임대료	수익분석법	수익임료	순수익 + 필요제경비

2. 감정평가 7방법의 정의(「감정평가에 관한 규칙」제2조(정의) 제5호~11호)

1. 원가법(5호)	대상물건의 재조달원가에 감가수정을 하여 대상물건의 가액을 산정하는 감정평가방법을 말한다.
2. 적산법(6호)	대상물건의 기초가액에 기대이율을 곱하여 산정된 기대수익에 대상물건을 계속하여 임대하는데 필요한 경비를 더하여 대상물건의 임대료를 산정하는 감정평가방법을 말한다.
3. 거래사례 비교법(7호)	대상물건과 가치형성요인이 같거나 비슷한 물건의 거래사례와 비교하여 대상물건의 현황에 맞게 사정보정, 시점수정, 가치형성요인 비교 등의 과정을 거쳐 대상물건의 가액을 산정하는 감정평가방법을 말한다.
4. 임대사례 비교법(8호)	대상물건과 가치형성요인이 같거나 비슷한 물건의 임대사례와 비교하여 대상물건의 현황에 맞게 사정보정, 시점수정, 가치형성요인 비교 등의 과정을 거쳐 대상물건의 임대료를 산정하는 감정평가방법을 말한다.
5. 공시지가 기준법(9호)	대상토지와 가치형성요인이 같거나 비슷하여 유사한 이용가치를 지닌다고 인정되는 비교표준지의 공시지가를 기준으로 대상토지의 현황에 맞게 시점수정, 지역요인 및 개별요인 비교, 그 밖의 요인의 보정을 거쳐 대상토지의 가액을 산정하는 감정평가방법을 말한다.
6. 수익환원법 (10호)	대상물건이 장래 산출할 것으로 기대되는 순수익이나 미래의 현금흐름을 환원하거나 할인하여 대상물건의 가액을 산정하는 감정평가방법을 말한다.
7. 수익분석법 (11호)	일반기업경영에 의하여 산출된 총수익을 분석하여 대상물건이 일정한 기간에 산출할 것으로 기대되는 순수익에 대상물건을 계속하여 임대하는데 필요한 경비를 더하여 대상물건의 임대료를 산정하는 감정평가방법을 말한다.

㈜ 가치형성요인 : 대상물건의 경제적 가치에 영향을 미치는 일반요인, 지역요인 및 개별요인 등을 말한다.(「감정평가에 관한 규칙」 제2조 제4호)

3. 감정평가 3방식의 장·단점

구 분		원가방식(비용성)	비교방식(시장성)	수익방식(수익성)
장 점		① 건물 등 상각자산에 유용 ② 공공·공익용부동산, 시장성이 없는 특수목적의 부동산평가에 유용 ③ 신축건물의 평가에 유용 ④ 조성지·매립지 등의 토지평가에 적용 가능	① 거래사례가 있는 모든 부동산에 적용이 가능 ② 토지의 평가(재생산이 불가능한 물건)에 있어 유용 ③ 이해가 쉽고 설득력이 있음 ④ 산식이 간편하고, 3방식의 중추적인 역할을 함	① 가장 이론적, 논리적, 과학적 ② 수익이 발생하는 모든 부동산에 적용이 가능 ③ 부동산시장이 안정되고, 투기현상이 적은 곳에서 참된 가치를 반영함
단 점		① 시장성이나 수익성 반영이 잘 안됨 ② 토지와 같은 재생산이 불가능한 물건(비상각자산)에 적용이 곤란 ③ 재조달원가의 파악이 어려움 ④ 감가수정이 어렵고 주관성이 개입되기 쉬움	① 거래사례가 없으면 적용이 불가능 ② 호황기나 불황기에는 적용 곤란 ③ 평가사에 따라 주관적(편차가 큼) ④ 과거의 사례가격이라는 점	① 수익이 없는 부동산에 적용이 불가능 ② 부동산의 신·구로 인한 가격차이가 없음 ③ 불완전한 시장에서 순수익과 환원이율의 파악이 용이하지 않음

III 시산가액의 결정 및 조정

> 「감정평가에 관한 규칙」 제12조(감정평가방법의 적용 및 시산가액 조정)
>
> ① 감정평가업자는 대상물건별로 정한 감정평가의 주된 방법을 적용하여 감정평가하여야 한다. 다만, 주된 방법을 적용하는 것이 곤란하거나 부적절한 경우에는 다른 감정평가방법을 적용할 수 있다.

② 감정평가업자는 대상물건의 감정평가액을 결정하기 위하여 제1항에 따라 어느 하나의 감정평가방법을 적용하여 산정한 시산가액을 제11조 각 호의 감정평가방식 중 다른 감정평가방식에 속하는 하나 이상의 감정평가방법(이 경우 공시지가기준법과 그 밖의 비교방식에 속한 감정평가방법은 서로 다른 감정평가방식에 속한 것으로 본다)으로 산출한 시산가액과 비교하여 합리성을 검토하여야 한다. 다만, 대상물건의 특성 등으로 인하여 다른 감정평가방법을 적용하는 것이 곤란하거나 불필요한 경우에는 그러하지 아니하다.

③ 감정평가업자는 제2항에 따른 검토결과 제1항에 따라 산출한 시산가액의 합리성이 없다고 판단되는 경우에는 주된 방법 및 다른 감정평가방법으로 산출한 시산가액을 조정하여 감정평가액을 결정할 수 있다.

1. 시산가액의 결정

시산가액이란 대상물건의 감정평가액을 결정하기 위해서 각각의 감정평가방법(감정평가의 3방식)을 적용하여 산정한 가액을 말하며, 최종가액을 결정하기 위한 중간가격의 의미를 갖는다.

2. 시산가액의 조정

1) 시산가액의 조정이란 감정평가 3방식으로 인한 가격의 등가(같은 값)를 기대할 수 없으므로 시산가액을 상호 관련시켜 재검토함으로써 시산가액 상호간의 격차를 조정하는 작업을 말한다.

2) 시산가액의 조정은 단순히 3방식의 감정평가방법에 의한 시산가액의 산술적인 평균을 의미하는 것이 아니므로 감정평가시 사용된 자료의 양, 정확성 및 적절성 등을 고려하여 각각의 방법에 가중치를 두어 가격을 결정하는 것이다.

[참고] 시산가격조정에 사용되는 자료

① **확인자료** : 물적 확인, 권리태양확인자료(등기부등본, 토지대장, 임대차계약서 등)

② **요인자료** : 가치형성요인자료, 지역요인자료, 개별요인자료

③ **사례자료** : 거래사례자료, 임대사례자료, 수익사례자료

3) 감정평가업자는 시산가액을 감정평가방식 중 다른 감정평가방식에 속하는 하나 이상의 감정평가방법으로 산출한 시산가액과 비교하여 합리성을 검토하여야 한다.(「감정평가에 관한 규칙」 제12조 제1항)

4) 합리성을 검토할 경우 공시지가기준법과 그 밖의 비교방식에 속하는 감정평가방법은 서로 다른 감정평가방식에 속하는 것으로 본다.

※ 시산가액 조정방법

시산가액 조정을 통한 감정평가액 = (비준가액 × 가중치) + (적산가액 × 가중치) + (수익가액 × 가중치)

5) 대상물건의 특성 등으로 인하여 다른 감정평가방법을 적용하는 것이 곤란하거나 불필요한 경우에는 시산가액조정을 생략할 수 있다.

6) 산출한 시산가액의 합리성이 없다고 판단되는 경우에는 주된 방법 및 다른 감정평가방법으로 산출한 시산가액을 조정하여 감정평가액을 결정할 수 있다.

01 **감정평가 3방식 및 시산가액 조정에 관한 설명으로 틀린 것은?**   (30회)

① 감정평가 3방식은 수익성, 비용성, 시장성에 기초하고 있다.

② 시산가액은 감정평가 3방식에 의하여 도출된 각각의 가액이다.

③ 시산가액 조정은 각 시산가액을 상호 관련시켜 재검토함으로써 시산가액 상호간의 격차를 합리적으로 조정하는 작업이다.

④ 시산가액 조정은 각 시산가액을 산술평균하는 방법만 인정된다.

⑤ 「감정평가에 관한 규칙」에서는 시산가액 조정에 대하여 규정하고 있다.

해 설   시산가액의 조정은 시산가액의 산술적인 평균을 의미하는 것이 아니며, 감정 평가 시 사용된 자료의 양, 정확성 및 적절성 등을 고려하여 각각의 방법에 가중치를 두어 가격을 결정하는 것이다.

정 답   ④   ▶ 기본서 연결 : ① → 논점정리 07-Ⅰ, ②·③·④·⑤ → 논점정리 07-Ⅲ

02 **감정평가에 관한 규칙에 규정된 내용으로 틀린 것은?**   (33회)

① 기준시점이란 대상물건의 감정평가액을 결정하는 기준이 되는 날짜를 말한다.

② 하나의 대상물건이라도 가치를 달리하는 부분은 이를 구분하여 감정평가할 수 있다.

③ 거래사례비교법은 감정평가방식 중 비교방식에 해당되나, 공시지가기준법은 비교방식에 해당되지 않는다.

④ 감정평가법인등은 대상물건별로 정한 감정평가방법(이하 '주된 방법'이라 함)을 적용하여 감정평가하되, 주된 방법을 적용하는 것이 곤란하거나 부적절한 경우에는 다른 감정평가방법을 적용할 수 있다.

⑤ 감정평가법인등은 감정평가서를 감정평가 의뢰인과 이해관계자가 이해할 수 있도록 명확하고 일관성 있게 작성해야 한다.

해 설   비교방식에는 ㄱ. 거래사례비교법, ㄴ. 임대사례비교법, ㄷ. 공시지가기준법 이 있다.

정 답   ③   ▶ 기본서 연결 : ① → 논점정리 01-Ⅰ, ② → 논점정리 01-Ⅲ, ③ → 논점정리 07-Ⅱ, ④ → 논점정리 07-Ⅲ, ⑤ → 논점정리 06-Ⅰ

【감정평가 3방식(Ⅱ) - 원가방식(비용접근법) 요약 체계도】

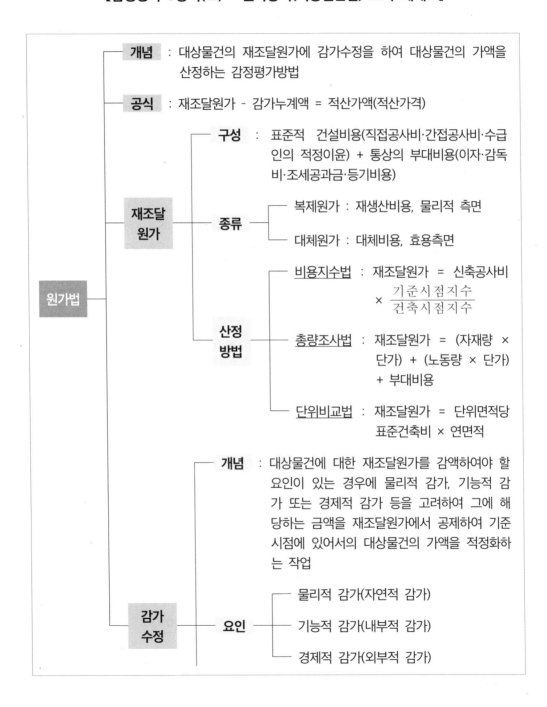

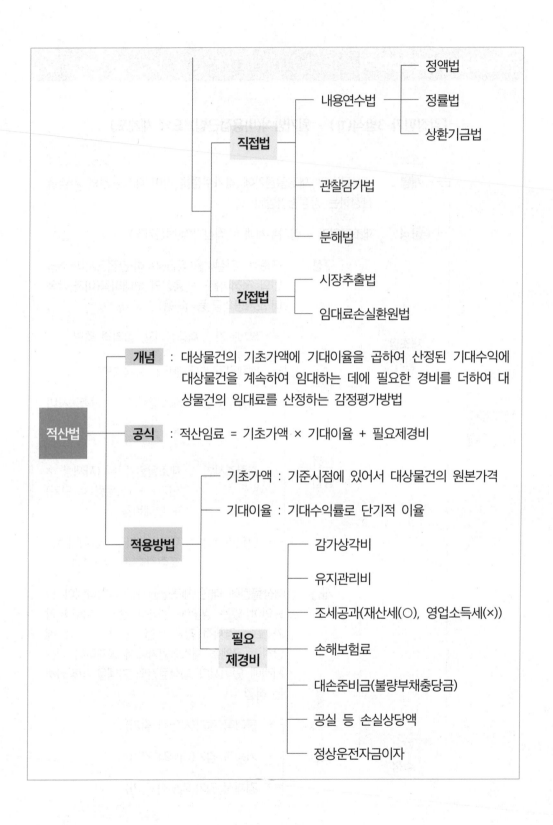

(20·23·25·28·29·31·32·33회)

│ 원가법

1. 의 의

원가법이란 대상물건의 재조달원가에 감가수정을 하여 대상물건의 가액을 산정하는 감정평가방법을 말한다.(「감정평가에 관한 규칙」 제2조 제2호) 이 방법에 의한 가격을 적산가격(적산가액, 복성가격)이라 한다.

2. 공 식

> 재조달원가 - 감가누계액 = 적산가격(적산가액)

3. 건물의 재조달원가

1) 의의

재조달원가란 기준시점 현재 건축물을 신축하는데 소요되는 투하비용을 말한다. 재조달원가는 대상건축물가격(적산가격)의 상한선이 된다.

2) 산정기준

(1) 재조달원가는 실제로 자가건설이든 도급건설이든 이를 구별하지 않고 도급건설에 준하여 재조달원가를 산정한다.

(2) 재조달원가는 표준적 건설비용에 통상의 부대비용을 더하여 산정한다. 이 경우 <u>표준적 건설비용에는 직접공사비·간접공사비·수급인의 적정이윤이 포함</u>되며, 통상의 부대비용에는 이자·감독비·조세공과금·등기비용 등이 포함된다.

> **재조달원가** = 표준적 건설비용(직접공사비·간접공사비·수급인의 적정이윤) + 통상의 부대비용(이자·감독비·조세공과금·등기비용)

3) 재조달원가의 종류

(1) 복제원가 (재생산비용)	① 기준시점 현재 대상부동산과 물리적으로 동일·동등한 자재를 사용하여 신규의 복제부동산을 신축하는데 소요되는 비용을 말한다. ② 신축건물을 평가할 때 유용하다. ③ 대체원가에 비해 가격이 높다. ④ 감가수정시 물리적·기능적·경제적 감가 모두를 고려한다.
(2) 대체원가 (대체비용)	① 기준시점 현재 대상부동산과 기능면과 유용성(효용)면에서 동일성을 갖는 부동산을 신축하는데 소요되는 비용을 말한다. ② 구축건물(오래된 건물)을 평가할 때 유용하다. ③ 복제원가에 비해 가격이 낮다. ④ 감가수정시 물리적·경제적 감가만 고려하고 기능적 감가는 고려하지 않는다.

4) 재조달원가 산정방법

(1) 비용지수법

① 대상부동산의 최초의 건물비용을 알 수 있을 때에 적용되는 방법으로서, 신뢰성 있는 기관으로부터 발표된 건물비용지수를 사용하여 대상건물의 재조달원가를 추계하는 방법이다.

② 예를 들어 어떤 사무실 건물이 2010년에 평당 200만원에 지어졌는데, 그 당시 건물비용지수가 200이고 현재의 건물비용지수가 250이라고 할 때 대상건물에 대한 현재의 재조달원가는 평당 250만원 $\left(200 \times \dfrac{250}{200}\right)$이 된다.

$$\text{재조달원가} = \text{신축공사비} \times \frac{\text{기준시점 지수}}{\text{건축시점 지수}}$$

[사례]

다음 건물의 ㎡당 재조달원가는?(단, 주어진 조건에 한함)
- 20년 전 준공된 5층 건물(대지면적 500㎡, 연면적 1,450㎡)
- 준공당시의 공사비 내역
  - 직접공사비 : 3억원
  - 간접공사비 : 3천만원
  - 개발업자의 이윤 : 7천만원
- 20년 전 건축비지수 : 100, 기준시점 건축비지수 145

> [해설]
>
> - 표준적 건설비용 : 직접공사비(3억원) + 간접공사비(3천만원) + 개발업자의 이윤(7천만원) = 4억원
> - 건물의 재조달원가 : 4억원 × $\frac{145}{100}$ = <u>5억 8천만원</u>
> - ㎡당 재조달원가 : 5억 8천만원 ÷ 1,450㎡ = <u>400,000원</u>

(2) 총량조사법

① 건축에 관계되는 모든 항목에 대해서 투입되는 원자재와 노동량을 세밀히 조사하여 기준시점 현재의 단가를 곱하고 이에 부대비용을 더하여 재조달원가를 추계하는 방법이다.

> **재조달원가 = (자재량 × 단가) + (노동량 × 단가) + 부대비용**

② 이 방법은 재조달원가를 가장 정확하게 구할 수 있고 신품일 때 유용하다는 장점이 있는 반면에, 시간과 비용의 부담이 매우 크다는 단점이 있다.

(3) 단위비교법

① 단위비교법은 ㎡, ㎥, 평과 같은 단위면적당 표준건축비에 대상부동산의 연면적을 곱하여 재조달원가를 구하는 방법이다.

> **재조달원가 = 단위면적당 표준건축비 × 연면적**

② 단위비교법은 사용하기 간편하고 시간과 비용이 적게 들 뿐만 아니라 산출된 비용추계치도 용이하게 검증할 수 있기 때문에 실제적으로 부동산평가에 가장 널리 쓰이고 있다.

4. 감가수정

1) 의의

'감가수정'이란 대상물건에 대한 재조달원가를 감액하여야 할 요인이 있는 경우에 물리적 감가, 기능적 감가 또는 경제적 감가 등을 고려하여 그에 해당하는 금액을 재조달원가에서 공제하여 기준시점에 있어서의 대상물건의 가액을 적정화하는 작업을 말한다.(「감정평가에 관한 규칙」 제12조 제12호)

2) 감가수정의 요인

감가수정의 요인은 <u>물리적 감가, 기능적 감가, 경제적 감가</u>로 구분되며, 각각 독립하여 작용하는 것이 아니라 상호 유기적으로 관련되어 있다.

물리적 감가요인 (자연적 감가)	① 물리적 감가란 건물의 물리적 상태에 따른 가치의 손실을 의미한다. ② 물리적 감가는 건물의 구성부분을 세밀히 조사함으로써 파악될 수 있으며, 치유가능 감가와 치유불가능 감가로 구성된다. ③ 동일한 내용연수의 부동산이라도 건축방법, 관리 및 유지상태 등에 따라 감가의 정도가 달라진다. 　㉠ 시간의 경과로 인한 노후화 　㉡ 사용으로 인한 마모 및 파손 　㉢ 재해 등으로 인한 손상 　㉣ 시간의 경과에서 오는 파손
기능적 감가요인 (내부적 감가)	① 기능적 감가란 건물의 기능적 효용이 변화함에 따라 발생하는 가치의 손실을 의미한다. ② 기능적 감가란 내부요인의 불균형으로 발생하므로 '균형의 원칙'과 관련이 있으며, 치유가능 감가와 치유불가능 감가로 구성된다. 　㉠ 건물과 부지의 부적응 　㉡ 설계의 불량(부적절한 냉난방시설 및 창문배치 등) 　㉢ 형식의 구식화 　㉣ 설비의 부족 및 설비과다(협소한 방의 면적 등) 　㉤ 능률의 저하 　㉥ 설비의 불량(냉온수의 공급불량, 불량건축자재의 사용 등)
경제적 감가요인 (외부적 감가)	① 경제적 감가란 대상부동산 자체와는 상관없이 어떤 외부적인 힘에 의해 발생하는 가치손실분을 의미한다. ② 경제적 감가는 토지에도 발생하며, '적합의 원칙'과 관련이 있고 항상 치유불능 감가가 된다. 　㉠ 인근지역의 쇠퇴 　㉡ 시장성의 감퇴 　㉢ 수익과 비용의 불균형 　㉣ 부동산과 인근 환경과의 부적합(소음·매연·교통혼잡 등)

구 분	감가수정	감가상각
관련 용어	감정평가상의 용어	회계학상의 용어
목 적	기준시점에서 부동산가격 산정	합리적 비용배분, 회계기간 내의 손익계산 등
계산의 기초	재조달원가	취득원가(장부가격)
내용연수	경제적 내용연수	법정내용연수
관찰감가법	인정	불인정
감가요인	물리적·기능적·경제적 감가요인 인정	물리적·기능적 감가는 인정하되, 경제적 감가는 불인정
대 상	○ 현존 물건만을 대상으로 함 ○ 비상각자산에도 인정(조성지, 매립지)	○ 자산으로 계상되면 멸실된 자산에도 상각은 계속됨 ○ 상각자산에만 인정
영업경비	영업경비로 취급하지 않음	영업경비로 취급함

5. 감가수정방법

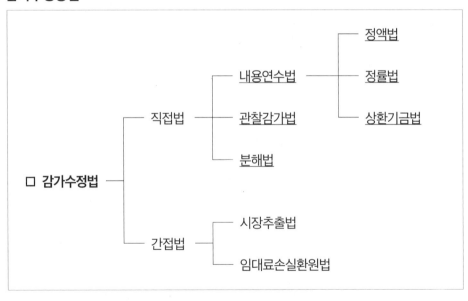

1) 내용연수법(경제적 내용연수를 표준으로 하는 방법)

구 분	개 념	산식
(1) 정액법	① 직선법, 균등상각법이라고도 한다. ② 건물, 구축물에 적용된다. ③ 대상물건의 가치가 매년 일정 액씩 감가된다고 가정한다. ④ 대상부동산의 감가총액을 경제적 내용연수로 나눈 것을 매년의 감가액으로 한다. ⑤ 매기간 감가액은 일정하고, 감가누계액은 경과연수에 비례하여 증가하며, 감가율은 매기간 일정하다.	⑤ 매년 감가액 $= \dfrac{\text{감가총액}}{\text{경제적 내용연수}}$ $= \dfrac{\text{재조달원가} - \text{잔존가치}}{\text{경제적 내용연수}}$ ⓒ 감가누계액 = 매년 감가액 × 경과연수 ⓒ 적산가액 = 재조달원가 - 감가누계액
(2) 정률법	① 체감상각법이라고도 한다. ② 기계, 기구에 적용된다. ③ 대상물건의 가치가 매년 일정 률로 감가된다고 가정한다. ④ 매년말의 미상각잔액(잔존가치)에 일정한 감가율을 곱하여 매년의 감가액을 산정하는 방법이다. ⑤ 매기간 감가액은 첫해가 가장 크고 해가 갈수록 감소하며, 감가누계액은 증가하고, 감가율은 매기간 일정하다.	⑤ 매년 감가액 = 전년말 미상각 잔액 × 감가율(정률) ⓒ 적산가액 = 재조달원가 × 잔가율$^{(경과연수)}$
(3) 상환기금법	① 감채기금법, 호스콜드 방식이라고도 한다. ② 광산에 적용된다. ③ 내용연수 만료시에 감가누계상당액과 그에 대한 복리계산의 이자상당액분을 포함하여 당해 내용연수로 상환하는 방법이다. ④ 정액법보다 감가액이 적어 세금부담은 증가하고, 과대평가될 우려가 있다.	⑤ 매년 감가액 = (재조달원가 - 잔존가격) × 매년 감가율 ⓒ 매년 감가율 $= \dfrac{\text{축적이율}}{(1 + \text{축적이율})^{내용연수} - 1}$

> **[사례1]**
>
> 다음 자료에 의거 기준시점의 적산가액은 얼마인가?(단, 감가수정방법은 정액법을 적용함)
>
> > ■ 기준시점의 재조달원가 : 200만원/㎡
> > ■ 건축 연면적 : 500㎡
> > ■ 경과연수 : 10년
> > ■ 잔존내용연수 : 30년
> > ■ 내용연수 만료시 잔가율 : 20%
>
> **[해설]**
>
> ① 기준시점의 재조달원가 = 200만원/㎡ × 500㎡ = 10억원
>
> ② 매년 감가액 = $\dfrac{\text{재조달원가}(10억원) - \text{잔존가치}(2억원)}{\text{경제적 내용연수}(40년 : 10년 + 30년)}$ = 2천만원
>
> ③ 감가누계액 = 매년 감가액(2천만원) × 경과연수(10년) = 2억원
> ④ 적산가액 = 재조달원가(10억원) - 감가누계액(2억원) = <u>8억원</u>
>
> **[사례2]**
>
> 원가법에 의한 공장건물의 적산가액은?(단, 주어진 조건에 한함)
>
> > ■ 신축공사비 : 8,000만원
> > ■ 준공시점 : 2021년 9월 30일
> > ■ 기준시점 : 2023년 9월 30일
> > ■ 건축비지수
> > - 2021년 9월 : 100
> > - 2023년 9월 : 125
> > ■ 전년대비 잔가율 : 70%
> > ■ 신축공사비는 준공 당시 재조달원가로 적정하며, 감가수정방법은 공장건물이 설비에 가까운 점을 고려하여 정률법을 적용함
>
> **[해설]**
>
> ① 기준시점의 재조달원가 = 8,000만원 × $\dfrac{125}{100}$ = 1억원
>
> ② 적산가액 = 재조달원가(1억원) × 잔가율$(0.7)^{\text{경과연수}(2)}$ = 4,900만원

2) 관찰감가법

　(1) 관찰감가법이란 감정평가 주체가 대상부동산의 전체 또는 구성부분을 면밀히 관찰하여 물리적·기능적·경제적 감가요인과 그에 대한 감가액을 직접 구하는 방법이다.

(2) 관찰감가법은 대상부동산의 개별적인 상황이 세밀하게 관찰되어 감가 수정에 반영된다는 장점이 있으나, 평가사의 경험과 지식에 크게 의존 하므로 평가사의 주관이 개입되기 쉽다.

3) 분해법(내구성 분석법)

분해법이란 대상부동산에 대한 감가요인을 물리적·기능적·경제적 요인으 로 세분하고, 치유가능·치유불능 항목으로 세분하여 각각의 발생감가의 합 계액을 감가수정액으로 하는 방법이다.

II 적산법

1. 의 의

적산법은 대상물건의 기초가액에 기대이율을 곱하여 산정된 기대수익에 대상 물건을 계속하여 임대하는 데에 필요한 경비를 더하여 대상물건의 임대료를 산정하는 감정평가방법을 말한다.(「감정평가에 관한 규칙」 제2조 제3호)

> **적산임료(적산임대료) = 기초가액 × 기대이율 + 필요제경비**

2. 적용방법

1) 기초가액	기초가액이란 적산임대료를 구하는데 기초가 되는 가격으로, 임대료의 기준시점에 있어서 대상물건의 원본가격을 말한다.
2) 기대이율	○ 기대이율이란 임대차하는 부동산을 취득하는데 투입된 일정자본으 로부터 발생하기를 기대하는 수익률을 말한다. ○ 기대이율은 예금·증권수익률 등과 밀접한 관계가 있으며, 임대차기 간에 적용되는 단기적 이율이다.
3) 필요제경비	○ 필요제경비란 임대계약에 기하여 일정기간에 대상부동산을 임대하 여 투자수익을 확보하는데 필요로 하는 제경비를 말한다. 따라서 임대인은 필요제경비를 임대료에 포함시켜 임차인에게 전가시킴으 로써 투자수익을 확보하게 된다. ○ 필요제경비에 포함되는 항목으로는 감가상각비, 유지비·수선비 등 수익적 지출에 해당하는 비용, 재산세 등의 대상물건에 귀속되는 조세공과, 손해보험료(소멸성), 대손준비금(불량부채충당금), 공실 등 손실상당액, 정상운전자금이자 등이 있다. * 영업소득세나 부채서비스액 등은 필요제경비(영업경비)에 포함되지 않는다.

3. 계산사례

> ※ 기준시점에 있어서 대상부동산의 정상가액이 1억원이고, 상각 후 세(稅) 공제 전 기대
> 이율이 연 5%이며, 부동산을 임대차함에 따라 임대료에 포함되어야 할 감가상각비
> 등 필요제경비가 2백만원인 경우, 이 부동산의 적산임대료는?
> □ 적산임대료 = 1억원 × 5% + 2백만원 = <u>7백만원</u>

01 **원가법에서 사용하는 감가수정방법에 관한 설명으로 틀린 것은?** (32회)

① 정률법에서는 매년 감가율이 감소함에 따라 감가액이 감소한다.

② 정액법에서는 감가누계액이 경과연수에 정비례하여 증가한다.

③ 정액법을 직선법 또는 균등상각법이라고도 한다.

④ 상환기금법은 건물 등의 내용연수가 만료될 때 감가누계상당액과 그에 대한 복리계산의 이자상당액분을 포함하여 당해 내용연수로 상환하는 방법이다.

⑤ 정액법, 정률법, 상환기금법은 모두 내용연수에 의한 감가수정방법이다.

해 설 정률법에서는 매년 감가액이 「전년말 미상각 잔액 × 감가율(정률)」으로 계산 되며, 감가율(정률)은 매기간 일정하다.

정 답 ① ▶ 기본서 연결 : 논점정리 08- Ⅰ

02 **감가수정에 관한 설명으로 옳은 것을 모두 고른 것은?** (33회)

> ㄱ. 감가수정과 관련된 내용연수는 경제적 내용연수가 아닌 물리적 내용연 수를 의미한다.
> ㄴ. 대상물건 대한 재조달원가를 감액할 요인이 있는 경우에는 물리적 감가, 기능적 감가, 경제적 감가 등을 고려한다.
> ㄷ. 감가수정방법에는 내용연수법, 관찰감가법, 분해법 등이 있다.
> ㄹ. 내용연수법으로는 정액법, 정률법, 상환기금법이 있다.
> ㅁ. 정률법은 매년 일정한 감가율을 곱하여 감가액을 구하는 방법으로 매년 감가액이 일정하다.

① ㄱ, ㄴ   ② ㄴ, ㄷ   ③ ㄷ, ㄹ

④ ㄴ, ㄷ, ㄹ   ⑤ ㄷ, ㄹ, ㅁ

해 설 ㄱ. 감가수정과 관련된 내용연수는 경제적 내용연수를 의미한다.
　　　ㅁ. 정률법은 매년 말의 미상각잔액(잔존가치)에 일정한 감가율을 곱하여 매 년의 감가액을 산정하는 방법으로 매년 감가액이 감소한다.

정 답 ④ ▶ 기본서 연결 : 논점정리 08- Ⅰ

【감정평가 3방식(Ⅲ) - 비교방식(시장접근법) 요약 체계도】

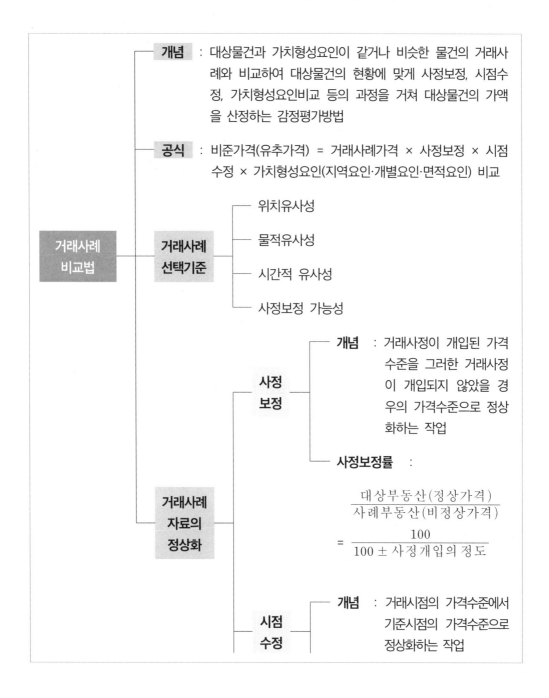

개념 : 대상물건과 가치형성요인이 같거나 비슷한 물건의 거래사례와 비교하여 대상물건의 현황에 맞게 사정보정, 시점수정, 가치형성요인비교 등의 과정을 거쳐 대상물건의 가액을 산정하는 감정평가방법

공식 : 비준가격(유추가격) = 거래사례가격 × 사정보정 × 시점수정 × 가치형성요인(지역요인·개별요인·면적요인) 비교

거래사례 비교법

거래사례 선택기준
- 위치유사성
- 물적유사성
- 시간적 유사성
- 사정보정 가능성

거래사례 자료의 정상화

사정 보정

개념 : 거래사정이 개입된 가격수준을 그러한 거래사정이 개입되지 않았을 경우의 가격수준으로 정상화하는 작업

사정보정률 :

$$\frac{대상부동산(정상가격)}{사례부동산(비정상가격)}$$

$$= \frac{100}{100 \pm 사정개입의 정도}$$

시점 수정

개념 : 거래시점의 가격수준에서 기준시점의 가격수준으로 정상화하는 작업

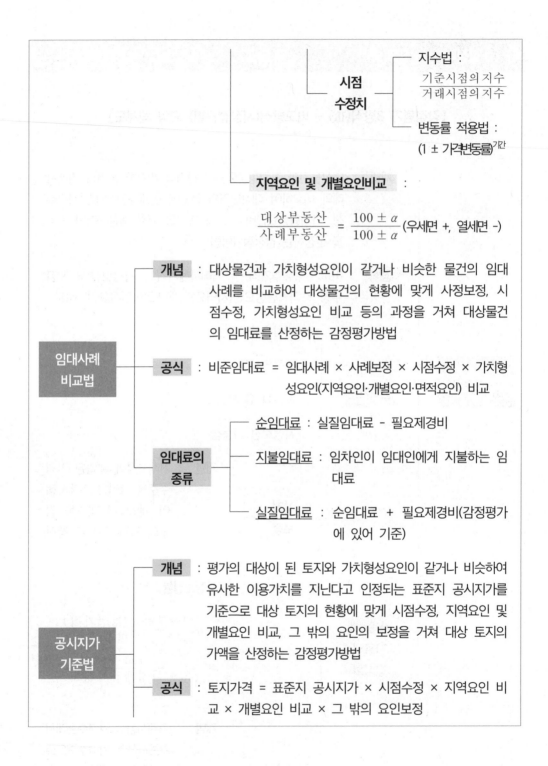

시점
수정치

지수법 :

$$\frac{기준시점의 지수}{거래시점의 지수}$$

변동률 적용법 :

$$(1 \pm 가격변동률)^{기간}$$

지역요인 및 개별요인비교 :

$$\frac{대상부동산}{사례부동산} = \frac{100 \pm \alpha}{100 \pm \alpha} (우세면 +, 열세면 -)$$

**임대사례
비교법**

개념 : 대상물건과 가치형성요인이 같거나 비슷한 물건의 임대사례를 비교하여 대상물건의 현황에 맞게 사정보정, 시점수정, 가치형성요인 비교 등의 과정을 거쳐 대상물건의 임대료를 산정하는 감정평가방법

공식 : 비준임대료 = 임대사례 × 사례보정 × 시점수정 × 가치형성요인(지역요인·개별요인·면적요인) 비교

**임대료의
종류**

순임대료 : 실질임대료 - 필요제경비

지불임대료 : 임차인이 임대인에게 지불하는 임대료

실질임대료 : 순임대료 + 필요제경비(감정평가에 있어 기준)

**공시지가
기준법**

개념 : 평가의 대상이 된 토지와 가치형성요인이 같거나 비슷하여 유사한 이용가치를 지닌다고 인정되는 표준지 공시지가를 기준으로 대상 토지의 현황에 맞게 시점수정, 지역요인 및 개별요인 비교, 그 밖의 요인의 보정을 거쳐 대상 토지의 가액을 산정하는 감정평가방법

공식 : 토지가격 = 표준지 공시지가 × 시점수정 × 지역요인 비교 × 개별요인 비교 × 그 밖의 요인보정

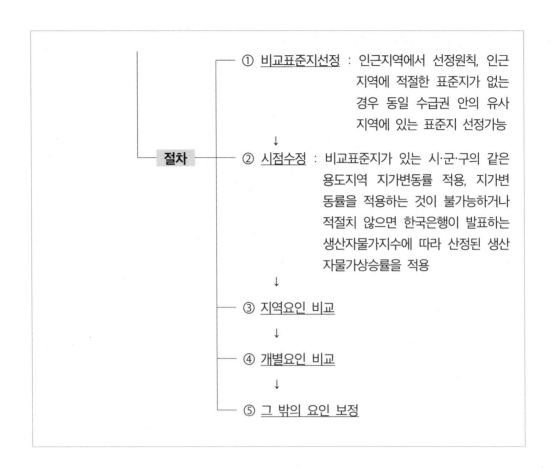

절차

① <u>비교표준지선정</u> : 인근지역에서 선정원칙, 인근
　　　　　　　　　　지역에 적절한 표준지가 없는
　　　　　　　　　　경우 동일 수급권 안의 유사
　　　　　　　　　　지역에 있는 표준지 선정가능

↓

② <u>시점수정</u> : 비교표준지가 있는 시·군·구의 같은
　　　　　　　용도지역 지가변동률 적용, 지가변
　　　　　　　동률을 적용하는 것이 불가능하거나
　　　　　　　적절치 않으면 한국은행이 발표하는
　　　　　　　생산자물가지수에 따라 산정된 생산
　　　　　　　자물가상승률을 적용

↓

③ <u>지역요인 비교</u>

↓

④ <u>개별요인 비교</u>

↓

⑤ <u>그 밖의 요인 보정</u>

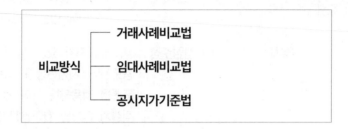

I **거래사례비교법**

1. 의 의

'거래사례비교법'이란 대상물건과 가치형성요인이 같거나 비슷한 물건의 거래사례와 비교하여 대상물건의 현황에 맞게 사정보정, 시점수정, 가치형성요인 비교 등의 과정을 거쳐 대상물건의 가액을 산정하는 감정평가방법을 말한다. (「감정평가에 관한 규칙」제2조 제7호)

거래사례비교법에 의해 구한 가격을 '비준가격(유추가격)'이라고 한다.

2. 공 식

> **비준가격 =**
> 거래사례가격 × 사정보정 × 시점수정 × 지역요인비교 × 개별요인비교 × 면적요인비교 등
> **가치형성요인**
>
> **비준임대료 =**
> 임대사례가격 × 사정보정 × 시점수정 × 지역요인비교 × 개별요인비교 × 면적요인비교 등
> **가치형성요인**

3. 장·단점

1) 장점	① 계산식이 이해하기 쉽고 간편하다.
	② 시장성의 원리에 의한 것으로 실증적이며 설득력이 풍부하다.
	③ 아파트 등 매매가 빈번하게 이루어지는 부동산의 경우에 유용하다.

2) 단점	① 평가 주체의 주관이 개입되기 쉬우므로 평가사에 따른 가격편차가 크다.
	② 부동산시장이 불완전하거나 투기적 요인이 있는 경우에는 거래사례의 신뢰성이 문제가 된다.
	③ 부동산가치의 정의는 장래이익의 현재가치이나, 거래사례비교법은 어디까지나 과거의 거래된 가격을 기준으로 부동산가치를 산정하는 문제가 있다.

4. 거래사례 선택기준

거래사례비교법으로 감정평가할 때에는 거래사례를 수집한 후 다음의 요건을 모두 갖춘 하나 또는 둘 이상의 적절한 사례를 선택하여야 한다.

1) 위치 유사성	① 거래사례는 대상부동산과 지역요인의 비교가 가능한 사례이어야 한다.
	② 거래사례자료는 지역요인이 유사하고, 지역 간의 대체성이 있는 인근지역 또는 동일수급권 내 유사지역에 존재하는 부동산에 관한 것이어야 한다.
2) 물적 유사성	① 사례부동산의 구조, 설계, 구성재료, 용도 등 개별요인이 대상부동산과 비교가 가능한 사례이어야 한다.
	② 사례부동산의 어느 부분만이 대상부동산과 유사성을 갖는 경우에는 원칙적으로 물적 유사성이 없으나, 배분법에 의해 조정이 가능할 경우에는 사례자료로 선택할 수 있다.
	※ **배분법**
	○ 배분법이란 거래사례가 대상부동산과 동질적인 부분과 이질적인 부분을 복합적으로 구성되어 있는 경우에 사례부동산에서 동질적인 부분만을 사례자료로 채택하는 방법을 말한다.
	○ 배분법을 이용하면 사례선택범위가 확대된다.
3) 시간적 유사성	① 사례의 거래시점을 기준시점으로 시점수정이 가능한 사례이어야 한다.
	② 거래시점이 확정되지 않은 경우는 시점수정이 불가능하므로 사례자료로 활용하여서는 안된다.
4) 사정보정 가능성	① 대상부동산과 비교대상이 되는 거래사례는 정상적인 거래사정에 의해 성립된 가격이거나 적어도 사정보정이 가능한 것이어야 한다.
	② 특수한 사정이 개입된 대표성이 없는 사례도 사정보정이 가능하면 사례로 선택이 가능하다.

5. 거래사례자료의 정상화

[대상부동산과 유사한 사례부동산 선택] → [사정보정] → [시점수정] → [지역요인비교] → [개별요인비교] → [면적요인비교]

1) 사정보정(매매상황에 대한 보정)

(1) 개념	사정보정이란 거래사정이 개입된 가격수준을 그러한 거래사정이 개입되지 않았을 경우의 가격수준으로 정상화하는 작업을 말한다.
(2) 사정보정률	□ 사정보정률 $= \dfrac{대상부동산(정상가격)}{사례부동산(비정상가격)}$ $= \dfrac{100}{100 \pm 사정개입의\ 정도}$
(3) 계산사례	① 사례부동산이 정상가격보다 20% 저가로 거래된 경우의 사정보정치는? $\dfrac{대상부동산(100)}{사례부동산(100-20)} = 1.25$ ② 면적이 1,000㎡인 토지를 2억원에 구입하였으나, 이는 인근의 표준적인 토지보다 고가로 매입한 것으로 확인되었다. 단, 표준적인 토지의 정상가격이 100,000원/㎡으로 조사되었을 경우의 사정보정치는? $\dfrac{대상부동산(100,000원/㎡)}{사례부동산(200,000원/㎡)} = 0.5$

2) 시점수정(시장상황에 대한 수정)

(1) 개념	시점수정이란 가격의 산정에 있어서 거래사례의 거래시점과 대상물건의 기준시점이 불일치하여 가격수준의 변동이 있을 경우 거래사례가격을 거래시점의 가격수준에서 기준시점의 가격수준으로 정상화하는 작업을 말한다.
(2) 시점수정치	① 지수법 : 시점수정치 $= \dfrac{기준시점의\ 지수}{거래시점의\ 지수}$ ② 변동률 적용법 : □ 시점수정치 $= (1 \pm 가격변동률)^{기간}$
(3) 특징	① 거래시점을 알 수 없으면 시점수정이 불가능하므로 거래사례로 선택할 수 없다. ② 거래시점과 기준시점이 일치한다면 시점수정을 할 필요가 없으며, 거래시점과 기준시점이 불일치한다고 하더라도 시장상황의 변동이 없다면 시점수정을 할 필요가 없다. ③ 시점수정을 완료한 후의 가격은 기준시점의 사례부동산가격이 된다.

(4) 계산사례	① 거래시점의 지수는 100이고, 기준시점의 지수는 120인 경우 시점수정치는?(지수법 적용) $\dfrac{기준시점의 지수(120)}{거래시점의 지수(100)}$ = 1.2 ② 거래시점 : 2020. 7. 1., 기준시점 : 2022. 7. 1., 가격상승률 : 연 10%일 경우 시점수정치는?(변동률 적용법 적용) $(1 + 0.1)^2 = 1.21$

3) 지역요인 및 개별요인의 비교

(1) 개념	① 지역요인의 비교는 대상부동산과 사례부동산이 속한 지역 간의 격차가 있는 경우 지역요인을 비교하여 가격격차를 조정하는 작업이다. ② 개별요인의 비교는 대상부동산과 사례부동산 간에 개별요인에 차이가 있는 경우 개별요인을 비교하여 가격격차를 조정하는 작업이다.
(2) 특징	① '인근지역'에서 사례를 선택한 경우에는 지역요인의 비교는 할 필요가 없고, 개별요인만을 비교한다. ② 동일수급권 내 '유사지역'에서 사례를 선택한 경우에는 <u>지역요인</u> 비교 후 <u>개별요인</u>을 비교한다. (주) 어디에서 사례를 선택했든 지역분석, 개별분석, 개인요인비교는 필요하다.
(3) 비교방법	① 종합적 비교법 : 사례부동산과 대상부동산의 지역요인 및 개별요인을 종합적으로 비교·분석하는 방법으로, 방법이 간편하다는 장점이 있는 반면, 감정평가사의 주관이 개입되기 쉽다는 단점이 있다. ② 평점법 : 가로조건, 접근조건, 환경조건, 획지조건, 행정적 조건, 기타 등 여러 항목을 설정하고 항목별로 대상부동산과 사례부동산을 서로 비교·검토하여 평점을 부여하는 방법으로, 정확하다는 장점이 있지만, 시간이나 비용이 많이 소요된다는 단점도 있다.
(4) 계산사례	① 대상부동산이 소재하는 지역은 사례부동산이 소재하는 지역보다 지역적으로 5% 열세이다. 지역요인의 비교치는? □ 지역요인의 비교치 = $\dfrac{대상지역(100-5)}{사례지역(100)}$ = $\dfrac{95}{100}$ = 0.95 ② 사례부동산이 대상부동산보다 10% 우세인 경우 개별요인 비교치는? □ 개별요인 비교치 = $\dfrac{대상부동산(100)}{사례부동산(110)}$ = 0.91

③ 대상부동산이 속한 A지역은 C지역보다 5% 열세이고, 사례부동산이 속한 B지역이 C지역보다 10% 우세하다. 지역요인의 비교치는?

* 대상부동산(A지역)과 사례부동산(B지역)은 모두 C지역과 관계가 있으므로 C지역을 100이라 할 때 관계를 계산하면?

□ 지역요인 비교치 = $\dfrac{A지역(95)}{C지역(100)} \times \dfrac{C지역(100)}{B지역(110)}$

$= \dfrac{9,500}{11,000} = \underline{0.86}$

[사례1]

감정평가의 대상이 되는 부동산(이하 대상부동산이라 함)과 거래사례부동산의 개별요인 항목별 비교내용이 다음과 같은 경우 상승식으로 산정한 개별요인 비교치는?(단, 주어진 조건에 한하며, 결과값은 소수점 넷째 자리에서 반올림 함)

㉠ 가로의 폭·구조 등의 상태에서 대상부동산이 5% 우세함
㉡ 고객의 유동성과의 적합성에서 대상부동산이 3% 열세함
㉢ 형상 및 고저는 동일함
㉣ 행정상의 규제 정도에서 대상부동산이 4% 우세함

[해설]

㉠ $\dfrac{대상부동산(105)}{사례부동산(100)}$ = 1.05

㉡ $\dfrac{대상부동산(97)}{사례부동산(100)}$ = 0.97

㉢ $\dfrac{대상부동산(100)}{사례부동산(100)}$ = 1

㉣ $\dfrac{대상부동산(104)}{사례부동산(100)}$ = 1.04

따라서 상승식(곱의 방식)에 의한 개별요인 비교치는
1.05 × 0.97 × 1 × 1.04 = <u>1.059</u>

[사례2]

다음 자료를 활용하여 거래사례비교법으로 산정한 대상토지의 감정평가액은?

- 대상토지 : A시 B동 150번지, 토지 120㎡, 제3종 일반주거지역
- 기준시점 : 2022. 9. 1.
- 거래사례의 내역
  - 소재지 및 면적 : A시 B동 123번지, 토지 100㎡
  - 용도지역 : 제3종 일반주거지역
  - 거래사례가격 : 3억원
  - 거래시점 : 2022. 3. 1.
  - 거래사례의 사정보정요인은 없음
- 지가변동률(2022. 3. 1. ~ 9. 1.) : A시 주거지역 4% 상승함
- 지역요인 : 대상토지는 거래사례의 인근지역에 위치함
- 개별요인 : 대상토지는 거래사례에 비해 5% 열세함
- 상승식으로 계산할 것

[해설]

* 비준가격 = 거래사례가격 × 사정보정 × 시점수정 × 지역요인비교 × 개별요인비교
　　　　　　 × 면적비교
* 사정보정(×), 인근지역이므로 지역요인비교(×)

* 시점수정 : $\dfrac{기준시점(104)}{거래시점(100)}$ = 1.04

* 개별요인비교치 : $\dfrac{대상부동산(95)}{사례부동산(100)}$ = 0.95

* 면적비교치 : $\dfrac{대상부동산(120)}{사례부동산(100)}$ = 1.20

　∴ 비준가격(감정평가액) = 3억원 × 1.04 × 0.95 × 1.20 = <u>355,680,000원</u>

[사례3]

평가대상 부동산이 속한 지역과 사례부동산이 속한 지역이 다음과 같은 격차를 보이는 경우, 상승식으로 산정한 지역요인의 비교치는?(단, 격차 내역은 사례부동산이 속한 지역을 100으로 사정할 경우의 비준치를 말하며, 결과값은 소수점 넷째 자리에서 반올림 함)

비교 항목	격차 내역
기타조건	-2
환경조건	+3
가로조건	-1
접근조건	+4
행정적 조건	0

[해설]

* 기타조건 : $\dfrac{98}{100}$ = 0.98

* 환경조건 : $\dfrac{103}{100}$ = 1.03

* 가로조건 : $\dfrac{99}{100}$ = 0.99

* 접근조건 : $\dfrac{104}{100}$ = 1.04

* 행정적 조건 : 0

  따라서 지역요인의 비교치 = 0.98 × 1.03 × 0.99 × 1.04 = <u>1.039</u>

Ⅱ 임대사례비교법

1. 의 의

임대사례비교법이란 대상물건과 가치형성요인이 같거나 비슷한 물건의 임대사례를 비교하여 대상물건의 현황에 맞게 사정보정, 시점수정, 가치형성요인 비교 등의 과정을 거쳐 대상물건의 임대료를 산정하는 감정평가방법을 말한다.(「감정평가에 관한 규칙」 제2조 제8호)

> **비준임대료 =** 임대사례 × 사례보정 × 시점수정 × 가치형성요인(지역요인·개별요인·면적요인)비교

2. 임대료의 종류

1) 순임대료	순수한 의미의 임대료를 의미하며, 실질임대료에서 필요제경비를 공제하여 산정되는 금액을 말한다.
2) 지불임대료	임차인이 임대인에게 각 지급시기에 지불하는 임대료를 말한다.
3) 실질임대료	순임대료에 필요제경비를 합한 것을 말하며, 감정평가에 있어 임대료의 산정에는 명목여하에 관계없이 실질임대료가 기준이 된다.

3. 계산사례

※ 다음의 자료를 활용하여 평가한 A부동산의 연간 비준임대료(원/㎡)는?(단, 주어진 조건에 한함)

- 유사임대사례의 임대료 : 월 1,000,000원/㎡(보증금 없음)
- 임대료 상승률 : 유사임대사례의 계약일로부터 기준시점까지 10% 상승
- 대상부동산이 유사임대사례보다 개별요인에서 5% 우세

[해설]

* 비준임대료 = 임대사례 × 사정보정 × 시점수정 × 지역요인비교 × 개별요인비교 × 계약내용비교 등

* 시점수정 : $\dfrac{대상(110)}{사례(100)}$ = 1.1

* 개별요인 비교치 : $\dfrac{대상(105)}{사례(100)}$ = 1.05

따라서 ㎡당 연간 비준임대료 = 1,200만원 × 1.1 × 1.05 = <u>13,860,000원</u>

Ⅲ 공시지가기준법

1. 의 의

'공시지가기준법'이란 감정평가의 대상이 된 토지(대상토지)와 가치형성요인이 같거나 비슷하여 유사한 이용가치를 지닌다고 인정되는 표준지(비교표준지)의 공시지가를 기준으로 대상토지의 현황에 맞게 시점수정, 지역요인 및 개별요인비교, 그 밖의 요인의 보정을 거쳐 대상토지의 가액을 산정하는 감정평가방법을 말한다.(「감정평가에 관한 규칙」 제2조 제9호)

토지가격 = 표준지 공시지가 × 시점수정 × 지역요인비교 × 개별요인비교 × 그 밖의 요인보정

2. 토지의 감정평가(「감정평가에 관한 규칙」 제14조)

1) 감정평가업자는 토지를 감정평가할 때에 '공시지가기준법'을 적용하여야 한다.

2) 감정평가업자는 '공시지가기준법'에 따라 토지를 감정평가할 때에 다음 순서에 따라야 한다.

> 비교표준지 선정 → 시점수정 → 지역요인비교 → 개별요인비교 → 그 밖의 요인보정

  (1) <u>비교표준지 선정</u>

    ① 표준지는 인근지역에 있는 표준지 중에서 선정하는 것이 원칙이나, <u>인근지역에 적절한 표준지가 없는 경우에는 인근지역과 유사한 지역적 특성을 갖는 동일수급권 안의 유사지역에 있는 표준지를 선정할 수 있다.</u>

    ② <u>표준지는 적정가격으로 감정평가를 하였으므로, 표준지 공시지가를 기준으로 토지를 평가할 때는 '사정보정'을 하지 않는다.</u>

  (2) <u>시점수정</u>

    「국토의 계획 및 이용에 관한 법률」 제125조에 따라 국토교통부장관이 조사·발표하는 <u>비교표준지가 있는 시·군·구의 같은 용도지역 지가변동률을 적용할 것.</u> 다만, 다음 어느 하나의 경우에는 그러하지 아니하다.

    ① 같은 용도지역의 지가변동률을 적용하는 것이 불가능하거나 적절하지 아니하다고 판단되는 경우에는 공법상 제한이 같거나 비슷한 용도지역의 지가변동률, 이용상황별 지가변동률, 또는 해당 시·군·구의 평균 지가변동률을 적용할 것

    ② 지가변동률을 적용하는 것이 불가능하거나 적절하지 아니한 경우에는 <u>「한국은행법」 제86조에 따라 한국은행이 조사·발표하는 생산자 물가지수에 따라 산정된 생산자 물가상승률을 적용할 것</u>

  (3) <u>지역요인비교</u>

  (4) <u>개별요인비교</u>

  (5) <u>그 밖의 요인보정</u>

    대상토지의 인근지역 또는 동일수급권 내 유사지역의 가치형성요인이 유사한 정상적인 거래사례 또는 평가사례 등을 고려할 것

3) 감정평가법인 등이 토지를 감정평가하는 경우에는 그 토지와 이용가치가 비슷하다고 인정되는 「부동산가격 공시에 관한 법률」에 따른 표준지 공시지가를 기준으로 하여야 한다. 다만, 적정한 실거래가가 있는 경우에는 이를 기준으로 할 수 있다.(「감정평가 및 감정평가사에 관한 법률」 제3조 제1항)

(1) '적정한 실거래가'란 「부동산거래신고에 관한 법률」에 따라 신고된 실제거래가격(이하 '거래가격'이라 한다)으로서 거래시점이 도시지역(「국토의 계획 및 이용에 관한 법률」에 따른 도시지역을 말한다)은 3년 이내, 그 밖의 지역은 5년 이내인 거래가격 중에서 감정평가업자가 인근지역의 지가수준 등을 고려하여 감정평가의 기준으로 적용하기에 적정하다고 판단하는 거래가격을 말한다.(「감정평가에 관한 규칙」 제2조 제12의2)

(2) 감정평가업자는 적정한 실거래가를 기준으로 토지를 감정평가할 때에는 거래사례비교법을 적용하여야 한다.(「감정평가에 관한 규칙」 제14조 제3항)

[사례1]

제시된 자료를 활용해 「감정평가에 관한 규칙」에서 정한 공시지가기준법으로 평가한 토지평가액(월/㎡)은?

- 기준시점 : 2022.10.24.
- 소재지 등 : A시 B구 C동 177, 제2종 일반주거지역, 면적 200㎡
- 비교표준지 : A시 B구 C동 123, 제2종 일반주거지역, 2022. 1. 1. 공시지가 2,000,000원/㎡
- 지가변동률(2022. 1. 1. ~ 2022.10.24.) : A시 B구 주거지역 5% 상승
- 지역요인 : 대상토지가 비교표준지의 인근지역에 위치하여 동일
- 개별요인 : 대상토지가 비교표준지에 비해 가로조건은 5% 열세, 환경조건은 20% 우세하고 다른 조건은 동일(상승식으로 계산할 것)
- 그 밖의 요인으로 보정할 사항 없음

[해설]

* 공시지가기준법에 의한 토지가격 = 표준지 공시지가 × 시점수정 × 지역요인비교 × 개별요인비교 × 그 밖의 요인비교

  ㈜ 표준지 공시지가를 기준으로 평가하므로 '사정보정'은 하지 않는다.

* 표준지 공시지가 : 2,000,000원/㎡

* 시점수정(지가변동률) : $\frac{105}{100}$ = 1.05

* 지역요인 : 인근지역으로 비교 생략

* 개별요인 : 가로조건 = $\frac{95}{100}$ = 0.95, 환경조건 = $\frac{120}{100}$ = 1.20

  따라서 ㎡당 토지가격 = 2,000,000원 × 1.05 × 0.95 × 1.20

  = 2,394,000원

01 다음 자료를 활용하여 거래사례비교법으로 산정한 토지의 비준가액은?(단, 주어진 조건에 한함) (33회)

- 대상토지 : A시 B구 C동 350번지, 150㎡(면적), 대(지목), 주상용(이용상황), 제2종일반주거지역(용도지역)
- 기준시점 : 2022.10.29.
- 거래사례
  - 소재지 : A시 B구 C동 340번지
  - 200㎡(면적), 대(지목), 주상용(이용상황)
  - 제2종일반주거지역(용도지역)
  - 거래가격 : 800,000,000원
  - 거래시점 : 2022.06.01.
- 사정보정치 : 0.9
- 지가변동률 (A시 B구, 2022.06.01. ~ 2022.10.29.) : 주거지역 5% 상승, 상업지역 4% 상승
- 지역요인 : 거래사례와 동일
- 개별요인 : 거래사례에 비해 5% 열세
- 상승식으로 계산

① 533,520,000원   ② 538,650,000원   ③ 592,800,000원
④ 595,350,000원   ⑤ 598,500,000원

해 설 * 비준가격 = 거래사례가격 × 사정보정 × 시점수정 × 지역요인 비교 × 개별요인 비교 × 면적요인 비교

㉠ 사정보정 : 0.9

㉡ 시점수정(5% 상승) : $\dfrac{105}{100}$

㉢ 지역요인 : 거래사례와 동일하므로 비교치 않음

㉣ 개별요인(5% 열세) : $\dfrac{95}{100}$

㉤ 면적 비교 : $\dfrac{150}{200}$

따라서 비준가격 = 800,000,000원 × 0.9 × $\dfrac{105}{100}$ × $\dfrac{95}{100}$ × $\dfrac{150}{200}$

= <u>538,650,000원</u>

정 답 ② ▶ 기본서 연결 : 논점정리 09-Ⅰ

【감정평가 3방식(Ⅳ) - 수익방식(소득접근법) 요약 체계도】

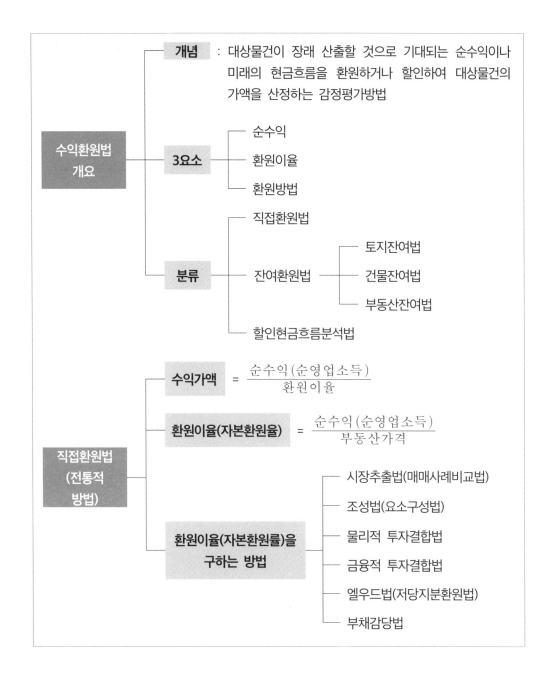

수익환원법 개요

- **개념** : 대상물건이 장래 산출할 것으로 기대되는 순수익이나 미래의 현금흐름을 환원하거나 할인하여 대상물건의 가액을 산정하는 감정평가방법

- **3요소**
  - 순수익
  - 환원이율
  - 환원방법

- **분류**
  - 직접환원법
  - 잔여환원법
    - 토지잔여법
    - 건물잔여법
    - 부동산잔여법
  - 할인현금흐름분석법

직접환원법 (전통적 방법)

- **수익가액** $= \dfrac{순수익(순영업소득)}{환원이율}$

- **환원이율(자본환원율)** $= \dfrac{순수익(순영업소득)}{부동산가격}$

- **환원이율(자본환원률)을 구하는 방법**
  - 시장추출법(매매사례비교법)
  - 조성법(요소구성법)
  - 물리적 투자결합법
  - 금융적 투자결합법
  - 엘우드법(저당지분환원법)
  - 부채감당법

수익분석법	**개념**	: 대상물건이 일정한 기간에 산출할 것으로 기대되는 순수익에 대상물건을 계속하여 임대하는데에 필요한 경비를 더하여 대상물건의 임대료를 산정하는 감정평가방법
	수익임대료	: 순수익 + 필요제경비
	적용	: 주로 기업용 부동산에 적용(임대용·주거용 부동산에는 적용 곤란)

(24·28·30·32·33회)

I 수익환원법 개요

1. 의 의

'수익환원법'이란 대상물건이 장래 산출할 것으로 기대되는 순수익이나 미래의 현금흐름을 환원하거나 할인하여 대상물건의 가액을 산정하는 감정평가방법을 말한다.(「감정평가에 관한 규칙」 제2조 제10호)

2. 수익환원법의 3요소

1) 순수익

2) 환원이율

3) 환원방법

3. 수익환원법의 분류

1) 직접환원법

2) 잔여환원법 ┬── 토지잔여법

　　　　　　 ├── 건물잔여법

　　　　　　 └── 부동산잔여법

3) 할인현금흐름분석법

4. 수익환원법의 장·단점

1) 장점	① 장래 발생할 것으로 기대되는 순수익의 현재가치를 구하는 점에서 부동산 가치의 본질에 가장 부합되는 방법이다. ② 이론적·논리적·합리적인 방법이므로 평가사의 주관이 개입될 여지가 적다. ③ 임대용 부동산이나 기업용 부동산 등 수익성 부동산의 평가에 유용하다.
2) 단점	① 수익성에 근거하므로 주거용·공익용·공공용 부동산과 같이 수익이 없거나 파악이 어려운 부동산(비수익성 부동산)에 적용하기 곤란하다. ② 불완전한 시장에서 안정된 순수익 및 적정한 환원이율의 파악이 어렵다.

II 직접환원법(전통적 소득접근법)

1. 직접환원법의 개념

직접환원법이란 가장 오래전부터 쓰여 오던 방법으로 순영업소득을 바로 적절한 환원율로 환원하여 대상부동산의 가치를 구하는 방법이다.

$$수익가액 = \frac{순수익(순영업소득)}{환원이율}$$

2. 순수익

1) 순수익의 의의

순수익이란 부동산이 산출하는 총수익에서 그에 필요한 총비용을 공제한 금액을 말한다.

$$순수익(순영업소득) = 총수익 - 총비용$$

2) 순수익의 요건

(1) 통상의 이용능력과 이용방법에 의한 수익일 것

(2) 계속적·규칙적으로 발생하는 수익일 것

(3) 안전하고 확실한 수익일 것

(4) 합리적·합법적으로 발생한 수익일 것

(5) 표준적이고 객관적인 수익일 것

(6) 미래 잔존수명동안 예상되는 장래의 수익일 것

3) 부동산의 종류별 순수익 산정방법

(1) 기업용 부동산 순수익 = 총수익 - 총비용

(2) 임대용 부동산 순수익 = 임대료수입 - 필요제경비

3. 환원이율(자본환원율)

1) 환원이율의 의의

(1) 환원이율(자본환원율)이란 장래 기대되는 순수익을 현재가치로 환원하여 대상부동산의 가격을 구하는데 사용되는 이율로서 부동산가격에 대한 순수익의 비율을 말한다.

$$환원이율(자본환원율) = \frac{순수익(순영업소득)}{부동산가격}$$

(2) 환원이율은 자본수익률(할인율)과 자본회수율(감가상각률)의 합이다.

환원이율(자본환원율) = 자본수익률(할인율) + 자본회수율(감가상각률)

[사례1]

다음 자료를 활용하여 직접환원법으로 평가한 대상부동산의 수익가액은?(단, 주어진 조건에 한하며, 연간기준임)

- 가능 총소득 : 8,000만원
- 공실손실상당액 및 대손충당금 : 가능총소득의 10%
- 수선유지비 : 400만원
- 화재보험료 : 100만원
- 재산세 : 200만원
- 영업소득세 : 300만원
- 부채서비스액 : 500만원
- 환원율 : 10%

[해설]

* 유효총소득 : 가능총소득(8,000만원) - 공실손실상당액 및 대손충당금(800만원) = 7,200만원
* 영업경비 : 수선유지비(400만원) + 화재보험료(100만원) + 재산세(200만원) = 700만원
  (주) 영업소득세와 부채서비스액은 영업경비에 포함되지 않음
* 순영업소득 : 유효총소득(7,200만원) - 영업경비(700만원) = 6,500만원

  그러므로 수익가액 = $\dfrac{순영업소득(6,500만원)}{환원율(10\%)}$ = <u>6억 5천만원</u>

[사례2]

다음 자료를 활용하여 수익환원법을 적용한 평가대상 근린생활시설의 수익가액은?(단, 주어진 조건에 한하며 연간기준임)

- 가능총소득 : 5,000만원
- 공실손실상당액 : 가능총소득의 5%
- 유지관리비 : 가능총소득의 3%
- 부채서비스액 : 1,000만원
- 화재보험료 : 100만원
- 개인업무비 : 가능총소득의 10%
- 기대이율 4%, 환원율 5%

> **[해설]**
>
> * 유효총소득 : 가능총소득(5,000만원) - 공실손실상당액(250만원) = 4,750만원
> * 영업경비 : 유지관리비(150만원) + 화재보험료(100만원) = 250만원
>   (주) 부채서비스액과 개인업무비는 영업경비에 포함되지 않음
> * 순영업소득 : 유효총소득(4,750만원) - 영업경비(250만원) = 4,500만원
>
>   그러므로 수익가액 = $\dfrac{순영업소득(4,500만원)}{환원율(5\%)}$ = 9억원

(3) 환원이율(자본환원율)은 자본의 기회비용을 반영하므로 자본시장에서 시장금리가 상승하면 함께 상승한다.

(4) 프로젝트(투자)위험이 높아지면 환원이율(자본환원율)도 상승하고, 투자위험이 감소하면 환원이율(자본환원율)이 낮아진다.

(5) 환원이율(자본환원율)이 상승하면 자산가격이 하락한다.

(6) 부동산시장이 균형을 이루더라도 자산의 유형, 위치 등 특성에 따라 환원이율(자본환원율)이 서로 다른 부동산들이 존재할 수 있다.

2) 환원이율의 종류

(1) 개별환원이율, 종합환원이율	① 개별환원이율이란 토지와 건물 각각의 환원이율이며, 토지환원이율과 건물환원이율로 구분된다. ② 종합환원이율이란 2개 이상의 대상물건이 함께 작용하여 순수익이 산출된 경우에 적용되는 환원이율을 말한다. **종합환원이율** = (토지가격구성비 × 토지환원이율) + (건물가격구성비 × 건물환원이율)
(2) 세 공제 전 환원이율, 세 공제 후 환원이율	① 세 공제 전 환원이율은 세금(법인세, 소득세를 의미)으로 인한 수익의 변동을 환원이율에 반영하여 조정하지 않은 환원이율을 말한다. ② 세 공제 후 환원이율은 세금(법인세, 소득세를 의미)으로 인한 수익의 변동을 환원이율에 반영하여 조정된 환원이율을 말한다.
(3) 상각 전 환원이율, 상각 후 환원이율	① 상각 전 환원이율이란 감가상각비를 순수익에 포함시킨 경우의 환원이율을 말한다. ② 상각 후 환원이율이란 감가상각비를 순수익에 포함시키지 않은 경우의 환원이율을 말한다.

3) 환원이율(자본환원율)을 구하는 방법(자본환원율의 산정방법)

(1) 시장추출법	시장추출법(매매사례비교법)은 평가대상 부동산과 유사한 형태를 갖는 시장에서 거래된 유사하고 경쟁적인 물건의 최근 사례들로 부터 환원이율을 직접 구하는 방법을 말한다.
(2) 조성법 (요소구성법)	① 조성법은 대상부동산에 관한 위험을 여러 가지 구성요소로 분해하고, 무위험률에 개별적인 위험에 따라 위험할증률을 더해감으로써 환원이율(자본환원율)을 구하는 방법이다. ② 감정평가사의 주관개입여지가 많아 평가사가 가격을 조작할 우려가 있다.
(3) 물리적 투자결합법	① 물리적 투자결합법은 소득을 창출하는 부동산의 능력이 토지와 건물이 서로 다르며, 분리될 수 있다는 가정에 근거한다. ② 종합환원이율 = (토지가격구성비율 × 토지환원이율) + (건물가격구성비율 × 건물환원이율) [예시] 다음과 같은 조건에서 종합환원이율은 얼마인가? ■ 토지가격과 건물가격의 비 = 40% : 60% ■ 자본수익률 : 5% ■ 자본회수율 : 5% [해설] □ 종합환원이율 = 토지(40% × 5%) + 건물{60% × (5% + 5%)} = <u>8%</u>
(4) 금융적 투자결합법	① 금융적 투자결합법은 저당투자자의 요구수익률(저당상수)과 지분투자자의 요구수익률(지분배당률)이 다르다는 것에 착안하여 금융적 측면에서 구분하는 것이다. ② 종합환원이율 = (지분배당률 × 지분비율) + (저당상수 × 저당비율) [예시] 다음과 같은 조건에서 종합환원이율은 얼마인가? ■ 저당비율 : 70%(지분비율 : 30%) ■ 지분배당률 : 10% ■ 이자율 : 6%, 저당상수 : 8% [해설] □ 종합환원이율 = (10% × 30%) + (8% × 70%) = <u>8.6%</u>

(5) 엘우드법 (저당지분 환원법)	① 엘우드법(저당지분환원법)은 저당상수와 지분수익률뿐만 아니라 ⊙ 매기간 동안의 (세전)현금수지 ⓒ 기간말 부동산의 가치변화분(가치상승 또는 하락분) ⓒ 보유기간동안의 지분형성분이 환원이율에 미치는 영향을 고려하여 환원이율을 산정하는 방법이다. ② 엘우드법(저당지분환원법)은 지분투자자(차입자) 입장에서 환원이율을 구한다는 비판이 있다.
(6) 부채감당법	① 부채감당법(Gettel법)은 대상부동산의 순수익(순영업소득)이 매기간 부채서비스액(원금와 이자의 합)을 지불할 수 있느냐 하는 부채감당률에 근거하여 환원이율을 구하는 방법이다. ② 부채감당법은 저당투자자(대출자)의 입장에서 환원이율을 구하는 방법이다. ③ 종합환원이율 = 부채감당율 × 대부비율 × 저당상수 [예시] 다음과 같은 조건에서 대상부동산의 수익가격 산정시 적용할 자본환원율(환원이율)은? ■ 부채감당률 : 2 ■ 대부비율 : 50% ■ 연간 저당상수 : 0.1 [해설] □ 종합환원이율 = 2 × 0.5 × 0.1 = <u>10%</u>

[사례]

다음과 같은 조건에서 대상부동산의 수익가치 산정시 적용할 환원이율(%)은?

■ 순영업소득(NOI) : 연 30,000,000원
■ 부채서비스액(debt service) : 연 15,000,000원
■ 지분비율 : 대부비율 = 60% : 40%
■ 대출조건 : 이자율 연 12%로 10년간 매년 원리금균등상환
■ 저당상수(이자율 연 12%, 기간 10년) : 0.177

[해설]

* 부채감당률 - $\dfrac{순영업소득(30,000,000원)}{부채서비스액(15,000,000원)}$ = 2

* 환원이율 = 부채감당률(2) × 대부비율(0.4) × 저당상수(0.177) = <u>14.16%</u>

Ⅲ 수익분석법

1. 의 의

수익분석법이란 일반기업경영에 의하여 산출된 총수익을 분석하여 대상물건이 일정한 기간에 산출할 것으로 기대되는 순수익에 대상물건을 계속하여 임대하는 데에 필요한 경비를 더하여 대상물건의 임대료를 산정하는 감정평가방법을 말한다.(「감정평가에 관한 규칙」 제2조 제11호)

> **수익임대료 = 순수익 + 필요제경비**

2. 적 용

수익분석법은 임대용·주거용 부동산에는 적용이 곤란하며, 주로 기업용 부동산에 적용된다.

01 다음 자료를 활용하여 직접환원법으로 산정한 대상부동산의 수익가액은?
(단, 연간 기준이며, 주어진 조건에 한함) **(32회)**

> - 가능총소득(PGI) : 70,000,000원
> - 공실상당액 및 대손충당금 : 가능총소득의 5%
> - 영업경비(OE) : 유효총소득(EGI)의 40%
> - 환원율 : 10%

① 245,000,000원 ② 266,000,000원 ③ 385,000,000원
④ 399,000,000원 ⑤ 420,000,000원

해 설 ○ 유효총소득 : 가능총소득(70,000,000원) - 공실상당액 및 대손충당금
(3,500,000원) = 66,500,000원
○ 영업경비 : 유효총소득(66,500,000원) × 40% = 26,600,000원
○ 순영업소득 : 유효총소득(66,500,000원) - 영업경비(26,600,000원) =
39,900,000원

그러므로 수익가액 = $\dfrac{순영업소득(39,900,000원)}{환원율(10\%)}$ = 399,000,000원

정 답 ④ ▶ 기본서 연결 : 논점정리 10-II

02 자본환원율에 관한 설명으로 **틀린 것은?**(단, 다른 조건은 동일함) **(33회)**

① 자본환원율은 시장추출법, 조성법, 투자결합법 등을 통해 구할 수 있다.
② 자본환원율은 자본의 기회비용을 반영하며, 금리의 상승은 자본환원율을
높이는 요인이 된다.
③ 순영업소득(NOI)이 일정할 때 투자수요의 증가로 인한 자산가격 상승은
자본환원율을 높이는 요인이 된다.
④ 투자위험의 감소는 자본환원율을 낮추는 요인이 된다.
⑤ 부동산시장이 균형을 이루더라도 자산의 유형, 위치 등 특성에 따라 자
본환원율이 서로 다른 부동산들이 존재할 수 있다.

해 설 자본환원율 = $\dfrac{순영업소득}{부동산가격}$ 이므로 자산가격상승은 자본환원율을 낮추는 요
인이 된다.

정 답 ③ ▶ 기본서 연결 : 논점정리 10-II

Chapter 12
부동산가격 공시제도

제33회 문제 분석(기출 관련)	제34회 출제 예상 핵심 항목
• 부동산가격 공시에 관한 법령, 규정내용 (O)	• 표준지공시지가 및 개별공시지가 • 단독주택 및 공동주택 가격공시제도

❖ 위 (기출 관련)은 최근 10년 이내 출제 문제를 정확하게 정리할 경우 쉽게 답을 찾을 수 있는 문제를 말함

각 논점정리 앞부분에 논점정리 미리보기(체계도)가 있습니다.

【공시지가제도 요약 체계도】

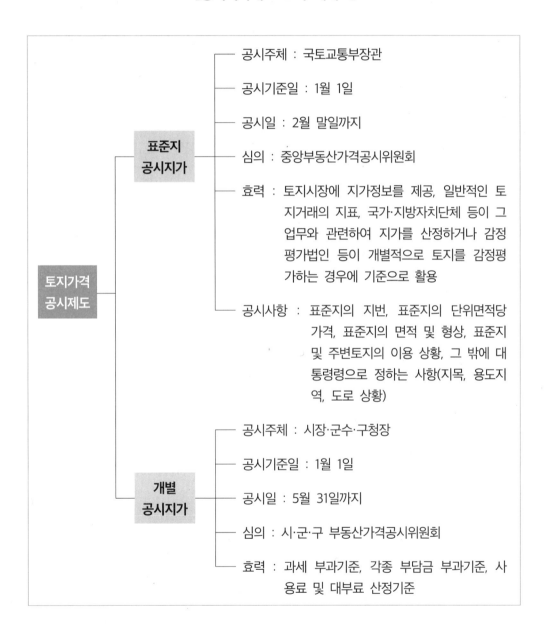

(23·25·30·31회)

Ⅰ 부동산가격 공시제도

구 분		공시 주체	공시일자(공시 기준일은 1월 1일)
토지	① 표준지 공시지가	국토교통부장관	2월 말일까지
	② 개별공시지가	시·군·구청장	5월 31일까지
주택 단독	③ 표준주택가격	국토교통부장관	1월 31일까지
	④ 개별주택가격	시·군·구청장	4월 30일까지
주택 공동	⑤ 공동주택가격	국토교통부장관	4월 30일까지
비주거용 일반	⑥ 표준부동산가격	국토교통부장관	1월 31일까지
	⑦ 개별부동산가격	시·군·구청장	4월 30일까지
비주거용 집합	⑧ 집합부동산가격	국토교통부장관	4월 30일까지

(주) 1. 토지와 주택의 가격공시(① ~ ⑤)는 필수적 평가로 반드시 공시하여야 한다.
2. 비주거용 부동산의 가격공시(⑥ ~ ⑧)는 임의적 평가로 반드시 공시하여야 하는 것은 아니고, 공시할 수 있다.

Ⅱ 공시지가제도

1. 표준지 공시지가

1) 의의

표준지 공시지가라 함은 「부동산가격 공시에 관한 법률」의 규정에 의한 절차에 따라 국토교통부장관이 조사·평가하여 공시한 표준지의 단위면적당 가격을 말한다. 일반적으로 '공시지가'라고 하면 표준지 공시지가를 말한다.

2) 표준지 공시지가 결정절차

(1) 표준지의 선정

① 표준지는 지가의 공시를 위해 가치형성요인이 같거나 유사하다고 인정되는 일단의 토지 중에서 선정한 토지를 말한다.

② 표준지의 선정기준

㉠ 지가의 대표성	표준지 선정 단위구역의 지가수준을 대표할 수 있는 평균적인 가격수준을 지닌 토지여야 한다.
㉡ 토지특성의 중요성	토지의 이용상황, 형상, 면적 등이 표준적인 토지가 되어야 한다.
㉢ 토지용도의 안정성	일반적인 용도에 적합한 토지로서 그 이용상태가 일시적이 아닌 토지여야 한다.
㉣ 토지용도의 확정성	표준지 선정 단위구역 내에서 다른 토지와 구분이 용이하고 위치를 쉽게 확인할 수 있는 표준적인 토지여야 한다.

③ 국·공유의 토지는 표준지로 선정하지 아니하는 것이 원칙이다.

④ 표준지 공시지가의 공시기준일은 원칙적으로 매년 1월 1일로 한다.

(2) 표준지 공시지가의 조사·평가

① 국토교통부장관이 표준지 공시지가를 조사·평가할 때에는 업무실적, 신인도 등을 고려하여 둘 이상의 「감정평가 및 감정평가사에 관한 법률」에 따른 감정평가법인 등에게 이를 의뢰하여야 한다. 다만, 지가변동이 작은 경우 등 대통령령으로 정하는 기준에 해당하는 표준지에 대해서는 하나의 감정평가법인 등에 의뢰할 수 있다.

② 표준지 공시지가는 감정평가법인 등에 의해 제출된 보고서에 따른 조사·평가액의 산술평균치를 기준으로 한다.

③ 국토교통부장관은 개별공시지가의 산정을 위하여 필요하다고 인정하는 경우에는 '토지가격비준표'를 작성하여 시장·군수 또는 구청장에게 제공하여야 한다.

∨ **토지가격비준표** : 표준지와 산정대상 개별토지의 가격형성요인에 관한 표준적인 비교표

④ 국토교통부장관은 표준지 공시지가를 공시하기 위하여 표준지의 가격을 조사·평가할 때에는 해당 토지소유자의 의견을 들어야 한다.

⑤ 표준지 공시지가를 조사·평가하는 경우에는 인근 유사토지의 거래가격·임대료 및 해당 토지와 유사한 이용가치를 지닌다고 인정되는 토지의 조성에 필요한 비용추정액 등을 종합적으로 참작하여야 한다.

⑥ 표준지의 평가기준

⊙ 적정가격 기준평가	표준지의 평가가격은 '일반적으로 당해 토지에 대하여 통상적인 시장에서 정상적인 거래가 이루어지는 경우 성립될 가능성이 가장 높다고 인정되는 가격(적정가격)'으로 평가한다.
ⓒ 나지 상정 평가	표준지의 평가에 있어서 그 토지에 건물 기타의 정착물이 있거나 지상권 등 토지의 사용·수익을 제한하는 사법상의 권리가 설정되어 있는 경우에는 그 정착물 등이 없는 토지의 나지상태를 상정하여 평가한다.
ⓒ 공법상 제한상태 기준평가	평가에 있어서 공법상 용도지역·지구·구역 등 일반적인 계획제한사항뿐만 아니라 도시계획시설결정 등 공익사업의 시행을 직접 목적으로 하는 개별적인 계획제한사항이 있는 경우에는 그 공법상 제한을 받는 상태를 기준으로 평가한다.
ⓔ 실제 용도 기준평가	표준지의 평가는 공부상의 지목에 불구하고 공시기준일 현재의 이용상황을 기준으로 평가하되, 일시적인 이용상황은 이를 고려하지 않는다.
ⓜ 개발이익 반영평가	표준지의 평가에 있어서 공익사업의 계획 또는 시행이 공고 또는 고시됨으로 인해 공시기준일 현재 현실화·구체화된 지가의 증가분은 이를 반영하여 평가한다.

(3) 중앙부동산가격공시위원회의 심의

국토교통부장관은 일련의 절차를 거쳐 조사·평가된 표준지의 가격에 대하여 중앙부동산가격공시위원회의 심의를 거쳐야 한다.

(4) 지가공시

① 표준지 공시지가의 공시사항(법 제5조, 영 제10조)

⊙ 표준지의 지번
ⓒ 표준지의 단위면적(1제곱미터)당 가격
ⓒ 표준지의 면적 및 형상
ⓔ 표준지 및 주변 토지의 이용상황
ⓜ 그 밖에 대통령령으로 정하는 사항
ⓘ 지목
ⓘⓘ 용도지역
ⓘⓘⓘ 도로상황
ⓘⓥ 그 밖에 표준지 공시지가 공시에 필요한 사항

② 표준지 공시지가의 열람

국토교통부장관은 표준지 공시지가를 공시한 때에는 그 내용을 특별시장·광역시장 또는 도지사를 거쳐 시장·군수 또는 구청장에게 송부하여 일반인이 열람할 수 있게 하고, 이를 도서·도표 등으로 작성하여 관계 행정기관 등에 공급하여야 한다.

(5) 이의신청

① 표준지 공시지가에 '이의가 있는 자'는 그 공시일부터 30일 이내에 서면(전자문서를 포함)으로 국토교통부장관에게 이의를 신청할 수 있다.

② 국토교통부장관은 이의신청기간이 만료된 날부터 30일 이내에 이의신청을 심사하여 그 결과를 신청인에게 서면(문서를 포함)으로 통지하여야 한다. 이 경우 국토교통부장관은 이의신청 내용이 타당하다고 인정될 때에는 해당 표준지공시지가를 조정하여 다시 공시하여야 한다.

③ 이의신청서에는 신청인[성명(법인명), 생년월일(사업자등록번호), 주소, 전화번호, 전자우편], 대상표준지(소재지 및 지번, 지목 및 면적, 실제용도, 이용상황, 용도지역, 주위환경, 교통상황), 이의신청내용(공시지가, 의견가격, 신청사유)을 기재하여야 한다.

3) 표준지 공시지가의 적용 및 효력

(1) 표준지 공시지가의 적용(「부동산가격공시에 관한 법률」)

> **제8조 [표준지 공시지가의 적용]**
>
> 제1호 각 목의 자가 제2호 각 목의 목적을 위하여 지가를 산정할 때에는 그 토지와 이용가치가 비슷하다고 인정되는 하나 또는 둘 이상의 표준지의 공시지가를 기준으로 토지가격비준표를 사용하여 지가를 직접 산정하거나 감정평가법인등에 감정평가를 의뢰하여 산정할 수 있다. 다만, 필요하다고 인정할 때에는 산정된 지가를 제2호 각 목의 목적에 따라 가감(加減) 조정하여 적용할 수 있다.
>
> 1. 지가 산정의 주체
>   가. 국가 또는 지방자치단체
>   나. 「공공기관의 운영에 관한 법률」에 따른 공공기관
>   다. 그 밖에 대통령령으로 정하는 공공단체
> 2. 지가 산정의 목적
>   가. 공공용지의 매수 및 토지의 수용·사용에 대한 보상

나. 국유지·공유지의 취득 또는 처분
　　다. 그 밖에 대통령령으로 정하는 지가의 산정
　　　　* 대통령령(시행령) 제13조 제2항
　　　　　① 「국토의 계획 및 이용에 관한 법률」 또는 그 밖의 법령에
　　　　　　따라 조성된 용지 등의 공급 또는 분양
　　　　　② 「도시개발법」 제2조 제1항 제2호에 따른 도시개발사업을
　　　　　　위한 환지·체비지의 매각 또는 환지신청
　　　　　③ 「도시 및 주거환경정비법」 제2조 제2호에 따른 정비사업을
　　　　　　위한 환지·체비지의 매각 또는 환지신청
　　　　　④ 「농어촌정비법」 제2조 제5호에 따른 농업생산기반 정비사
　　　　　　업을 위한 환지·체비지의 매각 또는 환지신청
　　　　　⑤ 토지의 관리·매입·매각·경매 또는 재평가

(2) 표준지 공시지가의 효력(「부동산가격공시에 관한 법률」)

> **제9조 [표준지 공시지가의 효력]**
> 표준지공시지가는 토지시장에 지가정보를 제공하고 일반적인 토지거래의 지표가 되며, 국가·지방자치단체 등이 그 업무와 관련하여 지가를 산정하거나 감정평가법인등이 개별적으로 토지를 감정평가하는 경우에 기준이 된다.

2. 개별공시지가

1) 의의

개별공시지가라 함은 시장·군수·구청장이 개발부담금의 부과, 기타 다른 법령이 정하는 목적을 위한 지가산정에 사용하도록 하기 위하여 표준지공시지가를 기준으로 토지가격비준표를 사용하여 결정·공시하는 매년 공시기준일 현재 개별토지의 단위면적당 가격을 말한다.

> **개별공시지가 = 표준지 공시지가 × 토지가격비준표 배율**

2) 개별공시지가의 결정·공시 등(「부동산가격공시에 관한 법률」)

> **제10조 [개별공시지가의 결정·공시 등]** ① 시장·군수 또는 구청장은 국세·지방세 등 각종 세금의 부과, 그 밖의 다른 법령에서 정하는 목적을 위한 지가산정에 사용되도록 하기 위하여 제25조에 따른 시·군·구 부동산가격공시위원회의 심의를 거쳐 매년 공시지가의 공시기준일 현재 관할 구역 안의 개별토지의 단위면적당 가격(이하 '개별공시지가'라 한다)을 결정·공시하고, 이를 관계 행정기관 등에 제공하여야 한다.

② 제1항에도 불구하고 표준지로 선정된 토지, 조세 또는 부담금 등의 부과대상이 아닌 토지, 그 밖에 대통령령으로 정하는 토지에 대하여는 개별공시지가를 결정·공시하지 아니할 수 있다. 이 경우 표준지로 선정된 토지에 대하여는 해당 토지의 표준지공시지가를 개별공시지가로 본다.

③ 시장·군수 또는 구청장은 공시기준일 이후에 분할·합병 등이 발생한 토지에 대하여는 대통령령으로 정하는 날을 기준으로 하여 개별공시지가를 결정·공시하여야 한다.

④ 시장·군수 또는 구청장이 개별공시지가를 결정·공시하는 경우에는 해당 토지와 유사한 이용가치를 지닌다고 인정되는 하나 또는 둘 이상의 표준지의 공시지가를 기준으로 토지가격비준표를 사용하여 지가를 산정하되, 해당 토지의 가격과 표준지공시지가가 균형을 유지하도록 하여야 한다.

⑤ 시장·군수 또는 구청장은 개별공시지가를 결정·공시하기 위하여 개별토지의 가격을 산정할 때에는 그 타당성에 대하여 감정평가법인 등의 검증을 받고 토지소유자, 그 밖의 이해관계인의 의견을 들어야 한다. 다만, 시장·군수 또는 구청장은 감정평가법인 등의 검증이 필요 없다고 인정되는 때에는 지가의 변동상황 등 대통령령으로 정하는 사항을 고려하여 감정평가법인 등의 검증을 생략할 수 있다.

⑥ 시장·군수 또는 구청장이 제5항에 따른 검증을 받으려는 때에는 해당 지역의 표준지의 공시지가를 조사·평가한 감정평가법인 등 또는 대통령령으로 정하는 감정평가실적 등이 우수한 감정평가법인 등에 의뢰하여야 한다.

⑦ 국토교통부장관은 지가공시 행정의 합리적인 발전을 도모하고 표준지공시지가와 개별공시지가와의 균형유지 등 적정한 지가형성을 위하여 필요하다고 인정하는 경우에는 개별공시지가의 결정·공시 등에 관하여 시장·군수 또는 구청장을 지도·감독할 수 있다.

⑧ 제1항부터 제7항까지에서 규정한 것 외에 개별공시지가의 산정, 검증 및 결정, 공시기준일, 공시의 시기, 조사·산정의 기준, 이해관계인의 의견청취, 감정평가법인 등의 지정 및 공시절차 등에 필요한 사항은 대통령령으로 정한다.

(주) 1. 개별공시지가의 공시기준일과 공시일자
　　　㉠ 공시기준일 : 매년 1월 1일 원칙
　　　㉡ 공시일자 : 매년 5월 31일
　　　㉢ 단, 1월 1일부터 6월 30일까지의 사이에 분할·합병 등이 발생한 토지 : 7월 1일을 공시기준일로 하여 10월 31일까지 결정·공시
　　2. 개별공시지가를 결정·공시하지 아니할 수 있는 토지(부동산가격공시에 관한 법률 시행령 제15조)
　　　㉠ 표준지로 선정된 토지
　　　㉡ 농지보전부담금의 부과대상이 아닌 토지

   ⓒ 개발부담금의 부과대상이 아닌 토지

   ⓔ 국세 또는 지방세 부과대상이 아닌 토지(국·공유지의 경우에는 공공용 토지만 해당한다)

 3) 개별공시지가의 적용(활용범위)

  (1) 지방세(재산세) 과세표준액 결정

  (2) 국세(종합부동산세) 과세표준액 결정

  (3) 국·공유재산의 사용료 및 대부료의 산정기준

  (4) 「개발이익환수에 관한 법률」에 의한 개발부담금 등의 부과기준

 4) 개별공시지가에 대한 이의신청(「부동산가격공시에 관한 법률」)

제11조 [개별공시지가에 대한 이의신청] ① 개별공시지가에 이의가 있는 자는 그 결정·공시일부터 30일 이내에 서면으로 시장·군수 또는 구청장에게 이의를 신청할 수 있다.

② 시장·군수 또는 구청장은 제1항에 따라 이의신청 기간이 만료된 날부터 30일 이내에 이의신청을 심사하여 그 결과를 신청인에게 서면으로 통지하여야 한다. 이 경우 시장·군수 또는 구청장은 이의신청의 내용이 타당하다고 인정될 때에는 제10조에 따라 해당 개별공시지가를 조정하여 다시 결정·공시하여야 한다.

③ 제1항 및 제2항에서 규정한 것 외에 이의신청 및 처리절차 등에 필요한 사항은 대통령령으로 정한다.

---

01 **개별공시지가의 활용범위에 해당하지 않는 것은?** (23회)

① 토지가격비준표 작성의 기준

② 재산세 과세표준액 결정

③ 종합부동산세 과세표준액 결정

④ 국유지의 사용료 산정기준

⑤ 개발부담금 부과를 위한 개시시점 지가산정

해 설   토지가격비준표는 표준지공시지가를 기준으로 작성된다.

정 답   ①   ▶ 기본서 연결 : 논점정리 01-Ⅱ

02 **부동산 가격공시에 관한 법률에 규정된 내용으로 틀린 것은?** (30회)

① 표준지공시지가에 이의가 있는 자는 그 공시일로부터 30일 이내에 서면으로 국토교통부장관에게 이의를 신청할 수 있다.

② 표준지공시지가는 국가·지방자치단체 등이 그 업무와 관련하여 지가를 산정하거나 감정평가업자가 개별적으로 토지를 감정평가하는 경우에 기준이 된다.

③ 표준지로 선정된 토지에 대하여 개별공시지가를 결정·공시하여야 한다.

④ 시장·군수 또는 구청장은 공시기준일 이후에 분할·합병 등이 발생한 토지에 대하여는 대통령령으로 정하는 날을 기준으로 하여 개별공시지가를 결정·공시하여야 한다.

⑤ 개별공시지가에 이의가 있는 자는 그 결정·공시일로부터 30일 이내에 서면으로 시장·군수 또는 구청장에게 이의를 신청할 수 있다.

해 설   표준지로 선정된 토지에 대해서는 당해 토지의 공시지가를 개별공시지가로 본다. 따라서 표준지로 선정된 토지에 대하여 개별공시지가를 결정·공시하지 않아도 된다.

정 답   ③   ▶ 기본서 연결 : 논점정리 01-Ⅱ

【주택가격 공시제도 요약 체계도】

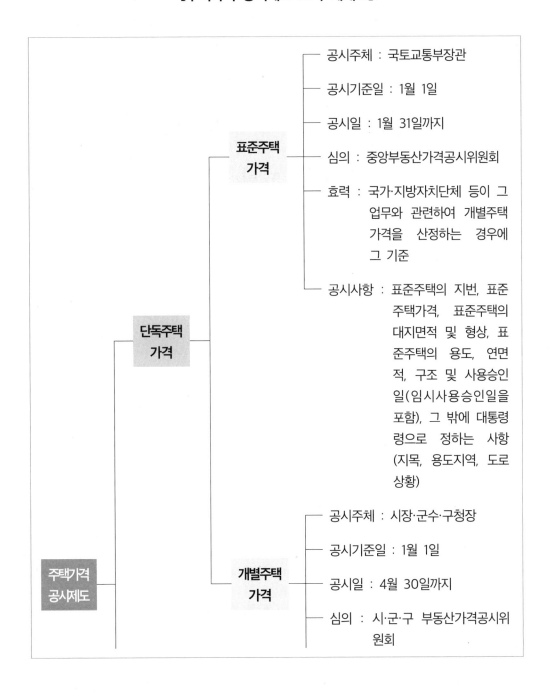

표준주택가격
- 공시주체 : 국토교통부장관
- 공시기준일 : 1월 1일
- 공시일 : 1월 31일까지
- 심의 : 중앙부동산가격공시위원회
- 효력 : 국가·지방자치단체 등이 그 업무와 관련하여 개별주택가격을 산정하는 경우에 그 기준
- 공시사항 : 표준주택의 지번, 표준주택가격, 표준주택의 대지면적 및 형상, 표준주택의 용도, 연면적, 구조 및 사용승인일(임시사용승인일을 포함), 그 밖에 대통령령으로 정하는 사항(지목, 용도지역, 도로상황)

개별주택가격
- 공시주체 : 시장·군수·구청장
- 공시기준일 : 1월 1일
- 공시일 : 4월 30일까지
- 심의 : 시·군·구 부동산가격공시위원회

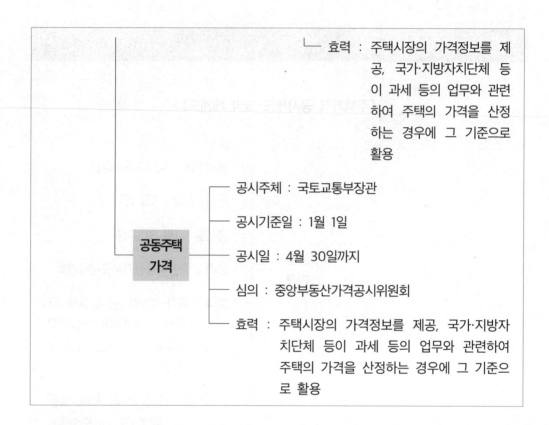

효력 : 주택시장의 가격정보를 제
공, 국가·지방자치단체 등
이 과세 등의 업무와 관련
하여 주택의 가격을 산정
하는 경우에 그 기준으로
활용

공동주택 가격

공시주체 : 국토교통부장관

공시기준일 : 1월 1일

공시일 : 4월 30일까지

심의 : 중앙부동산가격공시위원회

효력 : 주택시장의 가격정보를 제공, 국가·지방자
치단체 등이 과세 등의 업무와 관련하여
주택의 가격을 산정하는 경우에 그 기준으
로 활용

Ⅰ 단독주택가격 공시제도

1. 표준주택가격 공시제도

1) 표준주택가격의 조사·산정 및 공시

   (1) 국토교통부장관은 용도지역·건물구조 등이 일반적으로 유사하다고 인정되는 일단의 단독주택 중에서 선정한 표준주택에 대하여 매년 공시기준일(1월 1일) 현재의 적정가격(표준주택가격)을 조사·산정하고, 중앙부동산가격공시위원회의 심의를 거쳐 이를 공시(1월 31일까지)하여야 한다.

   (2) 주택가격은 토지와 건물을 구분하지 않고, 복합부동산으로 보고 일괄평가한다.

   (3) 표준주택에 전세권 또는 그 밖에 단독주택의 사용·수익을 제한하는 권리가 설정되어 있을 때에는 그 권리가 존재하지 아니하는 것으로 보고 적정가격을 산정하여야 한다.

   (4) 표준주택을 선정할 때에는 일반적으로 유사하다고 인정되는 일단의 단독주택 중에서 해당 일단의 단독주택을 대표할 수 있는 주택을 선정하여야 한다.

   (5) 국토교통부장관은 표준주택가격을 조사·산정하고자 할 때에는 「한국부동산원법」에 따른 '한국부동산원'에 의뢰한다.

   (6) 국토교통부장관이 표준주택가격을 조사·산정하는 경우에는 인근 유사단독주택의 거래가격·임대료 및 해당 단독주택과 유사한 이용가치를 지닌다고 인정되는 단독주택의 건설에 필요한 비용추정액 등을 참작하여야 한다.

   (7) 국토교통부장관은 개별주택가격의 산정을 위하여 필요하다고 인정하는 경우에는 표준주택과 산정대상 개별주택의 가격형성요인에 관한 표준적인 비교표인 주택가격비준표를 작성하여 시장·군수 또는 구청장에게 제공하여야 한다.

2) 표준주택가격의 공시사항

   (1) 표준주택의 지번

   (2) 표준주택가격

   (3) 표준주택의 대지면적 및 형상

     (4) 표준주택의 용도, 연면적, 구조 및 사용승인일(임시사용승인일을 포함한다)

     (5) 대통령령으로 정하는 사항(지목, 용도지역, 도로상황, 그 밖에 표준주택가격 공시에 필요한 사항)

  3) 표준주택가격의 이의신청 : 표준지 공시지가의 규정을 준용한다.

  4) 표준주택가격의 활용

    표준주택가격은 국가·지방자치단체 등이 그 업무와 관련하여 개별주택가격을 산정하는 경우에 그 기준이 된다.

2. 개별주택가격 공시제도(「부동산가격공시에 관한 법률」)

  1) 개별주택가격의 결정·공시 등

> **제17조 [개별주택가격의 결정·공시 등]** ① 시장·군수 또는 구청장은 제25조에 따른 시·군·구 부동산가격공시위원회의 심의를 거쳐 매년 표준주택가격의 공시기준일 현재 관할 구역 안의 개별주택의 가격(이하 '개별주택가격'이라 한다)을 결정·공시하고, 이를 관계 행정기관 등에 제공하여야 한다.
> ② 제1항에도 불구하고 표준주택으로 선정된 단독주택, 그 밖에 대통령령으로 정하는 단독주택에 대하여는 개별주택가격을 결정·공시하지 아니할 수 있다. 이 경우 표준주택으로 선정된 주택에 대하여는 해당 주택의 표준주택가격을 개별주택가격으로 본다.
> ③ 제1항에 따른 개별주택가격의 공시에는 다음 각 호의 사항이 포함되어야 한다.
>   1. 개별주택의 지번
>   2. 개별주택가격
>   3. 그 밖에 대통령령으로 정하는 사항
> ④ 시장·군수 또는 구청장은 공시기준일 이후에 토지의 분할·합병이나 건축물의 신축 등이 발생한 경우에는 대통령령으로 정하는 날을 기준으로 하여 개별주택가격을 결정·공시하여야 한다.
> ⑤ 시장·군수 또는 구청장이 개별주택가격을 결정·공시하는 경우에는 해당 주택과 유사한 이용가치를 지닌다고 인정되는 표준주택가격을 기준으로 주택가격비준표를 사용하여 가격을 산정하되, 해당 주택의 가격과 표준주택가격이 균형을 유지하도록 하여야 한다.
> ⑥ 시장·군수 또는 구청장은 개별주택가격을 결정·공시하기 위하여 개별주택의 가격을 산정할 때에는 표준주택가격과의 균형 등 그 타당성에 대하여 대통령령으로 정하는 바에 따라 부동산원의 검증을 받고 토지소유자, 그 밖의 이해관계인의 의견을 들어야 한다. 다만, 시장·군수 또는 구청장은 부동산원의 검증이 필요 없다고 인정되는 때에는 주택가격의 변동상황 등 대통령령으로 정하는 사항을 고려하여 부동산원의 검증을 생략할 수 있다.

⑦ 국토교통부장관은 공시행정의 합리적인 발전을 도모하고 표준주택가격과 개별주택가격과의 균형유지 등 적정한 가격형성을 위하여 필요하다고 인정하는 경우에는 개별주택가격의 결정·공시 등에 관하여 시장·군수 또는 구청장을 지도·감독할 수 있다.

⑧ 개별주택가격에 대한 이의신청 및 개별주택가격의 정정에 대하여는 제11조 및 제12조를 각각 준용한다. 이 경우 제11조 제2항 후단 중 '제10조'는 '제17조'로 본다.

⑨ 제1항부터 제8항까지에서 규정한 것 외에 개별주택가격의 산정, 검증 및 결정, 공시기준일, 공시의 시기, 조사·산정의 기준, 이해관계인의 의견청취 및 공시절차 등에 필요한 사항은 대통령령으로 정한다.

(주) 1. 개별주택가격을 공시하지 아니할 수 있는 단독주택(시행령 제32조)
    ㉠ 표준주택으로 선정된 단독주택
    ㉡ 국세 또는 지방세 부과대상이 아닌 단독주택
2. 개별주택가격 공시기준일을 다르게 할 수 있는 단독주택
    ㉠ 「공간정보의 구축 및 관리 등에 관한 법률」에 따라 그 대지가 분할 또는 합병된 단독주택
    ㉡ 「건축법」에 따른 건축·대수선 또는 용도변경이 된 단독주택
    ㉢ 국유·공유에서 매각 등에 따라 사유로 된 단독주택으로서 개별주택가격이 없는 단독주택
3. 개별주택가격 공시기준일
    ㉠ 원칙 : 매년 4월 30일
    ㉡ 1월 1일부터 5월 31일까지의 사이에 영34조 제1항의 사유가 발생한 단독주택 : 그 해 6월 1일
    ㉢ 6월 1일부터 12월 31일까지의 사이에 영34조 제1항의 사유가 발생한 단독주택 : 다음해 1월 1일

2) 개별주택가격의 이의신청 : 개별공시지가에 관한 규정을 준용한다.(결정·공시일부터 30일 이내에 서면으로 시장·군수·구청장에게 이의를 신청)

3) 개별주택가격공시의 효력
   (1) 개별주택가격은 주택시장의 가격정보를 제공한다.
   (2) 국가·지방자치단체 등의 기관이 과세 등의 업무와 관련하여 주택의 가격을 산정하는 경우에 그 기준으로 활용할 수 있다.

II 공동주택가격 공시제도

1. 공동주택가격의 조사·산정 및 공시 등(「부동산가격공시에 관한 법률」)

> **제18조 [공동주택가격의 조사·산정 및 공시 등]** ① 국토교통부장관은 공동주택에 대하여 매년 공시기준일 현재의 적정가격(이하 '공동주택가격'이라 한다)을 조사·산정하여 제24조에 따른 중앙부동산가격공시위원회의 심의를 거쳐 공시하고, 이를 관계 행정기관 등에 제공하여야 한다. 다만, 대통령령으로 정하는 바에 따라 국세청장이 국토교통부장관과 협의하여 공동주택가격을 별도로 결정·고시하는 경우는 제외한다.
>
> ② 국토교통부장관은 공동주택가격을 공시하기 위하여 그 가격을 산정할 때에는 대통령령으로 정하는 바에 따라 공동주택소유자와 그 밖의 이해관계인의 의견을 들어야 한다.
>
> ③ 제1항에 따른 공동주택의 조사대상의 선정, 공시기준일, 공시의 시기, 공시사항, 조사·산정 기준 및 공시절차 등에 필요한 사항은 대통령령으로 정한다.
>
> ④ 국토교통부장관은 공시기준일 이후에 토지의 분할·합병이나 건축물의 신축 등이 발생한 경우에는 대통령령으로 정하는 날을 기준으로 하여 공동주택가격을 결정·공시하여야 한다.
>
> ⑤ 국토교통부장관이 제1항에 따라 공동주택가격을 조사·산정하는 경우에는 인근 유사 공동주택의 거래가격·임대료 및 해당 공동주택과 유사한 이용가치를 지닌다고 인정되는 공동주택의 건설에 필요한 비용추정액, 인근지역 및 다른 지역과의 형평성·특수성, 공동주택가격 변동의 예측 가능성 등 제반사항을 종합적으로 참작하여야 한다.
>
> ⑥ 국토교통부장관이 제1항에 따라 공동주택가격을 조사·산정하고자 할 때에는 부동산원에 의뢰한다.
>
> ⑦ 국토교통부장관은 제1항 또는 제4항에 따라 공시한 가격에 틀린 계산, 오기, 그 밖에 대통령령으로 정하는 명백한 오류가 있음을 발견한 때에는 지체 없이 이를 정정하여야 한다.
>
> ⑧ 공동주택가격의 공시에 대하여는 제4조·제6조·제7조 및 제13조를 각각 준용한다. 이 경우 제7조 제2항 후단 중 '제3조'는 '제18조'로 본다.

(주) 1) 국세청장이 별도로 결정·고시할 수 있는 공동주택(시행령 제41조)
      ㉠ 아파트
      ㉡ 건축 연면적 165제곱미터 이상의 연립주택
  2) 공동주택가격 공시기준일을 다르게 할 수 있는 공동주택(시행령 제44조 제1항)
      ㉠ 「공간정보의 구축 및 관리 등에 관한 법률」에 따라 그 대지가 분할 또는 합병된 공동주택
      ㉡ 「건축법」에 따른 건축·대수선 또는 용도변경이 된 공동주택

ⓒ 국유·공유에서 매각 등에 따라 사유로 된 공동주택으로서 공동주택가격이 없는 공동주택
   3) 공동주택가격 공시기준일 : 개별주택가격 공시기준일과 동일
   4) 공동주택가격은 표준주택가격과 개별주택가격으로 구분하지 않는다.
   5) <u>공동주택은 단독주택과 달리 표준주택과 개별주택을 구분하지 않는다.</u>

2. 공동주택가격의 공시사항(시행령 제43조 제2항)
   1) 공동주택의 소재지·명칭·동·호수
   2) 공동주택가격
   3) 공동주택의 면적
   4) 그 밖에 공동주택가격공시에 필요한 사항

3. 공동주택가격의 이의신청 : <u>표준지 공시지가의 규정을 준용한다.</u>(공시일부터 30일 이내에 서면(전자문서를 포함)으로 <u>국토교통부장관</u>에게 이의를 신청)

4. 공동주택가격공시의 효력
   1) <u>공동주택가격은 주택시장의 가격정보를 제공한다.</u>
   2) <u>국가·지방자치단체 등의 기관이 과세 등의 업무와 관련하여 주택의 가격을 산정하는 경우에 그 기준으로 활용할 수 있다.</u>

01 부동산 가격공시에 관한 법령상 공시가격에 관한 설명으로 틀린 것은?

(26회)

① 표준지공시지가의 공시기준일은 원칙적으로 매년 1월 1일이다.
② 토지를 평가하는 공시지가기준법은 표준지공시지가를 기준으로 한다.
③ 개별공시지가를 결정하기 위해 토지가격비준표가 활용된다.
④ 표준주택은 단독주택과 공동주택 중에서 각각 대표성 있는 주택을 선정한다.
⑤ 표준지공시지가와 표준주택가격 모두 이의신청 절차가 있다.

해 설 표준주택은 단독주택 중에서 대표성 있는 주택을 선정한다.
정 답 ④ ▶ 기본서 연결 : ① → 논점정리 01-Ⅱ, ② → 논점정리 C11-09-Ⅲ, ③ → 논점정리 01-Ⅱ, ④ → 논점정리 02-Ⅰ, Ⅱ, ⑤ → 논점정리 01-Ⅱ, 02-Ⅰ

02 부동산 가격공시에 관한 법률상 표준지공시지가의 효력으로 옳은 것을 모두 고른 것은?

(29회)

> ⊙ 토지시장에 지가정보를 제공
> ⓒ 일반적인 토지거래의 지표
> ⓒ 국가·지방자치단체 등이 과세 등의 업무와 관련하여 주택의 가격을 산정하는 경우에 기준
> ② 감정평가업자가 지가변동률을 산정하는 경우에 기준

① ⊙, ⓒ   ② ⊙, ②   ③ ⓒ, ⓒ
④ ⊙, ⓒ, ②   ⑤ ⊙, ⓒ, ⓒ, ②

해 설 ⓒ 주택가격 공시의 효력 중 개별주택가격 및 공동주택가격에 대한 내용이다. 즉, 개별주택가격 및 공동주택가격은 주택시장의 가격정보를 제공하고, 국가·지방자치단체 등이 과세 등의 업무와 관련하여 주택의 가격을 산정하는 경우에 그 기준으로 활용될 수 있다.
② 감정평가법인 등이 개별적으로 토지를 감정평가하는 경우에 기준이 된다.
정 답 ① ▶ 기본서 연결 : ⓒ → 논점정리 02-Ⅱ, ② → 논점정리 01-Ⅱ

【비주거용 부동산가격 공시제도 요약 체계도】

Ⅰ 개 요

1. 비주거용 부동산에 대한 가격공시는 일반부동산과 집합부동산으로 구분된다.

2. 비주거용 일반부동산은 비주거용 표준부동산과 비주거용 개별부동산으로 구분하여 공시할 수 있다.

3. 비주거용 집합부동산은 표준부동산과 개별부동산으로 구분하지 않고 공시할 수 있다.

Ⅱ 비주거용 표준부동산가격

1. 비주거용 표준부동산가격 결정·공시

국토교통부장관은 용도지역, 이용상황, 건물구조 등이 일반적으로 유사하다고 인정되는 일단의 비주거용 일반부동산 중에서 선정한 비주거용 표준부동산에 대하여 매년 공시기준일 현재의 적정가격을 조사·산정하고, 중앙부동산가격공시위원회의 심의를 거쳐 이를 공시할 수 있다.

2. 비주거용 표준부동산가격의 공시사항

1) 비주거용 표준부동산의 지번
2) 비주거용 표준부동산가격
3) 비주거용 표준부동산의 대지면적 및 형상
4) 비주거용 표준부동산의 용도, 연면적, 구조 및 사용승인일(임시사용승인일을 포함한다)
5) 지목
6) 용도지역
7) 도로상황
8) 그 밖에 비주거용 표준부동산가격공시에 필요한 사항

3. 비주거용 표준부동산가격의 효력

비주거용 표준부동산가격은 국가·지방자치단체 등이 그 업무와 관련하여 비주거용 개별부동산가격을 산정하는 경우에 그 기준이 된다.

Ⅲ 비주거용 개별부동산가격

1. 비주거용 개별부동산가격 결정·공시

1) 시장·군수 또는 구청장은 시·군·구 부동산가격공시위원회의 심의를 거쳐 공시기준일 현재 관할구역 안의 비주거용 개별부동산의 가격을 결정·공시할 수 있다. 다만, 대통령령으로 정하는 바에 따라 행정안전부장관 또는 국세청장이 국토교통부장관과 협의하여 비주거용 개별부동산의 가격을 별도로 결정·고시하는 경우는 제외한다.

2) 비주거용 표준부동산으로 선정된 비주거용 일반부동산 등 대통령령으로 정하는 비주거용 일반부동산에 대하여는 비주거용 개별부동산가격을 결정·공시하지 아니할 수 있다. 이 경우 비주거용 표준부동산으로 선정된 비주거용 일반부동산에 대하여는 해당 비주거용 표준부동산가격을 비주거용 개별부동산가격으로 본다.

2. 비주거용 개별부동산가격의 공시사항

1) 비주거용 부동산의 지번
2) 비주거용 부동산가격
3) 비주거용 개별부동산의 용도 및 면적
4) 그 밖에 비주거용 개별부동산가격공시에 필요한 사항

3. 비주거용 개별부동산가격공시의 효력

1) 비주거용 개별부동산가격은 비주거용 부동산시장에 가격정보를 제공한다.
2) 국가·지방자치단체 등이 과세 등의 업무와 관련하여 비주거용 부동산의 가격을 산정하는 경우에 그 기준으로 활용될 수 있다.

Ⅳ 비주거용 집합부동산가격

1. 비주거용 집합부동산가격 결정·공시

1) 국토교통부장관은 비주거용 집합부동산에 대하여 매년 공시기준일 현재의 적정가격을 조사·산정하여 중앙부동산가격공시위원회의 심의를 거쳐 공시할 수 있다.

2) 대통령령으로 정하는 바에 따라 행정안전부장관 또는 국세청장이 국토교통부장관과 협의하여 비주거용 집합부동산의 가격을 별도로 결정·고시하는 경우에는 해당 비주거용 집합부동산의 비주거용 개별부동산가격을 결정·공시하지 아니한다.

2. 비주거용 집합부동산가격의 공시사항

1) 비주거용 집합부동산의 소재지·명칭·동·호수

2) 비주거용 집합부동산가격

3) 비주거용 집합부동산의 면적

4) 그 밖에 비주거용 집합부동산가격공시에 필요한 사항

3. 비주거용 집합부동산가격의 효력

1) 비주거용 집합부동산가격은 비주거용 부동산시장에 가격정보를 제공한다.

2) 국가·지방자치단체 등이 과세 등의 업무와 관련하여 비주거용 부동산의 가격을 산정하는 경우에 그 기준으로 활용할 수 있다.